웨스트민스터 대요리문답강해

- 신앙교육서 -

J.G. 보스 · G.I. 윌리암슨 지음
류 근 상 · 신 호 섭 옮김

크리스챤출판사

The Westminster Larger Catechism

-A Commentary-

By
Johannes G. Vos
G.I. Williamson

Translated by
Keun-Sang Ryu
Ho-Sub Shin

This book was first published in the United States by Presbyterian and Reformed Publishing Company with the Title of **The Westminster Larger Catechism A Commentary**, *Copyright 2002 by Johannes G. Vos Translated by permission.*

이 책은 미국의 Baker 출판사에 의해 2002년에 출판된
The Westminster Larger Catechism A Commentary의 원본을
크리스챤출판사에서 번역한 것이다.

Korean Edition
Copyright   2007 by Christian Publishing House
Seoul, Korea

[차례]

- 서문 · 16
- 웨스트민스터 대요리문답 개론 · 17
- 역자서문 · 31
- 웨스트민스터 대요리문답 구조 · 34

제1부 사람이 반드시 믿어야 할 것 · 41
제1과 근본적 교리 · 43
   제1문 사람의 제일 되며 가장 높은 최고의 목적은 무엇인가? · 43
   제2문 하나님이 계시다는 사실은 어떻게 나타나는가? · 45
   제3문 무엇이 하나님의 말씀인가? · 49
   제4문 성경이 하나님의 말씀이라는 사실은 어떻게 나타나는가? · 53
   제5문 성경은 주로 무엇을 가르치는가? · 57

제2과 하나님 · 61
   제6문 성경은 하나님에 대하여 무엇을 알려 주는가? · 61
   제7문 하나님은 무슨 본성을 가지고 계시는가? · 63
   제8문 하나 이상의 신들이 있는가? · 69
   제9문 신격에는 몇 분이 계시는가? · 71
   제10문 신격 안에 계시는 세분의 인격적 속성은 무엇인가? · 73
   제11문 아들과 성령이 아버지와 동등한 하나님이라는 사실이 어떻게 나타나는가? · 74

제3과 하나님의 작정 · 77
   제12문 하나님의 작정이란 무엇인가? · 77
   제13문 하나님께서 천사와 인간에 대하여 특별히 무엇을 작정하셨는가? · 80
   제14문 하나님은 그의 작정을 어떻게 실행하시는가? · 84

제4과 창조 · 87
제15문 창조의 사역이란 무엇인가? · 87
제16문 하나님은 천사들을 어떻게 창조하셨는가? · 90
제17문 하나님은 인간을 어떻게 창조하셨는가? · 92

제5과 하나님의 섭리 · 97
제18문 하나님의 섭리 사역이란 무엇인가? · 97
제19문 천사들에 대한 하나님의 섭리는 무엇인가? · 101
제20문 창조된 상태의 인간에 대한 하나님의 섭리는 무엇이었는가? · 102

제6과 생명언약 또는 은혜언약 · 109
제21문 인간은 하나님이 창조한 처음의 상태를 유지하였는가? · 109
제22문 모든 인류가 그 첫 범죄에서 타락했는가? · 112
제23문 타락이 인류를 어떤 상태로 이끌었는가? · 114
제24문 죄란 무엇인가? · 115
제25문 인간이 타락한 상태의 죄성은 어디에 있는가? · 117
제26문 어떻게 원죄가 우리의 첫 부모로부터 그들의 후손들에게 전달되는가? · 120
제27문 타락이 인류에게 가져온 비참이란 무엇인가? · 122
제28문 현세에서 받는 죄의 형벌은 무엇인가? · 125
제29문 내세에서 받을 죄의 형벌은 무엇인가? · 129

제7과 은혜언약 · 133
제30문 하나님은 모든 인류가 죄와 비참의 상태에서 전멸하도록 버려두셨는가? · 133
제31문 은혜언약은 누구와 맺어졌는가? · 135
제32문 하나님의 은혜가 두 번째 언약에 어떻게 나타났는가? · 136
제33문 은혜언약은 항상 유일하고 동일한 방식으로 시행되었는가? · 139

제34문 은혜언약은 구약에서 어떻게 시행되었는가? · 141
제35문 은혜언약은 신약에서 어떻게 시행되는가? · 144

제8과 은혜언약의 중보자 · 149

제36문 은혜언약의 중보자는 누구인가? · 149
제37문 하나님의 아들이신 그리스도께서 어떻게 인간이 되었는가? · 153
제38문 왜 중보자가 반드시 하나님이어야 했는가? · 156
제39문 왜 중보자가 반드시 사람이어야 했는가? · 158
제40문 왜 중보자가 반드시 한 인격을 가진 하나님과 인간이어야 했는가? · 160
제41문 왜 우리 중보자가 예수라고 불리었는가? · 162
제42문 왜 우리 중보자가 그리스도라고 불리었는가? · 163
제43문 그리스도는 어떻게 선지자의 직분을 수행하는가? · 165
제44문 그리스도는 어떻게 제사장의 직분을 수행하는가? · 167
제45문 그리스도는 어떻게 왕의 직분을 수행하는가? · 169

제9과 중보자의 사역 · 173

제46문 그리스도의 비하상태는 무엇인가? · 173
제47문 그리스도는 그의 잉태와 출생에서 어떻게 자기를 비하시켰는가? · 174
제48문 그리스도는 그의 삶에서 어떻게 자기를 비하시켰는가? · 176
제49문 그리스도는 그의 죽음에서 어떻게 자기를 비하시켰는가? · 178
제50문 그의 죽음 이후 그리스도의 비하는 어디에 있는가? · 181
제51문 그리스도의 승귀 상태는 무엇인가? · 182
제52문 그리스도는 그의 부활에서 어떻게 승귀되었는가? · 183
제53문 그리스도는 그의 승천에서 어떻게 승귀되었는가? · 186
제54문 그리스도는 그의 하나님 우편에 좌정하심에서 어떻게 승귀되었는가? · 189
제55문 그리스도는 어떻게 중재하시는가? · 192

제56문 그리스도는 세상을 심판하기 위한 그의 재림에서 어떻게 승귀될 것인가? · 195

제10과 그리스도의 중보사역의 유익 · 201

제57문 그리스도께서 그의 중보로 무슨 유익을 획득하셨는가? · 201
제58문 우리가 어떻게 그리스도께서 획득하신 혜택의 참여자가 되는가? · 203
제59문 누가 그리스도를 통한 구속의 참여자가 되는가? · 204
제60문 복음을 들어본 적이 없기 때문에 예수 그리스도를 알지도 못하고 믿지도 않는 사람들이 이성의 빛에 따라 살아감으로서 구원받을 수 있는가? · 206
제61문 복음을 듣고 교회 안에서 생활하는 사람들은 다 구원을 얻겠는가? · 209
제62문 유형교회란 무엇인가? · 211
제63문 유형교회의 특권은 무엇인가? · 214
제64문 무형교회란 무엇인가? · 217
제65문 무형교회 회원들은 그리스도로 말미암아 무슨 특별한 혜택을 누리는가? · 219
제66문 선택된 자가 그리스도와 함께 가지는 연합이란 무엇인가? · 220
제67문 유효한 소명이란 무엇인가? · 222
제68문 선택함을 입은 자만이 유효하게 부르심을 받는가? · 226
제69문 무형교회의 회원들이 그리스도와 더불어 갖는 은혜의 교통이란 무엇인가? · 228
제70문 칭의란 무엇인가? · 229
제71문 칭의가 어떻게 하나님의 값없는 은혜의 행위인가? · 232
제72문 의롭게 하는 신앙이란 무엇인가? · 238
제73문 믿음이 어떻게 하나님 앞에서 죄인을 의롭게 하는가? · 242
제74문 양자로 삼는 것이란 무엇인가? · 245
제75문 거룩하게 하심이란 무엇인가? · 248

제76문 생명에 이르는 회개란 무엇인가? · 251
제77문 의롭다 칭하심(칭의)과 거룩케 하심(성화)은 어느 점에서 다른가? · 256
제78문 왜 신자의 거룩하게 됨이 완성될 수 없는 것인가? · 260
제79문 참 신자들이 그들의 불완전과 그들이 빠진 여러 가지 유혹과 죄의 이유로 은혜의 상태에서 타락할 수 있는가? · 264
제80문 진실한 신자들은 그들이 은혜의 상태에 있음과 구원에 이르기까지 그 안에 견인될 것을 무오하게 확신할 수 있는가? · 269
제81문 모든 진실한 신자들은 그들이 지금 은혜의 상태에 있음과 장차 구원 받을것을 항상 확신하는가? · 276
제82문 무형교회 회원들이 그리스도와 함께 누리는 영광중의 교통이란 무엇인가? · 279
제83문 무형교회 회원들이 현세에서 그리스도와 함께 누리는 영광의 교통이란 무엇인가? · 280
제84문 모든 사람이 다 죽을 것인가? · 282
제85문 죄의 값이 사망이라면 그리스도 안에 죄 사함 받은 의인들이 왜 죽음에서 구출되지 못하는가? · 284
제86문 무형교회 회원들이 죽음 직후에 그리스도로 더불어 누리게 되는 영광의 교통이란 무엇인가? · 286
제87문 우리는 부활에 대하여 무엇을 믿어야 하는가? · 291
제88문 부활 직후에 어떠한 일이 따를 것인가? · 294
제89문 심판 날에 악인은 어떻게 될 것인가? · 298
제90문 심판 날에 의인은 어떻게 될 것인가? · 302

제2부 하나님께서 인간에게 요구하시는 의무 · 309
제11과 계시된 하나님의 뜻에 대한 순종 · 311

제91문 하나님께서 사람에게 요구하시는 의무는 무엇인가? · 311
제92문 하나님께서 사람에게 그의 순종의 법칙으로 처음 계시하신 것은 무엇이었는가? · 313

제93문 도덕법은 무엇인가? · 316
제94문 타락한 후의 사람에게도 도덕법이 소용 있는가? · 321
제95문 도덕법이 모든 사람에게 어떤 소용이 있는가? · 322
제96문 도덕법이 중생하지 못한 자들에게 무슨 소용이 있는가? · 326
제97문 도덕법이 중생한 자들에게는 무슨 특별한 소용이 있는가? · 329
제98문 어디에 도덕법이 요약되어 포함되어 있는가? · 333
제99문 십계명을 바로 이해하기 위해서는 어떠한 법칙을 준수해야 하는가? · 335
제99문 (계속)십계명을 바로 이해하기 위해서는 어떠한 법칙을 준수해야 하는가? · 338
제99문 (계속)십계명을 바로 이해하기 위해서는 어떠한 법칙을 준수해야 하는가? · 341
제99문 (계속)십계명을 바로 이해하기 위해서는 어떠한 법칙을 준수해야 하는가? · 344
제99문 (계속)십계명을 바로 이해하기 위해서는 어떠한 법칙을 준수해야 하는가? · 348

제12과 하나님 자신을 향한 하나님의 뜻 · 353

제100문 십계명에서 어떠한 특별한 것들을 고찰해야 하는가? · 353
제101문 십계명의 서문은 무엇인가? · 353
제102문 하나님에 대한 우리의 의무를 포함하는 첫 4계명의 대강령은 무엇인가? · 357
제103문 제1계명은 무엇인가? · 357
제104문 제1계명이 요구하는 의무는 무엇인가? · 357
제105문 제1계명에 금한 죄들은 무엇인가? · 361
제105문 (계속)제1계명에 금한 죄들은 무엇인가? · 365
제105문 (계속)제1계명에 금한 죄들은 무엇인가? · 369
제105문 (계속)제1계명에 금한 죄들은 무엇인가? · 374
제105문 (계속)제1계명에 금한 죄들은 무엇인가? · 377

제106문 제1계명에 있는 '나 외에는' 이라는 말에서 우리는 특별히 무엇을 가르침 받는가? · 381

제107문 제2계명은 무엇인가? · 384

제108문 제2계명에서 요구된 의무는 무엇인가? · 384

제108문 (계속)제2계명에서 요구된 의무는 무엇인가? · 387

제109문 제2계명에서 금지된 죄는 무엇인가? · 391

제109문 (계속)제2계명에서 금지된 죄는 무엇인가? · 395

제109문 (계속)제2계명에서 금지된 죄는 무엇인가? · 398

제110문 제2계명을 더 잘 지키게 하려고 여기에 어떠한 이유가 부가되었는가? · 403

제111문 제3계명은 무엇인가? · 406

제112문 제3계명에 요구된 것은 무엇인가? · 407

제113문 제3계명에서 금지된 죄는 무엇인가? · 410

제113문 (계속)제3계명에서 금지된 죄는 무엇인가? · 413

제113문 (계속)제3계명에서 금지된 죄는 무엇인가? · 418

제113문 (계속)제3계명에서 금지된 죄는 무엇인가? · 422

제114문 제3계명에 어떠한 이유가 첨부되었는가? · 426

제115문 제4계명은 무엇인가? · 429

제116문 제4계명에서 요구되는 것은 무엇인가? · 429

제117문 안식일 혹은 주일을 어떻게 거룩히 지킬 수 있는가? · 435

제118문 왜 가장과 기타 윗사람들에게 안식일을 지키라 특별히 명령하였는가? · 438

제119문 제4계명에서 금지된 죄는 무엇인가? · 441

제120문 제4계명을 더욱 더 잘 지키게 하려고 어떠한 이유가 부가되어 있는가? · 443

제121문 제4계명의 첫머리에 왜 '기억하라' 는 말이 있는가? · 446

제13과 다른 사람을 향한 의무에 대한 하나님의 뜻 · 451

제122문 사람에 대한 우리의 의무를 포함하는 나머지 여섯 가지 계명의 대강령은 무엇인가? · 451

제123문 제 오계명은 무엇인가? · 453

제124문 제5계명에 있는 부모는 누구를 뜻하는가? · 453

제125문 왜 윗사람들을 부모라 칭해야 하는가? · 454

제126문 제 오계명의 일반적 범위는 무엇인가? · 455

제127문 아랫사람들이 윗사람들에게 어떻게 존경을 표시해야 할 것인가? · 456

제128문 아랫사람들이 윗사람에 대하여 범하는 죄는 무엇인가? · 459

제129문 아랫사람들에 대하여 윗사람들에게 요구되는 것은 무엇인가? · 460

제130문 윗사람들의 죄란 무엇인가? · 464

제131문 동등자들의 의무는 무엇인가? · 468

제132문 동등자들끼리의 죄는 무엇인가? · 470

제133문 제5계명을 잘 지키도록 부가된 이유는 무엇인가? · 471

제134문 제 육계명은 무엇인가? · 473

제135문 제6계명에 요구된 의무는 무엇인가? · 473

제135문 (계속)제6계명에 요구된 의무는 무엇인가? · 477

제136문 제6계명에서 금지된 죄는 무엇인가? · 480

제137문 제7계명은 무엇인가? · 484

제138문 제7계명에서 요구되는 의무는 무엇인가? · 484

제139문 제7계명에서 금지된 죄는 무엇인가? · 484

제140문 제8계명은 무엇인가? · 491

제141문 제8계명에 요구된 의무는 무엇인가? · 491

제142문 제8계명에서 금지된 죄는 무엇인가? · 496

제143문 제9계명은 무엇인가? · 501

제144문 제9계명에서 요구되는 의무는 무엇인가? · 501

제145문 제9계명에서 금지된 죄는 무엇인가? · 505

제145문 (계속)제9계명에서 금지된 죄는 무엇인가? · 508
제145문 (계속)제9계명에서 금지된 죄는 무엇인가? · 510
제145문 (계속)제9계명에서 금지된 죄는 무엇인가? · 514
제145문 (계속)제9계명에서 금지된 죄는 무엇인가? · 518
제146문 제10계명은 무엇인가? · 520
제147문 제10계명에 요구된 의무는 무엇인가? · 520
제148문 제10계명에서 금지된 죄는 무엇인가? · 524
제149문 하나님의 계명들을 완전하게 지킬 수 있는 사람이 있는가? · 525

제14과 인간의 타락의 상태 · 529

제150문 하나님의 법의 모든 범죄가 본질적으로 그리고 하나님 보시기에 동등하게 흉악한가? · 529
제151문 어떤 죄를 다른 죄보다 더 흉악하게 만드는 가중요인이란 무엇인가? · 532
제151문 (계속)어떤 죄를 다른 죄보다 더 흉악하게 만드는 가중요인이란 무엇인가? · 535
제151문 (계속)어떤 죄를 다른 죄보다 더 흉악하게 만드는 가중요인이란 무엇인가? · 540
제151문 (계속)어떤 죄를 다른 죄보다 더 흉악하게 만드는 가중요인이란 무엇인가? · 543
제151문 (계속)어떤 죄를 다른 죄보다 더 흉악하게 만드는 가중요인이란 무엇인가? · 547
제151문 (계속)어떤 죄를 다른 죄보다 더 흉악하게 만드는 가중요인이란 무엇인가? · 550
제152문 모든 죄는 하나님의 손에서 무엇을 받기에 합당한가? · 552

제15과 회개, 믿음, 말씀의 사용 · 557

제153문 하나님의 법을 위반했기 때문에 우리가 당연히 받아야 할 그의 진노와 저주를 피하기 위하여, 하나님께서 우리에게 요구하는 것은 무엇인가? · 557

제154문 그리스도께서 자기 중보의 혜택을 그 몸 된 교회에 전달하시는 외적 방편은 무엇인가? · 559

제155문 말씀이 어떻게 구원에 유효하게 되는가? · 562

제156문 하나님의 말씀은 모든 사람이 읽어야 하는가? · 565

제157문 하나님의 말씀을 어떻게 읽어야 하는가? · 568

제158문 하나님의 말씀은 누가 설교할 수 있는가? · 575

제159문 설교하기로 부름을 받은 사람들은 하나님의 말씀을 어떻게 설교해야 할 것인가? · 580

제159문 (계속)설교하기로 부름을 받은 사람들은 하나님의 말씀을 어떻게 설교해야 할 것인가? · 582

제160문 설교를 듣는 자들에게 요구되는 것은 무엇인가? · 585

제16과 성례의 사용 · 591

제161문 성례가 어떻게 구원의 유효한 방편이 되는가? · 591

제162문 성례란 무엇인가? · 594

제163문 성례의 요소는 무엇인가? · 600

제164문 신약에서 그리스도께서 몇 가지 성례를 제정하셨는가? · 600

제165문 세례란 무엇인가? · 603

제166문 누구에게 세례를 베풀게 되는가? · 608

제167문 우리의 세례를 어떻게 잘 효용할 수 있는가? · 612

제168문 성찬이란 무엇인가? · 616

제169문 성찬식을 통하여 그리스도께서 떡과 포도주를 어떻게 주고받으라고 명하셨는가? · 619

제170문 성찬에 합당하게 참여하는 사람들은 어떻게 그리스도의 살과 피를 먹는가? · 622

제171문 성찬의 성례를 받고자 하는 사람은 성찬에 참여하기 전에 어떠한 준비를 해야 하는가? · 627

제172문 자신이 그리스도 안에 있는지 혹은 성찬에 합당한 준비가 되어 있는지 의심하는 자도 성찬식에 참여할 수 있을까? · 630

제173문 신앙을 고백하며 성찬을 받고 싶어 하는 자에게 성찬을 못 받게 할 수 있는가? · 634

제174문 성찬식 거행 시에 성례를 받는 자에게 요구되는 것은 무엇인가? · 640

제175문 성찬의 성례를 받은 후에 그리스도인들의 의무는 어떠한 것인가? · 643

제176문 세례와 성찬은 어떠한 점에서 일치하는가? · 645

제177문 세례와 성찬의 성례는 어떠한 점에서 다른가? · 646

제17과 기도 · 649

1. 기도의 본질 · 649

제178문 기도가 무엇인가? · 649

2. 누구에게 기도해야 하는가? · 652

제179문 우리는 하나님께만 기도해야 하는가? · 652

제180문 그리스도의 이름으로 기도한다는 것은 무슨 뜻인가? · 655

제181문 우리는 왜 그리스도의 이름으로 기도해야 하는가? · 658

제182문 성령께서는 어떻게 우리의 기도를 도우시는가? · 661

제183문 우리는 누구를 위하여 기도할 것인가? · 664

제183문 우리는 누구를 위하여 기도해야 하는가(계속)? · 667

제184문 우리는 무엇을 위하여 기도해야 할 것인가? · 669

제185문 우리는 어떻게 기도해야 하는가? · 673

제186문 하나님께서는 기도의 의무에 관한 지시로 어떠한 법칙을 주셨는가? · 679

제187문 주기도문은 어떻게 사용하여야 할 것인가? · 681

제188문 주기도문은 몇 부분으로 구성되어 있는가? · 685

제189문 주기도문의 서언은 우리에게 무엇을 가르치고 있는가? · 685

제190문 첫 기원에서 우리는 무엇을 기도하는가? · 689
제191문 둘째 기원에서 우리는 무엇을 위해 기도해야 하는가? · 693
제191문 (계속)둘째 기원에서 우리는 무엇을 위해 기도해야 하는가? · 697
제192문 셋째 기원에서 우리는 무엇을 위하여 기도하는가? · 703
제193문 넷째 기원에서 우리는 무엇을 위하여 기도하는가? · 707
제194문 다섯째 기원에서 우리는 무엇을 위하여 기도하는가? · 711
제194문 (계속)다섯째 기원에서 우리는 무엇을 위하여 기도하는가? · 714
제194문 (계속)다섯째 기원에서 우리는 무엇을 위하여 기도하는가? · 717
제195문 여섯째 기원에서 우리는 무엇을 위하여 기도하는가? · 722
제195문 (계속)여섯째 기원에서 우리는 무엇을 위하여 기도하는가? · 725
제195문 (계속)여섯째 기원에서 우리는 무엇을 위하여 기도하는가? · 728
제195문 (계속)여섯째 기원에서 우리는 무엇을 위하여 기도하는가? · 731
제195문 (계속)여섯째 기원에서 우리는 무엇을 위하여 기도하는가? · 734
제196문 주기도문의 결론은 우리에게 무엇을 가르치는가? · 736

[서문]

나는 작고한 존 머레이(John Murray) 교수님이 *Blue Banner Faith and Life* 잡지를 세상에 존재하는 최고의 정기간행물이라고 교수하시는 이야기를 들었다. 그때부터 나는 충실한 독자가 되었고 그렇게 함에 있어서 이 양질의 간행물의 편집장이 요하네스 게르할더스 보스(Johannes Geerhardus Vos) 목사님이라는 사실을 알게 되었다. 내 견해로는 이 정기간행물에 그가 기고한 가장 훌륭한 글 가운데 하나가 바로 웨스트민스터 대요리문답의 연구 시리즈였다.

보수적인 장로교회의 감독된 나 같은 사람은 "성경에 교훈된 교리적 체계를 담고 있는" 세 가지 문서 가운데 하나인 이 대요리문답을 "인정하고 채택할 것"이 요구되었다. 그러나 이러한 대요리문답이 소요리문답이나 웨스트민스터 신앙고백서와 비교해서 매우 홀대받는다는 것은 일반적인 상식과도 같다. 그 이유 가운데 하나는 이 요리문답을 주해하고 해설해 놓은 훌륭한 해설서가 소량에 불과했기 때문이다. 본래 1731년 토마스 릿질리(Thomas Ridgeley)의 작품의 재판이 내가 알고 있는 유일한 해설서이며 어떤 이유에서인지 보스의 본 작품과 같이 대중적으로 거의 사용할 수 없게 되었다.

따라서 본인은 보스 박사의 미망인 되시는 메리온 보스(Marion Vos)께서 본 작품을 편집할 것을 격려한 사실과 개혁주의 북미장로교회총회출판국이 본서의 출판을 허락해 준 것을 대단히 감사하게 생각한다. 우리 전능하신 여호와 하나님께서 *Blue Banner Faith and Life*를 접하지 못하는 많은 교사들이 이 요리문답을 연구할 때 큰 복을 내려주시기를 소원하는 바이다!

[웨스트민스터 대요리문답 개론]
W. Robert Godfrey

1908년, 워필드 박사는 "웨스트민스터 표준 문서의 후기 역사에 있어서 대요리문답은 상대적으로 적은 관심을 받았다"는 평가를 내렸다.[1] 장로교 단체에 있어서의 소요리문답의 탁월함과 그 영향에 비교해볼 때, 대요리문답은 실로 냉담한 반응을 얻고 있다. 적어도 미국에 있어서 대요리문답은 장로교의 유산으로 언급되지 않고 있으며, 연구하지도 않는다. 이러한 현상은 전혀 새로운 것은 아니다. 17세기로부터 지금까지 대요리문답보다는 소요리문답이 훨씬 더 큰 주목을 받아왔다. 프란시스 비티(Francis Beattie)는 한 세기 전에 이렇게 논평했다. "대요리문답의 강해에 관한 한, 릿질리의 『신학의 체계』 Body of Divinity가 있으며, 대요리문답을 직접적으로 다룬 작품은 몇 되지 않는다."[2] 사실상 1731-33년에 인쇄된 토마스 릿질리(Thomas Ridgeley)의 두 권으로 된 이 작품이 대요리문답에 초점을 맞춘 유일한 작품으로 보인다. 과연 대요리문답에 대한 이러한 홀대는 정당화될 수 있는가?

1. 대요리문답의 준비와 목적

웨스트민스터 종교회의는 1643년 영국과 스코틀랜드 사이에 맺어진 엄숙동맹 서약에 근거해 있다. 이 서약의 제1항은 우리는 "세 왕국[영국, 스코틀랜드, 그리고 아일랜드]에 산재한 하나님의 교회들을 위하여 신앙과 고백의 일치, 교회 정치형태의 일치, 예배 모범과 요리문답의 일치를 가져올 것을 노력해야만 한다"고 선언하고 있다. 뿐만 아니라 제1항은 계속해서 이렇게 선언한다. "우리와 우리 후손들이 형제로서 믿음과 사랑 가운데 살고 우리 주님께서 기쁨으로 우리

---

1) B. B. Warfield, *The Westminster Assembly and Its Work* (New York: Oxford University Press, 1931), 64.
2) Francis R. Battie, "Introduction," *Memorial Volume of the Westminster Assembly, 1647-1897*, 2nd ed. (Richmond, Va.: Presbyterian Committee of Publication, 1897), xxxvi.

가운데 거하시기를 소원하는 바이다."³⁾ 확실히 요리문답서의 준비는 동맹에 있어서 중대한 목표였던 것이다.

웨스트민스터 종교회의는 요리문답을 준비하는 책임을 심각하게 인식했으며, 따라서 이 작업을 수행할 위원회를 임명했다.⁴⁾ 위원회의 토론 내용을 완전히 다 재구성할 수는 없지만 그들이 논의한 몇몇 논쟁점들은 우리가 익히 알고 있는 것들이다. 위원회는 문답의 규칙서⁵⁾를 제안했고 요리문답 저술을 위한 여러 가지 다양한 접근법을 논의했다. 허버트 팔머(Herbert Palmer)는 요리문답의 초안을 제출했는데 그가 영국에서 현존하는 가장 최고의 요리문답 연구가였음에도 불구하고 그의 초고는 위원회 모두를 만족시키지 못했다. 또한 위원회는 역사적으로 볼 때, 요리문답서의 중심적 특징이었던 사도신경 강해를 요리문답서에 포함시킬지 말지를 토론했다.⁶⁾ 사도신경이 성경처럼 영감된 문서가 아니기 때문에 위원회는 이러한 주제를 포함시키지 않을 것을 결의했다.

위원회는 1647년 1월 한 개 대신 두 개의 요리문답서를 만들 것을 결정했다.⁷⁾ 이 결정은 위원회의 작업을 단순화하고 정리하는데 큰 도움을 주었을 것이다. 그 이후 위원회의 요리문답 작성은 급진전을 보았다. 1647년 1월 14일, 웨스트민스터 총회는 "위원회가 준비한 두 개의 요리문답, 즉 방대한 문답과 좀 더 단순한

---

3) *The Confession of Faith* (Glasgow: Free Presbyterian, 1966), 359에서 인용함.
4) 이 위원회의 구성원들과 이들이 어떻게 이 작업을 수행했는지에 대해서는 Alexander F. Michell, *The Westminster Assembly: Its History and Standards* (Philadelphia: Presbyterian Board of Publication, 1884), 409ff.; Warfield, *The Westminster Assembly*, 62ff.; and Givens B. Strickler, "The Nature, Value, and Special Utility of Catechism," *Memorial Volume*, 121ff를 참조하라.
5) Bonert Baillie, *The Letters and Journals of Robert Baillie*, ed. David Laing (Edinburgh: Robert Ogle, 1841), 2:148. "이 규칙서에서 기도 문제에 대해서는 모든 위원들이 동의했다. 당대 영국 최고의 설교자인 마샬은 설교에 대하여 최고의 요리문답가인 팔머는 요리문답에 대하여 썼지만 그것이 만족스럽지는 못했다. 따라서 우리는 그들의 문서를 우리 지성에 맞게 다시 수정해야만 했다."
6) Mitchell, *The westminster Assembly*, 416.
7) 4월에 접어들어서 웨스트민스터 종교회의의 대요리문답 토론이 시작되었고 그해 10월에 관주 성경을 제외한 대요리문답이 완성되었다. 하나의 단일 요리문답을 만들기

문답의 초안'의 발의를 채택했다.[8] 조지 길레스피(George Gillespie)는 대요리문답이 "분별력을 소유한 자들"을 위한 것이라고 평가했고 스코틀랜드를 대표한 위원들은 대요리문답이 "더 정확하고 포괄적"이라고 평가했다. 그들은 "우유와 고기를 한 접시에 담아 먹이는 것은 매우 어려운 일"임을 인식했던 것이다.[9] 따라서 분명히 대요리문답은 좀 더 신앙이 성숙한 자들을 위한 요리문답인 것이다.

그렇다면 이 대요리문답은 어떻게 사용되어야 하는가? 확실히 대요리문답은 신앙의 충실한 내용을 받아들일 준비가 되어 있는 자들의 연구와 성장을 도와주기 위해 집필되었다. 스코틀랜드 교회 총회는 1648년에 대요리문답을 승인하면서 "이런 종류의 요리문답서는 신앙의 기초와 근거에 대한 숙달된 지식을 제공"한다고 평가했다.[10]

필립 샤프는 웨스트민스터 총회가 대요리문답에 대한 또 다른 목적을 염두에 두고 있었다고 주장한다. 그는 웨스트민스터 총회가 "대륙에 있는 개혁주의 교회들의 전통과 관습에 따라 강단에서 성도들을 위한 강해와 주해의 목적으로 대요리문답"을 준비했다고 기록했다.[11] 샤프의 이런 주장은 흥미를 자아내는 것이긴 하지만 그의 각주나 다른 이들의 증거에 비추어 볼 때 지지를 받지 못하는 주장이다. 샤프는 아마도 대영제국의 교회들로 하여금 대륙의 개혁주의 교회들과 일치하기를 바라는 웨스트민스터 총회의 일반적 목적 때문에 이렇게 주장했을 것이다. 그래서 웨스트민스터 총회가 제네바와 독일 그리고 화란의 개혁주의 교회들의 설교에서 발견되는 종류의 요리문답을 작성했다고 주장하는 것이다. 그러

위한 본래의 노력에 대한 재구성에 대해서는 Wayne R. Spear, "The Unfinished Westminster Catechism," appendix A in *To Glorify and Enjoy God: A Commemoration of the 350th Anniversary of the Westminster Assembly*, ed. John L. Carson and David W. Hall (Edinburgh: Banner of Truth, 1994), 259-66을 참조하라.

8) Cited in John Murray, "The Catechism of the Westminster Assembly," *Presbyterian Guardian*, December 25, 1943, 362.
9) Quotations from Mitchell, *The Westminster Assembly*, 418.
10) Cited from *The Confession of Faith*, 128.
11) Philip Schaff, *Creeds of Christendom*, 3 vols. (Grand Rapids: Baker, 1977), 1:784.

나 이런 주장은 빈약하며, 웨스트민스터 총회의 다른 결정들과도 배치된다. 예를 들면, 하나님에 의해서 영감되지 않았기 때문에 사도신경 강해를 포함시키지 않았던 총회의 결정은 영감되지 않은 요리문답서를 교회 내에서 교육용으로 쓰겠다는 것을 전혀 지지하지 않기 때문이다. 또한 『예배모범』 *Directory for the Publick Worship of God*에 기록된 설교에 관한 것 역시 샤프를 반대하는 내용이다. "통상적으로 설교문의 주제는 성경 본문의 것이 되어야 하며 그것은 몇 가지 원리 또는 신앙의 항목들을 포함하며, 특별한 상황에 적절한 것이어야 한다. 설교자는 합당하다고 여겨지는 때에 성경 몇 장을 강해할 수 있으며, 시편과 성경의 각 권을 설교할 수 있다."[12] 다음과 같은 글로 미루어볼 때, 토렌스(T. F. Torrance)는 설교자들을 위한 요리문답의 목적을 샤프보다는 더 적절하게 표현한 것 같다. "대요리문답은 주로 매 주일마다 개혁주의 신앙의 교훈을 위한 목회자들의 규칙서로 제정되었다."[13]

2. 대요리문답의 가치

대요리문답의 목적이 이미 기독교 신앙을 소유한 자들의 교육을 위한 것이라면, 어떤 방법으로 그 목적을 성취하는지를 질문할 필요가 있다. 오늘날의 교회를 위한 대요리문답의 가치는 무엇인가?

무엇보다도 요리문답의 가치는 대요리문답이 묘사하는 몇 가지 탁월한 교리의 요약에서 나타난다. 예를 들면, 제70-77문답은 개혁주의 칭의교리와 성화교리에 관한 탁월한 진술이다. 제77문답은 이 두 가지 진리의 관계를 매우 간결하고도 강력한 방식으로 제시한다.

---

12) Cited from *The Confession of Faith*, 379.
13) Thomas F. Torrance, *The School of Faith* (New York: Harper, 1959), 183. 프레드릭 로에스쳐(Fredrik Loetscher) 역시 유사한 언급을 한다. "[대요리문답]은 주로 설교자와 목사의 교훈적 기능을 위한 고백서의 구조로 의도되었다." "The Westminster Formularies: A Brief Description," in *The Westminster Assembly* (Department of History, Office of the General Assembly of the Presbyterian Church in the U.S.A., 1943), 17.

제77문 의롭다 칭하심(칭의)과 거룩케 하심(성화)은 어느 점에서 다른가?

답 비록 거룩하게 하심이 의롭다 하심과 불가분의 관계가 있지만 다른 점이 있다. 곧 의롭다 하실 때 하나님께서 그리스도의 의를 우리에게 돌리시는 반면, 거룩하게 하실 때에는 하나님의 영이 은혜를 주입하시어 신자로 하여금 그 은혜를 인하여 옳게 하시는 능력을 주신다. 전자에서는 죄가 용서되고, 후자에서는 죄가 억제되는 것이며, 전자는 보복하시는 하나님의 진노에서 모든 신자를 평등하게 해방하시되 현세에서 이를 완성하며, 그들이 다시 정죄에 떨어지지 않게 한다. 후자는 모든 신자 간에 평등하지도 않고, 현세에서 결코 완성될 수도 없으며 다만 완성을 향해서 자라날 뿐이다.

둘째로 어떤 요리문답 해설가들은 대요리문답이 몇 가지 교리적 핵심에 있어서 웨스트민스터 신앙고백서의 그것들보다 더 우월하다고 주장한다. 예를 들면, 존 머레이(John Murray)는 대요리문답 제30-32문답에 묘사된 은혜언약은 신앙고백서 제7장 제3항보다 낫다고 주장한다. 그는 계속해서 대요리문답 제22문답이 제시하는 아담의 죄의 전가는 신앙고백서 제6장 제3항의 행위언약의 전가보다 더 뛰어나다고 진술한다.[14]

셋째로 대요리문답은 십계명에 대한 완전하고도 풍성한 주해를 제공한다. 요리문답의 이 부분에 대한 집필은 특별히 청교도 도덕 신학자로 저명한 안토니 터크니(Anthony Tuckney)와 관계되어 있다. 많은 이들은 요리문답의 이 부분이 청교도의 윤리적 사상에 대한 탁월한 개론이라고 믿는다.

그러나 모든 학자들이 전부 다 이 부분을 율법에 대한 탁월한 개혁주의적 표현으로 간주하지는 않는다. 필립 샤프는 이렇게 논평하고 있다. "그것은 신앙고백서에 대하여 특별히 신앙의 윤리적 부분에 대하여 보조적이며 가치 있는 주석의 역할을 한다. 그러나 이것은 십계명을 통하여 하나님께서 무엇을 명하시고

---

14) Murray, "The Catechisms of the Westminster Assembly," 363. 머레이의 글에 묘사된 이 부분은 *Presbyterian Reformed Magazine* 8 (spring 1993): 14에 다시 게재되었다.

무엇을 금하셨는가에 대한 상술의 한계를 초과하며, 광야에서의 세부적인 상황을 놓치고 있다."[15] 토렌스는 샤프보다 더욱 비판적이다. 그는 대요리문답이 "대단히 도덕적인" 반면 율법에 대한 칼빈의 제네바 요리문답이 "더 복음적"이라고 말한다.[16]

이런 비평에도 불구하고 다른 많은 주석가들은 더 긍정적인 평가를 내린다. 예를 들면, 프레드릭 로에스쳐(Fredrik Loetscher)는 이렇게 쓰고 있다. "특별히 훌륭한 부분은 율법에 관한 주해이다. 의심의 여지없이 이 부분은 십계명에 무엇이 포함되어 있으며 무엇이 금지되어 있는지를 매우 정교하게 설명해 준다. 다른 그 어떤 작품도 이렇게 훌륭하고 제안적인 신약의 윤리적이며 사회적 교훈을 제공하지 않는다."[17]

그렇다면 대요리문답의 이 부분에 대한 비판들은 정당한 것인가? 이에 대한 하나의 대답으로서 우리는 대요리문답이 소요리문답보다 율법 부분에 대해서 더 적은 분량을 차지하고 있다는 것을 지적할 수 있다(이 개론 마지막에 있는 도표 1을 참조하라).[18] 도덕주의라는 비판이 정말 사실이라면, 그것은 대요리문답보다 소요리문답이 더 도덕주의의 대상이 되어야 할 것이다.[19]

그러나 더 특별히 대요리문답의 십계명의 주해가 매우 상세하고 예리하기는 하지만 그것이 하찮거나 교묘한 문제들에 빠지지는 않는다. 뿐만 아니라 그것이 율법주의를 지향하지도 않는다. 십계명 강해는 십계명에 요약된 인간의 도덕적 책임에 있어서 칼빈의 모범을 따르고 있다. 이 부분에 있는 많은 질문들은 꽤

---

15) Schaff, *Creeds of Christendom*, 1:786.
16) Torrance, *The School of Faith*, xviii.
17) Loetscher, "The Westminster Formularies," 17.
18) 도표 1을 보라. 율법에 대한 질문의 비율은 소요리문답이 더 높지만 그 차지하는 분량은 소요리문답이 33%인 반면 대요리문답은 35%이다.
19) 토렌스는 소요리문답도 도덕주의라고 비판한 바 있다(*The School of Faith*, xvi). 그러나 토렌스는 이런 비판에 대한 근거 즉 소요리문답과 대요리문답이 율법에 대해 주해하는 그 비율을 감안한 근거를 전혀 제시하지 않는다. 도덕주의는 일반적으로 그것에 어느정도의 관심이 주어졌는가가 아니라 율법의 행위로 말미암는 칭의의 방식으로 정의되는 것이다.

길다. 하지만 두 가지를 제외한 모든 계명들은 전부 다 3개 혹은 4개의 질문으로 구성되어 있다. 청교도들의 견해의 중요성과 17세기 안식일주의의 논쟁적 성격에 비추어볼 때, 7개의 질문으로 구성된 제4계명이 가장 긴 것은 전혀 놀랄 일이 아니다. 아마 놀랄 일이 있다면 11개의 질문으로 구성된 제5계명일 것이다. 이러한 장황한 설명은 아마도 웨스트민스터 총회가 진행되던 때의 대영제국의 불안한 사회적 정치적 상황의 반영과 높은 자들을 향한 순종이라는 문제를 상세히 다루어야 했기 때문으로 보인다. 율법에 대한 대요리문답의 주해는 실상 경건한 삶을 추구하는 신자들의 유익을 위한 계명들의 의미를 밝혀주기 때문에 묵상과 자기점검을 위한 유용한 기초가 된다.

데이비드 웰스(David Wells)는 최근 대요리문답에 표현된 기독교 신학에 기초한 기독교 윤리의 통합과 완성을 격찬한 바 있다. 웰스는 과거의 위대한 신학에 "세 가지 본질적 국면"이 있다고 말한다. "그것은 (1) 고백적 요소, (2) 이 고백에 대한 묵상, 그리고 (3) 앞서 언급한 두 가지 요소에 근거한 덕의 계발이다."[20] 그는 계속해서 이렇게 설명한다. "세 번째 요소, 즉 생활의 덕은 신학자들의 중점적 사역의 대상이 되지 않았다. 이것은 종종 가톨릭신학과 비교해 볼 때, 개신교 신학의 상당한 약점으로 제기되어 왔다. 그러나 청교도주의는 삶의 미덕이 개신교 신학에 없어서는 안될 것으로 늘 강조해 왔다."[21] 대요리문답에 나타난 율법에 대한 논의는 가장 예리한 방식으로 미덕을 계발할 것을 요구하며, 신학자들과 신자들을 생동감있게 격려해 준다.

넷째로, 대요리문답의 가치는 교회론의 제시에 있다. 대요리문답은 정말 충만한 교회론을 제시한다. 반면 소요리문답은 거의 이 문제에 대해 침묵하고 있다. 알렉산더 미첼(Alexander Mitchell)은 이 주제에 관계해서 소요리문답에 대해 이렇게 말한다.

---

20) David Wells, *No Place for Truth* (Grand Rapids: Eerdmans, 1993), 98.
21) *Ibid.*, 99n. 4.

소요리문답이 철저하게 칼빈주의적 요리문답임은 의심의 여지가 없지만, 그것은 교회의 권징과 재판, 교회의 감독들에 대해서는 아무것도 말해주지 않는다. 아니 소요리문답은 교회의 정의 즉 대요리문답과 신앙고백서가 그렇게 하는 것처럼 그것이 유형적인지 무형적인지 조차 설명해주지 않는다. 소요리문답은 단지 "누구에게 세례를 베풀것인가?" 라는 질문에 대답하면서 교회를 잠시 언급할 뿐이다.[22]

그러나 미첼은 이것을 약점이 아니라 강점으로 보았다.

그것은 그들이 추구했던 단순성으로 미루어볼 때, 부가적이며 본질적이지 않은 문제들을 제거하고자 했기 때문으로 보인다. 그것들은 단순히 외면적 공동체로서의 기독교 조직에 관계된 모든 것들로서 한편으로는 건전한 개신교 감독교회들과 다르고 다른 한편으로는 약간 불건전한 다른 종파들과 다른 문제에 관한 것들이었다. 그들의 최고의 관심사와 노력은 영국 전역에 훈련받고 있는 청소년들을 위한 충실하고도 가치 있는 요리문답을 만드는 것이었다.[23]

그러나 교회론은 "부가적이거나 비본질적인 것"이 전혀 아니다. 웨스트민스터 총회의 그 어떤 신학자들도 교회론을 중요하지 않은 문제로 취급하지 않았다. 소요리문답에 나타난 교회론의 부재는 토렌스가 잘 표현하듯이 "구원과 그리스도인의 삶"[24]을 추구하는 "구도자"[25]를 돕기 위한 목적을 반영한다. 웨스트민스터

---

22) Mitchell, *The Westminster Assembly*, 432. 다른 이들도 이 문제를 지적하고 있다. 토마스 릿질리는 대요리문답에 관한 그의 작품 서두에서 이렇게 말한다. "대요리문답은 우리가 설명하고 제정하고자 했던 문제에 있어서 더 광범위하다. 왜냐하면 그것은 소요리문답이 다루지 못한 몇 가지 신학적 주제들을 포함하고 있기 때문이다." Thomas Ridgeley, A Body of Divinity, ed. J. M. Wilson (New York: Carter, 1855), 1:2 토렌스 역시 교회론에 대해 침묵하고 있는 소요리문답에 대해 말한 바 있다. *The School of Faith*, xvi.
23) Mitchell, *The Westminster Assembly*, 432.
24) Torrance, *The School of Faith*, xvi.
25) *Ibid.*, 262.

총회는 대요리문답이 교회론과 같이 소요리문답이 다루지 않는 주제들을 다룸으로써 소요리문답을 보충하고자 의도했던 것이다.

대요리문답이 소요리문답을 보충하고자 했던 이러한 의도는 율법에 대한 주해 이전에 나타난 모든 부분들을 통해 분명히 보여진다.[26] 소요리문답 제37문과 38문은 그리스도의 죽음과 부활을 통한 혜택들에 대해 말하는 한편, 대요리문답 제82-90문답은 혜택들이 아니라 그리스도와의 "영광 가운데의 교제"에 대해 언급하고 있다. 더욱 놀라운 것은 대요리문답이 "무형교회"를 위한 영광의 교제를 말하고 있는 반면 소요리문답은 "신자들"의 혜택에 대해 말하고 있다는 것이다. 소요리문답은 의도적으로 개인에 초점을 맞추고 있는 반면 대요리문답은 더욱 기독교 공동체에 초점을 맞추고 있는 것이다.

3. 대요리문답의 교회론

소요리문답에서 교회론을 제거하고자 한 결정은 요리문답에 입문하는 신자들로 하여금 대요리문답에 나타난 더욱 상세한 설명을 연구하게 하기 위함이었던 것으로 해석할 수 있다. 만일 대요리문답이 이런 방식으로 기능하지 못한다면 그곳에는 심각한 태만이 존재하게 될 것이다. 교회론은 참된 칼빈주의에 있어서 본질적인 요소이기 때문이다.

실제로 교회론이라는 독특한 교리는 칼빈주의 신학의 정수라 할 수 있다. 칼빈주의는 교회를 이해함에 있어서 발생할 수 있는 두 가지 극단적인 오류를 막아주는 기독교의 형식이다. 한편으로 그것은 직무와 성례 그 자체가 자동적으로 하나님의 은혜를 나타내준다는 성례적 기독교의 형태를 배격한다. 다른 한편으로 그것은 외적인 은혜의 방편이 불필요하다고 생각하는 개인적이며 비밀스러운 기독교의 형태를 배격한다. 신자의 어머니로서의 교회라는 기관은 참된 칼빈주의에 있어서 본질적인 것이다.

---

26) 대요리문답은 크게 두 부분으로 구성된다. 하나는 믿음에 대한 부분(제6-90문답), 그리고 다른 하나는 의무에 대한 부분(제91-196문답)이다. 소요리문답은 정확히 이런 방식으로 분류할 수는 없지만 대요리문답과 동일한 순서를 따르고 있다.

존 칼빈(John Calvin)은 그의 『기독교강요』에서 교회의 구심성을 매우 분명하게 밝히고 있다. 넓은 의미에서 제1권은 성부와 창조에 대하여, 제2권은 성자와 구속의 성취에 대하여, 제3권은 성령과 구속의 개인적 적용에 대하여 그리고 제4권은 성령과 교회를 통한 구속에 관한 것이다. 칼빈은 다음과 같은 말로 제4권을 시작한다.

> 우리가 복음을 믿음으로 말미암아 그리스도께서는 우리의 그리스도가 되시고, 우리는 그가 가져오신 구원과 영원한 부에 참여하게 된다. 그러나 우리의 믿음을 일으키고 키우며 목적지까지 전진시키려면 무지하고 태만한(또 경박한) 우리들에게는 외적인 도움이 필요하기 때문에, 하나님께서는 이 약점에 대비해서 필요한 보조 수단도 첨가하셨다. 그리고 복음전파가 활발하게 전개되도록 이 보물을 교회에 맡기셨다. 목사와 교사들을 임명하셔서(엡 4:11) 그들의 입을 통하여 자기 백성을 가르치게 하셨으며, 그들에게 권위를 주셨고 끝으로 신앙의 거룩한 일치와 올바른 질서를 위해서 도움이 될 만한 것은 하나도 빠뜨리지 않으셨다[27]

실제로 제4권은 『기독교강요』에서 가장 긴 부분(전체 3분의 1이 넘는다)이며, 교회와 성례에 모든 부분을 할애하고 있다.[28] 교회 중심성에 대한 이러한 칼빈의 헌신은 다양한 개혁주의 표준문서에 표현되어 있다. 예를 들면, 벨직 신앙고백서는 교회가 참된 신앙의 보전을 위해 교회가 필요하다고 말한다.[29] 웨스트민스터 신앙고백서는 유형 교회 밖에서는 "통상적인 구원의 가능성이 없다"고 선언한다.[30]

---

27) John Calvin, *Institutes of the Christian Religion*, ed. J. T. McNeill, trans. Ford Lewis Battles, 2 vols. (Philadelphia: Westminster Press, 1960), 4:1:1.
28) 제4권 마지막 장만 교회나 성례가 아닌 민간정부에 대해 논하고 있다.
29) Belgic Confession, article 30. 도표 1에 나타난 교회 부분을 참조하라.
30) Westminster Confession of Faith, 25.2.

이러한 개혁주의 교회론은 대요리문답에 상세하게 표현되었다. 대요리문답에서 교회에 대한 언급은 매우 다른 여러 정황들 속에서 나타난다. 그리스도의 사역에 관한 논의에서 교회는 그의 사랑의 대상으로 언급되었다. 그리스도는 "그의 교회의 왕"이시며, "교회를 향한" 선지자이시다. 그리스도는 "그의 교회를 모으시고 변호"하시며, "그의 몸된 교회의 구주"이시다.[31] 율법에 대한 주해에서도 교회에 대한 언급을 포함한다. 제2계명은 교회의 예배와 통치에 있어서의 순수함을 요구한다.[32] 제5계명은 교회의 권위에 대한 적절한 순종을 요구한다.[33] 율법에 대한 요약부분에서 교회 권징에 대한 불순종은 그 죄를 더욱 가중시키는 것으로 묘사되었다.[34] 성례에 대한 6개의 질문에서도 교회를 언급하고 있으며, 성례가 교회 안에서 교회를 위해 제정되었으며, 교회의 권위 하에 시행될 것을 강조한다.[35] 대요리문답의 기도 부분에서도 교회를 위한 기도를 세 번이나 언급하고 있다.[36]

대요리문답의 교회에 대한 정의의 주된 요소는 유형교회와 무형교회의 구분에 있다.[37] 유형교회는 그들의 자녀들과 함께 그리스도를 고백하는 모든 신자들이다. 무형 교회는 그리스도와 함께 연합하고 교통을 나누며 또 앞으로 나누게 될 모든 택자들이다.

유형교회와 무형교회의 독특한 구분은 하나님께서 통상적인 방법으로 죄인을 구원하시는 외면적인 수단과 구원받은 자들이 누리는 구원의 내적인 실재에 대한 구분이다. 유형교회가 갖는 "특권은 하나님의 특별한 보호와 관리 밑에 있는 것과, 모든 적의 반항에도 불구하고 모든 시대에 있어서 보호를 받으며 보존되는 것들이다. 또한 성도의 교통과 구원의 방편과 복음의 역사로 오는 은혜의 초청이다. 곧 교회의 모든 회원들에게 누구든지 그를 믿으면 구원을 얻고 그에게

---

31) Larger Catechism, questions 42-43, 54, 60.
32) Ibid., question 108.
33) Ibid., question 124.
34) Ibid., question 151.
35) Ibid., questions 162, 164-66, 173, 176. .
36) Ibid., questions 183-84, 191.
37) 특별히 Larger Catechism, questions 61-65를 보라.

오는 자를 한 사람도 버리지 않으시겠다고 증언하시는 그리스도에 의한 은혜의 초청을 누리는 것이다."[38] 무형교회는 유형교회에서 실제로 구원에 참여하는 자들을 포함한다.

개혁주의 신학에 있어서 "구원의 통상적인 방편들"은 하나님의 구속경륜에 있어서 치명적으로 중요한 요소이다. 소요리문답과 대요리문답 모두 이것을 분명히 하고 있다. 소요리문답은 이 부분에 대해서 매우 강력하다. 하나님께서는 "그리스도께서 우리에게 구속의 은택을 베푸시는 모든 외면적인 은혜의 방편들을 부지런히 사용"할 것을 요구하신다.[39] 대요리문답 역시 동일한 방식으로 이 외면적 방편들을 가리켜 "구원의 통상적인 방편들"이라고 부른다.[40]

소요리문답은 구원의 방편에 대한 취급이 상대적으로 간략하다. 소요리문답은 제2계명을 설명하면서 예배와 성찬의 중요성에 대해 간략하게 진술한다.[41] 그것은 또한 방편으로서의 말씀(특별히 설교)과 성례와 기도에 대해 설명한다.[42] 대요리문답이 구원의 방편에 관계된 이 질문들을 더 상세하게 설명하는 것은 전혀 놀라운 일이 아니다. 대요리문답은 또한 하나님의 규례들에 대해서도 더욱 구체적이다. 예를 들면, 제2계명을 논하면서 대요리문답은 예배와 규례들을 언급한 후 구원의 방편에 대한 의무에 대해 이렇게 구체적으로 설명한다. "그리스도의 이름으로 드리는 기도와 감사이며, 말씀을 읽고 전함과 들음이며, 성례의 거행과 받음이며, 교회 정치와 권징, 성역과 그것의 유지, 종교적 금식, 하나님의 이름으로 맹세하는 것과 그에게 서약하는 것이다."[43]

---

38) Larger Catechism, question 63.
39) Shorter Catechism, questions 85; 또한 question 88을 보라.
40) Larger Catechism, questions 61-65.
41) Shorter Catechism, question 50.
42) Shorter Catechism, question 88. 소요리문답은 이 세 가지 방편들을 제89-107문에서 다루고 있다. 말씀에는 2개의 질문, 성례에는 7개의 질문, 그리고 기도에는 10개의 질문이 할당되어 있다.
43) Larger Catechism, question 108.

소요리문답, 대요리문답이 모두 구원의 외적인 방편에 대해 논하고 있다. 하지만 대요리문답의 방편들은 교회와 결합되어 있는 반면 소요리문답은 그렇지 않다. 예를 들면, 대요리문답에는 목회 사역의 목적이 수차례 언급되어 있는 반면[44], 소요리문답에는 단지 설교에 대한 것만 암시적으로 언급되어 있을 뿐이다.[45] 확실히 대요리문답은 교회론과 구원의 외적인 방편에 관한 한 소요리문답에게 필요한 중대한 내용들을 제공하고 있는 셈이다.

4. 믿음에 관한 성숙한 요약

대요리문답의 가장 궁극적이며 중요한 가치는 그것이 기독교 신앙에 있어서 구체적이며 균형 있고 교육적인 요약이라는 것이다. 대요리문답은 하나님의 진리의 지식 안에서 자라가는 신자들에게 유용하며 가치 있는 보조교재이다. 이 요리문답은 읽고 이해하는데 전혀 어렵지 않다. 실상 대요리문답은 그 표현에 있어서 신앙고백서보다 훨씬 단순하다(예를 들면, 하나님의 작정에 대해서 "제2원인에 대한 자유또는 우발성"에 대해 언급하고 있는 신앙고백서 3장 1절과 그렇지 않은 대요리문답 제12문을 비교해보라). 대요리문답을 사용함에 있어서 유일한 어려움은 현대의 독자들을 움츠리게 만드는 그 문장의 길이에 있을 뿐이다. 실상 한 번에 한 구절씩 공부하는 것이 훨씬 더 쉬울 것이다

웨스트민스터 총회는 많은 부분에 있어서 정말 위대한 업적을 남겼다. 그들이 생산해 낸 표준문서는 그리스도의 교회에 있어서 가장 위대한 보물 가운데 하나이다. 대요리문답은 그 보물 가운데 중대한 한 부분을 차지하고 있으며, 만일 개혁주의 전통의 교회들, 특별히 장로교회들이 이것을 사용하지 않는다면 그들에게는 곧 영적 빈곤이 뒤따를 것이다.

한 세기 이전 웨스트민스터 종교회의 총회를 기념하는 자리에서 기븐스 스트릭클러(Givens Strickler)는 이렇게 말했다. "모든 교회에 그들을 수시로 대적하는 모든 비난들을 대항하여 싸울 수 있는 사람들이 많이 있음을 볼 때, 왜 우리

---

44) *Ibid.*, questions 108, 156, 158, 176, 191.
45) Shorter Catechism, question 89.

교단의 목회자들과 감독관들이 주의 백성들에게 이 위대한 교리들을 가르치지 못하는가? 우리가이 일을 반드시 수행하지 않는 한 우리는 결코 성공하지 못할 것이다."[46] 오늘날 교회들은 지난 수세기에 비교해볼 때 더욱 엄청난 교육적 사명에 직면해 있다. 교리적 무지가 만연해 있으며, 목사들과 교사들은 종종 편리하고 효과적인 연구 교재들을 선호한다. 이에 대해서 오늘날의 교회들은 지난 과거의 위대한 교육적 자원들을 필요로 해야 한다. 오늘날의 교회들이 홀대하고 있는 대요리문답은 오히려 신자들을 도와 생명력 있고 균형 잡힌 기독교 신앙과 생활을 발전시킬 수 있는 절대적으로 필요한 교재이다.

도표 1. 네 가지 개혁주의 요리문답서에 나타난 여러 가지 주제들

	칼빈의 제네바 문답 (374문답)	하이델베르그 요리문답 (129문답)	웨스트민스터 소요리문답 (107문답)	웨스트민스터 대요리문답 (196문답)
그리스도와 그의 사역	59(15.8%)	31(24%)	11(10.3%)	27(13.8%)
계명에 대하여	102(27.1%)	24(18.6%)	43(40%)	59(30%)
기도에 대하여	64(17%)	14(10.9%)	10(9.3%)	19(9.6%)
성령에 대하여	78(20.7%)	17(13.2%)	7(6.5%)	17(8.7%)
성령에 대한 명백한 언급	34(9.1%)	30(23.3%)	10(9.3%)	36(18.4%)
교회라는 단어의 사용	22(5.9%)	6(4.7%)	1(0.9%)	26(13.2%)

---

46) *Memorial Volume*, 136-37.

[역자서문]

오늘날 불신자는 말할 것도 없고 신자들마저도 신조와 교리를 무시한다. 많은 사람들은 교리가 한국교회 분열의 원인이라고 생각하기도 한다. 이런 혼란이 발생한 원인은 신학적 엄밀성을 싫어하는 시대적 풍조도 있겠지만 "신조는 필요 없고 성경만 있으면 되고, 교리는 필요 없고 예수님만 있으면 된다"는 식의 극단적인 사고방식 때문이다. 그들은 성경만으로 충분할 뿐, 신조나 교리라는 것은 인간이 만들어 성경에 덧붙인 인간적 산물이라고 생각한다. 오늘날 실로 많은 이들이 바로 "교리 없는 기독교"의 사상에 물들어 있는 것이다.

그렇다면 정말 신조와 교리는 불필요한 것인가? 결코 그렇지 않다. 그런 주장을 하는 사람들치고 올바른 성경해석을 견지하거나 예수님을 올바로 믿는 일이 오히려 더 적다. 위의 주장과는 반대로 우리가 신조와 교리를 홀대하고 무시한다면 그 결과는 참혹할 것이다. 그런 교회나 신자는 모두 제멋대로 믿고 제멋대로 생각하며 제멋대로 행동한다. 오늘날 많은 그리스도인들이 성경의 원칙을 어기고 이혼하는 숫자가 늘고 있으며 교회 안에도 노조를 조직하고자 하는 것은 이를 반증하는 요소들이다. 아마도 교리 무용론을 주장한 결과에 대한 가장 비극적인 기록은 "사람이 각각 그 소견에 옳은 대로 행했던" 사사시대일 것이다 (삿 21:15). 오늘날 우리 시대도 사사 시대와 별반 다르지 않다. 바로 여기에 신조와 교리가 필요한 중대한 이유가 있는 것이다.

역사적으로 교회는 이러한 성경적 원리 하에 성경이 가르치고 믿는 바를 신조를 통해 요약해왔다. 그 유명한 웨스트민스터 표준문서들(신앙고백서, 대요리문답, 소요리문답, 교회정치, 예배모범)을 포함한 여러 가지 역사적 신조와 신앙고백, 그리고 요리문답들이 바로 그것이다. 교회가 요약한 신조와 신앙고백들은 성경의 중요한 교리들을 요약해서 신자의 믿음을 증진시킬 뿐만 아니라 오류를 바로잡고 이단의 공격에 맞서 진리를 수호하는 중대한 역할을 해 왔다. 신조는 무엇보다도 성경의 교훈들을 요약해 주고, 성경의 올바른 이해에 도움을 주며, 거짓된 교훈과 생활을 막아주는데 있어서 공적 표준으로서의 방패가 된다. 따라서 신조가 없이는 신앙과 생활의 순결을 지켜 나감에 있어서 치명적인 약점을 가지게 되는 것이다. 기독교회는 이러한 신조와 신앙고백들을 통하여 순수성을 보전해왔고 적들의 공격을 효과적으로 막아냈으며, 하나님의 참된 교회의 모습을 드러내 왔다.

만일 신조와 교리가 필요 없고 성경으로만 충분하다면 설교를 해서도 안되며 성경을 교리적으로 교훈해서도 안되고 그냥 성경만 읽어야 한다. 그러나 성경은 우리에게 강력한 어조로 설교를 명하고 있으며(딤후 4:2), 바른 교훈에 착념할 것을 명령하고 있다(딤후 4:3). 이로 볼 때, 신조는 필요 없으며, 성경만으로 충분하다고 주장함으로 신조와 교리 무용론에 동조하는 것은 현대의 교회를 세속화와 타락 그리고 혼합주의로 몰고 가려는 사단의 또 다른 전술전략에 놀아나는 것과 다름없는 일이다.

요리문답(Catechism)이란 문자 그대로 묻고 답하는 형식으로 구성된 신앙교육의 한 형태이다. 그렇다면 요리문답이란 우리가 믿는 신앙의 여러 항목(articles)들에 관한 성경적 진리의 조직적 진술을 묻고 답함으로 이루어지는 교리교육이라 할 수 있다. 1643년 7월 1일에 영국의회의 명령에 의해 개회된 웨스트민스터 종교회의에서 두 권의 개혁주의 요리문답서를 완성했다. 그 하나가 소요리문답이요, 다른 하나가 대요리 문답이다. 웨스트민스터에 모인 신학자들과 목사들의 관심사는 하나의 요리문답을 만드는 것이었다. 그러나 목사들과 목사 후보생들의 신앙교리 교육에 관심이 고조된 가운데 요리문답을 대요리문답과 소요리문답으로 나누어 집필하게 되었고 대요리문답을 목사들과 신학생들 그리고 성인들의 교리 교육서로 소요리문답을 어린이들과 학생들의 교리교육으로 정했다.

1907년 대한예수교 장로교회가 12신조를 작성할 때 한국교회는 웨스트민스터 신앙고백서와 표준문서들을 한국 장로교회의 신앙고백으로 채택했다. 당시 한국교회는 웨스트민스터 신앙고백서와 요리문답에 대해 다음과 같이 평가하고 있다. "웨스트민스터 신도개요서와 성경 대요리 및 소요리문답은 성경을 밝히 해석한 책으로 인정한 것인즉 우리 교회와 신학교에서 마땅히 가르칠 것으로 알며, 그 중에 성경 교리 문답은 우리 교회 문답 책으로 채용하는 것이다." 그렇다면 1907년부터 한국에 있는 모든 장로교회는 대요리 및 소요리문답을 교회에서 가르쳐야 할 의무와 책임이 있는 것이다.

대요리문답이나 소요리문답을 공부할 가치에 대해서는 아무리 강조해도 지나치지 않다. 뿐만 아니라 소요리문답 강해보다 더욱 풍부하고 상세한 해설이 담겨 있는 본서는 독자들의 피상적인 성경이해나 신앙생활을 탈피하게 하여 뿌리 깊은 신앙으로 인도하기에 손색이 없을 것이다. 그러므로 본서는 가르치는 자와 가르침을 받는 자 모두에게 꼭 필요한 책이 아닐 수 없다(갈 6:6). 목사와 신학생들과 모든 그리스도인들뿐만 아니라 신학자들에게도 훌륭한 필독서가 될 것이다.

그렇다면 독자들이여 "tole lege!" "집어 들어 읽으라!"

웨스트민스터 대요리문답 구조

by Jeffrey K. Boer

1 A. "사람의 제일 되고 가장 높은 최고의 목적은 하나님을 영화롭게 하며, 영원토록 그를 온전히 즐거워하는 것이다!"(대요리문답 제1답)
2 A. 하나님의 계시는 이것을 더욱 구체화 한다. (2-196)
  1 B. 하나님의 일반적인 나타나심과 특별 계시가 비교됨 (2)
  2 B. 특별계시의 해설 (3-196)
    1 C. 하나님의 특별계시를 구성하는 것은 무엇인가? (3-4)
    2 C. 성경이 주요하게 교훈하는 것은 무엇인가? (5-196)
      1 D. 사람이 하나님에 대해서 어떻게 믿어야 할 것 (6-90)
        1 E. 하나님은 누구신가? (7)
        2 E. 하나님의 신격 (8-11)
        3 E. 하나님의 작정 (12-13)
        4 E. 하나님의 작정의 실행 (14-90)
          1 F. 하나님의 창조 (15-17)
          2 F. 하나님의 섭리 (18-90)
            1 G. 천사를 향한 하나님의 섭리 (19)
            2 G. 사람을 향한 하나님의 섭리 (20-90)
              1 H. 타락 이전의 사람을 향한 하나님의 섭리 (20)
              2 H. 인간의 타락 (21-22)
              3 H. 타락 이후의 사람을 향한 하나님의 섭리 (23-90)
                1 I. 타락 이후의 사람의 상태 (23-29)
                  1 J. 인간의 죄악 상태 (24-26)
                  2 J. 인간의 비참한 상태 (27-29)
                    1 K. 이 세상에서의 죄의 심판 (28)
                    2 K. 오는 세상에서의 죄의 심판 (29)

2 I. 타락 이후의 하나님의 은혜 (30-88)
  1 J. 하나님의 은혜 언약 (30-32)
  2 J. 하나님의 은혜 언약의 시행 (33-35)
    1 K. 구약시대 (34)
    2 K. 신약시대 (35)
  3 J. 은혜 언약의 중보자 (36-45)
    1 K. 하나님의 독생자이신 그리스도께서 어떻게 사람이 되셨는가? (37)
    2 K. 중보자는 왜 하나님이셔야 하는가? (38)
    3 K. 중보자는 왜 사람이어야 하는가? (39)
    4 K. 중보자는 왜 하나님과 사람이어야 하는가? (40)
    5 K. 중보자는 왜 "예수"라고 불리는가? (41)
    6 K. 중보자는 왜 "그리스도"라고 불리는가? (42-45)
      1 L. 그리스도는 어떻게 선지자인가? (43)
      2 L. 그리스도는 어떻게 제사장인가? (44)
      3 L. 그리스도는 어떻게 왕이신가? (45)
  4 J. 중보자의 사역 (46-56)
    1 K. 예수님의 비하 사역 (46-50)
      1 L. 수태와 탄생의 비하 (47)
      2 L. 삶의 비하 (48)
      3 L. 사망의 비하 (49)
      4 L. 사망 이후의 비하 (50)
    2 K. 예수님의 승귀 사역 (51-56)
      1 L. 부활의 승귀 (52)
      2 L. 승천의 승귀 (53)
      3 L. 하나님 우편에 좌정하심의 승귀 (54)
      4 L. 신자를 위한 도고의 승귀 (55)
      5 L. 심판 날의 재림의 승귀 (56)

5 J. 그리스도의 은혜 언약을 묵상함의 혜택: 은혜 언약의 수여자
        (57-88)
      1 K. 우리가 어떻게 수여자가 되는가? (58)
      2 K. 수여자는 누구인가? (59-88)
        1 L. 유형교회를 향한 혜택들 (62-63)
        2 L. 무형교회를 향한 혜택들 (64-88)
          1 M. 그리스도와의 연합을 위한 유효적 소명 (65-69)
          2 M. 칭의 (70-73)
          3 M. 양자 (74)
          4 M. 성화 (75-78)
            1 N. 결정적 성화론 (76)
            2 N. 성화와 칭의의 비교 (77)
            3 N. 점진적 성화론 (78)
          5 M. 참된 신자의 견인 (79)
          6 M. 구원의 보증 (80-81)
          7 M. 그리스도와의 영광중의 교통 (82-88)
            1 N. 이생에서의 교통 (83)
            2 N. 사망 중의 교통 (84-85)
            3 N. 사망 이후의 교통 (86)
            4 N. 부활 중의 교통 (87)
            5 N. 부활 이후의 교통 (88)
    3 I. 마지막 심판 (89-90)
      1 J. 악인의 심판 (89)
      2 J. 의인의 심판 (90)
  2 D. 하나님께서 사람에게 요구하시는 의무: 하나님의 계시된 뜻에 대한
      순종 (91- 196)
    1 E. 타락 이전의 하나님의 계시된 뜻으로서의 도덕법 (92)
    2 E. 도덕법의 정의 (93)

3 E. 타락 이후의 도덕법의 사용 (94-97)

  1 F. 모든 사람을 향한 도덕법의 사용 (95)

  2 F. 중생하지 않은 자를 향한 도덕법의 사용 (96)

  3 F. 중생인을 향한 도덕법의 특별한 사용 (96)

4 E. 십계명에 요약된 도덕법 (98-148)

  1 F. 십계명의 올바른 이해를 위한 법칙들 (99)

  2 F. 십계명 해설 (100-148)

    1 G. 서언 (101)

    2 G. 첫 네 계명의 요약 (102-21)

      1 H. 제1계명 (103-106)

        1 I. 요구된 의무 (104)

        2 I. 금지된 죄 (105)

        3 I. 첨가된 이유 (106)

      2 H. 제2계명 (107-110)

        1 I. 요구된 의무 (108)

        2 I. 금지된 죄 (109)

        3 I. 첨가된 이유 (110)

      3 H. 제3계명 (111-114)

        1 I. 요구된 의무 (112)

        2 I. 금지된 죄 (113)

        3 I. 첨가된 이유 (114)

      4 H. 제4계명 (115-21)

        1 I. 요구된 의무 (116-118)

          1 J. 주의 날을 어떻게 거룩하게 지킬 것인가? (117)

          2 J. 높은 지위에 있는 자들의 특별한 책임 (118)

        2 I. 금지된 죄 (119)

        3 I. 첨가된 이유 (120)

        4 I. 기억하라는 단어의 중요성 (121)

3 G. 마지막 여섯 계명의 요약 (122-148)

  1 H. 제5계명 (123-133)

    1 I. "아버지"와 "어머니"는 모든 윗사람을 포함함 (124-125)

    2 I. 아랫 사람과 윗 사람과 동등자의 의무와 죄 (126-132)

      1 J. 아랫 사람은 윗 사람을 공경해야 함 (126-127)

      2 J. 윗 사람을 대항하는 아랫 사람의 죄 (128)

      3 J. 아랫 사람을 행해 윗 사람에게 요구되는 것 (129)

      4 J. 윗사람의 죄 (130)

      5 J. 동등자의 의무들 (131)

      6 J. 동등자의 죄들 (132)

    3 I. 첨가된 이유 (133)

  2 H. 제6계명 (134-136)

    1 I. 요구된 의무 (135)

    2 I. 금지된 죄 (136)

  3 H. 제7계명 (137-139)

    1 I. 요구된 의무 (138)

    2 I. 금지된 죄 (139)

  4 H. 제8계명 (140-142)

    1 I. 요구된 의무 (141)

    2 I. 금지된 죄 (142)

  5 H. 제9계명 (143-145)

    1 I. 요구된 의무 (144)

    2 I. 금지된 죄 (145)

  6 H. 제10계명 (146-148)

    1 I. 요구된 의무 (147)

    2 I. 금지된 죄 (148)

5 E. 하나님의 계명을 완전히 지키는 자는 아무도 없음 (149)

6 E. 어떤 죄는 다른 죄보다 더 사악함 (150-151)

7 E. 모든 죄는 하나님의 진노를 받기에 마땅함 (152)
8 E. 하나님께서 그의 진노를 피하기 위해 요구하시는 것(153-196)
  1 F. 회개 (153a)
  2 F. 믿음 (153b)
  3 F. 은혜의 외적인 수단의 부지런한 사용 (153c-196)
    1 G. 말씀의 사용 (155-160)
      1 H. 말씀 독경 (156-157)
        1 I. 누가 읽어야 하는가? (156)
        2 I. 어떻게 읽어야 하는가? (157)
      2 H. 말씀 설교 (158-160)
        1 I. 누가 설교해야 하는가? (158)
        2 I. 어떻게 설교해야 하는가? (159)
        3 I. 설교말씀을 듣는 자들에게 요구되는 것은 무엇인가? (160)
    2 G. 성례의 사용 (161-177)
      1 H. 성례는 어떻게 구원의 효과적인 방편이 되는가? (161)
      2 H. 성례의 정의 (162)
      3 H. 성례의 부분 (163)
      4 H. 계시된 성례의 수 (164)
      5 H. 세례의 성례 (165-167)
      6 H. 성찬 (168-175)
        1 I. 성찬의 의미 (168-170)
        2 I. 성찬의 적절한 준수 (171-175) 、
      7 H. 세례와 성례의 일치점과 차이점은 무엇인가? (176-177)
    3 G. 기도의 사용 (178-196)
      1 H. 기도의 원리들에 대한 설명 (178-185)
      2 H. 기도의 특별한 규칙: 주기도문 (186-196)
        1 I. 주기도문은 어떻게 사용되어야 하는가? (187)
        2 I. 주기도문 해설 (188-196)

1 J. 서언 (189)
2 J. 첫째 기원 (190)
3 J. 둘째 기원 (191)
4 J. 셋째 기원 (192)
5 J. 넷째 기원 (193)
6 J. 다섯째 기원 (194)
7 J. 여섯째 기원 (195)
8 J. 결언 (196)

PART 1

사람이 반드시 믿어야 할 것

제1과
근본적 교리

제1문 사람의 제일 되며 가장 높은 최고의 목적은 무엇인가?
  답 사람의 제일 되며 가장 높은 최고의 목적은 하나님을 영화롭게 하며, 영원토록 그를 온전히 즐거워하는 것이다.

1) 관련성구
- **계 4:11:** 만물이 하나님의 기쁘신 뜻대로 창조되었다.
- **롬 11:36:** 만물이 하나님을 위하여 존재한다.
- **고전 10:31:** 무슨 일을 하든지 하나님을 영화롭게 하는 것이 우리의 의무이다.
- **시 73:24-28:** 하나님께서는 우리가 어떻게 하나님을 영화롭게 하고 그 영광 안에서 즐거워할 수 있는지를 교훈하신다.
- **요 17:21-24:** 우리의 가장 큰 존재 목적은 영광중에 계신 하나님을 즐거워하는 것이다.

2) 해설
(1) 이 질문 가운데 목적(end)이라는 단어는 무엇을 의미하는가?
그것은 어떤 것이 존재하는 용도를 의미한다.

(2) 철저한 진화론자가 제1문답에 동의할 수 있다고 보는가?
아니 그럴 수 없다. 왜냐하면 그는 인간이 짐승이라는 조상으로부터 우연히 진화했다고 믿기 때문에 철저한 진화론자는 사람이 제일 되며 가장 높은 최고의 목적이 하나님을 영화롭게 하고 그를 영원토록 즐거워하는 것이라는 사실에 동의하지 못한다. 그러므로 진화론자는 인류가 인류 그 자체 밖에 있는 그 어떤 목적으로도 존재할 수 없다고 믿는 것이다. 그러나 이들 중에는 진화가 하나님의 창조의 한 방법이라고 생각하는 소위 '유신론적 진화론자들'이 있다. 그러나 그들의 주장은 일관성이 없다. 왜냐하면 창조에는 존재하는 만물의 기원이 있기 마련인데 진화론은 이미 어떤 것이 존재하며 그것으로부터 다른 형태로 발전한다는 가정 하에 출발하고 있기 때문이다. 따라서 철저한 진화론자는 하나님의 순전한 능력에 의한 창조를 믿을 수 없으며 그 결과 인류가 자신이 아닌 하나님을 위해 존재한다는 사실조차도 용납할 수 없는 것이다.

(3) 다음과 같은 진술에는 어떤 오류가 있는가? "사람의 제일 되고 가장 높은 최고의 목적은 행복을 추구하는 것이다."

이 진술이 무엇을 의도하는 지는 잘 모르지만 적어도 인간의 삶의 목적이 인간 내부에 있다는 것을 의미한다. 그러나 이러한 진술은 만물이 하나님 자신의 영광을 위하여 창조되었기 때문에 그 만물이 하나님을 위해 존재한다는 성경의 교훈과 조화될 수 없다. 인간의 제일 되는 목적이 행복을 추구하는 것이라고 말하는 것은 성경의 하나님 신앙과는 완전히 배치되는 것이다. 물론 인간의 참된 행복은 그의 참된 목적인 창조주 하나님을 영화롭게 하고 그분을 즐거워하는 것임을 인식한 결과 발생하는 것이다.

(4) 다음과 같은 진술에는 어떤 오류가 있는가? "사람의 제일 되고 가장 높은 최고의 목적은 만인의 행복을 추구하는 것이다".

이러한 진술은 우리가 방금 논했던 것과 동일한 오류와 관계된 진술이다. 왜냐하면 이 진술 역시 인간 삶의 목적이 인간 내부에 있다고 주장하기 때문이다. 이 진술과 위에 논했던 진술과의 차이는 다음과 같다. 이 진술은 인간의 행복이나 복지가 곧 일반적 의미에서 전 인류의 삶의 진정한 목적이라고 보지만 전자의 진술은 인간 개인의 행복이 곧 인간 삶의 목적이라는 것뿐이다. 그러나 이 두 가지 진술 모두 창조주이시자 모든 만물의 궁극적인 목적이 되시는 하나님을 선포하는 성경적 교훈과는 정 반대되는 진술들이다. 이 두 진술들은 "인간이 만물의 척도이다"라는 세속적인 이교도 사상과 본질적으로 동일한 진술이다. 왜냐하면 현대의 삶은 광범위한 부분에 있어서 이러한 잘못된 사상에 영향을 받고 있는데 이것은 본질적으로 기독교적인 사상이 아니라 이교도적인 사상이기 때문이다. 심지어 오늘날에는 일부 교회들도 이러한 이교도적인 관점에 마음을 빼앗겨 "민주주의적 하나님"에 대해 논하곤 한다.

(5) 대요리문답은 왜 하나님을 영화롭게 하는 것을 즐거워하는 것보다 먼저 두었는가?

왜냐하면 인간의 목적의 가장 중요한 요소가 바로 하나님을 영화롭게 하는 것이며 하나님을 즐거워하는 것은 엄밀히 말하면 하나님을 영화롭게 하는 일에 종속되어 있는 것이기 때문이다. 신앙생활에 있어서 우리는 언제나 하나님을 영화롭게 하는 일을 가장 강조해야 한다. 이런 일을 행하는 자들은 누구라도 진정으로 금세에서 그리고 내세에서도 하나님을 즐거워할 것이다. 그러나 하나님을 영화롭게 하는 일과 상관없이 하나님을 즐거워하는 사람은 인간이 하나님을 위해 존재하는 것이 아니라 하나님이 인간을 위해 존재하는 분이라고 가정하는 위험에 노출된다. 하나님을 영화롭게 하는 것보다 하나님을 즐거워하는 것을 더 강조하는 것은 그릇된 신비적이며 감성적인 형태의 신앙을 양산하게 될 것이다.

(6) 그렇다면 왜 모든 인류가 하나님을 영화롭게 하는 일을 떠나서는 참된 행복을 추구할 수 없는가?

왜냐하면 참된 행복이란 우리가 지음 받은 목적 즉 하나님을 영화롭게 하고 그 하나님을 즐거워하는 일을 수행하기 위한 의식적인 행동에 좌우되기 때문이다. 하나님께서 인간을 창조하신 목적에 맞추어 의식적으로 살아가려는 행동이야 말로 인간의 영광이다. 그 목적에 헌신하고자 하는 의식적인 삶을 떠난다면 그곳에는 진정하고 심원하며 만족할만한 행복이 없는 것이다. 이는 어거스틴이 그의 고백록에서 잘 밝히고 있는 다음과 같은 말에서 잘 드러나고 있다. "오 하나님, 당신께서는 당신을 위하여 우리를 지으셨습니다. 그러므로 우리 영혼은 당신 안에서 참되게 안식하기 전까지는 진정으로 안식할 수 없습니다."

제2문 하나님이 계시다는 사실은 어떻게 나타나는가?

답 인간 안에 있는 본성의 참된 빛과 하나님의 피조물들이 명백하게 하나님이 계심을 선포한다. 그러나 그의 말씀과 성령만이 사람들에게 그들의 구원을 위해서 하나님을 충족하고 효과 있게 계시하신다.

1) 관련성구

- **롬 1:19-20:** 하나님께서는 자연의 빛과 그가 하신 일을 통해 당신을 계시하신다.
- **롬 2:14-16:** 하나님의 법이 인간의 마음에 계시되었다.
- **시 19:1-3:** 하나님은 하늘을 통해 당신을 계시하셨다.
- **행 17:28:** 인간의 삶은 전적으로 하나님께 의존적이다.
- **고전 2:9-10:** 하나님의 자연 계시로 만은 불충분하다. 이 자연계시는 성령을 통한 하나님의 특별계시와 동등하지 않다.
- **딤후 3:15-17:** 성경은 구원을 위한 충분한 계시이다.
- **사 59:21:** 하나님의 말씀과 성령이 언약 백성에게 주어졌다. 이는 모든 인간에게 주어진 자연계시와는 다른 계시이다.

2) 해설

(1) "인간 안에 있는 본성의 참된 빛"은 무엇을 의미하는가?

이는 인간의 지성과 마음에 존재하는 하나님의 자연 계시를 의미한다. 이 "본성의 빛"은 모든 인류가 공통적으로 가지고 있다. 성경이라는 하나님의 특별계시를 전혀 믿지 않는 이방인이라 할지라도 본성상 어느 정도의 하나님에 대한 지식을 소유하고 있으며 어느 정도의 도덕법을 의식하고 있다(롬 2:14-16). 따라서 하나님을 믿는 것은 모든 인류에게 당연한 일이다. 그러므로 오직 "어리석은 자"만이 그 마음에 이르기를 "하나님이 없다" 하는 것이다.

(2) "하나님의 피조물들"은 무엇을 의미하는가?

이 표현은 인간 본성 이외의 하나님의 모든 계시를 의미한다. 이는 작든지 크든지 자연의 모든 영역을 다 포함한다. 가장 큰 망원경으로 관측할 수 있는 빛나는 별들과 하늘 그리고 전자 현미경으로라야 볼 수 있는 가장 작은 입자들까지 모든 자연 만물들은 창조주와 통치자로 존재하시는 하나님을 계시해준다. 하나님의 피조물들은 또한 모든 살아 있는 생명체들과 인간 역사를 통치하시는 하나님의 일하심까지 포함한다. 이 모든 것들이 창조하시고 보존하시고 통치하시는 하나님을 증거한다.

(3) 그렇다면 본성의 빛과 하나님의 피조물들이 인류에게 던져주는 메시지는 무엇인가?

본성의 빛과 하나님의 피조물들은 인류에게 하나님의 존재하심과 영원한 능력과 신성(롬 1:19-20), 영광(시 19:1)과 그의 도덕적 계명(롬 2:14-16)들을 알려준다. 이 하나님의 자연 계시와 뜻은 인류의 죄를 핑계하지 못하게 하기에 충분한 증거들이다(롬 1:20-21).

(4) 이 본성의 빛과 하나님의 피조물들이 던져주는 메시지는 왜 인간의 영적 필요성에 불충분한가?

하나님의 이 자연계시와 뜻은 타락하고 부패한 존재로서의 인간의 영적 필요에 충분하지 못하다. 그 이유는 두 가지이다.

① 인류가 타락하여 죄를 범했을 때, 그의 영적 필요가 바뀌었기 때문이다. 그는 이제 창조된 때보다 더욱 궁핍하고 결핍되었다. 이제 인간은 중보자를 통한 하나님의 은혜로 말미암는 구원이 필요하게 된 것이다. 그러나 본성의 빛과 하나님의 피조물들은 죄로부터의 구원에 대하여 그 어떤 해결책도 제시하지 못한다. 그것들은 결핍된 죄인에게 필요한 복음을 전혀 계시하지 못하는 것이다.

② 인간의 타락은 심지어 본성의 빛과 하나님의 피조물들이 제시하는 메시지조차도 올바로 해석하고 받아들일 능력에 치명적인 손상을 입혔기 때문이다. 인간의 마음과 지성은 죄로 말미암아 어두워졌다(롬 1:21-22). 그 결과 타락한 인간이 하나님의 자연계시를 오해하고 썩어질 우상으로 섬기게 된 것이다(롬 1:23). 이는 거짓 종교를 양산시켰고 도덕적 타락을 야기했다(롬 1:24-32). 그러나 이 모든 결과에도 불구하고 그들은 핑계하지 못할 것이다. 왜냐하면 하나님의 자연계시와 뜻을 이해하지 못하게 된 것은 순전히 그들의 잘못이요 그들의 타락이기 때문이다. 온 인류는 범죄한 행위뿐만 아니라 그 모든 결과까지도 그들 자신이 책임을 져야 하는 것이다.

(5) 그렇다면 우리는 하나님의 완전한 계시와 뜻을 가지고 있는가?

하나님의 자연계시 이외에 우리는 하나님의 초자연적인 계시를 소유하고 있다. 이 초자연적 계시는 오늘날 구약과 신약이라는 성경의 형태로만 존재한다. 하나님의 이 초자연적 계시는 종종 특별계시라고 불린다. 이 계시는 인간에게 자연법을 따라 주어진 것이 아니라 성령 하나님의 이적적인 사역을 통해 주어졌기 때문에 초자연적 계시라 불린다(벧후 1:21).

(6) 하나님의 자연계시와 성경이라는 형태의 계시의 주요한 차이는 무엇인가?

① 자연계시는 모든 사람들에게 예외 없이 주어졌지만 성경계시는 성경이 도달하는 사람들에게 제한적으로 주어졌다.
② 전자는 사람들이 평계치 못하는 계시이지만 후자는 구원에 충분한 계시이다.
③ 성경이라는 형태의 하나님의 계시는 자연계시보다 더 명백하고 명확한 계시이다.
④ 성경이라는 계시는 자연 계시로만은 알 수 없는 하나님과 하나님의 뜻의 많은 진리를 공급해준다.

(7) 성경이라는 형태의 계시가 우리에게 구원에 이르게 하는 지혜가 있는 계시가 되려면 성경 이외에 무엇이 더 필요한가?

성경이 사람으로 하여금 구원에 이르는 지혜가 있게 하려면 성경 이외에 참된 믿음이 필요하다(딤후 3:15; 히 4:2). 이 참된 믿음은 하나님의 성령에 의해 죄인의 마음에 심어지는(엡 1:17-19) 하나님의 선물이다(엡 2:8; 행 16:14). 따라서 죄인이 구원에 이르기 위해서는 성경 이외에 진리의 말씀을 이해하고 수납할 수 있게 만드시는 마음을 비추어주시는 성령의 역사하심이 요구되는 것이다. 그러나 성령께서는 조명하시는 사역을 하심에 있어서 성경에 계시된 것 이외에는 아무것도 계시하시지 않는다. 성령께서는 다만 성경에 이미 계시된 진리의 말씀을 보고 믿게 하실 뿐이다.

제3문 무엇이 하나님의 말씀인가?

답 구약과 신약 성경이 하나님의 말씀이며, 따라서 신앙과 순종의 유일한 규범이다.

1) 관련성구
- **딤후 3:16:** 모든 성경은 하나님의 감동으로 되었다.
- **벧후 1:19-21:** 성경은 사람이 지어낸 것이 아니라 성령의 산물이다.
- **엡 2:20:** 신약의 사도들과 구약의 선지자들이 기독교회의 기초를 세웠다.
- **계 22:18-19:** 신적 기원과 성격과 권위를 가진 성경은 첨가하거나 뺄 수 없는 것이다.
- **사 8:20:** 성경은 믿음과 순종의 표준이다.
- **눅 16:29-31:** 성경을 대체할만한 새로운 계시는 전혀 없다.
- **갈 1:8-9:** 성경에 반하는 것은 어떤 능력이나 매력이 있든지 거부되어야 한다.
- **딤후 3:15-17:** 성경은 신앙과 삶의 유일무이하고도 완전한 법칙이다.

2) 해설

(1) 성경이 거룩한 성경이라고 불리는 것은 왜 합당한가?

왜냐하면 성경이 하나님의 계시이며, 거룩한 교훈을 담고 있으며, 진실한 믿음으로 받아들이기만 하면 거룩한 생명으로 이끌기 때문이다.

(2) 어떤 의미에서 성경이 하나님의 말씀인가?

성경은 문자적 의미에서 분명하고도 명확한 하나님의 말씀이다. 성경은 아무런 제한이 없이 기록된 하나님의 말씀이다. 말하자면, 책으로서의 성경 자체가 하나님의 말씀이며 실제로 기록된 말씀이 모두 하나님의 말씀이다.

(3) 어떤 의미에서 성경은 하나님의 말씀을 담고 있는가?

성경은 하나님의 말씀이 성경을 구성하는 의미에서 하나님의 말씀을 담고 있다. 성경은 두 언약의 말씀, 또는 성경이 66권의 책을 포함하고 있는데 바로 이 모든 말씀이 다 하나님의 말씀이라는 것이다.

(4) 어떤 의미에서 성경이 하나님의 말씀을 포함하고 있다는 진술이 진리가 아닌가?
① 성경이 하나님의 말씀을 일부 포함하고 있고 나머지는 인간의 말이라고 한다면 그것은 진리가 아니다.
② 성경이 실제로 기록된 말씀과 그 안에 포함된 하나님의 말씀 사이에 구별과 차이가 있다고 말한다면 그것 역시 진리가 아니다. 스위스의 신학자 칼 바르트와 그의 추종자들에 의해 유통된 이러한 구분은 성경 자체의 증거와 맞지 않으며, 웨스트민스터 표준문서에 기록된 성경관과도 전혀 일치하지 않는다. 기록된 성경이 실제로 하나님의 말씀이 아니라면 성경은 무오하지 않게 되는 것이다.

(5) 만일 모든 성경이 하나님의 말씀이라면, 그 안에 사단과 악인의 말도 포함되어 있음을 어떻게 설명하겠는가?
성경 안에 있는 사단과 악인의 말은 하나님께서 우리에게 원하시는 교훈을 배우도록 하기 위한 인용구절이다. "하나님이 없다"라는 진술은 그릇된 인간의 진술이다. 그러나 "어리석은 자는 그 마음에 이르기를 '하나님이 없다' 하도다"(시 53:1)는 말씀은 하나님의 진리의 말씀이다. "하나님이 없다"는 말은 어리석은 자의 말이다. 그러나 인용구로서의 어리석은 자를 포함하는 완전한 문장은 하나님의 말씀인 것이다. "가죽으로 가죽을 바꾸오니 사람이 그 모든 소유물로 자기의 생명을 바꾸올지라"는 말은 사단의 거짓말이다. 그러나 "사단이 여호와께 대답하여 가로되 가죽으로 가죽을 바꾸오니 사람이 그 모든 소유물로 자기의 생명을 바꾸올지라"(욥 2:4)는 완전한 문장은 신적으로 영감되고 무오한 하나님의 말씀이다. 우리가 모든 성경이 하나님의 말씀이라고 선언할 때, 그것은 우리가 어느 한 구절이나 한 부분을 성경 본문과 그 정황에서 떼어내서 마치 혼자 독립되어 있는 구절처럼 해석할 수 있다는 것을 의미하지 않는다.

(6) 성경이 우리에게 규칙이 되는 두 가지 범위는 무엇인가?
성경은 우리의 신앙과 순종의 규칙이 된다.

(7) 왜 성경이 우리의 신앙과 순종의 유일한 규범이 되는가?
성경은 우리 신앙과 순종의 유일한 규범이 된다. 왜냐하면 기록된 하나님의 말씀으로서의 성경은 독특하고 무오하며 그것 외에 그 어떤 다른 신앙과 순종의 규범을 견줄 수 있는 것이 없기 때문이다. 물론 이러한 원리가 대요리문답과 같은 종속적인 표준문서를 제외시키지 않는다. 요리문답은 성경이외에 또 다른 규범을 제시하는 것이 아니라 성경이 교훈하는 바를 조직적으로 요약해주는 것이다. 예를 들면, 대요리문답은 오직 성경의 교훈을 신실하게 밝혀주는 한에서만 신앙과 순종의 합당한 규범이 된다. 그러나 그것 자체에는 내재하는 권위가 없다.

(8) 양심이 우리의 신앙과 행위의 지침이 된다는 말은 왜 틀린 진술인가?

인간의 양심은 사람에게 무엇을 믿어야 하며 어떻게 살아야 할지를 말해주지 못한다. 그것은 무엇이 옳으며 무엇이 그릇된 것인지를 말해주지 못한다. 양심은 이미 존재하는 어떤 것이 옳은지 그렇지 않은지에 따라서 사람에게 행동하라고 말해 줄뿐이다. 야만인이 식인풍습을 옳은 것으로 믿고 있다면 그의 양심은 인육을 먹는 그를 책망하거나 비난하지 않을 것이다. 만일 어떤 이가 의사에게 가서 진료를 받고 약을 조제 받으며 안경을 쓰는 것을 그릇된 것으로 간주한다면, 그의 양심은 그가 이런 일들을 행할 때 그를 꾸짖을 것이다. 양심은 오직 사람의 행위가 그의 믿음과 일치하는지를 지시하는 것이다. 그러므로 양심은 그의 믿음이나 신념이 진실한지 그렇지 않은지를 말해주지 못한다. 그러므로 양심은 믿음과 삶의 규범이 되지 못한다.

(9) 만일 성경 이외에 다른 규범을 첨가한다면 우리 신앙과 삶을 위한 성경의 권위에 어떤 결과가 발생하는가?

만일 그렇다면 성경은 두 번째 위치에 놓일 것이요 성경 이외에 다른 것이 우리 신앙과 삶에 실제적인 권위가 될 것이다. 그 어떤 분야에서도 두 가지 최고의 권위를 함께 공유하는 것은 가능하지 않다. 하나가 다른 하나를 해석해주는 표준이 되지 않은 채 두 가지 동등한 권위를 가지는 것은 불가능하다.

(10) 어떤 큰 교회가 성경 이외에 전통을 신앙과 행위의 규범으로 삼는가?

로마 가톨릭 교회이다. 그 결과는 물론 교회의 전통으로 하나님의 말씀을 무효로 만드는 것이다. 왜냐하면 성경에 따라 전통을 해석하는 것이 아니라 전통에 따라 성경을 해석하기 때문이다.

(11) 메리 베이커 에디의 추종자들이 어떻게 성경이 신앙과 삶의 유일한 규범이라는 원리를 위반했는가?

그들은 에디의 저서 『성경과 함께하는 과학과 건강』이라는 책을 성경과 동등한 권위에 놓음으로 그 책이 참된 권위이며 따라서 성경은 폐기하는 결과를 낳았다. "기독교 과학"은 성경과 함께하는 안내서로 사용될 수 없는 것이다.

(12) 퀘이커 교도와 프렌드파는 어떻게 성경이 신앙과 삶의 유일한 규범이라는 원리를 위반했는가?

그들은 자신들의 신비한 "내적 빛"을 신앙과 삶의 원리로 강조함으로 성경의 규범을 위반했다. 세상에는 많은 퀘이커 교도들이 있고 그들은 서로 매우 다르다. 그러나 역사적으로 퀘이커 프렌드파 운동은 "내적인 빛"을 강조했고 그 내적인 빛에 성경을 종속시켰다.

(13) 신약 성경은 구약성경 보다 더 완전하고도 진정한 하나님의 말씀인가?

그렇지 않다. 신약 성경은 우리 주 예수 그리스도와 그의 사도들이 구약성경을 엄밀한 의미에서 완전하신 하나님의 말씀으로 간주했다는 것을 잘 보여주며, 이러한 주된 견해를 일관성 있게 교훈했다.

(14) 어떤 성경책은 그리스도의 말씀을 붉은 색으로 인쇄해 놓았는데 이것은 성경의 다른 말씀들보다 더 진정한 하나님의 말씀인가?

그렇지 않다. 창세기에서 요한계시록까지 전 성경은 모두 다 그리스도의 말씀들이다. 구약성경 역시 모세와 선지자들을 통한 그리스도의 말씀이시다. 그의 초기 사역 중 기록된 그리스도의 말씀들을 포함하고 있는 신약성경은 사도들과 전도자들을 통한 그리스도의 말씀이시다. 그러나 이 말씀들은 비록 성경의 다른 부분들보다 하나님에 의해서 더 직접적으로 말씀하신 것들이지만 그럼에도 불구하고 성경의 다른 부분들보다 더 진정한 하나님의 말씀은 아닌 것이다. 사무엘하 23:1-2; 고린도전서 14:37; 요한계시록 1:1; 22:16을 참조하라.

(15) 만일 우리가 그리스도인의 믿음을 건물로 비유한다면 대요리문답 제3문은 건물의 어떤 부분에 해당한다고 생각하는가?

제3문은 다른 모든 부분들이 세워지는 대요리문답의 기초와도 같다. 때때로 오직 그리스도만이 합법적인 기초가 된다며 이러한 진술에 반대하는 사람들도 있다. 그러나 이러한 반대는 그 의미를 올바로 분석하지 않기 때문에 지지받을 수 없다. 그리스도는 당신의 피와 의로 말미암아 하나님과 우리를 화해시키시는 기초이시다. 그리스도는 그의 종결된 구속 사역과 영광중에 계시는 그의 현재적 높아지심을 통해 교회의 기초가 되신다. 그러나 성경은 하나님의 말씀이며 믿음과 순종의 유일한 규범이라는 원리의 인식은 그 어떤 기독교 교리의 합법적 구성에 있어서도 기초가 되어야 한다.

제4문 성경이 하나님의 말씀이라는 사실은 어떻게 나타나는가?

답 성경은 그 장엄함과 순수함, 모든 부분들의 일치, 모든 영광을 하나님께 돌리는 전체의 의도에 의해서, 그리고 죄인들을 깨닫게 하여 회심시키며 믿는 자들을 위로하고 구원에 이르도록 자라게 하는 그 빛과 능력에 의하여 그 자체가 하나님의 말씀임을 명백하게 나타낸다. 그러나 사람의 마음속에서 성경에 의해서 그리고 성경과 함께 증거하시는 하나님의 성령만이 그것이 하나님의 말씀임을 완전히 설득시킬 수 있다.

1) 관련성구
- 호 8:12; 고전 2:6-7, 13; 시 119:18, 129: 성경의 위대함.
- 시 12:6; 119:140: 성경의 정결함.
- 행 10:43; 26:22: 성경 모든 부분의 일관성
- 롬 3:19, 27: 전체로서의 성경의 범위.
- 행 18:28; 히 4:12; 약 1:18; 시 19:7-9; 롬 15:4; 행 20:32; 요 20:31: 죄인을 회심시키고 성도를 교화하는 성경의 능력.
- 요 16:13-14; 요일 2:20, 27: 마음 안에서 역사하시는 성령의 증거.

2) 해설
(1) 성경의 '장엄함'은 무엇을 의미하는가?
성경의 '장엄함'은 다른 어떤 인간적 작품보다 더 높이고 고양시키는 고결함 또는 장엄한 성격을 뜻한다. 성경 안에는 눈으로 보지 못하고 귀로도 듣지 못하

며 사람의 마음으로도 감찰하지 못하는 오직 하나님께서 그의 성령을 통하여 계시하심으로 모든 것을 감찰하시는 심지어 하나님의 깊은 것까지라도 통달하시는 것이 있다(고전 2:9-10).

(2) 세상의 책 가운데서 성경은 어떤 위치를 차지하는가?

세상의 책 가운데 성경의 위치는 매우 독특하다. 성경은 세상의 그 어떤 책보다 더 많은 언어로 번역되었다. 그 어떤 책보다 더 많이 세상에 인쇄되었다. 문학적인 면에서 평가할 때도 성경은 세상에서 가장 위대한 책으로 인식된다. 그러나 무엇보다도 성경은 그 가르침에 있어서 독특하다. 세상의 수많은 종교의 경전들 가운데 성경에 내재해 있는 장엄함과 위대함에 비교할만한 경전은 없다.

(3) 성경의 '순수함'은 무엇을 의미하는가?

성경의 '순수함'은 참된 하나님의 말씀으로서의 그 성격을 가리키는 말로서 모든 인간적 오류와 불결함에서 자유로운 것을 의미한다.

(4) 그 순수함에 있어서 왜 다른 모든 책은 성경과 동등하지 못한가?

왜냐하면 오직 성경만이 성령의 초자연적인 역사하심의 산물이기 때문이다. 따라서 오직 성경만이 무오하며 오류가 없는 책이다.

(5) 우리는 왜 성경이 완전히 무오한 책이라고 믿는가?

우리는 성경 안에서 조그마한 오류도 찾을 수 없기 때문이 아니라 성경 자체가 모든 오류에서 자유하다고 선포하고 있기 때문에 성경이 무오한 책이라고 믿는 것이다. 성경에 대한 우리의 믿음은 우리 자신의 경험적 사실로부터의 추론이 아니라 성경이 교훈하는 그 교훈 자체이어야 한다. 만일 우리가 성경 안에서 어떤 오류를 발견한다면 그것은 발견자로서의 우리 자신의 문제일 뿐이다. 그러나 만일 성경 자체가 무오함을 선언하고 있음을 인식한다면, 그것은 성경의 교훈에 대한 우리의 관찰이다. 우리는 반드시 지옥과 다른 여러 문제들에 대한 성경의 교훈을 받아들여야 한다. 중대한 사실은 성경 자체가 성경이 무오하다는 것을 선포한다는 것이다. 성경 안에 명백해 보이는 오류에 대해 우리가 풀지 못하는 문제가 남아 있다 하더라도 이러한 문제들은 히브리어와 헬라어 성경 원본 자체가 오류를 포함하고 있지 않는 한 성경 교훈을 무시하거나 제쳐두게 하지 못한다. 만일 성경이 오류가 있다는 것이 증명된다면 모든 주제에 대한 진리의 교사로서의 성경의 진정성은 파괴될 것이다. 우리가 하나님과 인간, 죄와 구원에 대해 선포하는 성경을 신뢰하려면 그 무오성에 근거하여 말씀하고 있는 성경 그 자체를 신뢰해야만 한다.

(6) 성경의 "모든 부분들의 일치"는 무엇을 의미하는가?

성경의 "모든 부분의 일치"는 첫째, 성경에는 전혀 모순이 없으며, 둘째, 성경 모든 부분들의 통일성과 유기성 그리고 조화를 의미한다. 이는 성경이 여러 가지 다른 종류의 사상과 견해들에 대한 각각의 독립적인 저작의 수집이 아님을 뜻한다. 이 성경 여러 부분들의 훌륭한 조화는 모든 인간 저자들의 배후에 신적 저자이신 하나님의 성령께서 계시며, 조화로운 전체를 유지하시기 위해 성령께서 그들을 인도하셨음을 뜻한다.

(7) 성경에는 몇 권의 책이 있으며, 몇 명의 저자가 몇 세기동안 이 책들을 기록했는가?

성경에는 66권이 있다. 이 책들은 40여명의 각기 다른 저자들이 모세부터 사도 요한까지의 약 1,400년 동안 기록했다.

(8) 성경의 일관성은 어떻게 설명될 수 있는가?

성경이 단순히 인간의 저작이라는 이론 하에서는 이 성경의 일관성은 설명되지 않는다. 40명의 저자가 1,400년 동안 66권을 기록했는데 모순이 없다는 것은 있을 수 없는 일이다. 따라서 성경의 일관성은 성경 기록이 진정으로 하나님의 말씀이 되며, 모든 오류와 모순으로부터 자유하게 하시기 위해 모든 성경 기록자들이 성령 하나님에 의해 초자연적으로 감동을 받았다는 사실에 의해서만 설명될 수 있다.

(9) 전체 성경으로서의 "의도"는 무엇인가?

전체 성경의 의도는 하나님께 영광을 돌리기 위함이다. 이런 의미에서 성경은 인간에게 모든 영광을 돌리는 고대나 현대의 모든 이방종교와 다르다.

(10) 왜 모든 영광을 하나님께 돌리는 책이 진정한 책이 되는가?

오직 하나님께서 그것을 기록하도록 명하실수 있기 때문에 그것은 진정한 하나님의 책이다. 악인은 자기 자신을 정죄하며, 모든 영광을 하나님께 돌리는 책을 쓸 수 없다. 또한 선인은 자신들이 주도해서 책을 쓰고 그것을 하나님의 말씀이라고 거짓 증거 할 수도 없다. 만일 그렇다면 그들은 속이는 자가 되고 선인이 될 수 없기 때문이다. 이와 동일한 이유로 마귀도 거룩한 천사도 성경을 쓸 수는 없다. 따라서 오직 하나님께서만이 성경의 유일한 저자가 되시는 것이다.

(11) 성경의 어떤 결과 또는 열매들이 성경이 하나님의 말씀임을 증명하는가?

성경이 하나님의 말씀임을 증명하는 것은 성경을 알고 믿는 곳에서 악과 범죄가 줄어들고 인간의 삶과 재산이 보전되며, 교육이 보급되고 병자들과 불행한 자들 그리고 정신병자들을 돌보는 사랑과 자비의 기관들이 설립되며, 시민권이 존중되고 보장되는 것이다.

(12) 성경이 전혀 알려지지 않은 장소에서의 인간 삶의 상태는 어떠한가?

"대저 땅 흑암한 곳에 강포한 자의 처소가 가득하였나이다"(시 74:20). 성경이 알려지지 않은 곳에서 인간의 삶은 경시되고 불안하며 거짓은 팽배해진다. 인간은 미신의 노예와 두려움으로 살게 된다. 도덕적 부패와 타락은 점점 더 강해진다.

(13) 이미 제시된 증거 이외에 성경이 하나님의 말씀이라는 완전한 확신 또는 확실성을 위해 어떤 증거가 더 필요한가?

이미 논의된 증거들 이외에 우리에게 성경이 하나님의 말씀이라는 완전한 확신을 위해 우리 마음에 역사하시는 성령 하나님의 전능하신 사역이 필요하다. "육에 속한 사람은 하나님의 성령의 일을 받지 아니하나니 저희에게는 미련하게 보임이요 또 깨닫지도 못하나니 이런 일은 영적으로라야 분변함이니라"(고전 2:14). 이미 논의한 증거들은 그것 자체로 모두 유효한 것들이며 아마도 성경이 하나님의 말씀이라는 확신을 제공해 줄 수 있을 것이다. 그러나 우리 마음 속에서 말씀과 함께 증거하시고 역사하시는 이 성령 하나님의 사역은 성경이 하나님의 말씀이라는 완전한 확신과 확실성을 제공해준다.

(14) 왜 고등 교육을 많이 받고 지식수준이 높은 사람일수록 성경이 하나님의 말씀이라는 것을 믿지 않는가?

무엇보다도 먼저 위에 인용한 고린도전서 2:14절이 이 문제에 대한 해답을 제시해준다. 높은 교육을 받은 이 사람들은 마음속에서 역사하시는 성령의 증거가 결핍되어 있다. 이들은 바울이 불렀던 "육에 속한" 사람들이다. 말하자면 아직 중생받지 못한 자들이다. 영적으로 장님이요 따라서 빛을 볼 수가 없다.

(15) 왜 지식과 교육이 사람으로 하여금 성경이 하나님의 말씀이라는 확실성을 믿게 하기 어려운가?

죄인의 마음에는 하나님과 하나님의 진리에 대한 강력한 편견이 작용하기 때문이다. 일반적인 증거들은 자연적이며 편견이 없는 구도자들로 하여금 성경이 하나님의 말씀이라는 사실을 확신시키기에 충분하다. 그러나 실상 자연적이며 편견이 없는 구도자는 많지 않다. 모든 인류가 죄 가운데 타락했기 때문이다. 인간의 마음은 어두워졌고 성경이 하나님의 말씀이라는 사실을 수용하기에는 너무나도 강력한 편견의 소유자들이 되어버렸다. 인간의 마음에 역사하시는 성령의 특별한 사역이 없이는 이 세상에는 단 한 사람의 그리스도인도 존재하지 않을 것이다. 물론 세상에는 성경이 하나님의 말씀이라는 진술에 기꺼이 동의하려는 회심하지 않은 사람들도 있다. 그러나 그들은 진정한 확신에 우러나와서가 아니라 그저 전통이나 관습에 따라 그렇게 하는 사람들이다. 이런 사람들은 성경이 하나님의 말씀이라는 사실을 진정으로 확신하는 자들이 아니다. 이들은 다른 이들의 진정한 영적 믿음의 모습을 풍문으로만 듣고 간접적으로 믿으려 하는 자들일 뿐이다.

제5문 성경은 주로 무엇을 가르치는가?

답 성경은 주로 사람이 하나님에 대하여 무엇을 믿어야 하며, 하나님께서 사람에게 요구하는 의무가 무엇인지를 가르친다.

1) 관련성구

- **딤후 1:13:** 성경은 신뢰할만한 말씀이다.

- 신 10:12-13: 여호와께서 그의 백성들에게 원하시는 것이다.
- 요 20:31: 성경은 믿어야 할 생명의 길이다.
- 딤후 3:15-17: 성경은 신앙과 삶의 완전하고도 온전한 법칙이다.

2) 해설

(1) 성경이 주요하게 가르치는 두 가지는 무엇인가?

성경교훈의 주요한 두 부분은 첫째로 믿어야 할 진리의 말씀에 관한 것과, 둘째로 순종해야 할 의무에 관한 것이다.

(2) 왜 믿음이 의무보다 먼저 언급되었는가?

의무보다 믿음이 먼저 언급되어 있는 것은 열매보다 뿌리가 먼저 나와야 하는 세상 이치와 마찬가지로 그리스도인의 삶에 있어서도 동일한 원리가 적용되기 때문이다. "마음의 생각이 어떠하면 그의 사람됨도 그러한 법"이다. 믿음은 삶을 결정하는 뿌리와도 같다. 그러므로 믿어야 할 진리는 행해야 할 의무보다 먼저 위치해야 하는 것이다.

(3) "기독교는 교리가 아니라 삶"이라는 오늘날의 대중적인 선전 문구에는 무엇이 잘못되었는가?

이러한 말은 오늘날 우리가 살아가는 이 시대에 반만 진리인 매우 교묘한 선전문구이다. 기독교는 "이것 아니면 저것"의 문제가 아니다. 기독교는 "모두 다"의 문제이다. 기독교는 교리가 아니라 삶이라고 주장하는 사람이 있다면 그는 교리가 삶을 대적하며 삶이 교리를 대적한다고 주장하는 사람이다. 이는 오늘날 우리 시대에 팽배해 있는 교리를 혐오하는 사상이 지닌 선입견이다. 물론 성경에 의하면 기독교는 교리와 삶의 체계이다. 더욱이 교리와 삶은 유기적으로 연관되어 있다. 또한 삶은 교리 없이는 존재할 수도 성장할 수도 없다. 결국 뿌리는 매우 중요한 것이다.

(4) 그리스도인의 삶에 있어서 믿음과 행위 중 어떤 것이 더 중요한가? 두 가지 다 모두 중요하다고 말할 수 있는가? 건물과 기초와 지붕 중에 어느 것이 더 중요한가?

의심의 여지 여지없이 세 가지 모두 다 중요하다. 오토바이와 네 바퀴 자동차

중에 어떤 것이 더 중요한가? 각기 고유한 목적이 있기에 모두 다 중요하다. 우리 주님께서도 다음과 같이 말씀하셨다. "예수께서 가라사대 네 마음을 다하고 목숨을 다하고 뜻을 다하여 주 너의 하나님을 사랑하라 하셨으니 이것이 크고 첫째 되는 계명이요"(마 22:37-38). 마음을 다하여 여호와 우리 하나님을 사랑하는 것이 크고 첫째 되는 계명이라고 했다. 따라서 우리는 큰 확신 가운데 진리의 믿음 보다 큰 것은 없다고 말할 수 있을 것이다. 이와 마찬가지로 경건하고도 일관성 있는 삶으로 진리를 아름답게 장식하는 것 역시 동일하게 중대한 일이다.

이제까지 우리는 기초를 형성하고 있는 첫 다섯 가지 대요리문답을 살펴보았다. 각각의 문답은 인간의 삶과 하나님의 존재 그리고 하나님의 말씀에 대해 다루고 있다. 이 서론적 부분을 끝냈기에 이제 우리는 대요리문답을 형성하고 있는 큰 두 부분의 첫째 부분에 와 있다. 그 첫째는 인간이 하나님에 대해서 무엇을 믿을 것과 관련되어 있는 것들이다. 이제 우리는 제6문부터 제90문를 통하여 이 주제를 다루게 될 것이다.

제2과
하나님

제6문 성경은 하나님에 대하여 무엇을 알려 주는가?

  답 성경은 하나님의 본성과 하나님의 위격, 그의 신정(decrees)과 그 시행을 알려 준다.

1) 관련성구
- **히 11:6; 요 4:24:** 하나님은 누구신가?
- **요일 5:7; 고후 13:13:** 삼위일체 하나님.
- **행 15:14-15, 18:** 하나님의 작정
- **행 4:27-28:** 하나님의 작정의 시행.

2) 해설

(1) 성경이 하나님에 대해 계시하는 네 가지 부분은 무엇인가?

① 하나님의 존재 또는 하나님은 누구신가에 관한 부분.

② 성경은 삼위일체 하나님 또는 성부와 성자와 성령 하나님에 대해 무엇을 계시하는가에 대한 부분.

③ 하나님의 작정 또는 우주가 존재하기 이전에 하나님께서 작정하신 계획들에 관한 부분.

④ 하나님의 작정의 시행 또는 창조와 섭리로 당신의 계획을 수행하심에 관한 부분이다.

(2) 우리는 이러한 하나님에 대한 정보를 두 부분으로 어떻게 나눌 수 있는가?

첫째, 하나님의 자신에 대한 정보와 둘째, 하나님의 사역에 대한 부분이 그것이다.

(3) 왜 성경에는 하나님이 존재하신다는 것을 그 어떤 곳에서도 증명하지 않는가?

성경은 하나님께서 세상의 본성과 인간의 마음 그리고 하나님의 자연계시를 통하여 당신의 존재를 계시하셨다(시 19:1; 롬 1:20). 그러나 자연 계시 이외 하나님께서는 하나님의 존재를 증명하기 위한 아무런 시도도 하지 않으신다. 성경 어느 곳에서도 하나님의 존재에 대한 공식적인 논쟁을 제시하지 않는다. 그 대신 성경은 매우 첫 절부터 하나님이 이미 존재하시며 당신의 본질과 성품 그리고 사역에 대해서 선포하신다. 자연과 인간의 마음속에 나타난 하나님의 계시 때문에 인류가 하나님의 존재를 믿는 것은 매우 당연하고 자연스러운 일이다. 성경은 하나님께서 존재하신다는 전제 아래 하나님의 존재에 대한 모든 것을 위대한 논증으로 제시하는 것이다. 이 하나님의 존재에 대한 전제는 자연과 인간의 삶의 수많은 신비를 열수 있는 열쇠와도 같다. 이와는 반대로 만일 하나님께서 존재하지 않으신다는 전제를 해 보라. 그렇게 되면 그 즉시 전 우주와 우리의 삶과 영혼이 불가해한 흑암과 불가사의의 미궁에 빠지게 될 것이다. 하나님께서 이미 존재하신다는 전제 아래 시작하기를 거부하는 사람은 하나님이 없다는 이론이 성경에 제시된 이 전 우주와 인간의 삶의 기원과 그 의미에 대한 더 나은 설명을 제시할 수 있다고 믿는 사람이다. 물론 무신론자와 불가지론자는 이 일을 결코 할 수 없다. 우리가 성경을 따르고 성경이 그렇게 선포하는 것처럼 하나님의 존재를 인정하고 전제한다면 우주의 모든 것들이 하나님의 존재에 대한 강력한 증명이 될 것이다. 왜냐하면 단 한 가지 사실이라도 하나님의 존재를 전제하는 것보다 하나님의 존재를 부정하는 것을 더 잘 설명하고 증명해 줄 수 있는 것은 전혀 없기 때문이다.

(4) 무신론자들의 특징에 대해 성경은 무엇이라 말하는가?

"어리석은 자는 그 마음에 이르기를 '하나님이 없다' 하도다"라고 했다(시 53:1). 하나님의 존재를 부정하는 자는 모든 존재를 다 부정하려는 바보 같은 자이기 때문이다. 우리는 성경에 기록된 "어리석다"는 단어가 도덕적 외고집과 지적 연약과 관계되어 있는 단어임을 기억해야 한다. 미국에서 일평생을 살아간 사람이 미국이라는 정부의 존재를 부정하며, 미국의 존재를 부정하기 때문에 미국 정부에 대한 아무런 의무도 없다고 생각해 보라. 이런 사람은 일반 상식이 부족한 사람으로 간주되며, 그의 나라의 훌륭한 시민권자가 될 수 없는 사람이 라는 것은 당연한 일이 될 것이다. 그것보다 더 어리석은 자는 하나님으로부터 생명을 부여받았으면서도 하나님의 존재를 부정하며 하나님을 향한 모든 책임을 부인하는 사람일 것이다.

제7문 하나님은 무슨 본성을 가지고 계시는가?

답 하나님은 영으로서, 본래부터 그리고 스스로 존재, 영광, 복되심, 그리고 완전함에 있어서 영원하시며, 완전히 충족하며 영원하고 불변하며 이해를 초월하고 편재하고 전능하시다. 그는 또한 모든 것을 아시며 가장 지혜롭고 가장 거룩하며 가장 공의롭고, 가장 긍휼하고 은혜로우며 오래 참고, 선하심과 진리가 충만하시다.

1) 관련성구

- **요 4:24:** 하나님은 영이시다.
- **출 3:14; 욥 11:7-9:** 하나님은 무한하시다.
- **행 7:2:** 하나님의 영광.
- **딤전 6:15:** 하나님의 복되심.
- **마 5:48:** 하나님의 완전하심.
- **창 17:1:** 하나님의 충족성.
- **말 3:6; 약 1:17:** 하나님의 불변하심.
- **시 90:1-2:** 하나님의 영원하심.
- **왕상 8:27:** 하나님의 불가해성
- **시 139:7-10:** 하나님의 무소부재하심.
- **계 4:8:** 하나님의 전능하심.
- **히 4:13; 시 139:1-4; 147:5:** 하나님은 모든 것을 아심.
- **롬 16:27:** 하나님의 지혜.
- **사 6:3; 계 15:4:** 하나님의 거룩하심.
- **신 32:4:** 하나님의 정의.
- **출 34:6:** 하나님의 자비로우시다.

2) 해설

(1) "하나님은 영이시니"라는 말씀은 무엇을 의미하는가?

이것은 하나님께서는 물질적 몸을 가진 분이 아니시라는 말이다.

(2) 왜 우리는 크리스천 사이언스가 말하는 것처럼 "하나님은 영이시다"라는 대신 "하나님은 한 영(a Spirit)이시다"라고 말해야 하는가?

두 가지 이유 때문이다.

① 하나님만이 존재하는 유일한 영은 아니시기 때문이다. 하나님은 천사들과 악한 영들을 포함하는 "영들"이라고 불리는 존재의 한 분이시다. 따라서 우리는 "토페카(Topeka)는 하나의 도시이다"라고 말해야 하는 것처럼 "하나님은 한 영이시다"라고 말해야 한다. 미국 중부의 한 도시인 토페카는 세상의 유일한 도시가 아니라 도시 가운데 하나이기 때문이다.

② 하나님은 인격체이시기 때문에 "하나님은 영(spirit)"이라고 말해서는 안 되며 "하나님은 한 영(a Spirit)"이시라고 말해야 한다. 전자로 말하는 것은 하나님의 개인적 성품을 부인하는 것이며, 하나님의 개성을 부정하는 것이 되기 때문이다.

(3) 하나님이 물질적 몸을 가지고 있다고 선전하는 미국의 이단은 무엇인가?

몰몬교 또는 "말일성도 예수 그리스도의 교회"이다.

(4) 왜 우상숭배 또는 하나님을 형상으로 섬기는 것은 그것 자체로 항상 죄가 되는가?

우상숭배는 십계명에 엄중하게 금하고 있기에 그것이 죄가 되는 것은 당연하다. 제2계명은 의심의 여지없이 하나님께서 순전히 거룩하신 영이시며, 하나님께서 순전한 영이시기 때문에 물질적 형체나 사진으로 하나님을 섬기려 하는 것은 언제나 그릇된 하나님을 제시하기 마련이다.

(5) "무한하시다"는 것은 무슨 뜻인가?

무한하시다는 말은 문자적으로 제한이나 경계가 없으시다는 말이다. 따라서 하나님은 측량할 수 없으신 분이다.

(6) 하나님께서 무한하신 네 가지 국면은 무엇인가?

하나님은 그 존재와 영광과 복되심과 영원하심에 있어서 무한하시다.

(7) 그렇다면 왜 인간의 마음은 무한하신 하나님을 품지 못하는가?

그것은 인간이 유한한 존재이며, 유한한 존재는 무한하신 하나님을 이해할 수 없기 때문이다. 우리는 하나님을 완전히 알 수 없으며, 하나님에 관한 진리의 일부분도 완전히 알 수 없다.

(8) 만일 우리 지성이 하나님을 지각하고 어떻게 하나님께서 무한한 존재이신지를 이해할 수 있다면, 이것이 의미하는 바는 무엇인가?

그것은 우리 자신들이 무한한 존재가 되며, 하나님과 동등한 자가 됨을 의미한다.

(9) 왜 우리 지성은 본능적으로 "하나님은 누가 만드셨을까?"라는 질문을 하게 되는가?

우리 자신들이 피조물이며 다른 모든 존재들 역시 다 피조되었음을 알고 있기에 그러하다. 그러나 물론 하나님을 누군가 피조했다면, 그 하나님은 결코 하나님이실 수가 없으며 피조물에 불과할 것이다. 그렇다면 우리는 그 하나님을 창조하신 다른 하나님을 찾게 될 것이다.

(10) 하나님께서 영원하시는 말은 무슨 의미인가?

그것은
① 하나님께서는 결코 시작이 없으신 분이시라는 말이다.
② 하나님께서는 끝도 없으신 분이시라는 말이다.
③ 하나님은 과거와 현재와 미래라는 시간을 초월하신 분이시며, 하나님께는 영원한 현재만 있다는 말이다. 하나님에게는 하루가 천년 같고 천년이 하루 같을 뿐이다.

(11) 하나님께서 시간 위에 초월해 계시다는 것을 어떻게 설명할 수 있는가?

이것은 원으로 설명할 수 있다. 원은 중심과 주변이 있다. 원은 모든 주변과 정확히 동일한 거리에 위치에 있다. 그러나 각 주변의 점은 서로 다 같지 않다. 우리가 원의 주변을 세상 역사의 시간으로 간주한다면 원의 중심은 그 세상 역사와 관계하시는 하나님의 위치를 뜻한다. 따라서 이는 우리에게 세상의 모든 세대 즉 과거와 현재와 미래가 하나님께는 언제나 동일한 현재임을 깨닫게 해 주기에 충분하다.

(12) 하나님은 이해를 초월하는 분이라는 말은 무엇을 의미하는가?

대요리문답은 이 단어를 열왕기상 8:27의 의미로 사용한다. "하늘과 하늘들의 하늘이라도 주를 용납지 못하겠거든"이라는 말씀은 피조된 전 우주가 하나님을 완전히 이해할 수 없다는 말이다. 성경이 하나님을 만유를 충만케 하시는 분으로 묘사하고 있지만 여전히 하나님은 전 우주가 완전히 다 파악할 수 없는 하나님이시다.

(13) 만일 하나님께서 불변하시는 분이시라면, 왜 성경은 하나님을 니느웨 성 사건(욘 3:10)과 같이 "후회하시는" 또는 마음을 바꾸시는 분으로 묘사하는가?

하나님 자신은 전혀 변치 않으신다. 변하는 건 피조물이다. 따라서 그 결과 피조물들과 하나님의 관계가 변하는 것이다. 예를 들면, 니느웨 성에서 발생한 사건의 경우, 하나님께서는 실제로 그의 마음을 바꾸지 않으셨다. 실제로 마음을 바꾼 이들은 니느웨 성의 백성들이었다. 그들은 악에서 돌이켰다. 하나님께서는 마음을 바꾸지 않으셨다. 왜냐하면, 요나의 설교와 악에서 돌이킨 니느웨 백성들 그리고 "니느웨 성에 내리려 했던 큰 화를 돌이키신" 하나님의 돌이킴을 포함하여 모든 일련의 사건들이 다 하나님의 원래 섭리적 계획의 일부분이었기 때문이다.

환언하면, 요나가 니느웨 성에 도착하기도 전에 니느웨 백성들이 그들의 악한 행위를 돌이키고 그에 따라 당신의 마음을 바꾸기로 계획하시고 의도하셨다는 말이다. 그러나 하나님께서 당신의 계획을 따라 그 마음을 바꾸셨다는 말은 전혀 그의 마음을 바꾸셨다는 것을 의미하는 것이 아니라 그의 피조물을 향한 그의 관계를 바꾸셨다는 것을 의미한다.

(14) 대요리문답이 언급하고 있듯이 만일 하나님께서 전능하시다면, 하나님께서 하실 수 없는 일이 있겠는가?

성경은 심지어 하나님께서조차도 하실 수 없는 일이 있음을 밝히고 있다. 하나님께서는 거짓말을 하실 수 없다(딛 1:2). 또한 하나님은 자신을 부정하실 수 없다(딤후 2:13). 하나님께서는 당신의 본성을 부정하실 수 없다고 요약할 수 있을 것이다. 하나님은 거짓을 말하시고 의롭지 못한 일을 행하심으로 당신의 도덕적 본성을 부정할 수 없으시다. 또한 하나님은 모순되는 일을 하심으로 이성적 본성을 부정할 수 없으시다. 예를 들면, 하나님은 네모난 원을 만드실 수 없으며, 둘 더하기 둘을 다섯과 동일하다고 말씀하실 수 없다. 그러나 당신의 본성과 모순되는 일을 제외하고는 하나님께서 못하시는 일은 하나도 없다.

(15) 하나님께서 모든 것을 다 아신다는 진리가 중요한 이유는 무엇인가?

이 진리가 없다면 성경의 모든 예언은 불가능했을 것이다. 하나님께서 모든 것을 다 아시기 때문에 백 년 전, 천 년 전 발생할 일을 미리 예언하신 것이다. 하나님은 모든 것을 보시고 모든 것을 아시기 때문에 하나님 앞에서는 숨긴 것이 하나도 없다. 하나님께서 모든 것을 아시기 때문에 모든 악인의 악함은 마지막 심판의 날에 그 보응을 받게 될 것이다.

(16) 하나님께서 "가장 거룩하시다"는 진술은 무엇을 의미하는가?

① 하나님께서 모든 피조물 위에 높이 계신다는 뜻이다.
② 하나님께서는 영원토록 죄와 상관이 없으시며, 그들의 죄에 마땅한 속죄를 제공하지 않는한 죄인된 존재와 교제를 나누실 수 없음을 의미한다.

(17) 하나님께서 "가장 의로우시다"는 말은 무엇을 뜻하는가?

이는 하나님의 도덕법에 관계하여 서 있는 모든 이성적 피조물들을 다루시는 하나님의 본질 즉 속성을 뜻한다.

(18) "자비로우심"과 "은혜로우심"의 차이는 무엇인가?

'은혜'는 죄인이든지 그렇지 않든지 간에 결코 받을 자격이 없는 피조물에게 베푸시는 하나님의 호의적인 은총을 의미한다. 그러나 '자비'는 받을 자격이 없을 뿐만 아니라 사악한 자에게까지 베푸시는 하나님의 은총을 뜻한다. 예를 들면, 아담과 행위언약을 맺으시는 하나님의 은혜의 행위를 뜻한다. 아담이 범죄하기 이전이었기 때문에 하나님께서는 그렇게 하셔야 할 아무런 이유도 없으셨다. 그러나 하나님께서 은혜언약을 수립하셨을 때 이 언약은 행위언약보다 더 엄청난 은혜의 행위가 된다. 왜냐하면 은혜 언약은 죄인된 피조물에게까지 확장되는 하나님의 은총이기 때문이다. 따라서 은혜언약은 하나님의 은혜와 자비 모두를 보여주는 언약이다. 따라서 우리는 하나님의 자비가 죄인된 피조물들에게까지 확장되는 하나님의 은혜라고 말할 수 있을 것이다.

(19) "하나님께서 오래 참으신다"는 말은 무엇을 의미하는가? 성경에서 어떻게 이것을 설명할 수 있는가?

우리가 "하나님은 오래 참으시는 분"이라고 선언할 때, 그것은 하나님께서 죄를 심판하심에 있어서 죄인에게 회개할 때를 주시기 위해 그의 자비로 오래 인내하심을 뜻한다. 성경에는 오래 참으시는 하나님의 실례로 가득 차 있다. 요한계시록 2:21과 창세기 15:16을 예로 들 수 있다.

(20) 하나님의 선하심의 의미는 무엇인가?

"선하심"이란 "은혜"와 "자비"보다 일반적으로 사용되는 용어이다. 종종 "박애"로 불리는 하나님의 선하심이란 것은 죄로 말미암아 사법적으로 정죄를 받은 피조물을 제외한 그의 모든 피조물들의 일반적인 복락을 공급해주시는 하나님의 속성이다. 따라서 하나님의 선하심의 대상은 천사와 인간뿐만 아니라 피조된 짐승들까지 포함한다. 하나님의 선하심은 구원의 계획에 예시되어 있을 뿐만 아니라 창조사역과 일반적인 섭리 사역에도 예시되어 있다. 예를 들면 추운 날씨에 인간의 삶을 따듯하게 만들어 줌으로 인류에게 효과적으로 사용되는 땅 속에 묻혀 있는 수백만 톤의 석탄은 하나님의 선하심을 나타낸다. 짐승을 향한 하나님의 선하심의 성경적 실례로는 요나서 4:11과 창세기 9:9-10, 16을 참조하라.

(21) 하나님의 진리의 속성은 무엇을 의미하는가?
하나님의 진리는 하나님의 지식과 지혜와 정의와 선하심에 영향을 끼치는 속성을 뜻한다.
① 만물에 대한 하나님의 지식은 완전히 진실되고 정확하다.
② 하나님의 지혜는 선입견이나 감정에 치우치지 않기 때문에 진실하다.
③ 하나님의 공의와 선하심은 하나님 자신의 본성과 완전히 일치하므로 진실하다. 성경은 하나님의 진리의 속성을 다음과 같이 증거해준다. "우리는 미쁨이 없을찌라도 주는 일향 미쁘시니 자기를 부인하실 수 없으시리라"(딤후 2:13). 더욱이 하나님은 인류에게 주신 신약과 구약 모든 계시에 있어서도 진리이시며 그 약속과 언약들을 성취하심에 있어서 신뢰할 만한 분이시다.

제8문 하나 이상의 신들이 있는가?
답 오로지 살아계시고 참되신 한 하나님만 계실 뿐이다.

1) 관련성구
- 신 6:4: 하나님의 단일성은 구약에 나타나 있다.
- 고전 8:4-6: 오직 한 하나님만 계시며 다른 모든 신들은 거짓되다.
- 렘 10:10-12: 참되신 하나님은 온 세상의 창조주이며 통치자이다.

2) 해설
(1) 오직 한 하나님을 믿는 신앙의 체계를 무엇이라 부르는가?
유일신론이라 부른다.

(2) 일신론의 반대어는 무엇인가?
다신론 또는 많은 신들을 믿는 믿음이다.

(3) 진화론자들이 견지하는 종교의 발전은 무엇을 의미하는가?
그것은 종교가 정령론(물활론)에서 시작해서 점진적으로 발전하여 다신론 또는 많은 신들을 믿는 믿음에 도착한다는 것을 의미한다. 결국 진화론자들의 종교의 발전은 이런 과정을 통하여 가장 높은 견지에 있는 유일신론에 도달한다는 것이다.

(4) 우리는 이런 진화론적 종교 이론을 어떻게 평가해야 하는가?
무엇보다도 먼저 이 진화론적 종교 이론은 성경과 명백히 모순되는 이론이다. 성경은 인간이 태초부터 오직 한 하나님만을 예배하기 위해 피조되었으나, 타락 이후에 죄로 말미암아 마음이 부패하여져서 많은 신들을 섬기게 되었음을 밝히고 있다. 로마서 1:21-23절을 참조하라. 또한 진화론적 종교이론은 알려진 종교의 역사적 사실을 통해 볼 때도 명백히 모순되는 이론이다. 성경뿐만 아니라 일반 역사도 유일신론이 먼저 왔으며 그 후에 다신론이 파생되었음을 밝히고 있기 때문이다. 예를 들면 중국에서 수천 년 동안 알려진 가장 오래된 종교의 체계 역시 일신론이었지만 오늘날 중국은 세상에서 가장 많은 신들과 영들을 섬기는 다신론 국가가 되었다.

(5) 십계명 가운데 어느 계명이 다신론을 정죄하는가?
제1계명이 그러하다. "너는 내 앞에서 다른 신들을 있게 말지어다"(출 20:3)

(6) 다신론과 우상숭배 사이에는 어떤 차이가 있는가?
다신론은 많은 신들을 섬기는 것이다. 반면에 우상숭배는 참이든지 거짓이든지 관계없이 형상이나 그림을 수단으로 어떤 신이라도 섬기는 것을 뜻한다. 많은 신들을 섬기는 이교도는 다신론주의자들이다. 그러나 그들은 또한 형상과 그림을 수단으로 신들을 섬기는 자들이기 때문에 우상숭배자들이다. 말하자면, "숭배하는 일을 돕기 위해" 우상을 사용하는 것이다. 따라서 참되신 하나님을 형상이나 그림으로 섬기는 자들은 우상숭배자이긴 하지만 다신론자들은 아니다. 로마 가톨릭 교회는 오직 하나님만을 향한 예배와 성모 마리아와 성자들을 향한 예배 사이에 아주 교묘한 차이를 두고 있다. 수많은 로마 가톨릭 신자들은 의심의 여지없이 성모 마리아와 성자들에게 신적인 영광과 명예를 돌리는 이러한 구분을 잘 알아차리지 못한다. 그렇기 때문에 그들은 다신론자일뿐만 아니라 우상숭배자들이 되는 것이다.

(7) 제2차 세계대전 이전과 세계대전 중에 일본 기독교회에 유일신론을 타협한 죄는 어떤 것인가?
　전체주의적 정부의 엄청난 탄압 하에서 교회들은 태양의 여신과 일본천황을 신처럼 섬기는 다신론을 인정했고 실제로 태양의 여신과 일본 천황을 경배하는 죄를 저질렀다. 많은 경우에 있어서 그들은 예배당 내에 신사를 지어놓고 하나님을 향한 공중예배를 드리기에 앞서 먼저 신사를 참배했다. 세계대전이 끝난 이후 어떤 이들은 이러한 죄를 공적으로 회개했지만 끝까지 회개하지 않은 사람들도 있었다.

제9문 신격에는 몇 분이 계시는가?
　답 신격에는 세분, 즉 아버지와 아들과 성령이 계시니, 이 셋은 비록 그들의 인격적 속성에서 구별되지만 본질이 동일하고 능력과 영광이 동등한 하나의 참되고 영원하신 하나님이다.

1) 관련성구
- **마 28:19; 고후 13:14:** 삼위 하나님의 이름이 모두 함께 언급되어 있다.
- **고전 8:6:** 성부 하나님이 선언되어 있다.
- **요 1:1; 10:30; 요일 5:20:** 성자 하나님이 선언되어 있다.
- **행 5:3-4:** 성령 하나님이 선언되어 있다.
- **고전 8:4; 출 20:3:** 신격에는 세분이 계시지만 여전히 한 하나님이시다.
- **마 11:27; 히 1:3:** 삼위 하나님의 본질은 동일하시다.
- **요 1:18; 15:26:** 삼위 하나님은 그 개인적 특성에 있어서 고유하시다.

2) 해설
(1) 왜 삼위일체 교리가 많은 사람들에게 거치는 돌이 되는가?
　왜냐하면 삼위일체 교리가 인간의 이성으로는 설명할 수 없는 신비한 교리이기 때문이다.

(2) 어떤 신앙의 체계가 삼위일체 교리를 부인하는가?

오직 성부 하나님만 있다고 가르치는 유니테리안주의(Unitarianism)이다. 따라서 이들에게 있어서 성자와 성령 하나님은 신적인 존재가 아니다.

(3) 삼위일체 교리는 이성과 모순되는 교리인가?

삼위일체 교리는 이성과 모순되는 교리가 아니라 이성을 초월하는 교리이다.

(4) 삼위일체 교리는 그 자체로 모순되는가?

삼위일체 교리를 반대하는 자들이 이 교리가 모순적이라고 말하기를 전혀 주저하지 않지만 이 교리에는 모순이 전혀 존재하지 않는다. 삼위일체 교리는 하나님이 어떤 의미에서는 한분이시며, 다른 의미에서는 세분이심을 교훈한다. 하나님은 본질에 있어서 한분이시나 위격에 있어서는 세분이시다. 이 교리가 인간의 이성을 당황케 하는 신비이기는 하지만 모순적인 교리는 아니다. 우리가 하나님은 동일한 의미에서 한분이시며 동시에 세분이시라고 말한다면 그것은 모순적인 진술이 될 것이다. 즉 하나님은 그 신격에 있어서 한 분이시며, 동시에 세분이라고 말한다면 이는 모순이라는 말이다. 이는 매우 불합리한 진술이며 그 어떤 기독교 신조도 삼위일체 교리를 이렇게 선언하지 않는다.

(5) 사람들에게 삼위일체 교리를 이해시키기 위해 동원된 설명에는 어떤 것들이 있는가?

물이나 얼음 그리고 증기와 같이 여러 가지 형태로 변하지만 같은 화학적 본질을 가지고 있다거나 불과 빛과 열의 관계 또는 이와 같은 여러 유사한 비유들이 그것이다.

(6) 왜 이런 모든 설명들은 삼위일체 교리를 설명하기에 부족한가?

왜냐하면 삼위일체는 신적 신비에 속하며 자연계에 있어서 이와 유사한 실례가 없으며 성경 이외에 다른 곳에서는 알려지지 않은 진리이기 때문이다. 게다가 물리적 구분을 동원해서는 삼위 하나님의 관계를 설명할 수 없기 때문이다. 더욱이 동일한 본질이 어떤 때는 물이며, 어떤 때는 얼음이며, 어떤 때는 수증기가 될 수 있지만 모두 동시에 물과 얼음과 수증기가 될 수는 없기 때문이다. 반면 신격에 존재하는 삼위일체 하나님은 동일한 하나님이신 동시에 언제나 독특하게 세 위격으로 구분되는 하나님이시기 때문이다.

(7) 제9문의 답에서 어떤 구절이 삼위일체 교리를 올바로 신앙하는지를 가늠하는 중대한 구절인가?

"본질이 동일하고"라는 구절이다. 예를 들면 오늘날 많은 사람들이 "그리스도의 신성"을 믿는다고 말하지만 그리스도께서 성부 하나님과 동일한 본질이시라고 기꺼이 말하지는 않기 때문이다.

(8) 삼위일체 교리의 실제적 중요성은 무엇인가?

삼위일체 교리는 단순히 기계적 이론이나 추상적 교리가 아니다. 삼위일체 교리는 기독교가 서기도 하고 넘어지기도 하는 중대한 교리이다. 성경은 구원의 계획을 삼위일체 하나님 사이에 맺은 언약 또는 약속으로 설명한다. 삼위일체 교리가 폐기된다면 구원의 계획에 관한 성경의 전체 교훈 역시 사라질 것이다.

제10문 신격 안에 계시는 세분의 인격적 속성은 무엇인가?

답 아버지에게는 그의 아들을 낳으신 것이, 아들에게는 아버지로부터 독생하신 것이, 그리고 성령에게는 아버지와 아들로부터 나오신 것이 영원 전부터 고유한 속성이다.

1) 관련성구
   - 히 1:5-6, 8: 아들을 낳으신 하나님.
   - 요 1:14, 18; 3:16: 성부로부터 나온 성자 하나님.
   - 요 15:26; 갈 4:6: 성부와 성자로부터 나온 성령 하나님.
   - 요 17:5, 24: 삼위의 위격은 영원 전부터 존재하심.

2) 해설
   (1) 삼위일체 교리에서 '낳다'라는 단어는 무엇을 의미하는가?
   성부 하나님과 성자 하나님산의 관계를 설명하는 인간적 언어와 거의 유사하다.

   (2) 히브리서 1:5-8에서 성자 하나님은 피조물이 아니며 영원부터 성부 하나님에 의해 독생하셨다는 것은 무엇을 의미하는가?

5절에 "오늘날"이라는 말은 그 이전에는 성자 하나님이 존재한 적이 없으셨다는 말이 아니다. 오히려 "오늘날"이라는 이 말은 아들을 하나님으로 부르며, 그의 보좌가 "영원부터 영원까지" 존재하는 것으로 진술하고 있는 8절에 기록한 대로 영원의 날을 의미한다. 만일 성자 하나님에게 시작이라는 것이 있었다면 그는 결코 "하나님"으로 불리실 수 없으실 것이다.

(3) 신격의 삼위를 말함에 있어서 우리는 왜 항상 성부 하나님을 먼저 말하고 성자 하나님을 두 번째 말하며 성령 하나님을 마지막에 언급하는가?

왜냐하면 성경에서 성부 하나님이 성자와 성령을 보내시고 그를 통하여 역사하시기 때문이다. 성경은 또한 성령을 보내시고 그를 통하여 역사하시는 분이 성자 하나님이심을 밝힌다. 성경에서 이러한 순서는 단 한 번도 바뀐 적이 없다. 성경은 단 한 번도 성자 하나님이 성부를 통해서 일하신다거나 또는 성령 하나님이 성자를 보내셔서 그를 통하여 일하신다고 말한 적이 없다.

(4) 삼위일체의 진리에 관한 우리의 태도는 어떠해야 하는가?

우리는 경외하는 태도로 삼위일체 교리를 인식해야 하며 우리의 지성으로 설명하거나 이해할 수 있는 능력을 초월하는 신비로운 신적 진리임을 인정해야 한다.

제11문 아들과 성령이 아버지와 동등한 하나님이라는 사실이 어떻게 나타나는가?

답 성경은, 오로지 하나님에게만 고유한 명칭과 속성과 사역과 예배를 그들에게도 돌림으로서, 아들과 성령이 아버지와 동등한 하나님이심을 명백히 나타낸다.

1) 관련성구
- 사 6:3-8; 요 12:41: 성자 하나님에 대해 신적 이름이 사용된다.
- 사 6:8; 행 28:25: 성령 하나님에 대하여 신적 이름이 사용된다.
- 요일 5:20: 성자 하나님에 대하여 신적 이름이 사용된다.
- 행 5:3-4: 성령 하나님에 대해 신적 이름이 사용된다.

- **요 1:1; 사 9:6; 요 2:24-25:** 성자 하나님에 대해 신적 속성이 사용된다.
- **고전 2:10-11:** 성령 하나님에 대해 신적 속성이 사용된다.
- **요 1:3; 골 1:16:** 성자 하나님에 대해 신적인 사역이 언급된다.
- **창 1:2:** 성령 하나님에 대해 신적인 사역이 언급된다.
- **마 28:19; 고후 13:13:** 성자와 성령 하나님에 대해 신적 예배의 용어가 사용된다.

2) 해설

(1) 성경에 의하면 얼마나 많은 하나님이 계신가?

오직 한 하나님만 계시다. 이는 전 성경이 일관되게 교훈하는 진리이다.

(2) 성경은 하나님의 신격에 몇 위가 계시다고 말하는가?

삼위 즉 성부와 성자와 성령 하나님이 계시다고 말한다.

(3) 이러한 사실들로부터 논리적으로 도출될 수 있는 유일한 결론은 무엇인가?

성경적 자료로부터 논리적으로 유일하게 도출될 수 있는 결론은 각기 구별된 삼위로 존재하시는 오직 한 하나님만 계시며, 각각의 하나님은 진실로 하나님이시며, 다른 하나님과 동등하시다는 것이다.

제3과
하나님의 작정

제12문 하나님의 작정이란 무엇인가?

답 하나님의 작정이란 그의 뜻의 경륜에 속한 지혜롭고 자유로우며 거룩한 행위로서, 이에 의해 그는 영원 전에 자신의 영광을 위해 조만간 앞으로 일어날 모든 것, 특히 천사와 인간에 대한 것을 불변하게 미리 정하셨다.

1) 관련성구
- **엡 1:11:** 모든 것을 그 뜻대로 역사하시는 하나님께서 당신의 목적에 따라 모든 사람을 미리 정하셨다.
- **롬 11:33:** 하나님의 계획과 목적은 사람에 의해 설명되거나 발견되지 않는다.
- **롬 9:14-15, 18:** 하나님의 작정은 하나님을 죄의 조성자로 만들지 않는다. 하나님의 작정은 하나님의 뜻에 따른 것이며 하나님 자신 이외의 그 어떤것으로부터도 자유로운 작정이다.
- **엡 1:4:** 인간의 영원한 운명을 포함하는 하나님의 작정은 세상이 창조되기 전인 영원 전에 결정되었다.
- **롬 9:22-23:** 하나님께서는 어떤 이들은 진노로 또 다른 이들은 영광에 들어가도록 작정하셨다.
- **시 33:11:** 하나님의 계획과 목적은 불변하시다.

2) 해설
(1) 12번째 질문에 대한 대답에는 어떤 위대한 진리가 담겨 있는가?

이 질문에 담겨 있는 위대한 진리는 하나님께서 당신이 창조하신 우주에 대한 총괄적이며 정확한 계획을 가지고 있다는 사실이다.

(2) 성경에 의하면 언제 하나님의 계획이 수립되었는가?
영원 전, 또는 세상이 창조되기 이전이다.

(3) 하나님의 작정의 성격을 묘사해주는 형용사 세 가지는 무엇인가?
지혜롭고 자유로우며 거룩하시다는 것이다.

(4) 하나님의 작정이 "지혜롭다"는 것을 선언하는 것은 무엇을 의미하는가?
이는 하나님의 작정이 하나님의 완전한 지혜와 완전한 조화를 이룬다는 것이다. 하나님의 지혜는 바른 목적과 결과를 성취하기 위한 바른 권리이다.

(5) 하나님의 작정이 "자유롭다"는 것을 선언하는 것은 무엇을 의미하는가?
이는 하나님의 작정이 하나님 자신 이외에 그 어떤 것으로부터 강요를 당하거나 영향을 받지 않는다는 것을 의미한다.

(6) 하나님의 작정이 "거룩하다"는 것을 선언하는 것은 무엇을 의미하는가?
이는 하나님의 작정이 하나님의 완전하신 거룩과 완전한 조화를 이룬다는 것을 뜻한다. 그렇기 때문에 하나님의 작정은 죄로부터 자유로운 작정이다.

(7) 우리는 하나님의 작정을 이방인들이 사고방식인 "운명"이나 "행운"과 같이 제멋대로인 결정으로 생각해도 되는가?
그렇지 않다. 하나님의 작정은 "전횡적이거나 독단적"이지 않다. 왜냐하면 그것들은 모두 하나님의 뜻에 따라 결정되기 때문이다. 하나님의 작정의 본질은 무한하신 인격적 하나님의 마음과 뜻이다. 그러므로 작정은 전혀 "운명"이나 "행운"과 같지 않다.

(8) 하나님의 작정의 목표 혹은 목적은 무엇인가?
그것은 하나님 자신의 영광을 드러내시기 위한 것이다.

(9) 그 무엇보다도 하나님께서 자신의 영광을 드러내려 하심을 이기적인 것이나 잘못된 것이라고 말할 수 있는가?
그렇지 않다. 왜냐하면 하나님은 모든 것을 창조하신 주인이시며, 모든 것이 하나님의 영광을 위하여 존재하기 때문이다. 오히려 인간이 그 무엇보다도 자신의 영광을 추구한다면 그것이야말로 이기적이며 죄악적인 행동이 될 것이다. 그러나 하나님께서는 가장 위대하시고 높으신 분이시기 때문에 하나님께서 당신의 영광을 추구하는 것은 매우 합당한 일이다.

(10) 하나님의 작정의 본질은 무엇인가?

하나님의 작정의 본질은 불변하시다는 것이다. 그것들은 결코 변할 수 없다. 그러므로 그것들은 반드시 성취될 것이다(시 33:11).

(11) 하나님의 작정이 포함하고 있는 것은 무엇인가?

하나님의 작정은 모든 것을 포함하는데 앞으로 발생할 모든 일을 다 포함한다.

(12) 일반적으로 하나님의 작정이 우발적으로 발생하는 또는 "우연히" 발생하는 일을 포함한다는 것을 성경으로부터 증명하라.

잠언 16:33; 요나서 1:7; 사도행전 1:24, 26; 열왕기상 22:28, 34; 마가복음 14:30 등이 그것을 증명한다.

(13) 하나님의 작정이 심지어 인간의 죄악된 행동까지도 포함한다는 것을 성경을 통해 증명하라.

창세기 45:5, 8; 50:20; 사무엘상 2:25; 사도행전 2:23 등이 증명한다. 성경이 명백히 증거하고 있듯이 하나님의 작정은 인간의 죄악 된 행동도 포함한다. 우리는 이점에 있어서 두 가지 오류를 항상 경계해야 한다.

① 하나님의 작정은 하나님을 죄의 조성자로 만들거나 죄에 대해 책임져야 하는 분으로 만들지 않는다는 사실이다.

② 하나님의 작정이 인간 자신이 저지른 죄에 대한 책임을 상쇄하지 않는다는 것이다.

성경은 하나님의 작정과 인간의 책임을 모두 가르치고 있다. 따라서 우리는 이 두 가지를 완전히 조화시키지 못한다 하더라도 이 두 가지를 모두 믿고 확증해야 한다. 만일 우리가 하나님의 작정이나 인간의 책임에 대한 믿음을 저버린다면 우리는 많은 부분에 있어서 성경의 가르침과 모순되는 오류와 실수를 저지르게 될 것이다. 우리는 성경이 단순한 진리 가운데 교훈하는 바를 받아들이는 것이 더욱 좋은 일이며 지혜로운 일임을 인식해야 한다. 따라서 우리는 하나님의 주권과 인간의 책임이라는 문제의 해결과 같이 완전히 계시되지 않은 감추어진 비밀, 즉 비밀스러운 진리에 대한 "거룩한 무지"를 고백해야만 한다.

(14) 작정과 예정은 무엇이 어떻게 다른가?
작정은 창조된 우주 안에서 발생하는 모든 일에 관한 모든 하나님의 결정을 뜻하며, 예정은 천사와 인간의 영원한 운명에 관계된 하나님의 결정을 뜻한다.

(15) 왜 많은 사람들이 하나님의 작정을 반대하는가?
이 교리에 대한 가장 큰 반대는 성경에 근거하지 않고 오히려 인간적 논증과 철학에 근거해 있다. 이 교리를 반대하는 사람들은 흔히 이 교리를 어리석게 풍자하고 오만방자하게 파괴한다. 이러한 종류의 질문을 다룸에 있어서 성경에 기초해 있는 하나님의 작정의 교리를 반대하는 그 어떤 논증들도 전혀 권위가 없다는 것을 인식해야 한다. 하나님의 말씀의 진술을 반대하는 인간적 견해들이나 논증들 그리고 철학은 그 어떤 것들이라도 전혀 권위가 없는 것이다. 예정과 선택교리를 반대하는 어떤 논증들은 다음 장에서 다룰 것이다.

제13문 하나님께서 천사와 인간에 대하여 특별히 무엇을 작정하셨는가?

답 하나님은 그의 순전한 사랑으로 그의 영광스러운 은총을 찬양하도록 때가 되면 분명히 나타날 영원하고 불변한 작정에 의해 천사의 일부를 영광으로 선택하시고, 또한 그리스도 안에서 사람의 일부를 영원한 생명으로, 그리고 그 방편도 선택하셨다. 한편 그는 그의 주권적 능력과 그 자신의 뜻(이에 의해 그가 기뻐하시는 대로 은총을 베풀기도 거두기도 하신다)의 경륜에 따라 나머지를 지나쳐, 그의 공의의 영광을 찬양하도록 그들의 죄과를 가하여 불명예와 진노를 받도록 미리 정하셨다.

1) 관련성구
   • 딤전 5:21: 천사들이 영원한 영광으로 선택되었다.
   • 엡 1:4-6; 살전 2:13-14: 인류가 그리스도 안에서 영원한 생명으로 선택되었다.
   • 롬 9:17-18, 21-22; 마 11:25-26; 딤후 2:20; 유 4; 벧전 2:8: 나머지 인류는 유기되었다.

2) 해설

(1) '불변하시다'는 단어는 무엇을 의미하는가?

그것은 하나님께서 변하지 않으시다는 것을 의미한다.

(2) 하나님께서 천사의 일부를 영광으로 선택하신 첫 번째 이유가 무엇인가?

"그의 순전한 사랑" 때문에 그렇게 하셨다.

(3) '순전한'이란 단어가 이 답변에 포함된 이유는 무엇인가?

왜냐하면 하나님께서는 어떤 천사라도 선택해야만 하는 책임이나 의무가 전혀 없기 때문이다. 이 선택은 하나님의 사랑에 기인된 자비로운 선택이다.

(4) 하나님께서 천사의 일부를 영광으로 선택하신 두 번째 이유가 무엇인가?

그의 영광스러운 은총을 찬양하게 하기 위해서이다.

(5) 천사를 향한 영광에로의 선택과 인간을 향한 영원한 생명에로의 하나님의 선택은 무슨 차이가 있는가?

인간의 경우 하나님께서는 그들을 "그리스도 안에서" 선택하셨다. 그것은 말하자면 예수 그리스도의 속죄사역을 통하여 죄에서 구속하시고 그리스도의 의로 옷 입히시기 위함이다. 그러나 천사의 경우는 구원과는 아무런 상관이 없다. 하나님께서는 단순히 그들을 영광으로 선택하시고 죄에 빠져 타락하지 않도록 도우신다.

(6) 인간을 영원한 생명으로 선택하신 것 이외에 하나님은 그들을 무엇을 향해 선택하셨는가?

하나님은 "그 방편"을 향해서도 선택하셨다. 하나님께서 영생으로 선택하신 자들은 영생을 얻는 방편까지도 받을 수 있도록 선택하신 것이다. 즉 만일 하나님께서 어떤 사람을 영생을 얻도록 예정하셨다면 그 사람이 실패 없이 영생을 확실히 얻을 수 있도록 복음을 들을 것이며, 죄를 회개하고 주 예수 그리스도를 믿게 될 것이다.

(7) 하나님의 "주권적인 능력"은 무엇을 의미하는가?

이 표현은 하나님께서 가장 높으신 전능하신 분이심을 뜻한다. 하나님보다 더 권위 있거나 하나님보다 더 높은 법이 없다는 말이다. 따라서 그 어떤 인간도 "하나님이 왜 그렇게 하시는가?"라고 말할 권리가 없는 것이다.

(8) 하나님께서 지나치시는 사람들의 경우 그들을 영생으로 선택하지 않으시고 지나치시는 이유가 무엇인가?

성경은 하나님의 이 "지나치심"을 하나님의 주권에 속한 일이라고 설명한다. 그것은 사람의 업적이나 생활이나 인격에 근거한 것이 아니라 하나님의 최고의 권위에 근거한 것이다. 이는 하나님께서 그들을 "지나치실 만한 이유"가 없음을 의미하는 말은 아니다. 이는 하나님께서 그들을 지나치시는 이유가 그들의 인간적 인격이나 업적이나 행실 때문이 아니라 단지 우리들에게 알려지지 않은 하나님의 비밀한 뜻에 기인함을 의미한다. 로마서 9:13, 15, 20-21을 참조하라.

(9) 하나님께서 주권적으로 "지나치시는" 사람들의 경우, 그들이 불명예와 진노를 받도록 미리 정하신 이유는 무엇인가?

그들을 불명예와 진노를 받도록 정하신 이유는 그들 자신들의 죄 때문이다. "그들의 죄과를 가하여"라는 표현에 주의하라. 따라서 어떤 이들을 영벌에 처하시기로 미리 정하신 하나님의 예정은 단순히 하나님의 주권에만 기초한 것이 아니라 하나님의 완전한 의로우신 속성에 기초한 것이다. 그들은 하나님께서 지나치시기 때문이 아니라 죄인들로서 죄과를 받기에 당연하기 때문에 형벌을 당하는 것이다. 악인들은 지옥에서 그들이 마땅히 당할 형벌로 인해 고통당하고 있으며 하나님께서 정의롭게 그들을 대하셨음을 깨닫게 될 것이다.

(10) 어떤 이가 다음과 같이 말한다고 가정해보자. "만일 내가 영생 받기로 예정되었다면 내가 그리스도를 믿든지 말든지 영생을 받지 않겠는가? 그러면 내가 그리스도인이 되기 위해 노력할 필요가 무엇이 있겠는가?" 이러한 사람에게 우리는 어떤 대답을 해줄 수 있겠는가?

이러한 주장은 선택교리의 오해로부터 나오는 그릇된 주장이다. 하나님은 구원의 방편을 배제한 채 사람을 영생으로 선택하시지 않는다. 그 사람이 그리스도를 자신의 개인적 구세주로 믿는 것까지 예정하신 것이다.

(11) 이와는 반대로 어떤 이가 다음과 같이 말한다고 가정해보자. "만일 하나님께서 내 죄과 때문에 영원 전부터 나를 진노와 불명예에 처하시기로 예정하셨다면 그리스도를 믿는 것은 아무 소용 없는 짓이 아닌가? 내가 아무리 훌륭한 그리스도인이 된다 하여도 나는 구원 받을 수 없지 않겠는가? 그러니 내가 그리스도를 믿는 것은 소용없는 일이다." 이러한 주장에 대해 무슨 대답을 해 줄 수 있겠는가?

우리가 하나님의 신비한 비밀을 풀어서 우리 자신이 택자인지 아닌지를 알아내려고 노력하는 것이 바로 소용없는 짓이다. 비밀한 일은 하나님께 속한 것이며 우리는 우리에게 계시된 것만을 알 수 있을 뿐이다. 만일 어떤 이가 진실하고도 진지하게 그리스도를 믿고 구원받기 원한다면 하나님께서 그를 영생으로 선택하셨다는 좋은 표시가 될 수 있다. 하나님의 작정을 알 수 있는 유일한 길은 바로 실제로 그리스도께 나아와서 그리스도를 영접하여 우리 자신의 구원을 확증하는 것이다. 그러면 우리는 우리 자신이 하나님의 택자임을 넘치게 확신할 수 있을 것이다.

(12) 이 선택 교리에 내재해 있는 특별한 어려움은 무엇인가?

그 어려움은 다음과 같다. 선택에 관한 하나님의 작정이 어떻게 자유로운 인간의 의지와 조화될 수 있느냐는 것이다. 만일 하나님께서 모든 인류의 궁극적 운명을 포함하는 세상의 모든 일을 미리 정하셨다면, 우리가 어떻게 의지적으로 자유로울 수 있으며, 모든 일에 대해 책임을 질수 있겠는가? 그러나 이런 문제는 신비이기 때문에 궁극적으로 말하면 우리는 이 문제를 해결할 수 없다. 다만 우리가 확증할 수 있는 것은 성경이 하나님의 주권적인 예정과 인간의 자유의지와 책임을 모두 다 명백하게 선포하고 있다는 사실이다. 이 성경적 진리 가운데 하나라도 거절한다면, 하나님의 말씀의 명백한 교훈을 거절하는 것이며 더욱 심각한 신학적 어려움에 직면하게 됨을 의미하는 것이다.

(13) "하나님께서 한 사람은 영생으로 선택하시고 다른 사람은 지나치시는 것이 불공평한 것이 아닌가?"라는 주장에 대해 어떻게 생각하는가?

이러한 주장은 하나님께서 모든 사람을 동등하게 대해야 하며 무엇이든지 모든 사람을 위해 해야 하는 책임을 지닌 분이라는 추측에 근거한 주장이다. 이 주장에 대한 성경의 답변은 로마서 9:20-21에 나와 있다. 하나님의 선택교리에 대한 이러한 반대는 하나님께서 당신의 결정에 대하여 인간에게 책임을 져야 함을 가정함으로서 하나님의 주권을 부정한다. 그러나 진실은 다음과 같다.
① 하나님은 주권자이시며, 당신의 결정과 행동에 대해 아무에게도 아무런 책임을 질 의무가 없으시다.
② 하나님께서는 모든 사람을 영생으로 선택하셔야 하는 의무가 없으시다. 하나님은 모든 이들을 그들의 죄 때문에 멸망에 처하신다 해도 완전히 의로우신 분이시다.
③ 만일 하나님께서 어떤 이들을 영생으로 선택하신다면, 하나님은 모든 사람을 영생으로 선택할 의무가 없다. 왜냐하면 인류의 일부를 향한 하나님의 선택은 은혜의 결과이며, 그냥 "지나치는 자"들이 결코 항의하거나 불평할 수 없는 것이기 때문이다. 성경이 하나님을 묘사할 때 모든 사람을 동등하게 대하지 않는 분으로 설명하는 것은 옳은 것이다. 말하자면 어떤 이들에게 베풀지 않는 것을 다른 이들에게는 베푸시는 것이다. 그러나 이는 조금도 "불공평한 것"이 아니다. 왜냐하면 이러한 결정에는 불의가 조금도 없기 때문이다. 그 누구도 하나님께서 자신을 불공평하고 불의하게 대하신다고 불평할만한 권리와 이유를 가진 자들은 아무도 없는 것이다.

제14문 하나님은 그의 작정을 어떻게 실행하시는가?

답 하나님은 그의 무오한 예지와 그 자신의 뜻의 자유롭고 불변하는 경륜에 따라 창조와 섭리 사역으로 실행하신다.

1) 관련성구
- **엡 1:11:** (추가적인 성경 구절들은 하나님의 창조와 섭리사역을 다룰 때 언급할 것이다. 이 14번째 질문은 하나님의 사역을 두 가지 큰 부분, 즉 창조와 섭리로 나눈다. 이 두 부분에 대한 질문의 구분은 창조사역에 대한 것이 제15-17문이며, 섭리 사역에 대한 것이 제18-20문이다.)

2) 해설

(1) 하나님은 만물에 대해 어떤 종류의 미리 아심을 소유하고 계신가?

오류가 없으신 미리 아심이다. 하나님의 예지는 전 포괄적이며, 정화하고 상세하다.

(2) 하나님의 뜻의 경륜이 "자유롭다"는 것은 무엇을 의미하는가?

이는 하나님께서 외부의 그 어떤 강요나 영향 없이 당신 자신의 본성에 의해 행하심을 의미한다.

(3) 하나님의 뜻의 경륜이 "불변하다"는 것은 무엇을 의미하는가?

이는 하나님의 목적이 "우연"이나 그의 피조물에 의해서 임의로 변경될 수 없음을 뜻한다. 하나님께서 작정하신 일은 반드시 실현될 것이다.

제4과
창조

제15문 창조의 사역이란 무엇인가?

답 창조의 사역이란 하나님께서 태초에 그의 능력의 말씀으로 6일의 기간안에 모두 매우 좋게 그 자신을 위하여 세계와 그 안에 있는 모든 것을 무로부터 만드셨던 것이다.

1) 관련성구
- **창 1:1:** 창세기 1장 전체가 창조사역에 관한 설명이다.
- **히 11:3:** 우주는 미리 존재했던 물질로부터가 아니라 무에서 창조되었다.
- **잠 16:4:** 하나님은 자신을 위하여 만물을 창조하셨다.
- **계 4:11:** 모든 만물은 하나님 자신의 영광을 위하여 창조되었다.

2) 해설

(1) "태초에"라는 단어에는 무엇이 암시되어 있는가?

이 단어에는 세상 혹은 우주가 영원하지 않다는 것을 암시한다. 우주는 항상 존재했던 것이 아니다. 우주는 시작이 있지만 반면에 하나님은 영원하시다는 말이다. 하나님은 항상 존재하셨으며, 그러나 시작은 없으신 분이시다.

(2) 성경의 첫 세 단어가 지니는 중요성은 무엇인가?

"태초에"라는 이 단어는 우주가 시작이 있었음을 증명한다. 따라서 우주는 그 자체로 존재한 것이 아니다. 우주는 그 존재의 근원이 하나님께 있다. 그러므로 우주는 언제나 하나님께 의존적이다. 따라서 하나님을 떠나서 살고자 하는 모든 개인이나 나라의 시도는 모두 어리석고 악한 것이며 결국에는 패망의 길로 빠지게 될 것이다.

(3) 창조 교리가 하나님의 본질에 대해 무엇을 나타내는가?

하나님은 세상에서 독립적인 분이시며, 무엇이든지 하실 수 있는 무한하신 초자연적인 능력을 지닌 전능하신 분이시다.

(4) 창조사역에 있어서의 하나님의 목적은 무엇인가?

하나님은 만물을 하나님 자신을 위하여 지으셨다. 즉 하나님 자신의 완전하심과 영광을 드러내시기 위해 지으셨다는 것이다.

(5) 하나님의 손으로부터 창조되어 나올 때의 피조된 우주의 모습은 어떠했는가?

그것은 "매우 좋았다." 즉 당시의 우주는 모든 악, 즉 도덕적이며 물리적인 악으로부터 단절된 우주였다. 오늘날 존재하는 악은 하나님께서 창조하신 우주에 있어서 비정상이며 용납될 수 없는 것이었다.

(6) "엿새 동안"이라는 문구는 무엇을 의미하는가?

이 구절의 가장 자연스러운 의미는 24시간을 하루로 하는 문자적인 6일 동안을 뜻한다. 그러나 어떤 정통적인 성경학자들은 '날' 이라는 단어가 아주 긴 시간을 의미한다고 주장하기도 한다. 하루가 주님께는 천년이기도 하며 천년이 하루이기도 하다는 것이다. 그러나 창세기 1장의 가장 자연스럽고 그럴듯한 의미는 문자적인 6일로 보인다.

(7) 세상은 언제 창조되었는가?

우리는 단지 성경이 말씀하는 대로 "태초에"라고 말할 수밖에 없다. 그 "태초"가 언제였는지는 성경에 계시된 바 없다.

(8) 세상이 주전 4004년에 창조되었다는 사상의 기원은 무엇인가?

약 300년 전의 학자였던 대주교 어셔(Usher)가 성경의 연대기와 족보를 상세히 검토해 본 결과 이 검토에 근거해서 주전 4004년이 창조의 시점이라고 주장하게 된 것이다.

(9) 우리는 세상이 주전 4004년경에 창조되었다는 주장을 어떻게 생각해야 하는가?

① 더 이상 오래전이 아니면 적어도 그 정도 오래 전에 창조되었다고 생각할 수 있다.

② 그럼에도 불구하고 어셔의 계산법은 하나님의 말씀이 아니라 완전히 신뢰할 수 없는 인간의 견해일 뿐이다.
③ 어셔의 결론은 성경에 기록된 족보가 전혀 생략된 것이 없는 완전한 족보라는 가정 하에 근거한 것이다. 그러나 이는 성경 각권을 서로 상세히 비교해보아야 하며, 그렇게 할 때 족보가 때로는 생략되거나 누락되었음을 쉽게 깨달을 수 있다. 예를 들면, 한 손자는 단순히 어떤 이의 아들로서만 기록된 것이 그것이다. 따라서 족보로부터 창조의 시기를 정확하게 계산한다는 것은 불가능한 일이다.

(10) 우주는 수백만 년, 혹은 수천만 년이나 오래 되었다고 주장하는 과학자들을 우리는 어떻게 생각해야 하는가?

① 이러한 진술은 실제적인 증명이 없는 사색에 불과한 진술이다. 그것은 우주의 수명에 대한 과학자들의 견해가 저마다 다르기 때문에 더욱 그러하다.
② 우주가 수백만, 수천만 년이나 오래 되었다는 사상은 세포 하나가 거대한 오늘날의 우주로 진화 발전하기 위해서 수백 수천만 년이란 시간이 필요한 진화론자들에 의해서 주창되었다. 이 진화론자들은 성경에 기록된 창조의 기사를 믿지 않는다. 이러한 진화론자들의 계산을 성경 창세기에 나타난 기사에 대조시키는 것은 어리석은 일이며 무익한 일이다. 진화와 창조의 진정한 차이는 사소한 문제가 아니다. 그것은 자연과 그곳에 존재하는 모든 종류의 생명체와 연관된 문제이다. 진화와 창조를 조화시키는 것은 지구가 평평하다는 설과 지구가 둥글다는 사실을 조화시키는 것만큼이나 소용없는 짓이다. 그것은 그 둘을 타협하는 것이기 때문이다.

(11) 인류의 역사는 언제 시작되었는가?

성경은 이에 대해 언급하지 않는다. 그러나 성경의 족보를 연구하는 자들은 인류의 역사가 약 6,000년 정도라고 말한다. 물론 그것보다 더 오래전일 수도 있다. 그러나 성경은 인류의 역사에 대해 완전한 설명을 제시하지 않고 있다. 따라서 인류의 역사는 수백, 수천만 년 정도는 아니지만 약 수천 년 정도로 추정할 수 있다.

(12) 그러면 성경은 왜 정확한 창조의 날짜와 인류의 연대를 말하지 않는가?
만일 우리가 이것을 정말 알아야 할 필요가 있었다면, 하나님께서는 그것을 성경에 계시하셨을 것이다. 하나님께서 그렇게 하시지 않으셨기 때문에 우리는 이것이 절실하게 알아야 할 문제가 아니라고 결론내릴 수 있는 것이다. 성경은 우리의 모든 호기심을 다 채워주기 위하여 기록된 것이 아니라 구원의 길을 제시하기 위하여 기록되었다는 사실을 명심해야 한다.

제16문 하나님은 천사들을 어떻게 창조하셨는가?
답 하나님은 모든 천사들을 불멸하며 거룩하고 지식이 뛰어나며 능력이 강력하도록 창조하여, 그의 명령을 수행하며 그의 이름을 찬양 하도록 하셨으나, 변화될 수 있는 존재로 창조하셨다.

1) 관련성구
- 골 1:16: 모든 천사가 하나님에 의해 피조되었다.
- 시 104:4; 히 1:7: 천사들은 영물이다.
- 마 22:30: 천사들은 불멸적 존재이다.
- 유 6: 천사들은 거룩하게 피조되었다.
- 삼하 14:17; 마 24:36: 천사의 지식.
- 살후 1:7: 천사의 능력.
- 시 103:20; 히 1:14: 천사의 기능.
- 벧후 2:4; 유 6: 천사는 변화될 수 있게 피조되었다.

2) 해설
(1) 모든 천사들이 하나님에 의해 창조되었음을 믿는 것이 왜 중요한가?
왜냐하면 만일 그들 중에 누구라도 하나님에 의해 창조되지 않았다면 그들은 신적일 수 있으며, 하나님처럼 영원 전부터 존재했을 것이기 때문이다.

(2) 천사들과 인간이 서로 다른 점은 무엇인가?
천사들은 육체가 없는 영으로 구성된 존재이며, 반면에 인간은 육체와 영혼이라는 두 가지 구성 요소를 가진 복합적인 존재이다. 인간의 육체와 영혼은 단일 인격으로 신비하게 연합되어 있다.

(3) 천사들과 인류 사이에 존재하는 또 다른 중요한 차이점은 무엇인가?

천사들은 서로 관련이 없으며, 한 조상 아래 태어나지도 않은 위대한 개인적 존재들이다. 그러나 인류는 유기적인 단일성을 지니고 있다. 인류의 모든 구성원들은 상호 긴밀하게 연관되어 있으며, 모든 인간은 한 조상, 즉 아담의 후손들이다. 아담은 천사의 상대자가 아닌 것이다.

(4) 만일 천사들이 육체가 없이 순전한 영적 존재라면, 그들이 어떻게 성경에 몇 차례 기록되어 있는 바와 같이 인간적인 형태로 출현할 수 있는가?

천사들은 순전한 영적 존재들이며, 육체를 지니고 있지 않다. 하나님께서 특정한 경우에 그들을 사람들에게 보내셨을 때, 그들은 사람의 모양으로 나타났다. 이 육체적 형태는 단지 사람들에게 나타나기 위해 취한 모습으로서 사명을 수행하고 나면 다시 벗어버린다.

(5) 오래된 찬송에 표현된 다음과 같은 정서가 그릇된 이유는 무엇인가?

"천사가 되어 천사들과 함께 서기를 원합니다." 이러한 찬송의 정서는 구속받은 자의 영원하고도 궁극적인 운명에 대한 성경적 교훈의 오해에 기인해 있다. 우리는 결코 천사가 될 수 없으며, 천사가 된다 해도 결코 만족하거나 행복해하지 않을 것이다. 왜냐하면 인간의 영혼은 인간의 육체를 떠나서는 결코 완전하지도 자족할 수도 없기 때문이다. 예수께서는 부활 시에 인간이 어떤 면에서는 결혼도 하지 않고 부부관계도 할 필요가 없는 천사와 같이 될 것이라고 말씀하셨다. 그러나 그것이 천사와 같이 된다고 선언하는 것과는 매우 다른 문제이다.

(6) 어린 아이와 관계해서 천사의 사역에 대해 우리 구주께서 말씀하신 놀라운 진리는 무엇인가?

마태복음 18:10을 보라.

제17문 하나님은 인간을 어떻게 창조하셨는가?

답 하나님이 다른 모든 피조물을 만드신 후에, 인간을 남자와 여자로 창조하였는데, 남자의 육체는 땅의 흙으로 지었고, 여자는 남자의 갈비뼈로 만들었고, 그들에게 살아있고 합리적이며 불멸하는 영혼을 부여하고, 그들을 지식과 의로움과 거룩함에서 그 자신의 형상 대로 만들어 하나님의 법을 그들의 마음속에 기록하며 그것을 성취 할 수 있는 힘을 주어 피조물을 다스리도록 하셨으나, 타락할 수 있다.

1) 관련성구
- **창 1:27:** 인간은 남자와 여자로 창조되었다.
- **창 2:7:** 아담의 육체는 흙으로 지어졌다.
- **창 2:22:** 하와는 아담의 갈비뼈로 만드셨다.
- **창 2:7:** 인류는 생령으로 창조되었다.
- **욥 35:11:** 인류는 지성적인 존재로 창조되었다.
- **전 12:7; 마 10:28; 눅 23:43:** 인류는 불멸적인 영혼으로 창조되었다.
- **창 1:27:** 인간은 하나님의 형상으로 창조되었다.
- **골 3:10:** 하나님의 형상은 지식을 포함한다.
- **엡 4:24:** 하나님의 형상은 의와 거룩을 포함한다.
- **롬 2:14-15:** 인류는 그들 마음에 내재해 있는 도덕법을 가지고 창조되었다.
- **전 7:29:** 인류는 하나님의 법을 성취할 수 있는 능력을 지니고 창조되었다.
- **창 1:26; 시 8:6-8:** 인류는 피조물들을 주관하도록 창조되었다.
- **창 3:6; 롬 5:12:** 인류는 죄로 인해 타락할 가능성을 지니고 창조되었다.

2) 해설
(1) 아담의 육체가 땅의 흙으로 만들어졌다는 사실이 중요한 이유는 무엇인가?
이는 우리 육체가 땅의 흙과 같은 화학적 요소로 구성되었음을 의미하며, 화학적 분석을 통해 증명될 수 있음을 의미한다.

(2) 하나님은 왜 하와를 아담을 만드실 때처럼 땅의 흙으로 만들지 않으시고 아담의 갈비뼈로 만드셨는가?

그것은 생명이 없는 독립된 물질로부터가 아니라 아담의 내부에서 하와의 육체를 만드심으로 필요한 인류의 유기적인 연합 때문에 그렇게 하신 것이다. 그렇지 않았다면 인류의 모든 족속을 한 혈통으로 만드시는 것이 불가능했을 것이다(행 17:26). 하나님의 계획에 의하면 인류는 두 개가 아니라 단 하나의 기원을 지니고 있는 것이다.

(3) 인류가 창조 시에 불멸의 영혼을 부여받았다는 것을 믿는 것이 왜 중대한가?

왜냐하면 오늘날 어떤 단체들은 인간이 본성적으로 불멸의 영혼을 수여받은 것이 아니라 구원을 위해 그리스도를 믿을 때 불멸의 영혼을 받는다고 주장하기 때문이다. 이 단체들은 지옥이라는 개념을 제거하기 위한 편리한 수단으로 이런 그릇된 교리를 가르친다. 만일 불신자와 악인들이 불멸의 영혼을 지니지 않았다면, 그들은 지옥에서 영원한 형벌을 받지도 않을 것이다. 뿐만 아니라 그들이 불멸의 영혼을 소유하지 않았다면, 죽음이 존재의 마지막이 될 것이다. 인류 창조에 관한 성경적 교훈의 정확한 이해를 가져야만 이 위험한 이단적 교훈에 올바로 대처할 수 있을 것이다.

(4) 인간이 하나님의 형상으로 지음 받았다고 말할 때 일반적으로 발생할 수 있는 오류를 어떻게 피할 수 있겠는가?

우리는 하나님의 형상으로 지음 받았다는 것이 하나님의 형상을 육체적으로 닮았다는 말이 아님을 명심해야 한다. 그릇된 몰몬교는 이러한 종류의 교리를 가르친다. 하나님께서는 완전한 영이시고 육체가 없으신 분이시기 때문에 이러한 가르침은 전적으로 불가능하다.

(5) "하나님의 형상"이 육체적 닮음과 전혀 상관이 없다면, 무엇과 관계가 있는가?

성경은 이 표현에 대한 의미를 골로새서 3:10과 엡 4:21에서 밝히고 있다. "하나님의 형상"은 지식과 의와 거룩으로 구성되어 있다. 이 동일한 진리를 달리 표현하자면, 인간 안에 있는 하나님의 형상은 인간의 이성적 본성과 인간의 도덕적 본성 그리고 인간의 영적 본성으로 구성되어 있다고 할 수 있다. 아니면 우리는 인간이 마음과 양심을 소유하고 있으며 하나님을 알고 사랑할 수 있는 능력의 소유자라고 말할 수 있는 것이다.

(6) 인류는 오늘날에도 "하나님의 형상"을 지니고 있는가?

그렇다. 그러나 현재 인간에게 남아 있는 "하나님의 형상"은 창조 시에 받았던 완전한 형상이 아니다. 오히려 그것은 죄로 말미암은 타락으로 황폐되고 훼손되었다. 그럼에도 오늘날의 모든 인간들에게는 아직 훼손된 형상이 남아 있다.

(7) 인류가 "피조물을 다스리기 위해" 창조되었다는 진술에는 어떤 것들이 관련되어 있는가?

창세기 1:28에 기록된 대로 창조 시에 인간에게 주어진 이 신적 명령은 세상의 자연, 즉 과학과 창작과 예술에 대한 인간의 모든 관계성을 포함한다. 과학적 창작 또는 발명과 발견은 이 사명 성취의 한 부분을 잘 보여준다. 시편 8:5-8을 참조하라. 우리는 피조물을 단지 동물이나 새나 물고기들만으로 생각해서는 안된다. 그것은 실제로 이 세상에서 인간의 통제를 받는 피조된 모든 것들을 의미한다.

(8) 창조시의 인간의 상태에 관해 결점이 없는 완전한 상태에서 결핍되어 있는 한 가지 요소는 무엇이었는가?

하나님에 의해 창조된 인간은 "타락할 가능성"을 지니고 있었다. 즉 인류에게는 죄에 빠질 가능성이 있었다는 말이다. 따라서 창조시의 인류의 상태는 도달 가능한 가장 최고의 상태가 아니었다는 말이다. 가장 최고의 상태는 더 이상 죄로부터 구속할 필요가 없는 영광의 상태이다.

(9) 창조교리에 반하여 어떤 심각한 오류가 오늘날 팽배해 있는가?

그것은 진화에 관한 이론이다. 진화론은 인간이 하나님의 특별한 피조물임을 부정한다. 진화론은 인간이 가장 하등 동물로부터 점진적으로 발전한다고 주장한다.

(10) 우리는 인류의 진화를 어떻게 생각해야 하는가?

① 심지어 과학적 견해로 볼 때도 진화론은 하나의 이론이며, 결정적인 증거와 그 효용성이 결핍된 이론이다.

② 진화론은 다른 짐승들과는 달리 의심의 여지없이 사람을 하나님의 특별한 창조물로 교훈하는 성경의 가르침과 정면으로 배치되는 이론이다.
③ 항상은 아니더라도 종종 진화론을 진리로 받아들이는 것은 양심을 점진적으로 무감각하게 만드는 것이며, 도덕적 책임감을 약화시키는 것이다. 제2차 세계대전이 인간 진화론을 광범위하게 받아들인 결과이며, 교육받은 지성인으로서 그들의 신앙과 생활의 표준으로서의 성경을 점진적으로 거부한 결과라는 것은 사실이다. 인간 진화에 대한 가정이 한번 수립되고 나면, 이 도덕적 쇠퇴에 관계된 논리는 결코 피할 수 없는 것이다. 만일 우리가 우리 자신의 믿음과 행위에 대해 책임 있는 존재가 아니라면 우리는 단지 우리 이웃과 자신들에게만 책임 있는 존재일 뿐이다. 그러면 완전하고 영속적인 도덕적 표준은 존재하지 않는다. 무엇이 옳고 그른지는 시간과 상황에 따라 달라질 뿐이다. 이 이론은 독일의 나치당과 러시아의 공산주의로 가는 과정이 된다. 순전한 진화론은 인간의 삶에 엄청난 황폐를 몰고 왔다. 우리는 진화론이 단순히 생물학적인 이론이 아니라 수많은 사람들이 견지하는 삶의 철학이기도 하다는 사실을 명심해야 한다.

제5과
하나님의 섭리

제18문 하나님의 섭리 사역이란 무엇인가?

답 하나님의 섭리 사역이란 그의 모든 피조물에 대한 그의 가장 거룩 하고 지혜로우며 능력 있는 보존과 다스림이며, 그 자신의 영광을 위해 그들과 그들의 모든 행동을 조정하는 것이다.

1) 관련성구
- 시 145:17: 하나님의 섭리는 거룩하시다.
- 시 104:24; 사 28:29: 하나님의 섭리는 지혜로우시다.
- 히 1:3: 하나님의 섭리는 강력하시다.
- 마 10:29-31: 하나님은 그의 모든 피조물을 다스리신다.
- 창 45:7-8: 하나님은 그의 모든 피조물들의 행위를 제어하신다.
- 롬 11:36; 사 63:14: 하나님은 자신의 영광을 위하여 모든 것을 다스리신다.

2) 해설
(1) 피조된 모든 만물과 하나님과는 어떤 관계가 있는가?

피조된 모든 만물은 항상 그 존재에 있어서 하나님께 의존적이다. 피조물 중에 그 무엇이라도 독립적인 존재는 하나도 없다.

(2) 어떤 종교적 체계가 하나님의 섭리 교리를 부정하는가?

그것은 하나님께서 우주를 창조하신 이후 그 나머지 운명을 우주 자체에 맡겨놓으셨다는 이신론(Deism)이다. 이신론에 의하면 우주는 시계와 같다. 하나님께서는 시계를 만드셨고 그 시계의 태엽을 감고 그냥 놔두셨다는 것이다. 따라서 우주는 천천히 자연법칙에 의해서 하나님의 통치나 제어 없이 자신의 길을 가고 있는 것이다.

(3) 이신론이라는 사상은 왜 심각한 오류인가?

왜냐하면 이신론은 오늘날 우리가 살아가는 이 세상과 하나님은 아무런 관계가 없다고 가르치기 때문이다. 이신론에 의하면, 하나님과 세상은 이미 오래 전에 결별했으며, 더 이상 하나님과 접촉할 수 없다고 한다. 하나님은 우리의 기도를 들으실 수 없으며, 우리가 하나님과 교통할 수도 없다.

(4) 오늘날 이신론 사상에 기초해서 조직된 중대하고도 대중적인 기구는 무엇인가?

하나님을 위대한 우주의 건축가라고 말하는 프리메이슨(Freemasons)과 다른 형제단(Fraternal)과 같은 조직들이다. 이 단체들은 많은 부분에 있어서 이신론적 신관을 가지고 있다.

(5) 그리스도인들은 왜 이러한 단체 혹은 "형제단"들과 함께 하지 않는가?

그리스도인들이 이러한 단체와 함께 하지 않아야 할 이유는 대단히 많다. 그러나 가장 중대한 이유는 특별히 프리메이슨과 같은 이러한 단체들이 이신론적 신관에 기초해서 그 조직을 결성했기 때문이다. 말하자면 그들은 모두 거짓 종교들이기 때문이다. 성경적인 신론을 견지하는 그리스도인은 그들과 분리되는 삶을 살아야 한다.

(6) 만일 하나님의 섭리의 사역이 단 1분이라도 철회되거나 중지된다면 인류를 포함한 창조된 모든 우주에는 어떤 일이 벌어지겠는가?

전 우주와 인류는 즉시 생존하지 못하게 된다. 모든 순간마다 창조된 모든 우주가 생존하고 존재할 수 있도록 지지하고 유지하는 것이 하나님의 섭리이다

(7) 하나님의 섭리가 "우연적"으로 발생하는 일이라 불리는 사건까지 제어하고 있음을 성경을 통해 증명하라. 마태복음 10:29을 참조하라.

(8) 인간의 자유로운 행동들도 모두 하나님의 섭리의 통치 아래 있음을 성경을 통해 증명하라. 창세기 45:8을 참조하라.

(9) 인간의 죄악 된 행동조차도 하나님의 섭리의 통제 아래 있음을 성경을 통해 증명하라. 사도행전 2:23을 참조하라.

(10) 성경의 예언은 하나님의 섭리가 발생할 모든 일들을 다 통치하고 있음을 어떻게 설명하고 있는가?

성경은 이미 성취된 많은 예언들과 앞으로 성취될 예언들을 포함하고 있다. 만일 하나님의 섭리가 하나의 예외도 없이 발생할 모든 일들을 완전히 제어하지 않는다면, 미래적 예언은 불가능하게 될 것이다. 하나님께서 모든 일을 통치하시지 않는 한, 발생할 모든 일들을 미리 계시하시는 것이 불가능해 질 것이다. 왜냐하면 하나님의 통치를 벗어나는 어떤 다른 힘이 모든 것을 바꿀 수도 있을 것이기 때문이다. 만일 그렇다면 예언은 성취될 수 없을 것이다. 오직 모든 것을 통치하시는 하나님만이 확실하고도 정확하며 상세하게 다가올 모든 일을 미리 말씀하실 수 있다.

(11) 하나님의 섭리의 목적은 무엇인가?

하나님의 섭리의 목적은 하나님 자신의 영광을 드러내시는 것이다.

(12) 오늘날 일반적으로 하나님의 섭리의 목적에 관한 그릇된 개념은 무엇인가?

오늘날 많은 사람들은 자신의 영광을 위해서가 아니라 자신이 창조한 많은 피조물들의 유익을 위해서 즉 최대 다수의 최대 행복을 위해 일하는 "민주적인 하나님"을 믿고 싶다고 말한다.

(13) 그렇다면 우리는 이러한 "민주적인 하나님" 개념에 대해 어떻게 생각해야 하는가?

첫째, 이는 성경에 계시된 신론과 반대된다. 둘째, 이것은 하나님을 예배의 대상으로서의 인간의 형상으로 낮추기 때문에 우상숭배이다. 셋째, 이는 또한 하나님의 영광의 진리가 일반적으로 피조물의 복락과 복지도 포함한다는 사실을 간과한다. 하나님의 영광은 모든 피조물 개인 개인의 복지가 아니라 일반적으로 피조물 전체의 복지를 위한 것이다. 오늘날 세상에 유행하고 있는 무신론적 견해는 피조물의 복락 또는 인간의 복지를 그 목적으로 하고 있다. 반면에 성경의 유신론적 견해는 하나님의 영광을 모든 것의 최고의 목적으로 간주한다.

성경에 의하면, 인류를 포함한 피조물의 복지는 주된 목적이 아니라 하나님의 영광이 생산하는 부수적인 결과일 뿐이다.

(14) 만일 하나님의 섭리가 인간의 행위를 통치한다면 이것이 인간의 자유의지를 침해하지 않는가?

그렇지 않다. 성경이 명백히 말하듯이 하나님의 섭리는 인간의 모든 행동을 통치한다. 그러나 그것이 인간의 자유의지를 파괴하지는 않는다. 왜냐하면 하나님은 사람들의 행위를 그들의 의지와 반하여 강제로 제어하시지 않기 때문이다. 오히려 하나님은 그들 삶의 환경과 사실을 섭리하시고 그들 마음의 도덕적 상태를 통치하심으로 스스로 그들의 의지에 따라서 정확히 하나님께서 예정하신 대로 행하게 하시는 것이다.

(15) 만일 심지어 악인의 죄악 된 행동조차도 하나님의 섭리의 통제를 받는다면, 하나님께서 그들의 죄에 책임을 져야 하는 것이 아닌가?

결코 그렇지 않다. 왜냐하면 그들은 하나님의 섭리적인 통치에 의해서가 아니라 자신들의 의지에 따라 죄를 범하기 때문이다. 이러한 진리는 실제적인 경우를 통해서 가장 잘 이해될 수 있다. 예를 들면, 사도행전 4:27-28을 보라. "과연 헤롯과 빌라도는 이방인과 이스라엘 백성과 합동하여 하나님의 기름 부으신 거룩한 종 예수를 거슬러 하나님의 권능과 뜻대로 이루려고 예정하신 그것을 행하려고 이 성에 모였나이다". 하나님은 그들로 하여금 강제로 죄를 짓도록 하지 않으셨다. 그러나 그들이 자신들의 의지대로 이 일을 행하기로 했을 때, 그것은 정확히 하나님의 계획에 따라 된 일로 판명된다. 동일한 원리가 구약에 나타난 요셉의 형제들이 요셉을 애굽에 팔았을 때도 나타난다. 그들은 자신들의 악한 소원과 욕망에 따라 자유롭게 행동했다. 그럼에도 불구하고 분명히 그들이 행한 이 악한 일은 정확히 하나님의 계획하신 일로 판명되는 것이다.

(16) 하나님께서 인간의 죄악된 행위를 미리 정하시고 통치하심에도 불구하고 죄의 조성자가 아니실 수 있는 이유가 무엇인가?

이것은 우리가 완전히 이해할 수 없는 신비이다. 그러나 성경은 이것을 명백히 선포하고 있다.

제19문 천사들에 대한 하나님의 섭리는 무엇인가?

답 하나님은 그의 섭리에 의하여, 그 자신의 영광을 위하여 그들과 그들의 모든 죄를 제한하고 정함으로써, 천사의 일부가 자의적으로 그리고 회복될 수 없이 죄와 저주로 타락하게 허용하였으며, 나머지는 거룩하고 행복하게 세워, 그의 기쁘신 대로 그들 모두를 사용하여 그의 능력과 긍휼과 공의를 시행하도록 하셨다.

1) 관련성구

- **유 6; 벧후 2:4:** 하나님은 천사 가운데 일부가 죄로 타락하는 것을 허용하신다.
- **히 2:16:** 하나님은 죄를 범한 천사를 위한 구원의 길을 제공하신 일이 없으시다.
- **요 8:44:** 이 천사들은 의도적으로 죄를 범했다.
- **욥 1:12; 마 8:31:** 하나님께서는 자신의 영광을 위하여 그들의 죄악을 제한하신다.
- **딤전 5:21; 막 8:38; 히 12:22:** 하나님은 나머지 모든 천사들을 거룩하고 행복하게 보존하신다.
- **시 104:4; 왕하 19:35; 히 1:14:** 하나님은 천사들을 자신의 수종자로 부리신다.

2) 해설

(1) 악한 천사가 죄로 타락한 것과 인류가 죄로 타락한 것 사이에는 어떤 엄청난 차이가 있는가?

인류의 경우 한 사람의 범죄함이 모든 사람의 범죄를 몰고 왔다(롬 5:12). 그러나 천사의 경우 그들은 서로 연관이 있는 유기적인 존재들이 아니라 서로 분리되어 있는 거대한 개인적 존재이므로 각 천사들은 그 자신이 범한 죄를 통하여 유기에 처해지게 된다.

(2) 천사의 타락과 인간의 타락 사이에는 어떤 또 다른 차이점이 있는가?

오직 천사들 가운데 일부만 타락했지만 인간은 모든 인류가 한 사람도 예외가 없이 타락했다.

(3) 타락한 천사 혹은 마귀가 구세주의 지상사역과 관련하여 어떤 특별한 행위를 했는가?

하나님께서 죄로 타락한 인간들을 구속하시기 위하여 당신의 계획을 수행하셨던 결정적인 시기인 예수 그리스도의 지상사역 시에 사단과 귀신들은 예수님에게 가장 강력한 역공세를 펼쳤다. 많은 이들이 귀신 들렸고 그들의 인격을 빼앗았으며, 그들을 악한 목적으로 사용했다. 우리는 마태복음 8:31에서 한 귀신이 어떤 사람을 사로잡은 경우를 보게 된다. 그러나 그리스도께서 그의 신적인 권능으로 귀신을 쫓아내셨다. 이는 하나님의 나라가 임하는 표지와도 같은 것이다.

(4) 거룩한 천사들이 그리스도인과 관련해서 어떤 특별한 활동들을 하는가?

히브리서 1:14을 읽으라.

(5) 그리스도와 관계해서 천사들에 대하여 히브리서가 교훈하는 진리는 무엇인가?

히브리서 1:4-6을 읽으라. 그리스도는 천사보다 우월하시다. 왜냐하면 천사들은 단지 하나님께서 부리시는 종들이지만 그리스도께서는 하나님의 아들이시기 때문이다. 그리스도께서 세상에 오셨을 때, 천사들이 그를 경배했다는 것은 그리스도께서 천사들보다 높으신 분이심을 암시한다. 천사들은 하나님의 피조물이지만 그리스도는 신적인 창조주이시다.

제20문 창조된 상태의 인간에 대한 하나님의 섭리는 무엇이었는가?

답 창조된 상태에서 인간에 대한 하나님의 섭리는 그를 낙원에 두고 그것을 가꾸도록 임명하며, 그에게 땅의 소산을 먹을 자유를 주고 피조물을 그의 통치하에 두며, 그의 도움을 위해 결혼을 제정하고, 그로 하여금 자기와 교제할 수 있게 하며, 안식일을 제정하였다. 또 한 생명나무를 보증으로 하는 인격적이며 완전하고 영속적인 순종 을 조건으로 그와 생명의 언약을 맺고, 사망의 형벌로서 선악을 알게 하는 나무 먹는 것을 금지하였다.

1) 관련성구
- **창 2:8, 15-16:** 인간이 낙원에 머무름.
- **창 1:28:** 피조세계는 인간의 다스림 하에 놓이게 된다.
- **창 2:18:** 인간을 위해 결혼이 제정되었다.
- **창 1:28; 3:8:** 인간은 본래적으로 하나님과의 교통을 즐거워한다.
- **창 2:3:** 안식일이 제정됨.
- **갈 3:12; 롬 10:5; 5:14:** 행위언약이 제정됨.
- **창 2:9:** 생명나무.
- **창 2:17:** 선악을 알게 하는 나무의 실과.

2) 해설

(1) 세상의 어떤 부분이 낙원 즉 에덴동산인가?

정확한 지점은 알 수 없지만 그것이 동쪽 지방에 가깝다는 것을 알 수 있다. 많은 학자들이 그곳이 티그리스 강과 유프라테스 강의 수원인 아르메니아(Armenia) 지역이라고 말한다. 다른 이들은 이곳이 상부 페르시아 만(Persian Gulf)이라고 주장한다.

(2) 창세기 2:10-14에 언급된 네 가지 강 가운데 오늘날까지 동일한 이름으로 알려진 강은 무엇인가?

유프라테스 강이다. 또한 "힛데겔" 강 역시 티그리스 강과 동일한 이름이다.

(3) 왜 다른 두 강은 오늘날에도 동일한 이름으로 알려지지 않고 있는가?

왜냐하면, 노아 시대에 발생한 엄청난 홍수 때문에 그러하다. 이 홍수는 당시 지역의 상당 부분을 바꾸어 놓았다.

(4) 하나님께서는 타락 이전에 어떻게 인간의 육체적 복지를 공급하셨는가?

① 하나님께서는 에덴동산이라는 거주지를 공급하셨다.
② 하나님께서는 이 동산에서 일할 수 있는 많은 일거리를 제공하셨다.
③ 하나님은 인류를 위한 적절한 식량을 제공하셨다.
④ 하나님은 모든 피조물을 인간의 통치 하에 두셨다.

(5) 하나님은 타락 이전에 어떻게 사회적 복지를 공급하셨는가?

결혼을 제정하시고 인류의 가장 근본적인 기구인 가정과 가족을 세우심으로 그렇게 하셨다.

(6) 하나님께서는 인간의 타락 이전에 그들의 영적 복지를 위하여 무엇을 공급하셨는가?

① 하나님과의 교통과 교제를 제공하셨다.
② 안식일을 제정하셨다.
③ 하나님과 인류 사이의 행위 언약 즉 생명언약을 제정하셨다.

(7) 이 첫 번째 언약이 왜 생명 언약인가?

왜냐하면 아담이 하나님께 순종만 했더라면 이 언약으로 인류가 영생을 얻을 수 있었기 때문이다.

(8) 이 동일한 언약이 왜 종종 행위 언약이라고 불리는가?

왜냐하면 인류가 행위를 통해 이 언약을 지킴으로 즉 하나님의 뜻에 대한 완전한 순종을 통하여 영생을 얻을 수 있는 계획이었기 때문이다.

(9) 행위 언약의 당사자는 누구인가?

이 언약의 당사자는 언약을 수립하셨던 하나님과 인류의 머리이자 대표자인 아담이다.

(10) 행위언약의 조건은 무엇이었는가?

조건은 하나님의 계시된 뜻에 완전히 순종하는 것이었다.

(11) 행위 언약에 있어서 어떤 특정한 형태로 수립되었는가?

행위 언약은 선과 악을 알게 하는 나무의 실과를 먹지 말라는 명령의 형태로 수립되었다.

(12) 하나님께서는 왜 아담과 하와에게 선악을 알게 하는 나무의 실과를 먹지 말라고 명령하셨는가?

이는 하나님의 뜻에 대한 순종의 임의적인 시험이었다. 나무의 실과는 그 자체로 선하고 좋은 것이다. 그것은 해롭거나 독이 든 열매가 아니다. 아담과 하와가 이 열매를 먹지 말아야 할 유일한 이유는 그것을 하나님께서 말씀하셨기 때문이다. "선악을 알게 하는 나무의 실과는 먹지 말라 네가 먹는 날에는 정녕 죽으리라 하시니라"(창 2:17). 따라서 이것은 하나님의 뜻에 때한 순수한 테스트였다.

(13) 선과 악을 알게 하는 나무의 실과는 어떤 열매이었는가?
성경이 말씀하지 않고 있기 때문에 우리는 이 실과를 알 수 없다. 이 실과가 사과라는 것은 어떤 증거도 없는 통속적인 전설일 뿐이다.

(14) 만일 아담과 하와가 하나님의 명령에 순종했다면 어떤 결과가 나왔겠는가?
만일 그러했다면, 그들이 생명나무의 실과를 먹을 수 있는 순간이 다가왔을 것이다. 그러했다면 그들은 영생을 수여받았을 것이며 죄를 짓고 죽는다는 것은 전적으로 불가능했을 것이다.

(15) 아담과 하와에게 주어진 이 행위언약의 기간은 어느 정도 이었는가?
그것은 아담이 그 나무의 실과를 먹을 때까지, 즉 하나님께서 주신 모든 시간까지였다.

(16) 만일 아담과 하와가 하나님께 순종했다면 시험 기간은 언제 끝났겠는가?
성경이 이 역시 밝히고 있지 않기 때문에 우리는 알 수 없다. 그러나 이것이 테스트 혹은 시험이었기 때문에 영구적이지 않고 일시적이었을 것이다. 하나님께서 아담과 하와에게 그들이 시험에 만족스럽게 통과했으며, 생명나무의 실과를 먹을 권리가 있음을 선언해 주시는 시간이 왔을 것이다.

(17) 아담과 하와가 선악을 알게 하는 나무의 실과를 먹기 전까지 얼마나 오래 에덴동산에서 살았는가?
역시 성경이 이에 대해 아무런 언급을 하지 않기 때문에 알 수 없다. 아담과 하와를 창조하신 이후 며칠 이내라는 것이 가장 대중적인 견해이지만 증명되지 않은 사실이다. 창세기 5:3에 보면 아담이 셋을 낳았을 때가 130세였다. 따라서 아담과 하와가 며칠 동안 에덴동산에 살았을 것이라는 견해는 가능한 이론이다.

(18) 행위 언약에 부가된 형벌은 무엇이었는가?
행위 언약에 부가된 형벌은 사망이었다.

(19) 행위 언약의 형벌이 사망이라는 것은 무엇을 의미하는가?

여기 사망은 육체적 죽음뿐만 아니라 영적 죽음까지도 포함하는 완전하고도 광범위한 의미의 사망을 뜻한다. 이 사망은 하나님과의 분리를 의미하며, 영원한 죽음 즉 성경이 말하는 대로 "지옥" 혹은 "둘째 사망"을 의미한다.

(20) 만일 아담과 하와가 하나님께 완전히 순종했다면, 그들은 얼마나 오랫동안 살았겠는가?

그들과 그들의 후손은 죽지 않고 영원히 살았을 것이다.

(21) 이것은 어떻게 성경에서 증명될 수 있는가?

로마서 5:12이 증거한다.

(22) 만일 사망이 세상에 들어오지 않아서 인류가 아무도 죽지 않고 계속해서 번성해서 살았다면, 세상이 그 많은 사람을 어떻게 다 감당할 수 있었겠는가?

하나님께서 그들을 에녹과 엘리야처럼 정한 때에 죽음을 맛보지 않게 하신 채 하늘로 데려가셨을 것이다

(23) 하나님께서 아담을 인류의 대표자로 정하신 것은 공평하지 않다고 말하는 사람들에 대해 당신은 무엇이라 대답해 주겠는가?

우리는 로마서 9:20에서 유사한 질문을 받은 바울과 같이 말할 수 있을 것이다. "이 사람아 네가 뉘기에 감히 하나님을 힐문하느뇨 지음을 받은 물건이 지은 자에게 어찌 나를 이같이 만들었느냐 말하겠느뇨". 죄악된 인간은 어떤 것이 공평하고 어떤 것이 공평하지 않은지 결정할 권리가 없다. 인류의 창조주로서의 하나님은 주권적이시고 그의 모든 피조물에 대해 그가 기뻐하시는 대로 행하실 권리가 있으신 분이시다.

(24) 이 행위 언약이 그리스도인인 우리에게 중요한 이유는 무엇인가?

왜냐하면 이것이 예수 그리스도를 통한 구원과 유사하기 때문이다. 첫째 아담이 죄와 사망을 가져왔던 것처럼 둘째 아담으로서의 그리스도께서 우리에게 의와 영생을 가져다 주셨기 때문이다. 아담은 행위언약에 있어서 우리의 대표자

였다. 반면에 예수 그리스도는 은혜 언약에 있어서 우리의 대표자이시다. 행위 언약을 배격하는 사람들은 은혜 언약의 축복을 수여받을 권리가 없다. 왜냐하면 이 두 언약이 유사하며, 우리의 구원이 서기도 하고 무너지기도 한다는 것이 로마서 5장을 통해서 증명되기 때문이다.

제6과
생명언약 또는 은혜언약

제21문 인간은 하나님이 창조한 처음의 상태를 유지하였는가?
  답 그들 자신의 자유의지에 맡겨진 우리 인류의 첫 부모는 사단의 유혹을 통하여 금지된 열매를 먹음으로서 하나님의 계명을 범했으며, 그리하여 창조된 무죄의 상태로부터 타락하였다.

1) 관련성구
 • **창 3:6-8, 13:** 인류의 타락에 대한 역사적 설명.
 • **전 7:29:** 인류는 선하게 창조되었으나 후일 범죄함으로 타락했다.
 • **고후 11:3:** 타락은 사단의 유혹으로 발생했다.
 • **롬 5:12:** 타락은 한 사람으로 말미암은 확실한 사건이다.
 • **딤전 2:14:** 하와는 속아서 죄를 범했고 아담은 속임을 당하지 않고도 죄를 범했다.

2) 해설
  (1) 아담과 하와가 하나님을 배반하여 죄를 범하는 것이 어떻게 가능했는가?
  하나님은 그들이 죄를 짓지 못하도록 전능하신 능력을 사용하는 대신 그들의 자유의지를 사용하도록 하셨다. 하나님은 전능하시기 때문에 인류가 죄를 지어 타락하는 것을 막으시는 것이 가능하셨을 것이다. 그러나 하나님은 그의 지혜로 타락을 막는 일을 선택하지 않으셨다. 하나님께서 당신의 전능하신 능력을 행사하지 않으시고 아담과 하와가 그들의 자유 의지를 사용하도록 하셨기 때문에 죄를 범하는 일을 선택하는 것이 가능했던 것이다.

  (2) 아담이 범한 죄와 하와가 범한 죄의 차이점은 무엇인가?
  디모데전서 2:14을 읽으라. 하와는 사단에게 속아서 죄를 범했다. 하지만 아담은 속지도 않았음에도 하나님을 불순종했던 것이다.

(3) 아담의 죄와 하와의 죄 중에 어떤 죄가 더 심각한 죄인가?

의심의 여지없이 아담의 죄가 하와의 죄보다 더 심각했다. 하와의 죄는 사단에게 속임을 당했기 때문에 아주 나쁜 것이다. 그러나 속임을 당하지도 않았으면서도 동일한 죄를 범하는 것은 더 더욱 나쁜 것이다. 즉 아담의 죄는 하나님의 뜻에 위반됨을 잘 알고 있었으면서도 범한 나쁜 죄인 것이다.

(4) 우리의 첫 조상이 금지된 실과를 먹은 결과가 무엇이었는가?

그들은 즉시 하나님으로부터 분리되었음을 깨달았다. 양심이 그들이 죄를 범하였음을 고소하였기 때문에 하나님과의 교제와 교통을 즐거워하는 대신 그들은 하나님을 두려워하게 되었고 하나님으로부터 도망치게 되었다.

(5) 성경이 말하는 타락과 관계된 신비는 무엇인가?

인류가 저지른 악의 기원에 관한 문제이다. 아담과 하와가 지식과 의와 거룩의 상태로 창조되었기 때문에 그들 본성에는 유혹이 호소할 수 있는 악이 전혀 존재하지 않았다. 그들은 의롭게 창조되었기 때문에 악은 외부적인 근원으로부터 그들의 삶을 파고들어야 했다. 그렇지만 죄를 짓게 하는 유혹이 어떻게 실제로 무죄한 존재에게 호소할 수 있었는가? 무죄한 인간에게 어떤 동기가 하나님께 순종하고자 하는 동기보다 더 영향력을 행사했단 말인가? 이것이 바로 신비로운 일이다.

(6) 이 신비에 대한 우리의 태도는 어떠해야 하는가?

우리는 성경이 교훈하는 바를 단순하게 믿어야 하며, 인류에게 발생했던 악의 기원에 대한 심리학적 문제는 완전히 이해될 수 없는 신비로 인식해야 한다. 이 신비에 대해 성경이 제공하고 있는 정보는 다음과 같다.

① 하나님께서 우리 처음 조상을 창조하셨을 때, 그들에게는 전혀 죄가 없었다.
② 죄는 외부적인 근원 소위 사단의 유혹으로부터 인류에 침투했다.
③ 사단은 그 자체로는 죄악적이지 않은 하와의 욕구에 호소함으로 하와를 유혹했다(창 3:6). 그러나 하나님의 직접적인 명령에 불순종함으로 자신의 욕구를 채운다면 그것은 죄악적인 것이다.

④ 아담에게 온 유혹은 사단으로부터 직접적으로 온 것이 아니라 이미 죄를 범한 하와에게서 왔다.
⑤ 심리학적인 문제가 설명 불가한 일이라 할지라도 한 가지 분명한 사실은 인간은 의심의 여지없이 거룩하게 창조되었으나 사단의 유혹을 받아 죄된 상태로 타락했다는 것이다.

(7) 창세기 3장에 나타난 성경의 타락 기사에 대해 오늘날 유행하는 그릇된 해석은 무엇인가?

타락의 기사를 역사적 사실로서가 아니라 세상에 존재하는 죄와 사망을 설명하기 위한 이야기로 즉 신화적으로 해석하는 것이 바로 그것이다. 이 해석에 의하면 아담과 하와는 역사적 실존인물이 아니며, 에덴동산에 선과 악을 알게 하는 나무도 존재하지 않는다. 이것은 모두 다 시적인 상상력과 아름다운 이야기의 산물일 뿐 사실은 아니라는 것이다.

(8) 창세기 3장에 나타난 타락 기사를 우리가 역사적 사실로 믿고 문자적으로 해석하는 이유는 무엇인가?

① 역사적 기록으로서의 일부인 이 기록 자체 때문에 그러하다. 이 기록 자체가 역사적인 것으로 간주되기 때문이다.
② 우리 주 예수 그리스도께서 이 사건을 역사적인 것으로 인정하셨고 아담과 하와를 실존하는 인물로 여겼기 때문이다. 예수님은 마태복음 19:4-6에서 창세기 2:24을 인용하시면서 "태초에 하나님께서 사람을 남자와 여자로 만드시고"라는 말씀을 실제로 하나님께서 하신 말씀으로 간주하셨다.
③ 만일 창세기 3장의 타락 기사가 문자적으로 역사적 사실이 아니라면 로마서 5:12-21에 기록된 사도바울의 논증 역시 의미가 없는 기록이 될 것이다. 왜냐하면 로마서 5장은 타락의 역사적 성격을 전제한 기록이기 때문이다. 로마서 5:12-21이 로마서에서 본질적인 부분을 형성하고 있기 때문에, 우리는 로마서가 영감된 하나님의 말씀이 확실하다면 창세기 3장에 기록된 타락기사 역시 분명히 역사적 사실이라고 결론지어야 한다.

제22문 모든 인류가 그 첫 범죄에서 타락했는가?

답 아담과 맺은 언약은 그 자신만을 위한 것이 아니라 하나의 공인으로서 그의 후손들도 위한 것이어서, 통상적인 출생에 의해서 그로 부터 내려온 모든 인류는 그 안에서 범죄했으며, 그 첫 범죄에서 그와 함께 타락하였다.

1) 관련성구
- **행 17:26:** 인류의 유기적 통일성; 모든 인류가 "한 혈통"으로 지음 받았으므로 모두 아담의 자녀들이다.
- **창 2:16-17; 롬 5:12-21:** 아담은 하나님에 의해 인류의 대표자이자 머리로 임명되었고 따라서 그의 행위는 모든 사람의 운명을 결정짓는 행위이다.
- **고전 15:21-22:** 그리스도와 같이 아담은 온 인류의 머리요 공인이다.

2) 해설
(1) 행위 언약에 있어서 아담은 하나님으로부터 어떤 공적인 신분을 부여받았는가?

하나님은 아담을 모든 인류를 위하여 행위 언약의 시험의 상태를 통과하도록 인류의 "머리" 혹은 대표자로 임명하셨다.

(2) 행위 언약에 있어서 아담이 그의 후손을 대표한다는 사실을 가장 잘 증명해주는 구절은 무엇인가?

로마서 5:12-21이다.

(3) "보통 생육법으로 아담으로부터 출생한 모든 인류"가 의미하는 바는 무엇인가?

이 표현은 예수 그리스도를 제외한 모든 인류를 의미한다. 예수 그리스도 역시 아담으로부터 출생하신 것은 사실이다. 그러나 예수님은 보통 생육법으로 출생하지 않으시고 동정녀 마리아에게서 성령으로 잉태되어 나셨으며 육신의 아버지가 없으시다. 따라서 예수 그리스도를 제외한 모든 인류가 아담과 함께 그의 첫 범죄 때 타락한 것이다. 첫째 아담의 죄는 둘째 아담을 제외한 모든 인류의 멸망을 가져온 것이다.

(4) 왜 아담의 첫 번째 범죄가 특별히 기록되었는가?

왜냐하면 이것이 행위 언약 하에서의 모든 인류에게 영향을 끼치는 아담의 첫 범죄였기 때문이다. 행위 언약으로 인해 아담의 첫 범죄가 그의 모든 후손 즉 전 인류에게 전가되고 옮겨왔다. 남은 생애에 저지른 아담의 나머지 죄악들은 개인적으로 범죄한 것이며, 인류의 머리요 대표자로서 저지른 범죄가 아니다. 아담의 나머지 죄는 오늘날 우리와 아무런 상관이 없다. 따라서 성경은 그것에 대해 기록조차 하지 않는다.

(5) 아담이 인류의 대표자로서 죄와 고통을 우리 모두에게 안겨주었다는 성경의 가르침을 반대하는 사람들에게 어떤 대답을 주겠는가?

우리가 좋아하든 좋아하지 않든지 상관없이 성경은 행위 언약이나 은혜언약 모두 하나님께서 대표의 원리를 따라 인류를 대하신다고 가르친다. 대표자의 원리는 평범한 인간의 삶속에서도 계속적으로 작용하는 원리이며 누구도 그것을 반대하지 않는다. 미국 의회가 전쟁을 선언하면, 미국 내의 모든 개인의 삶이 그 영향을 받게 된다. 부모들이 한 나라에서 살지 떠날지를 결정하면 그것에 의해서 자식들의 국적이 결정된다. 만일 사람들이 의회는 자신들의 그들의 대표자를 선출했지만, 아담은 자신들이 선택하지 않았다고 주장한다면 다음과 같은 대답이 유용할 것이다.

① 법적인 대표자의 결정은 사람들이 선택했든 그렇지 않았든 관계없이 구속력이 있는 대표자이다. 의회의 선택은 너무 어려서 투표를 할 수 없는 수백만 명의 사람들에게 영향을 끼친다. 어린 자식이 자신의 부모를 결정하지 않았음에도 자녀들은 부모의 행위와 결정에 의해 엄청난 영향을 받는다.

② 우리가 아담을 우리의 대표로 선택하지 않았고 하나님께서 선택하셨다는 것은 사실이다. 그러나 하나님 보다 더 지혜롭고 의로우신 결정과 선택을 할 수 있는 자가 누구란 말인가? 행위언약에 있어서 아담을 우리의 대표자로 임명하신 하나님의 결정을 반대하는 것은 하나님의 주권을 반대하는 것일 뿐만 아니라 우리 자신을 하나님보다 더 지혜롭고 의롭다고 교만하게 자신하는 것이다.

제23문 타락이 인류를 어떤 상태로 이끌었는가?

답 타락은 인류를 죄와 비참의 상태로 이끌었다.

1) 관련성구
- **롬 5:12:** 사망은 죄의 결과이다.
- **롬 6:23:** 사망은 죄의 형벌이다.
- **롬 3:23:** 죄는 전 인류에게 미쳤다.
- **창 3:17-19:** 인간의 죄로 자연에 저주가 왔다.

2) 해설

(1) 타락 이전의 인류의 상태는 어떠했는가?

첫째, 무죄한 상태였다. 둘째, 본래적 의(원의原義)를 지닌 상태였다.

(2) 인류가 처한 타락의 비참한 상태를 묘사하기 이전에 죄가 먼저 언급된 이유는 무엇인가?

왜냐하면 죄가 먼저 왔고 죄의 결과로서의 비참이 나중에 왔기 때문이다. 죄는 비참의 원인이고 비참은 죄의 결과이다.

(3) 비참과 죄 중에 어느 것이 인류에게 더 큰 영향을 미치는가?

그리스도인을 제외한 세상 사람들은 자신들의 죄보다는 그 결과로서의 비참과 고통에 더 큰 신경을 쓴다. 그러나 심지어 자신들의 죄보다도 자신들의 환경에 영향을 미치는 비참에 더 신경을 쓰는 그리스도인들도 있다.

(4) 세상의 개선을 위한 불신자들의 종교와 철학 체계, 그리고 인간적 계획의 기본적 오류는 무엇인가?

그들은 모두 고통의 근원이 되는 죄로부터의 구원의 길을 제공하지 못한 채, 인류의 고통과 고난을 경감시키기 위한 노력을 기울인다. 그리스도를 통한 죄의 구속에 기초하지 않는 개선을 위한 모든 인간적 체계와 계획들은 실패하게 되어 있다. 영구한 구원은 문제의 원인을 무시한 채, 그 증상 치료만으로는 가능하지 않다.

(5) 오늘날 죄와 비참의 실상을 외면하는 대중적인 그릇된 종교는 무엇인가?
크리스천 사이언스라 불리는 에디즘(Eddyism)이 그것이다.

(6) 인류의 상태에 대한 현대 과학의 견해의 오류는 무엇인가?
전체적으로 보자면 현대 과학자들은 오늘날의 인간이 정상적이며 어떤 문제이든지 육체적이든 심리적이든 정상적으로 결정할 수 있다고 주장한다. 정상적인 건강, 정상적인 지성, 정상적인 성장 등등이 모두 이런 방식으로 결정된다고 한다. 오늘날의 인류를 "정상"이라고 규정짓는 이러한 태도는 죄와 비참으로 타락한 인류에 대한 성경적 교훈과 정면으로 모순된다. 성경에 의하면 에덴동산에서의 아담과 하와는 하나님의 피조물로서 정상적이었다. 그러나 죄로 타락한 인간은 비정상이 되었으며, 오늘날의 모든 인류가운데 정상적인 개인은 단 한사람도 없다. 오늘날의 모든 인류는 그 어떤 특정한 문제에 있어서도 비정상적이며, 하나님의 창조시의 완전함으로부터 이탈했다. 특별히 현대 과학은 연로한 것과 죽음을 정상적인 인간의 경험으로 간주하지만 성경적 관점으로 보자면 나이가 들어가는 것과 죽는다는 것은 둘 다 비정상이며 하나님에 의해 창조된 인류로부터 일탈한 것을 의미한다.

제24문 죄란 무엇인가?
답 죄란 이성적인 피조물에게 규범으로 주어진 하나님의 어떤 법이라도 부족하게 준행하거나 불복하는 것이다.

1) 관련성구
- **요일 3:4:** 죄는 율법을 어기는 것을 의미한다.
- **갈 3:10, 12:** 욕심을 내는 것과 의도적인 죄 모두 죄이다.
- **롬 3:20:** 죄는 하나님의 계명을 통해 인간의 마음과 양심에 각인된다.
- **롬 5:13:** 율법이 없었나면 죄가 전가되지 않있을 것이다.
- **약 4:17:** 선을 행함에 있어서 실패하는 것이 곧 죄이다.

2) 해설

(1) 죄에 대해 공식적인 정의를 내리는 성경구절은 무엇인가?

요한일서 3:4이다. "죄를 짓는 자마다 불법을 행하나니 죄는 불법이라." 미국표준성경은 이 구절을 "죄는 율법의 부재"로 번역했다.

(2) 죄와 범죄행위는 무엇이 다른가?

엄밀히 말하자면 죄는 하나님의 계명을 위반한 것이다. 반면에 범죄는 국가의 법을 위반한 행위이다. 그러나 많은 신학자들은 범죄와 범죄적이라는 단어를 "죄"와 "죄악적"이라는 단어와 동일하게 사용한다.

(3) 동일한 행동이 동시에 죄도 될 수 있고 범죄행위도 될 수 있는가?

그렇다고 볼 수 있다. 예를 들면, 살인 도적질 그리고 위증과 같은 것들이 그것이다.

(4) 어떤 행동이 죄이기는 하지만 범죄행위가 아닐 수도 있는가?

그렇다. 예를 들면, 어떤 형제를 미워하고 혐오하는 것은 하나님을 거역하는 죄이기는 하지만 국가의 법률을 위반하는 것은 아니다. 왜냐하면 국가의 법률은 인간의 생각에 대한 사법권을 행사할 권리가 없기 때문이다.

(5) 어떤 행위가 범죄행위이기는 하지만 죄는 아닐 수 있는가?

그렇다. 예를 들면 250년 전 스코틀랜드에서는 많은 언약도들이 왕의 허락 없이 하나님을 예배하기 위해 모였다는 죄목으로 감옥에 갇히고 심지어 사형을 당하기도 했다. 이것은 국가의 법률(사악하고 불의한 법의 경우이지만)을 위반한 것이기 때문에 범죄행위이지만 그들이 그것을 행함에 있어서 하나님의 계명에 순종했기 때문에 죄는 아니다.

(6) 어떤 피조물에게 하나님의 계명의 말씀이 주어졌는가?

하나님의 이성적인 존재들 즉 천사들과 인간들에게 주어졌다.

(7) 대요리문답은 특별히 어떤 두 가지 죄를 언급하고 있는가?

첫째는 소극적인 죄, 즉 하나님의 계명의 말씀을 준행하지 않은 죄이며, 둘째는 적극적인 죄, 즉 하나님의 계명을 위반한 죄이다.

(8) 사람은 어떤 일을 행동해야 죄인이 되는가?

그렇지 않다. 하나님의 계명을 위반하지 않는 사람이 있다고 하더라도 그는 여전히 죄인이다. 왜냐하면 그는 여전히 하나님의 거룩한 계명의 말씀을 준행하려는 의지가 없기 때문이다.

(9) 하나님의 계명은 특별히 적극적인 죄를 강조함에 있어서 무엇이라고 말씀하는가?

십계명 중에 8개의 계명이 다음과 같은 말씀으로 시작한다. "너희는 ... 하지 말지니라." 출애굽기 20:1-17.

(10) 하나님의 계명은 특별히 소극적인 죄를 강조함에 있어서 무엇이라고 말씀하는가?

예수님께서 말씀하신 도덕적 계명에 요약되어 있다. "예수께서 가라사대 네 마음을 다하고 목숨을 다하고 뜻을 다하여 주 너의 하나님을 사랑하라 하셨으니 이것이 크고 첫째 되는 계명이요 둘째는 그와 같으니 네 이웃을 네 몸과 같이 사랑하라 하셨으니 이 두 계명이 온 율법과 선지자의 강령이니라"(마 22:37-39).

(11) 인간의 생애 가운데 완전한 성화가 가능하다고 주장하는 사람들은 죄에 대해 어떤 부적절한 견해를 제시하는가?

그들은 종종 죄를 "알려진 율법에 대한 계획적인 위반"이라고 정의한다.

(12) 이러한 죄의 정의가 부적절한 이유는 무엇인가?

그것은 이 정의가 다음과 같은 두 가지 종류의 죄를 간과하기 때문이다.
① 인간의 원죄, 즉 인간이 태어날 때 타고나는 본성적인 죄를 간과한다.
② 하나님의 요구에 대한 준행의 결핍, 즉 소극적인 죄를 간과한다.

제25문 인간이 타락한 상태의 죄성은 어디에 있는가?

답 인간이 타락한 상태의 죄성은 아담이 범한 첫 죄의 죄책, 창조에서 부여된 의의 결여, 그리고 그가 영적으로 선한 모든 것에 철저하게 무관심하고 무능하며 대립하게 된 본성의 오염에 있는데, 그것은 보통 원죄라고 불리며, 그로부터 모든 자범죄가 나온다.

1) 관련성구
- **롬 5:12, 19**: 아담의 범죄가 모든 인류에게 전가된다.
- **롬 3:10-19**: 인류는 죄로 말미암아 전우주적으로 그리고 완전히 타락했다.
- **엡 2:1-3**: 인류는 죄로 죽어서 하나님을 기쁘시게 할 수 없다.
- **롬 5:6**: 인류는 영적으로 힘이 없고 불경건하다.
- **롬 8:7-8**: 인류는 하나님과 원수가 되어 하나님을 기쁘시게 할 수 없다
- **창 6:5**: 인류는 생각과 계획과 행동이 모두 죄악적이다.
- **약 1:14-15**: 원죄가 모든 실제적 범죄의 근원이다.
- **마 15:19**: 죄악 된 행동은 타락하고 죄악적인 마음에서 흘러나온다.

2) 해설

(1) 가장 주요한 두 가지 죄는 무엇인가?
① 우리가 태어날 때 본성적으로 지니는 원죄이다.
② 우리가 실제적으로 행하는 자범죄이다.

(2) 왜 아담의 첫 번째 범죄만 그의 후손에게 전가되었는가?
아담은 행위언약을 위반할 때까지만 우리의 대표자로 행동했다. 그가 첫 범죄를 행한 후에는 우리의 미래에 영향을 끼치는 언약적 관계가 종료되었다. 그럼에도 불구하고 아담은 모든 인류의 조상으로서의 자연적 관계를 지닌다.

(3) 인류는 타락으로 말미암아 어떤 의를 상실했는가?
그가 창조되었을 때 지녔던 본래적인 의 즉 원의(original righteousness)를 상실했다.

(4) 아담의 첫 번째 범죄와 원의의 상실 이외에 타락으로 말미암아 어떤 또 다른 결과가 발생했는가?
인간의 본성이 부패했고 마음이 타락했으며, 죄를 사랑하게 되었다.

(5) 인류의 타락으로 발생한 본성의 타락의 범위는 어떠한가?
이 본성의 타락은 그 범위에 있어서 전인적이고 포괄적이다. 그래서 종종 이 타락을 가리켜 "전적 타락"이라고 말한다.

(6) 인간의 전적 타락은 중생 받지 못한 인간이 아무런 선행도 할 수 없다는 것을 의미하는가?

그렇지 않다. 구원받지 못한 인간은 하나님의 일반은총으로 말미암아 사회와 인간사에 있어서 선한 일을 할 수 있다. 예를 들면, 구원받지 못한 사람이 강물에 빠져 익사해 가는 사람의 생명을 구해낼 수도 있다. 그러나 중생 받지 못한 사람은 영적으로 선한 일은 전혀 할 수 없으며, 하나님 보시기에 진정으로 선한 일도 전혀 할 수 없는 것이다. 그들은 그들 보기에 선한 일을 할 수는 있으나 하나님을 사랑하고 섬기며 기쁘시게 하려는 올바른 동기에 의해서는 하지 못한다. 따라서 구원받지 못한 자의 "선한" 행위는 죄로 말미암아 손상되고 부패하기 마련이다.

(7) 전적타락에 대한 현대인들의 태도는 어떠한가?

"현대적인" 정신에 자부심을 가지는 사람들은 이 하나님의 말씀의 진리를 비웃고 조롱한다.

(8) 우리는 인간의 원죄와 전적 타락교리로부터 어떤 실제적인 교훈을 얻을 수 있는가?

이 교리들로부터 우리는 우리의 외면적인 죄가 우리의 내면인 마음에서 흘러나오며, 마음의 영적 청결이 선행되지 않고는 외면적인 생활의 개혁이 없으며 따라서 참된 선한 생활을 할 수 없다는 교훈을 받는다.

(9) 인간이 원죄와 전적 타락으로부터 자신을 스스로 구원하는 것이 가능한가?

전혀 가능하지 않다. 예레미야 13:23은 인간의 본성을 바꾸는 것이 우리 능력 밖에 있는 일임을 증명한다. 왜냐하면 우리는 아픈 병자일 뿐만 아니라 죄와 허물로 죽은 자이기 때문이다. 우리는 영적으로 비참한 자이며, 우리 자신을 구원할 수 없는 자이기 때문이다. 사람은 자신의 외면적인 삶을 어느 정도 개선할 수 있지만 새로운 마음을 소유하지는 못한다. 그는 어느 정도 자신의 행위를 변화시킬 수 있지만 영적으로 죽어버린 죄에서 다시 살릴 수는 없는 것이다(엡 2:1-10).

제26문 어떻게 원죄가 우리의 첫 부모로부터 그들의 후손들에게 전달되는가?
답 원죄는 자연적인 출생에 의해 우리의 첫 부모로부터 그들의 후손들에게 전달되며, 그러므로 그들로부터 그러한 방식으로 나온 모든 사람들은 죄 가운데 잉태되고 출생한다.

1) 관련성구
- 시 51:5: 우리는 죄악 중에 잉태되고 죄악 중에 출생했다.
- 욥 14:4: 우리의 첫 조상이 죄인이었기에 우리도 역시 죄인이다.
- 욥 15:14: 모든 인류는 죄 된 본성을 지니고 출생한다.
- 요 3:6: 자연적 출생은 단지 죄인 된 본성만 생산할 뿐이며, 거듭남만이 새로운 본성을 생산할 뿐이다.

2) 해설
(1) 행위언약에 있어서 우리를 대표하는 것 이외에 아담이 우리와 어떤 다른 관계를 맺고 있는가?
그의 첫 범죄를 행하는 것으로 막을 내린 우리의 대표자이자 언약적 관계 이외에 아담은 우리의 첫 번째 조상으로서의 자연적 관계를 가진다. 이 자연적 관계는 그의 삶을 통하여 계속되었다.

(2) 아담의 언약적 관계로 인해 무엇이 우리에게 전가되었는가?
아담의 첫 범죄가 그의 모든 후손에게 전가되었다. 환언하면 그의 범죄가 예수 그리스도를 제외한 모든 인류에게 전가되었다는 말이다.

(3) 그와 우리의 자연적 관계를 통해 아담으로부터 우리가 받는 것은 무엇인가?
우리는 아담을 통해 우리 부모와 그들의 조상들로부터 육체를 유전으로 물려받았다.

(4) 아담의 첫 번째 범죄는 그에게 어떤 영향을 끼쳤는가?
행위언약의 위반에 대한 사법적인 형벌로서 하나님께서는 아담으로부터 생명을 주시는 성령의 영향을 거두어들이셨다. 그 결과 도덕적이며 육체적 사망이 그에게 임하게 되었다. 아담이 금지된 실과를 먹은 순간에 그는 죄와 허물로 죽은 자가 되어 버렸다. 이와 동시에 확실히 흙으로 돌아가고야 마는 사망의 원리가 그의 육체에 작용하게 되었다.

(5) 아담의 첫 번째 범죄가 그의 후손들에게 끼친 결과는 무엇인가?

모든 인류는 아담의 첫 번째 범죄를 전가 받고 이 세상에 태어난다. 그러므로 행위언약을 어긴 것 때문에 모든 인류는 도덕적으로 그리고 영적으로 사망에 이르게 되었다. 왜냐하면 생명을 주시는 성령께서 그들을 떠나셨기 때문이다. 그러므로 우리가 출생하자마자 흙으로 돌아가기 위한 사망의 원리가 우리 육체에 작동하게 되는 것이다. 하나님의 일반은총을 통해 그 기간이 연장될 수는 있지만 결국 사망을 영원히 막을 수는 없게 되었다.

(6) 도덕적으로 영적으로 죽은 우리에게 출생 때부터 발생하는 일은 무엇인가?

우리는 출생 때부터 부패하고 죄악 된 본성을 가지고 태어나기 때문에 개인적으로 실제적인 범죄가 우리 전 생애를 따르게 된다.

(7) 우리가 아담으로부터 죄악 된 본성을 "유전" 받는다고 말하는 것은 정확한 표현인가?

그것은 "유전"이라는 것이 무엇을 의미하는가에 따라 달라진다. 그것이 우리가 태어날 때 우리의 시조인 아담과의 관계 때문에 죄악 된 본성을 가지고 출생한다는 것을 의미한다면 정확한 표현이다. 그러나 그것이 우리가 갈색 머리나 큰 키를 물려받는다는 것을 의미한다면 우리가 아담으로부터 죄악된 본성을 "유전" 받는다고 말하는 것은 그릇된 표현이다. 원죄가 전가된다는 것을 이해하는 것은 대단히 어려운 일이지만 죄악된 본성이 생물학적 유전을 통하여 옮겨온다는 믿음을 확실히 보장하지 않는다고 말하는 것이 안전하다. 죄는 영적인 것이지 육체적인 것이나 성격적인 것이 아니기 때문이다. 만일 원죄가 생물학적 유전을 통해 부모로부터 아이에게 옮겨온다면 우리는 아담으로부터가 아니라 우리의 직접적인 부모의 죄를 물려받아야 한다. 만일 그렇다면 신자의 자녀들은 중생된 상태로 이 세상에 출생해야만 할 것이다. 그러나 실상 신자의 자녀들은 모두 다 죄로 인해 죽은 상태로 출생한다. 따라서 우리는 다음과 같은 결론을 내릴 수 있을 것이다.

① 우리의 죄악된 본성은 아담의 후손으로서의 자연적 출생을 통해 우리에게 옮겨 온다.
② 그것은 우리를 낳은 부모로부터가 아니라 아담으로부터 우리에게 옮겨온다.
③ 사람이 그의 부모로부터 파란 눈이나 갈색 머리를 "유전" 받는 것이나 아버지나 할아버지로부터 돈이나 재산을 상속받는 것처럼 사람은 아담으로부터 죄악된 본성을 "유전" 받는다. 이러한 어려운 주제에 대한 더욱 상세한 해설은 핫지의 신앙고백서(A. A. Hodge's *Commentary on the Confession of Faith*, 151-60)를 참조하라.

(8) 성경의 교훈인 원죄를 부정하는 교리 체계는 무엇인가?

주후 4세기경 영국의 수도사였던 펠라기우스(Pelagius)의 가르침에 기초해 세워진 펠라기우스주의(Pelagianism)가 그것이다. 펠라기우스는 우리가 죄악된 본성을 가지고 출생한다는 것을 부정했으며, 갓난아이는 죄 없이 출생하지만 다른 사람의 죄를 흉내 내기 때문에 죄인이 된다고 주장했다. 이 펠라기우스 이단을 배격하기 위해 성경의 위대한 교리인 원죄 교리를 수호한 사람이 교부 어거스틴(Augustine)이었다. 오랜 논쟁 끝에 펠라기우스주의는 교회에 의해 거짓된 교리로 판명되었으며, 성경적인 원죄 교리가 재확인되었다. 그러나 중세를 통해 펠라기우스주의는 반(semi)-펠라기우스주의로 수정되었고 교회에 또다시 만연하게 되었다.

제27문 타락이 인류에게 가져온 비참이란 무엇인가?

답 타락은 인류에게 하나님과의 교제 상실, 그의 불쾌함과 저주를 가져왔다. 그리하여 우리가 본질상 진노의 자녀와 사단의 노예가 되 었으며, 공의에 따라 현세와 내세의 모든 형벌을 면할 수 없다.

1) 관련성구
- 창 3:8-10, 24: 인류는 타락으로 하나님과의 교제를 상실했다.
- 엡 2:2-3: 본성상 우리는 모두 진노의 자녀이다.
- 딤후 2:26: 본성상 우리는 사단의 노예이다.

- 창 2:17; 애 3:39; 롬 6:23: 타락으로 말미암아 우리는 세상에서 하나님 의 형벌을 받게 된다.
- 마 25:41, 46; 유 7: 타락으로 우리는 오는 세상에서 하나님의 형벌을 받게 된다.

2) 해설

(1) 타락이 인류에게 가져 온 첫 번째 비극은 무엇인가?
그것은 하나님과의 교제 상실이다.

(2) 아담과 하와가 죄를 짓고 나서 얼마 후에 하나님과의 교제를 상실했는가?
둘이 죄를 지은 즉시 교제를 상실했다.

(3) 하나님과의 교제가 상실 당했음을 그들은 어떻게 알게 되었는가?
죄로 말미암아 더러워진 그들의 양심이 그들과 하나님 사이에 장애물이 놓였음을 깨닫게 했다(창 3:7).

(4) 오늘날 구원받지 못한 자가 하나님과 교제할 수 있는가?
전혀 그럴 수 없다. 하나님과의 교제를 회복하기 위해서는 오직 그리스도의 화해사역을 통해서만 하나님과 죄악된 인간 사이의 막힌 담이 허물어질 수 있다.

(5) 하나님의 불쾌와 저주가 어떻게 아담과 하와에게 임했는가?
① 하나님은 아담에게 그 육체가 흙으로 돌아갈 때 까지 생존하기 위해 전 생애 동안 수고하고 노동하게 하셨다.
② 하나님은 하와에게 그녀의 삶이 고통으로 가득 찰 것이라고 말씀하셨다.
③ 하나님은 아담과 하와가 생명나무의 실과를 먹고 사망가운데 영생하지 못하도록 그들을 에덴동산에서 쫓아내셨고 사단과 그의 왕국과 영구한 갈등을 일으키게 하셨다(창 3:15-20, 22-24).

(6) 아담과 하와가 죄를 범한 것과 우리의 경험이 어떻게 유사한가?
① 그들은 하나님과의 교제를 상실했다. 우리 역시 하나님을 멀리 떠난 채 이 세상에 출생한다.
② 아담과 하와에게 선고된 저주는 여전히 인류에게 공감되는 저주이다.

③ 그들은 생명나무에 가까이 있었으면서도 그 생명나무에 출입하는 길을 상실했다. 우리 역시 생명나무와는 단절된 채 이 세상에 출생하며 예수 그리스도를 통하지 않고서는 그 어떤 인류도 영생을 얻을 수 없다.
④ 그들은 자신들과 사단 사이의 영구한 적대감을 가진다. 우리 역시 사단과 그의 동맹인 세상과 육체와 전 생애 동안 전투해야만 한다.

(7) 우리가 본질상 진노의 자녀라는 말은 무엇을 의미하는가?

에베소서 2:3에서 따온 이 표현은 우리가 이 세상에 죄악적인 본성을 가지고 태어났으며, 따라서 하나님의 진노, 즉 죄를 미워하시는 의로우신 하나님의 불쾌의 대상이 된다는 것을 의미한다.

(8) 구원받지 못한 자들이 사단의 종노릇한다는 말은 무엇을 의미하는가?

이는 하나님께서 사단이 구원받지 못한 자를 주관하도록 공의롭게 허용하셨음을 의미하며, 그들이 영적으로 자유롭지 못하고 그들의 영혼과 육체를 잔혹하고 고통스럽게 하는 죄와 사단의 속박 아래 가두는 것을 뜻한다. 그러나 사단의 활동은 하나님에 의해 엄격하게 제한되어 있다. 그리스도 안에 있는 신자는 사단의 영향이나 유혹을 받기도 하지만 하나님의 아들로 말미암아 해방되었기 때문에 사단의 종이 아니다(요 8:34-36).

(9) 죄인들이 이 세상에서 형벌을 받으며 오는 세상에서도 형벌을 받는다는 말에는 어떤 진리가 암시되어 있는가?

이 말은 죄인은 반드시 형벌을 받는다는 것 때문에 죄가 죄의식과 관련 있음을 의미한다. 따라서 죄는 단순히 하나님의 동정을 바라는 불행이나 재앙이 아니다. 더욱이 죄는 치료가 필요한 질병은 더더욱 아니다. 더욱이 죄는 세척이 필요한 도덕적 오염도 아니다. 오히려 죄는 용서가 필요한, 즉 마땅히 형벌을 받아야만 하는 범죄인 것이다.

(10) 오늘날의 "자유주의자"들은 이 대요리문답 제27문에 진술된 교리에 대해 어떤 태도를 보이고 있는가?

현대 "자유주의" 신학은 제27문의 답에 제시된 모든 진리를 하나 같이 부정한다.
① 오늘날의 "자유주의"는 모든 사람이 본성상 하나님의 자녀라고 가르친다. 따라서 그들은 단순히 자신이 하나님의 자녀임을 깨달음으로 하나님과의 교제를 소유할 수 있다고 믿는다.
② "자유주의"는 오직 하나님의 사랑만 말하며, 하나님의 불쾌와 저주는 아예 언급조차 하지 않는다.
③ "자유주의"는 펠라기우스를 추종하며, 우리가 그 죄악성 때문에 하나님의 진노의 대상으로 출생한다는 사실을 부정한다.
④ "자유주의"는 인격적인 마귀를 믿지 않기 때문에 우리가 사단의 종노릇하기 위해 출생했다는 사실을 인정하지 않는다.
⑤ "자유주의"는 죄를 인간적이고 사회적인 개념으로 정의한다. 따라서 그들은 죄가 하나님 앞에서 신적인 형벌을 당할만한 범죄라는 교리를 부정하는 것이다.

제28문 현세에서 받는 죄의 형벌은 무엇인가?

답 현세에서 받는 죄의 형벌은 내적으로 정신의 맹목, 타락한 감각과 상실한 마음, 강한 유혹과 망상, 마음의 경화(굳어짐), 양심의 공포, 그리고 사악한 감정과 부끄러운 욕심 같은 것이며, 외적으로는 우리 때문에 피조물들에게 임한 하나님의 저주와, 죽음 그 자체를 포함하여, 우리 몸과 이름, 상태와 관계, 그리고 직업에서 우리에게 닥치는 다른 모든 악과 같은 것이다.

1) 관련성구
- **엡 4:18:** 무지함과 마음의 굳어짐은 죄의 형벌이다.
- **롬 1:28:** 상실한 마음은 죄의 형벌이다.
- **살후 2:11:** 강력한 유혹을 저희 가운데 보내심은 죄의 형벌이다.
- **롬 2:5:** 강퍅함과 회개하지 않는 마음.

- **사 33:14; 창 4:13; 마 27:4:** 양심의 공포는 죄를 형벌하시는 하나님의 방법 가운데 하나이다.
- **롬 1:26:** 죄인들은 부끄러운 욕심을 통해 형벌을 받는다.
- **창 3:17:** 자연을 향한 하나님의 저주는 인간의 죄로 인한 형벌이다.
- **신 28:15-68:** 모든 재앙과 고통과 악들은 죄의 형벌이다.
- **롬 6:21, 23:** 사망 그 자체는 죄의 값이요 형벌이다.

2) 해설

(1) 구원받지 못한 자들의 영적 상태는 어떠한가?

그것은 영적 사망인데 대요리문답은 이 영적 사망을 가리켜 "마음의 굳어짐"이라 부른다.

(2) 구원받지 못한 자가 그의 마음의 굳어짐에 대해 책임을 지는 것이 합당한가?

그렇다. 이 마음의 굳어짐 그 자체는 이전에 그가 범한 죄의 형벌이기 때문이다.

(3) "상실한 마음"이라는 표현이 의미하는 바는 무엇인가?

이 표현은 죄를 향한 기꺼운 방종을 의미한다.

(4) "강력한 유혹"이란 무엇을 의미하는가?

이 표현은 진리가 아닌 거짓 것에 대한 확신 넘치는 신념을 뜻한다. 예를 들면, 진화론에 대한 현대인의 자신만만한 신념과 같은 것이다. 그러나 이 진화론은 인류의 기원에 대한 강력한 유혹이며 거짓이다. 또한 제2차 세계대전 중에 독일인들이야말로 가장 우수한 인종이라는 나치의 신념과 같은 것을 말한다. 이로 볼 때, 다른 모든 인류보다 그들이 더 본성적으로 우월하다는 것 역시 강력한 유혹과 같은 거짓이다.

(5) 데살로니가후서 2:11에서 나타나듯이 하나님께서 사람들에게 "강력한 유혹과 망상"을 역사하신다는 사실은 과연 정당한 일인가?

① 성경은 종종 하나님 자신이 하시지 않고 다른 이들이 행한 일을 하나님이 하시는 일이라고 묘사하곤 한다. 예를 들면, 하나님은 바로 왕에게서 그의 은혜를 거두셨다. 그 결과는 바로의 마음이 하나님을 향해서 점점

더 강퍅해진 것이다. 그런데 성경은 하나님께서 바로의 마음을 강퍅케 하셨다고 말한다. 만일 하나님께서 사람들이 그들 마음대로 하도록 내버려 두신다면, 그들은 진리보다는 거짓을 택할 것이다. 이러한 의미에서 하나님께서 그들에게 "강력한 유혹"을 역사하신다고 말할 수 있다. 야고보서 1:13-14은 하나님께서는 친히 그 누구도 악으로 시험하지 않으시며 사람이 시험을 받는 것은 자기 욕심에 끌려 미혹되는 것을 하나님께서 허용하시기 때문이라고 교훈한다.

② 하나님은 타락하기 이전의 아담과 하와와 같이 순진하고 의로운 사람들을 속이기 위해서 "강력한 유혹"을 역사하시는 분이 아니라 이미 죄를 선택함으로 스스로 부패한 자들을 유혹에 빠지도록 허용하시는 것이다. 전 성경은 하나님께서 죄인을 그의 죄에 빠져서 더 큰 죄를 짓도록 그 상실한 마음대로 내버려두심으로 죄를 형벌하시는 분이심을 강조한다.

(6) "마음의 굳어짐"은 무엇을 의미하는가?

이는 양심이 더 이상 감각적이며 능동적인 기능을 하지 못하게 하는 "도덕적이며 영적인 무관심"을 뜻한다. 따라서 이러한 사람들은 회개하라는 소리나 복음의 초청에 아무런 영향을 받지 못한다. 성령을 거절한 죄를 지은 자는 가장 극단적인 마음의 굳어짐의 표본이 된다.

(7) "마음의 굳어짐"을 보이는 사람들을 성경을 통해서 예를 들어보다.

첫째, 바로 왕이다: 출애굽기 14:4 등. 둘째, 사울 왕이다: 사무엘상 16:14 등이다. 셋째, 가룟 유다이다: 요한복음 13:26-27.

(8) "양심의 공포"는 무엇을 의미하는가?

성경은 마음이 강퍅해진 사람들이 자신이 저지른 죄의 죄악성을 만족스럽게 여기고 즐거워하면서도 죄의 형벌은 매우 무서워하게 된다는 것을 가르친다. 자신들이 하나님을 거스려 죄를 범했다는 사실이 그들을 크게 불안하게 하지 않지만 그들은 하나님의 심판에 경악하게 될 것을 이미 느끼고 있다. 그들의 마음 내부에는 임종시에 당하게 될 지옥의 공포와 두려움으로 가득 차 있는 것이다.

(9) 바울은 로마서 1:28에서 이 세상의 부끄러운 욕심과 더러운 죄를 어떻게 설명하고 있는가?

이 "부끄러운 욕심"은 사람들을 그들의 죄악된 본성과 경향에 내어버려 두신 결과이다. 그것은 "그 마음에 하나님 두기를 싫어함"에 대한 형벌이다.

(10) 우리는 오늘날 자연 만물의 현재 상태를 어떻게 평가해야 하는가?

오늘날의 모든 자연은 창세기 3:17-19과 다른 성경구절에 잘 나타나 있는 대로 하나님의 저주 아래 놓여 있다. 홍수와 모래강풍과 온갖 종류의 재앙들뿐만 아니라 나쁜 기후와 극단적인 기상이변과 가시와 엉겅퀴는 모두 다 하나님의 저주의 일부분이다. 우리는 하나님에 의해 피조된 세상이 오늘날 우리가 알고 있는 세상과 사뭇 다르다는 사실을 깨달아야 한다. 우리는 현재 비정상적인 세상에 살고 있으며, 죄로 말미암아 황폐하고 저주받은 세상에 살고 있다. 성경의 증언 이외에도 현대 과학의 연구 역시 한 때 알래스카 북쪽과 더 북쪽에 있는 지역도 따뜻했었음을 증명한다. 그렇기 때문에 알래스카 북부 지역의 바위에서 종려나무와 다른 종류의 식물 화석이 발견되었던 것이다.

(11) 세상에 임한 저주가 어떤 의미에서 죄에 대한 형벌이 되는가?

구원받지 못한 죄인들의 경우 자연에 임한 저주는 죄에 대한 엄격한 형벌이다. 그리스도인들의 경우 자연에 임한 저주는 죄에 대한 형벌이 아니다. 왜냐하면 그들은 그리스도의 속죄사역을 통해 구원받았기 때문이다. 오히려 이러한 경우에 그리스도인에게 있어서 자연에 임한 저주는 죄에 따른 당연한 결과이지만, 또한 우리에게 영생을 수여하시려는 하나님 우리 아버지의 부성적 징계와 훈련이라고 할 수 있다.

(12) 어떤 의미에서 육체적 죽음이 죄의 형벌이 되는가?

죽음은 "죄의 삯"이라고 불린다(롬 6:23). 삯이란 "우리가 번 것"이나 "우리가 대우받을 만한 것"이다. 구원받지 못한 사람의 경우, 죽음은 당연히 사법적 형벌로서의 죄의 삯이다. 그러나 그리스도인의 경우에는 그리스도께서 그를 대신하여 돌아가셨다. 물론 그리스도인 역시 여전히 죽어야 하지만 그리스도인의 죽음은 더 이상 형벌로서의 죽음이 아니다. 죽음은 우리의 적이지만 사법적 형벌은 아닌 것이다. 오히려 그리스도인에게 있어서 죽음은 하나님께서 그를 완전히 거룩한 상태로 바꾸시는 변화와도 같다. 따라서 그리스도인에게 있어서 육체적 죽음은 하나님의 부성적 사랑의 징계이다. 그리스도인에게 있어서 사망은 하나님의 진노로부터 오지 않고 사랑으로부터 오는 것이다.

제29문 내세에서 받을 죄의 형벌은 무엇인가?
답 내세에서 받을 죄의 형벌은 하나님의 편안한 임재로부터의 영원한 분리와 지옥 불에서 쉼 없이 영원히 받는 영혼과 육체의 가장 괴로운 고통이다.

1) 관련성구
- **살후 1:9:** 하나님의 면전에서의 영원한 분리.
- **막 9:44-48:** 영혼과 육체의 가혹한 고통.
- **눅 16:24:** 지옥 불에서의 고통.
- **계 14:9-12:** 지옥에서의 쉼 없는 고통.
- **마 5:29-30:** 지옥은 육체적 고통도 포함한다.
- **마 25:41, 46:** 지옥의 형벌은 천국의 행복과 동일하게 영원하다.

2) 해설
(1) 죄에 대한 영원한 형벌 교리를 부정하는 세 가지 이단은 무엇인가?
① 구원받지 못한 자들의 경우 사망 자체가 존재의 마지막이라고 가르치는 영혼멸절설이다. 그들은 지상에서 일정기간동안 죄에 대해 형벌은 받은 후에는 더 이상 존재하지 않는다고 주장한다.
② 모든 인류는 궁극적으로 구원 받을 것이라는 만인구원론이다.
③ 죽음 이후에 악인들이 구원을 받을 수 있는 "두 번째 기회"를 얻게 될 것이며, 마침내 구원 받을 것이라고 주장하는 만민구제설이다.

(2) 신약 성경에 있는 "영원한" 이란 단어가 오랜 기간을 의미하며 따라서 영원한 형벌은 실제로는 영원하지 않다고 말하는 자들에 대해서는 어떤 대답을 줄 수 있는가?

마태복음 25:46은 의심의 여지가 없는 본문이다. "저희는 영벌에 의인들은 영생에 들어가리라." 여기 "영구한"이란 단어의 헬라어 원문은 "영원한"이라는 단어로서 정확히 동일한 의미를 지니고 있다. 따라서 만일 지옥의 형벌이 실제로 영원하지 않다면, 천국의 복락 역시 영원하지 않을 것이다. 동일한 헬라어 형용사가 천국과 영생에도 사용되었기 때문이다. 흠정역(the King James Version) 성경이 이 본문에 대해 오해를 불러일으킬 수 있는 영구한(everlasting)과 영원한(eternal)이라는 다른 두 단어를 사용해서 번역한 것은 유감스러운 일이다. 개정역(The Revised Version)은 이 본문을 다음과 같이 옳게 번역했다. "저희는 영벌(eternal punishment)에 의인들은 영생(eternal life)에 들어가리라."

(3) 오는 세상에서의 주요한 형벌은 무엇인가?

의심의 여지없이 다가올 세상에서의 죄에 대한 주요한 형벌은 하나님으로부터의 영원한 단절이다. 하나님의 임재는 천국 복락의 상징이지만 하나님과의 단절은 지옥을 그야말로 저주와 비통과 고통의 장소로 만들 것이다.

(4) 지상에서의 삶의 기억이 지옥에서도 계속될 것을 증명하는 그리스도의 비유는 무엇인가?

누가복음 16:19-31에 나타난 부자와 나사로의 비유이다. 특별히 25절이 그러하다. "아브라함이 가로되 얘 너는 살았을 때에 네 좋은 것을 받았고 나사로는 고난을 받았으니 이것을 기억하라 이제 저는 여기서 위로를 받고 너는 고민을 받느니라."

(5) 지옥의 형벌이 영혼뿐만 아니라 육체까지도 포함하는 고통이라는 것을 성경을 통해 증명하라.

마태복음 5:29-30이다. "네 백체중 하나가 없어지고 온 몸이 지옥에 던지우지 않는 것이 유익하니라." 요한계시록 20:13-15이다. "바다가 그 가운데서 죽은 자들을 내어주고 또 사망과 음부도 그 가운데서 죽은 자들을 내어 주매 각 사람이 자기의 행위대로 심판을 받고 사망과 음부도 불못에 던지우니 이것이 둘째 사망 곧 불못이라 누구든지 생명책에 기록되지 못한 자는 불못에 던지우니라." 마태복음 10:28이다. "몸은 죽여도 영혼은 능히 죽이지 못하는 자들을 두려워하지 말고 오직 몸과 영혼을 능히 지옥에 멸하시는 자를 두려워하라."

(6) 하나님께서는 너무나 사랑이 넘치시기 때문에 자신의 피조물을 지옥에 보내실 수 없다는 주장에 대해 어떤 답을 줄 수 있겠는가?

하나님께서 선하시고 사랑이 넘치시기만 하시며, 의로움과 분노는 없으신 분인지 우리가 어찌 알 수 있겠는가? 하나님의 선하심에 대해 우리가 알 수 있는 유일한 길은 기록된 하나님의 말씀인 성경뿐이다. 그러나 성경에 의하면, 사랑은 하나님의 여러 가지 속성 가운데 하나일 뿐이다. 성경은 또한 하나님께서 완전히 공의로우신 분이심을 교훈한다. 죄인들을 향하여 영원한 형벌을 가하시는 것이 바로 하나님의 완전한 공의이시다.

(7) 지옥 교리가 "그리스도의 정신"과는 배치된다고 말하는 사람들에 대해 무슨 대답을 줄 수 있는가?

우리에게는 우리 기호를 따라 우리 생각대로, 우리 마음대로 "그리스도의 정신"을 정의할 권리가 없다. 우리가 그리스도께서 하신 교훈을 알 수 있는 유일한 길 역시 신약 성경에 기록된 그리스도께서 하신 말씀만을 통해서이다. 전체 성경에서 지옥에 관해 말하는 것보다, 예수님께서는 더 많이 지옥에 대해 교훈하셨다는 것이 일반적인 결론이다. 그런데 지옥 교리가 "그리스도의 정신"과 배치된다고 말하는 것은 그리스도께서 하신 말씀을 표준으로 삼지 않겠다고 말하는 것과 같다. 이들은 그리스도께서 하신 말씀 가운데 마음에 드는 것만 골라서 사용하며 나머지는 무시하거나 누락시키는 자들이다. 이러한 행동의 결과는 그리스도의 교훈을 인간적인 선입견으로 비틀고 왜곡하는 것으로 끝나기 마련이다.

(8) 지옥에 대해 오늘날의 많은 거짓 종교들이 공통적으로 지니는 특징은 무엇인가?

그것은 지옥이 없다고 주장하는 것이다. 사단이 사람들에게 사용하는 것 중에 지옥이 없다고 주장하는 것만큼 매력적인 것도 없을 것이다.

(9) 그리스도를 그들의 구세주로 믿게 하기 위한 동기로 지옥의 공포를 사용하는 것은 잘못된 것이 아닌가?

물론 지옥의 공포가 그리스도인이 되기 위한 유일한 동기가 아니며 가장 고상한 동기도 아니다. 그러나 성경은 특별히 예수 그리스도 자신을 통하여서 이 동기를 계속해서 반복적으로 사용한다. 우리는 이 동기가 그만큼 가치 있는 동기라고 믿어야 한다. 물론 요한일서 4:18 말씀은 진리이다. "사랑 안에 두려움이 없고 온전한 사랑이 두려움을 내어 쫓나니 두려움에는 형벌이 있음이라 두려워하는 자는 사랑 안에서 온전히 이루지 못하였느니라." 그러나 그리스도인의 경험의 단계에는 두려움의 동기가 그 한 자리를 차지하고 있으며, 성령께서는 구원받지 못한 자들을 그리스도에게 인도하시기 위해 이러한 동기를 사용하기도 하시는 것이다.

제7과
은혜언약

제30문 하나님은 모든 인류가 죄와 비참의 상태에서 전멸하도록 버려두셨는가?

답 하나님은 모든 인류가 일반적으로 행위언약이라고 불리는 첫 언약의 불이행에 의하여 떨어진 죄와 비참의 상태에서 멸망하도록 버려두지 아니하시고, 그의 순전한 사랑과 긍휼하심으로 그 중에서 그가 선택한 자들을 구출하여, 일반적으로 은혜언약이라고 불리는 두 번째 언약에 의해 그들을 구원의 상태로 이끌었다.

1) 관련성구
- **살전 5:9**: 하나님께서는 그의 선택된 백성들이 그리스도를 통하여 구원을 얻도록 하신다.
- **갈 3:10-12**: 인류는 행위언약을 파괴함으로 죄와 비참에 빠진다.
- **딛 3:4-7**: 선택된 백성들은 하나님의 은총과 자비와 사랑으로 죄로부터 구원을 받는다.
- **갈 3:21**: 우리 자신의 행위로는 결코 구원의 소망이 없다.
- **롬 3:20-22**: 행위를 통한 구원은 불가능하기 때문에 하나님께서 대속자의 의를 통한 구원을 제공하신다.

2) 해설
(1) 하나님께서 인류와 맺으신 첫 언약의 두 이름은 무엇인가?
하나는 생명언약이요, 다른 하나는 행위언약이다.

(2) 왜 동일한 언약이 하나는 "생명언약"으로 다른 하나는 "행위언약"으로 불리는가?
왜냐하면 첫 번째 언약은 인류가 하나님께 대한 순종을 통해 영생을 얻을 수 있는 가능성에 기초해 하나님께서 맺으신 언약이기 때문이다.

(3) 하나님께서는 왜 모든 사람이 죄와 비참에 빠져 멸망하게 내버려두시지 않았는가?

하나님의 순전한 사랑과 자비 때문이다. 하나님은 인류를 구원하실 그 어떤 의무나 책임도 없으신 분이시다. 그러나 하나님 자신의 사랑과 자비로 인해 하나님은 인류 가운데 일부를 구원하실 뜻을 세우시고 계획하셨다.

(4) 하나님께서는 인류 가운데 어떤 이들을 그들의 죄와 비참 가운데서 구원하시는가?

하나님은 영원 전부터 구원과 영생의 후사로 선택하신 자신의 택한 백성을 구원하신다.

(5) 하나님께서 오직 자신의 택한 백성들만 구원하시고 나머지 인류는 그냥 지나치시는 것은 불의하고 불공평한 일이 아닌가?

결코 그렇지 않다. 하나님께서는 그 누구에게도 구원을 빚진 일이 없으시기 때문에 불의하지도 불공평하지도 않으시다. 모든 사람이 하나님을 대적하여 죄를 범했고 모든 권리를 박탈당했으며, 하나님은 심판 이외에는 갚아야 할 아무런 빚도 없으신 것이다. 따라서 하나님께서 인류의 얼마를 구원하시기로 선택하신 것은 의무에서 하신 것이 아니라 은혜로운 선물이다. 물론 어떤 이는 구원하시고 어떤 이는 그냥 지나치시는 것은 확실히 그들을 동등하게 대하신 것이 아니다. 그러나 그것이 불의거나 불공평한 일은 전혀 아니라는 사실을 명심해야 한다. 왜냐하면 하나님은 자신을 거슬러 죄를 범한 인간을 구원하실 그 어떠한 책임이나 의무도 없으시기 때문이다.

(6) 그렇다면 우리가 하나님의 선택된 백성인지 어떻게 알 수 있는가?

우리가 선택받은 백성인지를 알 수 있는 지름길은 없다. 우리는 하나님께서 계시하시지 않는 한, 그의 비밀하신 계획과 목적을 꼬치꼬치 파고들어 다 이해할 수 없는 존재들이다. 그것을 발견할 수 있는 유일한 길은 우리의 구세주가 되시는 예수 그리스도를 믿고 죄를 회개하며 하나님께서 지정하신 은혜의 방편을 사용하는 것 뿐이다. 우리는 이러한 방법을 통해서 머지않아 우리가 하나님의 선택된 백성 가운데 있다는 온전한 확신에 다다를 수 있게 되는 것이다.

(7) 그렇다면 하나님께서 인간과 맺으신 두 번째 언약은 무엇인가?
그것은 은혜 언약이다.

제31문 은혜언약은 누구와 맺어졌는가?

답 은혜언약은 두 번째 아담인 그리스도와 맺어졌으며, 또한 그 안에서 그의 씨인 모든 선택된 자들과도 맺어졌다.

1) 관련성구
   - **갈 3:16:** 아브라함의 후손으로서의 그리스도와 맺은 은혜언약.
   - **롬 5:15-21:** 둘째 아담으로서의 그리스도.
   - **사 53:10-11:** 그리스도의 후손으로서의 택자들은 은혜 언약 안에서 그리스도에 의해 대표된다.

2) 해설
   (1) 행위 언약의 당사자들은 누구인가?
   하나님은 언약을 맺으신 주체이시고 다른 한 사람은 그의 모든 후손 즉 인류를 대표하는 아담이다.

   (2) 그리스도께서는 왜 "둘째 아담"이라 불리는가?
   왜냐하면 그리스도께서 은혜 언약 하에서 아담이 행위 언약 시에 받았던 지위를 취하셨기 때문이다.

   (3) 은혜 언약 하에서 그리스도는 누구를 대표하시는가?
   그는 "모든 택자들"을 대표하신다.

   (4) 그리스도께서 모든 인류를 대표하신다고 말하는 것이 왜 잘못된 표현인가?
   ① 그리스도께서 친히 하신 말씀에도 배치되기 때문이다. 예를 들면 요한복음 17:9이다. "내가 저희를 위하여 비옵나니 내가 비옵는 것은 세상을 위함이 아니요 내게 주신 자들을 위함이니이다 저희는 아버지의 것이로소이다." 여기서 그리스도께서는 하나님 아버지께서 자신에게 주신 특정한 사

람들에 대해 언급하신다. 그리스도께서는 일반적인 의미에서 세상 모든 사람들을 위해서가 아니라 바로 그들을 위해서 기도하시는 것이다.

② 만일 그리스도께서 은혜 언약 하에서 모든 인류를 대표하신다면, 세상의 모든 인류가 구원을 받아야 할 것이다. 그러나 성경은 오직 인류의 일부분만이 구원받을 것이라고 교훈하고 있다. 따라서 만일 그리스도께서 모든 사람을 대표하신다고 한다면 그것은 그리스도께서 모든 사람을 다 구원하시는 것이 아니라 모든 사람들에게 구원받을 기회를 주시는 것임을 의미한다. 그리고 그 기회를 받아들이든지 거부하든지는 바로 그들 스스로 결정해야 할 문제임을 암시한다. 이것은 오늘날 아주 유행하고 있는 견해이지만 성경이 지지하지 않는 견해이다. 그리스도께서는 모든 사람들 누구나가 구원을 받기 위한 기회를 제공해 주시기 위해서 고난 받으시거나 돌아가시지 않으셨다. 그는 택자들의 구원을 성취하시기 위해 고난당하시고 돌아가신 것이다.

(5) 은혜언약은 언제 맺어졌는가?

그것은 세상이 창조되기 전, 즉 영원 전에 성부 하나님과 성자 하나님 사이에 맺어졌다. 에베소서 1:4을 읽으라. 은혜 언약은 행위언약 이전에 수립되었지만 행위언약이 파괴된 이후에 인류에게 계시되었다.

(6) 은혜언약이 인류에게 처음 계시된 것은 언제였는가?

타락 직후 뱀에게 하신 하나님의 말씀 가운데 계시되었다. 창세기 3:15에 보면 하나님은 "여자의 후손" 즉 그리스도께서 궁극적으로 뱀, 즉 사단과 사단의 왕국을 멸하실 것을 약속하셨다.

제32문 하나님의 은혜가 두 번째 언약에 어떻게 나타났는가?

답 하나님의 은혜가 두 번째 언약에 명백히 나타났는데, 그것은 그가 값없이 죄인들에게 중보자를 제공하고 그에 의한 구원과 생명을 베 푸신 것과, 그들로 하여금 그에 대한 관심을 가지는 조건으로 신앙을 요구하면서 그의 모든 선택된 자들에게 성령을 약속하고 주셔서, 그들 안에 그 신앙과 다른 모든 구원의 은총들을 작동시키며, 그들의 신앙과 하나님에 대한 감사의 진실성의 증거로서, 그리고 그가 그들을 구원으로 작정하신 방식으로서, 그들로 하여금 모든 거룩한 순종을 가능하게 만들어 주신 것이다.

1) 관련성구
- **창 3:15:** 죄로부터 구원하실 구속자가 약속되었다.
- **사 42:6:** 그리스도께서 "언약 백성을 위해" 약속하셨다.
- **요 6:27:** 성부 하나님께서 인간에게 영생을 수여하시려고 그리스도를 임명 하셨다.
- **요일 5:11-12:** 영생은 하나님의 아들에게 주어진다.
- **요 3:16:** 믿음은 그리스도를 영접하는 것을 요구한다.
- **요 1:12:** 그리스도를 믿는다는 것은 하나님의 자녀가 된다는 것을 의미한다.
- **잠 1:23:** 하나님의 성령께서 그의 택자들에게 약속하신다.
- **고후 4:13:** 성령에 의해 믿음이 택자들에게 주어진다.
- **갈 5:22-23:** 성령께서 택자들에게 여러 가지 은혜를 베푸신다.
- **겔 36:27:** 택자는 성령에 의하여 하나님께 순종할 수 있다.
- **약 2:18, 22:** 택자들의 선행은 그들의 믿음의 증거이다.
- **고후 5:14-15:** 택자들은 선한 행실로 하나님께 감사하고 영광을 돌린다.
- **엡 2:10:** 신자의 선행은 하나님께서 미리 정하신 일이며, 신자는 그 안에서 행해야 한다.

2) 해설
(1) 우리가 "하나님의 은혜"라고 말할 때 그 "은혜"가 의미하는 바는 무엇인가?
하나님의 은혜는 죄로 인한 그의 진노와 저주를 받기에 합당한 자들에게 베푸시는 하나님의 사랑과 은총이다.

(2) 하나님께서는 어떻게 중보자를 그의 백성들에게 제공하셨는가?
하나님께서는 무조건적인 은혜의 선물로서 중보자를 제공하셨다.

(3) "중보자"의 뜻은 무엇인가?
중보자란 서로 적대적인 관계에 있는 양자를 화해시키는 사람이다.

(4) 죄인이 구원받기 위하여 중보자가 필요한 이유가 무엇인가?
죄인들은 그들 스스로 하나님과 화목할 수 없기 때문에 중보자가 필요하다.

(5) 우리의 중보자 되시는 그리스도께서 제공하신 것은 무엇인가?
그리스도는 죄로부터의 구원과 그를 영접하는 자에게 영생을 제공하신다.

(6) 은혜 언약에 어떠한 조건이 첨가되어 있는가?
은혜 언약에 첨가되어 있는 조건은 예수 그리스도를 믿는 것이다.

(7) 이 문답에 나와 있는 관심(interest)은 무엇을 의미하는가?
관심이란 단어는 중보자에 의해 공급된 유익들을 그들도 공유할 것이라는 확신을 뜻한다.

(8) 우리는 어떻게 예수 그리스도를 믿을 수 있는가?
예수 그리스도를 믿는 구원적 믿음은 하나님의 선물이다. 우리 스스로는 본성상 그것을 가질 수 없다. 그 누구도 우리 마음속에 믿음의 선물을 주시지 않는 한 그리스도를 믿을 수 없다.

(9) 하나님은 어떻게 우리에게 예수 그리스도를 믿는 믿음을 선물로 주시는가?
하나님은 우리 마음속에 성령의 특별한 역사를 통하여 예수 그리스도를 믿는 믿음을 선물로 주신다.

(10) 구원적 믿음이 하나님의 선물이라면, 우리가 그리스도를 믿으려고 노력할 필요가 있는가? 아니면 하나님께서 우리에게 믿음을 선물로 주실 때까지 기다려야 하는가?
구원하는 믿음은 하나님의 선물이다. 또한 우리 스스로는 그것을 취득할 수 없다. 그럼에도 불구하고 우리는 여전히 그리스도를 믿어야 하며 그것은 우리의 의무이다. 만일 우리가 진정으로 그리스도를 믿기 원한다면 그것이 바로 하나님께서 우리에게 믿음을 선물로 주시는 표지가 된다.

(11) 믿음 이외에 성령께서 우리 마음과 삶 속에서 역사하시는 것들은 무엇이 있는가?

성령께서는 회개와 성화와 같은 "다른 모든 구원의 은혜"들을 역사하신다.

(12) 우리 마음속에 역사하시는 이 성령 사역의 결과는 무엇인가?

우리 마음속에 역사하시는 이 성령 사역의 결과는 우리 스스로는 죄악된 본성으로 인해 할 수 없는 하나님의 계명의 말씀에 순종하는 일을 하게 하는 것이다.

(13) 그리스도인은 왜 하나님의 계명을 순종해야 하는가?

그리스도인은 그의 믿음과 하나님께 감사하는 증거와 표식으로서 하나님의 계명의 말씀에 순종해야 한다.

(14) 그리스도인이 하나님의 계명의 말씀을 순종하기 원해야 하는 다른 이유는 무엇인가?

그리스도인은 바로 그것이 "하나님께서 구원을 위해 제정하신 길"이기 때문에 하나님의 계명의 말씀을 순종하는 것을 좋아해야 한다. 그러나 하나님의 율법을 지키는 것이 우리 구원의 근거의 일부분이 된다는 것을 의미하지는 않는다. 그것은 죄로부터 의로 구원을 받은 자이기 때문에 하나님께서 그러한 자에게 구원의 길로서 하나님의 계명의 말씀을 순종하는 것을 지시하셨음을 의미한다. 만일 어떤 이가 진정으로 죄에서 구원받은 자라고 하면 그는 더욱 더 의의 길을 좇을 것이기 때문이다.

제33문 은혜언약은 항상 유일하고 동일한 방식으로 시행되었는가?

답 은혜언약은 항상 동일한 방식으로 시행되지 않았다. 구약에서의 시행은 신약에서의 그것과 달랐다.

1) 관련성구
- 고후 3:6-9: 옛 시대의 은혜언약과 새 시대의 은혜 언약이 대조됨.

2) 해설

(1) 사람이 영생을 얻기 위한 방도로서의 행위언약은 언제 종결되었는가?

영생을 얻기 위한 가능한 수단으로서의 행위언약은 우리 첫 조상이 금지된 실과를 먹은 순간 종결을 고했다. 구원받지 못한 자들이 언약 파괴의 저주를 받고 있기 때문에 행위언약이 오늘날에도 여전히 영향을 끼치고 있지만 오늘날 행위언약으로 영생을 얻을 수 있는 자는 아무도 없다.

(2) 죄인이 영생을 얻을 수 있는 수단으로서 언제부터 은혜 언약이 그 작용을 시작했는가?

타락 직후 우리 첫 조상이 에덴동산으로부터 쫓겨난 직후 즉시이다(창 3:15).

(3) 은혜 언약이 그리스도께서 십자가에서 돌아가셨을 때 시작되었다고 말하는 것이 잘못된 이유는 무엇인가?

왜냐하면 성경은 하나님의 백성들이 모든 세대에 걸쳐 은혜로 구원을 받았으며, 다른 방법으로는 구원받지 않았음을 교훈하고 있기 때문이다.

(4) 이 문답에 관해 어떤 종류의 오류가 오늘날 유행하고 있는가?

유대인들은 행위로 구원을 받으며, 그리스도인들은 은혜로 구원을 받는다는 것이 오늘날 유행하는 견해이다. 이러한 견해를 견지하는 사람들은 영생을 취득하기 위한 행위언약이 갈보리 언덕에서 종결되지 않았다고 믿는다.

(5) 이러한 오류를 막기 위해 대요리문답은 어떤 원리를 제시하고 있는가?

대요리문답은 하나의 은혜언약에 관한 구약과 신약성경의 통일성을 가르친다. 대요리문답에 의하면, 인간에게는 아담의 타락 이후에 오직 한 가지 구원의 방도 즉 은혜언약만 있다. 마치 그것들이 서로 다른 구원의 길을 제시하고 있는 양 구약과 신약성경을 서로 적대적인 관계에 놓는 것은 매우 그릇된 것일 뿐만 아니라 해악적인 것이다. 구약과 신약성경 모두 하나의 그리고 동일한 구원의 방도를 제시하고 있을 뿐이다.

(6) 그렇다면 구약성경과 신약성경의 명백한 차이점들에 대해서는 어떻게 설명해야 하는가?

하나의 동일한 구원의 길, 즉 은혜 언약이 옛 언약과 새 언약 시대에 다르게 시행되었을 뿐이다. 우리는 이것을 미국의 역사를 예로 들어서 설명할 수 있을 것이다. 우리는 모두 다 동일한 나라와 헌법체계를 가지고 있다. 그러나 때때로 각각 다른 지배정당이 나라를 다스릴 때가 있다. 민주당은 공화당의 행정과는 서로 다르다. 그럼에도 불구하고 헌법 체계는 언제나 하나이며 동일할 뿐이다.

제34문 은혜언약은 구약에서 어떻게 시행되었는가?

답 은혜언약은 구약에서 약속, 예언, 제사, 할례, 유월절, 그리고 기타 여러 표상과 신탁들에 의해 시행되었는데, 그것들은 모두 앞으로 오실 그리스도를 예표하였고, 그에 의해 완전한 사죄와 영원한 구원을 받게 될, 약속된 메시아에 대한 신앙을 선택된 자들에게 일으키는데 그때로서는 충분하였다.

1) 관련성구
- **롬 15:8:** 그리스도께서 구약시대의 할례의 수종자가 되신다.
- **행 3:20, 24:** 그리스도께서 구약의 참된 메시지가 되신다.
- **히 10:1:** 율법은 오는 것의 그림자이다.
- **롬 4:11:** 아브라함은 믿음으로 전가된 의를 통해 구원을 얻었다.
- **고전 5:7:** 그리스도는 유월절의 참된 의미가 되신다.
- **히 11:13:** 구약의 성도들은 그리스도의 언약의 복음을 "멀리서" 보고 영접했다.
- **갈 3:7-9, 14:** 아브라함에게 복음이 선포되었고 아브라함의 믿음은 본질적으로 신약 성도들의 믿음과 동일하다.

2) 해설
(1) 구약성경에서 구속자의 약속이 처음으로 기록된 곳은 어디인가?
창세기 3:15이다.

(2) 오실 구속자에 대한 다른 약속들이나 예언들에 대해 말해 보라.
약속들: 첫째, 모세의 저작들. 둘째, 시편, 셋째, 구약의 예언서들. 예언들: 첫

째, 창세기 49:10; 민수기 24:17; 신명기 18:15. 둘째, 시편 2, 22, 45, 110편. 셋째, 이사야 9:6-7; 11:1-5; 스가랴 9:9-10; 말라기 3:1.

(3) 유월절과 다른 희생 제사들은 어떻게 그리스도를 예표하는가?

양의 도살과 피 흘림은 피 흘림이 없으면 죄 사함이 없다는 것을 백성들에게 교훈한다. 또한 오실 구속자 역시 죄인들의 대속자로서 많은 고난을 당하시고 돌아가실 것이다.

(4) 표상이란 단어는 무엇을 의미하는가?

"표상"이란 미리 보여주는 표본과도 같다. 따라서 우리는 다윗이 정복의 왕이신 그리스도를 표상한다고 말할 수 있다. 동일한 의미에서 솔로몬은 영원한 평강 가운데 통치하시는 그리스도를 예표하며, 멜기세덱은 대제사장되신 그리스도를 예표하고 모세는 선지자로서의 그리스도를 예표한다고 할 수 있다.

(5) "표상"과 "상징"은 어떤 차이가 있는가?

상징은 어떤 다른 것을 임의로 나타내는 표지이다. 따라서 구약성경의 기름 부음 의식 시에 기름은 성령을 상징한다. 주의 만찬 때 빵과 포도주는 그리스도의 몸과 피를 상징한다. 홍수 이후, 무지개는 하나님의 언약적 약속을 상징한다. 종종 성경에서 숫자 7은 완전을 상징하며, 10은 완성을 상징한다. 요한계시록에 13장에 보면 666은 짐승을 상징한다. 반면에 표상은 상징과 다르다. 표상에는 참되고 실제적인 유사한 원형(type)과 대형(antitype) 즉 원형의 성취가 있다. 따라서 멜기세덱과 그리스도 그리고 모세와 그리스도 사이에는 명백한 유사성이 있는 것이다. 그러나 기름과 성령 그리고 무지개와 다시는 홍수로 세상을 심판하시지 않겠다는 하나님의 약속 사이에는 명백한 유사성이 있지는 않다.

(6) 구약성경에 기록된 희생제사와 표상과 신탁 등에는 어떤 목적이 있는가?

이 모든 것들의 목적은 오실 구속자이신 그리스도를 지시하기 위한 것이다. 이는 신탁을 포함한 모든 것들이 그리스도 자신이라는 말은 아니다. 오히려 이것은 모든 종류의 표상과 신탁들이 그리스도를 통한 구원의 일면을 지시함을 의미한다. 예를 들면 구약에서 문둥병은 대표적인 죄의 상징으로 간주되었다.

따라서 부정함과 같은 문둥병에 대한 여러 종류의 규칙과 법률들은 죄의 지독함과 죄악성을 강조하기 위한 것이며, 신적인 구원이 필요하다는 사실을 보여 주기 위한 것이다. 이러한 방법을 통해 문둥병에 대한 규칙들은 그리스도를 지시하는 것이다.

(7) 구약의 약속과 예언과 표상과 희생제물 그리고 다른 신탁들의 효용성은 무엇이었는가?

이것들은 그 당시에 약속된 구속자에 대한 택자들의 믿음을 강화시키기기에 충분한 것들이었다. 우리는 이 구약의 신탁들을 어린이를 위한 학교의 교과서와 비교할 수 있다. 이러한 책들은 어린이들이 정교하고 상세한 기록된 설명이나 추상적인 논의를 아주 쉽게 이해할 수 있도록 그림으로 가득 채워져 있다. 그러나 어린이가 성장하고 나면 그림은 더 이상 필요하지 않으며 평범한 해설서가 적당하다. 구약시대에 하나님의 백성들은 어린 아이들처럼 다루어졌다. 왜냐하면 그것이 그들의 영적 상태이었기 때문이다. 하나님은 "그림들" 즉 구속의 진리들을 반복적인 희생 제사들과 신탁들과 상징들을 통하여 그들 눈앞에 그려주신 것이다. 우리는 이것들이 구속자가 육신을 입고 이 세상에 오실 때까지 그들의 신앙을 지지해준다고 말할 수 있을 것이다. 구속자가 오시면 "그림들"은 더 이상 필요가 없는 것이다.

(8) 구약시대의 신자들은 그리스도로부터 어떤 유익들을 수여받았는가?

그들은 죄의 완전한 사면과 영생을 수여받았다. 어떤 이들이 그렇게 하는 것처럼 구약시대의 성도들은 그리스도께서 십자가에서 돌아가시기 전까지는 완전한 죄의 사면을 수여받지 못했다고 가르치는 것은 아주 잘못된 일이다. 히브리서 11:39-40은 구약시대의 성도들이 그들의 구속을 완전히 성취하지 못했다고 가르치는데 그것은 그들의 몸의 부활을 지시하며, 그들은 구약과 신약의 모든 성도들이 마지막 날 부활의 날에 그들의 몸이 부활될 때까지 기다려야 할 것이다. 그러나 죄의 사면에 관한 한, 그들은 더 이상 기다려야 할 필요가 없다. 그들은 믿는 그 순간 완전한 죄의 사면을 받았다. 이는 그들이 신약 시대의 신자들과 같은 수준과 정도의 확신을 받았다는 것을 의미하지는 않는다. 하나님 앞에서의 죄의 사면과 신자의 마음에 역사하는 죄의 사면의 확신은 별개의 문제이기 때문이다.

제35문 은혜언약은 신약에서 어떻게 시행되는가?
　답　그 실체인 그리스도께서 현시된 신약에서, 동일한 은혜언약은 말씀의 설교와 세례 및 성찬의 성례의 시행으로 시행되었고 앞으로도 계속되어야 하는데, 거기에서 은혜와 구원은 모든 나라에 보다 충만하고 분명하며 효과있게 제시되었다.

1) 관련성구
- **막 16:15; 마 28:19-20:** 신약시대에 은혜언약은 삼위일체 하나님의 이름으로 베풀어지는 세례를 통해 모든 나라에 시행된다.
- **고전 11:23-25:** 은혜언약의 신탁인 신약시대의 성만찬.
- **고후 3:6-9:** 은혜언약에 있어서 신약의 시행이 구약의 시행보다 뛰어나다.
- **히 8:6, 10-11:** 은혜언약에 있어서 신약의 시행이 구약의 시행보다 우월하다

2) 해설
(1) "신약"이란 이름 외에 어떤 이름이 사용되었는가?
"새 언약"이다. 동일한 헬라어 원문은 문맥적 상황에 따라서 "신약" 또는 "새 언약"이라고 번역할 수 있다.

(2) 은혜언약과 신약과의 관계 또는 새 언약과의 관계는 무엇인가?
"신약" 또는 "새 언약"은 은혜 언약의 새로운 시대를 의미한다. 이 시대는 은혜 언약이 시행된 두 번째 시대이다. 첫 번째 시대는 우리의 시조가 하나님을 대적하여 범죄 한 직후 시행되었으며, 그리스도께서 십자가에 돌아가셨을 때 종결되었다. 두 번째 시대는 갈보리에서 시작되었고 세상 끝날까지 계속될 것이다. 그리고 이 시대는 심판의 날에 종결될 것이다.

(3) "신약"이라는 문구가 가지고 있는 세 가지 의미는 무엇인가?
① 이 문구는 그리스도의 십자가 사건으로부터 심판의 날 또는 세상 끝날까지의 거룩한 역사적 기간에 대한 기록이다. 이 동일한 기간이 때로는 복음 시대라고 불리기도 한다.

② 동일한 이 문구는 하나님께서 은혜 언약 하에서 시행하시는 종교의식과 신탁 등을 의미한다.

③ "신약"이라는 이 동일한 문구는 그리스도의 초림 이후 "새 언약"의 수립을 묘사해주는 성경의 일부분을 일컫는 말이다.

(4) 대요리문답은 왜 그리스도를 실체(substance)라고 말하는가?

이 표현은 구약시대에 그리스도와 그의 구원이 예시되어 있는 약속들과 예언들, 표상들 그리고 신탁들과 대조하기 위해 사용되었다. 구약의 표상과 희생제사 등은 그리스도를 지시하는 그림자인 반면 그리스도는 실체 또는 실재이시다.

(5) 신약의 신탁과 구약의 신탁 사이의 주요 차이점은 무엇인가?

① 신약의 신탁은 구약의 그것보다 숫자적으로 볼 때 훨씬 적다. 신약의 신탁은 단순히 하나님의 말씀의 설교와 세례 그리고 성찬이다. 그러나 구약의 신탁은 아주 다양하다.

② 신약의 신탁들은 그 본질상 구약의 신탁보다 단순하다. 세례와 성찬과 말씀 선포는 그 본질상 매우 단순한 반면 구약의 신탁들은 복잡하고 어려우며 신약의 그것보다 훨씬 준수하기 어려운 것들이다. 예를 들면, 유월절의 정교한 의식들을 생각해보라. 대속죄일의 복잡하고 번거로운 의식들을 생각해보라. 부정과 음식과 희생제물과 제사 등에 관한 상세한 의식법들을 생각해보라. 하나님께서는 신약 시대를 살아가는 우리들을 위하여 은혜 언약의 시행을 대단히 단순하게 만드신 것이다.

③ 신약의 신탁들은 구약의 그것보다 더욱 영적이다. 구약 시대에는 시각과 청각과 심지어 번제를 드릴 때 나는 향내로 인한 후각에 많이 호소한다. 성막과 후에 건설된 성전들 역시 장엄하고 영광스러운 건물들로서 우리들의 감각에 호소한다. 이 모든 외면적인 모습들은 바로 그 시대에 어린 아이와 같은 영적 상태에 있던 백성들에게 적당한 것이었다. 영적으로 고찰해보면, 이스라엘 백성들은 어린 아이들이었으며, 우리는 하나님께서 그들을 "그림책"을 보여주시면서 가르치셨다고 말할 수 있다. 그러나 신약 시대의 하나님의 백성들은 성숙한 성인들이 되었으며, 따라서 하나님께서도 은혜언약을 좀 더 영적으로 시행하신 것이다. 이것은 마치 예

수님께서 수가 성 우물곁에 있던 사마리아 여자에게 말씀하신 것과 같은 것이다. "여자여 내 말을 믿으라 이 산에서도 말고 예루살렘에서도 말고 너희가 아버지께 예배할 때가 이르리라 … 아버지께 참으로 예배하는 자들은 신령과 진정으로 예배할 때가 오나니 곧 이때라 아버지께서는 이렇게 자기에게 예배하는 자를 찾으시느니라"(요 4:21, 23).

④ 신약의 신탁들은 구약의 그것들보다 더 효과적이다. 물론 구약의 신탁과 의식들 역시 믿음을 가진 자들에게 효과적이었다. 그러나 "그 안에는 은혜와 구원이 더 충만하고 효력 있게 제시되어 있으므로" 신약의 신탁들은 훨씬 더 효과적이다.

⑤ 신약의 신탁들은 구약의 그것들보다 더 우주적이다. 구약의 신탁들은 이스라엘 나라에게만 한정되었다. 그러나 신약 시대에는 복음이 선포되며, 은혜 언약이 "모든 나라들" 즉 나라와 족속의 경계를 넘어서 모든 인류에게 선포되는 것이다.

(6) 구약과 신약의 신탁 사이의 유사성의 초점은 무엇인가?

구약과 신약의 초점은 하나의 동일한 은혜언약의 시대와 시행을 가리킨다. 구약과 신약 모두 하나의 동일한 "은혜와 구원"을 공표한다. 따라서 구약과 신약의 본질적인 의미는 정확하게 동일하다. 그들은 외면적이고 외관적인 모습에서만 다를 뿐이다. 따라서 신약과 구약의 실제적인 의미와 본질은 아주 동일하다. 다윗 왕은 표상과 희생 제사를 통해 하나님을 예배했다. 그러나 다윗 역시 그의 마음에 임한 확신과 위로의 정도는 다르겠지만 오늘날 우리가 하나님 말씀의 선포인 설교와 세례와 성찬을 통하여 받는 구원과 정확히 동일한 구원을 받았던 것이다.

(7) 그렇다면 성경에는 몇 개의 시대 혹은 세대가 있는가?

오늘날 유행하고 있는 소위 스코필드 관주 성경(Scofield Reference Bible)은 인간을 상대하시는 하나님이 7개의 독특하며 각기 상이한 시대를 통해 역사하신다고 가르친다. 그러나 우리가 정의하고 있는 "세대"를 스코필드 성경이 정의하는 세대로 정의한다면 이는 매우 잘못된 교훈이다. 아무리 많이 잡아도 성경에는 기껏해야 3가지 세대 즉 행위언약의 세대와 두 가지의 은혜언약의 시대 밖에 없다. 따라서 첫째 시대인 행위언약은 인간 창조 시부터 아담의 타락까지이다. 둘째 시대, 즉 구약시대는 인간의 타락부터 그리스도의 십자가 사건까지이다. 셋째 시대는 신약시대로서 그리스도의 십자가부터 세상 끝날까지이다.

제8과
은혜언약의 중보자

제36문 은혜언약의 중보자는 누구인가?

　답　은혜언약의 유일한 중보자는 주 예수 그리스도인데, 그는 성부와 동일한 본질이시고 동등하신 하나님의 영원한 아들로서 때가 차매 인간이 되었으며, 그리하여 완전히 구별된 두 본성과 한 인격을 가진 하나님과 인간이었고, 또한 영원히 계속 그러하다.

1) 관련성구
- **딤전 2:5**: 그리스도는 하나님과 사람 사이의 유일한 중보자이시다.
- **요 1:1**: 그리스도의 영원하시고 참된 신성.
- **요 1:14; 10:30; 빌 2:6**: 그리스도는 성부 하나님과 동등하시다.
- **갈 4:4**: 때가 차매 성자 하나님이 육신의 몸을 입으셨다.
- **눅 1:35; 롬 9:5; 골 2:9**: 그리스도의 신성과 인성의 통일성.
- **히 7:24-25**: 그리스도는 영원히 하나님과 사람이 되신다.

2) 해설

(1) 하나님과 사람 사이에 중보자는 몇 명인가?

오직 하나의 중보자만 계신다.

(2) 실제적으로 로마 가톨릭 교회는 어떻게 이 성경의 진리를 부정하는가?

성모 마리아와 성인들을 중보자로 간주하고 그들에게 기도하며 죄인들을 대신한 그들의 중보가 하나님께 상달되기를 소망함으로 이 진리를 부인한다.

(3) 그리스도께서 하나님의 영원한 아들이심을 선언하는 것은 무엇을 의미하는가?

그리스도께서 하나님의 영원한 아들이심을 선언하는 것은 그리스도께서 삼위일체 하나님 가운데 성자 하나님으로서 영원 전부터 항상 하나님의 아들이셨음을 의미한다. 그리스도는 사람의 몸을 입고 세상에 오셨을 때부터 하나님의 아들이 되신 것이 아니라 피조된 세상 역사 속에서 언제나 하나님의 아들이셨다.

(4) 그리스도께서 하나님 아버지와 본질상 동일하시다는 것은 무엇을 의미하는가?

그리스도께서 하나님 아버지와 동일본질임을 선언하는 것은 오직 한 분 하나님만 계시다는 것을 의미하며, 성부 하나님께서 진실로 이 한 분 하나님이신 것처럼 예수 그리스도께서도 역시 이 한 분 하나님이심을 의미한다. 그리스도인으로서 우리는 삼신론을 믿지 않으며 세 위격으로 존재하시는 한 분 하나님 즉 성부, 성자, 성령 하나님임을 믿는다. 따라서 예수 그리스도는 하나님 같으신 분이 아니시다. 그분은 하나님이시며, 오직 유일하신 하나님이시다. 그 분 안에는 신성의 모든 충만이 육체로 거하시는 것이다(골 2:9).

(5) 그리스도께서 성부 하나님과 동등이심을 선언하는 것은 무엇을 의미하는가?

이는 그리스도께서 어떤 이유에서든지 성부 하나님께 종속적인 존재임을 의미하지 않는다. 그리스도께서 지상에 사실 동안 스스로 자기를 비하하셔서 종의 형체를 가져 성부 하나님께 순종하셨다. 그러나 본질상 지금 뿐 아니라 지상에서 육체로 거하실 동안 그리스도는 언제나 성부 하나님과 동일하신 분이시다.

(6) 오늘날 그리스도의 신성 교리가 어떻게 부정되고 있는가?

① 그리스도의 신성 교리는 모든 인류가 신성하기 때문에 그리스도께서도 신성하시다고 말하는 사람들을 통해 부인되고 있다. 만일 모든 사람이 신성하고 신적이라면, 그리스도의 신성은 평범한 그 이상의 아무것도 아닐 것이다.

② 그리스도의 신성 교리는 그리스도를 "하나님의 아들"이라고 인정하면서도 성부 하나님과는 동등하지 않으며 동일 본질도 아니라고 말하는 자들을 통해 부인되고 있다. 이러한 사람들에게는 예수 그리스도께 예배하는 것 자체가 죄가 된다.

③ 그리스도의 신성 교리는 그의 신성을 오직 "제한적 개념"에서만 인정함으로 부인된다. 말하자면 그들이 그리스도께서 신적이며, "하나님의 아

들"이라고 말할 때, 그들이 의미하는 그리스도는 실제로 완전하신 그리스도가 아닌 것이다. 그들에게 있어서 그리스도의 "신성"은 그리스도를 아무렇게나 취급하는데 유용한 단어일 뿐이다. 그들이 그리스도를 "하나님"이라고 부를 때, 그분은 진정으로 하나님이 아니시며, 우리 인간을 위할 때만 "하나님"이 되심을 의미한다. 이러한 종류의 "제한적 개념"으로서의 그리스도의 신성 개념은 역사적인 정통 기독교의 신성에 관한 믿음과 매우 상이한 개념이다.

(7) 영원하신 하나님의 아들이 언제 사람이 되셨는가?

성경에서 이 인간 역사의 한 시점을 "때가 차매" 또는 "시간의 충만"이라고 정의한다. 말하자면 영원 전의 계획에 따라 하나님에 의해 지정된 시간을 의미한다. 이 시간에 그리스도의 성육신의 준비가 완성되었던 것이다.

(8) 그렇다면 하나님의 아들은 언제까지 계속 사람이 되시는가?

하나님의 영원한 아들이신 그리스도는 그의 성육신을 통하여 사람이 되셨고 그의 지상 생애동안 신-인으로 활동하셨으며, 현재 신-인으로 하늘에 좌정하시며, 영원토록 신-인으로 존재하실 것이다. 그리스도께서는 오직 지상에 사실동안만 사람이셨다는 사상은 이 주제에 관한 한 성경의 교훈과 정면으로 배치된다. 예를 들면 요한계시록 5:6은 그리스도의 인성뿐만 아니라 그의 십자가 죽음의 증거가 천국에서도 계속됨을 증거하고 있다. 히브리서 7:25; 5:1-5은 그리스도의 천상적 대제사장 사역 역시 그의 참된 인성에 좌우됨을 가르친다.

(9) 이 문답에 나타난 "완전히"란 단어가 중요한 이유는 무엇인가?

"완전히"라는 단어는 지상과 천국에서 그리스도께서 진정으로 그리고 완전히 하나님이실 뿐만 아니라 사람이시라는 사실을 강조하는 단어이다. 그의 신성과 인성은 결핍이 없는 완전한 본질이다. 그의 인성에 관한 한, 그리스도는 신성 이외에 인간의 육체와 영을 소유하셨다. 사람들은 이것을 종종 간과하면서, 그리스도를 신성과 육체의 결합으로 그릇되게 제시하곤 한다. 이러한 그리스도는 완전히 사람일 수가 없다. 그리스도는 완전하신 하나님보다 약간 덜 충만한 하나님이실 수 없다. 왜냐하면 그리스도는 신성을 소유하신 분이시기 때문이다. 뿐만 아니라 그리스도께서 스스로 자기를 낮추셔서 종의 형체를 입으신 것 외에는 그 어떤 의미에서도 하나님께 종속적이지 않다.

(10) 이 문답에 사용된 "구별된"이란 단어의 중요성은 무엇인가?
"구별된"이란 단어는 그리스도의 두 본성, 즉 신성과 인성이 진실함을 교훈하며, 이 두 본성이 신비하게 연합되어 있음에도 불구하고 여전히 혼합되거나 섞이거나 혼동되지 않음을 가르친다. 각각의 본성은 독특하고 분리된 정체성을 지니고 있다. 그리스도의 신성은 언제나 신성으로 남아있으며, 그의 인성은 인성으로 남아 있을 뿐이다. 이 두 본성은 어떠한 이유에서건 섞일 수 없다. 그리스도는 하나님과 사람 사이에 중간 존재가 아니시다. 그는 언제나 하나님이시자 사람이신 인격체이시다. 그는 전혀 사람이 아니신 것처럼 진정으로 하나님이시며, 마치 전혀 하나님이 아니신 것처럼 언제나 사람이시다. 우리 주님의 지상 생애의 기록 가운데 "아브라함이 있기 전 내가 있었노라"는 말씀을 보면 그의 신성이 빛나고 있음을 발견하게 된다. 또 다른 경우 "내가 목마르다"라는 말씀을 보면 그의 인성도 발견하게 된다. 그러나 이 두 본성은 어떠한 경우에도 절대로 혼합되거나 혼동되지 않는다.

(11) 그리스도는 "한 인격"이라는 진술의 중요성은 무엇인가?
이 진술은 그리스도의 신적인 인격이 인간적인 인격과 결합되어 두 가지 다른 종류의 인격을 가진 분이라고 생각하는 오류를 피하게 해 준다. 성경의 교훈에 따라서 우리는 그리스도께서 두 가지 본성을 취하신 반면 오직 한 인격체이심을 깨달아야 한다. 따라서 그리스도는 인간적 존재이시지만 결코 인간의 인격체가 아니시다. 그리스도는 영원 전부터 신적인 인격체이셨다. 역사의 어떤 한 순간에 이 신적인 인격체이신 그리스도께서 인간적 인격을 입으신 것이 아니라 인격이 결여된 인성을 취하신 것이다. 우리는 인성을 모든 인간이 공유하고 있는 것으로 이해해야 한다. 반면에 인격체는 모든 인류와 구별되는 한 구성원을 의미한다. 인성 문제에 관한 한, 모든 인간은 그 존재에 있어서 동일하다. 그러나 인격 문제에 관한 한, 이 세상에 똑같은 인격을 가진 두 사람은 전혀 존재하지 않는다. 모든 각 개인은 다른 개인과 전혀 다른 존재이다. 우리는 그리스도를 사람이라고 간주하는 잘못된 개념을 피할 수 있도록 항상 노력해야 한다. 만일 그리스도께서 인간이시라면, 명백하게도 그를 경배하는 것은 우상숭배이다. 그러나 그리스도께서 신적 존재이시기에 그가 인성을 취하셨음에도 불구하고 모든 기독교회가 언제나 그러했던 것처럼 그를 예배하는 것은 전혀 우상숭배가 아닌 것이다.

제37문 하나님의 아들이신 그리스도께서 어떻게 인간이 되었는가?

답 하나님의 아들이신 그리스도께서 인간이 된 방식은, 그 자신에게 진정한 육체와 이성적인 영혼을 취하시고, 성령의 능력으로 동정녀 마리아의 태중에 잉태되어 그녀의 형질을 가지고 그녀에게서, 그러나 죄가 없이 나셨다.

1) 관련성구
- 요 1:14: 하나님의 아들이 인간적 육체를 지닌 사람이 되신다.
- 마 26:38: 그리스도께서 슬픔을 아는 이성적 영혼을 지니신다.
- 눅 1:27, 31, 42; 갈 4:4: 그리스도께서 동정녀 마리아에게서 나신다.
- 히 4:15; 7:26: 그리스도는 죄가 없으셨으며, 현재도 무죄하시다.

2) 해설

(1) 우리가 소유한 인성은 몇 가지 부분 또는 요소로 구성되어 있는가?

우리의 인성은 육체와 영혼 두 가지 부분 또는 요소로 구성되어 있다. 우리 몸은 물질적 본체 즉 산소와 수소와 칼슘과 탄소 등의 화학적 요소로 구성되어 있다. 반면에 영혼은 물질적 본체로 만들어지지 않았기 때문에 전혀 육체와 다르다. 영혼과 육체는 한 인격 안에 신비하게 결합되어 있다. 그러나 그리스도의 몸과 영은 그의 신성과 신비하게 결합되어 있기 때문에 인간적 육신과 다르다.

(2) 그리스도의 육신에 대해 성경은 무엇을 교훈하는가?

성경은 그리스도의 육신이 환영이거나 거짓이 아닌 참된 것이며, 우리의 몸과 같이 물실석 본체로 구성된 실세적 몸이라고 교훈한다.

(3) 그리스도의 육신에 대해 고대 교회의 일부 사람들이 견지했던 그릇된 견해는 어떤 것이었는가?

어떤 이들은 그리스도의 몸이 실제가 아니라 상상적이거나 환영이라고 생각했다. 그들은 그리스도께서 육체를 가지신 것처럼 보였을 뿐이라고 생각함으로 그리스도께서 참된 육신을 가지신 것을 부인했다.

(4) 그리스도께서는 그의 육신 이외에 어떤 인성적 요소를 취하셨는가?

이전 문답에서 살펴보았듯이 그리스도께서는 인간적 영혼을 취하셨으며, 이것이 없이는 참된 사람이 되실 수 없으셨다.

(5) 그리스도께서 이성적 영혼을 취하셨다는 것은 무엇을 의미하는가?

이 진술에 나타난 이성적이라는 단어의 의미는 이성과 합리, 즉 생각하고 추론할 수 있는 능력을 가진 것을 의미한다.

(6) 그의 인간적 영혼 이외에 그리스도는 어떤 신성을 소유하고 계시는가?

그의 이성적 영혼 이외에 그리스도는 신적인 영이시며, 성자, 즉 삼위일체의 제2위 하나님이시다.

(7) 그리스도의 탄생은 어떤 의미에서 예외적으로 인간의 보통 출생법과 다른가?

그리스도는 인간적 부친이 없으신 분이다. 그는 성령의 능력으로 신비하게 잉태되셨으며, 동정녀 마리아에게서 나셨다. 그러므로 성령의 능력은 초자연적인 사역이며 예수님은 자연법을 초월하여 인간적 부친이 없는 동정녀에게서 탄생하신 것이다.

(8) 오늘날에는 그리스도의 탄생에 대하여 어떤 그릇된 믿음이 유행하고 있는가?

오늘날 요셉이 예수님의 실제 부친이라고 말하는 것이 유행하는 그릇된 생각이다.

(9) 우리는 이러한 그릇된 생각을 왜 고찰해야 하는가?

그것은 요셉이 예수님의 아버지라고 말하는 것이 신성모독죄에 해당하는 것이기 때문이다. 왜냐하면, 이것은 예수님의 모친인 마리아가 음란한 사람임을 암시하기 때문이다. 또한 이것은 성경이 말씀하는 예수 그리스도의 동정녀 탄생을 그릇된 것으로 만들며, 따라서 하나님의 말씀을 신뢰할 수 없는 진리와 거짓의 혼합물로 만들기 때문이다.

(10) 그리스도의 동정녀 탄생은 사복음서 중에 오직 두 개의 복음서에서만 가르치고 있기 때문에 우리는 그것을 믿을 필요가 없다고 말하는 사람들에게 우리는 어떤 대답을 주어야 하는가?

① 하나의 복음서에서 단 한 절만 가르친다고 해도 우리는 그것을 권위 있는 하나님의 말씀으로 믿어야 할 의무가 있는 존재들이다.
② 실상 그리스도의 탄생 소식을 기록한 마태와 누가는 그리스도께서 동정녀에게서 나셨다고 단언한다. 마가와 요한은 예수님의 탄생과 유아시절을 전혀 기록하지 않는데, 이에 대해 우리가 그들이 예수님이 동정녀 마리아에게서 나셨다는 것을 반드시 기록해야 한다고 할 권리가 없다는 것을 명심해야 한다.

(11) 그리스도께서 육체와 영혼으로 구성된 우리와 같은 인성을 취하셨는데 그의 인성과 우리의 인성의 엄청난 차이는 무엇인가?

우리의 인성은 죄악적이다. 우리는 죄와 허물로 죽은 가운데 출생했으며 죄악된 마음과 죄를 짓는 경향을 지니고 태어났다. 그러나 예수님은 성령의 이적적인 능력으로 잉태되셨으며, 죄 없는 인성을 취하셨다(눅 1:35의 "성령이 네게 임하시고 지극히 높으신 이의 능력이 너를 덮으시리니"라는 말씀을 주목하라). 그리스도는 원죄가 없이 탄생하셨고 실제로 범죄하지도 않으셨던 것이다.

(12) 예수의 모친인 마리아가 다른 사람들과 마찬가지로 죄인인데 어떻게 예수님이 그녀에게서 죄 없는 인성을 가지고 탄생할 수 있는가?

이것은 전능하신 하나님의 능력으로 성취된 특별한 이적이다. 마리아가 은혜로 말미암아 구원받았음에도 불구하고 죄인이었다는 사실은 의심의 여지가 없다. 본성상 그녀는 우리 모두가 그러한 것처럼 죄악된 마음을 지녔다. 오직 하나님의 초자연적인 능력으로만 그녀의 아이인 아기 예수님이 무죄한 마음과 본성으로 출생할 수 있는 것이다.

(13) 오늘날 예수님의 동정녀 탄생 교리의 중요성은 무엇인가?

이 교리는 현대주의와 정통 기독교 사이의 논쟁에 있어서 획기적인 문제이다. 기독교 신앙에 있어서 이 교리보다 더 조롱과 비웃음을 당한 다른 교리는 없을 것이다. 그리스도의 동정녀 탄생 교리가 포기된다면, 다른 모든 기독교 교리가 그러한 것처럼 성경의 영감과 권위에 대한 믿음 역시 무너질 것이다.

제38문 왜 중보자가 반드시 하나님이어야 했는가?

답 중보자가 반드시 하나님이어야 했던 이유는, 그가 하나님의 무한한 분노와 사망의 능력 아래로 침몰하지 않도록 인간성을 보존하고 유지시킬 수 있도록, 그의 고난과 순종과 중재에 가치와 효력을 부여 할 수 있도록, 그리고 하나님의 공의를 만족시키며 그의 호감을 획득하고 자기 사람들을 속량하며 그들에게 그의 성령을 주고 그들의 모든 적을 정복하며 그들을 영원한 구원으로 데려오기 위한 것이다.

1) **관련성구**
   - 행 2:24-25; 롬 1:4; 롬 4:25; 히 9:14: 중보자는 하나님의 진노와 사망의 권세로 인성이 멸망하지 않기 위해서 반드시 하나님이어야 한다.
   - 행 20:28; 히 9:14; 7:25-28: 중보자는 그의 고난과 순종과 중보가 가치와 효과를 발휘하기 위해 반드시 하나님이어야 한다.
   - 롬 3:24-26: 중보자는 하나님의 공의를 만족시키기 위해 반드시 하나님이어야 한다.
   - 엡 1:6; 마 3:17: 중보자는 하나님의 은총을 취득하기 위하여 반드시 하나님이어야 한다.
   - 딛 2:13-14: 중보자는 하나님의 친백성을 구속하기 위하여 반드시 하나님이어야 한다.
   - 갈 4:6: 중보자는 그의 구속한 백성들에게 그의 영을 부어주시기 위하여 반드시 하나님이어야 한다.
   - 눅 1:68-69, 71, 74: 중보자는 구속받은 백성들의 모든 대적들을 정복하기 위하여 하나님이어야 한다.
   - 히 5:8-9; 9:11-15: 중보자는 그의 구속받은 백성들에게 영원한 구원을 가져오시기 위해 반드시 하나님이어야 한다.

2) **해설**
   (1) 왜 모세나 다윗이나 바울과 같이 평범한 사람이 중보자의 일을 할 수 없는가?

모든 평범한 사람은 죄인들이기 때문에 다른 사람을 죄로부터 구원하는 일에 부적합하다. 구원이 필요한 자들이 다른 이들의 구원을 성취할 수는 없기 때문이다.

(2) 왜 하나님은 타락이전의 아담과 같이 죄 없는 사람을 이적적으로 준비하셔서 중보자를 삼으심으로 우리를 하나님과 화해시키지 않으시는가?

심지어 죄 없는 사람이라 할지라도 단순히 사람일 뿐이라면, 그리스도께서 당하신 하나님의 진노와 저주를 감당하지 못했을 것이다. 중보자가 유혹과 고난으로부터 인성을 보호하고 지지하기 위해서 하나님이셔야 하는 것은 필요한 일이었다.

(3) 오직 한분이셨던 예수 그리스도께서 어떻게 "그의 생명을 많은 사람의 대속물"(막 10:45)로 주시며 많은 사람의 죄의 형벌을 받으실 수 있었는가?

만일 예수 그리스도께서 단순히 사람뿐이셨다면, 그가 죄 없는 사람일지라도 오직 한 사람의 대속자만 될 수 있었을 것이다. 그렇다면 세상에는 죄인들이 많기 때문에 많은 구세주가 필요했을 것이다. 만일 하나님께서 허용하신다면 하나의 생명은 오직 한 사람의 대속물만 될 것이다. 그러나 예수 그리스도께서는 사람이실 뿐만 아니라 진정한 하나님이셨기에 "그의 생명을 많은 사람의 대속물"로 주시는 것이 가능했으며, 모든 하나님의 백성들을 위한 참된 대속자가 되신 것이다. 그리스도의 신성은 그의 인성에 무한한 가치를 부여하셨으며, 그 결과 그는 동시에 많은 사람을 위하여 고난을 받으시고 돌아가실 수 있었던 것이다.

(4) 예수께서 마귀에게 시험을 당하실 때, 그가 실재로 죄를 범하는 것은 가능했는가?

예수님은 참된 하나님이셨기에 실제로 그가 죄를 범하는 것은 불가능한 일이라고 결론지어야 할 것이다. 성경 역시 그리스도께서 실제로 유혹을 경험하셨다고 교훈한다. 그렇다면 그가 죄를 범하는 것이 불가능한데 어떻게 유혹이 그에게 실제적인 것이 될 수 있었는가에 대한 문제는 우리가 이해할 수 없는 신비에 속한 문제이다.

(5) 중보자이신 예수 그리스도께서 참된 하나님이시라는 사실이 어떻게 구원 계획의 성공을 보장하는가?

만일 예수 그리스도께서 오직 사람이셨다면, 그가 아주 완전한 사람이라 할지라도, 유혹에 빠져서 죄를 범함으로 이 구원 사역에 실패할 가능성도 있었을 것이다. 그렇다면 둘째 아담 역시 첫째 아담이 그러했던 것처럼 하나님의 뜻을 불순종함으로 실패자가 되었을 것이다. 그러나 예수 그리스도께서는 사람이실 뿐만 아니라 진실로 하나님이셨기 때문에 그는 전능하셨고 지금도 전능하신 분이시다. 그러므로 그리스도께서는 실패하실 수도 없고 죄로 인해 타락하지도 않으시기 때문에 그리스도의 성공은 보장되어 있는 것이다.

제39문 왜 중보자가 반드시 사람이어야 했는가?

답 중보자가 반드시 사람이어야 했던 이유는, 그가 우리의 본성을 향상시키며, 율법에의 순종을 이행하고, 우리의 본성 안에서 우리를 위한 고통과 중재를 가능하게 하며, 우리의 연약성에 연대감을 가질 수 있도록, 우리가 양자를 받을 수 있도록, 그리하여 위로를 받고 은혜의 보좌로 담대히 나아갈 수 있도록 하기 위한 것이다.

1) 관련성구

- 히 2:16: 그리스도는 천사의 본성이 아니라 인성을 취하셨다.
- 갈 4:4: 중보자는 율법 아래 처하기 위하여 반드시 사람이어야 한다.
- 히 2:14; 7:24-25: 중보자는 고난을 당하고 인성 가운에 우리를 위해 중보하기 위하여 반드시 사람이어야 한다.
- 히 4:15: 중보자는 우리 연약을 체휼하기 위하여 반드시 사람이어야 한다.
- 갈 4:5: 중보자는 우리를 양자로 들이시기 위하여 반드시 사람이 되어야 한다.
- 히 4:16: 중보자는 우리가 은혜의 보좌로 담대히 나가기 위하여 반드시 사람이 되어야 한다.

2) 해설

(1) 인류를 죄에서 구원하기 위하여 가브리엘 천사나 다른 천사들이 중보자가 될 수는 없었는가?

천사들은 인류의 구성원이 아니다. 그들은 인성을 소유하고 있지 않다. 따라서 그들 중에 누구라도 첫째 아담이 행한 그릇된 일을 되돌릴 수 있는 둘째 아담이 될 자격은 없다.

(2) 중보자가 "혈과 육체" 즉 인성을 취하여야 할 이유는 무엇이었는가?

그것은 인류를 구원해야 하기 때문이다. 중보자는 반드시 인류의 대표자로 행동해야 하며, 인류의 대표자가 되기 위해서는 먼저 인류의 한 구성원이 되어야 한다. 평범한 인간의 조직세계에서 조차도 사람이 공무원 조직의 한 구성원이 되지 않고서는 공무원이 될 수 없다. 그리스도께서도 역시 먼저 인류의 한 구성원이 되지 않고서는 인류의 구속자가 되실 수 없는 것이다. 죄와 황폐가 인간으로 말미암았기 때문에 구속 역시 인간을 통해서 와야 한다. 고린도전서 15:21을 보라. "사망이 사람으로 말미암았으니 죽은 자의 부활도 사람으로 말미암는도다."

(3) 중보자는 왜 율법을 순종해야 하는가?

아담과 그의 모든 후손이 하나님의 율법을 파괴했고 그 율법을 범하며 살았기 때문이다. 둘째 아담이 하나님의 율법을 완전히 지키는 것은 매우 필요한 일이었다. 그러나 하나님 자신은 율법 아래 있지 않다. 그는 율법의 수여자이시다. 그러나 예수 그리스도는 진정으로 하나님의 율법 아래 처하시기 위하여 그리고 실패했던 아담을 대신하여 행위언약의 조건 즉 하나님의 율법에 대한 완전한 순종을 보이시기 위하여 진정으로 사람이 되셔야 했던 것이다.

(4) 중보자가 우리의 대제사장이 되기 위해서 진정으로 사람이 되어야 했던 이유는 무엇인가?

하나님의 지시에 의하면 참된 제사장은 반드시 사람 가운데 선택되어야 하며 인류의 고난과 고통을 체휼해야 하기 때문이다. 그리스도께서는 친히 고난과 고통을 경험하셨다. 히브리서 5.1-2을 읽으라. 이 구절들이 그리스도에 대해 언급하고 있지 않다는 것을 주목하라. 이것은 일반적인 제사장직의 본질과 자격에 대한 서술이다. 예수 그리스도께서 우리의 대제사장이시기 때문에 그는 반드시 이러한 자격을 갖추어야 한다.

(5) 그렇다면 하나님은 인간의 고난에 연대감을 가질 수 없다는 말인가?

하나님께서는 인간의 모든 고난을 아시고 그들을 불쌍히 여기시는 분이다. 우리는 하나님께서 인간의 고통을 체휼하시지만 인간의 고난을 함께 받으시는 분이 아니라고 말해야 한다. "연대감" 또는 "동정"이란 단어는 누군가와 "함께 고난"을 받는 것을 의미한다. 하나님께서는 무한하신 분이시기 때문에 유한성을 암시하는 고난을 받으실 수 없다. 따라서 하나님은 실제로 우리의 고난과 함께 연대하시지는 않는 것이다. 많은 사람들이 부주의하게 하나님께서 고통을 받으시고 고민하시는 분이라고 말하는데 이것은 하나님께서 무한하시며 불변하신 분이시라는 진리와 배치된다. 괴로움이나 고난이란 그 본질상 유한성과 변화를 의미한다. 따라서 무한자와 불변자께서 괴로움을 당하실수는 없다. 하나님은 모든 것을 아시는 전지하신 분이시기에 우리의 모든 고난과 괴로움을 아신다. 그러나 하나님은 우리 인성과 같이 그것을 경험하시지는 않는 것이다. 하나님께서 우리의 인성적 괴로움을 경험하실 수 있는 유일한 길은 바로 그리스도께서 그렇게 하신 것처럼 사람의 모양을 취하시는 것이다. 하나님이신 성자 하나님께서 친히 인성을 취하신 것이다. 따라서 하나님께서 신성으로 사람의 괴로움과 고난을 경험하신 것이 아니라 그가 취하신 인성으로 경험하신 것이다.

제40문 왜 중보자가 반드시 한 인격을 가진 하나님과 인간이어야 했는가?

답 하나님과 인간을 화해시켜야 하는 중보자가 반드시 그 자신 하나님과 인간이어야 할뿐 아니라 한 인격을 가져야 했던 이유는, 각각의 고유한 사역들이 우리를 위해 전인의 사역으로 하나님에 의해 수용되고 우리에 의해 의존될 수 있도록 하기 위한 것이다.

1) 관련성구
- 마 1:21, 23: 신·인이신 중보자는 한 분이시다.
- 마 3:17; 히 9:14: 중보자의 두 본성의 사역이 우리를 위한 한 분의 사역으로 하나님께 인정된다.
- 벧전 2:6: 우리 구원을 위한 중보자와 그의 사역은 신뢰할 만한 것이다.

2) 해설

(1) 왜 하나님께서는 그의 백성을 죄로부터 구원하시는 일을 성취하시기 위해 한 분은 신이시고 다른 한 분은 인간인 두 명의 중보자를 제공하지 않으시는가?

왜냐하면 이 두 본성의 각각의 사역의 관계는 한 중보자 안에서의 연합을 요구하기 때문이다. 신성의 중보자는 인성을 통하지 않고서는 괴로움이나 고난을 경험할 수 없다. 인성의 중보자는 신성을 통하지 않고서는 마땅히 당해야 할 고난과 고통을 감당해 낼 수 없다. 따라서 중보자는 반드시 하나님이실 뿐만 아니라 사람이어야 하는 것이다. 또한 이 중보자의 신성과 인성은 그의 사역의 통일성을 위하여 한 인격 안에서 연합되어야 하는 것이다.

(2) 우리 구원을 성취하는 일부분으로서 그리스도의 신성의 사역을 언급하는 구절은 무엇인가?

히브리서 9:14이다. 그리스도께서 자신을 우리 죄를 위한 희생 제물로 하나님께 제공하신 것은 영원한 영을 통해서이다. 이 구절은 "그의 영원한 영을 통해서"라고 번역해야 한다. 어떤 경우에도 이 구절은 "성령을 통해서"라고 해석할 수 없다. 즉 그리스도께서 우리 죄를 위하여 하나님께 자신을 희생 제물로 드리신 것은 바로 그리스도의 신성을 통해서라는 말이다. 그의 신성이 그의 인성의 희생 제물과 고난을 가치 있고 효과적이게 했다.

(3) 우리 구원을 성취하는 일부분으로서 그리스도의 인성의 사역을 언급하는 구절은 무엇인가?

성경은 율법에 대한 그리스도의 순종과 그의 모든 고난과 특별히 그의 죽음을 교훈한다. 이 모든 사역들이 다 우리 구원을 성취하시는 사역의 일부분으로서의 그리스도의 인성의 사역들이다.

(4) 그렇다면 그리스도의 신성과 인성이 모두 언급되어 있는 성경 본문들은 어떻게 해석해야 하는가?

그리스도의 인격의 통일성은 이러한 본문들의 참된 해석을 제공한다. 예를 들면 사도행전 20:28을 보라. "하나님이 자기 피로 사신 교회를 치게 하셨느니라." 여기서 우리는 그리스도의 인성의 한 부분인 자기 피가 그의 신성에 속하는 하나님이라는 이름과 연관되어 있음을 보게 된다. 또한 요한복음 6:62을 보라. "그러면 인자의 이전 있던 곳으로 올라가는 것을 볼 것 같으면 어찌 하려느냐." 여기서는 "인자"라는 직함이 그리스도의 인성과 연관되어 있다. 그리고 이 직함은 그리스도께서 성육신하여 이 세상에 오시기 이전에 그의 영원하신 선재성인 신성과 연관되어 있음을 보게 된다. 이러한 구절들을 포함한 많은 유사한 구절들의 참된 해석은 그리스도의 인격의 통일성에 달려있다.

제41문 왜 우리 중보자가 예수라고 불리었는가?
답 우리 중보자는, 그가 그의 사람들을 그들의 죄로부터 구원하기 때문에, 예수라 불리었다.

1) 관련성구
- 마 1:21: 마리아의 아이를 "예수"라 하라는 신적 명령과 그 이유.

2) 해설
(1) "예수"라는 이름의 문자적 의미는 무엇인가?
예수라는 이름은 히브리어 이름인 조수아 또는 여호수아의 상응어인 헬라어로서 "여호와는 구원이시다"를 의미한다.

(2) 누가 우리 구세주를 "예수"라고 불러야 한다고 결정했는가?
이 결정은 하나님 자신께서 결정하셨으며, 꿈속에서 그에게 나타난 여호와의 천사를 통해 요셉에게 알려주셨다.

(3) "저가 자기 백성을 저희 죄에서 구원하실 것"이라는 진술에는 우리 믿음의 어떤 위대한 진리가 담겨 있는가?
꿈속에서 요셉에게 계시된 이 진술에는 다음과 같은 우리 믿음의 위대한 진리가 담겨 있다.
① 죄로부터의 구원은 우리 스스로 어떤 일을 해서가 아니라 신적으로 제공된 구속자에 의해 성취된다는 것이다.

② 우리 구속자는 실제로 자기 백성들을 저희 죄에서 구원하신다는 것이다. 그는 그들에게 단순히 구원의 "제안"이나 "기회"를 제공하시는 것이 아니다. 그는 실제로 그들을 구원하시며 그가 하시는 모든 일들은 그들이 반드시 궁극적으로 구원받을 것임을 보장하는데 필요한 일이다.

③ 우리의 구속자는 본문에 있는 "자기 백성"이 암시하듯 인류 가운데 특정한 숫자 즉 하나님의 택자를 구원하신다는 것이다. 그리스도는 모든 사람을 구원하거나 구원하시기 위하여 노력하려고 이 세상에 오신 것이 아니라 "자기 백성"을 구원하시기 위해 이 세상에 오신 것이다.

제42문 왜 우리 중보자가 그리스도라고 불리었는가?

답 우리 중보자가 그리스도라고 불리었던 이유는, 그가 한량없이 성령으로 기름부음 받았으며, 그렇게 성별되어 그의 비하와 승귀의 상태에서 그의 교회의 선지자, 제사장, 그리고 왕의 직책을 시행할 수 있는 모든 권위와 능력이 온전히 부여되었기 때문이다.

1) 관련성구

- 요 3:34: 구주께서 성령으로 한량없이 기름부음 받으셨다.
- 시 45:7: 우리 구주께서 그의 동류보다 더 승하게 기름부음 받으셨다.
- 요 6:27: 그리스도는 아버지 하나님의 "인 치신" 자 즉 그의 구속사역을 위해 구별되신 분이시다.
- 마 28:18-20: 우리 구세주는 그에게 부여된 사역을 성취하기 위해 하나님 아버지로부터 모든 권세와 능력을 수여받으셨다.
- 행 3:21-22: 우리 구세주께서는 선지자가 되시기 위해 성부 하나님에 의해 하늘에 계신다.
- 히 5:5-7; 4:14-15: 성부 하나님으로부터 대제사장이라 불리신 구세수와 그의 제사장적 사역.
- 시 2:6; 마 21:5; 사 9:6-7: 성부 하나님에 의해 왕으로 임명되신 그리스도와 그의 왕적 사역.

- **빌 2:8-11:** 그리스도께서는 비하와 승귀의 상태를 통하여 그의 직무를 감당하신다.

2) 해설
(1) "그리스도"는 이름인가 직함인가?
"그리스도"는 개인적 이름인 "예수"와 함께 사용된 것으로 이름이 아니다. 이 직함은 마태복음 16:16에서 나타나는 바와 같이 정관사와 함께 사용되기도 한다. "주는 그리스도시오(the Christ) 살아계신 하나님의 아들이시니이다."

(2) 그리스도의 문자적 의미는 무엇인가?
"그리스도"는 "기름부음 받은 자"를 의미하는 헬라어 크리스토스(Christos)의 영어 형태이다. 따라서 우리가 예수는 그리스도, 메시야, 또는 기름부음 받은 자라고 말하는 것은 단순히 언어의 문제이지 의미의 문제가 아니다. 이 단어들은 모두 다 동일한 의미를 담고 있다. 오실 구속자를 지칭하는 "기름부음 받은 자"라는 단어가 등장하는 구약의 성경구절인 시편 2:2 "세상의 군왕들이 나서며 관원들이 서로 꾀하여 여호와와 그 기름 받은 자를 대적하며"를 보라. 여기 기름부음 받은 자라는 히브리어는 그리스도라고 번역해도 아무런 문제가 없다. 왜냐하면 이 두 단어의 의미가 동일하기 때문이다.

(3) 그리스도라는 직함에 관계된 기본 사상은 무엇인가?
그리스도라는 직함에 관계된 기본 사상은 기름부음이다. 구약시대에 왕들과 선지자들은 그들에게 특별한 직무를 맡기기 위하여 기름을 발라서 구별시켰다. 이 기름부음은 그들의 마음에 좌정하셔서 그들의 의무를 잘 감당할 수 있도록 지혜와 능력을 주시는 성령의 상징이 되었다. 따라서 우리는 구약의 기름부음이 사람을 특별한 사역으로 구별시키기 위한 것임을 깨닫게 된다. 그러나 구약의 이 모든 왕들과 제사장들은 참되신 최종적 왕이요 제사장 되시는 예수님을 지시하는 표상과 그림자들이다. 예수님은 우리의 선지자와 제사장과 왕이 되시기 위하여 그의 동류보다 더욱 성령으로 기름부음 받으신 우리 구세주이시다. 그리스도는 구약 시대에 그러했던 것처럼 기름으로 부음 받기보다 비둘기 같이 성령을 한량없이 받으신 것이다(마 3:16).

(4) 왜 예수님은 성령을 비둘기가 임하는 것처럼 받으셨는가?

이 질문에 대해 확실한 답은 없다. 그러나 비둘기의 모습은 성령의 완전성을 나타내준다. 왜냐하면 예수 그리스도께서는 성령을 한량없이 받으셨기 때문이다. 오순절 날 신자들은 서로 나누어서 공유할 수 있는 것처럼 성령을 불의 혀가 갈라지는 것처럼 받았다. 그러나 예수님의 경우 비둘기의 형태는 완전성과 불분리성 또는 불가분성을 의미한다고 할 수 있다(창 15:10을 보라).

(5) 그리스도께서는 언제 선지자와 제사장과 왕직을 수행하시는가?

우리의 구주가 되시는 그리스도께서는 그의 비하(그의 지상 생애 동안의 상태)와 승귀(그의 부활 이후 특별히 천국에서의 영광스러운 상태)의 상태에서 선지자와 제사장과 왕직을 수행하신다. 이는 그리스도께서 지상에 계시는 동안 선지자이시며, 제사장이시며, 왕이셨음을 의미하고 오늘날 천국에서도 선지자이시며, 제사장이시며, 왕이심을 의미하는 말이다.

제43문 그리스도는 어떻게 선지자의 직분을 수행하는가?

> 답 그리스도는 그의 성령과 말씀에 의해 그들의 교육과 구원에 관한 모든 것에 있어서 하나님의 전체적인 뜻을 모든 시대의 교회들에게 다양한 방식으로 계시하심으로 선지자의 직분을 수행한다.

1) 관련성구

- **요 1:18:** 선지자로서의 그리스도는 성부 하나님의 위대한 계시자이시다.
- **벧전 1:10-12:** 그리스도의 영은 구약의 선지자들에게 신적인 진리를 계시하신다.
- **히 1:1-2:** 선지자이신 그리스도께서 인류에게 마지막 하나님의 계시를 가져 오신다.
- **요 15:15:** 그리스도는 하나님 아버지로부터 그의 사도들에게 진리를 계시하신다.
- **행 20:32:** 그리스도의 선지자적 사역의 교육적 기능.
- **엡 4:11-13:** 그리스도의 선지자적 사역은 그의 몸 된 교회를 세우게 한다.
- **요 20:31:** 선지자로서의 그의 사역을 믿고 영생을 얻게 하시기 위해 그리스도의 말씀이 성경에 기록된다.

2) 해설

(1) "선지자"란 단어의 참된 의미는 무엇인가?

선지자란 사람들에게 하나님의 말씀을 전달하는 하나님의 대표자와 대변자이시다.

(2) 우리는 보통 왜 선지자가 미래의 일을 미리 말하는 자라고 생각하는가?

왜냐하면 특별히 구약의 많은 선지자들이 하나님으로부터 미래에 벌어질 사건들의 예언을 담고 있는 계시를 수여받았기 때문이다. 구약의 선지서에는 우리가 "선지자"를 "미래의 예언자"라고 생각할 만큼 아주 많은 미래적 사건들의 예언이 담겨져 있다. 그러나 당대에 관한 선지자들의 많은 메시지와 선지자라는 직함의 참되고 실제적인 의미는 미래의 사건을 미리 말해주는 예언자가 아니라 하나님으로부터 받은 메시지를 백성들에게 전달해주는 자를 의미한다.

(3) 그리스도는 어떤 시대에 그의 선지자직을 수행하셨는가?

"모든 시대"에 그렇게 하셨다.

(4) 구약시대에 그리스도께서는 어떻게 그의 선지자 직을 수행하셨는가?

그리스도께서는 구약시대에 그의 영으로 당신의 진리를 많은 다양한 선지자들과 시인들과 다른 구약의 성경 기록자들에게 계시하심으로 선지자 직을 수행하셨다.

(5) 그리스도는 그의 지상사역 동안 어떻게 선지자 직을 수행하셨는가?

그리스도는 그의 지상사역 동안에 다음과 같은 선지자 직무를 감당하셨다. 첫째, 유대 백성들에게 복음을 설교함으로. 둘째, 그를 믿었던 백성들과 12사도들에게 복음을 교훈하고 설교함으로. 셋째, 그리스도의 승천 이후 공식적인 복음의 증인이 될 12사도들을 훈련하고 교훈하심으로 선지자 직무를 수행하셨다.

(6) 그리스도는 오늘날 어떻게 선지자 직무를 수행하시는가?

첫째, 그의 기록된 말씀인 성경을 통해서. 둘째, 성경에 계시된 진리를 영접하고 이해하기 위하여 우리 마음과 지성을 조명하시는 그가 보내신 성령을 통해서 선지자 직무를 수행하신다.

(7) 선지자 직무를 수행함에 있어서 그리스도께서는 그의 교회에 어떤 메시지를 계시해주셨는가?

그는 우리 구원과 훈육에 관한 하나님의 모든 뜻을 포함하는 완전한 메시지를 주셨다.

제44문 그리스도는 어떻게 제사장의 직분을 수행하는가?
답 그리스도는 자기 자신을 자기 사람들의 죄를 위한 화목제가 되기위하여 하나님께 흠 없는 제물로 단번에 드리심으로, 그리고 그들을 위한 계속적 중재를 행함으로 제사장의 직분을 수행한다.

1) 관련성구
- **히 9:14:** 그리스도는 자신을 하나님께 희생 제물로 드림으로 제사장 직무를 감당하신다.
- **히 9:28:** 그리스도는 많은 이들의 죄를 위해 자신을 단번에 드리셨다.
- **히 2:17:** 그리스도는 자기 백성을 하나님과 화목하게 하기 위해 희생 제물로 드리셨다.
- **히 7:25:** 그리스도는 제사장으로서 그의 백성을 위해 계속 중보하신다.

2) 해설
(1) 선지자와 제사장의 차이는 무엇인가?
선지자는 사람들에게 말씀하시는 하나님의 대표자이다. 제사장은 하나님께 가까이 가는 사람의 대표자이다.

(2) 제사장 직무를 위한 자격은 무엇인가?
히브리서 5:1-2에 잘 나타나 있다.
① 제사장은 반드시 인류의 한 구성원 즉 사람 가운데 선택되어야 한다. 천사는 하나님께 가까이 가기 위한 사람의 대표자로서 제사장처럼 행동할 수 없다.
② 제사장은 스스로 연약을 체휼할 수 있는 자, 즉 사람의 무지와 실수를 동정할 수 있어야 한다.
③ 제사장은 아론이 그러했던 것처럼 스스로가 아니라 하나님에 의해 부르심을 받아야 한다(히 5:4).

(3) 제사장 직무의 기능은 무엇인가?
이것 역시 히브리서 5:1-4에 잘 나타나 있다.
① 제사장은 하나님께 속한 것에 대해 사람을 대표해야 한다.
② 제사장은 죄를 위해 반드시 제물과 제사를 올려야 한다.
③ 제사장은 백성들을 위하여 중보해야만 한다(히 7:25).

(4) 그리스도의 제사장 직을 가장 상세하게 논의하고 있는 성경은 무엇인가?
그리스도의 제사장 직무의 기능이 성경 여러 권에서 상세하게 논의되고 있는 반면, 그의 제사장 직무는 히브리서에 가장 상세하게 기록되어 있다. 또한 구약의 시편 110:4은 그리스도의 제사장 직무의 가장 직접적인 진술이다.

(5) 그리스도는 어떻게 제사장 직무의 자격을 소유하셨는가?
① 그리스도는 그의 성육신을 통하여 즉 인성을 취하심으로 사람이 되셨다. 그리스도는 이렇게 인류의 구성원이 됨으로 제사장 직무를 위한 사람으로 선택될 수 있는 자격을 취득하셨다.
② 그는 우리 "연약을 체휼하시는 분"으로서 "슬픔과 질고를 지고" 사람의 비참과 고난을 경험하고 통과하셨다. 이를 통해 그리스도는 무지하고 실수하는 사람들을 동정할 수 있게 되었다.
③ 그는 스스로 제사장 직을 취하신 것이 아니라 아론이 그랬던 것처럼 하나님에 의해 부르심을 받았다(히 5:4-5).

(6) 그리스도는 어떻게 제사장 직무의 기능을 행사하시는가?
① 둘째 아담으로서 은혜 언약의 중보자이신 그리스도는 모든 하나님의 택자의 대표자이시다. 따라서 그리스도는 하나님께 속한 것에 대한 인간의 대표자로 행동하신다.
② 그리스도는 그의 백성들의 죄를 위한 희생 제사로서 갈보리 십자가에서 돌아가셨다. 따라서 그는 제사장 직무를 위한 희생 제사 기능을 성취하셨다.
③ 그는 지상에 계실 동안 여전히 그의 백성을 위해 중보하시며(요 17장), 하늘에 계신 성부 하나님의 우편에서 그의 백성들을 위하여 계속 중보하신다.

(7) 그리스도의 제사장 직무의 상대적인 중요성은 무엇인가?

그리스도의 제사장직은 그의 세 가지 직무 즉 선지자 제사장 그리고 왕직 가운데 가장 중심적이며 중대한 직무이다. 우리가 그리스도의 구원 사역이 통일적이며 그 가운데 단 하나라도 본질적이지 않은 것이 없음을 인정하면서도 그의 제사장 직은 구속자로서의 그리스도의 사역의 가장 심장이요 중심이라고 할 수 있다.

(8) 그리스도의 삼중직에 대한 현대 "자유주의"의 오류는 무엇인가?

현대 "자유주의"는 그리스도의 왕직에 관한 교리를 계속 존속시키지만 그의 제사장 직은 포기하거나 변질시킨다. 따라서 잘 알려진 자유주의 교사들은 그리스도의 대속적 속죄사역은 부인하거나 교묘히 왜곡하지만 "하나님의 왕국"에 대해 말하는 것은 지루해 하지 않는다. 물론 이 자유주의 교사들은 이 "하나님의 왕국"에 대해 자신들만의 개념으로 의미를 부여한다. 그들의 개념은 역사적인 정통 기독교가 항상 의미했던 개념과는 다르다. 어쨌든 그들은 그리스도의 제사장직은 그냥 지나치거나 포기하지만 왕직에 대해서는 어느 정도 믿음을 가지고 있다. 그러나 우리는 그리스도의 직무가 통일적이며, 그리스도의 세 가지 직무 가운데 그 어떤 직무도 나머지 두 가지의 직무와 분리해서 논할 수 없다는 것을 깨달아야 할 것이다. 성경이 말씀하고 있는 그리스도는 오직 선지자이시며, 왕이시며, 제사장이신 그리스도이시다. 이 분만이 오직 참된 그리스도이시며, 부분적인 그리스도는 인간들의 생각이 만든 산물일 뿐이다.

제45문 그리스도는 어떻게 왕의 직분을 수행하는가?

답 그리스도는 일단의 사람들을 세상으로부터 자기 자신에게로 불러내고 그들에게 그가 유형적으로 그들을 통치하는 직임자와 법률과 징벌을 주심으로, 그의 선택자들에게 구원의 은총을 수여하며 그들의 순종을 포상하고 그들이 범죄할 때 교정하며 모든 유혹과 고난에서 그들을 보존하고 지원하며 그들의 모든 적들을 억제하고 정복하며, 나아가 자기 자신의 영광과 그들의 유익을 위하여 만물을 능력 있 게 정리함으로, 그리고 또한 하나님을 알지 못하고 복음을 불순종 하는 나머지에게 복수함으로 왕의 직분을 수행한다.

1) 관련성구
- **행 15:14-16; 사 55:4-5; 창 49:10; 시 110:3:** 그리스도는 세상에서 사람들을 자기에게로 부르심으로 왕직을 수행하신다.
- **엡 4:11; 고전 12:28:** 그리스도는 그의 백성들에게 직무를 수여하심으로 왕직을 수행하신다.
- **사 33:22:** 그리스도는 그의 백성들에게 계명을 수여하심으로 왕직을 수행 하신다.
- **마 18:17-18 고전 5:4-5:** 그리스도는 그의 백성들에게 교회 권징의 견책을 수여하심으로 왕직을 수행하신다.
- **행 3:31:** 그리스도는 그의 택한 백성들에게 구원적 은혜를 베푸심으로 왕직을 수행하신다.
- **계 22:12; 2:10:** 그리스도는 그들의 순종에 따라 상급을 베푸심으로 왕직을을 수행하신다.
- **계 3:19:** 그리스도는 그의 백성들의 죄를 고치심으로 왕직을 수행하신다.
- **사 63:9:** 그리스도는 그의 백성들이 유혹과 고난을 인내할 수 있도록 후원함으로 왕직을 수행하신다.
- **고전 15:25; 시 110:1-2:** 그리스도는 그의 백성들의 대적을 제한하시고 싸워 승리하심으로 왕직을 수행하신다.
- **롬 14:10-11:** 그리스도는 그의 영광을 위하여 모든 일을 전능하게 역사하심으로 왕직을 수행하신다.
- **롬 8:28:** 그리스도는 그의 택한 백성들의 유익을 위하여 모든 것을 역사하심으로 왕직을 행사하신다.
- **살후 1:8-9; 시 2:8-9:** 그리스도는 하나님을 모르고 그의 복음에 복종하지 않는 그의 대적들에게 보수하심으로 왕직을 행사하신다.

2) 해설
(1) 대요리문답은 그리스도의 왕직 행사의 세 가지 영역을 어떻게 구분하고 있는가?
첫째, 유형적 교회이다. 둘째, 무형적 교회이다. 셋째, 세상이다.

(2) 그리스도의 왕직이 수행되는 세 가지 영역 중 가장 중요한 곳은 어디인가?
무형적 교회 또는 택자의 무리들이 가장 중요하다. 그것은 그리스도께서 왕직을 행사하시는 이유가 바로 무형적 교회를 위해서이기 때문이다.

(3) 유형적 교회에서 그리스도의 왕직이 수행하는 요소는 어떤 것들인가?
그것들은
① 유형적 교회의 구성원이 될 사람을 세상에서 불러내시는 것이다.
② 그들에게 성경에 기록된 대로 사역자들을 임명하시고 실제 생활에서 실현되게 하시는 것이다.
③ 그들에게 계명과 권징이라는 견책 즉 교회의 정치와 권징을 주심으로 유형적 교회를 통치하시는 것이다.

(4) 무형적 교회에서 그리스도의 왕직이 수행하는 요소는 어떤 것들인가?
그것들은 다음과 같다.
① 택자들의 마음과 삶 속에 성령의 역사로 구원적 은혜를 베푸시고 그들의 효과적 소명을 통하여 그리스도와 연합하게 하시는 것이다.
② 현재 하나님의 섭리를 통하여 그리고 심판의 날에 그의 초자연적 역사 하심을 통하여 당신의 백성들의 순종에 상급을 베푸시는 것이다. 또한 이생에서의 삶 동안에 그의 섭리적 권징을 통하여 그들의 죄를 고치시는 것이다.
③ 택자들이 모든 어려움에 압도당하지 않고 절망에 빠지지 않게 하시기 위하여 그들을 모든 유혹에서 보호하시고 모든 고난을 인내하게 하시는 것이다.

(5) 세상에서 그리스도의 왕직이 수행하는 요소는 어떤 것들인가?
① 그의 택자들의 모든 대적들을 제한하고 싸워 승리케 하시는 것이다.
② 당신의 영광을 위하여 그리고 택자들의 유익을 위하여 모든 것을 통치하시는 것이다. 심지어 악인들의 악한 행위조차도 택자들의 유익을 위하여 존재할 뿐이다.
③ 하나님을 모르고 복음에 순종치 않는 악인들에게 보수하시는 것이다. 이 보수는 부분적으로는 그리스도의 섭리적 역사를 통하여 이생에서 진행되며, 세상 마지막 심판 날에 궁극적으로 성취되는 보수이다.

(6) 나라와 국가들을 통치하시는 그리스도의 왕직은 어떤 영역을 다스리는 왕직인가?
나라와 국가들을 통치하는 그리스도의 왕적 통치는 세 번째 영역, 즉 이 세상을 통치하시는 그리스도의 왕직이다.

(7) 그리스도는 오늘날에도 왕이신가?

확실히 그리스도는 오늘날에도 왕이시다. 성경은 그가 세상에 계셨을 때도 왕이셨으며 오늘날에도 왕이시고 영원토록 왕이심을 교훈한다.

(8) 그리스도는 오늘날에도 세상 나라들을 통치하시는가?

그렇다. 오늘날 세상 나라들이 그리스도를 대적하며 살지라도 그리스도의 왕적 통치는 여전히 그들을 다스리시고 있으며, 그들의 무시와 대적에도 불구하고 당신의 목적을 성취하시는 통치이시다.

제9과
중보자의 사역

제46문 그리스도의 비하상태는 무엇인가?
  답 그리스도의 비하상태는 그의 잉태와 출생, 삶, 죽음, 그리고 죽음이후 그의 부활까지에서 그가 우리를 위하여 그 자신의 영광을 비우고 그에게 종의 형상을 입히신 그 비천한 상태이다.

1) 관련성구
   - 빌 2:6-8: 그리스도의 자원적 자기 비하.
   - 눅 1:31: 사람으로 탄생하신 그리스도의 비하.
   - 고후 8:9: 하늘에서의 복락의 삶을 포기하시고 지상에서의 고통의 생애를 통한 그리스도의 자기 비하.
   - 행 2:24: 자기 비하의 종결로서의 그리스도의 부활.

2) 해설
   (1) 구원 계획을 실행함에 있어서 그리스도는 어떤 상태를 취하셨는가?
   낮아지신 상태를 취하셨다.

   (2) 그리스도 왜 스스로 낮아지셨는가?
   우리의 구원을 위해서이다.

   (3) 그렇다면 그리스도께서 이 세상에 오시기 전의 상태는 어떠했는가?
   성경에 "풍요"롭다고 기록된 대로 영원하신 신적 영광의 풍요로운 상태에 계셨다.

   (4) 빌립보서 2:7의 "자기를 비워"라는 표현은 어떻게 번역될 수 있는가?
   이 표현은 문자적으로 "아무런 명예를 가지지 않는 것"을 의미한다.

(5) 그리스도께서 사람이 되셨을 때 그는 무엇을 비우셨는가?
그는 자신의 하늘의 영광의 기쁨을 비우셨다.

(6) 그리스도께서 자기를 비우심에 대해서는 어떤 심각한 오류가 있는가?
어떤 이들은 빌립보서 2:7의 헬라어 본문이 그리스도께서 그의 신성을 비우셨음을 의미한다고 주장한다. 이러한 해석에 의하면 그리스도는 하늘에 계실 때만 하나님이셨으며 세상에 오실 때는 신성을 벗어버리고 오직 사람이셨다는 말이 된다. 그러나 신약의 많은 성경 본문들은 그리스도께서 지상에 계실 동안에도 진정으로 완전한 하나님이셨음을 교훈한다. 따라서 위의 해석은 그릇된 해석이다. 그리스도께서 자기를 비우셨다는 이 말의 진정한 의미는 그가 하늘의 하나님의 영광의 즐거움을 포기하시고 그 대신에 종의 형체를 가지셨다는 말이다. 그의 신분은 바뀌었지만 그의 본성은 여전히 동일하신 것이다.

(7) 그의 지상 생애 동안 그리스도의 신분은 무엇이셨는가?
그는 종의 신분 또는 종의 형체이셨다.

(8) 구약의 어떤 장이 구속자가 "여호와의 종"으로 오실 것이라고 예언하였는가?
이사야 53장이다. 이사야 53장은 그리스도의 비하 상태를 알려준다. 특별히 11절은 그리스도를 "나의 의로운 종"이라고 부른다.

제47문 그리스도는 그의 잉태와 출생에서 어떻게 자기를 비하시켰는가?
답 영원 전부터 성부의 품에 있는 하나님의 아들이었으나, 때가 차매 기꺼이 비천한 신분의 여인에게 잉태되어 사람의 아들이 되시고, 또한 그녀에게 출생하여, 일반적인 비천 이하의 여러 환경에 자처함으로, 그리스도께서 그의 잉태와 출생에서 자기를 비하시켰다.

1) 관련성구
- 요 1:14, 18: 사람이 되신 그리스도는 영원전부터 하나님의 아들이시다.
- 갈 4:4: 때가 차매 그리스도께서 사람이 되어 아기로 태어나셨다.
- 눅 2:7: 우리 구주는 비천한 여인의 몸에서 탄생하시고 일반적인 비천 이하에 자기를 자처하셨다.

2) 해설

(1) 그리스도는 얼마 동안이나 하나님의 아들이셨는가?

영원부터이다.

(2) 그리스도께서 "성부의 품에 있는" 하나님의 아들이라는 진술의 의미는 무엇인가?

이는 그리스도께서 영원한 아들로서 성부와 함께 계셨음을 의미한다. 성부와 성자는 삼위일체 가운데 구별되는 인격일지라도 그 본질상 하나이시다.

(3) 대요리문답은 왜 그리스도께서 "기꺼이" 사람의 아들이 되셨다고 표현하는가?

이 표현은 그리스도께서 강요에 의해서가 아니라 자원적으로 자신의 의지를 통하여 사람의 아들이 되시기 원하셨음을 의미한다.

(4) 그리스도는 언제 사람이 되셨는가?

"때가 차매"이다(갈 4:4).

(5) "때가 차매"라는 표현은 무엇을 의미하는가?

이것은 하나님께서 영원부터 그리스도께서 사람이 되시기 위하여 지정해 놓으신 시간을 의미한다. 또한 이 표현은 성육신을 위한 모든 준비가 다 완료되었으며 예언이 성취될 것임을 의미하는 표현이다.

(6) 왜 예수의 모친인 마리아가 "비천한 여인"으로 묘사되었는가?

이는 누가복음 1:48에서 발견되는 마리아 자신의 말에 기초한다. 이것은 그녀의 인격을 의미하는 것이 아니라 당시 유대사회에서의 그녀의 사회적이며 경제적인 신분을 의미한다.

(7) 예수 그리스도의 탄생과 유아시절에 "일반적인 비천 이하의 여러 환경"은 무엇인가?

그는 여관을 구할 수 없었기 때문에 마구간에서 출생했으며, 그를 죽이려는 헤롯의 살인 계획을 피해 갑자기 이국으로 피신해야만 했다. 이런 것들이 일반적인 비천 이하의 여러 환경들이다.

제48문 그리스도는 그의 삶에서 어떻게 자기를 비하시켰는가?
답 그가 완전히 성취한 율법에 자기를 복속시킴으로, 그리고 인간의 본성에 공통적인 것이든 그의 비천한 상태에 수반되는 고유한 것이든간에, 세상의 모욕과 사단의 유혹, 그리고 그의 육신 안에 있는 연약성과 투쟁함으로, 그리스도께서 그의 삶에서 자기를 비하시켰다.

1) 관련성구
- 갈 4:4: 그리스도는 율법 아래 나셨다.
- 마 5:17; 롬 5:18: 그리스도는 하나님의 율법을 완전히 성취하셨다.
- 시 22:6; 히 12:2-3: 그리스도는 세상에서 모욕을 당하셨다.
- 마 4:1-12; 눅 4:13: 그리스도는 사단의 유혹을 당하셨다.
- 히 2:17-18; 4:15; 사 52:13-14: 그리스도는 비천한 상태에서 인류의 일반적인 육체의 연약을 경험하셨다.

2) 해설
(1) 우리 구주께서 하나님의 율법 아래 처하시는 것이 왜 필요했는가?

우리 구주께서 하나님의 율법 아래 처하시는 것은 우리의 대표자로서 아담이 행위 언약 하에서 실패한 율법을 완전히 성취하시기 위하여 필요한 일이었다. 제2아담으로서의 그리스도는 그의 의를 우리에게 전가시켜 주시기 위해 이것을 성공적으로 성취하셔야만 했다.

(2) 우리 구주께서 어떻게 하나님의 율법 아래 처하셨는가?

우리 구주께서는 세상의 기초가 생기기 영원 전부터 하나님 아버지와 맺으신 은혜언약의 조항에 따라 자원적으로 사람이 되심으로 하나님의 율법 아래 처하셨다.

(3) 우리 구주께서 어떤 율법 아래 처하셨는가?

그는 하나님의 모든 율법 즉 도덕법과 의식법 아래 처하셨다.

(4) 그리스도는 하나님의 율법을 어떻게 성취하셨는가?

그리스도께서는 하나님의 율법을 완전히 성취하셨다. 그는 모든 긍정적이며 부정적인 율법에 대해 순종하셨다. 그는 율법의 그 어떤 계명도 위반한 적이 없으시며 율법이 요구하는 모든 것을 완전히 수행하셨다.

(5) 율법 아래 처하시는 것이 왜 그리스도께서 자신을 비우시는 것이 되는가?

왜냐하면 그는 본질상 하나님으로서 율법 위에 계시기 때문이다. 그는 본질상 율법의 주인이시다. 사람이 되심에 있어서 그는 하늘 영광을 버리시고 종의 형체를 지니셨으며 율법 아래 처하신 것이다.

(6) 우리 구세주를 향한 모욕과 조롱이 왜 그리스도의 비하가 되는가?

세상의 무례가 구세주의 본질과 배치되며 그것이 평화와 질서와 그가 오신 천국의 거룩함과 배치되기 때문이다.

(7) 사단의 유혹이 왜 우리 구주께 비하가 되었는가?

왜냐하면 사악할 뿐만 아니라 하나님의 권위를 도전하는 사단에 의해 유혹을 받는 것이 구주의 거룩하신 성품을 모욕하는 것과 같은 것이기 때문이다. 영광의 주께서는 우주에서 가장 불법하고 사악한 자에 의해 시험을 당하신 것이다.

(8) 우리 구주께서 세상에 계실 때 당하신 "육체의 연약"은 어떤 것들인가?

지침, 배고픔, 목마름, 빈궁, "머리 둘 곳이 없으심", 가까운 사람들에게 오해를 받으시고 배척을 당하심 등이다.

(9) 우리 구주께서 지상 생애동안 자신을 비우신 것에 대한 우리의 태도는 어떠해야 하는가?

① 우리를 위하여 그러한 고통과 고난을 당하신 그에게 가장 깊은 감사를 드려야 한다.
② 우리가 지상에서 순례적 삶을 살아감에 있어서 만나는 고통과 어려움에 직면할 때 우리 구주되시는 영광의 주께서 우리를 향한 크신 사랑 때문에 더욱 처절한 고통과 고난을 당하셨음을 기억하며 우리를 낙심케 하고 절망하게 만드는 유혹을 반드시 물리쳐야 한다.

제49문 그리스도는 그의 죽음에서 어떻게 자기를 비하시켰는가?
  답 유다에게 배신당하고 제자들에게 버림당하며 세상에게 모욕과 배척을 받고 빌라도에게 정죄당하고 그의 박해자들에게 고문당하심으로, 또한 죽음의 공포와 흑암의 권세와 투쟁하며 하나님의 무거운 진노를 느끼고 견디면서도 자기 생명을 속죄 제물로 내어놓고, 고통스럽고 수치스러우며 저주받은 십자가의 죽음을 견딤으로, 그리스도께서 그의 죽음에서 자기를 비하시켰다.

1) 관련성구
- 마 27:4: 유다에게 배반당하시는 그리스도.
- 마 26:56: 제자들에게 버림받으신 그리스도
- 사 53:2-3: 세상으로부터 조롱을 받으시고 배척을 당하신 그리스도.
- 마 27:26-50; 요 19:34: 빌라도에게 정죄를 받으시고 포행자들에게 고통을 당하신 그리스도
- 눅 22:44. 마 27:46: 사망의 공포와 어두움의 권세와 싸우신 그리스도와 하나님의 진노를 경험하셨다.
- 사 53:10: 죄를 위한 희생제물이 되신 그리스도.
- 빌 2:8; 히 12:2; 3:13: 십자가에서의 수치스럽고 고통스러운 저주의 죽음을 당하셨다.

2) 해설
(1) 우리 구주께서 유다에게 배신을 당하신 것이 왜 특별한 슬픔이 되는가?
왜냐하면 유다는 낯선 사람도 적개심을 품은 대적자도 아니었기 때문이다. 그는 오히려 특별한 특권을 받은 자였고 예수님과 우정을 나누었던 12제자 가운데 한 사람이었다(시 41:9; 55:12-14).

(2) 예수께서 제자들에게 버림받으신 것이 왜 그토록 감당하기 고통스러운 일이었는가?
왜냐하면 당시 제자들이 보여주었던 행동 때문이다. 그들은 자신들의 주님보다 그들 자신의 개인적인 안전을 더 신경 썼던 것이다. 그들의 마음속에는 그리스도를 사랑하는 것보다 개인적인 두려움이 더 강력하게 자리 잡았다.

(3) 왜 세상의 조롱과 배척이 그리스도에게 수치가 되는가?

왜냐하면 그리스도는 세상의 창조주요 주인이시오 세상은 그를 경외와 즐거움으로 영접해야만 했기 때문이다. "자기 땅에 오매 자기 백성이 영접지 아니하였으냐"(요 1:11).

(4) 빌라도에게 정죄를 당하신 것이 왜 특별한 수치가 되는가?

빌라도의 정죄가 정의와 배치되었기 때문이다. 로마의 총독이었던 공의를 행할 자로 임명받은 빌라도가 세상 나라인 국가에서 하나님의 나라의 공적인 대표자로 앉아 그리스도를 불의하게 정죄하고 재판을 했기 때문이다.

(5) 그리스도는 어떻게 대적자들에게 고통을 당하셨는가?

마태복음 27:26-50을 읽으라.

(6) 그리스도께서는 언제 사망의 공포와 어두움의 권세와 더불어 싸우셨는가?

십자가에 달리시기 전날 밤에 겟세마네 동산에서였다.

(7) 그리스도께서는 언제 하나님의 진노를 느끼셨는가?

예수님은 그의 전 지상 생애 동안에 인간의 죄를 대적하시는 하나님의 진노의 무게를 느끼고 감당하셨지만 특별히 그의 생애 마지막 겟세마네 동산에서와 십자가에 달리신 제6시부터 제9시까지 3시간 동안 계속된 어두움 속에서 느끼고 경험하셨다. 결국 그는 마지막으로 "나의 하나님 나의 하나님 어찌하여 나를 버리시나이까"라고 외치셨다.

(8) 우리 구세주의 죽음의 성격은 무엇이었는가?

우리 주님은 인간의 죄를 속하시기 위하여 자신을 하나님께 희생 제물로 드리셨다. 따라서 그의 죽음은 다른 이들의 죽음과 달리 특별한 것이다. 예수님이 병사(病死)하셨거나 노사(老死)하셨거나 사고로 돌아가신 것이 아니다. 그는 불의나 압제의 희생양이 아니다. 그는 또한 대의를 위한 위대한 순교자로 돌아가신 것도 아니시다. 그는 죄의 희생제물로서 즉 죄인들을 위한 구속자로서 돌아가신 것이다.

(9) 왜 십자가를 통한 죽음이 특별히 신랄한 죽음이었는가?

그것은 십자가 죽음이 고통스럽고 수치스러우며 저주의 죽음이었기 때문이다.

(10) 왜 십자가 죽음이 고통스러운 죽음이었는가?

그것은 신체의 치명적인 기관이 손상된 것이 아니기 때문이다. 따라서 십자가 죽음을 당하는 자들은 종종 수 시간 동안 심지어 며칠 동안씩이나 죽지 않고 고통을 당하기 때문이다. 또한 많은 양의 출혈과 태양열의 노출로 인해 극도로 기진맥진하고 갈증을 느끼기 때문이다.

(11) 왜 십자가 죽음이 수치스럽고 저주스러운 죽음이었는가?

로마 제국 하에서 십자가 죽음이란 노예들이나 아주 비천한 죄수들이 당하는 형벌이었기 때문이다. 더욱 중대한 사실은 하나님의 말씀이 이러한 방식의 저주스런 죽음을 선언하셨기 때문이다. "나무에 달린 자마다 하나님의 저주 아래 있는 자라"(신 21:23; 갈 3:13).

(12) 우리 구주께서 결국 어떻게 돌아가셨는가?

다음과 같은 본문 기록의 사실들로 미루어 볼 때, 우리 구주께서는 결국 하나님께서 정하신 시간에 자원적으로 돌아가셨다.

① "예수께서 다시 크게 소리 지르시고 영혼이 떠나가시다"(마 27:50).

② 요한복음 19:28에 보면 이 후에 예수께서 "모든 일이 이미 이룬 줄 아시고 내가 목마르다"라고 말씀하셨다. 이는 예수께서 십자가상에서 마지막으로 하실 일을 위해 마실 물을 달라 하신 것이다. 이어지는 30절에 보면 예수께서 "신 포도주를 받으신 후 가라사대 다 이루었다 하시고 머리를 숙이시고 영혼이 돌아가셨다"고 기록하고 있다.

③ 요한복음 10:17-18은 다음과 같이 기록한다. "내가 다시 목숨을 얻기 위하여 목숨을 버림이라 이를 내게서 빼앗는 자가 있는 것이 아니라 내가 스스로 버리노라"

④ 예수께서는 십자가상에서 6시간 정도 달리신 후 돌아가셨다. 같이 십자가에 달렸던 두 강도는 그 시간까지 살아있었다. 마가복음 15:44은 빌라도가 "예수께서 벌써 죽었을까 하고 이상이 여겼다"고 기록한다. 따라서 이

러한 증거들은 예수께서 육체의 한계를 뛰어넘지 못해서가 아니라 자신의 뜻과 의지 가운데 자원적으로 돌아가신 것을 의미한다.

(13) 예수 그리스도의 죽음의 중요성은 무엇인가?
예수 그리스도의 죽음은 성경의 중심이요, 세상 역사의 초점이요, 복음 메시지의 주요한 진리요, 영생을 위한 우리 소망의 기초이다.

제50문 그의 죽음 이후 그리스도의 비하는 어디에 있는가?
답 그의 죽음 이후 그리스도의 비하는 그의 장사됨과 제3일까지 죽은자의 상태와 사망의 권세아래 계속 처함에 있는데, 이것이 다른 말로 "그가 음부에 내려가셨다"고 표현되었다.

1) 관련성구
- 고전 15:3-4: 그리스도의 장사지냄은 복음의 필요한 요건이다.
- 시 16:10; 행 2:24-31: 그리스도께서 셋째 날까지 죽음의 상태와 사망의 권세 아래 놓이셨다.
- 롬 6:9; 마 12:40: 그러나 그리스도의 육체에 대한 사망의 권세는 단지 한시적이며, 3일 동안의 제한적인 시간이다.

2) 해설
(1) 예수님의 육신이 무덤에 있었을 때 그의 영혼은 어디에 있었는가?
누가복음 23:43에 기록된 대로 천국 또는 낙원에 있었다.

(2) 그리스도의 육신이 장사지낸바 되시고 사망의 권세에 잠시 동안 놓이게 된 것이 왜 수치와 비하가 되는가?
왜냐하면 "죄의 값은 사망"이기 때문이다(롬 6:23). 그리스도는 거룩하신 하나님이셨다. 그에게는 죄가 없었고 따라서 우리 죄를 대신 짊어지시지 않는 한 사망의 권세가 그에게 미칠 수 없었다. 그는 우리 죄를 대신 지시고 우리 죄의 대속자로서 돌아가셨다. 그의 장사지냄이 죄의 값의 일부분이기 때문에 우리 주님의 비하의 요소가 되는 것이다.

(3) 왜 그리스도의 육신이 잠시 동안만 사망의 권세 아래 놓이게 되었는가?

왜냐하면 죄에 따른 형벌의 값을 완전히 치르셨고 그의 백성의 범죄함이 완전히 속해졌기 때문이다. 만일 그리스도의 육신이 무덤에 영원히 갇혀있었다면, 죄에 따른 형벌이 완전히 지불되지 않았음을 의미했을 것이다.

(4) 사도신경에 나타난 "그가 음부에 내려가사"라는 표현은 무엇을 의미하는가?

이 표현은 여러 가지로 해석되었다. 어떤 이들은 그리스도께서 문자적으로 음부 즉 마귀와 악한 천사들이 거하는 지옥이 아니라 구약의 성도들이 기다리고 있는 음부에 내려가셨다고 주장한다. 그들은 말하기를 거기서 그리스도께서 구약의 영들에게 설교하셨고 천국에 들어갈 길을 열어 놓으셨다고 주장한다. 로마 가톨릭 교회와 일부 개신교회가 견지하고 있는 이러한 해석은 불건전한 해석이며, 베드로전서 3:18-20의 그릇된 해석에 기초한다. 또 어떤 개신교인들은 "그가 음부에 내려가사"라는 단어가 십자가에서의 그리스도의 고통을 의미한다고 말한다. 즉 그리스도께서 장소로서의 지옥이 아니라 고통의 경험으로서의 음부를 의미한다는 것이다. 이러한 해석은 교리적으로 옳지만은 역사적으로는 증거 불충분한 해석이다. 왜냐하면 사도신경에 번역된 "음부"라는 단어는 게헨나(형벌의 장소)가 아니라 하데스(사망의 영역)이기 때문이다. 우리 대요리문답은 "그가 음부로 내려가사"라는 단어가 그리스도의 장사지냄과 잠시 동안 사망의 권세 아래 처함을 의미한다고 교훈한다. 따라서 여기 지옥 즉 음부란 "사망의 권세가 미치는 영역"으로서 이해되어야 하는 것이다.

제51문 그리스도의 승귀 상태는 무엇인가?

답 그리스도의 승귀 상태는 그의 부활, 승천, 성부의 우편에 좌정하심, 그리고 세상을 심판하기 위해 다시 오심을 포함한다.

1) 관련성구
- 고전 15:4: 그리스도의 부활.
- 행 1:9-11: 그리스도의 승천.
- 엡 1:20: 그리스도께서 하나님 아버지 보좌 우편에 좌정하심.
- 행 1:11; 7:31: 세상을 심판하시기 위해 세상에 다시 오심.

2) 해설

(1) 그리스도의 승귀 상태가 포함하는 4가지 요소는 무엇인가?

첫째, 그의 부활이다. 둘째, 그의 승천이다. 셋째, 그의 하나님 보좌 우편에로의 좌정하심이다. 넷째, 세상을 심판하기 위해 다시 오심이다.

(2) 이 4가지 요소 가운데 과거와 현재의 요소는 무엇이며, 앞으로 되어질 미래의 요소는 무엇인가?

두 가지 요소 즉 그리스도의 부활과 승천이 과거에 발생했다. 그리고 한 가지 요소 즉 하나님 아버지 보좌 우편에 좌정하심이 현재이며, 세상을 심판하시기 위해 다시 오시는 것이 미래에 되어질 일이다.

제52문 그리스도는 그의 부활에서 어떻게 승귀되었는가?

답 그리스도는 그의 부활에서, 사망 중에도 부패를 보지 않고(그는 거기에 갇힐 수 없었다), 그가 수난당한 동일한 육체와 그 본질적 속성들을 유지하여 (그러나 현세의 생명에 속한 가멸성과 다른 공통적 연약성이 없이), 실제로 그의 영혼과 연합되어, 제 삼일에 그 자신의 능력으로 죽은 자로부터 다시 살아나심으로서 승귀되었는데, 그리하여 자신을 하나님의 아들임과, 하나님의 공의를 만족시켰음과 사망과 사망의 권세 가진 자를 이겼음과, 그리고 산 자와 죽은 자의 주되심을 선포하였다. 그는 이 모든 것을 자기 교회의 머리라는 공인으로서, 그들의 칭의와 은혜의 중생, 원수에 대항하는 후원, 그리고 그들에게 죽은 자로부터 마지막 날에 부활함을 확증시키기 위하여 행하셨다.

1) 관련성구

- 행 2:24, 27: 그리스도의 육신은 무덤에 계실 동안 썩지 않았다.
- 눅 24:39: 그리스도는 고난 받으신 동일한 육신으로 부활하셨다.
- 롬 6:9; 계 1:18: 그리스도의 부활체는 영원한 몸이다.
- 요 10:18: 그리스도는 당신의 권세로 부활하셨다.

- **롬 1:4:** 그리스도는 자신의 부활을 통해 하나님의 아들로 인정되셨다.
- **롬 8:34:** 그리스도는 자신의 부활을 통해 하나님의 공의를 만족시키셨다.
- **히 2:14:** 그리스도는 자신의 부활을 통해 사망과 사망의 권세를 소유한 사단을 정복하셨다.
- **롬 14:9:** 그리스도는 자신의 부활을 통해 죽은 자와 산자의 주가 되셨다.
- **엡 1:20-23; 골 1:18:** 그리스도는 부활을 통해 그의 교회의 머리로 행동 하셨다.
- **롬 4:25:** 그리스도는 우리를 의롭다 하심을 위해 부활하셨다.
- **엡 2:1, 5-6; 골 2:12:** 그리스도는 그의 백성을 은혜 안에서 소생시키기 위해 죽은 가운데 부활하셨다.
- **고전 15:25-27:** 그리스도는 그의 백성의 대적을 정복하시기 위해 죽은 가운데 부활하셨다.
- **고전 15:20:** 그리스도는 그의 백성들 역시 죽은 가운데서 부활할 것을 보증하시기 위해 죽음에서 부활하셨다.

2) 해설

(1) 그리스도의 육신이 무덤에 있을 동안 썩지 않았음을 우리는 어떻게 알 수 있는가?

시 16:10을 행 2:27과 비교하면 잘 알 수 있다.

(2) 그리스도께서 영원히 사망의 권세 아래 처하는 것이 불가능했던 이유는 무엇인가?

① 그의 신성 때문이다. 하나님의 아들로서 그리스도는 사망의 권세 아래 머물러 있을 수 없었다.
② 죄의 형벌이 완전히 치러졌기 때문이다. 따라서 사망이 더 이상 그리스도를 붙잡고 있을 수 없게 된 것이다.

(3) 제3일에 그리스도께서는 어떤 육신으로 부활하셨는가?

그가 고난을 받으시던 동일한 몸으로 그러나 영광스럽게 변화된 몸으로 부활하셨다.

(4) "본질적 속성들"이 의미하는 바는 무엇인가?

본질적 속성 또는 성품이 의미하는 바는 그리스도의 참된 육체를 가리킨다. 누가복음 24:39을 보라.

(5) 그리스도의 영광스러운 몸과 십자가에 달리시기 전의 몸에는 어떤 차이가 있는가?

그의 영광스러운 몸은 사망이 없는 몸이며, 이생에 속한 여러 가지 연약이 없는 몸을 의미한다.

(6) 그리스도의 부활과 요한복음 11장에 기록된 나사로를 죽은 가운데서 다시 살리신 사건 사이에는 어떤 차이가 있는가?

① 그리스도는 당신의 권능으로 부활하셨지만 나사로는 다른 이 즉 그리스도의 권능에 의해 부활했다.

② 그리스도는 다시는 죽지 않을 몸으로 부활했지만 나사로는 다시 죽을 몸으로 살았고 결국 다시 한 번 죽게 되었다. 전승은 나사로가 그리스도의 승천 이후 구브로(Cyprus)로 이주했으며, 후일 거기서 죽었다고 전한다.

(7) 그리스도의 부활에 나타난 다섯 가지 위대한 진리는 무엇인가?

첫째, 그는 하나님의 아들이시다. 둘째, 그는 그의 백성의 죄를 위해 하나님의 의를 만족시켰다. 셋째, 그는 사망을 정복하셨다. 넷째, 그는 사단과 마귀를 이기셨다. 다섯째, 그는 산 자와 죽은 자의 주님이시다.

(8) 산 것(quick)과 살리는 것(quickening)이라는 단어의 의미는 무엇인가?

"산 것"이란 단어는 "살아있다", "생명이 있다"라는 뜻의 옛 단어이며, "살리는 것"이란 단어는 "살아있게 하다"의 뜻을 가지고 있다.

(9) "공인"이란 표현은 무엇을 의미하는가?

공인이란 자신을 위해 사석으로 행동하는 사람이 아니라 일련의 무리를 대표하는 공식적인 대표자를 가리킨다. 이는 개인이나 사적인 시민과 반대되는 단어이다. 그리스도의 위대한 구속사역은 공적인 본질을 지니고 있다.

(10) 공인으로서 그리스도는 누구를 대표하시는가?
그는 당신이 머리가 되시는 자신의 백성과 자신의 교회를 대표하신다.

(11) 그리스도의 부활을 통해 교회가 얻는 유익은 무엇인가?
첫째, 칭의이다. 둘째, 은혜 안에서 소생하는 것이다. 셋째, 대적과의 전투를 지원하는 것이다. 넷째, 마지막 날 우리 몸도 부활할 것을 확신하는 것이다.

제53문 그리스도는 그의 승천에서 어떻게 승귀되었는가?

답 그리스도는 그의 승천에서, 부활 후에 자주 그의 제자들에게 나타나 그들과 대화하시고, 그들에게 하나님의 나라에 관한 일들을 말씀하시며, 그들에게 모든 나라에 복음을 전파하라는 임무를 주시고, 부활한지 사십일 후에 우리의 본성을 가지고 우리의 머리로서 원수들을 승리하시며, 그가 최상의 하늘로 보이게 올라가심으로서 승귀 되셨는데 이는 거기서 사람들을 위한 선물을 받으며, 우리의 애정을 그곳으로 끌어 올리고, 또한 우리가 살 장소를 예비하기 위한 것이다. 그는 거기 계시며, 이 세상 끝에 그가 다시 올 때까지 계속 거기 계실 것이다.

1) 관련성구
- 행 1:3-4: 부활 이후 그의 제자들에게 나타나신 그리스도.
- 마 28:19-20: 모든 나라에 복음을 전하라는 지상대명령.
- 히 6:20: 우리의 머리되신 그리스도께서 하늘로 올라가셨다.
- 행 1:9-11; 엡 4:10; 시 68:18: 그리스도의 승천에 관한 기록; 승천의 목적은 사람들을 위해 선물을 받는 것이다.
- 골 3:1-2: 승천의 목적은 하늘의 것에 대한 소망을 갖게 하시려는 것이다.
- 요 14:3: 승천의 목적은 당신의 백성들이 거처할 곳을 예비하시기 위함이다.
- 행 3:21: 그리스도는 재림하실 때까지 하늘에 계신다.

2) 해설
(1) 그리스도의 부활과 그의 승천 사이의 기간은 얼마나 되는가?
40일이다.

(2) 그리스도는 어떻게 이 기간 동안 그의 제자들과 교제하셨는가?

그는 제자들과 남아서 항상 함께 다니시지 않았지만 그들에게 반복적으로 나타나셨다.

(3) 이 기간 동안 그리스도께서 그의 백성들에게 주신 위대한 명령은 무엇인가?

위대한 명령은 모든 족속에게 복음을 선포하라는 것이다. 마 28:18-20; 막 16:15-18; 눅 24:47; 행 1:8 등에 잘 나타나 있다.

(4) 왜 "우리의 본성을 가지고" 라는 구절이 그리스도의 승천을 묘사하는데 사용되었는가?

왜냐하면 그리스도는 단순히 하나님으로서만 아니라 인간의 육체와 영을 가지고 승천하셨기 때문이다. 그리스도의 인성은 이 세상에 남겨졌고 베일에 가려졌다.

(5) 왜 "우리의 머리로서" 라는 구절이 그리스도의 승천을 묘사하는데 사용되었는가?

왜냐하면 그의 승천은 우리의 둘째 아담, 인류의 구속자의 대표, 즉 우리의 대표자로서의 공식적 행위이기 때문이다. 현재에도 신-인이신 그리스도는 천국에서 하나님의 백성의 대표요 머리가 되신다.

(6) 그리스도는 그의 승천을 통해 어떻게 대적자들에게 승리하셨는가?

그의 대적자들은 그리스도를 배척했고 십자가에 못 박았다. 그러나 그들의 증오와 적대에도 불구하고 그리스도는 왕 중의 왕이요 만군의 주님으로 부활 승천하셨다.

(7) 우리 구주께서 눈에 보이게 승천하셨다는 사실을 어떻게 알 수 있는가?

사도행전 1:9-11이다. "이 말씀을 마치시고 저희 보는데서 올리워 가시니 구름이 저를 가리워 보이지 않게 하더라 올라가실 때에 제자들이 자세히 하늘을 쳐다보고 있는데 흰 옷 입은 두 사람이 저희 곁에 서서 가로되 갈릴리 사람들아 어찌하여 서서 하늘을 쳐다보느냐 너희 가운데서 하늘로 올리우신 이 예수는 하늘로 가심을 본 그대로 오시리라 하였느니라."

(8) 사도행전 1:9-11에 기록된 대로 눈에 볼 수 있게 승천하신 그리스도의 승천이 왜 그렇게 강조되어 있는가?

그것은 그리스도의 승천이 환영이나 환상 또는 단지 영적 승천이 아님을 강조하기 위해서이다. 위의 기록은 제자들이 모두 맑은 정신을 가지고 있었고 실제로 그들이 그리스도의 육신이 하늘로 올라가서 이 세상을 떠나신 것을 보았던 것이다.

(9) 그리스도의 승천에 대한 현대의 견해는 무엇인가?

현대 자유주의는 그리스도의 신체적 부활을 믿지 않기 때문에 문자적 승천 역시 당연히 믿지 않는다. 현재주의는 이 위대한 복음의 사실들을 믿지 않을뿐더러 그것을 신화나 전설로 취급할 뿐이다.

(10) 이 세상에서 인간의 몸을 가지고 그리스도께서 하늘로 올라가신 것을 믿는 것이 힘든 일인가?

그것은 모두 다 우리가 어떤 그리스도를 믿느냐에 달려 있다. 만일 예수님이 단순히 인간이었다면, 그가 정말 하늘로 올라갔는지를 믿는 것은 대단히 어려운 일이 될 것이다. 그러나 만일 우리가 성경에 기록된 대로 먼저 하늘에서 내려오셔서 하늘로 올라가신 그리스도를 믿는다면, 그가 지상 사역을 성취하시고 다시 하늘로 올라가셨음을 믿는 것은 전혀 어려운 일이 아니다. 만일 그리스도께서 하늘로 올라가신 것이 아니라면, 이 지상 어딘가에 가시적으로 보여야 할 것이다. 물론 부활하신 그리스도가 이제 육체적 형태를 가지고 이 땅 어디에도 계시지 않는다는 것은 당연한 일이다. 따라서 우리는 그리스도의 승천에 관한 성경적 선포가 전적으로 이치에 합당하며, 신뢰할만한 것으로 결론지을 수 있다. 결국 사망으로부터의 그의 부활의 문자적 신뢰만이 건전한 견해를 낳을 수 있다.

(11) 그리스도께서 사람들을 위하여 선물을 받으시기 위해 하늘로 올라가셨다는 것이 무엇을 의미하는가?

"사람들을 위한 선물을 받기 위하여"라는 이 표현은 시편 68:18에서 차용했으며 에베소서 4:8에도 인용되어 있다. 이 선물의 내용과 종류는 이어지는 4:11-12에서 발견할 수 있는데 그것은 사도와 선지자와 복음 전하는 자와 목사와 교사들과 같이 교회 안에서의 여러 종류의 공적인 기능들을 가리킨다. 이 여러 종류의 은사들의 목적이 12절에 기록되어 있다. "이는 성도를 온전케 하며 봉사의 일을 하게 하며 그리스도의 몸을 세우려 하심이라."

(12) 그리스도의 승천이 왜 하늘로 올라감에 대한 우리의 마음을 자극하는가?

우리 구주께서 하늘에 계시다는 사실은 우리로 하여금 천국을 생각하게 하고 그것을 세상에 있는 그 무엇보다 더 귀중하게 여기게 한다. "네 보화가 있는 곳에 네 마음도 있느니라."

(13) 현재 그리스도께서 하늘에서 하시는 일은 무엇인가?

성경이 언급하고 있는 것 가운데 하나는 그리스도께서 영광의 하늘에게 그의 백성들을 위한 영원한 처소를 예비하시는 것이다. 요한복음 14:1-3을 보라.

(14) 천국이 단순히 영적 상태나 상황이 아닌 장소라는 사실을 우리가 어떻게 알 수 있는가?

그리스도의 신체가 바로 거기 계시기 때문이다. 따라서 천국은 반드시 장소이어야 한다. 더욱이 요한복음 14:3에 기록된 대로 "너희를 위하여 처소를 예비하러" 가신다는 주님의 약속은 천국이 장소임을 증거해 준다. 우리는 천국을 영적 상태화하는 모든 시도와 그리스도의 명백하고도 단순한 약속을 교묘히 무력화하려는 시도를 배격해야 하며 성경의 순수한 실재를 고수해야 한다. 우리는 천국이 어디있는지 모르지만 천국이 실재하는 장소임을 잘 알고 있다. 그리스도의 신체적 부활 교리는 천국을 장소로 믿어야 할 것을 암시하고 요구한다.

제54문 그리스도는 그의 하나님 우편에 좌정하심에서 어떻게 승귀 되는가?

답 그리스도는 그의 하나님 우편에 좌정하심에서, 하나님과 인간으로서 그가 하나님 아버지의 지고한 총애를 받아 하늘과 땅의 모든 것을 능가하는 기쁨과 영광과 능력의 모든 충만에 나아감으로서 승귀 되었는데, 그는 지기 교회를 모으고 수호하며, 그들의 원수들을 제압하고, 그의 사역자들과 백성에게 은사와 은총을 부여하며, 그들을 위해 중재하신다.

1) 관련성구
- **빌 2:9:** 그리스도는 성부 하나님에 의해 승귀되셨다.
- **시 16:11; 행 2:28:** 그리스도는 성부 하나님에 의해 충만한 기쁨을 받으신다.
- **요 17:5:** 그리스도는 성부 하나님으로부터 충만한 영광을 받으신다.
- **엡 1:22; 벧전 3:22:** 그리스도는 성부 하나님으로부터 최고의 권세를 받으신다.
- **엡 4:10-12; 시 110:1-2:** 하나님 보좌 우편에 좌정하신 그리스도께서 그의 교회를 모으시고 변호하시며 대적들을 정복하시고 사역자들과 백성들에게 은사와 은혜를 선물로 주신다.
- **롬 8:34:** 하나님 보좌 우편에 좌정하신 그리스도께서 그의 백성을 위해 중재하신다.

2) 해설
(1) 그리스도께서 하나님 보좌 오른편(오른손 편)에 좌정하심은 무엇을 의미하는가?

이것 역시 비유적인 언어이다. 하나님은 영이시고 신체를 갖고 계시지 않기 때문에 문자적인 오른 팔 역시 없으시다. 이는 중보자와 신-인으로서의 그리스도께서 성부 하나님 곁에 좌정하심으로 천국에서 가장 높은 권세를 소유하신 분이심을 나타내는 말이다.

(2) 그리스도는 왜 하나님 보좌 우편에 좌정하셨는가?

이 영광은 은혜 언약의 조건에 따라 그의 순종과 고난과 죽음의 상급으로 주어졌다. 빌립보서 2:8-11을 읽어라.

(3) 하나님 보좌 우편에서 그리스도는 어떤 권세를 행사하시는가?

"하늘과 땅의 모든 권세"를 행사하신다(마 28:18). "만물을 저의 발아래 두시는" 권세를 행사하신다(고전 15:27). 하나님은 그리스도를 "죽은 자 가운데서 다시 살리시고 하늘에서 자기의 오른편에 앉히사 모든 정사와 권세와 능력과 주관하는 자와 이 세상뿐 아니라 오는 세상에 일컫는 모든 이름 위에 뛰어나게 하시고 또 만물을 그 발아래 복종"하게 하셨다(엡 1:20-22). 그리스도께서 행사하신 권세는 우주적 권세이며, 창조하신 모든 피조 세계를 다 다스리는 권세이시다. 고린도전서 15:27-28은 오직 성부 하나님만이 그 통치의 범주에서 제외된다는 것을 알려준다.

(4) 전 우주를 향한 그리스도의 통치는 얼마나 계속될 것인가?

이 통치는 현세를 통해 계속될 것이며, 세상 마지막 날에 다시 오실 그리스도의 재림때까지 계속될 것이다. "저가 모든 원수를 그 발아래 둘 때까지 불가불 왕노릇 하시리니 맨 나중에 멸망 받을 원수는 사망이니라"(고전 15:25-26). 바로 그 때, 고린도전서 15:24, 28에 잘 나타난 대로 마지막 원수인 사망이 그리스도의 부활을 통해 멸망을 받을 때, 그리스도께서 온 세상을 위한 그의 중보적 통치를 하나님 아버지께 바치게 될 것이다. "그 후에는 나중이니 저가 모든 정사와 모든 권세와 능력을 멸하시고 나라를 아버지 하나님께 바칠 때라"(고전 15:24). "만물을 저에게 복종하게 하신 때에는 아들 자신도 그때에 만물을 자기에게 복종케 하신 이에게 복종케 되리니 이는 하나님이 만유의 주로서 만유 안에 계시려 하심이라"(고전 15:28). 그러나 그리스도께서는 인류의 구속자로사의 그의 왕적 사역을 결코 포기하시지 않으신다. "영원히 야곱의 집에 왕노릇 하실 것이며 그 나라가 무궁하리라"(눅 1:33).

(5) 전 우주를 다스리시는 그리스도의 통치의 목적은 무엇인가?

그것은 에베소서 1:22에 기록된 대로 그의 교회의 유익을 위해서이다. "또 만물을 그 발아래 복종하게 하시고 그를 만물 위에 교회의 머리로 주셨느니라." 이 본문은 종종 "교회 안의 모든 일의 머리", 즉 그리스도께서 교회의 머리라는 뜻으로 오해된다. 그러나 우리는 이 본문이 실제로 "교회를 향해 또는 교회를 위해 만물을 복종케 하심"이라고 말하고 있음을 주의해야만 한다. 즉 교회의 유익을 위하여 전 우수세계를 수관하신나고 해식해야 하는 것이다.

(6) 그리스도의 전 우주적 통치가 그의 교회에 어떻게 유익을 끼치는가?

① 그의 택자들을 그의 교회에 모으심으로 그렇게 하신다.
② 그의 교회를 대적으로부터 변호하심으로 그렇게 하신다.

③ 그의 사역자들과 백성들에게 은사와 은혜를 선물로 주셔서 그의 교회를 완전케 함으로 그렇게 하신다.
④ 그의 백성을 위해 중보하심으로 그렇게 하신다.

(7) 오늘날 유행하는 그리스도의 왕적 통치에 대한 그릇된 견해는 무엇인가?
그들이 교훈하는 매우 그릇된 가르침은 현재 그리스도께서 왕이 아니시며 재림하시기까지 그의 권세를 행사하지 않으실 것이라는 가르침이다. 바로 그때 그리스도께서 예루살렘에서 천 년간 왕노릇 하실 것이라고 한다. 그러나 고린도전서 15:23-28은 확실하게 그리스도께서 지금도 통치하시며(25절), 그의 재림은 그의 통치의 시작이 아니라 전 우주에 대한 마지막 심판이 되실 것임을 분명히 교훈하고 있다.

제55문 그리스도는 어떻게 중재하시는가?

답 그리스도는 하늘에서, 지상에 있는 동안 그의 순종과 희생의 공로에 의지하여 우리의 본성을 가지고 계속 아버지 앞에 나타나, 그것을 모든 신자들에게 적용시키려는 그의 뜻을 선포하고, 그들에 대한 모든 정죄를 답변하며, 그들에게 양심의 평정과 날마다 실패함에도 불구하고 은혜의 보좌에 담대하게 나아감과 그들의 인격과 봉사의 수납을 확보해 줌으로서 중재하신다.

1) 관련성구
- 히 9:12, 24: 그리스도는 우리를 대신하여 하나님 아버지 앞에 서신다.
- 히 1:3: 그리스도의 천상적 중재는 지상에서의 그의 희생과 순종에 기초한다.
- 요 3:16; 17:9, 20, 24: 그의 순종과 희생의 유익이 모든 신자들에게 적용되는 것이 바로 그리스도의 뜻이다.
- 롬 8:33-34: 그리스도는 그의 천상적 중재를 통하여 그의 백성을 향한 모든 송사를 처리하신다.
- 롬 5:1-2; 요일 2:1-2: 그리스도의 그의 천상적 중재를 통하여 그리스도는 그의 백성들이 매일 실패함에도 불구하고 그들에게 양심의 평강을 주신다.

- **엡 1:6:** 그리스도는 하나님께서 그들을 받아들이게 하신다.
- **벧전 2:5:** 그리스도는 그들의 제사를 하나님이 기쁘게 받게 하신다.
- **히 7:25:** 그리스도는 그의 백성을 위하여 항상 살아서 간구하시며, "온전히" 구원하신다.

2) 해설

(1) 그의 중보사역은 그리스도의 삼중직 가운데 어디에 속하는가?

그의 제사장 직분에 속한다(히 7:24-25).

(2) 그리스도의 제사장직분을 가장 상세하게 설명하는 성경은 어디인가?

히브리서이다.

(3) 성경 어느 장에서 그리스도의 대제사장적 기도가 발견되는가?

요한복음 17장이다.

(4) 그리스도는 누구에게 그의 백성을 위해 중보기도를 하시는가?

성부 하나님께 기도하신다.

(5) 무엇을 기초로 또는 어떤 권리로 그리스도께서 그의 백성을 위하여 중보하시는가?

"그의 순종의 권리와 지상에서의 희생"을 기초로 그렇게 하신다. 즉 그리스도는 그의 순종과 희생이 그의 백성들의 죄가 용서될 수 있는 충분한 이유가 되며, 그들을 축복하고 그들의 예배를 기쁘게 받으실만한 충분한 이유가 되는 것으로 제시한다.

(6) 그리스도의 뜻과 목적에 의하면, 그의 순종과 공로와 희생이 누구에게 적용되는가?

모든 믿는 신자들에게 적용된다.

(7) 성경에는 누가 하나님의 자녀들을 송사하는 것으로 기록되어 있는가?

사단 또는 마귀이다. 욥기 1:9-11; 2:4-5; 요한계시록 12:9-10; 스가랴 3:1-2을 읽으라.

(8) 그렇다면 사단은 무엇으로 하나님의 백성을 고소하는가?

사단은 하나님의 백성들이 그들의 죄 때문에 하나님의 축복과 은총을 받기에 부적당한 자라고 송사한다.

(9) 그리스도는 신자들을 대적하는 사단의 송사에 어떻게 답하시는가?

하나님의 백성들이 그 자체로 죄인이며 하나님의 축복과 은총을 받기에 무가치하다 할지라도 그리스도께서 그들의 죄의 값을 다 치르셨고 완전한 의를 그들에게 전가하셨으므로 사단은 그들을 송사할 근거가 더 이상 없다. 사단이 송사하는 성도의 모든 죄에 대해 그리스도께서는 다음과 같이 말씀하신다. "그 죄를 없이 하기 위하여 내 피를 흘렸노라." 따라서 사단은 신자를 송사할 아무런 근거도 가지고 있지 않다.

(10) 그리스도인의 삶 속에서 그들의 양심이 평안을 누리지 못하는 이유는 무엇인가?

그들이 생각과 말과 행동에서 매일 실패하기 때문이다.

(11) 매일의 실패에도 불구하고 우리는 어떻게 참된 평강을 누릴 수 있는가?

"죄가 더한 곳에 은혜가 더욱 넘쳤나니"(롬 5:20). 우리를 위해 성취하신 그리스도의 속죄와 그 의가 우리 모든 죄와 실패보다 더욱 위대하시기 때문이다. 따라서 이 그리스도의 천상적 중보 때문에 모든 신자들에게 양심의 평강이 임하는 것이다. 그렇다고 해서 이것이 신자가 매일마다 기쁘게 죄를 짓는다는 것을 의미하지는 않는다. 오히려 신자는 그것과 매일 전투하며 싸운다. 그럼에도 그리스도인은 그의 모든 죄가 사하여졌으며, 더 이상 정죄를 당하지 않는다는 확신에 넘치는 것이다. "그러므로 이제 그리스도 예수 안에 있는 자에게는 결코 정죄함이 없나니"(롬 8:1).

(12) 우리의 모든 죄와 실패에도 불구하고 우리는 어떻게 기도 가운데 하나님의 은혜의 보좌 앞에 담대히 나아갈 수 있는가?

우리 자신으로서는 그런 담대함을 가지고 있지 않다. 이유는 하나님께서는 거룩하시고 우리는 죄인이기 때문이다. 그러나 그리스도의 천상적 중보를 통해 담대히 나아갈 수 있다. 왜냐하면 그는 우리의 중보자시오 대제사장이시기 때문이다. 우리는 이제 자녀가 아버지께 나아가듯 그리스도의 공로를 의지하여 기도 가운데 하나님 아버지께 담대히 나아갈 수 있게 되었다. 히브리서 4:15-16을 읽으라.

(13) 그리스도의 백성들의 예배 또는 "선한 일"이 왜 하나님께서 받으실만한 일이 되는가?

그것은 우리 안에 또는 우리가 가진 그 어떤 것이 선해서가 아니다. 우리는 모두 본성상 죄인이기 때문이다. 뿐만 아니라 우리가 하는 모든 일의 질이나 성격이 선해서도 아니다. 우리가 하는 일은 모두 불완전하고 죄로 말미암아 더럽게 되기 때문이다. 우리의 예배와 봉사가 모두 다 하나님께서 받으실 만한 선한 일이 되는 것은 순전히 우리의 중보자가 되시는 그리스도의 중재사역 때문이다.

제56문 그리스도는 세상을 심판하기 위한 그의 재림에서 어떻게 승귀될 것인가?

답 그리스도는 세상을 심판하기 위한 그의 재림에서, 사악한 사람들에게 불공정하게 재판되고 정죄되었던 그가 위대한 능력을 가지고, 자기와 아버지의 영광을 충만히 나타내며, 그의 모든 거룩한 천사들을 대동하고, 외침과 천사장의 호령과 하나님의 나팔소리와 함께 공의로 세상을 심판하기 위하여 마지막 날에 다시 오심으로서 승귀 될 것이다.

1) 관련성구
- 행 3:14-15: 그리스도께서 악인들에게 불의하게 판단당하고 정죄를 당하셨다.
- 마 24:30: 그리스도께서 영광과 권능 가운데 다시 오실 것이다.
- 눅 9:26; 마 25:31: 그리스도께서 그 자신의 영광 가운데 그리고 아버지의 영광 가운데 거룩한 천사들을 대동하시고 다시 오실 것이다.
- 살전 4:16: 그리스도께서 호령과 천사장의 나팔소리와 함께 다시 오실 것이다.
- 행 17:31: 그리스도는 의로 세상을 심판하시기 위해서 새림하신다.
- 행 1:10-11: 그리스도의 재림은 확정적이며 가시적이 될 것이다.
- 계 1:7: 그리스도께서 다시 오실 때 "모든 이가 그를 볼 것"이다.
- 계 20:11-12: 마지막 날의 위대한 심판.

2) 해설

(1) 그리스도의 재림 이후 즉시 따라올 위대한 사건은 무엇인가?

그것은 최후의 심판이다.

(2) 그리스도의 재림은 언제 이루어질 것인가?

종말의 시기에 즉 세상 마지막 날에 이루어진다.

(3) 세상의 끝날 즉 마지막 날은 언제 올 것인가?

이 질문은 성경이 완전히 계시하지 않고 있기 때문에 대답할 수 없는 질문이다. 마태복음 24:36은 "그러나 그 날과 그 때는 아무도 모른다"고 말씀한다. 그리스도의 재림의 날을 계산하는 것은 소용없는 짓이며 비성경적인 일이다. 우리는 "그 날과 그 시"를 안다며 미리 말하는 자들을 항상 경계해야 한다. 이와 동시에 우리는 그리스도의 재림이 정확한 시간 즉 특별한 해와 달과 날에 발생할 확정적인 사건임을 기억해야만 할 것이다. 오직 하나님만 아시는 특정한 그 날에 그리스도의 재림과 심판과 함께 인류역사는 그 종말을 고하게 될 것이다.

(4) 우리는 그리스도의 재림이 다가오고 있음을 알 수 있는가?

알 수 있다. 우리 주님의 다시 오심의 날짜를 정확히 계산할 수는 없지만 그 축복의 사건이 가까이 오고 있는지 아닌지는 알 수 있다. 왜냐하면 그리스도의 재림에 앞서 특정한 표적들이 발생할 것이라고 예언되었기 때문이다. 이 모든 표적들이 출현하면 그것은 그리스도의 재림이 가까운 것임을 시사하는 것이다. 마태복음 24:33은 이것을 잘 입증해주고 있다. "이와 같이 너희도 이 모든 일을 보거든 인자가 가까이 곧 문 앞에 이른 줄 알라." 미국 개정역 성경은 이 구절을 이렇게 번역했다. "이와 같이 너희들이 이 모든 것들을 보면, 그가 가까이 계시며 심지어 문 앞에 오신 줄 알라."

(5) 그리스도인으로서 재림을 준비하기 위해 우리는 무엇을 해야 하는가?

마태복음 24:44과 25:13을 참조하라. "이러므로 너희도 예비하고 있으라 생각지 않은 때에 인자가 오리라"(마 24:44). "그런즉 깨어 있으라 너희는 그 날과 그 시를 알지 못하느니라"(마 25:13). 또한 누가복음 12:35-40을 읽으라.

(6) 그리스도의 재림과 최후의 심판을 맞이하는 우리의 태도는 어떠해야 하는가?

우리는 기쁨과 즐거운 기대감을 가지고 이 위대한 구속적 사건을 고대해야 한다. 왜냐하면 그 날은 우리에게 완전한 구속의 성취, 즉 죄로부터 그리고 죄로 말미암은 모든 결과로부터의 완전한 구원을 제공해주기 때문이다. "복스러운 소망과 우리의 크신 하나님 구주 예수 그리스도의 영광이 나타나심을 기다리게 하셨으니"(딛 2:13). "그러므로 너희 마음의 허리를 동이고 근신하여 예수 그리스도의 나타나실 때에 가져올 은혜를 온전히 바랄찌어다"(벧전 1:13). "이런 일이 되기를 시작하거든 일어나 머리를 들라 너희 구속이 가까웠느니라 하시더라"(눅 21:28). "이것들을 증거하신 이가 가라사대 내가 진실로 속히 오리라 하시거늘 아멘 주 예수여 오시옵소서"(계 22:20).

(7) 그리스도의 재림의 방식은 어떻게 될 것인가?

답할 수 없는 많은 질문들이 우리 마음에 떠오를 것이다. 그러나 우리는 성경이 우리의 호기심을 채워주기 위해서가 아니라 우리의 궁핍을 채워주기 위해 기록된 하나님의 말씀임을 명심해야 한다. 우리는 성경에서 명백하게 계시된 말씀을 넘어서는 쓸데없는 상상을 허용해서는 안된다. 그리스도의 재림의 방식에 대해서 성경은 적어도 다음과 같은 사실들을 계시하고 있다.

① 그리스도의 재림은 인격적인 오심이 될 것이다. 사도행전 1:11은 "이 예수가"라고 기록했다.

② 그리스도의 재림은 가시적인 오심이 될 것이다. 사도행전 1:11은 계속해서 "너희가 본 그대로 다시 오실 것"이라고 기록했다. 요한계시록 1:7은 "볼찌어다 구름을 타고 오시리라 각인의 눈이 그를 보겠으"라고 기록했다.

③ 그리스도의 재림은 전능하신 능력으로 자연 법칙을 초월하는 이적적이요 초자연적인 오심이 될 것이다. 고린도전서 15:22과 데살로니가전서 4:16은 "주께서 호령과 천사장의 소리와 하나님의 나팔로 친히 하늘로 좇아 강림하신다"고 기록하고 있다. 마태복음 24:27은 또한 다음과 같이 기록했다. "번개가 동편에서 나서 서편까지 번쩍임 같이 인자의 임함도 그러하리라."

④ 그리스도의 재림은 그 날과 그 시라고 지정된 특정한 날과 시간에 이루어질 갑작스러운 재림이 될 것이다. 고린도전서 15:51은 "마지막 나팔에 순식간에 홀연히 다 변화할 것"이라고 기록했다.

(8) 그리스도는 재림 시에 어떻게 세상을 심판하시는가?

그의 의 즉 하나님의 의로운 계명에 따라 심판하실 것이다. 인류 역사상 처음으로 인류에게 하나님의 완전한 공의가 온전히 시행될 것이다.

(9) 그리스도의 재림 때 심판 받을 자들은 누구인가?

요한계시록 20:11-15은 위대한 최후의 심판이 이 세상을 살아갔던 모든 죽은 자들을 포함하며 살아있는 모든 자들까지 포함하고 있음을 알려준다.

(10) 그리스도의 재림 때 성도들도 심판을 받는가?

그들도 심판을 받게 되지만 정죄를 당하지는 않는다. 신자들의 경우에는 무죄가 선고 될 텐데, 그리스도의 보혈과 의가 그들의 것으로 전가되었기 때문이다. "우리가 다 반드시 그리스도의 심판대 앞에 드러나"(고후 5:10). "우리가 다 하나님의 심판대 앞에 서리라"(롬 14:10) "그러므로 이제 그리스도 예수 안에 있는 자에게는 결코 정죄함이 없나니"(롬 8:1).

(11) 성경의 빛 없이 살다가 죽은 이방인들은 어떻게 심판 받는가?

그들은 그들 마음과 양심에 기록되어 있는 본성의 율법에 의해 심판을 받는다. 사도 바울이 이에 대해 설명하고 있는 로마서 2:12-16을 읽으라.

(12) 천년 왕국에 대해서 대요리문답은 무엇을 말하는가?

아무것도 말하지 않는다. 웨스트민스터 표준문서는 "천년 왕국" 또는 그리스도의 천년 동안의 통치에 대해 전혀 언급하지 않고 있다.

(13) 그리스도의 재림 교리에 대해 정통 교회에서 최근 유행하고 있는 태도는 어떤 것인가?

기독교 신앙의 위대한 진리 가운데 하나로 성경에 명백하게 계시되어 있고 기독교 교리의 본질로 간주되어 온 이 교리는 정통 기독교에 있어서 언제나 홀대 받아왔다. 많은 목사들이 재림을 설교하지 않으며, 많은 이들이 재림에 대해 전혀 모르고 있다. 이 만연해 있는 작금의 현실의 결과는 특정한 교파나 단체로 하여금 이 교리를 차분하게 성경에 기록된 대로 연구하지 않고 광신적인 극단으로 치닫게 만드는데 일조했다. 우리는 이러한 공상적인 소위 "예언"의 연구를 폭로해야 하며, 동시에 그리스도의 재림 교리를 홀대하는 또 다른 극단을 피해야 할 것이다. 우리는 한편으로는 소위 오늘날 유행하는 예언 전문가들의 공상적인 재림의 날 주장을 배격하고 다른 한편으로는 그리스도의 실제적이며 가시적이고 초자연적인 재림을 철저하게 견지해야만 할 것이다.

제10과
그리스도의 중보사역의 유익

제57문 그리스도께서 그의 중보로 무슨 유익을 획득하셨는가?
 답 그리스도께서 그의 중보로 구속과 은혜의 언약에 포함된 모든 다른 혜택들을 획득하셨다.

1) 관련성구
- **히 9:12:** 그리스도는 자신의 피 흘림으로 그의 백성의 구속을 획득하셨다.
- **막 10:45:** 그리스도는 많은 이의 대속물로 생명을 버리셨다.
- **딤전 2:6:** 그리스도는 모든 사람을 위하여 자기를 속전으로 주셨다.
- **욥 19:25:** 오래 전 욥은 그의 구속자를 기대했다.
- **롬 3:24:** 우리는 그리스도의 구속을 기초로 의롭다하심을 받았다.
- **고전 1:30:** 그리스도께서 그의 백성의 구속이 되신다.
- **엡 1:7:** 구속은 그리스도의 보혈로 말미암는다.
- **골 1:14:** 죄의 사면은 그리스도의 보혈에 기초해 있다.
- **고후 1:20:** 은혜 언약의 모든 유익들이 그리스도를 통해 신자들에게 온다.

2) 해설
(1) 중보라는 단어가 의미하는 바는 무엇인가?
 그것은 중보자로 또는 서로 적대관계에 있는 두 사람의 화목을 위해 그들 사이의 중재자로 행동하는 것을 뜻한다.

(2) 구속이란 단어의 기본적 의미는 무엇인가?
 그것은 값을 지불하고 소유권을 되찾는 것을 뜻한다.

(3) 신약 성경에서 구속이 지시하는 바는 무엇인가?
 신약성경에서 구속이란 그리스도께서 자신의 귀중한 보혈을 그들을 위한 대속물로 줌으로 죄와 사망으로부터 죄인들을 다시 건져내어 구원과 생명을 주시는 것을 지시한다.

(4) 신약성경에서 구속이란 단어가 다른 용법으로 사용된 것은 무엇인가?

이 단어는 또한 몸의 부활로 사용되기도 했다. 왜냐하면 이는 구속의 최종적 단계이기 때문이다. 로마서 8:23과 에베소서 1:14 그리고 누가복음 21:28을 보라.

(5) 우리 구속을 위해 그리스도께서 대속물을 지불하셔야 할 이유는 무엇이 었는가?

왜냐하면 온 인류가 하나님 앞에 범죄했고 하나님의 의로우신 의의 심판이 그들에게 영원한 사망을 선고할 수밖에 없었기 때문이다.

(6) 그리스도는 누구에게 대속의 값을 지불했는가?

그리스도는 하나님께 대속물을 지불하셨다. 이 대속물을 사단에게 지불했다는 사단배상설은 시시때때로 반복되어 출현하는 오래된 이단이다. 이 주장은 성경적 근거를 가지고 있지 않다. 그리스도께서 사단의 일을 멸하려 오신 것은 사실이지만 사단에게 대속물을 지불하시기 위해 오신 것은 결코 아니다. 그리스도는 하나님께 대속물을 지불하심으로 사단의 일을 멸하시기 위해 오신 것이다.

(7) 만일 하나님께서 성경이 말하는 대로 사랑의 하나님이시라면 대속물을 지불하지 않고서도 죄인들을 용서할 수 있지 않겠는가?

성경은 하나님께서 사랑이라고 가르친다. 그러나 성경은 동시에 하나님께서 의와 거룩의 하나님이시며 자신을 부인하실 수 없는 분이심을 가르친다. 만일 하나님께서 단순히 속죄함 없이 죄를 용서하신다면, 하나님 스스로 의를 부인하시는 것이 된다. 죄의 형벌은 반드시 대속자가 짊어져야만 한다. 그렇지 않으면 하나님께서는 우리의 죄를 용서하실 수 없는 것이다.

(8) 우리 죄를 위한 구속 또는 대속물로서의 고난과 죽으심 이외에 그리스도께서 그의 백성들을 위하여 확보하시는 은혜 언약의 또 다른 유익은 무엇인가?

칭의와 양자와 성화 그리고 그것으로부터 흘러나오는 하나님의 사랑의 보증과 양심의 평안 성령, 안에서의 기쁨, 은혜의 증가, 견인의 은혜 등이다. 또한 신자의 죽음과 부활 시에 임할 유익들이다. 소요리문답 제32문, 36-38문을 참조하라.

제58문 우리가 어떻게 그리스도께서 획득하신 혜택의 참여자가 되는가?
답 우리가 그리스도께서 획득하신 혜택의 참여자가 되는 길은 그것을 우리에게 적용하는 것인데, 이는 특별히 성령 하나님의 사역이다.

1) 관련성구
- 요 1:11-12: 그리스도의 유익들이 우리에게 적용된다.
- 딛 3:5-6; 요 3:1-10: 성령으로 말미암은 중생이 구원에 본질적 요소이다.

2) 해설
(1) 그리스도의 사역과 성령의 사역의 차이점은 무엇인가?
그리스도는 우리를 위해 구속을 성취하셨고, 성령께서는 우리가 실제로 그 구속의 유익을 경험하도록 그 구속을 우리에게 적용하신다.

(2) 성령께서 그리스도의 구속을 우리에게 적용하는 것이 왜 필요한가?
왜냐하면 우리는 너무나 약하고 죄악적이어서 우리를 그냥 내버려 둔다면 우리는 절대로 우리 스스로 그리스도의 구속의 유익을 가져오지 못할 것이기 때문이다. 오직 우리 마음을 바꾸시고 우리를 회개케 하며 믿음을 주시는 성령 하나님의 전능하신 역사를 통해서만 실제로 그리스도께서 우리를 위해 행하신 사역의 유익을 수여받을 수 있다.

(3) 우리의 구원이 전적으로 우리가 복음을 영접하고 거절함을 통해 발생하는 즉 우리의 의지에 달려 있다는 것은 사실인가?
이러한 종류의 진술은 올바로 이해될 때만 사실이 된다. 우리는 이 문제를 이렇게 정리할 수 있다.
① 우리의 구원은 우리가 복음을 영접하는지 여부에 따라 좌우된다.
② 복음을 영접하고 거절함에 있어서 우리는 언제나 우리의 자유의지를 따라서 행동한다.
③ 성령의 역사하심이 없이는 우리의 자유의지는 언제나 복음을 거절하게 될 것이다.
④ 우리의 마음이 성령을 통해 변화될 때, 우리 자유의지가 복음을 영접하게 된다.
⑤ 따라서 결국 구원은 우리 마음 안에 역사하시는 성령의 사역에 달린 것이다.

(4) 그리스도의 구속을 우리에게 적용시키시는 성령의 사역은 인간의 결정에 좌우되는가?

그렇지 않다. 이는 철저하게 하나님의 주권적인 사역이시다. 하나님은 토기장이시며 우리는 토기에 불과하다. 그의 사역은 우리의 결정에 종속적이지 않다. 그러나 이것이 성령께서 그리스도인의 기도에 응답하시지 않는다는 것을 의미하는 것은 아니다. 성령께서는 우리 기도를 들으시고 응답하시는 하나님이시다.

제59문 누가 그리스도를 통한 구속의 참여자가 되는가?

답 구속은 그리스도께서 위하여 그것을 사신 모든 사람에게 확실히 적용되며 유효하게 전달되는데, 그들은 때가 이르면 성령으로 말미암아 복음을 통하여 그리스도를 믿을 수 있게 된다.

1) 관련성구
- 엡 1:13-14; 요 6:37, 39; 10:15-16: 구속은 그리스도께서 값으로 사신 자들에게 유효적이다.
- 엡 2:8; 고후 4:13: 그리스도께서 구속하여 주신 자들은 복음을 통해 그리스도를 영접하게 된다.
- 요 17:9: 그리스도는 그가 구속한 백성들을 위해 기도하신다.
- 행 2:47: 그리스도께서 구속하신 백성들은 때가 차면 교회에 인도된다.
- 행 16:14: 복음으로 구원받을 자는 주님에 의해 마음의 문이 "열리게" 된다.
- 행 18:9-11: 하나님께서는 누가 당신의 택자인지 정확히 아시며, 누구를 구속하셨고 언제 그 구속을 적용하실 지 정확히 아시는 분이시다.

2) 해설

(1) 그리스도는 누구를 위해 구속을 성취하셨는가?

"그의 백성", "그의 양", "그의 교회", "그의 몸", "택자들", "그가 미리 아신 자들"이란 용어로 성경에 정의된 하나님의 백성들을 위해서이다.

(2) 그리스도께서 구속하신 백성들은 얼마나 되는가?

"각 나라와 족속과 방언에서 아무라도 능히 셀 수 없는 큰 무리"이다(계 7:9). 성경은 택자들을 이렇게 정의한다. 첫째, 전 인류가 아니라 인류의 일부분 즉 특별한 백성의 특정한 숫자들이다. 둘째, 인간의 능력으로 셀 수 없는 많은 사람들이다. 셋째, 인간에게 알려지지 않은 창세전에 결정된 오직 하나님만 아시는 숫자이다.

(3) 그리스도는 모든 사람을 구속하시지 않는가?

이것이 오늘날 유행하는 사상임에도 불구하고 이는 성경의 교훈과는 모순되는 진술이다. 따라서 웨스트민스터 신앙고백서와 대요리문답, 소요리문답은 모두 이러한 사상을 배격하고 있다. 성경은 그리스도께서 "자기 백성", "자기 양", "자기 사람들"을 위해 구속을 성취하셨다고 선언한다.

(4) 그렇다면 그리스도께서 모든 이를 위하여 죽었다고 말하는 성경 본문을 어떻게 설명해야 하는가?

성경이 "그리스도께서 모든 이를 위하여 돌아가셨다"고 말하는 것은 인류 전체를 의미하는 것이 아니라 신자 전체 또는 택자 전체를 의미하는 것이다. 이와 유사한 일련의 본문들도 그리스도께서 인종을 뛰어넘고 유대인과 이방인을 구분 짓는 국적을 뛰어넘어 모든 종류의 죄인을 위하여 돌아가셨음을 의미한다(요일 2:2). 성경에서 "모든" 또는 "세상"이라는 단어들은 세상에 있는 모든 각 개인을 의미하지 않는다. 다음과 같은 구절들을 참조하라. 누가복음 2:1; 사도행전 19:27; 마가복음 1:32; 사도행전 4:21; 요한복음 12:19.

(5) "하나님께서 모든 이에게 구원받을 기회를 주시고 우리는 그것을 취할 수도 있으며 거부할 수도 있다"고 말하는 것은 올바른 것인가?

성경에 계시된 구원의 계획에 있어서 기회란 말은 없다. 그리스도의 구속은 확실하고도 유효적으로 구원받기로 작정된 모든 자에게 적용되는 것이다.

(6) 그리스도는 당신의 구속을 어떻게 택자들에게 적용하시는가?

그들 생애 가운데 특정한 시간에 복음을 따라 그리스도를 믿게 하심으로 그렇게 하신다.

제60문 복음을 들어본 적이 없기 때문에 예수 그리스도를 알지도 못하고 믿지도 않는 사람들이 이성의 빛에 따라 살아감으로서 구원받을 수 있는가?

답 복음을 들어본 적이 없기 때문에 예수 그리스도를 알지도 못하고 믿지도 않는 사람들은 결코 본성의 빛이나 자기들이 믿는 종교의 계율도 부지런히 준수하며 살지 않았으므로 구원받을 수 없다. 그의 몸 된 교회의 유일한 구원자이신 그리스도밖에는 그 누구에게도 구원이 없다.

1) 관련성구
- 롬 10:14: 복음 메시지는 구원에 필수적이다.
- 살후 1:8-9; 엡 2:12; 요 1:10-12: 예수님을 알지 못한 자들은 그들의 죄로 말미암아 하나님의 정죄 아래 처한다.
- 요 8:24; 막 16:16: 예수 그리스도를 믿는 믿음이 구원에 필수적이다.
- 고전 1:20-24: 그리스도의 십자가 설교 없이는 참되고 실재하는 구원의 지식이 없다.
- 요 4:22; 롬 9:31-32; 빌 3:4-9: 본성의 빛에 따른 세심한 삶 또는 그 어떤 종교적 체계도 구원에 충분하지 않다.
- 행 4:12: 예수 그리스도 이외에는 구원의 길이 없다.
- 엡 5:23: 그리스도는 오직 그의 몸 된 교회의 구주이시다.

2) 해설
(1) 복음을 한 번도 들어보지 못한 이방인들이 왜 마지막 심판의 날에 정죄를 당하는가?
그것은 그들이 그리스도를 믿는 일에 실패해서가 아니라 단순히 그들의 죄 때문이다. 로마서 2:12을 읽으라.

(2) 왜 이방인들은 본성의 빛에 따라 충실하게 살아감으로 구원을 얻지 못하는가?
왜냐하면 전 인류가 범죄했고, 그 결과 모든 개인이 죄악된 마음을 가지고 태어나기 때문이다. 따라서 전 인류가 죄에 빠졌기 때문에 그들은 자연의 빛을 가지고 무엇이 옳은지 분별할 수 없게 되었다. 죄의 삯은 사망이기 때문에 죄를 범한 모든 자들은 사망 선고를 받게 되는 것이다.

(3) 왜 이방인들은 그들이 믿는 종교의 계명에 따라 충실하게 살아감으로 구원을 얻지 못하는가?

왜냐하면 이방종교들은 모두 다 그릇되었기 때문이다. 그들이 일부 진리를 포함하고 있다고 하더라도 그 체계와 방식에 있어서 이방종교들은 하나같이 다 거짓된 종교이다. 그들은 죄인들에게 필요한 진리의 요소는 하나도 가지고 있지 않다. 죄로부터의 구원의 길에 대한 유일한 진리는 신-인의 중보자이다. 따라서 이방 종교들이 그 어떤 도덕적인 의무를 충실히 수행한다 해도 이것이 그들을 구원하지는 못한다. 만일 바리새인으로서의 사도 바울의 열심이 그를 구원할 수 없었다면, 이방 종교는 얼마나 더 그들을 구원할 수 없을 것인가?

(4) 만일 이방인들이 그들의 이방 종교심에 신실하다면 그 신실함으로 구원 받을 수는 없는가?

현대인들의 정서는 이것을 사실로 받아들인다. 그러나 성경은 이것과 완전히 배치된다. 사도행전 4:12을 읽어보라. 성실함은 진리와 함께하지 않는 한 전혀 무가치한 것이다. 이방 종교에 신실하면 할수록 그는 더욱 더 멸망에 빠질 뿐이다. 의문의 여지없이 제2차 세계대전시의 일본인들은 그들의 황제를 신실하게 신으로 숭배했다. 그러나 그것이 황제를 신으로 만들지 못했고 그들을 죄악으로부터 자유롭게 하지도 못했다.

(5) 복음을 전혀 들어보지 못한 자들을 정죄하는 것은 정당하지 못한 일 아닌가?

만일 하나님께서 우리를 구원해야 할 빚이 있다면, 아니 모든 인류에게 "구원의 기회"를 제공해야 할 의무가 있다면, 복음을 전혀 듣지 못한 자들을 정죄하는 것은 정당하지 못한 일이 될 것이다. 그러나 하나님은 그 누구에게도 그러한 빚을 지신 일이 없으시다. 그는 그 누구에게도 구원을 제공하거나 공급할 아무런 의무도 없으시다. 따라서 하나님께서 어떤 이를 구원하시고 다른 이는 그냥 지나쳐 버리시는 일에는 그 어떤 불의도 관계할 수 없는 것이다.

(6) 만일 하나님께서 복음을 전혀 듣지 못한 자들을 정죄하신다면 인류를 불공평하게 다루시는 것이 아닌가?

그렇다. 확실히 하나님은 인류 중 일부를 어느 정도 특별히 더 좋아하신다. 하나님은 당신의 섭리 가운데 다른 사람들에게 주지 않는 것을 어떤 이들에게는 주시기 때문이다. 이는 하나님께서 베푸시는 건강과 지성과 번영 등과 같이 인생의 일반적인 복락들에 대해서도 마찬가지이다. 하나님은 당신의 섭리 가운데 다른 사람들에게는 금하시는 것을 어떤 이들에게는 베푸시는 것이다. 하나님은 모든 사람을 다 똑같이 대우하지 않으신다. 그러나 이는 결코 불의나 불공평이 아니다. 왜냐하면 하나님은 그 어떤 자에게도 복을 베푸셔야 할 빚을 지신 분이 아니시기 때문이다. 그것은 또한 사람에 관계된 것도 아니다. 왜냐하면 하나님의 행위의 이유는 구원을 받는 사람들의 성격이나 의에 기초해 있지 않기 때문이다. 오히려 택자들이 죄로부터 구원을 받고 영생을 얻게 되는 것은 순전히 받을 만한 자격이 없는 자들에게 베푸시는 은혜에 기초해 있기 때문이다.

(7) 그렇다면 이방인들에게 구원의 소망은 무엇인가?

오직 선교사들에 의해 전 세계에 선포된 그리스도의 복음뿐이다. 이 구원의 메시지는 믿는 모든 자에게 구원을 주시는 완전하고도 무조건적인 복음이다.

(8) 복음 메시지의 믿음 이외에 이방 세상에서 구원을 얻을만한 다른 소망이 있는가?

성경에서 완전히 증명될 수 없다고 할지라도 많은 정통 신학자들은 유아 때 죽은 많은 어린이들이 구원받을 수 있다는 견해를 견지해 왔다. 이와 관련해도 독자들은 신앙고백서 제10장 3절 첫 번째 문장을 참조해야 한다. 그러나 신앙고백서가 택함 받지 못하고 유아 때 죽는 자들이 있는지 없는지 언급하지 않고 있음을 주의해야 한다. 신앙고백서는 오직 "유아 때 죽는 택함 받은 유아들"만 언급하고 있다. 이 대조가 암시하는 바는 "유아 때 죽는 택함 받지 못한 유아들"이 아니라 "유아 때 죽지 않는 택함 받은 유아들"을 암시한다. 즉 이 대조에는 유아 때 죽는 택함 받은 유아들과 죽지 않고 분별할 나이 때까지 성장하는 택함 받은 유아들이 암시되어 있다.

(9) 불신앙자가 구원을 얻을 만한 다른 소망에는 무엇이 있는가?
"말씀사역을 통해 외적으로 부르심을 받을 능력이 없는 다른 택자들"에 관해 언급하고 있는 웨스트민스터 신앙고백서 10장 3절을 보라. 이는 정신적으로 박약하게 태어나는 사람들을 지칭한다. 그들이 복음을 이해하고 믿을 능력이 없음에도 불구하고 이들 가운데 일부가 구원받을 자 가운데 있다는 것은 분명한 사실이다.

(10) 우리는 만인 구원론을 어떻게 평가해야 하는가?
① 많은 성경 구절들은 이것을 확실하게 반대한다.
② 이는 하나님께서 사랑 밖에 아무것도 아니시라는 거짓된 사상에 기초한다.
③ 이는 외국 선교와 전도의 길을 완전히 막아버린다. 모든 사람들이 마지막에 궁극적으로 다 구원받는다면 국내서나 해외에서 복음을 설교할 아무런 이유가 없는 것이다

제61문 복음을 듣고 교회 안에서 생활하는 사람들은 다 구원을 얻겠는가?
답 복음을 듣고 유형교회에서 생활하는 사람들이 다 구원을 얻을 수 있는 것은 아니고, 다만 무형교회의 진정한 회원만이 구원을 얻는 것이다.

1) 관련성구
- 요 12:38-40; 롬 9:6; 마 7:21; 롬 11:7: 참된 종교를 외적으로 고백하는 눈에 보이는 하나님의 백성들과 하나님을 참되게 알고 진정으로 구원받는 하나님의 백성들 사이에는 차이가 있다.

2) 해설
(1) 왜 복음을 들으며, 유형 교회의 구성원이 되는 것만으로는 우리 구원을 완전히 확보할 수 없는가?
우리는 예수 그리스도를 우리의 구세주로 고백하는 개인적인 믿음을 수단으로 구원을 얻는다. 그러나 그리스도를 개인적인 구주로 고백하지 않고서도 복음을 듣고 교회의 구성원이 될 수 있는 것이다.

(2) 유형 교회의 구성원에는 몇 가지 부류가 있는가?
① 그리스도를 믿는 참된 믿음으로 인해 진정으로 구원받는 자들이 있다.
② 형식적이며 명목적(nominal)인 고백으로 인해 그 영적 능력과 실재를 경험하지 못한 채 참되게 구원 받지 못하는 자들이 있다.

(3) 그렇다면 유형 교회에서 어떤 이들이 참되게 구원받으며 어떤 이들이 형식적으로 기독교를 고백하는지를 확실히 결정하는 자는 누구인가?
오직 하나님만이 확실히 아신다. 그러나 사람이 자기 자신의 구원에 대해 완전한 확신과 보증을 소유하는 것은 가능하다. 그럼에도 우리는 다른 이의 구원이나 멸망에 대해서는 완전히 단정하거나 확신할 수 없다.

(4) 유형 교회의 이상적인 모습은 무엇인가?
유형 교회의 가장 이상적인 모습은 모든 구성원들이 중생받은 자가 되는 것이다. 이는 말 그대로 이상일 뿐이며, 지상에서 완전히 이루어지지는 않는다. 열두 사도들 가운데 가룟 유다가 있었던 것처럼, 이 세대의 유형 교회에는 언제나 일련의 구원받지 못한 무리들이 있을 것이다. 목사와 장로들은 이것이 그들의 게으름과 나태함 때문이 아니라면 자신들을 비난할 필요는 없다. 그들은 진리의 무식자와 소문이 나쁜 자들, 즉 자신들이 믿는 신앙의 고백대로 생활하지 않는 자들 또는 그들의 행실이 도무지 그리스도인다운 행실을 보이지 않을 때 그들을 유형 교회에서 쫓아낼 의무가 있다. 그러나 명백한 무식자와 범죄자가 아닌 이상 온전히 구원받지 않은 자들 가운데에도 많은 유형 교회의 구성원들이 있을 수 있다. 이것은 피할 수 없는 상태이다. 완전히 순수한 교회를 만들고자 하는 시도는 항상 의도했던 바와는 달리 더 큰 악으로 빠질 가능성이 있음을 주의해야 한다.

(5) 유형 교회의 구성원이 되려 하는 자들은 교회의 감독된 자들에게 자신이 중생 받은 자임을 증명해야 하는가?
그렇지 않다. 교회의 감독된 자들은 모든 교우들의 외면적 고백을 수용해야 한다. 목사와 장로들의 의무는 그들이 진정으로 거듭난 자인지 그들의 마음을 조사하는 것이 아니다. 유형교회의 구성원은 믿을만한 신앙의 고백과 순종에 기초해야지 중생의 구체적인 증명이어서는 안된다. 유형교회의 구성원의 조건은 추정이어야지 증명이어서는 안된다는 말이다. 그는 자신이 회심했는지를 증명할 필요가 없다. 그는 자신이 신앙을 고백할 때 그러한 고백이 그릇된 것임을 증명하는 명백한 증거가 없는 한 그것이 무엇을 의미하는지 그리고 그것이 사실임을 알고 있으면 되는 것이다.

(6) 유형교회의 모든 구성원들의 개인적인 목표는 무엇이어야 하는가?

유형교회의 모든 구성원들은 그들이 유형교회의 구성원일 뿐만 아니라 예수 그리스도를 자신의 구세주로 믿어 진정으로 구원받을 자임을 확신하고 보증해야만 한다.

제62문 유형교회란 무엇인가?

답 유형교회라는 것은 참 종교를 고백하는 세계의 모든 시대와 장소에 있는 모든 사람과 그들의 자녀로 구성된 한 단체이다.

1) 관련성구

- 고전 1:2; 12:13; 롬 15:9-12; 계 7:9; 시 2:8; 22:27-31; 45:7; 마 28:18-20; 59:21: 유형교회는 참된 종교를 고백하는 모든 시대의 모든 장소의 사람으로 된다.
- 고전 7:14; 행 2:39; 롬 11:16; 창 17:7: 참된 종교를 고백하는 모든 아이들은 그들의 부모와 함께 유형적 교회의 구성원이 된다. 왜냐하면 그들은 하나님과 그들 부모 간에 맺은 언약적 약속 안에 포함되어 있기 때문이다.

2) 해설

(1) 왜 유형교회는 유형적이라 불리는가?

왜냐하면 사람들이 모여 있는 모임이 눈에 보이기 때문이다. 우리는 한 교회 안에서 얼마나 많은 이들이 거듭났는지 혹은 진정으로 구원받는지를 볼 수는 없다. 그러나 그 교회의 구성원이 몇 명인지는 볼 수 있다. 예를 들면 한 특정한 교회가 100명 또는 450명이 모인다는 것을 보는 것은 가능하다는 말이다. 그러나 그들 가운데 마음으로 중생한 자가 몇 명이나 되는지는 볼 수 없다. 그것은 오직 하나님만이 아시는 일이다.

(2) 세상에는 얼마나 많은 유형교회가 있는가?

세상에는 오직 하나의 유형교회만 있다. 그러나 이 유형교회는 많은 가지를 가지고 있다. 우리는 대요리문답이 "유형교회는 한 조직이나 기구이다."라고 말하지 않고 오히려 "한 단체"라고 말하고 있음을 주의해야 한다. 유형교회는 많은 특별한 조직들을 가지고 있는 한 단체임을 기억해야 한다.

(3) 어떤 교단이 참된 유형교회인가?

그 어떤 교단도 그들이 유일한 참된 유형교회라고 주장할 수 없다. 하나님의 말씀에 따른 복음 진리에 충성하는 모든 교단과 교회들이 유형교회의 가지 혹은 부분들이다. 만일 한 교단이 유일한 참된 유형교회라고 주장한다면 나머지 모든 교단들은 다 거짓 교회가 될 것이다. 이러한 주장은 단순한 가정이며 죄악적이다. 우리는 참된 유형교회는 그 어떤 교단보다 위대하고 거대하다는 것을 깨달아야만 한다. 우리는 우리 교단이 다른 교단보다 진리에 대해 더욱 일관성 있는 태도를 견지한다 해도 유형 교회는 많은 가지들을 포함하고 있는 교회라는 사실을 늘 기억해야 할 것이다.

(4) 유형교회의 시간적 범위는 무엇인가?

이는 아담과 하와 시대로부터 세상 끝날까지의 시간, 즉 세상 역사의 모든 세대와 시간을 포함한다. 참된 신앙을 고백하는 모든 세대의 모든 사람들이 이 유형 교회에 포함된다.

(5) 유형교회의 공간적 범위는 무엇인가?

복음의 밝은 빛이 어두운 세상에 비추어 참된 신앙을 고백하게 만드는 세상의 모든 장소의 사람들을 다 포함한다.

(6) 유형교회의 구성원이 되는 조건은 무엇인가?

참된 신앙의 공적인 고백 즉 예수 그리스도에 대한 개인적인 믿음과 그에게 순종하겠다는 고백이다.

(7) 유형교회의 일원이 되는 표지는 무엇인가?

세례예식이다.

(8) 유형교회의 일원이 되는 가장 고상한 특권은 무엇인가?
성찬에 참여하는 특권이다.

(9) 유형교회의 구성원 가운데는 회심하지 않은 자들이나 위선자들이 있는가?
그렇다. 성경은 이 세대에 회심하지 않은 자들이 한 사람도 없는 완전히 순수한 교회가 있을 것이라는 약속을 한 적이 없다. 심지어 열두 제자들 가운데도 가룟 유다가 있었다. 이와 마찬가지로 사도행전과 신약의 서신서들을 보면 사도들에 의해 세워진 교회에서 조차도 위선자들과 회심하지 않은 자들이 출현했음을 발견할 수 있다. 그들 중에 일부는 교회의 권징을 통해 징계를 당했고 출교를 당하기도 했다. 요한일서 2:19을 참조하라.

(10) 우리는 유형 교회에서 이러한 자를 몰아내어 완전히 순수한 교회를 만들 수 있는가?
이는 많은 단체들을 통해 여러 시대에 반복적으로 시도되었지만 그 결과는 재앙적이었다. 누가 중생받은 자인지는 오직 하나님만이 아시는 사안이다. 사람들은 자신의 구원에 대해서는 온전한 확신을 소유할 수 있지만 다른 이의 구원에 대해서는 그럴 수 없다. 우리는 때로는 어떤 특정한 사람이 중생한 자이며, 누가 그렇지 않은 사람인지 분명히 말할 수 있지만 그것을 완전히 확정할 수는 없는 것이다. 누가 위선자인지 누가 회심하지 않은 자인지 오직 하나님만이 확실히 아시기 때문에, 그들을 내쫓음으로 교회를 완전히 순수하게 만드는 것은 불가능한 일이다. 이런 의미에서 유형교회는 자신들이 거듭난 자임을 증명하는 단체가 아니라 참된 종교를 고백하는 그 고백에 따라 실제로 살아가는 자들을 의미한다.

(11) 참된 종교를 고백하는 자들 이외에 유형 교회의 구성원에는 어떤 자들이 포함될 수 있는가?
참된 종교를 고백하는 자들의 모든 자녀들 즉 유아들이다.

(12) 어떤 교단이 신자의 자녀들이 유형교회의 구성원이 되는 것을 반대하는가?
침례교도들과 동일한 교리를 견지하는 다른 단체들이다. 이들은 기독교 신자의 자녀들이 분별의 나이에 접어들어 그들 스스로 믿음을 고백하고 세례를 받을 때까지 유형교회의 구성원이 될 자격이 없다고 주장한다.

(13) 신자의 자녀들이 유형교회의 구성원이 되는 표지나 기호는 무엇인가?
신자의 자녀들에게 적용되는 세례이다.

(14) 유아 때에 세례를 받은 신자의 자녀들이 분별의 시기에 접어들 때, 교회의 구성원으로서의 그들의 의무는 무엇인가?
믿음을 공적으로 고백하고 성찬에 참여할 허락을 받는 것이 그들의 의무이다.

(15) 이러한 아이들을 "교회에 가입시키는 것"이 왜 적당하지 않은 것인가?
왜냐하면 그들은 이미 그들이 받은 세례를 통해 교회에 입교되었기 때문이다.

제63문 유형교회의 특권은 무엇인가?

답 유형교회가 갖는 특권은 하나님의 특별한 보호와 관리 밑에 있는 것과 모든 적의 반항에도 불구하고 모든 시대에 있어서 보호를 받으며 보존되는 것들이다. 성도의 교통과 구원의 방편과 복음의 역사로 오는 은혜의 초청이다. 곧 교회의 모든 회원들에게 누구든지 그를 믿으면 구원을 얻고 그에게 오는 자를 한 사람도 버리지 않으시겠다고 증언하시는 그리스도에 의한 은혜의 초청을 누리는 특권이다.

1) 관련성구
- 사 4:5-6; 딤전 4:10: 유형교회는 하나님의 특별한 관심과 통치를 받는다.
- 시 115:1-2; 사 31:4-5; 슥 12:2-9: 유형교회는 대적자들의 핍박에도 불구하고 모든 세대에 걸쳐 하나님의 보호를 받으며 보존된다.
- 행 2:39, 42: 유형교회는 성도의 교제를 즐거워하며 구원의 통상적인 수단을 사용한다.
- 시 147:19-20; 롬 9:6; 엡 4:11-12; 막 16:16: 유형교회는 복음의 무조건적 선물을 즐거워한다.
- 요 6:37: 유형교회에서의 복음의 사역은 그 누구도 그리스도께 나오는 것을 막지 않는다.

2) 해설

(1) 유형교회가 "하나님의 특별한 보호와 관리" 밑에 있다는 말은 무엇인가?

이것은 되어질 모든 일을 통치하시는 하나님의 통상적인 섭리 외에 하나님께서 사람의 여러 상황과 역사를 그의 교회의 유익을 위하여 선하게 역사하심으로 그의 교회를 특별한 방법으로 안전하게 지키심을 의미한다.

(2) 그의 교회를 보호하고 유지함에 있어서 우리 구주께서 약속하신 것이 무엇인가?

마태복음 16:18은 다음과 같이 말한다. "음부의 권세가 이기지 못하리라." 이는 주님의 재림 때까지 그리스도의 참된 유형교회가 존속할 것임을 의미한다.

(3) 과거에 이런 주님의 보호와 보존의 약속이 어떻게 성취되었는가?

우리는 이에 대해 많은 실례를 들 수 있다. 우선 초대교회가 유대인의 핍박과 저주로부터 보존되었다. 만일 하나님의 보호하시는 능력이 없었다면 초대교회의 복음의 빛은 사라졌을 것이다. 하나님께서는 로마제국의 권세를 사용해서 유대인의 핍박으로부터 초대교회를 보호하신 것이다. 주후 70년 예루살렘 성전의 멸망은 이 세상에서 기독교를 핍박하는 유대인의 권세의 종말을 의미한다. 그러나 이어서 주후 313년 콘스탄틴 대제의 기독교 칙령이 선포될 때까지 약 250년간 지속된 로마제국의 핍박이 뒤따랐다. 이 250년 동안의 핍박의 시기에 하나님께서는 그의 교회를 주로 다음과 같은 세 가지 방식으로 보호하시고 보존하셨다.

① 순교자의 피가 교회의 씨앗이 되었다. 더 많은 그리스도인들이 죽임을 당할수록 더 많은 그리스도인이 생겼던 것이다.

② 핍박의 중간 중간에 교회역사에는 평화의 시대가 있었다. 이 시기에 교회는 큰 박해나 어려움 없이 복음사역을 감당할 수 있었다. 이런 시기가 없있다면 교회는 거의 생존하지 못했을 것이다.

③ 모든 경우에 있어서 그리스도인들이 핍박을 피할 수 있는 피난처가 있었다. 이것을 통해 기독교는 안식을 얻을 수 있었고, 기독교의 멸절을 막을 수 있었다. 중세시대와 종교개혁시대 그리고 우리가 살았던 20세기에 그

의 교회를 위한 하나님의 보호에 대해 말하려면 많은 시간이 필요할 것이다. 모든 세대에 교회의 유익을 위하여 하나님의 특별한 섭리가 역사되었다.

(4) 이 특별한 보호와 방어의 약속이 우리 시대에는 어떻게 성취되었는가?

전체주의 국가였던 일본과 독일과 한때 막강한 권력을 행사했던 소련연방공화국의 몰락이 바로 그것이다. 이 나라들은 고대 로마제국과 같이 기독교를 핍박하고 위협했던 나라들이다.

(5) 유형교회가 성도의 교통을 즐거워한다는 것은 무엇을 의미하는가?

이는 유형교회의 구성원이 서로 교제를 통하여 서로에게 격려를 받고 영적 유익을 얻는다는 것을 뜻한다. 따라서 그리스도인이 그리스도인들을 떠나서 고립되어 그리스도인의 삶을 산다는 것은 지극히 어려운 일이다. 그러나 다른 그리스도인들로부터 받는 우정이나 격려 그리고 지원을 통해서 그리스도인의 삶은 훨씬 풍요로워질 것이다.

(6) 유형교회가 향유하는 "구원의 통상적인 수단"은 무엇인가?

하나님의 말씀의 설교와 교훈, 세례와 성찬의 시행, 교회의 권징, 공적 예배, 그리고 성도들을 감독하는 목회자의 보호와 같은 것들이다.

(7) 유형교회의 가장 중요한 책임은 무엇인가?

복음 사역을 통해 그리스도께서 주시는 은혜를 유형교회의 모든 구성원들 즉 아직 성찬에 참여할 수 없는 어린이들을 포함하여 예배에 참석하는 모든 자들에게 계속해서 공급해주는 것이다.

(8) 유형교회에 맡기신 복음의 초청 사역은 얼마나 광범위한가?

그것은 전우주적이다. 복음이 전달되는 모든 세대 모든 사람들을 포함한다. 복음은 그것을 믿는 자는 누구든지 구원을 받을 것이라고 선포한다. 그러나 그리스도에게 나아오지 않는 자는 제외될 것이다.

(9) 국내와 국외 선교는 유형교회의 사역인가? 아니면 교회 밖의 다른 자발적 기관에서 수행되어야 하는가?

확실히 국내와 국외 선교는 모두 유형교회의 사역이다. 오늘날 많은 해외 선교사역이 교회가 아닌 다른 기관에서 수행되고 있다. 예를 들면, 수천 명이 넘는 선교사들을 파송한 중국내륙선교회는 교회가 아니라 기독단체와 연관된 자발적 선교기관이다. 우리는 이것을 그릇된 경향으로 간주해야 하며 자발적 선교기관은 하나님께서 교회에게 맡기신 사명을 수행해서는 안된다. 그러나 예외적인 상황이나 또는 교회에게 맡겨진 신적인 사명을 거절하거나 소홀히 한다면 자발적기관이 이 사명을 한시적으로 수행할 수 있다.

(10) 유형교회의 중요성은 무엇인가?
의문의 여지없이 유형교회는 대단히 중대하다. 이 세상에는 세 종류의 신적 기관이 있다. 교회와 국가와 가정이다. 이 세 가지는 모두 다 고유의 가치를 가지고 있다. 우리는 유형교회를 신실하게 후원해야 하는데 이유는 그것이 인간적 기관이 아니라 신적기관이기 때문이다.

제64문 무형교회란 무엇인가?
답 무형교회는 머리되시는 그리스도 밑에 하나로 모이며 장차 모일 택한 자의 총수이다.

1) 관련성구
- **엡 1:10, 22-23; 요 10:16, 11:52:** 무형교회는 과거와 현재와 미래에 참되게 구원받은 모든 사람들을 포함하는 하나님의 택자들로 구성된다.
- **행 18:9-10:** 아직 그리스도께 나아오지 않은 택자라 할지라도 무형교회의 구성원이다.
- **요 17:20:** 그리스도는 그의 대제사장적 기도에서 미래에 그를 믿을자들을 위하여 기도하심. 따라서 그들 역시 무형교회의 구성원으로 간주된다.

2) 해설
(1) 왜 무형교회라 불리는가?
왜냐하면 우리는 무형교회의 구성원이 몇 명이며 그들이 누구인지를 눈으로 볼 수 없기 때문이다. 오직 하나님만이 완전한 그의 숫자를 아시고 정체성을 아실 것이다.

(2) 마지막 날에 무형교회가 완성될 때, 그 숫자는 클 것인가? 작을 것인가?

요한계시록 7:9-10을 읽으라.

(3) 이 시대의 무형교회는 어디에 있는가?

일련의 무리들은 죽어 천국에서 그리스도와 함께 있고, 다른 무리들은 아직 이 세상에 존재하고 있다.

(4) 이 세상에 살고 신자들과 하늘에 있는 자들 이외에 어떤 단체의 사람들이 무형교회에 포함될 것인가?

이 세상에 살면서 아직 그리스도인이 아니지만 죽기 전에 그리스도를 믿을 자들이다. 또한 아직 출생하지 않았지만 그리스도를 믿고 구원 얻을 모든 자를 포함한다.

(5) 천국에 계시는 그리스도와 함께 하는 무형교회의 또 다른 이름은 무엇인가?

승리적 교회이다.

(6) 지상에 있는 무형교회의 또 다른 이름은 무엇인가?

전투적 교회이다. 이 교회는 세상과 육과 마귀와의 전투와 관계되어 있기 때문에 전투하는 교회라고 불린다.

(7) 아벨로부터 그리스도 때까지 믿음 안에서 죽은 구약의 성도들은 무형교회의 구성원들인가?

그렇다. 그리스도는 오직 한 영적 몸을 가지시며, 그 안에는 모든 세대의 구속받은 자들, 즉 유대인과 이방인들이 이 교회의 구성원이다.

(8) 특정한 유형교회의 구성원이 아니면서 무형교회의 구성원이 될 수 있는가?

그렇다. 그것은 가능하다. 그러나 불규칙한 상황과 조건에서 그러하다. 예를 들면 감옥에 갇혀 복무중인 죄수가 감옥에서 회심하는 경우도 있다. 그는 무형교회의 구성원이지만 한 특정한 유형교회의 구성원이 되기는 불가능하다. 그러나 섭리적으로 하나님께서 막으시지 않는 한, 특정한 유형교회의 구성원이 되는 것은 모든 그리스도인의 참된 의무이다.

(9) 무형교회의 구성원이 아니면서 유형교회의 구성원이 될 수 있는가?

그렇다. 불행하게도 그것은 가능하다. 통탄스럽게도 오직 하나님만이 그들이 누구인지 알지만 이러한 자들이 역사상에 많이 존재해 왔다. 의심의 여지없이 많은 자들의 이름이 교회에 등록되지만 어린 양의 생명책에는 기록되지 않은 자들이다.

(10) 무형교회와 유형교회의 관계를 우리는 어떻게 설명할 수 있는가?

제시되어진 하나의 설명은 영혼과 육체의 관계이다. 이를 서로 부분적으로 겹쳐져 있는 두 원을 가지고 더 적당하게 설명할 수 있다. 한 원은 그리스도를 믿는 자들로 구성된 유형교회를 상징하고 다른 한 원은 참되게 구속받고 그리스도와 진정으로 연합된 무형교회를 상징한다. 이 두 원이 서로 부분적으로 겹쳐진 곳이 바로 유형교회와 무형교회를 상징하는 부분이다. 즉 이 부분은 그들이 그리스도를 믿고 그와 함께 참되게 연합되어 있기 때문에 모든 원을 다 포함하고 있는 것이다.

제65문 무형교회 회원들은 그리스도로 말미암아 무슨 특별한 혜택을 누리는가?

답 무형교회 회원은 그리스도로 말미암아 은혜와 영광중에 그와의 연합과 교통을 누린다.

1) 관련성구
- 요 17:21; 엡 2:5-6: 그리스도인의 연합과 은혜 안에서의 그리스도와의 교통.
- 요 17:24: 영광 안에서의 그리스도와 그리스도인과의 연합과 교통.
  (참조: 제65문은 제66문부터 제90문까지의 표제 또는 요약이다. 이 모든 질문들은 제65문 안에 있는 교리의 발전과도 같다.)

2) 해설

(1) 이 질문 안에 언급된 유익은 왜 "특별한" 유익이라고 불리는가?

왜냐하면 이 유익들은 유형교회의 모든 구성원들에게 다 제공되는 유익이 아니라 무형교회의 참된 구성원들에게만 제공되는 유익이기 때문이다.

(2) 신자들이 그리스도에게 받는 모든 유익을 포함하는 두 단어는 무엇인가?
연합과 교통이다. 이어지는 제66문부터 제90문까지는 이 두 단어의 의미가 어떻게 다른지를 설명해 줄 것이다.

(3) 신자들은 그리스도로부터 어떤 두 가지 국면에서 또는 상태에서 유익을 얻는가?
하나는 은혜의 국면에서, 즉 이 지상의 그리스도인의 삶에서 유익을 얻는 것이며, 다른 하나는 영광의 국면에서 즉 오는 세상에서 유익을 얻는다.

제66문 선택된 자가 그리스도와 함께 가지는 연합이란 무엇인가?
답 선택된 자가 그리스도와 함께 가지는 연합은 하나님의 은혜의 역사로서, 이로 말미암아 그들이 영적으로 그리고 신비적으로, 그러나 참으로 그리고 나눌 수 없이 그들의 머리와 남편이신 그리스도에게 결합되는 것이다. 이는 그들의 유효한 부르심에서 이루어진다.

1) 관련성구
- **엡 1:22; 2:6-8:** 그리스도와의 연합은 전적으로 그리스도의 은혜를 통하여 오고 신적 능력으로 성취된다.
- **고전 6:17; 요 10:28:** 택자들은 실제적으로 그리고 불가분 그리스도와 연합된다.
- **엡 5:23, 30:** 그리스도는 택자의 머리요 남편이시다.
- **벧전 5:10; 고전 1:9:** 택자들은 그들의 유효적 소명을 통해 그리스도와 연합된다.

2) 해설
(1) 택자와 그리스도와의 연합이 "하나님의 은혜의 사역"이라는 말은 무엇을 의미하는가?
이는 그리스도와의 연합이 전능하신 성령 하나님의 사역으로 성취되는 하나님의 선물임을 의미한다. 이는 우리가 성취하거나 우리 스스로 할 수 있는 일이 아님을 의미한다.

(2) 우리가 "영적으로 신비적으로" 그리스도와 연합되어 있다는 말은 무엇을 의미하는가?

이 표현은 마치 그리스도가 지상에 사는 인간적 존재인 것처럼 우리가 그리스도와 함께 문자적으로 연합되어 있다는 잘못된 생각을 막아준다. 교회는 그리스도의 몸이며, 그리스도인들은 오직 육체적이나 물질적 의미에서가 아니라 영적인 의미에서 그리스도의 구성원들이다.

(3) 대요리문답은 왜 "참으로 나눌 수 없이"라는 단어를 추가하여 말하는가?

왜냐하면 우리의 영적 관계가 신비적이며 무형적이기는 하지만 그럼에도 불구하고 참되면 실재적인 관계이기 때문이다. 우리는 자연적으로 우리가 볼 수 없고, 이해하지 못하는 것을 실재하지 않는 것으로 생각하는 경향이 있다. 그리스도와 우리의 영적 연합은 무형적이며, 신비적이다. 그러나 이것이 비현실적이라는 말은 전혀 아니다. 영적인 것은 물질적인 것만큼이나 실재적이다. 더욱이 그리스도와 우리와의 연합은 불가분의 관계에 있으며 영구적이다. 그리스도와 한번 연합되기만 하면 그는 그리스도와 항상 연합되어 있을 것이다. 그렇기 때문에 대요리문답은 "참으로 나눌 수 없이"라는 단어를 부가하고 있는 것이다.

(4) 그리스도를 "머리와 남편"으로 부르는 이유는 무엇인가?

이것을 설명하기 위해 두 가지 비유가 신약성경에서 중요하게 사용되었다.

① 사람의 몸의 비유이다. 사람의 몸에는 머리가 있고 손과 발과 같은 각 지체가 있다. 이 비유에 의하면, 그리스도는 우리의 머리이시며, 택자들은 그의 영적 몸의 지체들이 되는 것이다.

② 결혼의 비유이다. 이 비유에서 그리스도는 남편이나 신랑으로 나타나신다. 왜냐하면 그가 그의 교회를 위한 사랑과 보호를 제공하시기 때문이다. 교회 또는 모든 택자들의 공동체는 그리스도의 신부가 된다. 왜냐하면 교회는 그리스도의 보호와 공급과 사랑을 즐거워하며, 그에게 영광을 돌리고 그를 섬기는 일을 즐거워하기 때문이다.

(5) 택자는 그리스도와 어떻게 연합되는가?

그들의 유효적 소명을 통해서 연합된다. 이는 다음 문답에서 자세히 설명할 것이다.

제67문 유효한 소명이란 무엇인가?

답 유효한 소명은 하나님의 전능하신 능력과 은혜의 역사로서, 이로 말미암아 (그를 움직여 부르시도록 하는 그들 안의 어떤 요인이 전혀 아니고, 그의 택하신 자에 대한 그의 값없고 특별한 사랑에서) 그는 그가 수락하는 때에 그의 말씀과 성령으로 그들을 초청하여 예수 그리스도에게로 이끄시는데, 그들의 마음을 구원에 이르도록 밝히시며, 그들의 의지를 새롭게 하시고 능력있게 결정해서, 그들로 하여금 (비록 그들 자신은 죄 가운데 죽어 있으나) 자유롭게 그의 부르심에 응답하고, 그 안에 제공되며 전달되는 은혜를 수용하고 포용할 수 있는 의지와 능력을 주신다.

1) 관련성구

- **요 5:25; 엡 1:18-20; 딤후 1:8-9:** 유효적 소명이란 하나님의 은혜와 전능하신 능력으로 된다.
- **딛 3:4-5; 엡 2:4-9; 롬 9:11:** 유효적 소명은 그의 택자를 향하신 하나님의 무조건적이며 제한이 없는 사랑으로부터 솟아나오며 사람의 성격이나 행위에 좌우되지 않는다.
- **고후 5:20; 고후 6:1-2:** 유효적으로 부르심을 받은 자들은 하나님의 시간에 그리스도와 연합된다.
- **요 6:44:** 택자는 초청받을 뿐 아니라 그리스도께 가까이 나아오게 된다.
- **살후 2:13-14:** 택자는 하나님의 말씀과 영으로 그리스도와 연합된다.
- **행 26:18; 고전 2:10-12:** 유효적 소명을 통해 성령께서 그들의 마음을 밝혀주심으로 그들이 진리를 알고 영접하게 만든다.
- **겔 11:19; 36:26-27; 요 6:45:** 유효적 소명을 통해 성령께서는 사람의 의지를 효과적으로 새롭게 하시고 결단하게 함으로 그리스도에게 나아오게 하신다.
- **엡 2:5; 빌 2:13; 신 30:6:** 유효적 소명을 통해 죄로 죽었던 자들이 부르심에 기꺼이 응답함으로 실제적으로 그리스도와 그의 구원을 영접하게 된다.

2) 해설

(1) 하나님은 어떤 두 가지 방법으로 죄인들을 그리스도에게 나오게 하시는가?

① 모든 인간에게 차별 없이 증거되는 복음 메시지의 외적 소명을 통해 그렇게 하신다. 그러나 이 외적 소명만으로는 죄인이 종종 이 복음을 거절하고 저항하기 때문에 죄인을 구원하기에 충분치 않다.

② 사람의 마음에 역사하시는 성령 하나님의 사역을 통해서 그렇게 하신다. 이 성령의 사역은 효과적 소명이라 불린다. 왜냐하면 이 소명은 언제나 그 의도된 목적을 성취하기 때문이다. 성령 하나님의 효과적 소명이 복음 메시지의 외적 소명에 더해지면 사람은 언제나 실패 없이 그리스도인이 되는 것이다.

(2) 하나님의 유효적 소명은 모든 사람을 향해 역사하는가?

그렇지 않다. 만일 그렇다면 세상의 모든 사람들이 하나도 예외 없이 구원받을 것이기 때문이다. 실상 하나님의 유효적 소명은 모든 사람을 향하지 않고 하나님께서 영생을 주시기 위해 선택받은 자들에게만 향한다.

(3) 유효적 소명은 왜 항상 의도된 목적을 성취하는가?

왜냐하면 그것은 제한된 능력이 아니라 하나님의 전능하신 능력으로 수행되기 때문이다.

(4) 하나님께서는 모든 사람을 동일한 방식으로 사랑하시는가?

그렇지 않다. 성경은 두 가지 종류의 신적 사랑에 대해 말한다. 하나는 모든 사람을 향하신 일반적인 하나님의 사랑이다. 이 일반적 사랑은 많은 축복들을 포함하지만 그들의 영원한 구원은 성취하지 못한다. 다른 하나는 하나님의 특별하신 사랑이다. 이 사랑은 모든 사람에게 주어지지 않고 오직 택자들에게만 주어지는 사랑이다. 이 하나님의 특별한 사랑은 베풀어지는 대상에게 영원한 구원을 제공한다. 택자들을 향하신 하나님의 특별하신 사랑에 대한 성경의 증거에 대해서는 다음 구절들을 읽어보라. 로마서 9:13; 요한복음 17:9; 예레미야 31:3.

(5) 하나님께서 어떤 사람들을 다른 사람보다 더 사랑하시는 것은 불공평한 일이 아닌가?

전혀 그렇지 않다. 만일 하나님께서 온 인류를 공의로만 다스리신다면 한 사람도 예외가 없이 모두 다 멸망할 것이다. 우리가 지금 다루고 있는 주제는 공의가 아니라 자비에 관한 것이다. 자비는 동등하거나 공평하게 시행될 필요가 없는 것이다. 하나님께서는 당신의 특별한 사랑을 베푸셔야 할 의무가 전혀 없으시기 때문에 그것을 무조건적으로 베푸실 수도 있고 거두실 수도 있으시다. 사도 바울이 그 당시에도 유행했었던 이 동일한 질문에 대하여 답하고 있는 로마서 9:14-18을 보라.

(6) 하나님의 사랑이 "무조건적"이라는 말은 무엇을 의미하는가?

이는 하나님께서 그 어떤 의무나 필요성 때문이 아니라 당신의 의지와 뜻 가운데 사람들을 사랑하심을 의미한다.

(7) 하나님께서는 왜 어떤 사람에게는 그의 특별한 구원적 사랑을 수여하시고 다른 사람에게는 그것을 거두시는가?

하나님이 하시는 모든 일은 하나같이 선한 목적이 있지만 그것이 항상 사람들에게 알려지는 것은 아니다. 우리가 알 수 있는 것은 하나님의 목적이나 이유가 어떤 사람의 업적이나 본성이나 성품이 다른 사람보다 더 좋음에 기초해 있지 않다는 것이다. 바로 이것 때문에 대요리문답이 "그를 움직여 부르시도록 하는 그들 안의 어떤 요인이 전혀 아니고"라는 문장을 추가한 것이다. 이 표현은 하나님께서 어떤 특정한 사람이 그의 죄를 회개하고 복음을 믿을 것을 미리 아셨기 때문에 그에게 하나님의 특별한 사랑을 주신다는 일반적인 오류를 교정해 준다. 진리는 바로 이것이다. 그것은 택자는 반드시 그의 죄를 회개하고 정확히 복음을 믿는다는 것이다. 이유는 하나님의 특별한 구원적 사랑이 그들에게 수여되었기 때문이다.

(8) 하나님께서는 택자들을 언제 예수 그리스도께 인도하시는가?

"그가 수락하는 때에" 즉 하나님께서 각 개인을 위해 지정해 놓으신 특정한 시간에 인도하신다. 어떤 이들은 어린 시절이나 청년 때에 부르심을 받는다. 또 어떤 이는 심지어 유아 때 부름을 받는다(눅 1:15을 보라). 다른 이들은 성숙한 나이에 부르심을 받거나 아주 나이 들었을 때 그리스도에게 나오기도 한다. 또 어떤 이들은 죽어가는 강도와 같이 죽음 바로 직전에 믿기도 한다. 그러나 모든 택자들은 하나같이 다 지상 생애 동안에 그리스도께 인도된다.

(9) 하나님은 택자를 어떻게 그리스도에게 초청하고 인도하시는가?
그의 말씀과 성령의 협동사역으로 그렇게 하신다.

(10) 죄인들이 그리스도에게 나아오려면 왜 반드시 그들의 마음 속에 이 빛을 받아야 하는가?
왜냐하면 본성상 그들의 마음은 어두움과 죄 가운데 있어 하나님과 복음을 대적하기 때문이다.

(11) 그들이 그리스도에게 나아오려면 왜 그들의 의지가 새롭게 갱신되고 강력하게 결단되어야 하는가?
왜냐하면 그들은 본성상 죄와 허물로 죽었으며, 그들의 의지는 고집스럽게 하나님을 대적하기 때문이다.

(12) 하나님은 유효적 소명을 통해서 택자들이 그들의 의지와 상관없이 그리스도에게 나아오도록 강요하시는가?
결코 그렇지 않다. 하나님은 택자들을 나무토막이나 돌멩이가 아닌 인격적 존재로 대우하신다. 성령께서 그들이 기꺼이 그리스도께 나오도록 그들의 마음을 새롭게 하시기 때문에 그리스도께 나오게 되는 것이다. 만일 어떤 이가 전심으로 그리스도께 나오길 원한다면 그것은 성령 하나님께서 마음을 변화시켜 주신 결과이자 증거이다.

(13) 만일 성령 하나님의 마음을 변화시키시는 전능하신 사역이 없다면 몇 명의 택자들이 그리스도에게 나올 수 있겠는가?
단 한 사람도 없을 것이다. 왜냐하면 모든 사람들이 본성상 하나님께 나올 수 없으며, 나오기 싫어하기 때문이다.

(14) 복음의 외적 소명과 성령 하나님의 효과적인 소명에는 어떤 차이점이 있는가?

복음의 외적 소명에는 죄인들을 향한 하나님의 은혜가 제공되어 있다. 성령 하나님의 효과적 소명에는 죄인들이 그들에게 제공된 복음에 응답하게 만드는 은혜가 실제적으로 전달된다. 따라서 외적 소명은 제안이며, 유효적 소명은 역사이자 효력이다.

제68문 선택함을 입은 자만이 유효하게 부르심을 받는가?

답 모든 선택함을 입은 자들은, 그들만이 유효하게 부르심을 받는다. 선택받지 못한 사람들은 비록 말씀의 사역에 의해 외적으로 부름을 받을 수 있고, 가끔 부름을 받으며 성령의 상당한 일반작용을 누릴 수 있을지라도, 그들에게 제시된 은혜를 고의로 등한시하고 경멸함으로서 공의롭게 불신앙에 남겨져 결코 예수 그리스도에게 진실로 나아오지 못한다.

1) 관련성구

- **행 13:48**: 모든 택자는 유효하게 부르심을 받고 궁극적으로 그리스도를 믿게 된다.
- **마 22:14**: 많은 이들이 복음의 외적 소명으로 부르심을 받는다 해도 그들 중 일부분만 성령에 의해 효과적으로 부르심을 받게 된다.
- **마 7:22; 13:20-21; 히 6:4-6**: 복음의 외적 부르심을 받은 자들이 종종 성령의 역사하심을 통해 부르심을 입게 된다.
- **요 12:38-40; 행 28:25-27; 요 6:64-65; 시 81:11-12**: 복음의 외적 소명과 일반적인 성령의 사역만을 소유한 채 성령의 효과적 소명은 결핍되어 있는 자들은 불신앙으로 남아 있으며 결코 진정으로 그리스도께 나오지 않고 잃어버린바 된다.

2) 해설

(1) 성령에 의하여 효과적으로 부르심을 받는 자들은 어떤 자들인가?
하나님의 선택을 입은 자들이다.

(2) 이러한 택자들에게 주어진 성경의 또 다른 이름들은 무엇인가?

성부께서 그리스도에게 주신 자들 즉 그리스도의 "양"이다. 이들은 창세전에 그리스도 안에서 선택받은 자들이며, 어린 양의 생명책에 기록되고 하나님의 아들의 형상을 본받을 자이다.

(3) 성령의 유효적 소명 이외에 또 어떤 소명이 있는가?

말씀사역을 통한 외적 소명 즉 복음의 선포이다.

(4) 성령으로 부르심을 받은 자들이 더 많은가 아니면 말씀 선포 사역을 통한 외적 소명을 받는 자들이 더 많은가?

말씀 사역을 통해 부르심을 받는 자들이 더 많다. 마태복음 22:14을 보라. "청함을 받은 자는 많되 택함을 입은 자는 적으니라." 여기 "청함"을 받다는 말은 외적으로 부르심을 받는다는 말이며, "택함"을 입는다는 말은 성령의 역사하심을 통하여 효과적으로 부르심을 받음을 의미한다.

(5) 사람의 마음에 역사하시는 성령의 역사는 택자들에게만 제한되어 있는가?

성령 하나님의 구원의 역사는 오직 선택을 입은 자들에게만 제한되어 있다. 그러나 이 성령의 구원적 역사 이외의 모든 일반적 역사는 택자 이외의 모든 자들이 종종 경험하는 역사이다.

(6) 성령의 일반적 역사의 본질은 무엇인가?

그것은 죄를 깨닫게 하고 다소간의 삶의 개혁으로 이끌며, 죄와 악을 억제하고 죄인으로 하여금 사회적 국면에서의 친절이나 자비를 행하게 만드는 것이다. 그러나 이런 성령의 일반적 역사는 구원을 제공하지 않는다. 이것들은 회개와 참된 믿음을 통하여 그리스도를 그의 구세주로 믿고 연합시키는 결과를 낳지 못한다.

(7) 왜 성령의 일반적인 역사는 구원에 불충분한가?

왜냐하면 사람이 성령으로 거듭나지 않고서는 성령의 일반적인 역사하심을 홀대하거나 오용하기 때문이다. 새로 거듭남이 없이는 그리스도를 구주로 믿고 고백할 수 없는 것이다.

(8) 하나님께서 일부에게는 성령의 일반적인 역사만 제공하시고 성령의 구원적 역사하심을 거두신다면 그것은 불공평한 일이 아닌가?

구원은 채무나 빚이 아니라 은혜에 속한 문제이다. 하나님은 그 누구도 구원하실 의무나 빚이 없으시다. 만일 하나님께서 모두가 아니라 일부를 구원하시기로 선택하셨다면 그것은 하나님 편에서 볼 때 전혀 불의가 아니다. 하나님은 그 누구도 구원하실 책임이 없으시기에 그것을 일부에게는 거두시고 일부에게는 선물로 주실 완전한 자유가 있으신 것이다.

제69문 무형교회의 회원들이 그리스도와 더불어 갖는 은혜의 교통이란 무엇인가?

답 무형교회의 회원들이 그리스도와 더불어 갖는 은혜의 교통이란 그의 중보로 인한 효능, 즉 칭의, 양자, 성화, 그리고 현세에서 그리스도와의 연합을 나타내는 모든 것에 그들이 참여하는 것이다.

1) 관련성구
- **롬 8:30:** 택자는 칭의의 경험으로 그리스도의 중보의 효능에 참여하고 은혜 안에서 그리스도와 교통하게 된다.
- **엡 1:5:** 하나님의 가족으로의 양자됨을 통해 택자는 그리스도의 중보의 효능에 참여하고 은혜 안에서 그리스도와 교통하게 된다.
- **고전 1:30:** 성화의 경험과 이 세상에서 누리는 또 다른 유익을 통해 택자는 그리스도의 중보의 효능에 참여하고 은혜 안에서 그와 교통하게 된다.

2) 해설

(1) 이 질문에 나타난 "효능"의 의미는 무엇인가?

그것은 의도된 목적을 성취하는 "능력" 또는 "효과를 의미한다.

(2) 이 질문에 나타난 "중보"의 의미는 무엇인가?

이 단어는 인간의 죄로 말미암아 멀어진 하나님과 사람을 화목하게 하시는 그리스도의 사역을 묘사한다. 그리스도는 중보자로서 이 양자를 다시 가까이 만드시는 것이다.

(3) 그리스도의 중보사역의 성격은 어떠한가?

그것은 계획한 목적을 성취하게 하는 "효능" 또는 능력을 가지고 있음을 의미한다. 특정한 사람에게 그것을 적용하는 일이 완전히 종결되지 않았음에도 이제 그리스도의 중보사역은 성취되었고 역사적 사실로 종결되었으며, 오늘날에도 여전히 계속되고 있다. 그리스도의 중보사역의 효력은 영원히 계속될 것이다.

제70문 칭의란 무엇인가?

답 칭의는 하나님께서 죄인들에게 값없이 주시는 은혜의 행위로서, 그가 그들의 모든 죄를 용서하시고 그들의 인격을 의롭다고 보아 받아주시는 것인데, 이는 결코 그들의 노력이나 성취가 아니라, 오로지 하나님께서 그들에게 전가시키고 믿음만으로 받아들인 그리스도의 완전한 순종과 전적인 만족 때문이다.

1) 관련성구

- **롬 3:22-25; 4:5:** 칭의는 죄인들을 향하신 하나님의 은혜의 행위이시다.
- **고후 5:19-21; 롬 3:22-28:** 하나님은 칭의를 통해 죄를 용서하실 뿐만 아니라 하나님의 면전에서 의롭다고 간주하신다.
- **딛 3:5-7; 엡 1:7:** 칭의는 의롭게 된 자의 성품이나 행위에 기초하지 않으며 심지어 그의 마음 안에 일하시는 성령의 사역에 기초해 있지도 않으며, 그리스도의 의와 "그의 보혈을 통한 구속"에 기초한 "하나님의 자비"에 근거한다.
- **롬 5:17-19; 4:6-8:** 칭의를 통해 의롭다 하심을 받는 자에게 그리스도의 의의 공로와 순종이 전가되며, 그는 "전가된 의"를 하나님의 무조건적 선물로 받는다.
- **행 10:43; 갈 2:16; 빌 3:9:** 믿음은 칭의의 수단 또는 죄인과 의로우신 그리스도를 연결하는 고리와 같다.

2) 해설

(1) 성경의 어떤 책이 오직 믿음으로 말미암는 칭의 교리에 대해 가장 상세하게 설명해 놓았는가?

로마서이다.

(2) 행위로 말미암는 칭의를 가장 극명하게 반대한 성경은 어디인가?

우리가 율법의 행위로가 아니라 오직 믿음으로만 의롭다 함을 받는다고 선언하는 갈라디아서이다.

(3) 그러나 야고보서는 우리가 행위로 의롭다함을 받는다고 가르치지 않는가?

물론 그렇다. 그러나 이는 로마서와 갈라디아서의 교훈과 모순되지 않는다. 야고보 사도는 행위를 우리의 칭의의 근거나 이유가 아니라 열매 또는 증거로 제시하기 때문이다. 우리는 오직 믿음으로만 의롭다함을 받지만 이 믿음은 결코 홀로 남겨진 믿음이 아니다. 우리는 선한 행실을 근거로 의롭다함을 받지 않았다. 그러나 진정으로 구원을 받았다면, 우리 구원의 열매로서 선한 행실을 나타내게 될 것이다(*Blue Banner Faith and Life*, vol. 1, no. 8 [October-December 1946], 177, col. 2를 참조하라).

(4) "의롭게 하다"라는 단어는 신약 성경에서 무엇을 의미하는가?

이 단어는 어떤 사람이 하나님 앞에서 하나님의 도덕법의 표준에 따라 의롭다고 선언하는 또는 사법적으로 선포해주는 법정적 용어이다.

(5) 사람이 의롭다 함을 받을 때 그의 죄는 어떻게 되는가?

그들의 모든 죄는 그리스도의 속죄사역을 공로로 모두 사면되고 용서된다.

(6) 그렇다면 왜 죄의 용서와 사면만으로는 우리를 구원하고 영생을 주심에 있어서 불충분한가?

왜냐하면 하나님께서는 우리에게 죄로부터의 자유보다 더 많은 것을 요구하시기 때문이다. 우리는 죄가 없어야 할 뿐만 아니라 마치 우리가 전 인생에 걸쳐 마음과 목숨과 힘과 뜻을 다하여 단 한 번도 실패하지 않고 전심으로 우리 주 하나님과 우리 이웃을 사랑한 것처럼 간주하는 적극적 의를 소유해야만 한다. 만일 하나님께서 단지 우리의 죄만을 용서해주신다면 천국에 입성하게 하며 영생을 수여받게 하는 적극적 의가 결핍되어 있기 때문에 여전히 구원받지 못한 상태 그대로 남아 있을 것이다. 어떤 사람이 위험하게 운전해서 벌금형을 선고 받았는데 설상가상으로 그가 운전면허증 없이 운전을 했다고 가정해보자. 그의 자상한 한 친구가 그 대신 벌금을 내주어 의무를 다했다고 해도 벌금을 낸 행위 자체가 그 친구에게 운전할 권리까지 부여하지는 못하는 것이다. 그는 반드시 운전면허증이라는 형식의 적극적 권위를 소유해야만 한다. 이와 마찬가지로 그리스도께서 이루신 속죄사역이 우리의 죄를 사면해주신다고 해도 우리에게는 그것이 우리를 천국에 입성하고 영생을 얻게 하지는 않는다. 우리는 반드시 우리의 것으로 인정되는 적극적 의가 필요한 것이다.

(7) 우리의 죄를 용서하시는 것 이외에 하나님께서는 우리의 칭의를 위하여 무엇을 하시는가?

하나님은 당신의 면전에서 우리를 의롭다고 간주하시고 여겨주시며 받아 주신다.

(8) 하나님의 칭의의 행위의 유일한 근거는 무엇인가?

유일한 근거는 하나님께서 죄인들에게 전가해 주시는 그리스도의 의 즉 그의 "완전한 순종과 전적인 만족"이다. 그리스도의 수난과 십자가 죽음은 우리의 모든 죄를 소멸시키셨다. 그리스도께서 그의 전 지상생애 동안 하나님의 계명을 하나도 남김이 없이 완전하게 순종하신 적극적 의는 하나님께서 우리를 그의 면전에서 의롭다고 여겨주시는 용인의 근거 또는 이유가 된다. 그리스도는 우리를 위해 죽으셨을 뿐 아니라 우리를 위해 완전하고 흠이 없으신 순종의 삶을 사셨다. 이것이 없이는 그 어떤 사람도 영생을 얻을 수 없는 것이다.

(9) 대요리문답이 배격하는 칭의의 두 가지 그릇된 근거는 무엇인가?

① "그들 안에 이루어진 발생" 즉 하나님의 영에 의해 변화된 성품이다. 물론 모든 그리스도인들은 그러한 성품의 변화가 있다. 그러나 이것이 칭의의 근거는 아니다.

② "그들이 이룬 노력과 성취" 즉 로마 가톨릭교회와 다른 종파들이 구원의 근거로 주장하는 모든 종류의 선한 행위를 가리킨다. 따라서 대요리문답

은 첫째로 현대주의 즉 성품에 의한 구원을 배격하고 둘째로 가톨릭주의와 모든 종류의 도덕주의 즉 인간의 행위로 말미암는 구원을 배격한다.

(10) 칭의와 관련해서 사용된 "전가"라는 단어의 의미는 무엇인가?

이 주제에 대한 사도 바울의 논의에서 반복적으로 사용되는 이 단어는 "여기다", "간주하다"의 의미를 지닌다. 즉 우리의 죄는 그리스도의 것으로 간주되고, 그리스도의 의는 우리의 것으로 여겨지고 간주되는 것을 뜻한다.

(11) 우리의 칭의와 관련해서 믿음의 역할은 무엇인가?

믿음은 어떠한 의미에서도 우리 칭의의 근거나 이유가 아니다. 믿음은 우리가 칭의의 은혜를 받는 수단 또는 도구이다. 우리는 믿음이라는 도구로 그리스도의 의 때문에 의롭다함을 얻는 것이다.

(12) 대요리문답은 왜 "믿음"이란 단어 앞에 "오직"이란 단어를 추가하는가?

왜냐하면 로마 가톨릭교회와 일부 다른 단체들이 우리가 믿음 뿐만 아니라 행함으로도 구원을 받는다고 가르치기 때문이다. 이는 칭의의 유일한 근거가 그리스도의 의이며, 그 수단은 예수 그리스도를 개인적으로 믿는 것이라는 성경의 교리와 전적으로 배치된다.

제71문 칭의가 어떻게 하나님의 값없는 은혜의 행위인가?

답 비록 그리스도께서 그의 순종과 죽음으로 칭의된 자들을 대신하여 하나님의 공의에 정당하고 실질적이며 완전한 만족을 드렸지만, 하나님께서 그들에게 요구하셨을 만족을 보증자에게서 받으시되 이 보증자로 자기 독생자를 제공하셔서 그의 의를 그들에게 전가시키고 그들의 칭의를 위해 믿음 이외의 아무것도 요구하지 않으셨는데, 그 믿음도 또한 그의 선물이므로, 그들의 칭의는 그들에게 주신 값없는 은혜이다.

1) 관련성구

- 롬 5:8-10, 19: 그리스도는 칭의 받을 자를 위하여 하나님의 공의를 전적으로 만족시키셨다.

- 딤전 2:5-6; 히 10:10; 마 20:28; 단 9:24-26; 사 53:4-6, 10-12; 히7:22; 롬 8:32; 벧전 1:18-19: 칭의 받는 자들의 경우 하나님께서 그들 모두를 심판하는 대신 "보증자", "대속자"를 통하여 신적 공의의 만족을 인정하셨다. 이 "보증자"는 하나님 자신께서 준비하신 대속자이신 하나님의 독생자이시다.
- 고후 5:21: 그리스도의 의가 칭의 받는 자에게 전가된다.
- 롬 3:24-25: 칭의의 유일한 조건은 그리스도를 믿는 믿음이다.
- 엡 2:8: 그리스도를 믿는 믿음 자체가 신자에게 주시는 하나님의 선물이다.
- 엡 1:7: 구속과 용서는 하나님의 값없는 은혜이며 한이 없으신 하나님의 사랑의 선물이다.

2) 해설

(1) "하나님의 값없는 은혜"는 무엇을 의미하는가?

이는 받을 자격이 없을 뿐만 아니라 가치도 없는 자들에게 무조건적으로 베푸시는 하나님의 은총을 의미한다.

(2) 칭의가 하나님의 값이 없는 은혜라고 말하는 것이 왜 모순된 진술로 보이는가?

왜냐하면 우리 칭의는 값을 주고 산 것이기 때문이다. 만일 값을 지불하고 구매한 것이라면 그것이 어떻게 값없는 선물이라고 말할 수 있겠는가? 대요리문답이 설명하고 있는 부분이 바로 이러한 문제이다.

(3) 그렇다면 칭의가 왜 노력을 기울인 획득인 동시에 값없는 은혜인가?

칭의는 예수 그리스도에 의해 값을 지불함으로 획득되었고 동시에 우리에게 무조건적으로 주어진 선물이다. 구원은 죄인에게 무조건적인 선물이 되는 것이나. 그러나 그 선물을 우리에게 무조건적으로 제공하기 위해서 그리스도의 보혈의 값을 지불했기 때문에 칭의가 값을 지불하고 산 것인 동시에 값없는 은혜라고 불리는 것이다.

(4) 칭의가 그리스도에게 의해 획득되어야 할 이유는 무엇인가?

왜냐하면 죄인이 의롭게 되기 위해서는 인간의 범죄로 위반된 하나님의 공의가 만족되어야 했기 때문이다. 하나님은 자기를 부인하실 수 없는 분이시다. 하나님은 완전히 공의로우시기 때문에 인간의 죄를 묵과하실 수 없다. 하나님의 공의가 먼저 만족되기 전에 죄인은 결코 의롭게 될 수가 없다.

(5) 하나님께서 범죄한 인간의 죄를 무죄하신 그리스도에게 전가시키는 것은 불공평한 처사가 아닌가?

만일 성부 하나님께서 이 일을 예수 그리스도께 강요하셨다면 이는 불공평한 처사가 되었을 것이다. 그러나 그리스도께서는 강요에 의해서 죄인들을 대신하여 고난 받으시고 돌아가신 것이 아니다. 그는 죄인들을 위하여 자원적으로 고난 받으시고 돌아가셨다. 그리스도께서 기꺼이 우리 죄를 위하여 돌아가셨기 때문에 이 계약에 불의는 끼어들 여지가 없는 것이다.

(6) "보증자"의 의미는 무엇인가?

이 단어는 우리를 위하여 우리가 실패한 일을 대신 수행하고 우리가 도무지 갚을 길 없는 하나님의 공의의 빚을 대신 갚으시는 "보증자" 또는 "대속자"의 뜻을 지닌다.

(7) 예수 그리스도께서 "보증자"로 불리신 성경은 어디인가?

히브리서 7:22이다.

(8) 사랑의 하나님은 아무런 속죄함 없이 죄인을 기꺼이 용서하시는 분이시기 때문에, 당신의 독생자를 십자가에 못 박기 전에는 죄인들을 용서하지 않으신다는 것은 가혹하며 복수심에 불타는 잘못된 하나님이라고 말하는 사람들에게 우리는 무슨 대답을 해 주어야 하는가?

무엇보다도 먼저 우리는 그들이 마치 하나님은 사랑 이외에 아무것도 아닌 것처럼 말하는 "사랑의 하나님" 운운할 자격이 없는 사람들임을 기억해야 한다. 성경에 계시된 하나님은 사랑의 하나님일 뿐만 아니라 공의의 하나님이시다. 또한 이러한 자들은 오직 문제의 한 단면만 생각하는 사람들이다. 속죄를 요구하시는 하나님은 또한 속죄를 제공하시는 하나님이시다. "그 피를 볼 때 너를 넘어가리라"고 말씀하신 하나님께서 동일하게 희생 제사를 위한 양을 준비하신 분이시다. 하나님께서는 요구하시는 것을 하나님 스스로 준비하시기 때문에 결코 사랑이 없다거나 가혹한 하나님으로 비난받지 않으실 분이시다.

(9) 죄인들의 칭의를 위하여 그들에게 요구하시는 것은 무엇인가?
단순히 예수 그리스도를 구세주로 믿는 믿음이다.

(10) 우리 죄를 위하여 그 아들을 내어주신 것 외에 하나님께서 우리의 구원을 위하여 공급하시는 것은 무엇인가?
그리스도를 믿은 믿음은 그 자체로 하나님의 선물이다.

(11) 구원적 믿음이 하나님의 선물이라는 성경의 교훈은 어디에 있는가?
에베소서 2:8과 사도행전 11:18을 보라.

(12) "믿음이 하나님의 선물"이라고 말하는 것은 무엇을 의미하는가?
이는 만일 하나님께서 죄인들을 위하여 그의 독생자를 내어주시고 그것을 사람들이 "믿든지 말든지" 간에 사람들에게 맡겨 두었다면 모든 사람들이 죄의 권세의 노예가 되어 아무도 그리스도를 믿으려 하지 않기 때문에 단 한 사람도 구원받을 사람이 없었을 것이다. 따라서 하나님께서 자비를 베푸셔서 성령 하나님의 역사를 통하여 사람들의 마음을 변화시키고 그리스도를 그들의 구주로 믿고 영접할 수 있도록 도우신 것이다.

(13) 만일 믿음이 하나님의 선물이라면 이것은 사람들이 원하든지 원치 않든지 하나님께서 그들로 하여금 그리스도를 믿게 하신다는 말인가?
하나님은 사람의 의지에 반해서 그리스도를 믿도록 강요하시는 분이 아니시다. 하나님은 당신의 전능하신 능력으로 사람의 마음과 본성을 변화시키고, 사람이 자원하는 마음으로 매우 기쁘게 그리스도를 영접하게 하신다.

(14) 하나님의 값없이 주시는 은혜로 말미암는 칭의 교리의 역사는 어떠했는가?
이 교리는 구약에 암시되어 있고 신약에 확실하게 계시되었으며 특별히 로마서와 갈라디아서에서 상세하게 설명되었다. 사도행전 15장에 보면 예루살렘 공의회가 나온다. 이 공의회에서 무조건적인 은혜로 말미암는 칭의 교리가 율법 준수라는 행위가 부분적인 칭의의 근거가 된다는 거짓 교훈을 정죄했다. 한 세기가 흐른 후 오직 은혜로 말미암는 칭의 교리는 잊혀졌고 대신 은혜 플러스 구원이라는 도식의 구원 체계를 가르치는 로마 가톨릭 교회 사상이 득세했다. 16세기 초반에 발생한 종교개혁 시에 오직 은혜로 말미암는 이 위대한 칭의 교리가 루터에 의해 재발견되었고 다른 종교 개혁자들에 의해 계속 선포되었다. 그 결과 교회가 역사상 맛본 가장 위대한 부흥들이 뒤따랐다. 그러나 불행하게도 오늘날의 개신교 사상에 있어서 오직 은혜로 말미암는 칭의 교리는 상당부분 포기되었다. "자유주의"와 "현대주의"는 행위나 인격으로 말미암는 구원을 교훈하고 있다. 그 결과 현대주의로 가득 찬 개신교회는 이미 능력을 상실했고 세상에 대한 영향력을 점차 잃어가고 있다. 그러한 교회의 구성원들은 수백만 명이나 되지만 참된 종교나 신앙심에는 크게 관심이 없는 형편이다.

(15) 값없이 베푸시는 은혜로 말미암는 칭의 교리를 반대하는 것은 어떤 것들인가?

만일 죄인이 그의 행위나 인격에 관계없이 하나님의 무조건적인 선물로 의롭게 된다면, 의로운 삶이나 경건한 삶에 대한 동기가 사라질 것이며 인간은 자기 마음대로 살아갈 것이라는 비판이 바로 그것이다.

(16) 이러한 반대는 어떻게 해결되어야 하는가?

① 무엇보다도 우리는 이러한 비판이 전혀 새로운 것이 아님을 기억해야 한다. 사도바울의 시대에도 사람들은 이런 질문을 했다. "그런즉 우리가 무슨 말 하리요 은혜를 더하게 하려고 죄에 거하겠느냐"(롬 6:1). "그런즉 어찌하리요 우리가 법 아래 있지 아니하고 은혜 아래 있으니 죄를 지으리요 그럴 수 없느니라"(롬 6:15). 이 두 가지 질문 모두에 대해 바울은 "결코 그럴 수 없느니라"고 부정적으로 대답한다.

② 이러한 종류의 질문을 하는 사람들은 칭의가 구원의 전부인 양 마치 하나님께서 죄인을 의롭다하신 후 아무것도 하시지 않는 분으로 말하곤 한다. 그러나 칭의를 수여받은 죄인은 또한 중생받은 자이며 거듭난 사람이다. 그는 이제 거룩을 추구하는 새로운 마음을 수여받는다. 또한 그는 성령의 역사를 통하여 점진적으로 성화되어 간다. 즉 그의 인격이 점점 더 변화되고 거룩해지는 것이다. 칭의는 결코 혼자 발생하지 않는다. 칭

의는 사슬을 연결하는 일련의 고리와 같다. 의롭다함을 받은 자는 또한 성화의 과정에 있으며 이러한 법칙에서 제외되어 있는 자는 단 한 사람도 없다.

(17) 영혼의 구원을 얻기 위하여 우리가 선행을 행할 필요가 없다면 의를 연습하는 그리스도인의 동기는 무엇이어야 하는가?

의로운 삶을 위한 올바른 동기는 우리를 창조하시고 죄에서 은혜로 구속하여 주신 하나님을 향한 헌신과 감사이다. 따라서 우리는 구원받기 위하여 의로운 삶을 사는 것이 아니라, 그것이 우리의 의무이며 또한 하나님을 사랑하기 때문에 그렇게 사는 것이다.

(18) 선한 행실이 우리 구원의 근거가 아니라 열매인 것을 성경으로부터 증명하라.

"너희가 그 은혜를 인하여 믿음으로 말미암아 구원을 얻었나니 이것이 너희에게서 난 것이 아니요 하나님의 선물이라 행위에서 난 것이 아니니 이는 누구든지 자랑치 못하게 함이니라 우리는 그의 만드신 바라 그리스도 예수 안에서 선한 일을 위하여 지으심을 받은 자니 이 일은 하나님이 전에 예비하사 우리로 그 가운데서 행하게 하려 하심이니라"(엡 2:8-10). "항상 복종하여 두렵고 떨림으로 너희 구원을 이루라 너희 안에서 행하시는 이는 하나님이시니 자기의 기쁘신 뜻을 위하여 너희로 소원을 두고 행하게 하시나니"(빌 2:12-13). 우리의 구원을 위하여 항상 복종하라고 하지 않고 구원을 이루기 위하여 복종하라고 말한 것에 주의하라. 우리는 구원을 값없는 선물로 받았으며 그 결과 우리 삶을 통해서 그것을 이루어야 하는 것이다.

(19) 왜 많은 이들이 무조건적 은혜로 말미암는 칭의 교리를 극심하게 반대했는가?

왜냐하면 이 교리는 인간의 교만을 꺾고 우리 구원에 대한 모든 영광을 하나님께만 돌리기 때문이다. 심지어 믿음 그 자체조치도 하나님의 선물이다. 따라서 사도바울이 로마서 3:27에서 잘 지적했듯이 도무지 "자랑할 데"가 없는 것이다. 죄악된 인간은 구원의 근거의 일부분을 하나님께 돌리고 나머지 일부분을 자신들에게 돌릴 것이다. 그러나 오직 은혜로 말미암는 칭의 교리는 모든 영광과 명예를 오직 하나님께만 돌릴 뿐이다. 인간의 교만과 자만심은 언제나 이 교리를 대적하게 되어 있다. 오직 성령의 역사하심을 통하여 인간의 마음이 변화를 받아야만 이 교리를 신실하게 받아들일 수 있는 것이다. 그렇게 될 때만 바로 그가 "상하고 통회하는 마음"이 될 것이다(시 51:17).

(20) 왜 오늘날 새로운 종교개혁이 우리시대에 필요한가?
왜냐하면 오늘날 무조건적인 은혜로 말미암는 칭의 교리가 아주 잊혀졌기 때문이다. 대형 교단의 대부분이 그들이 고백하는 공식적 신조에는 이 교리를 포함하고 있어도 실제로는 더 이상 칭의 교리를 믿거나 설교하지 않기 때문이다. 많은 경우에 있어서 칭의 교리를 믿는다는 개신교회들도 그것을 설교하는데 대단히 미온적이다. 일반적으로 볼 때, 개신교회의 신자들이 칭의 교리에 대해 아주 조금만 알고 있거나 전혀 모르고 있다고 말하는 것은 전혀 과장된 말이 아니다. 그러는 동안 칭의 교리를 반대하는 로마 가톨릭 교회는 점점 그 세력을 얻고 있다는 것을 주목해야 한다.

제72문 의롭게 하는 신앙이란 무엇인가?

답 의롭게 하는 신앙은 하나님의 영과 말씀으로 죄인의 마음속에 역사하는 구원의 은혜로서, 자신의 죄와 비참, 그리고 자기를 상실된 상태에서 회복하기에 자신과 모든 다른 피조물이 무능함을 확신하고, 죄의 용서와 하나님의 판단에 그의 인격이 구원할 만큼 의롭다고 여겨 받아지기 위해, 복음의 약속이 진리임을 동의할 뿐 아니라 그것이 제시하는 그리스도와 그의 의를 받아들이고 의지하는 행위이다.

1) 관련성구
- 히 10:39: 의롭게 하는 믿음은 구원적 은혜이다.
- 고후 4:13; 엡 1:17-19: 의롭게 하는 믿음은 하나님의 성령을 통하여 죄인의 마음에 새겨진다.
- 롬 10:14, 17: 의롭게 하는 믿음을 생산하기 위해 성령께서는 하나님의 말씀 즉 복음 메시지를 사용하신다.
- 행 2:37; 16:30; 요 16:8-9; 롬 5:6; 엡 2:1; 행 4:12: 의롭게 하는 믿음이

새겨진 사람은 스스로 자신을 구원할 능력이 없으며 그리스도 외에는 아무도 자신을 구원할 자가 없음을 깨닫는 자이다.
- **엡 1:13:** 복음의 약속의 진리에 대한 동의는 의롭게 하는 믿음의 한 요소이다.
- **요 1:12; 행 16:31; 10:43:** 의롭게 하는 믿음을 통해 그리스도를 믿고 영접하며 그리스도와 죄 용서의 근거가 되시는 그의 의 안에서 안식한다.
- **빌 3:9; 행 15:11:** 의롭게 하는 믿음을 통해 사람은 그의 존재를 하나님 면전에서 의롭다고 간주해주시는 그리스도와 그의 의를 영접하고 그 안에서 안식한다.

2) 해설

(1) "의롭게 하는 믿음의 구원"이라는 말은 무엇을 의미하는가?

이는 의롭게 하는 믿음이 사람의 영원한 구원을 가져옴을 의미한다. 이러한 종류의 믿음을 가진 사람은 반드시 구원받을 것이며 영생을 얻게 될 것이다.

(2) 사람은 어떻게 의롭게 하는 믿음에 도달하는가?

사람의 의지적 능력으로는 불가하며, 하나님의 특별하신 선물로만 가능하다.

(3) 하나님께서는 사람에게 어떻게 의롭게 하는 믿음을 선물로 주시는가?

하나님의 말씀과 성령의 능력을 통하여 사람의 마음에 믿음을 생산하심으로 그렇게 하신다.

(4) 말씀이나 성령 혼자만으로 사람의 마음에 의롭게 하는 믿음을 생산할 수 있는가?

그럴 수 없다. 오직 말씀과 성령이 함께 역사해야만 의롭게 하는 믿음이 생산된다. 성령의 역사가 없는 말씀이나 복음 메시지는 어떤 종류의 믿음을 생산하기는 하겠지만 의롭게 하는 믿음은 전혀 생산할 수 없다. 그리스도의 이름을 한 번도 들어본 적이 없는 이방인들처럼 말씀이 부재한 곳에서는 유아 때 죽는 아이들 가운데 특별한 경우를 제외하고는 성령께서 구원의 사역을 하시지 않는다.

(5) 하나님께서 죄인의 마음에 의롭게 하는 믿음을 역사하실 때, 죄인은 어떤 네 가지 사실을 깨닫게 되는가?

① 그는 자신의 죄인 된 상태를 깨닫게 된다.

② 그는 자신의 비참을 깨닫게 된다.
③ 그는 죄와 비참으로부터 자신을 스스로 구원할 능력이 없는 절망자임을 깨닫게 된다.
④ 전능하신 하나님 이외에 자신을 죄와 비참으로부터 구원할 자는 단 한 사람도 없음을 깨닫게 된다.

(6) 하나님께서 사람의 마음에 의롭게 하는 믿음을 역사하실 때, 복음의 약속에 대한 그의 태도는 어떠할 것인가?

그는 자신의 자연적 불신과 의심을 버리고 복음의 약속이 참되다는 사실을 점진적으로 깨닫게 된다.

(7) 어떤 사람이 하나님의 말씀의 신실함을 부인한다면 이는 이 사람의 마음의 상태가 어떠하다는 것을 의미하는가?

이러한 불신앙은 주로 그 사람이 구원적 믿음을 소유하지 못하고 있으며 하나님의 자녀가 아니라는 사실을 지시해준다. 단 성령에 의하여 의롭게 하는 믿음이 발생했으면서도 자신의 지성적 연약으로 말미암아 그것이 의롭다 하는 믿음과 모순되며 하나님께 모욕적임을 깨닫지 못한 채 일부 성경의 신실성과 권위를 부인하는 예외적인 경우도 있다.

(8) 사람이 복음의 약속을 진실한 것으로 인정하는 것만으로 충분한가?

그렇지 않다. 사람은 복음의 약속을 진실한 것으로 인정하면서도 구원받지 못한 자일 수 있다. 우리는 반드시 "그리스도와 그의 의를 받아들이고 의지"해야만 한다.

(9) "그리스도와 그의 의를 받아들이고 의지하는 행위"는 무엇을 의미하는가?

① 그것은 그리스도에 의해 제공된 무조건적인 선물로서가 아닌 그 어떤 다른 방법으로도 구원받을 수 있다는 소망을 전적으로 포기하는 것을 의미한다. 우리는 모든 선한 행위와 선한 인격, 우리가 의지하는 모든 것을 다 내려놓아야 한다.
② 우리는 반드시 그리스도의 속죄사역과 의로 말미암은 무조건적인 선물 때문에 우리를 구원해 달라고 하나님께 간구해야 한다.

③ 그것은 하나님께서는 반드시 그의 약속하신대로 행하시는 분이심을 믿는 것이며, 이 세상과 오는 세상에서 그리스도를 우리 구세주로 신뢰하는 것을 의미한다.

(10) 죄의 사면 이외에 의롭다 하는 믿음을 소유한 사람을 위해 하나님께서 하시는 일은 또 무엇인가?

사람의 죄를 용서해주시는 것 외에 하나님은 그를 의롭다고 간주하시고 영접해 주신다. 의롭게 하다는 말은 "마치 내가 그 일을 한 것처럼"으로 해석되어 왔다. 그러나 의롭게 하다는 마치 내가 항상 완전한 삶을 살았던 것을 의미한다는 것은 맞는 말이다. 이는 내가 마치 전혀 죄를 범하지 않았을 뿐만 아니라 마음과 목숨과 힘과 뜻을 다하여 주 하나님과 이웃을 사랑했음을 의미한다. 그리스도께서 흘리신 보혈이 우리 죄를 없애 주셨을 뿐 아니라 하나님의 계명을 성취하신 완전하고 흠이 없으며, 의로우신 예수 그리스도의 삶이 의롭게 하는 믿음을 소유한 우리에게 전가된 것이다.

(11) 의롭다 하는 믿음 이외에 또 어떤 종류의 믿음이 있는가?

의롭다 하는 믿음 이외에는 역사적 믿음과 일시적 믿음이 있다.

(12) "역사적 믿음"이란 무엇인가?

역사적 믿음이란 마치 조지 워싱턴이나 아브라함 링컨과 같이 예수님을 단순히 역사적 인물로 믿는 것을 뜻한다. 역사적 믿음을 소유한 자들은 예수 그리스도께서 사셨고 말씀하셨으며, 특별한 일을 하셨고 십자가에 못 박히셨음을 믿으며, 심지어 예수님께서 죽은 가운데서 다시 살아나시고 하늘로 올라가신 것도 믿는다. 그러나 이 모든 것이 그에게는 단순한 역사적 정보에 불과한 것이다. 그에게는 그리스도를 그의 구세주로 믿는 개인적 믿음과 신뢰가 없다.

(13) "역사적 믿음"만으로 구원받을 수 있는가?

그럴 수 없다. 우리는 야고보서 2:19에서 마귀도 이러한 종류의 믿음을 가지고 있다는 것을 알 수 있다. 그러나 이러한 믿음이 그를 구원하지 못한다. 이는 단지 그들을 두렵게 하고 떨게 만들뿐이다.

(14) "일시적 믿음"이란 무엇인가?

이 믿음은 먼저 구원적 믿음과 유사하게 보일 것이다. 그러나 그 마음 속에 뿌리가 없기 때문에 시간이 흐르면 금방 사라지고 말 것이다. 우리는 이러한 믿음을 씨 뿌리는 비유에서 배울 수 있다. 일시적 믿음은 종종 대단한 흥분과 사람들의 감정이 최고조에 이르는 "부흥"의 결과로 발생하기도 한다. 그들은 "회심한" 것으로 고백하지만 시간이 흐르고 나면 다시 이전 죄악된 사람의 방식으로 돌아가고 종교와 신앙에는 관심을 잃게 된다.

(15) "일시적 믿음"은 의롭게 하는 참된 믿음과 어떻게 구별되는가?

이 두 가지 믿음을 구분하는 가장 확실한 방법은 시간을 두고 보는 것이다. 참된 믿음은 시간이 흐를수록 머물며 성장한다. 그러나 일시적 믿음은 시들고 죽어버릴 뿐이다. 어떤 이의 믿음이 감정적 흥분으로 인해 갑자기 크게 솟아오른다 해도 우리는 그것이 참된 구원적 믿음이 아니라 일시적 믿음일 수 있다는 사실을 명심해야 할 것이다.

제73문 믿음이 어떻게 하나님 앞에서 죄인을 의롭게 하는가?

답 믿음이 하나님 앞에서 죄인을 의롭게 하는데, 이는 믿음에 항상 수반하는 다른 은혜나 그 열매인 선행 때문이 아니며, 믿음의 은혜나 그 행위가 칭의를 위해 그에게 전가되는 방식도 아니고, 단지 믿음은 그가 그리스도와 그의 의를 받아 적용하는 방편일 뿐이다.

1) 관련성구

- 갈 3:11; 롬 3:28: 성경은 믿음을 "율법" 그리고 "행위"와 대조시킴. 따라서 우리는 믿음에 따라오는 여러 은혜들이나 또는 믿음의 열매인 선한행위로 의롭다 함을 받는 것이 아니다.
- 롬 4:5; 롬 10:10: 칭의를 위해 그리스도를 믿는 것과 칭의를 위한 율법의 행위가 대조되어 있음. 그러므로 믿음은 신자의 사역이 아니라 그리스도의 사역을 받아들이는 것이며, 칭의의 근거로서 믿음 자체가 신자에게 전가되는 것이 아니다.

• **요 1:12; 빌 3:9; 갈 2:16**: 칭의에 있어서 믿음은 단순히 그리고 전적으로 구원을 위한 그리스도의 의에 접근하게 하는 도구이다.

2) 해설

(1) 믿음은 우리 칭의의 수단인가, 근거인가, 아니면 둘 다인가?

믿음은 우리 칭의의 수단이지만 근거는 아니다. 성경의 언어에 따르면 우리는 믿음으로 또는 믿음을 통하여 의롭다 함을 얻지만 믿음 때문에 의로워지는 것은 아니다.

(2) 칭의의 유일한 근거는 무엇인가?

칭의의 유일한 근거는 우리 주 예수 그리스도의 속죄사역과 그 분의 의이다. 우리는 그리스도의 의를 근거로 믿음을 통하여 은혜로 말미암아 구원을 받는다. 우리 구원의 근원은 은혜이며, 수단은 믿음이고 근거는 그리스도의 종결된 구속사역이다.

(3) 성경에서 믿음은 신자의 "선행"으로 간주되는가?

그렇지 않다. 믿음은 그리스도를 구주로 고백하고 신뢰하는 신자의 행위이다. 그러나 성경에서 이 믿음은 "행위"로 간주되지 않는다. 오히려 이 믿음은 에베소서 2:8-9에 나타난 바와 같이 "행위"와 대조되어 있다. "너희가 그 은혜를 인하여 믿음으로 말미암아 구원을 얻었나니 이것이 너희에게서 난 것이 아니요 하나님의 선물이라 행위에서 난 것이 아니니 이는 누구든지 자랑치 못하게 함이니라." 만일 믿음이 "행위"로 간주된다면 그것은 신자로 하여금 그의 믿음을 자랑할 여지를 주는 것이다. 그러나 믿음으로 말미암은 구원은 "행위에서 난 것이 아니니 누구든지 자랑치 못하게 함이니라"는 표현으로 정의되어 있는 것이다. 따라서 믿음은 "행위"로 간주되지 않고 그 안에 어떤 공로적 요소도 없으며, 어떤 의미에서도 구원의 근거가 될 수 없다. 또한 대요리문답이 성경과 마찬가지로 "선한 행위"를 믿음의 열매로 간주함을 주목하라. 따라서 믿음은 그 자체로 신자의 선한 행위가 될 수 없다. 오히려 믿음은 신자 안에 행하시는 하나님의 선한 행위인 것이다.

(4) 우리 구원에 있어서 믿음의 장소성에 대해 종종 어떤 오류가 발생하는가?

믿음으로 말미암는 구원이 원래 행위언약에 선언된 의미보다 하등한 의미인 영생을 의미한다는 오류이다. 이 그릇된 교훈에 의하면 죄인된 우리가 적당한 의를 소유하지 않고 있기 때문에 하나님께서 은혜롭게 그 요구조건을 낮추시고 의의 자리를 대신한 믿음을 수용하기를 동의하셨다고 한다. 이 교훈은 사도바울이 창세기 15:6로부터 인용한 로마서 4:3절 즉 "아브라함이 하나님을 믿으매 이것이 저희에게 의로 여기신 바 되었느니라"는 말씀에 대한 그릇된 해석에 근거한다. 이 그릇된 교훈은 이 본문을 다음과 같이 해석한다. "아브라함에게는 하나님께서 원래 요구하신 완전한 의가 없었다. 그러나 그에게는 믿음이 있었고 그래서 하나님께서는 은혜롭게 이 믿음을 의 대신에 수용하셨다." 그러나 이 해석은 우리 칭의의 근거에 관한한 다른 성경은 말할 것도 없고, 로마서와 갈라디아서의 전체 교훈과 완전히 배치된다. 예를 들면, 로마서 5:12-21에는 그리스도께서 행위언약을 성취하시고 그리스도의 의가 우리 칭의의 근거가 되심을 교훈하는 아담과 그리스도간의 정교한 병렬적 대조가 기록되어 있다. 로마서 4장의 정황은 로마서 4:3에 대한 위의 해석이 그릇되었음을 잘 보여준다. 왜냐하면 2절과 4절 그리고 5절이 계속해서 아브라함이 행위로 의롭다 함을 받지 않았다고 말하고 있기 때문이다. 따라서 아브라함의 경우 믿음은 의를 대신하는 "행위"로 간주될 수 없는 것이다. 로마서의 다른 부분과 비교해 볼 때 로마서 4:3의 진정한 의미는 다음과 같다. "아브라함이 하나님을 믿었으며 하나님의 약속 안에 있는 이 믿음을 수단으로 그리스도의 완전한 의가 아브라함 자신의 의인 것처럼 그에게 전가되었다." 하나님께서는 완전한 의가 아니면 그 어떤 것도 받지 않으신다. 그래서 하나님께서는 우리를 대신하신 그리스도의 완전한 의를 받으시는 것이다.

(5) 믿음은 "단지 도구"라는 말은 무엇을 의미하는가?

이는 우리 구원과 관계한 모든 의와 우리 구원에 관계된 모든 능력이 전적으로 하나님으로부터 온다는 것을 의미한다. 믿음은 단지 이를 연결시켜 하나님의 은혜를 받아들이는 채널에 불과하다.

(6) 믿음에 관한 로마 가톨릭 교회의 오류는 무엇인가?

로마 가톨릭 교회는 믿음을 공로적 은혜, 즉 "선한 행위"의 한 형식이라고 가르친다. 가톨릭교회의 일반 요리문답은 "믿음", "소망", "자애" 등을 하나님의 은혜 또는 은사들이라고 부르며 이에 부가하기를 은혜가 없이는 천국에 도달할 수 있는 공헌을 할 수 없기 때문에 은혜는 구원에 필수적이라고 교훈한다. 결국 이는 우리가 하나님의 도움이 없이는 우리 스스로를 구원할 수 없지만 하나님이 도와주시면 우리 스스로를 구원할 수 있다고 말하는 것이나 매한가지이다. 진실은 믿음이 무조건적인 선물로 받는 하나님의 은혜 또는 선물이라는 것이며, 이 믿음은 우리의 공로가 아닌 그리스도가 우리를 위하여 공헌하신 것이라는 사실이다.

(7) 믿음에 관한 자유주의자들의 일반적 오류는 무엇인가?

현대주의나 자유주의는 믿음을 우리를 그리스도의 의와 연결시키는 수단이 아닌 "도덕"이나 "자기 과신"과 같이 그 자체로 어느 정도 가치를 지닌 것으로 보는 경향이 있다. 자유주의는 믿음을 그리스도의 속죄사역과 의를 목적하게 하는 신학적인 견해로 보지 않고 사람 속에 무엇을 생산하는 가치 있는 마음의 상태로서의 심리적인 견해로 간주한다. 자유주의에 의하면 중요한 것은 무엇을 또는 누구를 믿느냐가 아니라 그 믿는 행위 또는 태도이다. 말할 필요도 없이 믿음에 대한 이 현대의 "자유주의적" 사상은 오직 은혜로 말미암는 칭의 교리를 완전히 파괴할 뿐 아니라 믿음과 구원에 대한 성경의 전체교훈을 파괴한다. 말하자면 믿음에 대한 자유주의적 견해는 기독교를 파괴하는 사상인 것이다.

제74문 양자로 삼는 것이란 무엇인가?

답 양자로 삼는 것은 그의 독생자 예수 그리스도 안에서 또는 그를 위하여 하나님께서 거저 주시는 은혜의 행위인데, 이것으로 말미암아 의롭다함을 받은 모든 사람들이 하나님의 자녀의 수효에 들게 하시고 그의 이름을 그들에게 주시며 그의 아들의 영을 그늘에게 수시고 하늘 아버지의 보호와 다스림을 받게 하시며, 하나님의 아들들이 갖는 온갖 특권을 받게 하실 뿐 아니라 모든 약속의 후사로 삼으시고 영광 중에 그리스도와 함께 후사가 되게 하시는 것이다.

1) 관련성구

- **요일 3:1:** 양자는 하나님의 무조건적 은혜의 행위 즉 받을 자격이 없는자에게 베푸시는 하나님의 사랑의 선물이다.
- **엡 1:5; 갈 4:4-5:** 하나님의 양자의 행위는 하나님의 독생자 예수 그리스도 안에 이루어진다.
- **요 1:12:** 그리스도 안에 있는 모든 신자는 즉 모든 의롭다함을 받은 자들은 또한 하나님의 자녀로 입적된다.
- **고후 6:18; 계 3:12:** 양자를 통해 하나님의 성호가 신자에게 새겨진다.
- **갈 4:6:** 양자와 관련해서 신자들에게 성령이 주어진다.
- **시 103:13; 잠 14:28; 마 6:32:** 하나님의 자녀로 입양된 자들은 하나님의 사랑과 보호 아래 있다.
- **히 6:12; 롬 8:17:** 하나님의 자녀로 입양된 자들은 하나님의 모든 약속의 참여자가 되며, 그리스도와 함께 영광의 후사가 된다.

2) 해설

(1) 칭의와 양자의 차이는 무엇인가?

칭의는 우리의 신분에 대한 법적 변화이다. 양자는 우리의 사적인 신분의 변화이다. 칭의는 하나님의 면전에서 우리를 의롭다고 선언한다. 양자는 우리를 하나님의 자녀 삼는다. 칭의는 우리를 하나님 왕국의 시민으로 만들고 양자는 하나님 가족의 구성원으로 만든다. 하나님은 칭의를 통해 심판자로 일하시고 양자를 통해서는 아버지로 일하신다.

(2) 왜 양자가 은혜의 "행위"라고 묘사되는가?

왜냐하면 양자는 특별한 시간에 순간적으로 발생하기 때문이다.

(3) 양자는 칭의 전에 오는가 후에 오는가?

대요리문답에 나타난 논리적 순서에 의하면, 칭의가 먼저 오고 후에 양자가 온다. 그러나 그리스도인의 경험에 있어서 하나님의 이 두 가지 행위는 동시적으로 발생한다.

(4) 양자되지 않고도 의롭다 함을 받을 수 있으며, 의롭다 함 없이도 양자될 수 있는가?

결코 그럴 수 없다. 이 하나님의 두 가지 은혜의 행위는 동시적으로 발생한다. 칭의와 양자는 서로 구분될 수 있다. 왜냐하면 그것들은 각각 다른 의미를 지니고 있기 때문이다. 그럼에도 그것들은 서로 분리될 수 없다. 의롭다 함을 받은 사람은 동시에 하나님의 가족의 구성원으로 입양된다. 참된 하나님의 자녀는 종교적 의미에서 볼 때, 또한 의롭다함을 받은 자이다.

(5) 왜 오늘날 종종 양자 교리를 홀대하거나 부인하는가?

왜냐하면 전 세계에 만연해 있는 "하나님의 전 우주적인 부성 교리" 때문이다. 만일 하나님께서 모든 이들의 아버지시라면, 모든 이들은 이미 하나님의 자녀이며 양자 교리는 아무런 의미를 지니지 못할 것이다. 만일 이 세상에 있는 모든 자들이 그 본성상 다 하나님의 자녀라면, 하나님의 가족으로 입양할 필요가 없는 것이다. 많은 그리스도인들은 이러한 "하나님의 전우주적인 부성"의 개념이 그릇된 교리이며, 성경의 지지를 받지 못한다는 사실을 잘 깨닫지 못하고 있다.

(6) 우리가 하나님의 자녀로서 양자되었는지 개인적 경험을 통해 알 수 있는가?

갈라디아서 4:6; 로마서 8:15-16을 보라.

(7) 양자가 관계하는 특별한 축복들은 무엇인가?

① 그의 자녀로서 하나님과 특별하고도 친밀한 관계이다.
② 우리 마음에 내주하시는 성령 하나님이시다.
③ 이생에서 하나님의 약속에 대한 모든 권리이다.
④ 그리스도와 함께 한 후사로서 영원한 영광에 대한 권리이다.

(8) 우리는 몇 번이나 하나님의 가족으로 양자되는가?

칭의와 마찬가지로 양자 역시 우리 일생동안 단 한 번 발생하는 것이다.

(9) 하나님의 가족으로 양자되는 것을 상실할 수 있는가?

결코 그럴 수 없다. 한번 하나님의 가족이 되면 우리는 영원토록 하나님의 자녀이다. 이 특권은 결코 상실될 수 없는 것이다.

(10) 우리가 하나님의 가족이 된 느낌이나 의식을 상실할 수는 있는가?
그럴 수 있다. 죄에 빠지고 성령을 근심케 함으로 우리가 하나님의 자녀라는 확신과 의식을 상실할 수 있다. 이 문제는 제81문 "모든 진실한 신자들은 그들이 지금 은혜의 상태에 있음과 장차 구원받을 것을 항상 확신하는가?"라는 질문을 통해 더 상세하게 다룰 것이다. 구원은 상실될 수 없다. 그러나 그것에 대한 확신은 정도에 따라서 잠시 동안 상실될 수 있다. 양자 역시 상실될 수 없다. 그러나 양자된 특권과 즐거움을 잠시 동안 상실할 수도 있는 것이다.

(11) 하나님의 자녀로 입양된 이후 우리에게 부과되는 특별한 의무는 무엇인가?
살아계신 하나님의 아들과 딸의 자격으로 살아가는 의무이다. 고린도후서 6:14-18을 보라.

제75문 거룩하게 하심이란 무엇인가?

답 거룩하게 하심이란 하나님의 은혜의 역사인데, 이로 말미암아 거룩하게 하시려고 하나님께서 창세 전에 택하신 자들이 때가 되매 강력한 성령의 역사를 통하여 그리스도의 죽음과 부활의 적용을 받게 하신다. 그럼으로 인하여 하나님의 형상을 좇아 온 사람이 새롭게 되고, 생명에 이르는 회개의 씨와 그 밖에 다른 구원의 은혜들을 그들의 마음속에 두고, 그 은혜들이 고무되고 증가되고 강화되어 그들로 하여금 점점 더 죄에 대하여 죽게 하고 새로운 생명에 대하여 살게 하는 것이다.

1) 관련성구
- 엡 1:4; 고전 6:11-12; 살전 2:13: 하나님께서 영원 전부터 거룩하게 하시려고 선택하신 자들은 그의 성령을 통하여 시간 역사 안에서 거룩해진다.
- 롬 6:4-6: 성령께서 신자의 거룩을 위하여 그리스도의 죽음과 부활을 신자에게 적용시키신다.
- 엡 4:23-24: 성화는 하나님의 형상을 본받도록 전인을 새롭게 하는 사역이다.
- 행 11:18; 요일 3:9: 성화를 통하여 회개의 "씨" 또는 뿌리와 모든 구원의 은혜들이 신자의 마음속에 새겨진다.

- 유 20; 히 6:11-12; 엡 3:16-19; 골 1:10-11: 성화를 통하여 신자의 마음 속에 새겨진 은혜들이 촉진되고 증가되며 강화된다.
- 롬 6:4, 6, 14; 갈 5:24: 성화는 죄에 대하여 죽게 하고 의에 대하여 더욱 살게 한다.

2) 해설

(1) 왜 성화가 하나님의 무조건적인 은혜의 행위가 아니고 은혜의 사역인가?

왜냐하면 칭의와 양자와는 달리, 성화는 행위가 아니라 과정이기 때문이다. 칭의와 양자는 순간적인 짧은 시간에 동시에 발생하는 동시적인 행위이다. 그러나 성화는 중생된 시점부터 시작해서 영혼이 영광의 상태에 진입하게 되는 죽음에 이르기까지 계속되는 전 생애적인 과정이다.

(2) 누가 거룩하게 될 것인가?

세상에 기초를 세우시기 전에 거룩하게 하시려고 선택하신 택자들, 오직 그들만이 거룩하게 될 것이다.

(3) "거룩하게 하심"이란 무엇을 의미하는가?

그것은 거룩하게 만드는 것을 의미한다.

(4) 신약 성경이 언급하고 있는 두 종류의 성화는 무엇인가?

① 하나는 지위의 성화 또는 외면적 특권에 관한 성화이다. 이러한 종류의 성화는 고린도전서 7:14에 언급되어 있다. 이것은 특정한 영적 복락과 특권과 관계하지만 거룩하게 된 자의 영원한 구원은 관계없는 것이다.

② 다른 하나는 개인적 성화 또는 변화되고 경건한 인격의 성화이다. 이 사적인 성화는 고린도전서 6:11에 언급되어 있다. 이러한 방식으로 거룩하게 된 자는 구원받은 자이며 영생의 후사가 된다.

(5) 우리가 본 요리문답에서 연구하고 있는 성화는 어떤 종류의 성화인가?

두 번째 성화, 즉 삶과 인격의 사적인 성화이다.

(6) 성화의 역사에 관계된 능력은 무엇인가?

성령 하나님의 전능하신 능력이다.

(7) 성령께서 그리스도의 죽음과 부활을 거룩하게 된 자들에게 적용하신다는 것은 무엇을 의미하는가?

이는 그리스도께서 그의 고난과 죽음을 통하여 그리고 그의 부활을 통하여 보증하신 택자들을 위한 유익들이 실제로 성령의 역사하심을 통해 그리스도인에게 수여됨을 의미한다. 성부 하나님께서는 우리 구원을 계획하셨고, 성자 하나님께서는 우리 구원을 성취하셨다. 그리고 성령 하나님께서는 그 유익을 실제로 경험하게 하기 위하여 우리에게 그 구원을 적용하시는 것이다.

(8) 거룩하게 되는 자는 "온 사람이 새롭게 되는 자"라는 말은 무엇을 의미하는가?

이는 무엇보다도 먼저 데살로니가전서 5:23에 나타난 바와 같이 성화가 영혼과 육체 모두에 관련된 것임을 의미한다. 둘째, 성화는 영의 한 기능에 제한되지 않고 모든 것을 포함한다는 말이다. 이것은 마음과 지성과 감정과 느낌과 의지와 결정의 능력 모두와 관계한다.

(9) 성령께서 성화의 역사를 이루시는 이상형 또는 본보기는 무엇인가?

본보기는 "하나님의 형상"이다. 인간은 하나님의 형상대로 지음을 받았다. 그러나 그는 범죄했으며, 인간 안에 있는 하나님의 형상은 상실되었고 황폐되었다. 그럼에도 불구하고 그것이 완전히 파괴된 것은 아니다. 모든 인간 안에 있는 하나님의 형상은 황폐되었지만 아직 부분적으로는 남아 있다. 따라서 성화를 통하여 이 하나님의 형상이 회복된다. 이 하나님의 형상은 주로 지성과 의와 거룩으로 구성되어 있다.

(10) 성화의 과정을 묘사하기 위하여 신약성경을 따라 대요리문답이 사용하는 비유어법은 무엇인가?

그것은 죽음과 부활의 비유이다. 또는 죄에 대해 죽고 생명에 대해 사는 것을 의미한다.

(11) 이 비유를 통하여 그리스도인은 어떤 교훈을 얻을 수 있는가?
① 우리는 우리 생애에 있어서 가장 사소한 죄라도 용납해서는 안된다. 우리는 죄에 대해 십자가에 못 박혀 죽었다.
② 거룩의 과정에 관한 한 우리는 우리 스스로 아무런 공헌도 할 수 없음을 알아야 한다. 죽은 자가 스스로 살아날 수 없듯이 생명에 대해 사는 것은 하나님의 능력에 달린 일이다.

(12) 성화에 관련하여 오늘날 유행하는 두 가지 오류는 무엇인가?
① 율법폐기론(antinomianism)이다. 이는 그리스도인은 더 이상 하나님의 도덕법을 지킬 의무가 없다는 것을 의미한다. 이 오류는 물론 성화가 필요하지 않음을 전제한다.
② "완전 성화" 또는 "죄 없는 완전함"이라 불리는 완전주의(perfectionism)이다. 이 완전주의는 성화는 과정이 아니라 이 세상에 살아가는 특정한 시간에 완성될 수 있는 행위라고 교훈한다.

(13) 성화문제와 관련하여 우리가 취할 태도는 무엇인가?
우리는 성화의 성경적 교리를 잘 이해하려고 노력할 뿐 아니라 우리의 사적인 경험을 통하여 그것의 실재와 능력을 경험해야 한다.

제76문 생명에 이르는 회개란 무엇인가?

답 생명에 이르는 회개란 하나님의 성령과 말씀에 의해서 죄인의 마음속에 이루어지는 구원의 은혜이다. 그로서 자기의 죄의 위험성과 더러움과 추악함을 보고 느끼고 통회하게 된다. 따라서 그리스도 안에서 베푸시는 하나님의 긍휼하심을 깨닫고 자기 죄를 몹시 슬퍼하고 미워하는 나머지 그 모든 죄를 떠나 하나님께로 돌아와 범사에 새로 순종하면서 하나님과 함께 끊임없이 동행하기로 목적하고 노력하게 되는 것이다.

1) 관련성구
 • 딤후 2:25: 생명에 이르는 회개는 구원의 은혜 또는 하나님의 선물이다.

- **슥 12:10; 행 11:18-21:** 생명에 이르는 회개는 성령과 하나님의 말씀에 의하여 죄인의 마음에 새겨진다.
- **겔 18:28-32; 눅 15:17-18; 호 2:6-7:** 참된 회개를 통하여 죄인은 그의 죄의 위험을 철저하게 깨닫는다.
- **겔 36:31; 사 30:22:** 참되게 회개한 죄인은 죄의 위험을 인지할 뿐만 아니라 그것의 더러움과 불쾌함을 깨닫는 자이다.
- **욜 2:12-13:** 참된 회개는 항상 그리스도 안에 있는 하나님의 용서하시는 자비를 깨닫는다.
- **렘 31:18-19:** 참되게 회개한 자는 죄에 대하여 깊이 슬퍼하고 후회한다.
- **고후 7:11:** 참되게 회개한 자는 실제로 그의 죄를 혐오한다.
- **행 26:18; 겔 14:6; 왕상 8:47-48:** 참된 회개는 모든 죄로부터 떠나 하나님을 향하게 한다.
- **시 119:6, 59, 128; 눅 1:6; 왕하 23:25:** 참된 회개는 하나님의 뜻에 대한 새로운 순종이라는 신실한 목적을 갖게 한다.

2) 해설
(1) 대요리문답은 왜 단순히 "회개"라고 말하지 않고 "생명에 이르는 회개"라고 말하는가?

왜냐하면 생명에 이르지 못하는 회개도 있기 때문이다. 유다는 그의 정죄됨을 보고 "스스로 뉘우쳐 스스로 목매어" 죽었다(마 27:3-5). 이 그릇된 회개는 하나님의 뜻대로 하는 근심이라 불리는 참된 회개와 대조되는 것으로 "세상 근심"이라고 불린다(고후 7:10). 이 근심은 "사망을 이루는 세상 근심"이다. 즉 이것은 "생명에 이르는 회개"가 아니요 "사망을 이루는 근심"인 것이다. 그 결과는 영생이 아니라 영원한 사망이다.

(2) "생명에 이르는 회개"가 왜 "구원적 은혜"라 불리는가?

왜냐하면 그 결과가 구원 또는 영생이기 때문이다. 이것은 우리가 자연적으로 취득하는 것이 아니라 하나님으로부터 선물로 받기 때문에 "은혜"라 불리는 것이다.

(3) 성경의 교훈에 의하면 회개는 누구에게 필요한 것인가?
한 사람도 예외가 없이 회개가 필요하다. 성경에 기록된 회개하라는 요구는 우주적인 명령이다. 세례요한과 예수님도 그들의 설교를 통하여 선인이든 악인이든 무식자든 유식한 자든 관계없이 "회개하라"고 외치셨다. 그들은 "너희들이 저지른 후회할 만한 짓을 회개하라"든지 하지 않고 "죄인들인 너희들이여 회개하라"고 하시지 않고 조건과 제한이 없이 "회개하라"고 하신 것이다.

(4) 생명에 이르는 회개는 죄인의 마음에 어떻게 발생하는가?
하나님의 말씀과 성령에 의해서 발생한다. 여기 하나님의 말씀이란 물론 성경뿐만 아니라 성경 안에 내포된 구원적 진리의 메시지 즉 읽혀지고 선포되고 다른 방법으로 전파되는 예수 그리스도의 복음까지 포함한다. 생명에 이르는 회개는 성령의 역사 없이 말씀으로만은 발생하지 않으며, 또한 말씀 없이 성령의 역사만으로도 발생하지 않는다. 성령께서는 말씀의 진리를 사용하시고 적용하심으로써 생명에 이르는 회개를 낳는다. 이는 복음이 선포되지 않는 곳에서는 성령께서 사람들의 구원을 역사하지 않으심을 암시한다. 성령께서는 말씀이 선포되고 알려진 곳에서 역사하는 법이다.

(5) 죄인이 그의 죄의 위험을 자각하는 것만으로 충분한가?
그렇지 않다. 하나님의 형벌에 대한 두려움 역시 사람들로 하여금 구원을 위하여 그리스도에게 나오게 만든다. 그러나 형벌에 대한 두려움만으로는 충분치 않다. 지옥에 대한 두려움만으로 그리스도인이 된 자는 전혀 참된 그리스도인이 아니다. 우리는 죄가 가져온 고난과 비참 뿐만 아니라 우리 자신의 죄까지 슬퍼해야 한다. 우리는 죄가 위험한 것이기 때문이 아니라 죄가 잘못된 것이기 때문에 죄로부터 떠나야 한다.

(6) 죄의 위험 이외에 우리는 죄에 대해 무엇을 깨달아야 하는가?
우리는 죄의 "더러움과 추악함"을 깨달아야 한다. 즉 우리 죄가 하나님의 성품과 거룩에 부합되지 않으며 더럽고 추악하며 혐오할만한 것임을 발견해야 한다.

(7) 왜 우리는 그리스도 안에서 베푸시는 하나님의 긍휼을 깨달아야 하는가?
그리스도 안에서 베푸시는 하나님의 긍휼하심을 깨닫지 않고서는 우리의 회개가 구원으로 연결되지 못하고, 도리어 죄가 하나님의 영원하신 진노와 저주를 받기에 합당함을 깨달음으로 절망에 머물게 하기 때문이다. 회개가 그리스도인의 경험이 되기 위해서는 오직 그리스도를 믿는 믿음과 병행되어 나타날 때뿐이다. 뉴욕시의 힌두교 사회는 웨스트민스터 소요리문답에 나타난 "생명에 이르는 회개"를 정의하면서 "그리스도 안에서 베푸시는 하나님의 긍휼"을 누락함으로 그들의 종교에 알맞게 바꾸었다. 이 누락으로 말미암아 그들은 모든 기독교적인 요소를 제거했다. 그 결과는 다음과 같다. "생명에 이르는 회개는 죄인이 그의 죄를 슬퍼하고 혐오함으로 그것으로부터 떠나 하나님을 향하게 하고 새로운 순종을 위해 노력하게 만드는 구원적 은혜이다." 힌두사회를 만족시킨 이 변화된 문장 안에는 전혀 성경적 기독교가 없는 것이다.

(8) 그리스도인이 죄에 대해 깊이 슬퍼하는 것은 필요한 일인가?

물론 매우 필요한 일이다. 죄는 사소하거나 하찮은 악이 아니다. 죄는 전적으로 악한 것이며, 가장 작은 죄라도 하나님의 영원하신 저주와 진노를 받기에 합당하다. 가장 작은 죄라도 하나님의 거룩하심과 모순된다. 따라서 그리스도인은 전 생애를 통하여 죄를 항상 슬퍼해야 한다.

(9) 회개는 행위인가 과정인가 아니면 태도인가?

인간적인 측면에서 보았을 때 죄는 하나님과 자신과 죄를 향한 마음과 지성의 태도이다. 그러나 생명에 이르는 회개는 태도 그 이상의 것이다. 그것은 의로운 삶을 살고자 하는 계속적인 진지한 노력이라는 행위를 낳는 태도이다.

(10) 우리가 그리스도를 믿을 때 단번에 회개해야 하는가 아니면 매일 회개해야 하는가?

사람이 그리스도를 처음 믿고 하나님을 향하게 되는 회심의 중대한 국면은 회개의 시간에 현저하게 발생한다. 그러나 회개는 단 한 번에 이루어지는 것은 아니다. 우리는 이 세상에서 매일 매일 언제나 회개의 태도를 취하며 살아야 한다.

(11) 우리의 회개가 참된 회개라는 것을 어떻게 알 수 있는가?

이 문제와 관련해서 우리 감정에 전적으로 의지하는 것은 그 감정이 매우 기만적이기 때문에 안전하지 않다. 종교적 경험의 유일하고도 확실한 시금석은 그 열매에 있다. 만일 우리 회개가 새롭고도 더 나은 삶을 위한 "목적과 노력"으로 이끄는 것이라면 우리는 그것을 참된 그리스도인의 회개 또는 "생명에 이르는 회개"라고 부를 수 있을 것이다.

(12) 오늘날은 왜 참된 회개가 적은가?

많은 이유가 있겠지만 가장 주된 이유는 오늘날에는 하나님의 계명의 말씀과 하나님의 거룩 그리고 죄에 대한 하나님의 진노하심에 대해 더 이상 설교하지 않기 때문이다. 이러한 주제들을 강조하는 대신 현대 개신교는 그 강조점을 바꾸었고 하나님을 오직 사랑의 하나님 즉 누구를 영원히 형벌하시기에는 너무 친절하신 하나님으로만 선언했기 때문이다. 죄는 악이기는 하지만 사람을 하나님으로부터 분리시킬 만큼 강력한 악도 하나님의 진노와 저주를 받을 만큼 심각한 악도 아니라고 제시한 것이다. 이 강조점의 변화와 진리의 부패로 인해 그 결과가 현저히 나타나고 있다. 하나님의 사랑에 대한 현대의 강조점의 불균형은 현대 개신교의 자기만족과 자기 의를 양산한 것이다. 성경은 그리스도께서 의인이 아니라 죄인을 불러 회개케 하기 위하여 왔노라고 교훈한다. 자신들을 의롭다고 간주하는 자들은 물론 회개할 필요를 느끼지 못할 것이다. 따라서 하나님과 그의 계명으로의 일반적인 복귀가 기독교의 믿음과 경험의 참된 부흥을 위한 근거가 될 것이다.

(13) 회개가 단순히 우리 자유의지의 성취가 아닌 하나님의 선물인 것을 어떻게 성경을 통해 증명할 수 있는가?

성경에는 사도행전 11:18과 디모데후서 2:25과 같이 회개가 하나님의 선물이라고 언급하는 많은 성경구절들이 있다. 또한 회개를 예레미야 31:18-19과 스가랴 12:10과 같이 하나님의 사역이라고 언급함으로 동일한 진리를 교훈하는 구절들이 있다.

(14) 우리 죄의 죄책은 회개로 없어질 수 있는가?

그렇지 않다. 우리 죄의 죄책은 오직 우리 구주 예수 그리스도의 보혈로만 없어질 수 있다.

(15) 만일 우리 죄를 없앨 수 없다면 회개할 필요가 없지 않는가?

그리스도께서는 단순히 우리를 구원하시기 위해서가 아니라 죄로부터 구원하시기 위해 이 세상에 오셨다. 그는 우리에게 단순히 영생을 주시기 위해서가 아니라 영원한 의를 주시기 위해 오신 것이다. 우리는 그리스도께서 제공하시는 것을 일부분만 받을 수는 없다. 우리는 다 받든지 아니면 하나도 받지 못하든지 둘 중 하나만 할 수 있다. 만일 우리가 의를 원치 않는다면, 영생도 얻을 수 없을 것이다. 죄로부터 구원받지 못한다면, 구원을 얻을 수도 없을 것이다. 회개하지 않는 자는 죄에 계속 거하고자 하는 자이다. 이러한 마음의 상태는 그리스도를 죄로부터 우리를 구원하시는 구세주로 영접하기를 거절하는 것이다. 우리는 불타고 있는 건물 안에 남아 있으면서 화재로부터 구출 받을 수 없듯이 죄를 소유한 채 죄로부터 구원을 얻을 수는 없는 것이다.

제77문 의롭다 칭하심(칭의)과 거룩케 하심(성화)은 어느 점에서 다른가?

답 비록 거룩하게 하심이 의롭다 하심과 불가분의 관계가 있지만 다른 점이 있다. 곧 의롭다 하실 때 하나님께서 그리스도의 의를 우리에게 돌리시는 반면, 거룩하게 하실 때에는 하나님의 영이 은혜를 주입하시어 신자로 하여금 그 은혜를 인하여 옳게 하시는 능력을 주신다. 전자에서는 죄가 용서되고, 후자에서는 죄가 억제되는 것이며, 전자는 보복하시는 하나님의 진노에서 모든 신자를 평등하게 해방하시되 현세에서 이를 완성하며 그들이 다시 정죄에 떨어지지 않게 한다. 후자는 모든 신자 간에 평등하지도 않고, 현세에서 결코 완성될 수도 없으며 다만 완성을 향해서 자라날 뿐이다.

1) 관련성구
- **고전 6:11; 1:30:** 칭의와 성화는 불가분리의 관계에 있다.
- **롬 4:6, 8:** 칭의를 통해 하나님은 죄인에게 그리스도의 의를 전가하신다.
- **겔 36:27:** 성화를 통해 하나님은 그리스도인에게 은혜를 주입하고 그것을 사용하게 하신다.
- **롬 3:24-25:** 칭의를 통해 죄가 사면된다.
- **롬 6:6, 14:** 성화를 통하여 죄가 정복된다.
- **롬 8:33-34:** 칭의는 이생에서 하나님의 진노로부터 모든 신자를 완전히 동등하게 자유케 하신다.
- **요일 2:12-14; 히 5:12-14:** 성화는 모든 그리스도인에게 동등하지 않으며 그들의 진보에 따라 다양하다.

- 요일 1:8, 10: 성화는 이생에서 완전해지지 않는다.
- 고후 7:1; 빌 3:12-14: 성화는 점진적 과정이지만 지상 이생에서 완전히 성취할 수 없는 것이다.

칭의와 성화가 동일한 부분
① 칭의와 성화는 긴밀히 연결되어 있는데 성화 없이 칭의 없으며 칭의 없이 성화도 없다. 하나를 가진 자는 반드시 다른 하나를 갖게 되어 있다.
② 하나님은 칭의와 성화의 저자요 원천이시다.
③ 칭의와 성화는 하나님의 은혜 즉 죄인을 향하신 특별한 사랑과 은총으로부터 나온다.

칭의와 성화가 다른 점
칭의는
① 하나님의 무조건적 은혜의 행위이다.
② 하나님께서 그리스도의 의를 전가시키시는 행위이다.
③ 하나님께서 죄를 사면하시는 행위이다.
④ 모든 경우에 완전하며 동등하다.
⑤ 이생에서 완전히 성취된다.
⑥ 정죄로부터 해방시키며 영생을 수여하시는 사법적 선고이다.

성화는
① 하나님의 무조건적 은혜의 역사이다.
② 하나님께서 은혜와 능력을 주입하시는 역사이다.
③ 하나님께서 죄를 정복하시는 역사이다.
④ 여러 다른 사람들에게 다르게 나타난다.
⑤ 이생에서 완전히 성취되지 않는다.
⑥ 신적으로 심겨지고 공급되는 그리스도인의 인격에 대한 영적 성장이다.

2) 해설
(1) 성화가 칭의와 긴밀하게 연결되어 있다는 말은 무엇을 의미하는가?
구원의 이 두 가지 중대한 요소가 구분됨에도 불구하고 분리될 수는 없음을 의미한다. 성화가 없는 칭의란 있을 수 없으며, 칭의가 없는 성화 역시 존재할 수 없다. 의롭게 된 자는 한 사람도 예외가 없이 거룩해지며, 그 반대도 마찬가지이다.

(2) 칭의와 성화가 불가분리의 관계에 있음을 성경을 통해 증명하라.

고린도전서 1:30이다. "너희는 하나님께로부터 나서 그리스도 예수 안에 있고 예수는 하나님께로서 나와서 우리에게 지혜와 의로움과 거룩함과 구속함이 되셨으니" 여기 칭의와 동일한 의미로서의 의가 거룩함 즉 성화와 연결되어 있으며 그리스도 예수는 우리에게 의와 거룩이 되었다고 기록하고 있다. 로마서 6:22이다. "그러나 이제는 너희가 죄에게서 해방되고 하나님께 종이 되어 거룩함에 이르는 열매를 얻었으니 이 마지막은 영생이라." 즉 칭의가 "거룩함에 이르는 열매" 즉 성화와 긴밀하게 연결되어 있다는 것이다.

(3) 칭의와 성화를 분리시키기 위해 사람들이 시도한 것들은 무엇인가?

① 오순절주의자들은 칭의가 성화와 동반되거나 후에 올 필요가 없다고 한다. 그들은 그리스도인을 두 종류로 구분하는 경향이 있다. 하나는 오직 칭의만을 받은 자들이며, 다른 하나는 칭의 받고 성화된 자들이다. 이러한 견해를 주장하는 자들은 성화를 이생에서 완성될 수 있는 것으로 본다. 이러한 동일한 경향이 그리스도인을 다음과 같이 두 가지로 분류하는 또 다른 사람들에 의해 주장되었다. 그들이 주장하는 그리스도인 가운데 하나는 성령을 받은 자들이며 다른 하나는 "구원"받았으나 성령은 받지 못한 자들이다. "누구든지 그리스도의 영이 없으면 그리스도의 사람이 아니라"(롬 8:9).

② 현대 "자유주의"는 무조건적 은혜로 말미암는 칭의 교리를 포기했으며, 칭의 교리 대신 성화교리를 촉진시켰다. 따라서 현대 자유주의 설교자들은 오직 하나님의 은혜로 말미암는 칭의의 진리를 더 이상 믿거나 설교하지 않으면서 "인격함양"과 그와 유사한 주제에 대해서는 침이 마르도록 설교한다. 이러한 오류는 위에 언급한 오순절주의자들보다 더욱 심각하다. 오순절주의자들은 성화라는 집을 짓지 못해도 칭의의 기초석은 가지고 있을 수 있다고 말한다. 반면에 자유주의자 설교자들은 그 밑에 그 어떤 기초석 없이도 훌륭하고 멋있는 성화의 집을 지을 수 있다고 말한다. 말하자면, 중생 받지 못한 인간의 본성을 가진 자들에게 있어서, 그 어떤 기초석이 없어도 성화가 가능하다는 것이다.

(4) "전가하다"와 "주입하다"의 의미상의 차이는 무엇인가?

"전가하다"는 단어는 법률적 용어이다. 이는 어떤 것을 그의 것으로 여기는 것을 뜻한다. 그리스도의 의를 사람에게 전가하는 것은 그리스도의 의를 그 사람의 것으로 여기는 것을 의미한다. 전가란 의나 죄책을 하나님의 책에 그의 공로나 채무로 기록하는 것을 뜻한다. 반면에 "주입하다"는 단어는 안에 부어주는 것을 뜻한다. 이는 하나님의 천국의 책에 기록되는 것을 의미하지 않고 하나님께서 지상생애를 살아가는 자의 마음과 영혼에 어떤 일을 행하시는 것을 의미한다. 이는 법적 신분의 변화가 아니라 개인적 인격의 변화이다. 하나님은 우리에게 그리스도의 의를 전가하시는 한편 우리 마음에는 우리 스스로 의를 계발할 수 있는 은혜와 능력을 부어주신다. 그리스도인이 여전히 이 세상에 있을 때 그리스도의 완전한 의가 전가된다. 그러나 하늘의 영광을 통해 그는 개인적 인격의 의라고 불리는 완전한 의를 옷 입을 것인데 이것은 그의 성화의 산물이다(계 19:8).

(5) 왜 하나님은 모든 신자의 성화를 이생에서 동일하게 만들지 않으셨는가?

물론 하나님께서 전능하시기 때문에 이생에서 모든 신자들의 성화를 동일하게 만드실 수 있었을 것이다. 그러나 하나님은 그렇게 하지 않으셨다. 그 이유는 성경에 나와 있지 않다. 그러나 우리는 이 일을 하나님께서 당신의 주권으로 그 뜻에 합당하게 행하신 것임을 믿는다(마 11:26). 우리는 하나님의 계획과 결정을 다 우리에게 설명하라고 요구할 권리가 없다. 그렇게 하는 것은 하나님과 사람 사이의 신앙적 관계에 모순되는 행위이다.

(6) 칭의와 성화의 구분이 우리 그리스도의 삶에 있어서 왜 중대한가?

이 구분은 이 두 가지를 언제나 혼동하는 경향이 있기 때문에 그리스도인의 삶에 있어서 대단히 중요하다. 그가 필요한 모든 성화가 칭의 안에 포함되어 있기 때문에 더 이상 개인적 거룩을 추구할 필요가 없다고 생각하는 사람은 매우 위험한 상태에 있는 사람이다. 왜냐하면 그는 진실로 의롭게 된 자가 아니기 때문이다. 다른 한편으로 성화 안에 모든 칭의가 다 포함되어 있다고 생각하는 사람 역시 매우 위험한 사람이다. 왜냐하면 이런 사람은 선한 행위를 통하여 자신을 구원코자 시도하는 자이기 때문이다. 따라서 칭의와 성화의 구분은 두 가지 극단, 즉 율법폐기론과 율법주의 모두를 극복함에 있어서 대단히 중요하다. 참된 신자는 이 두 가지 극단 모두를 피할 것이며, 칭의는 그의 구원의 기초이며, 성화는 그의 구원의 열매임을 깨달을 것이다. 우리는 이 두 가지 위대한 성경적 교리에 대해 전체 성경이 제시하는 진리 즉 그들의 유사성과 상이성 그리고 그들 사이의 관계를 올바로 견지하고 교훈해야 한다.

(7) 칭의와 성화의 차이가 이론상의 차이, 즉 추상적 교리의 차이인가 아니면 사소한 것을 신학적으로 따지고 구분하는 차이인가?

그렇지 않다. 이 주제는 모든 그리스도인의 실제적인 생활에 있어서 매우 심각하고도 중대한 주제이다. 신실한 그리스도인이라고 하면 이러한 문제들을 단순한 이론이나 추상적인 문제로 여기지 않을 것이다. 모든 진실한 그리스도인은 이 구분이 매우 중대하며, 칭의와 성화가 공기나 물이나 음식이 생명에 중대한 것 같이 그의 구원에 절대 필요한 것으로 인정할 것이다.

제78문 왜 신자의 거룩하게 됨이 완성될 수 없는 것인가?

답 신자의 거룩하게 됨이 완성될 수 없음은 그들의 모든 부분에 죄의 잔재가 머물고 있기 때문이며, 영을 거스려 싸우는 끊임없는 육의 정욕 때문이다. 이로서 신자들은 흔히 시험에 들어 여러 가지 죄에 빠지게 되어 그들의 모든 신령한 봉사에서 방해를 받는다. 그래서 그들의 최선을 다해 한 일이라도 하나님의 목전에는 불완전하고 더러운 것이 된다.

1) 관련성구
- 롬 7:18-23; 막 14:66-72; 갈 2:11-12: 신자 안에 남아있는 본성의 타락으로 인해 그들은 많은 유혹에 직면하고 죄에 빠지기도 한다.
- 히 12:1: 그의 본성에 남아있는 죄로 말미암아 그리스도인은 모든 영적 실행에 있어 방해를 받는다.
- 사 64:6; 출 28:38: 심지어 가장 고상한 그리스도인의 사역이라 할지라도 하나님 앞에서는 불완전하며 죄에 더럽혀진다.
- 요일 1:8; 약 3:2; 5:16; 빌 3:12-14; 잠 24:9; 전 7:20: 이생에서의 신자의 성화의 불완전성은 성경이 확증하는 것이다.

2) 해설

(1) 만일 그리스도인이 구원받은 것이 확실하다면 왜 대요리문답은 "신자의 성화의 불완전성"에 대해 말하는가?

성경과 기독교 교리에 나타난 구원이란 용어는 항상 동일한 의미로 사용된 것은 아니다. 그것은 복합적인 사상이며, 여러 요소들을 포함한다. 어떤 때는 이것들 중 한 가지가 언급되고 다른 경우엔 또 다른 요소가 언급된다. 올바로 이해되기만 하면, 일반적으로 그리스도인이 구원받은 자라는 것은 물론 사실이다. 그러나 용어의 엄밀성으로 말하자면, 그리스도인은 어떤 의미에서 구원받은 자이며, 또 어떤 의미에서는 구원받고 있는 자이며 또 다른 의미에서는 앞으로 구원받을 자이다. 그는 죄책으로부터 구원받은 자이며, 죄의 권세로부터 현재 구원받고 있으며, 죄의 존재로부터 앞으로 구원받을 것이다. 그리스도인은 칭의를 수여받았으며, 성화를 받고 있으며, 앞으로 영화될 것이다. 이런 의미에서 우리의 구원은 단 한번으로 끝나지 않고 여러 차례 구원 받는 것이다. 그리스도인의 성화가 이 지상생애를 살아가는 동안 계속되기 때문에 이생에서는 필연적으로 불완전성이 존재하는 것이다.

(2) 우리 성화는 우리 밖에 있는 어떤 것 때문에 불완전한 것인가 아니면 우리 안의 어떤 것 때문에 불완전한 것인가?

우리의 성화는 우리 안에 있는 어떤 것, 소위 중생 받은 이후에도 우리 안에 남아있는 죄성 때문에 불완전하다. 물론 그리스도인에게 있어서 그들 밖에 있는 것들, 즉 죄악된 세상과 마귀와 적대적인 상황들을 비난할 수도 있다. 그러나 진실은 우리의 죄악 된 본성 자체가 우리 성화의 진정한 불완전성의 원인이라는 사실에 있다.

(3) 그러나 세상이나 마귀 같은 외부적인 요인들 때문에 그리스도인들이 악과 타협하는 것은 아닌가?

세상과 마귀와 악한 친구들, 그리고 심히 취하게 하는 술과 같은 외부적 요소들이 악과 타협하는 원인이 될 수도 있다. 이 외부적 요소들은 우리의 죄성을 이용하며 이것들 때문에 실제 죄를 짓게 유혹을 받는다. 그러나 이러한 외부적인 요인들은 우리 안에 남아있는 죄성이 없다면, 실제로 죄를 짓게 만드는 권세가 없다. 우리 주 예수 그리스도께서도 이 모든 외부적 유혹들을 당하셨지만 결코 죄를 짓지 않으셨다. 그리스도의 경우에는 외부적 요소들이 강력하게 유혹할 요소인 죄성이 없었기 때문이다. 우리는 세상 속에 있는 모든 그리스도인들의 내부에 존재하는 죄성에 대해서는 전혀 언급하지 않으면서 세상과 마귀만을 큰 소리로 비난하는 만연해 있는 오류를 경계해야 한다. 단지 세상의 죄악을 정죄하는 것만으로는 그리스도인을 거룩하게 만들거나 그리스도인답게 만들지 못한다.

(4) 중생 받은 신자 안에 남아있는 죄악 된 본성에 대해 성경이 사용하는 이름은 무엇인가?

"옛 사람"(롬 6:6); "육체"(롬 7:18); "내 지체 안에 있는 죄의 법"(롬 7:23); "굳은 마음"(겔 36:26); "내 속에 거하는 죄"(롬 7:17); "사망의 몸"(롬 7:24) 등이다.

(5) 성경에 기록된 육체의 의미는 무엇인가?

이것은 성경에서 적어도 세 가지 다른 의미로 사용되었기 때문에 가장 이해하기 어려운 용어 가운데 하나이다. 그 세 가지 다른 의미는 다음과 같다.

① "혈과 육"이라는 표현처럼 순전히 신체적 의미로 사용된 경우이다. 이 경우 육체는 신체의 한 부분을 의미한다.

② "육체"는 예를 들면 "모든 육체는 풀이요 그 모든 아름다움은 들의 꽃 같으니"라는 표현에 나타난 것처럼 연약을 지닌 인간을 의미한다.

③ "육체"라는 용어는 "내 속 곧 내 육신에 선한 것이 거하지 아니하니"라는 표현처럼 심지어 그리스도인 안에도 나타나는 타락한 인간의 죄성을 의미한다. 우리는 육체가 인간 본성의 한 부분을 의미한다는 극단적인 오류를 경계해야 한다. 육체는 "낮은" 본성을 의미하지 않는다. 육체는 죄로 말미암아 부패되고 오염된 인간 본성 전체를 가리킨다.

(6) "육체"를 악한 어떤 것으로 언급하는 성경 구절의 이해에 대해 오늘날 유행하는 일반적인 오류는 무엇인가?

의심의 여지없이 이러한 구절들을 다룸에 있어서 나타나는 오류는 "육체"라는 단어를 단지 인간의 신체로 보는 것이다. 물론 실제로 육체는 요리문답이 인간의 모든 부분에 죄가 존재하고 있다고 말하는 바와 같이 죄로 오염된 인간의 전인을 포함하는 단어이다. 그러나 죄는 신체의 문제가 아니라 영혼과 영의 문제이며 인간 본성 전체와 관계하는 문제이다. 이 세상에서 죄의 타락으로 부패하고 오염되지 않은 인성은 전혀 없는 것이다.

(7) 성경에 의하면 평강와 갈등 중 어떤 것이 그리스도인의 삶을 특징짓는 단어인가?

성경에 따르면 그리스도인의 삶은 평강의 삶이요 갈등의 삶 모두이다. 그것은 하나님과 함께 하는 평강의 삶이요, 죄와 투쟁하는 갈등의 삶이다. 구원받지 못한 자는 하나님과 전쟁하는 자요 죄와 평화를 누리며 사는 자이다. 그러나 그리스도인은 하나님과 평화를 누리고 죄와는 전투하는 자이어야 한다.

(8) 어떤 사람이 죄와 전혀 갈등을 느끼지 않는다면 그의 신앙적 경험은 무엇을 암시하는가?

만일 어떤 사람이 죄와 전혀 갈등하지 않고 있다면, 그는 아마도 죄와 허물로 죽은 구원받지 못한 죄인일 것이다. 만일 죄와 조금만 투쟁하고 갈등한다면 그는 자신이 영적 침체와 나태, 그리고 게으름에 빠져 성령을 근심하고 있는 자가 아닌지 자신을 면밀히 살펴야 할 것이다. 이러한 그리스도인은 로마서 13:11절 말씀에 주의를 기울여야 한다. "자다가 깰 때가 되었으니 이는 이제 우리의 구원이 처음 믿을 때보다 가까웠음이니라."

(9) 그리스도인은 죄와의 고통스런 싸움 때문에 낙심해야 하는가?

결코 그럴 필요가 없다. 인간적 연약으로 말미암아 계속되는 싸움 속에서 잠시 낙심할 수 있지만 죄와의 고통스런 싸움은 아주 좋은 신호이다. 그것은 우리가 천국으로 가는 고속도로의 여행길에서 올바른 도로에 접어들었음을 의미하며, 모든 하나님의 백성들이 심지어 가장 거룩하며 최고의 그리스도인이라 할지라도 동일하게 겪어야 할 과정인 것이다. 따라서 죄와의 투쟁으로 낙심하는 대신 우리는 죄와 적게 싸우거나 아니면 전혀 죄와 갈등하지 않는 것에 대해 놀라야 할 것이다.

(10) 기도와 다른 영적 의무와 같은 것들이 경건하고 진지한 그리스도인들에게 조차 힘들고 어려운 이유는 무엇인가?

물론 의심의 여지없이 영적 의무는 그리스도인의 경험일 뿐만 아니라 하나님의 말씀의 교훈이다. 기도와 다른 영적 의무와 같은 것들이 힘들고 어려운 이유는 우리 안에 남아있는 죄성이 우리 "육체"를 십자가에 못 박는 영적 의무의 행사를 하지 못하도록 방해하기 때문이다. "육체의 소욕은 성령을 거스리고 성령의 소욕은 육체를 거스리나니 이 둘이 서로 대적함으로 너희의 원하는 것을 하지 못하게 하려 함이니라"(갈 5:17). 그렇기 때문에 대요리문답이 잘 지적하고 있듯이 신자들은 "그들의 모든 신령한 봉사에서 방해"를 받는다.

(11) 그리스도인의 삶을 전적으로 기쁘고 즐거우며 편안한 것으로 묘사하는 전도자들과 설교자들을 우리는 어떻게 평가해야 하는가?

그렇게 말하는 자들은 그들 자신의 마음에 존재하는 참된 악을 파악하지 못한 자들이다.

(12) 하나님 앞에서 볼 때, 우리의 가장 최고의 "선한 행위"의 진정한 본질은 무엇인가?

우리의 가장 선한 행위라 할지라도 우리 마음과 우리 삶에 남아있는 죄의 연약 때문에 불완전하며 하나님 앞에서 오염되었다.

(13) 죄와 싸우는 그리스도인의 전투에 대한 가장 대표적인 성경구절은 무엇인가?

하나님의 전신갑주를 취하라고 말하는 에베소서 6:10-18이다.

(14) "하나님의 전신갑주" 중에 무엇이 가장 중요한가?

무엇보다도 사악한 자의 화전을 소멸하는 믿음의 방패이다(엡 6:16).

제79문 참 신자들이 그들의 불완전과 그들이 빠진 여러 가지 유혹과 죄의 이유로 은혜의 상태에서 타락할 수 있는가?

답 하나님의 변할 수 없는 사랑과 그들에게 궁극적 구원을 주시려는 하나님의 예정과 언약과 그리스도와의 나눌 수 없는 연합과 그들을 위한 그리스도의 계속적인 간구와 그들 안에 거하는 하나님의 영과 씨로 인하여 참 신자들은 전적으로나 종국적으로 은혜의 상태에서 떨어질 수 없을 뿐만 아니라 하나님의 능력에 의해서 믿음으로 말미암아 구원에 이르기까지 보존된다.

1) 관련성구
- **렘 31:3:** 그의 백성을 향하신 하나님의 불변하시는 사랑.
- **딤후 2:19; 히 13:20-21; 삼하 23:5:** 그의 백성들에게 보존의 은혜를 주시려 하나님의 명령과 언약.
- **고전 1:8-9:** 그리스도와 신자 간의 분리할 수 없는 연합.
- **히 7:25; 눅 22:32:** 그의 백성을 향하신 그리스도의 중재.
- **요일 3:9; 2:27:** 하나님의 영과 씨가 그리스도인 안에 내주한다.
- **렘 32:40; 요 10:28:** 참된 신자는 전적으로 그리고 궁극적으로 은혜의 상태에서 떨어질 수 없다.
- **벧전 1:5:** 참된 신자는 구원에 이르는 믿음을 통하여 하나님의 능력으로 보호된다.

2) 해설

(1) 대요리문답이 논의하고 있는 이 질문에 대한 대답이 암시하는 사람의 부류는 누구인가?

진실로 중생받고 의롭다 함을 얻었으며 하나님의 자녀로 양자되고 거룩하게 되는 상태에 있는 참된 신자들이다.

(2) 이 질문이 논의하지 않는 부류의 사람들은 누구인가?

기독교인임을 자처하지만 진정으로 중생받지 않은 위선자들이다. 이들 중 어떤 이들은 단순히 신자인 체하는 사람들이다. 다른 이들은 실제로는 아닌데 그들이 중생했다고 스스로 속이는 자들이다. 또 다른 이들은 중생에 대해서는 도무지 무지하면서 선행과 인격으로 구원받을 수 있다고 생각하는 자들이다. 이들 중에 그 누구도 제79문에 대한 답변이 포함하는 사람은 없다.

(3) 참된 신자가 은혜의 상태에서 떨어질 수 있는가?

결코 그럴 수 없다. 그들은 전적으로 그리고 궁극적으로 은혜의 상태에서 떨어질 수 없다.

(4) 참된 신자가 전적으로 그리고 궁극적으로 은혜의 상태에서 떨어질 수 없음을 성경에서 증명하라.

신자가 우리 주 예수 그리스도 안에 있는 하나님의 사랑에서 떨어질 수 없는 16가지 이유를 담고 있는 요한복음 10:28; 로마서 8:35-39이다. 이 구절은 또한 "그 어떤 피조물이라도" 우리를 하나님의 사랑에서 분리할 수 없다는 말을 부가하고 있다. 참된 신자라도 은혜의 상태에서 떨어질 수 있으며, 영원히 상실될 수 있다고 말하는 사람들은 여기 사도 바울이 말하고 있는 이런 위협들 때문에 신자의 자유 의지가 그렇게 할 수 있다고 주장한다. 그러나 이런 이유로 인해 사도 바울이 마지막에 "그 어떤 피조물이라도"라는 말씀을 또 부가하고 있는 것이다. 그러나 그들은 또 신자의 자유의지가 피조된 것이 아니라고 주장한다. 그러나 피조된 존재로서의 신자의 자유의지는 결코 우리를 하나님의 사랑에서 끊을 수 없다는 것이 성경적인 결론임을 깨달아야 한다.

(5) "전적으로나 종국적으로" 라는 말에는 무엇이 암시되어 있는가?

이 말에는 참된 신자는 부분적으로나 한시적으로 은혜의 상태에서 떨어질 수 있다는 것을 암시한다. 사실상 이 부분이며 한시적인 떨어짐은 성경에서 가능성으로 묘사되었고 오늘날 우리 그리스도인들 가운데서도 관찰될 수 있는 사실이다.

(6) 참된 신자들은 그들의 의지적 능력과 열심 그리고 신실함으로 인해 멸망당하지 않는가?

결코 그렇지 않다. 만일 영원한 구원이 우리 자신들에게 달린 일이라면 우리들 중 구원받을 수 있는 자는 단 한 사람도 없을 것이다.

(7) 만일 우리의 영원한 안전이 우리 자신의 노력에 달린 일이 아니라면 무엇에 달린 일이란 말인가?

그것은 하나님의 사랑과 능력에 달려 있는 일이다.

(8) 대요리문답은 참된 신자가 결코 멸망하지 않는다는 것을 어떻게 성경을 통해 요약하는가?

대요리문답은 성경을 통해 다섯 가지 이유를 예로 든다.

① 하나님의 불변하시는 사랑이다.
② 보존의 은혜를 제공하는 하나님의 명령과 언약이다.
③ 그리스도와의 뗄 수 없는 연합이다.
④ 그들을 위한 그리스도의 끊임없는 중보이다.
⑤ 그들 안에 내주하시는 하나님의 영과 씨이다.

(9) 택자를 위한 하나님의 사랑이 영원하며 따라서 불변하시다는 것을 성경을 통해 증명하라.

예레미야 31:3은 그의 백성을 향하신 영원하신 하나님의 사랑을 말한다. 만일 이 사랑이 변하는 사랑이라면, 그것은 진정 영원한 사랑이 아니다. 만일 그것이 진정으로 영원한 사랑이라면 그것은 불변하는 사랑이어야 한다.

(10) 택자를 향하신 하나님의 사랑의 본질은 무엇인가?

택자를 향하신 하나님의 사랑은 그들의 복지를 위한 소망과 같은 일반적 사랑이 아니라 그들과 하나님과의 영원한 교제를 제공함에 있어서 실패가 없는 독특하고도 특별한 사랑이다.

(11) 하나님께서 그의 택자들을 은혜의 상태에서 떨어지지 않도록 하시기 위하여 약속하신 성경의 두 가지 본문을 제시하라.

시편 138:8; 빌립보서 1:6이다.

(12) 신자와 그리스도와의 연합이 불가분리의 연합이요 따라서 영원한 연합이라는 것을 성경을 통해 증거하라.

로마서 8:35-39; 시편 23:6; 73:24; 요한복음 17:24이다.

(13) 그의 백성을 위한 그리스도의 중보를 보여주는 구절을 복음서와 서신서에서 각각 한 구절씩 제시하라.

요한복음 17:9; 히브리서 7:25이다.

(14) 그리스도께서 그의 백성을 향한 중보를 멈추시는 경우가 있는가?

그렇지 않다. 그리스도의 중보는 가장 마지막 택자가 영원한 영광에 진입하는 그 날까지 계속될 것이다. 이유는 "그가 항상 살아서 저희를 위하여 간구"하시기 때문이다(히 7:25).

(15) 그의 백성을 향하신 그리스도의 중보가 효과적이라는 것을 우리는 어떻게 알 수 있는가?

성부 하나님은 언제나 예수 그리스도의 기도를 들어주신다. 왜냐하면 그리스도는 성부 하나님의 기뻐하시는 독생자이시며(마 3:17), 그가 하시는 모든 일은 하나님 아버지를 기쁘게 하시는 일이기 때문이다(요 8:29).

(16) 신자 안에 내주하시는 하나님의 영은 어떻게 그들이 은혜의 상태에서 떨어지지 않도록 하시는가?

성령께서는 구원받지 못한 자들의 심령 안에 내주하시지 않지만(요 14:17), 모든 신자의 마음에 내주하신다(요 14:17; 롬 8:9). 예수님은 성령께서 영원히 함께 하신다고 말씀하셨다(요 14:16). 만일 신자가 은혜의 상태에서 떨어지는 것이 가능하다면, 그것은 구원받은 신자가 다시 구원받지 못한 상태로 떨어짐을 의미한다. 그렇다면 성령께서는 구원받지 못한 자에게 내주하실 수 없기 때문에 다시 그 사람을 떠나야만 한다. 그러나 예수님께서는 성령께서 신자에게 영원히 내주하시기 위하여 오실 것이라고 말씀하셨다. 따라서 성령께서는 참된 신자의 마음에 영원히 내주하신다. 그러므로 참된 신자는 결코 그의 구원을 상실하고 다시 구원받지 못한 자가 될 수 없는 것이다.

(17) 신자 안에 거하는 "하나님의 씨"는 무엇을 의미하는가?

"하나님의 씨"는 성령의 능력으로 중생 받은 신자의 마음에 새롭고 거룩하게 창조된 본성을 의미한다.

(18) 신자 안에 내주하시는 이 새로운 본성 또는 "하나님의 씨"가 그들을 어떻게 은혜의 상태에서 떨어지지 못하게 하는가?

베드로전서 1:23이다. "너희가 거듭난 것이 썩어질 씨로 된 것이 아니요 썩지 아니할 씨로 된 것이니 하나님의 살아 있고 항상 있는 말씀으로 되었느니라." 여기 신자가 새로 거듭날 때 받는 새로운 본성 또는 "하나님의 씨"는 썩지 아니할 것임을 밝히고 있다. 만일 이것이 썩지 아니할 것이라면, 그것은 멸망하지도 죽지도 않을 것이다. 그것은 살 것이고 계속해서 성장할 것이다. 그러나 만일 신자가 은혜의 상태에서 완전히 떨어지는 것이 가능하다면 그의 마음 안에 있는 "하나님의 씨"가 멸망하고 죽는 것도 가능할 것이다. 그렇다면 이러한 경우에 "하나님의 씨"는 썩지 않을 것이 되지 않고 썩을 것이 되는 것이다. 그러나 하나님의 말씀은 분명히 신자 안에 있는 "하나님의 씨"가 썩지 않을 것이라고 말씀한다. 그러므로 신자 안에 내주하는 "하나님의 씨"는 신자가 은혜의 상태에서 떨어져 상실당하지 않을 것임을 보증하는 것이다.

(19) 성도의 보존이라는 교리 또는 그리스도 안에 있는 신자의 영원한 안전이라는 교리가 그리스도인으로 하여금 부주의하고 부도덕적인 삶을 살게 만드는가?

이 교리는 거룩을 추구하게 만드는 모든 동기들을 말살시킨다는 비판이 제기되어 왔다. 이러한 종류의 비판은 그리스도인들이 지옥에 빠질 두려움 때문에만 거룩을 추구한다는 그릇된 개념에 기초해 있다. 실제로 이 비판은 근거나 기초가 없는 비판이다. 이 교리를 믿는 신자들은 이 교리를 믿지 않는 자들보다 그들의 그리스도인다운 삶에 있어서 더욱 진지하고 신실하고 세심하다. 진실은 이 교리가 올바르게 이해되기만 하면 그리스도인의 예배와 봉사와 의무에 대해 아주 강력한 인내와 신실의 원인이 된다는 것이다. 은혜의 상태에서 떨어지고 영원히 멸망당할까봐 낮과 밤마다 두려워하고 걱정하는 마음으로 가득 차 있는 그리스도인은 그의 마음이 두려움으로 혼란하기 때문에 하나님께 최상의 예배와 봉사를 올려 드릴 수 없다. 그 마음이 하나님의 분명한 말씀 안에 안식하고 있는 그리스도인은 하나님의 나라와 그의 의를 추구하는데 자신의 삶을 전적으로 드릴 수 있는 자이다. 통상적인 인간의 삶과 같이 그리스도인의 영적인 삶에도 정상적인 과정과 활동을 위한 확신과 보증이 필요한 것이다.

제80문 진실한 신자들은 그들이 은혜의 상태에 있음과 구원에 이르기까지 그 안에 견인될 것을 무오하게 확신할 수 있는가?

답 그리스도를 진실로 믿고 그 앞에서 보는 선한 양심으로 행하고자 노력하는 자들은 비상한 계시 없이도, 하나님의 약속의 진실성에 근거한 믿음과, 그들에게 주신 생명의 약속을 주신 그 은혜를 스스로 분별할 수 있도록 하시며 그들이 하나님의 자녀인 것을 그들의 영으로 더불어 증거하시는 성령에 의하여, 그들이 은혜의 상태에 있음과 구원에 이르기까지 그 안에 견인될 것을 무오하게 확신할 수 있다.

1) **관련성구**
   - **요일 2:3:** 보증을 취득하기 위하여 하나님의 명령을 지키고자 하는 의식적인 노력이 필요하다.
   - **고전 2:12; 요일 3:14, 18, 21, 24; 4:13, 16; 히 6:11-12:** 보증의 취득이 가능하며, 그것은 하나님의 약속과 그 약속이 제공하는 은혜를 성령의 도우심으로 분별할 줄 아는것에 달려 있다.
   - **롬 8:15-16; 요일 5:10:** 신자의 영혼에 역사하시는 성령의 증거 보증 취득의 원인 요소이다.
   - **요일 5:13:** 완전한 보증은 영생에 이르게 하는 궁극적 견인의 확신을 포함한다.

2) **해설**

   (1) 구원의 확신이란 무엇을 의미하는가?
   "구원의 확신"이란 그리스도인의 마음에 있는 현재적이며 영원한 구원의 확실성에 대한 확신을 의미한다. 우리 마음은 단지 가능성 또는 가망성이 아니라 우리 자신의 구원의 완전한 확신 또는 확실성을 열망한다. 완전한 구원의 보증을 가진 그리스도인은 그의 영원한 구원에 대한 완전하고 무오한 확실성에 대한 확신을 가진 자이다.

   (2) 모든 그리스도인이 완전한 확신을 소유하는 것이 가능하다고 믿는가?
   그렇지는 않다. 로마 가톨릭 교회와 일부 개신교인들은 구원의 완전한 확신에 대한 가능성을 부인한다. 그들은 우리가 이생에서 의심할 여지없이 무오한 확실성, 즉 우리가 구원받았으며 영생의 후사가 되었다는 것을 전혀 알 수 없다고 주장한다. 일반적으로 성도의 견인(또는 신자의 영원한 안전)의 교리를 부인하는 모든 자들은 궁극적 구원의 완전한 확신도 부인해야만 할 것이다.

(3) 우리는 왜 구원의 확신의 가능성을 부인하는 자들이 그릇되었다고 생각하는가?

우리는 구원의 확신의 가능성을 부인하는 것이 잘못되었다고 확신한다. 이유는 수많은 성경 구절들이 완전한 보증 또는 구원의 완전한 확실성을 이 세상에서 취득할 수 있다고 교훈하기 때문이다.

(4) 모든 사람들이 그들의 구원의 확신을 소유했다고 주장하는 것이 정당한 일인가?

결코 그렇지 않다. 많은 이들이 정당하고 가치 있는 근거에 기초하지 않은 채 그들이 구원받았다고 주장하기 때문이다. 특별히 모래 위에 집을 짓는 자와 같이 구원의 확신에 대해 그들의 근거를 무너지기 쉬운 곳에 두는 세 가지 부류가 있다.

① 율법주의자들이다. 이들은 도덕주의자들로도 불리는데 그들의 선한 행위와 선한 인격 그리고 "그들이 할 수 있는 최선의 일"을 믿는 자들이다.

② 형식주의들이다. 이들은 교회의 회원권이나 침례와 세례, 그리고 성찬과 같은 외부적인 형식이나 의식 그리고 법령 등의 준수에 믿음을 두는 자들이다.

③ 모든 신비주의자들을 포함하는 감정주의자들이다. 이들은 그들의 감정과 느낌을 신뢰하는데 그들이 구원받았음을 느끼는 자들이며, 그들의 구원의 확신을 꿈이나 환상이나 어떤 특별한 하나님의 직통계시에 두는 자들이다. 위에 언급한 모든 것들은 오직 성경이 언급하는 수단에 대해서만 신뢰할만한 것이며, 그들이 이러한 수단에 근거할 때만 그들의 구원의 확신이 참된 것이 된다. 우리는 구원의 확신에 대한 참된 성경적 근거를 연구함에 있어서 이것이 왜 그러한지를 살펴볼 것이다.

(5) 구원의 확신이나 보증에 대한 어떤 그릇된 가르침이 열심 있는 그리스도인들 사이에 공통적으로 발생하는가?

구원의 확신에 대한 교훈은 일반적으로 미국 "근본주의"가 오류가 있으며 피상적이라는 사실과 관계되어 있다. 이는 죄에 대한 깊은 회개의 필요성에 대해 별로 말하지 않고 단지 확신의 근거에 대한 불완전하며 부적절한 진술만 제시한 채, 구원 그 자체와 그리스도의 구원의 확신을 혼동하는 복음전도의 피상적인 유형의 산물이다. 이 복음전도의 피상적 유형은 사람들로 하여금 요한복음 3:16에 기록된 "누구든지"라는 단어(장소)에 자신들의 이름이 기록되어 있고 복음전도 집회에서 자신들의 구세주 그리스도를 영접하겠다는 표식으로 손을 높이 들 때, 마치 그들이 그 즉시 영원히 구원받은 자들이라고 생각하게 만든다. 그러나 이것은 구원과 구원의 확신을 혼동하는 것이다. 이는 그리스도를 믿는 믿음과 내가 그리스도 안에 있다는 믿음의 혼동이다. 이는 복음을 믿는 것과 내가 진정으로 그리고 올바르게 복음을 영접했다는 믿음의 혼동을 의미한다. 사람들이 이 문제의 핵심과 역사에 대해 많이 연구한 증거도 없는 채 얼마나 교조적으로 그리고 확신 넘치게 이 주제에 대해 글을 쓰고 말하는지 정말 놀라울 따름이다.

(6) 구원과 구원의 확신은 같은 것인가?

결코 그렇지 않다. 구원과 구원의 확신은 두 가지 다른 주제이다. 사람이 진정으로 구원받았음에도 그것을 그의 마음에 확신하지 못할 수도 있다. 그러한 자는 안전하며, 그의 안전은 확실하다. 그러나 그 자신은 그 안전을 확신하지 못할 수도 있다는 말이다. 그의 구원은 확실하지만 그의 구원의 확신은 의심 가운데 있을 수 있다는 말이다. 환자가 외과수술을 받아야 한다고 가정해보자. 그가 수술에 동의할 때, 그는 수술을 집도하는 외과 의사를 신뢰하고 동의한다. 외과의사는 매우 능숙하고 효과적으로 수술을 집도한다. 수술은 성공적으로 끝나고 환자는 회복중이다. 몇 시간 후 환자는 마취에서 풀려난다. 그의 두뇌가 또렷해지면 그는 모든 수술과정이 다 잘되었는지를 묻는다. 외과의사가 와서 수술이 성공적으로 끝났다고 환자를 안심시킨다. 환자는 외과 의사의 숙달된 수술로 안전하게 생명을 보존했다. 그러나 이것이 환자 자신의 의식 속에 완전한 안전의 확신을 불러일으키는 사실이 되지 못한다. 이 확신은 적절한 증거들이 나타날 때 늦게 발생하는 것이다.

(7) 구원과 구원의 확신 사이의 차이점은 무엇인가?

우리는 그리스도를 믿음으로 구원을 얻는다. 반면에 우리는 우리가 그리스도를 올바로 믿었다는 것을 믿음으로 확신을 얻는다. 구원에 있어서 우리 믿음의 대상은 그리스도이시다. 그러나 확신의 경우 우리는 그리스도를 직접적으로 믿지 않는다. 오히려 우리는 우리 자신의 어떤 것, 즉 우리가 개인적으로 그리스도를 믿음으로 그로부터 무언가를 받았다는 것을 믿는 것이다. 다른 말로 하자면 구원받기 위해서 우리는 반드시 그리스도와 그리스도께서 오래 전에 갈보리에서 우리를 위하여 행하신 일을 믿어야 한다. 그러나 구원의 확신을 얻기 위해서는 그리스도께서 수세기 전에 우리를 위해 행하신 일을 믿어야 할뿐만 아니라 그리스도께서 우리 안에서 행하셨고 지금 여기서 우리를 위해 우리 안에서 행하신다는 것을 믿어야만 한다. 구원과 구원의 확신을 혼동하는 것은 많은 진실한 그리스도인들로 하여금 구원의 확신을 위해 잘못된 것을 신뢰하게 만든다. 그들은 "믿는 자들은 누구든지"라는 말씀과 같은 복음의 약속에 확신의 근거를 두며 따라서 "내가 믿기 때문에 내가 구원 받는다"라고 주장한다. 그러나 우리는 여기에 참된 믿음과 유사믿음이 있음을 명심해야 한다(씨 뿌리는 자의 비유를 생각해보라). 내가 과연 올바로 믿고 있는지를 어떻게 알 수 있는가? 나의 믿음이 진정한 구원적 믿음인지를 어떻게 알 수 있는가? 그것은 실제로 진정한 구원적 믿음일 수 있다. 그러나 우리는 어느 순간 그리스도를 구주로 영접하는 결심을 했기 때문에 그것에 우리의 영원한 구원의 확신이 확보되었다고 안심해서는 안된다.

(8) 그렇다면 구원의 확신의 근거는 무엇인가?

이 근거들은 성경에 제시되고 요리문답에 요약된 바와 같이 세 가지이며, 우리 자신의 구원의 틀림없는 확신을 위해 분리되지 않으며, 서로 합력한다. 그것들은 다음과 같다.

① 신자에게 주어진 하나님의 약속의 진리이다.
② 약속이 주어진 자들에게 베풀어지는 은혜들을 통한 사람의 마음과 삶에 나타나는 증거들이다.
③ 우리가 하나님의 자녀임을 우리 심령과 함께 증거하시는 양자의 영으로서의 성령의 증거이다.

(9) 하나님의 약속의 말씀이 신자에게 있어서 확신의 근거가 된다는 것은 무엇을 의미하는가?

구원의 약속에 대한 신적인 진리는 구원의 확신의 기초가 된다. 이것이 없이는 우리는 절대로 완전한 확신이나 확실성을 취득할 수 없다. 성경의 진리를 의심하는 자나 불신하는 자는 그 자신의 구원의 확신의 완전한 확실성을 절대로 얻을 수 없다. 그러나 구원의 약속에 대한 신적 진리의 인식으로만은 보증을 얻기에 충분치 않다. 많은 이들이 그 자신의 구원을 확신하지 못하면서도 성경을 형식적이며 역사적으로 믿는다. 약속들을 포함하는 성경의 신적 진리만으로는 그 자체로 확신의 고유한 근거가 되지 못한다. 성경은 마귀도 하나님을 믿고 떤다고 기록한다(약 2:19). 이것을 다음과 같이 설명해 보자. 화재로 인해 건물이 붕괴될 때 계약자에게 5,000달러를 지급하는 보험정책에 가입했다고 가정해 보자. 이 정책은 참된 것이며, 이 정책을 수립한 회사 역시 경제적으로 건실하다고 가정하자. 그러면 나는 이 보험 약관과 정관을 읽어 볼 필요도 없이 이 정책이 믿을만하며 건전하다고 확신할 것이다. 따라서 나는 이 보험정책의 진정성을 의심하지 않고 믿게 될 것이다. 그런데 어느 날 실제로 내 건물이 화재로 인해 소실되었고 나는 손해 보험을 청구했다. 그런데 조사를 마친 후 보험회사는 손해를 전혀 배상할 책임이 없다고 발표했다. 보험 정책은 여전히 참된 것이었으나 내 경우에는 적용이 되지 않는다는 것이었다. 왜냐하면 내가 이 건물의 일부를 휘발유를 저장하는 용도로 사용했기 때문이며, 보험 정책에 의하면, 건물을 휘발유를 저장하는 용도로 사용할 경우 피해 보상을 전혀 받을 수 없다는 조항이 있었기 때문이다. 보험 계약은 진정한 것이었으나 내가 보험 정책의 세부조건과 조항을 준수하지 않았기 때문에 내 경우에는 적용되지 않았던 것이다. 이와 마찬가지로 변화된 새로운 삶의 모습 없이 하나님의 말씀의 약속을 단순히 수용하는 것만으로는 구원의 보증의 적당한 근거가 될 수 없는 것이다.

(10) 약속의 말씀이 지시하는 사람의 마음과 삶에 있는 이 은혜들이 나타나는 증거는 무엇을 의미하는가?

간단히 말하자면 이는 변화되고 새로운 삶의 증거 즉 옛 것은 지나고 모든 것이 새것이 되었다는 것을 의미한다(고후 5:17). 여기 또 다시 확신의 근거가 이것 자체만으로는 충분치 않으며, 다른 두 가지와 함께 일할 때 충분해진다. 누구든지 믿기만 하면 멸망치 않을 것이다. 그러나 내가 올바로 믿는지 그렇지 않은지 즉 나의 믿음이 진정한 것인지 아니면 스스로 속이는 것인지 어떻게 알 수 있는가? 어떤 이는 다음과 같이 말할 것이다. "나의 이름이 요한 도우인 것을 내가 아는 것처럼 또는 내가 잠자지 않고 깨어 있음을 아는 것처럼 내가 알기 때문에 안다." 그러나 이는 무오한 확실성이 아니라 단지 개연성을 확보해 줄 뿐이다. 거기에는 여전히 나의 믿음이 참된 것이 아닐 수도 있으며 단지 자기 암시에 불과하다는 주저하는 의심이 남아 있을 수 있는 것이다. 진실은 우리가 우리 삶 속에서 구원받은 자로서의 열매를 맺는 것을 볼 때, 우리가 올바로 믿었다는 것을 알 수 있는 것이다. 그리스도는 우리 안의 죄를 삭제하시기 위해서가 아니라 우리를 죄로부터 구원하시기 위해 오셨다. 만일 우리가 올바로 믿는다면 우리는 죄책으로부터 구원받을 뿐만 아니라, 그 권세와 오염으로부터도 점차적으로 구원받게 될 것이다. 요한일서 2:3-6과 3:14을 읽어보라. 그리스도께서 우리를 위해 행하신 일은 무엇인가? 그가 우리 죄를 용서하셨다. 그렇다면 이것으로 끝인가? 만일 이것만이 우리의 경험이라면 우리는 결코 구원의 확신을 얻을 수 없을 것이다. 선한 행실과 변화된 삶은 참된 구원의 열매이며 이것들이 개인적 구원의 법적인 보증에 대한 근거의 일부분을 형성한다. 만일 그리스도께서 사람의 영혼을 참되게 구원하신다면 그는 또한 그 사람의 눈에서 눈물을 거두게 하시고, 그 발이 실족하지 않도록 조금씩 구원하심으로 확신을 주실 것이다. 이 모든 것들이 바로 구원의 확신의 근거가 되는 것이다.

(11) 구원의 확신의 근거로서의 성령의 증거는 무엇을 의미하는가?

이것은 무언가 특별한 계시를 의미하거나 우리 안에 발생하는 이상한 음성을 의미하지 않는다. 이는 하나님께서 한 사람이 다른 사람에게 말하는 것같이 한 때 모세나 바울에게 말씀하신 것처럼 오늘날 우리에게도 말씀하심을 의미하지 않는다. 우리가 이것들 중에 그 어떤 것이라도 기대한다면 우리는 매우 실망하게 될 것이다. 요한일서 3:24; 5:10과 로마서 8:15-16을 읽어보라. 하나님은 인격자이시다. 단순히 하나님에 대해서 알려하지 말고 하나님이 매우 다른 분이심을 알려고 해야 한다. 성령께서는 그리스도인의 삶의 경험을 통하여 신자로

하여금 하나님을 참되게 알게 하신다. 우리 마음에 역사하시는 성령의 사역을 통하여 얻게 되는 하나님에 대한 이 인격적 지식은 우리의 구원의 확신에 대한 최종적이며 궁극적인 근거가 된다. 이는 부끄러워하지 않는 소망의 참된 근거가 된다(롬 5:5). "성령께서는 사랑과 소망과 같이 우리 믿음의 직접적인 저자이시다. 따라서 완전한 보증 즉 완전한 믿음에 안식하는 완전한 소망은 성령의 사역으로서 우리 마음에 발생하는 은혜로운 인격과 관련된 마음의 상태이다. 그가 어떤 방식으로 우리를 그의 기쁘신 뜻대로 행하게 하시든지, 우리 마음에 하나님의 사랑을 부어주시든지 그리고 산 소망을 새롭게 하시든지 간에, 성령께서는 우연한 감정이 아니라 적절한 증거를 통한 법적이며 의심의 여지가 없는 결론을 통해 완전한 확신이라는 은혜의 근원을 수여하시는 것이다"(A. A. 핫지, 웨스트민스터 신앙고백서 해설, 제18장).

(12) 우리 자신에게 있는 구원의 확실성의 시금석은 무엇인가?

핫지(A. A. Hodge)박사는 웨스트민스터 신앙고백서 해설에서 그릇된 확신으로부터 참된 확신을 구분하는 네 가지 시금석을 제시한다. 그것들은 다음과 같다.
① 참된 확신은 거짓 없는 겸손을 생산한다. 그릇된 확신은 영적 교만을 낳는다.
② 참된 확신은 거룩을 연습함에 있어서 엄청난 부지런함을 생산한다. 그러나 그릇된 확신은 게으름과 방종을 낳는다.
③ 참된 확신은 정직하게 자기를 점검하며 하나님의 뜻에 맞게 생활하는지 살피게 만든다. 그러나 그릇된 확신은 외적인 모습에 만족하게 하며 정확한 지도와 조사를 회피하게 만든다.
④ 참된 확신은 하나님과의 교제를 끊임없이 갈망하게 만든다. 그러나 그릇된 확신은 그것을 열망하지 않는다.

제81문 모든 진실한 신자들은 그들이 지금 은혜의 상태에 있음과 장차 구원받을 것을 항상 확신하는가?

답 은혜와 구원의 확신이 신앙의 본질에 속한 것이 아니므로, 진실한 신자들도 확신에 이르기까지 오래 기다릴 수 있으며, 이러한 확신을 누린 후에도 다양한 병리, 죄, 유혹, 이탈 등으로 인하여 확신이 약화되거나 중단

되기도 한다. 그러나 하나님의 영이 버려두지 않고 동행하며 붙드심으로 결단코 전적인 절망에 빠지지 않도록 지키신다.

1) 관련성구
- 엡 1:13: 확신은 신앙의 본질적 요소가 아니며 종종 후에 발생한다.
- 사 50:10; 시 88: 참된 신자는 때로 구원의 완전한 확신을 얻기까지 오랜 시간이 걸릴 수도 있다.
- 시 77:1-12; 31:22; 22:1: 완전한 확신을 경험한 후에도 여러 가지 원인으로 그 확신이 변할 수 있다.
- 요일 3:9; 욥 13:15; 시 73:15, 23; 사 54:7-10: 참된 신자는 반드시 하나님의 사랑을 경험하고 의식하게 된다. 그들은 언제나 완전한 절망으로부터 보호해주는 성령의 임재와 지원을 받는다.

2) 해설
(1) 대요리문답에서 구원의 확신이 신앙의 본질적 요소가 아니라는 말은 무엇을 의미하는가?
이는 그리스도 안에 있는 참된 구원적 믿음이 신자의 마음 안에 구원의 확신이 없이도 존재할 수 있음을 의미한다. 어떤 이는 참된 신앙을 소유하고 진정으로 구원받았음에도 불구하고 그의 의식 속에서 구원을 확신하지 못하는 것이다.

(2) 모든 그리스도인들이 전부 다 그리스도를 그들의 구주로 고백할 때 확신의 은혜를 받는가?
그렇지 않다. 그리스도를 그들의 구주로 고백하는 자들 가운데 즉시 확신의 은혜를 받는 그리스도인들이 있다. 이는 그리스도를 향해 급작스럽게 회심한 사람들과 그리스도에게 진정으로 나오기 전에 심각한 영적 투쟁을 경험한 사람들에게서 종종 발생한다. 갑작스럽게 회심을 경험한 종교개혁자 요한 칼빈이 바로 그러한 경우이다. 그러나 거의 모든 그리스도인들은 점진적으로 회심하며 그들의 구원에 대한 충만한 확신을 소유하기까지 일시동안 또는 오랫동안 참된 구원적 신앙을 소유한다.

(3) 모든 그리스도인이 그의 충만한 구원의 확신을 취득할 수 있는가?

그렇다. 구원의 확신은 취득 가능한 것이며, 지정된 은혜의 방편을 신실하게 사용하고 인내하며 동시에 하나님을 기다리는 모든 그리스도인은 결국 구원의 확신을 취득할 수 있다.

(4) 한번 구원의 확신을 얻은 이후에 그것을 상실할 수 있는가?

그렇다. 말하자면 이 확신이 유혹과 신자 자신의 죄와 하나님의 섭리적인 역사와 같은 여러 가지 이유로 인해 한시적으로 "약화되고 단절" 되기도 하는 것이다. 이는 성경의 교훈(시 32; 143:1-7; 고후 7:5) 일뿐만 아니라 그리스도인의 일반적인 경험이기도 하다. 언제나 불변하시며 언제나 맑은 하나님의 임재와 축복에 대한 의식은 우리가 천국에 도달할 때에야 가능할 것이다. 이러한 확신은 이 지상에 존재하지 않는다. 구원의 확신은 끊임없이 불변하는 질량이 아니다. 그것은 참된 것이지만 기복이 심한 것이기 때문이다.

(5) 하나님의 임재와 은총에 대한 참된 그리스도인의 의식을 전적으로 상실할 수도 있는가?

그럴 수 없다. 만일 하나님의 임재와 은총에 대한 참된 신자의 의식을 전적으로 상실할 수 있다면, 신자는 완전한 절망에 빠지게 될 것이다. 그러나 모든 삶의 경험을 통하여 신자는 전적인 절망으로부터 그를 구원하는 "하나님의 성령의 임재와 지원" 없이 버려지는 경우는 결코 없다.

(6) 그렇다면 우리는 강력하고 분명한 구원의 확신을 어떻게 유지할 수 있겠는가?

모든 그리스도인은 말씀과 성찬과 기도와 같은 은혜의 방편들을 신실하게 사용함해야 하며, 그것들을 통해 강력하고도 분명한 구원의 확신을 취득할 수 있도록 진지하게 노력해야 한다.

(7) 우리가 그리스도를 믿은 이후에 완전한 확신을 소유하지 못한다면 낙심해야 하는가?

그럴 필요는 없다. 우리는 그리스도인의 인내를 통해 하나님의 때에 확신을 주실 때까지 기다려야 하기 때문이다.

제82문 무형교회 회원들이 그리스도와 함께 누리는 영광중의 교통이란 무엇인가?

답 무형교회 회원들이 그리스도와 함께 누리는 영광중의 교통이란 현세에도 있는 것이며 사후 즉시 일어나는 것인데 마침내 부활과 심판 날에 완성되는 것이다.

1) 관련성구
- **고후 3:18**: 현세에서 영광 가운데 그리스도와 함께 누리는 신자와의 교통이 있다.
- **눅 23:43**: 죽음 이후에 영광 가운데 그리스도와 함께 누리는 신자와의 교통이 있다.
- **살전 4:17**: 영광 가운데 그리스도와 함께 누리는 신자와의 교통은 부활과 대 심판의 날에 완전해 진다.

(**주:** 제69문은 "무형교회의 회원들이 그리스도와 더불어 갖는 은혜의 교통이란 무엇인가?"였다. 제70문부터 제81문은 그들이 그리스도와 더불어 갖는 은혜의 교통을 다룬다. 제82문은 그들이 그리스도와 더불어 갖는 영광중의 교통이라는 새로운 주제를 소개한다. 제82문의 답은 "그리스도와 더불어 갖는 영광중의 교통"이라는 주제의 요약이다. 이것보다 더 상세한 교리를 포함하고 있는 주제는 없다. 따라서 우리는 제82문을 간략하게 살펴보고 이어지는 문답을 통해 이 주제를 면밀히 연구할 것이다.

2) 해설
(1) 은혜와 영광의 차이는 무엇인가?

성경에서 이 두 단어들은 여러 가지 의미로 사용되었다. 그러나 대요리문답에서 사용된 은혜는 우리가 이생에서 받는 구원의 축복을 지칭하며, 영광은 우리가 주로 오는 세상에서 받게 될 구원의 축복을 가리킨다.

(2) 하나님의 백성들은 모든 영광을 한순간에 다 얻는가 아니면 나누어서 얻게 되는가?

하나님의 백성들은 한순간에 모든 영광을 다 얻지 않고 여러 단계를 통해 영광을 얻는다.

(3) 하나님의 백성들이 영광을 받게 되는 세 가지 단계는 무엇인가?
① 그들은 이생에서 영광의 첫 열매를 받게 된다.
② 그들은 죽을 때에 영광의 상태에 진입하게 된다.
③ 그들은 부활 시에 완전한 영광을 수여받게 된다.

제83문 무형교회 회원들이 현세에서 그리스도와 함께 누리는 영광의 교통이란 무엇인가?

답 무형교회 회원들은 그들의 머리이신 그리스도의 지체임으로 현세에서 그리스도와 함께 영광의 첫 열매를 누리며 그 안에서 그가 소유하신 영광에 참여하게 되며 그 보증으로 하나님의 사랑과 양심의 화평과 성령의 기쁨과 영광의 소망을 누리게 된다. 반면에 하나님의 보복하시는 진노와 양심의 공포와 심판에 대한 두려움 등이 악인들에게 따르는데, 이것들은 그들이 사후에 받을 고통의 시작인 것이다.

1) 관련성구
- **엡 2:5-6:** 신자들은 그들의 머리이신 그리스도의 지체들이기 때문에 천국에서 그리스도의 영광에 참예한다.
- **롬 5:5; 고후 1:22:** 신자들은 이생에서 하나님의 사랑을 즐거워한다.
- **롬 5:1-2; 14:17:** 양심의 평강과 그리스도인의 기쁨, 그리고 영광의 소망은 지상에서 신자들이 누리는 축복의 분깃이다.
- **창 4:13; 마 27:4; 히 10:27; 롬 2:9; 막 9:44:** 이생에서 신자가 하늘의 영광을 미리 맛보듯이 악인들도 역시 이생에서 지옥의 고통을 미리 맛보게 된다.

2) 해설
(1) "영광의 첫 열매"는 무엇을 의미하는가?
이는 우리가 오는 세상에서 즐거워하게 될 영광의 미리 맛봄 또는 표본을 의미한다.

(2) 무형교회의 회원들이 그리스도께서 이미 소유하신 영광에 참여하게 된다는 것은 무엇을 의미하는가?

여기 참여하다는 단어는 그것을 열심히 배우길 원한다는 것을 의미하지 않는다. 그것은 오히려 지금 그리스도께서 천국에서 누리시는 영광에 신자들이 동참할 자격을 갖추었다는 것을 의미한다.

(3) 그리스도인은 왜 이 지상에서 지금 그리스도의 영광에 완전히 참여할 수 없는가?

이는 하나님의 섭리 가운데 지상 생애에 계속해서 존재하는 세 가지 요인들 때문에 그렇다.
① 신자 안에 남아있는 죄악된 본성이다.
② 그리스도인의 육체의 사멸성과 연약이다.
③ 그리스도인을 포위하고 있는 죄와 고통의 존재 때문이다.

(4) 그리스도의 영광을 이 지상에서 지금 누리는 것을 방해하는 이 세 가지 요소는 언제 변화하는가?

신자 안에 있는 죄악된 본성의 존재는 죽을 때에 끝날 것이다. 신자의 육체의 사멸성과 연약은 마지막 날 부활 때에 끝난다. 여기 지금 신자들을 포위하고 있는 이 세상에서의 죄와 고통은 죽음 뒤에 남겨질 것이며, 세상 끝날 심판 날에는 완전히 폐지될 것이다.

(5) 신자가 이 지상에서 지금 그리스도의 영광을 보증으로 받는다는 말은 무엇을 의미하는가?

"보증"이란 표현은 공탁금을 미리 지불한 금액 즉 때가 되면 지불하게 될 약속 안에서의 선한 믿음의 증거를 의미한다. 영광은 우리가 오는 세상에서 받게 될 기업이다. 그러나 우리는 장차 올 세상에서 그 충만한 영광을 받을 증거로서의 표본을 이 세상에서 맛보게 된다.

(6) 하나님의 백성들이 지상생애 동안 받게 될 영광의 "보증"을 만드는 경험은 무엇인가?

하나님의 사랑을 즐거워하는 것, 양심의 평강, 성령 안에서 기뻐하는 것, 다가올 영광의 충만 안에서의 소망(보증 또는 "부끄럽지 않은 소망" 로마서 5:5) 등이 그것이다.

(7) 악인들이 지상 생애에서 그들이 장래 처하게 될 운명을 어떻게 받게 되는가?

심지어 죽기 바로 전에 조차도 그들은 "하나님의 보수하시는 진노와 양심의 공포, 그리고 심판의 무시무시한 두려움"을 경험하게 된다. 어떤 때에 이러한 공포는 "세상에 있는 지옥"이라고 할 만큼 너무나도 강력하다. 성경은 분명히 이것을 말하고 있으며 이는 악인들이 특별히 죽음에 직면했을 때의 말과 행동을 통해 증명된다.

(8) 신자들은 언제나 항상 이 영광의 미리 맛봄을 즐거워하는가?

그렇지 않다. 왜냐하면 의심과 유혹과 사단의 공격과 그 밖의 다른 것들로 인해 영광의 미리 맛봄을 즐거워하는 정도가 시기마다 달라지기 때문이다. 어떤 때는 이것이 분명하지만, 또 어떤 때는 구름에 가린 것 같이 약할 때도 있다. 그럼에도 진정한 신자가 영광의 상태에서 완전히 버려지는 경우는 결코 없다.

제84문 모든 사람이 다 죽을 것인가?

답 사망이 죄 값으로 온 것으로 한번 죽는 것은 모든 사람에게 정하신 것이니 모든 사람이 범죄하였기 때문이다.

1) 관련성구

- **롬 6:23:** 사망은 죄의 "삯" 또는 형벌이다.
- **히 9:27:** 모든 사람이 한번 죽게 되는 것은 하나님이 정하신 일이다.
- **롬 5:12:** 모든 사람이 죄를 지었기 때문에 사망이 모든 사람에게 이르게 되었다.

2) 해설

(1) 모든 사람이 죽게 될 것이라는 이 규칙에 예외가 있는가?

그렇다. 에녹과 엘리야는 죽음을 맛보지 않고 영광의 상태로 옮기었다. 창세기 5:24; 히브리서 11:5; 왕하 2:11을 읽어보아라. 또한 성경은 이 세상에 사는 모든 하나님의 백성들이 그리스도께서 다시 오실 때 죽음을 보지 않고 영광의 상태로 옮기어질 것이라고 교훈한다. 고린도전서 15:51-52; 데살로니가전서 4:16-17을 읽어보라.

(2) 모든 사람이 죄를 지었다는 진리에 예외인 사람이 있었는가?

그렇다. 우리 구주 예수 그리스도께서는 흠 없고 죄 없는 완전한 삶을 사셨다. 하나님의 백성들의 죄를 그에게 전가시키기 전까지는 죽음이 그의 생명을 청구할 수 없었으며, 그리스도께서는 자원하여 그의 생명을 많은 이들의 희생 제물로 드리셨다. 그는 우리 죄로 인하여 하나님의 저주 아래 처하셨으며, 고난을 받으시고 돌아가셨다. 그에게는 죄가 없었으나 여호와께서 우리 무리의 죄악을 그에게 담당시키신 것이다.

(3) 죽음은 인간에게 정상적인 경험인가 비정상적인 경험인가?

진화론에 영향을 받은 현대 사상은 죽음이 전적으로 정상적인 것이며 유익하고 필요한 것이라고 말한다. 그것은 마치 가을에 나뭇잎이 나무에서 떨어지는 것과 같이 정상적이고 적당한 것이다. 그러나 성경은 죽음이 전적으로 비정상적이라고 교훈한다. 인간은 죽기 위해 창조된 존재가 아니다. 그들은 살기 위하여 지음 받았다. 육체로부터 영혼의 분리와 육체의 부패는 하나님께서 창조하신 인성의 본질에 배치되는 것이기 때문에 매우 두려운 것이다. 그러므로 성경은 죽음을 "마지막 적"이라고 묘사하며, 그것은 반드시 정복될 것이라고 말한다. 성경은 또한 마귀가 사망 권세를 지닌 자이며, 그리스도께서 오신 것은 이 마귀를 멸하고 "죽기를 무서워하므로 일생에 매여 종노릇하는 모든 자들을 놓아주시기 위함"이라고 말씀한다(히 2:14).

(4) 죽음이 온 인류에게 우주적이라는 사실은 무엇을 증명하는가?

죽음이 우주적이라는 사실은 죄 역시 우주적이라는 것을 증명한다. 과학자들과 철학자들의 모든 사상을 불문하고 전 인류는 죽음으로부터 도망치려 하며, 그 죽음을 무섭고 두려운 것으로 인식한다 왜냐하면 인간의 영혼에는 생명에 대한 꺼질 수 없는 목마름이 심겨져 있기 때문이다. 그럼에도 불구하고 죽음이라는 괴물은 모든 자들을 찾아오는 법이다. 이것에 대한 유일한 답변은 인류에게 무언가 대단히 잘못된 일이 발생했다는 것이다. 성경은 이것을 죄라고 부르며 죄로 말미암아 사망이 온다고 교훈한다(롬 5:12; 6:23).

(5) 과학이 죽음을 극복할 수 있겠는가?

그럴 수 없다. 하나님의 일반 은총의 도움으로 과학적 발견은 죽음을 어느 정도 지연시킬 수 있지만 죽음의 자연적 원인 뒤에는 죄와 죄를 형벌하시는 하나님의 의로우신 심판이라는 죽음의 영적 원인이 있기 때문에 과학은 결코 영원토록 죽음을 극복할 수 없다.

제85문 죄의 값이 사망이라면 그리스도 안에 죄 사함 받은 의인들이 왜 죽음에서 구출되지 못하는가?

답 의인들은 마지막 날에 죽음에서 구원받을 것이요, 비록 죽어도 사망의 쏘는 것과 저주에서 구출된다. 그러므로 비록 그들이 죽어도 하나님의 사랑으로 죄와 비참에서 그들을 완전히 해방시켜서 사후에 들어가는 영광중에 그리스도와 함께 더 깊은 교통을 하게 하신다.

1) 관련성구
- 고전 15:26; 히 2:15: 의인은 마지막 날에 사망으로부터 구원을 받을 것이다.
- 고전 15:55-57: 심지어 의인은 죄의 쏘는 것과 그 저주로부터 구원을 받는다.
- 사 57:1-2; 왕하 22:20: 의인의 죽음의 경우 그것은 죄를 대적하시는 하나님의 진노가 아니라 하나님의 사랑의 결과이다.
- 계 14:13; 엡 5:27: 그리스도인의 죽음은 죄와 비참으로부터 완전히 자유케 한다.
- 눅 23:43; 빌 1:23: 그리스도인의 죽음은 그리스도와의 더 나은 교통을 가능케 하고 영광의 상태에 진입하게 한다.

2) 해설
(1) 이 질문에서 죄의 "삯"이란 무엇을 의미하는가?

"삯"이란 단어는 여기서 형벌 또는 죄 값의 의미로 사용되었다. 죄인들은 죽음을 당하기에 마땅하기 때문에 성경은 죽음 즉 사망을 죄의 "삯"이라 부르는 것이다. 왜냐하면 삯은 받아야 할 자격이 있는 자에게 지불해야 할 보수이기 때문이다.

(2) 이 요리문답의 질문이 던지는 심각한 문제는 무엇인가?

이 질문이 던지는 심각한 문제는 바로 왜 그리스도인이 죽어야만 하는가이다. 사망이 죄의 형벌이며 그리스도께서 신자의 대속자로서 그 형벌을 당하셨다면 그리스도인들이 죽는 것은 모순된 일이 아닌가?

(3) 그렇다면 이 문제에 대한 완전한 결론을 내리는 것은 가능한가?

가능하지 않다. 대요리문답은 이 문제에 대해 약간의 해답을 제시하기는 하지만 이 문제를 완전히 해결하지는 않는다. 우리는 다만 오직 하나님께서만이 그의 영광과 당신의 백성들의 참된 유익을 위해 가장 최고의 선한 것이 무엇인지 가장 잘 아시는 분이라고 말할 뿐이다. "옳소이다 이렇게 된 것이 아버지의 뜻이니이다"(마 11:26). 그렇다면 하나님은 왜 에녹과 엘리야처럼 그리스도인들을 죽음을 보지 않고 천국으로 데려가지 않으시는가? 우리는 그것을 알 수 없다. 우리는 단지 하나님의 주권을 인정하고 하나님께서 하시는 모든 일이 다 선한 것임을 인정해야만 할 것이다.

(4) 그렇다면 의인은 어떤 방법으로 그리고 언제 사망에서 구원받는가?

신자들은 죽음을 경험하지 않고 구원받는 것이 아니라 죽음의 상태 또는 그 조건으로부터 구원받는 것이다. 이는 마지막 종말의 날에 발생한다.

(5) 의인들은 사망이라는 경험을 통하여 어떤 구원을 받게 되는가?

의인은 사망의 경험을 통하여 사망의 저주와 쏘는 것에서 구원을 받는다.

(6) 사망의 "쏘는 것과 저주"는 무엇을 의미하는가?

이 용어들은 사망이 죄의 형벌임을 묘사한다. 고린도전서 15:55-56을 읽어보라. 그러나 의인은 죄의 형벌로서의 사망을 경험할 필요가 없다.

(7) 만일 의인에게 사망이 죄의 값이 아니라면 무엇인가?

의인에게 있어서 사망은 무엇보다도 죄의 결과, 즉 인간의 인격에 미치는 죄의 영향이나. 그것은 또한 의인에게 있어서 하나님의 사랑의 표현이다. 이는 그리스도인에게 해를 끼치는 대신 유익을 준다. 이는 육체적 사망 그 자체가 두려운 것이 아님을 의미하는 것이 아니라 육체적 사망이 결과적으로 그리스도인에게 참된 유익을 가져다준다는 것을 의미한다.

(8) 육체의 사망이 그리스도인에게 가져올 유익은 무엇인가?

육체적 죽음은 그리스도인들을 죄와 비참의 환경에서 천국의 평강과 안식이라는 완전한 환경으로의 이주를 통해 얻는 유익을 가져다준다. 그리스도인은 의롭다 함을 받고 양자되었으며, 거룩의 과정에 있다고 하더라도 이 세상에 사는 한 그의 모든 삶에 죄와 고통이 존재하기 때문에 절대로 완전히 행복하거나 축복을 누릴 수 없다. 사망은 그리스도인의 눈에서 눈물을 거두시고 그를 즉시 그리스도께서 임재하시는 천국의 영광으로 인도한다.

(9) 왜 그리스도와의 영광중의 교통이 이 지상에서 보다 천국에서 더 완전한가?
① 그리스도인이 영광중에 계신 그리스도의 가시적 임재와 함께 하기 때문이다.
② 그의 마음에 존재하는 죄와 유혹 그리고 지상 생애에서의 방해들이 모두 사라질 것이기 때문이다.
③ 육체적 연약과 피로와 아픔과 질병과 고통들이 더 이상 존재하지 않을 것이기 때문이다.

제86문 무형교회 회원들이 죽음 직후에 그리스도로 더불어 누리게 되는 영광의 교통이란 무엇인가?

답 무형교회 회원들이 죽은 직후에 그리스도로 더불어 누리게 되는 영광의 교통은 그들의 영혼이 완전히 거룩하게 되어 가장 높은 하늘에 영접을 받아 그곳에서 빛과 영광중에 하나님의 얼굴을 바라보면서 그들이 몸의 완전 구속을 기다리는 것이다. 그들의 몸은 비록 죽은 가운데 있어도 그리스도에게 계속 연합되어 마치 잠자리에서 잠자듯 무덤에서 쉬고 있다가 마지막 날에 그들이 영혼과 다시 연합하게 되는 것이다. 악인의 영혼들은 죽을 때 지옥에 던져져, 거기서 고통과 흑암 중에 머물러 있는 한편 그들의 몸은 부활과 큰 날의 심판 때까지 마치 감옥에 갇히듯 무덤에 보존되는 것이다.

1) 관련성구
- 히 12:23: 신자의 영혼은 사망 시에 거룩하게 된다.

- **고후 5:1, 6, 8; 빌 1:23; 행 3:21; 엡 4:10:** 신자의 영혼은 사망 시에 하늘에 계신 여호와의 품으로 영접된다.
- **요일 3:2; 고전 13:12:** 신자는 사망 이후 여호와의 얼굴을 볼 것이다.
- **롬 8:23; 시 16:9:** 신자는 사망 이후 그의 몸의 구속을 기다려야 한다.
- **살전 4:14:** 신자의 몸은 무덤에 장사된 바 되었을지라도 그리스도와 연합된 상태로 남아 있다.
- **사 57:2:** 신자의 몸은 침상에서 안식하는 것과 같이 무덤에서 쉬고 있다.
- **욥 19:26-27:** 신자의 몸은 다시 신자의 영혼과 연합될 것이다.
- **눅 16:23-24; 행 1:25; 유 6-7:** 악인의 영혼은 사망 시에 지옥에 던져짐.

2) 해설

(1) 사망 이후 그리스도 안에 있는 신자의 상태는 어떠한가?

사망 이후 그리스도 안에 있는 신자의 영혼은 의식과 기억과 거룩과 복락의 상태에 있으며, 완전히 거룩하게 되어 가장 높은 하늘에 영접을 받아 그곳에서 빛과 영광중에 하나님의 얼굴을 바라보면서 그들의 몸의 완전 구속을 기다린다. 그들의 몸의 상태는 부활 때까지 안식하는 상태에 있게 될 것이다.

(2) 신자의 영혼이 언제 이 지복의 상태에 진입하는가?

사망 이후 즉시 그렇게 된다.

(3) 대요리문답이 배격하는 요즘 유행하는 그릇된 교리는 무엇인가?

비성경적인 "영혼수면설"이다. 이 설을 지지하는 자들은 그리스도인의 영혼이 죽음을 통하여 마치 부활 때까지 존재하지 않는 듯한 무의식 상태에 빠진다고 주장한다.

(4) "영혼수면설"이 그릇된 것임을 증명하는 성경 두 구절을 제시하라.

누가복음 16:19-31과 누가복음 23:39-43이다.

(5) 신자들은 사망 이후에 즉시 어떤 거룩을 소유하게 되는가?

완전한 거룩이다. 첫째, 범위에 있어서, 둘째, 정도에 있어서, 셋째, 영속성에 있어서 완전하다. 그들은 이제 더 이상 절대로 도덕적으로 모자라지 않으며, 유혹에 고통을 당하지 않고 아무런 죄도 짓지 않는다.

(6) 사망 이후에 신자의 영혼의 행복 또는 지복의 상태의 주요 요소는 무엇인가?

그것은 빛과 영광 가운데 하나님의 얼굴을 보는 것이다.

(7) 천국은 어디에 존재하는가?

우리의 자연적 호기심을 자극하는 이런 질문을 확정적으로 답변하는 것은 어려운 일이다. 그러나 성경은 천국이 특별히 하나님의 영광이 현현하는 곳이라고 명백하게 계시하고 있으며, 천국은 영화로운 인성으로 부활하신 우리 주 예수 그리스도께서 살아계시는 곳이라고 선언한다.

(8) 죽음 이후의 신자의 영혼의 상태 즉 가장 높고 지복한 상태가 그들이 즐거워해야 할 영혼의 상태인가?

그렇지 않다. 사후의 신자의 영혼의 상태가 완전히 거룩한 상태이기는 하지만 여전히 이것은 그들이 즐거워해야 할 가장 최고의 지복의 상태가 아니다. 최고의 지복을 즐거워하기 위해서는 마지막 날에 발생할 부활 때까지 기다려야 한다. 그러므로 성경은 천국에 있는 신자의 영혼이 부활을 기다리고 있다고 말한다.

(9) 부활은 언제 발생하는가?

성경에서 "마지막 날"이라고 부르는 그리스도의 재림 시에 발생한다. 이는 확정적인 시간이지만 우리에게 완전히 계시되지 않은 하나님의 계획 아래 있는 비밀스런 일이다. 그러므로 재림의 날을 예측하고 예언하는 모든 활동들은 그릇되었으며 잘못된 일이다.

(10) 죽음 이후의 신자의 몸의 상태는 무엇인가?

그들의 죽음 이후 신자의 몸은 마치 침상에 누워 자는 것 같이 무덤에 누워 쉬게 되지만 여전히 그리스도와 연합된 상태에 머물게 된다.

(11) 신자의 몸이 여전히 그리스도와 연합되어 있다는 말은 무엇을 의미하는가?

이는 그리스도께서 그의 백성의 신체적 몸을 죽어 장사되었음에도 불구하고 여전히 대단히 소중한 것으로 여기신다는 것을 의미한다. 이유는 그리스도께서는 그들을 마지막 날에 다시 일으키실 것이기 때문이다. 그러므로 그리스도는 그의 백성들의 죽은 몸을 더 이상 쓸모가 없기 때문에 무가치한 것으로 여기지 않으시고 오히려 부활 때까지 주의 깊게 보살펴야 할 가치 있는 것으로 여기시는 것이다. 성경은 그리스도인의 죽은 신체를 심겨지고 정해진 때가 되면 새 싹이 나올 씨로 비유한다. 고린도전서 15:36-38을 보라.

(12) 죽음이 발생한 이후 몸에 대한 고대 이방인의 태도는 어떠했는가?

육체에 대한 이방인의 태도는 심지어 이생에서 조차 영혼의 감옥, 영혼의 방해꾼, 영혼의 짐이라고 보며 죽음이 육신으로부터 영혼을 더 높고 고상한 삶으로 해방시킨다고 말한다. 또한 죽은 육신은 무가치한 물질로서 영원히 부패하고 다시 살 수 없기 때문에 폐기처분해야 할 것으로 간주한다. 고대 이방에서 유행했던 이러한 태도는 오늘날에도 매우 일반적으로 발생하는 현상이다.

(13) 인간의 몸에 대한 이방종교의 이러한 태도는 몸에 대한 기독교적 견해와 어떻게 다른가?

하나님의 말씀에 의하면 인간의 몸은 전혀 나쁜 것이 아니다. 그것은 영혼의 감옥이 아니라 영혼의 안식처이다. 영혼에 짐이 아니라 영혼의 기관이다. 영혼과 육체를 분리시키는 죽음은 영혼이 누릴 수 있는 최상의 행복과 자기표현을 박탈한다. 고린도후서 5:1-4에서 사도바울이 말하고 있는 내용을 참조하라. 특별히 인간의 몸에 대한 기독교의 견해는 이방인들의 견해와는 다르다. 기독교는 인간의 몸이 하나님의 능력을 통해 다시 부활할 것이며 따라서 그것의 참되고 가장 최상의 유용성은 이생을 넘어선 영원한 삶에 놓여 있음을 교훈한다. 그러므로 그리스도인의 죽은 육신의 몸은 더 이상의 목적이나 기능을 상실한 그 무엇이 아닌 것이다.

(14) 매장을 대신하여 증가하고 있는 화장에 대해 우리는 어떤 태도를 취해야 하는가?

물론 하나님께서는 장사지낸바 된 몸을 다시 살리는 것이 쉬운 것만큼 불에 타 산화하여버린 몸까지라도 다시 살리실 수 있는 모든 것이 가능하신 하나님이시다. 그러나 어떤 의미에서 화장은 몸의 부활을 부정하고 불신하는 마음에 의해 조장되어 왔다. 이는 인생에 대해 오늘날 유행하고 있는 현대적 이방인들의 견해의 일부분이다. 오늘날 유행하는 화장의 이면에는 죽음 인간의 몸은 무가치하며, 다시는 영혼을 담을 수 없는 생기 없는 물질에 불과하기 때문에 가능하면 가장 신속하게 멸해야 한다는 생각이 자리하고 있는 것이다.

(15) 죽음 이후 악인들의 영혼이 지옥에 떨어져 있다는 사실을 성경을 통해 증명하라.

누가복음 16:23-24이다.

(16) "강신술" 혹은 "교령술"은 무엇인가?

이는 영혼을 파괴하는 교리로서 살아있는 자가 무당이나 영매를 통하여 죽은 자와 대화나 교통이 가능하다고 주장하는 그릇된 교리이다.

(17) "강신술"에 대한 성경의 견해는 어떠한가?

성경은 강신술을 절대 금하고 정죄한다. 레위기 19:31; 20:6, 27; 사 8:19과 다른 성경 구절들은 "마술사", "마녀", "부리는 마귀" 등을 언급하고 있으며, "강신술"을 정죄한다. 이 "마술사"들은 오늘날의 강신술의 영매나 무당과 유사하다.

(18) 죽은 자를 위한 기도에 대해 우리는 어떤 태도를 가져야 하는가?

죽은 자들을 위한 기도는 비성경적이며 잘못된 것이다. 만일 죽은 자들이 천국에 있다면 그들은 우리의 기도가 필요 없는 자들이다. 만일 그들이 지옥에 있다면, 우리의 기도는 그들을 결코 도울 수 없다. 죽음 이후에는 회개나 구원을 위한 더 이상의 기회가 주어지지 않기 때문이다. 우리는 이 세상을 떠나 하나님의 손 안에 있는 자들은 하나님께 맡기고, 오히려 살아있는 자들의 구원을 위하여 기도하고 일하는 일에 더 열심히 헌신해야 할 것이다.

(19) 우리는 로마 가톨릭 교회의 연옥교리를 어떻게 생각해야 하는가?

로마 가톨릭의 연옥교리는 극소수의 그리스도인들만이 죽은 이후에 즉시 천국에 갈수 있다는 결과를 낳는다. 나머지 모든 자들은 다 연옥으로 가서 그들의 나머지 죄성을 모두 없앨 때까지 연옥의 불의 고통을 견디어야만 한다. 이 교리는 성경의 교훈과 정면으로 모순되며, 그리스도의 십자가가 아무런 결과도 맺지 못하게 한다. 왜냐하면 이 교리는 하나님의 속죄사역이 사람의 죄를 완전히 없이하는데 충분하지 못하다는 것을 암시하기 때문이다.

제87문 우리는 부활에 대하여 무엇을 믿어야 하는가?

답 마지막 날에 죽은 자들은 의인과 악인의 일반 부활이 있을 것이다. 그 당시에 살아있는 자들은 순식간에 변화될 것이며 무덤에 있는 죽은 자들은 바로 그 몸이 그들의 영혼과 영원히 연합되어 그리스도의 권능으로 다시 살아날 것이다. 의인의 몸은 그리스도의 영에 의해, 혹은 그들의 머리이신 그의 부활의 효능으로 그의 영광스러운 몸과 같은 신령하고 썩지 않는 몸으로 다시 살아날 것이다. 악인의 몸은 또한 진노하신 심판주 주님에 의하여 수치스러운 중에 다시 살아날 것이다.

1) 관련성구
- **행 24:15:** 의인과 악인의 일반적 부활이 있을 것이다.
- **고전 15:51-53; 살전 4:15-17:** 부활의 때에 살아있는 그리스도인은 죽음을 보지 않고 즉시 변화할 것이다.
- **고전 5:53; 요 5:28-29:** 장사된 몸과 동일한 몸이 부활할 것이다.
- **고전 5:21-23, 42-44:** 의인의 몸은 썩지 아니할 몸으로 살아날 것이다.
- **빌 3:21:** 의인의 몸은 그리스도의 영광스러운 몸과 같이 될 것이다.
- **요 5:27-29; 마 25:33; 계 20:13:** 악인의 몸 역시 심판주이신 그리스도에 의해 일으키실 것이다.

2) 해설

(1) "마지막 날"이란 표현은 무엇을 의미하는가?

이는 그리스도의 재림을 의미한다.

(2) 마지막 날은 언제 올 것인가?

마지막 날이 올 시간은 성경에 이미 계시되었다. 이것은 하나님께 속한 비밀스러운 일이다. 그러나 성경은 이 날이 매우 특정하고 특별한 시간이 될 것이라고 교훈한다. 성경은 이 시간을 "그 날과 그 시"라고 지칭한다. 하나님께서는 우리에게 이 시간을 확실하게 알려주시지 않았지만 그럼에도 이는 분명한 연월일시에 발생할 것이다. 이 날에 하늘구름을 타고 영광 가운데 오시는 그리스도와 함께 이 세상 역사가 홀연히 종국을 맞게 될 것이다. 그리고 그 후 부활과 심판이 이어질 것이다.

(3) 마지막 날이 우리가 살고 있는 시간 안에 오는 것은 가능한 일인가?

그렇다. 성경의 건전한 해석은 그리스도의 재림이 지금 당장 발생할 것이라는 생각을 지지하지 않지만 그렇다고 재림이 우리 시대에 발생하지 않음을 암시하지도 않는다. 뿐만 아니라 그리스도의 재림이 반드시 우리가 살아 있는 시간에 발생하리라고 단정할 수도 없다.

(4) 우리 주님의 재림에 대해 성경은 우리가 어떤 태도를 취할 것을 명령하시는가?

"이것들을 증거하신 이가 가라사대 내가 진실로 속히 오리라 하시거늘 아멘 주 예수여 오시옵소서"(계 22:20).

(5) 그리스도인이 이 마지막 날을 열정적으로 고대하는 것은 성경적인가?

그렇다. 베드로후서 3:10-14을 읽고 여기 기록된 "하나님의 날이 임하기를 바라보고 간절히 사모하라"는 표현에 주의하라. 또한 디도서 2:13을 참조하라. "복스러운 소망과 우리 크신 하나님 구주 예수 그리스도의 영광이 나타나심을 기다리게 하셨으니"

(6) 부활은 몇 번이나 있을 것인가?

오직 한번만 있을 것이다. 성경은 그리스도의 재림 시에 죽은 자의 부활이라는 오직 한 번의 부활만 있을 것임을 교훈한다.

(7) 의인과 악인의 단 한 번의 부활만이 있을 것임을 성경을 통해 증명하라.

요한복음 5:28-29을 보라. "이를 기이히 여기지 말라 무덤 속에 있는 자가 다 그의 음성을 들을 때가 오나니 선한 일을 행한 자는 생명의 부활로, 악한 일을 행한 자는 심판의 부활로 나오리라" 이 성경 구절에 대해서는 다음과 같은 세 가지 사항을 주의할 필요가 있다.

① 여기 나타난 "때"가 단수로 사용되었다는 것이다. "때들이 오나니"가 아니라 "때가 오나니"라고 했다. 따라서 단회적이며 한정적인 시간을 의미한다.
② 이 확정적인 시간이 올 때, 무덤 속에 있는 자 가운데 일부가 아니라 모두가 다 부활할 것이다.
③ 그 때 무덤에서 일어나는 자는 의인과 악인 모두가 될 것이다.

(8) 두 번의 부활, 즉 첫째로 구속받은 자의 부활, 그리고 둘째로 천년 이후 발생할 죽은 악인의 부활이 있을 것이라는 교리에 대해 우리는 어떤 입장을 견지해야 하는가?

이러한 교훈은 요한계시록 20:1-6에 대한 전천년설 해석의 일부분이다. 밧모섬에서 사도 요한에게 계시된 이 환상은 의심의 여지없이 "무저갱 열쇠", "큰 쇠사슬", "표"와 같은 상징적인 기호들로 가득 차 있다. 따라서 이런 상징을 확실하게 해석하는 것은 쉬운 일이 아니다. 이러한 해석상의 어려움 때문에 교회 안에서는 사도시대 이후 오늘날까지 일치된 해석을 가지지 못했다. 그러나 이 선지자적 환상은 요한계시록 20:1-6의 이론에 따라서 해석하고 그 후에 요한복음 5:28-29을 그 이론에 맞출 것이 아니라 오늘 우리 주님이 교훈하신 요한복음 5:28-29에 따라 해석해야 할 것이다. 요한복음에 나타난 우리 주님의 명백한 교훈은 두 번의 부활이라는 사상을 확실히 배격한다. 따라서 요한계시록 20:1-6에 언급된 "첫째 부활"은 몸의 부활이 아니라 영의 부활이요 우리 주님이 요한복음 5:25에 말씀하신 것과 동일한 의미이다. "죽은 자들이 하나님의 아들의 음성을 들을 때가 오나니 곧 이 때라 듣는 자는 살아나리라." 요한계시록 20:4은 "그들이 무덤에서 살아서"라고 기록하지 않고 단순히 "그들이 살아서"라고 기록했음을 주의해야 한다.

(9) 구속받은 자의 부활체가 현재의 몸과 동일한가 아니면 다른가?

성경은 몸의 정체가 현재의 몸과 동일할 것임을 밝히면서도 그 질적인 면에 있어서 다를 것임을 교훈한다. 그것은 장사된 바로 그 몸이 부활하는 것이다. 그러나 그 몸은 영광과 불멸을 옷 입게 될 것이다(고전 15:37, 42-44).

(10) 부활의 몸이 "영"적인 몸이 될 것이라는 말은 무엇을 의미하는가?

우리는 이 단어를 오해하지 않도록 주의해야 한다. "영적"이란 명사가 아니라 형용사이다. "영적인 몸"은 "영"이나 "영의 몸"과 동의어가 아니다. 신약성경이 성도의 부활의 몸을 "영적인 몸"이라고 언급할 때 그것은 하나님의 성전과 성령의 전이 되기에 완전히 알맞은 몸을 의미한다.

(11) 부활의 몸이 단지 영체만이 아니라 만질 수 있는 물질적 몸이 될 것임을 성경을 통해 증명하라.

누가복음 24:39을 보라. "내 손과 발을 보고 나 인줄 알라 또 나를 만져보라 영은 살과 뼈가 없으되 너희 보는 바와 같이 나는 있느니라."

(12) 왜 오늘날 많은 사람들이 몸의 부활 교리를 비웃는가?
이 하나님의 말씀의 교리는 사두개인들(행 23:8)과 아덴 사람들(행 17:32)이 불신한 이래 불신자들의 조롱의 대상이 되어 왔다. 이 교리가 어리석으며 불가능한 것으로 간주하는 자들은 그들이 성경의 권위를 부인하고 이적을 행하실 수 있는 전능하신 하나님을 불신하기 때문이다.

(13) 부활의 몸은 과학이나 이성으로 증명될 수 있는가?
그럴 수 없다. 몸의 부활은 기록된 하나님의 말씀에만 계시된 신비이다. 성경을 떠나서는 그것을 알 수 없다. 또한 우리는 과학과 인간의 이성으로는 몸의 부활을 절대로 증명할 수 없음을 깨달아야 한다. 우리는 하나님의 무오하신 말씀과 성령의 역사를 통해 이 소중한 진리와 약속을 믿음으로 굳게 붙잡아야 한다.

(14) 부활을 믿지 않는 자들과 쟁론하는 것을 피하기 위해 영혼의 불멸성을 강조하고 대신 몸의 부활은 거의 언급하지 않는 것은 교회가 할 올바른 일인가?
그렇지 않다. 성경은 몸의 부활과 영혼의 불멸성 모두를 명백하게 언급하지만 영혼의 불멸성보다 몸의 부활을 더 강조한다. 로마서 8:23을 보라. "우리까지도 속으로 탄식하여 양자 될 것 곧 우리 몸의 구속을 기다리느니라." 우리는 현대적 불신앙의 선입견에 비위를 맞추기 위하여 우리 신앙을 수정하거나 삭제해서는 결코 안된다. 교회는 사람들이 듣든지 듣지 않든지 그 결과에 상관없이 하나님의 모든 뜻을 다 선포해야 한다.

제88문 부활 직후에 어떠한 일이 따를 것인가?
답 부활 직후에 천사와 사람의 전체적이고 최후적인 심판이 있을 것이나 그 날과 그 시를 아는 자가 없으니, 이는 모두 깨어 기도하면서 주님의 오심을 항상 준비하게 하려함이다.

1) 관련성구
- 벧후 2:4; 유 6: 타락한 천사는 심판을 받게 될 것이다.
- 유 7, 14-15; 마 25:46: 그리스도께서 만유를 심판하시기 위해 다시 오신다.
- 마 24:36: 심판의 시간은 사람에게 알려지지 않았다.
- 마 24:42-44; 눅 21:35-36: 그리스도의 다시오심을 살피고 기도하며 항상 준비하는 것은 우리의 의무이다.

2) 해설
(1) 죽은 자의 부활이 있은 후 얼마 후에 심판이 있을 것인가?
죽은 자의 부활 후 즉시 심판이 있을 것이다.

(2) 부활 후에 심판이 즉시 발생할 것이라는, 즉 부활과 심판의 연관성을 성경을 통해 증명하라.
요한복음 5:27-29이다. 이 성경을 통해 그리스도는 하늘의 하나님 아버지께 모든 권세를 받아 심판을 실행하신다(27절). 그는 무덤에 있는 모든 죽은 자들을 부르실 것이다(28절). 그리스도는 이들이 무덤에서 나오는데 어떤 이는 생명의 부활로, 또 어떤 이는 심판의 부활로 나올 것이라고 말씀하신다(30절). 만일 심판이 부활 이후 즉시 발생하지 않는다면 이 두 구절들은 이 두 사건을 서로 긴밀하게 연결시킬 수 없다.

(3) 어떤 예언의 해석이 심판이 부활 이후 즉시 발생할 것임을 부정하는가?
전천년설 해석은 다음과 같은 견해를 견지한다.
① 그리스도의 재림의 날에 구속받은 자가 죽은 가운데서 부활할 것이다.
② 그 후 천년이라는 시간이 흐를 것이며 이 기간에 그리스도께서 예루살렘으로부터 세상을 통치하실 것이다.
③ 천년 왕국의 마지막에 "천사와 사람에 대한 일반적이며 궁극적인 심판"이 임할 것이다. 그러나 이러한 견해는 성경 예언의 잘못된 해석에 근거하고 있는 것이다.

(4) 심판의 날에 관해 언급된 "그 날과 그 시"라는 표현에는 무엇이 암시되어 있는가?

"그 날과 그 시"라는 표현은 심판이 확정적인 특별한 시간에 발생할 사건임을 암시한다.

(5) 심판의 그 날과 그 시를 미리 아는 것은 왜 불가능한가?

그것은 왜냐하면 하나님께서 이 지식을 사람에게 계시하시지 않았기 때문이다. 성경은 그 날과 그 시를 밝히지 않을 뿐만 아니라 성경에 있는 예언을 통하여 그 날과 그 시를 계산하는 것도 불가능하기 때문이다.

(6) 우리가 심판의 그 날과 그 시간을 미리 알 수 없기 때문에 다가올 심판에 대한 우리의 태도는 어떠해야 하는가?

심판의 확실성과 우리의 무지를 깨달아서 그에 대한 적절한 준비를 해야 한다. 구원받지 못한 자는 무엇보다도 죄를 회개하고 그리스도를 그의 구세주로 고백해야 한다. 그리스도인은 매일 그리스도인다운 생활을 통하여 진지하고도 신실한 삶을 살아야한다. 그는 "깨어 있어 기도하며 여호와의 오심을 예비"해야만 한다.

(7) 그리스도의 재림과 죽은 자의 부활과 심판의 날이 이 세상에 현재 살고 있는 사람들의 생전에 발생하는 것은 가능한가?

이는 분명히 가능한 일로 간주된다. 그렇지 않다면 마태복음 24:42-44과 누가복음 21:36의 경고의 말씀들은 현세대에 전혀 적용되지 않을 것이다. 심판의 날이 우리 생애에 발생하는 것이 불가능하다면 "항상 예비하고 있으라"는 그리스도의 말씀은 우리에게 적용되지 않을 것이다. 우리에게 발생하지도 않을 일을 미리 예비할 수는 없는 노릇이기 때문이다. 우리는 "예상치 못한 시간에 인자가 오리라"는 진술이 종종 잘못 해석되는 그리스도인의 죽음이 아니라 영광 가운데 다시 오실 그리스도의 재림을 지칭하고 있음을 주의해야 한다. 36-43절의 내용은 지금 논의되고 있는 주제가 영광 가운데 다시 오실 그리스도의 재림임을 분명히 밝혀주고 있다.

(8) 그리스도의 재림과 죽은 자의 부활과 심판의 날이 이 세상에 현재 살고 있는 사람들의 생전에 발생하는 것은 틀림없는 일인가?

성경은 이 질문에 확신 넘치게 답변하지 않는다. 과거의 많은 사람들은 이 질문에 분명히 대답할 수 있을 것이라 생각했다. 그러나 시간은 그들이 틀렸음을 증명했다. 이러한 종류의 사색은 하지 않는 것이 좋으며, 다만 그리스도께서 우리가 살아있는 동안 오실지도 모른다는 성경의 명백한 교훈은 신뢰해야 할 것이다.

(9) 다른 교리들과 관계하여 그리스도의 재림을 연구함에 있어서 우리가 피해야 할 태도는 무엇인가?

여기에는 피해야 할 두 가지 극단이 있다.

① 많은 그리스도인들이 이 교리에 너무 열중한 나머지 다른 성경의 교훈에는 관심을 가지지 않는 극단이다. 이는 매우 광신적인 극단이라 할 수 있다. 그리스도의 재림과 부활과 심판은 물론 매우 중대한 성경의 교리들이다. 그러나 이것들만이 유일하게 중대한 성경의 교리는 아닌 것이다.

② 반면에 그리스도인 가운데는 또 다른 극단에 빠져서 그리스도의 재림과 부활과 심판에 관한 교리에는 전혀 무관심한 많은 이들이 있다. 이것 역시 매우 위험한 극단이다. 올바른 견해는 매우 균형 있는 견해이다. 우리는 이 교리들을 신적으로 계시된 진리체계 안에서 정당하게 다루어야 하며, 성경의 교훈에 따라서 그들에게 속한 대로 적당하게 고루 강조해야 할 것이다.

(10) 왜 우리는 두 번 또는 그보다 많은 심판이 아니라 단 한 번의 일반적 심판만 있다고 믿어야 하는가?

성경에 기초한 여러 가지 이유를 제시할 수 있다. 요한계시록 20:11-15에서 우리는 생명책에 기록된 구속받은 자들과 불 못에 던지우게 될 악인들이 함께 심판대 앞에 서 있는 일반적 심판에 대한 그림을 보게 된다. 동일한 교훈이 마태복음 25:46에도 기록되어 있다. 마태복음 25:32이 개인들의 심판이라기보다 민족들의 심판을 묘사한다는 것은 증명되지 않은 것이다. 여기 번역된 민족들이라는 단어의 헬라어 에드노스(ethnos)는 신약성경에 164회나 발견된다. 이 단어는 "이방인"(93회), "야만"(5회), 그리고 "민족", "민족들"(64회), "백성"(2회)로 번역되었다. 이 단어는 일반적으로 민족이나 민족들을 구성하는 사람들을 의미하는데 사용되었을 뿐 "국가들"이나 민족들을 의미하지 않는다. 마태복음 25:32이 그리스도의 보좌 앞에 대영제국과 프랑스와 독일과 중국과 미국과 멕시코 등등의 나라들이 설 것임을 의미한다는 것은 전혀 근거가 없는 것이다. 이 단어의 의미는 인종이나 민족의 구분이 없는 모든 사람들이 그리스도의 심판대 앞에 설 것임을 의미할 뿐이다.

(11) 전 인류의 심판자는 누가 될 것인가?
주 예수 그리스도이시다(요 5:22, 27).

(12) 그리스도께서는 왜 어떻게 인류의 심판자의 자격을 취득하셨는가?
왜냐하면 그는 하나님이자 사람이신 이 두 본질이 한 인격 안에 연합되어 계시기 때문이다. 그는 모든 것을 아시며 모든 발생할 일을 아시는 하나님이시기 때문이다. 그는 또한 유혹과 고난을 경험하신 사람이시기 때문이다. 따라서 그리스도는 의로운 심판을 수행하실 수 있는 자격을 충분히 가지신 분이 되신다.

제89문 심판 날에 악인은 어떻게 될 것인가?
답 심판 날에 악인은 그리스도의 좌편에 두어지고 명백한 증거와 그들 자신의 양심의 분명한 확증이 있은 후 공정한 정죄선고를 받을 것이요 하나님의 은혜의 존전과 그리스도와 그의 성도들, 그의 모든 거룩한 천사들과의 영광스러운 사귐에서 쫓겨나 지옥에 던져져 마귀와 그의 천사들과 함께 몸과 영혼이 다같이 영원히 고통의 형벌을 받을 것이다.

1) 관련성구
- 마 25:33: 악인은 그리스도의 왼편에 있을 것이다.
- 롬 2:15-16: 악인은 그들의 양심의 정죄를 당할 것이다.
- 마 25:41-43: 그리스도께서 악인을 정죄하실 것이다.
- 눅 16:26: 악인은 하나님의 임재와 그리스도와 거룩한 천사들과 성도들로부터 끊어질 것이다.
- 살후 1:8-9: 악인은 무시무시한 고통을 당하며 영원히 형벌받을 것이다.
- 마 26:24: 법적으로 정죄 받은 자는 다시는 영원히 하나님의 은총을 받지 못할 것이다.
- 마 25:46: 악인의 형벌은 영원한 것이 될 것이다.
- 마 5:29-30: 지옥 형벌은 영혼뿐만 아니라 육체 모두와 관계되는 형벌이다.
- 막 9:43-48: 지옥 고통은 끝이 없이 계속될 것이다.
- 마 10:28: 지옥 고통은 영과 육의 고통이다.

2) 해설

(1) 의인이 그의 우편에 있는 동안 악인이 그리스도의 좌편에 있을 것이라는 예언은 무엇을 의미하는가?

우리 주님의 이 가르침은 의인을 악인으로부터 분리하는 사법적인 분리가 있을 것임을 암시한다. 현재 이생에 존재하는 인류의 이 두 그룹은 심판자로 행하실 그리스도에 의해서 구분될 것이다. 이 분리는 정확하며 완전하고 영구한 분리가 될 것이다. 악인은 영원토록 다시는 의인과 접촉할 수 없게 된다. 이 두 그룹 사이의 그 어떤 교제나 교통도 가능해지지 않는다. 악과 악인은 하나님의 영역에서 철저하게 분리될 것이다.

(2) 악인들은 무슨 근거로 정죄를 당하는가?

악인들은 그들 자신의 죄로 말미암아 정죄를 당한다(마 25:41-46; 계 20:12-13).

(3) 악인들은 그들이 그리스도를 믿지 않았기 때문에 정죄를 당하는가?

복음을 들은 자와 그리스도를 믿지 않는 자들은 불신앙의 죄를 범했으며, 이 죄와 그들의 모든 다른 죄 때문에 정죄를 당하게 될 것이다.

(4) 악인들은 하나님께서 영생 주시기로 작정하지 않으셨기 때문에 정죄를 당하는가?

하나님께서 "지나치시는 자들"과 영생으로 선택하지 않은 자들은 정죄를 당할 것이다. 그러나 이러한 정죄는 하나님의 섭리 때문이 아니라 그들의 죄 때문에 그렇게 될 것이다.

(5) 복음을 전혀 들어보지 못한 야만인의 경우는 무엇이 그들의 심판의 기초가 되는가?

그들은 자연의 빛 가운데 있는 하나님의 계시(롬 1:20)와 그들 마음에 기록한 하나님의 계명(롬 2:14-16)을 통하여 심판을 받게 될 것이다. 이것들은 그들을 정죄할 것이고 그들은 결코 평계할 수 없게 될 것이다.

(6) 악인들은 심판의 날에 그들이 불공평하게 대우받았음을 느끼는가?

그렇지 않다. 그들은 하나님의 사랑의 혜택을 전혀 받지 못했고 그의 자비를 누리지 못했음에도 여전히 그들 양심을 통해 하나님께서 그들을 공의대로 대우하셨음을 깨달을 것이다. 심판의 날에 모든 피조물 앞에서 하나님의 완전한 공의가 밝히 드러나고 인정될 것이며, 모든 피조물들이 하나님이 공의로우신 분임을 고백할 것이다. 하나님을 의롭지 못하다고 참소하며 그들의 인생을 허비한 자들은 그들 마음에 하나님은 의로우시며 그들은 악인들임을 깨닫게 될 것이다.

(7) 성경으로부터 지옥은 단순히 상태나 조건이 아닌 장소임을 증명해보라.

마태복음 10:28이다. 영혼뿐만 아니라 악인의 육체까지 그곳에 있을 것이며, 따라서 지옥은 반드시 장소이어야 한다.

(8) 만인구원론자의 신앙은 무엇인가?

그들은 모든 인류가 한 사람도 예외 없이 궁극적으로 구원받으며 하나님과 함께 영생을 누릴 것이라고 믿는다.

(9) 만인구원론은 지옥에 관한 성경의 진술과 조화될 수 있는가?

결코 그럴 수 없다. 성경은 명백하게도 모두가 아니라 오직 인류의 일부만이 구원받을 것이며, 나머지는 영원히 잃어버린바 될 것이라고 가르친다. 예수님은 이 세상에서 뿐만 아니라 오는 세상에서도 영원토록 사함 받지 못할 죄에 대해 언급하신 적이 있으시다(마 12:32). 그는 가룟 유다가 오히려 태어나지 않았다면 좋았을 뻔 했다고 말씀하셨다(마 26:24). 이와 같이 많은 성경본문이 만인구원론과 조화되지 않는다.

(10) 지옥멸절론자들의 신앙은 무엇인가?

그들은 지옥 형벌이 영원하지 않으며 잠시 동안 고통을 받은 후 지옥 자체가 존재를 멈출 것이라고 믿는다. 그들의 인격은 없어지거나 완전히 분해되어 아무것도 남지 않게 될 것이다. 그들은 또한 하나님은 너무나도 선하시고 사랑이 많으시기 때문에 그의 피조물을 영원히 형벌하시는 것은 불가능하다고 주장한다. 그들은 성경에서 "영원"(eternal)이란 단어는 실질적으로 "영원히" (forever)를 의미하지 않고 오랫동안 또는 오랜 기간만을 의미한다고 주장한다.

(11) 이 교리가 그릇되었다는 것을 증명하는 성경구절은 무엇인가?

마태복음 25:46이다. 이 본문의 두 경우 모두(everlasting and eternal)에서 동일한 헬라어가 "영원"이란 의미로 사용되었다. 흠정역 성경이 동일한 헬라어 본문을 두 가지 다른 단어로 번역한 것은 유감스러운 일이다. 따라서 천국의 복락이 영원하다면 지옥에서의 고통 역시 영원해야 할 것이다.

(12) 하나님께서는 너무 선하시고 사랑이 많으시기 때문에 악인을 영원히 형벌하지 못하시는가?

그렇지 않다. 하나님의 선하심과 사랑을 알 수 있는 유일한 길은 성경을 통해서이다. "하나님은 사랑"이시라고 말씀하는 동일한 성경이 또한 "우리 하나님은 소멸하시는 불"이라고 선언한다(히 12:29). 성경의 교훈 가운데 일부분만을 의도적으로 선택하는 것은 올바르지 못한 일이다. 우리는 성경이 교훈하는 모든 것을 받아들여야 하며, 만일 그렇지 않으면 성경의 모두를 부인하는 것이 되어 그 책임을 면할 길이 없게 될 것이다. 만일 우리가 하나님의 사랑에 대해 성경이 교훈하는 바를 받아들인다면 우리는 또한 하나님의 공의와 죄를 대적하시는 하나님의 진노에 대한 성경의 교훈도 반드시 인정해야 한다(롬 1:18).

(13) 지옥을 믿는 것은 "그리스도의 정신"과 모순되지 않는가?

그렇지 않다. 우리가 "그리스도의 정신"에 대해 알 수 있는 유일한 방법은 기록된 하나님의 말씀인 성경에 나타난 그의 교훈과 사역을 통해서이다. 사실상 그리스도의 교훈은 성경 그 어느 곳에서 보다도 더 영원한 형벌에 대한 경고의 말씀을 담고 있다. 벌레 한 마리도 죽지 않는 꺼지지 않는 불과 밖에 어두운데서 슬피 울며 이를 갊에 대해서 그리고 영과 육을 모두 지옥에 멸하실 수 있는 하나님에 대해 명백하게 경고하신 분은 사도들도 선지자들도 아니라 예수 그리스도이셨다. 지옥은 "그리스도의 정신"과 부합되지 않는다고 믿는 사람들의 주장은 그들이 믿고 싶은 주장일 뿐이며, 그들 스스로 그리스도의 정신이라는 신조를 만들어낸 것뿐이다. 이러한 일을 행하는 것은 정말로 악한 것이다.

(14) 어떤 성경이 지옥에서는 더 이상 회개하거나 구원받을 기회가 없다는 것을 증명하는가?

부자와 나사로 비유를 말하고 있는 누가복음 16:19-31이다. 특별히 23절, "저가 음부 중에 눈을 들어…"와 26절, "너희와 우리 사이에 큰 구렁이 끼어 있어 여기서 너희에게 건너가고자 하되 할 수 없고 거기서 우리에게 건너올 수도 없게 하였느니라"는 말씀을 주목하라.

(15) 지옥의 두려움이 그리스도를 우리 구주로 믿는 적당한 동기가 되는가?

그렇다. 물론 요한일서 4:18에 있는 말씀처럼 "사랑 안에서 온전하여진" 성숙한 그리스도인은 두려움이란 동기에 영향을 받을 필요가 없기 때문에 가장 최상의 동기는 아니다. 그러나 예수님은 지옥이라는 공포를 교훈하셨다(마 10:28; 눅 12:5). 그러므로 우리는 "온전한 사랑이 두려움을 내어 쫓는 것"이 사실이지만 그럼에도 그리스도인의 최상의 경험에 오르지 못하고 그들의 구원의 확신과 보증에 이르지 못한 자들은 영원한 멸망과 같은 낮은 동기에 영향을 받아야 하며 죄를 회개하고 구원을 위해 그리스도를 믿고 부지런히 은혜의 방편들(말씀, 성례, 그리고 기도)을 사용함으로 "다가올 진노로부터 도망" 쳐야 한다.

제90문 심판 날에 의인은 어떻게 될 것인가?

답 심판 날에 의인은 구름 속으로 그리스도에게 끌어 올려져 그 우편에 설 것이며 공적으로 인정받고 무죄 선고를 받아 버림받은 천사들과 사람들을 그리스도와 함께 심판하고 하늘에 영접될 것인데, 거기서 그들은 영원무궁토록 모든 죄와 비참에서 해방되어 도저히 상상도 할 수 없는 기쁨으로 충만할 것이다. 따라서 몸과 영혼이 완전히 거룩하고 행복하게 되어 무수한 성도들과 거룩한 천사들의 무리 가운데 특히 아버지 하나님 우리 주 예수 그리스도 성자, 성령을 영원무궁토록 직접 대하고 기쁨을 나눌 것이다. 이것이 부활과 심판날에 무형적 교회 회원이 영광중에 그리스도와 함께 누릴 완전하고 충만한 교통이다. 우리가 하나님에 대하여 믿을 바가 무엇인지 성경이 주요하게 가르치는 것을 보았으니 성경이 요구하는 바 사람의 의무가 무엇인지도 고찰해야 한다.

1) 관련성구
- **살전 4:7:** 의인은 구름 속으로 끌어올려 그리스도를 영접할 것이다.
- **마 25:33:** 의인은 그리스도의 우편에 있을 것이다.
- **마 10:32:** 그들은 공개적으로 인정받고 죄를 용서받을 것이다.
- **고전 6:2-3:** 구속받은 자는 그리스도와 함께 세상과 천사를 판단할 것이다.
- **마 25:34, 46:** 의인은 천국을 상속받을 것이다.

- 엡 5:27: 그들은 모든 죄로부터 자유케 될 것이다.
- 계 14:13: 그들은 모든 비참으로부터 자유케 될 것이다.
- 시 16:11: 그들은 기쁨으로 충만할 것이다.
- 히 12:22-23: 그들은 성도와 거룩한 천사의 무리들과 교제할 것이다.
- 요일 3:2; 고전 13:12: 그들은 하나님을 직접 보게 될 것이다.
- 살전 4:17-18: 그들은 영원토록 주님과 함께 있을 것이다.

2) 해설

(1) 어떤 두 종류의 사람들이 그리스도를 만나기 위해 구름 속으로 끌어 올림을 당할 것인가?

① 주께서 호령과 천사장의 나팔 소리와 함께 강림하실 때, 무덤으로부터 부활할 그리스도 안에서 죽은 자들이다(살전 4:16).

② 그리스도의 재림 시에 이 세상에 살아 있는 그리스도인들이다(살전 4:17).

(2) 왜 만유인력의 법칙이 의인의 하늘로 올라감을 방해하지 못하는가?

의인들이 공중으로 끌어올림을 당하는 것은 하나님의 초자연적인 능력으로 이루어지는 기적이다. 만유인력은 아주 오래 전 그리스도의 승천하심을 막지 못했듯이 의인들의 올라감을 방해하지 못할 것이다. 심판의 날은 하나님의 백성들이 지금 제약을 받는 자연법의 지배의 종결이 될 것이며, 이 위대한 날은 "다가올 세대", 즉 영원한 날로의 이전이 될 것이다. 이날에 초자연적인 의지는 내세의 능력이 된다(히 6:5).

(3) 의인이 그리스도의 우편에 있을 것이라는 진술은 무엇을 의미하는가?

이 진술은 악인으로부터의 의인의 분리가 사법적이며 완전하고 영구할 것임을 암시한다. 이제 구속받은 자들과 사법적으로 정죄를 당한 자들 사이에 그 어떤 접촉이나 교통이 없을 것이다."

(4) 의인이 "공적으로 인정받고 무죄선고를 받는 다는 것"은 무엇을 의미하는가?

이는 두 가지를 의미한다.

① 심판자로 역사하시는 주 예수 그리스도께서 전 우주 앞에서 그들의 믿음

을 인하여 박해를 받고 고통을 받은 자들이 그리스도의 백성이며 그들에게 특별한 사랑을 베푸시고 그리스도께서 이들을 죄로부터 값 주고 구속하신 자들임을 공적으로 선언하는 것을 의미한다.

② 심판자로 역사하시는 그리스도께서 그 자신이 그들의 속죄사역을 통하여 그들의 죄를 대신 짊어지시고 그 자신의 완전한 의를 그들이 스스로 개인적인 의를 소유한 것처럼 그들에게 전가해 주심으로 그의 백성들이 죄가 전혀 없으며 하나님의 율법 앞에서 완전히 의롭다는 것을 선포하심을 의미한다.

(5) 성도가 그리스도와 함께 유기된 천사와 인간을 심판하는 일에 참여한다는 말은 무엇을 의미하는가?

고린도전서 6:2-3에 나타난 이 진리는 성도가 천사들과 사람들의 영원한 운명을 스스로 결정할 권위가 있음을 의미하는 말이 아니다. 이 엄숙한 권세는 오직 주 예수 그리스도에게만 속한 것이다. 오히려 이는 성도가 그리스도께서 악한 천사들과 악인들에게 내릴 선고에 참가, 혹은 동의함을 뜻하는 말이다. 그리스도께서 선고를 내리실 때, 성도들은 그리스도의 선고가 완전히 의롭다는 것을 증명하는 그리스도의 선고에 동의하며 그것을 지지하는 것이다. 사단과 악한 천사들이 하나님의 백성들을 지난 수천 년 동안 핍박했으며, 악인들 역시 하나님의 자녀들을 압제하고 박해하며 비난했기 때문에, 성도가 타락한 천사들과 악인들에게 선포될 선고에 동참하는 것은 위대한 심판자께서 인정하는 매우 합당한 일이 될 것이다.

(6) 의인이 천국을 상속받는다는 말은 무엇을 의미하는가?

이는 심판의 날이 의인들의 완전한 진입, 즉 육체와 영혼을 가진 완전한 인격체로서 천국이라는 완전한 장소와 조건과 지복한 상태로의 진입을 결정지음을 의미한다. 제90문에 대한 나머지 답변들은 이 완전한 지복의 장소와 상태의 본질을 다룬다.

(7) 왜 우리는 지금 여기서 완전한 지복을 누리지 못하는가?

그리스도인들이 지금 여기서 완전한 지복을 누리지 못하는 데는 다음과 같은 몇 가지 이유가 있다.

① 그는 지금 여기서 그의 구세주를 얼굴과 얼굴을 마주 대하여 볼 수 없기 때문이다.

② 육체적 연약과 질병과 고통이 지금 완전한 지복을 즐거워할 수 없게 하기 때문이다.
③ 그리스도인의 마음에 남아 있는 죄악된 부패성으로 인해 유혹과 죄와 끊임없는 투쟁을 벌이게 만들고 이것 때문에 지금 여기서 천국의 완전한 행복을 맛보지 못하기 때문이다.
④ 여기 이 지상에서 그리스도인은 악하고 비참한 환경에 둘러 싸여 있기 때문이다. 그리스도인이 거룩해지면 거룩해질수록 그는 그를 둘러싸고 있는 죄의 존재와 영향으로 더 심한 고통을 느끼게 된다.

(8) 이 여러 가지 요인들이 천국에서 어떻게 변화되는가?
① 우리는 우리 구주를 얼굴과 얼굴을 마주 대하여 볼 것이다.
② 고통과 질병과 슬픔과 약함과 피곤으로 가득 찬 우리 죽을 몸이 죽지 않을 몸을 입을 것이다. 모든 질병과 고통과 슬픔은 영원히 사라질 것이며, 죽을 것이 생명에 삼킨바 될 것이다.
③ 우리 마음의 죄악된 본성과 그 결과 발생하는 유혹과 죄와의 끊임없는 투쟁이 죽음의 순간과 함께 그 종결을 고하게 될 것이다.
④ 천국의 환경은 완전히 거룩한 환경이 될 것이다. "무엇이든지 속된 것이나 가증한 일 또는 거짓말 하는 자는 결코 그리로 들어오지 못하되 오직 어린 양의 생명책에 기록된 자들뿐이라"(계 21:27; 22:15).

(9) 천국의 지복가운에 가장 주요한 요소는 무엇이 될 것인가?
천국의 지복한 상태의 주요한 본질은 "하나님을 직접 대하고 기쁨을 나누는 것"이다.

(10) 이 진술에 나타난 "직접 대함"이란 무엇을 의미하는가?
그것은 성도가 하나님을 직접 보게 될 것을 의미한다.

(11) 하나님을 보는 것이 직접적인 것이 될 것이라는 말은 무엇을 이미치는가?
직접적이라는 단어는 성도가 그들과 하나님 사이에 그 어떤 방해물 없이 하나님을 보는 것을 암시한다. 여기 이 세상에서 우리는 하나님을 직접 볼 수 없다. 우리는 지금 거울처럼 희미하게 볼 뿐이지만 그날이 이르면 "얼굴과 얼굴"을 마주 대하며 보게 될 것이다. 여기 이 세상에서 우리는 하나님을 그의 말씀과 그의 일하심에 반영된 하나님으로만 본다. 그러나 천국에서는 자연이나 성경 안에 반영된 하나님의 존재가 아니라 하나님을 직접 대하게 될 것이다. 많은 언약도들과 순교자들이 순교의 순간에 제임스 렌윜(James Renwick)이 남긴 말과 유사한 말을 항상 마음에 품었다는 것은 사실이다. "성경이여 안녕, 복음의 설교여 안녕! 태양이여, 달이여, 별들이여 지상에 있는 모든 것들이여 안녕! 사망의 몸의 갈등이여 안녕! 소중한 그리스도를 위해 교수대를 환영하라! 천상의 예루살렘을 환영하라! 수 없이 많은 천국 천사를 맞이하라! 장자 교회의 총회를 환영하라! 영광의 화관, 흰 옷, 모세와 어린 양의 노래를 맞이하라! 그리고 무엇보다도 거룩하신 성삼위일체 하나님, 유일하신 하나님을 맞이하라! 오, 거룩하신 하나님이시여, 내 영혼을 당신의 영원한 안식에 맡기나이다!"

(12) 성도가 하나님의 기쁨을 나누게 될 것이란 진술은 무엇을 의미하는가?

여기 "결실"이란 단어는 열매를 맺는 것으로서 성취, 실현, 기쁨을 의미한다. 과실수의 목적은 과실을 맺는 것이다. 과실을 맺지 못하는 과실수는 결실이 있을 수 없다. 그러한 나무는 아무런 존재 목적도 성취하지 못하면서 그저 살고 있는 나무일뿐이다. 우리가 인간의 삶을 나무에 비유한다면 그 열매는 하나님을 영화롭게 하고 그분을 영원토록 즐거워하는 것이라 할 수 있다. 그리스도인은 이 세상에 살고 있기 때문에 불완전하고 부분적인 열매를 맺을 수밖에 없다. 그러나 천국에서는 그가 피조된 뜻에 맞는 목적을 성취하게 될 것이다. 그는 완전한 하나님께 영광과 하나님을 즐거워함이라는 참된 열매를 맺을 것이다. 이 목표가 바로 하나님의 기쁨이라 불리는데 인간이 오직 하나님과의 완전한 교통을 통해서만 이러한 열매를 맺을 수 있기 때문이다.

(13) 성도가 천국에서 하프나 거문고만 연주하고 아무 할 일도 없을 것이라는 견해를 우리는 어떻게 반박할 수 있는가?

이 통속적인 개념은 성경의 한 구절이나 두 구절만을 문자적으로 어리석게 해석한 것에 기초한 것으로서 성경이 천국에 대해서 가르치는 교훈에 대한 풍자에 불과하다. 성경은 천국에 있는 성도가 지상에서의 가장 바쁘고 위대한 성취에 비교해서 더 열정적인 활동에 관계할 것임을 보증한다. 우리는 오히려 "진정한 삶"은 게으른 삶이 아니라는 것을 확신해야 한다.

(14) 성경은 천국이 완전한 안식의 상태라고 교훈하는가? 그렇다면 천국이 어떻게 왕성한 활동의 상태가 될 수 있다는 말인가?

성경이 천국을 완전한 안식의 상태로 교훈한다는 것은 사실이다. 그러나 "안식"이란 말은 넓은 의미에서 지침과 피로, 불쾌 또는 고통과 수고로부터의 자유를 의미하는 소극적인 개념이다. 안식이 활동과 양립되지 않게 보이는 것은 이 세상에 있는 죄의 존재 때문이다. 아담이 죄를 짓기 이전에 활동과 안식은 동시적으로 발생하는 것이었다. 그러나 그가 범죄한 이후 활동은 저주로 인해 수고와 고통이 되었다(창 3:17-19). 그러나 천국에는 "더 이상 저주가 없을 것"이다(계 22:3). 그러므로 천국에서 활동과 안식은 더 이상 서로 모순되지 않는다. 성도는 가장 왕성한 활동을 할 것이며, 동시에 가장 완전한 안식을 누리게 될 것이다. 지침과 피로는 사라지고 더 이상 존재하지 않게 될 것이다. (그러나 진술한 것이 천국에서의 성도의 활동이 휴식이나 중지 없이 계속될 것을 의미하지 않는다.) 그들의 활동은 고갈을 의미하거나 재충전을 필요로 하는 활동이 되지 않을 것이다. 타락 이전의 아담과 하와가 끊임없이 쉬지 않고 일만 했다고 생각해서도 안된다. 분명히 하나님께서는 타락 이전에도 밤을 안식의 시간으로 주셨고 일반적인 활동을 모두 중지하는 안식일도 주셨다. 그러나 인간의 삶과 조직이 정상이었다면, 즉 그들이 무죄하고 그들의 활동이 파괴적이 아니었다면, 타락 이후에 필요했던 것처럼 지침과 고갈로 인해 죽음으로부터 보호받기 위해 안식이나 쉼을 필요로 하지는 않았을 것이다. 유한했지만 완전히 피조된 아담은 신성의 형상을 따라 지음 받았다. 그리고 하나님 자신께서 일하시고 안식하셨다(창 2:1-3). 그러나 하나님은 지침과 피로로 인해 안식이 필요하신 분은 아니었다. 이와 마찬가지로 인류 역시 하나님의 방식을 따라 타락 이전에 일하고 안식했다. 그러나 그들의 일이 그들을 지치게 하거나 피곤하게 하지 않았던 것이다.

(15) 천국은 어디에 있는가?

성경은 이 질문에 대한 지식을 제공함으로 우리의 호기심을 다 충족시키지 않는다. 그러나 성경은 천국이 장소임을 분명하게 교훈한다(요 14:1-6).

우리는 이제까지 대요리문답의 전반부에 위치한 90개의 질문을 다 공부했다. 복습해보면 196가지의 질문으로 구성된 대요리문답은 다음과 같은 구조로 배치되었다.

- **제1-5문**: 기초: 인간의 삶의 목적과 하나님의 존재 그리고 하나님의 말씀이다.
- **제6-90문**: 사람이 하나님에 대해 무엇을 믿어야 할 것에 관한 것이다.
- **제91-196문**: 하나님께서 인간에게 요구하시는 의무에 관한 것이다.

대요리문답의 전반부 두 부분을 다 살펴보았기에 이제 우리는 세 번째 부분인 "하나님께서 인간에게 요구하시는 의무"에 대해 살펴보고자 한다. 아래는 세 번째 부분의 내용을 간단히 요약한 것이다.

- **제91-148문**: 십계명의 분석을 포함한 하나님의 도덕법에 관한 부분이다.
- **제149-196문**: 율법을 범한 우리의 죄로 말미암아 우리에게 임할 하나님의 진노와 저주에서 벗어나는 방법이다.

2
PART

하나님께서 인간에게 요구하시는 의무

제11과
계시된 하나님의 뜻에 대한 순종

개론

제91문 하나님께서 사람에게 요구하시는 의무는 무엇인가?
  답 하나님께서 사람에게 요구하시는 의무는 그의 계시된 의지에 순종함이다.

1) 관련성구
- **롬 12:1-2**: 하나님의 뜻에 따라 사는 삶의 의무.
- **미 6:8**: 하나님께서는 계시된 뜻에 대한 순종을 요구하신다.
- **삼상 15:22**: 하나님의 뜻에 대한 신실한 순종이 없는 모든 예배는 헛된 것이다.
- **요 7:17**: 하나님의 뜻을 행하려는 의지는 하나님의 진리에 대한 지식의 열쇠이다.
- **약 1:22-25**: 그것을 행하려는 의지는 없이 하나님 말씀만을 들음은 무익한 것이다.
- **약 4:17**: 그것이 무엇인지 알면서도 하나님의 뜻을 행하는 일에 실패하는 것은 죄악이다.

2) 해설
(1) 왜 우리는 하나님께 순종해야 할 의무를 지니는가?
 왜냐하면 하나님은 우리의 창조주이시며, 우리는 그의 피조물이기 때문이다. 우리는 하나님을 사랑하고 섬겨야 할 도덕적 의무를 지니고 있다. 그리스도인으로서 우리는 그가 우리를 죄와 지옥에서 구속하셨기 때문에 하나님을 사랑하고 섬겨야 할 의무를 부가 받은 것이다.

(2) 어떤 부류의 사람들이 하나님께 순종할 의무가 없다고 주장하는가?
① 하나님이 없다고 하는 무신론자들이다.
② 모든 것이 신적이며 사람 안에서 개성을 지니고 있지 않는 한, 인격이 아니라고 주장하는 범신론자들이다.
③ 우리가 최고의 충성과 경배를 보여야 할 자는 동료 인간 또는 인류라고 주장하는 인문주의자들이다. 이러한 자들은 일반적으로 하나님을 인간의 복지를 위해 존재하는 자 또는 적어도 하나님과 인간이 상호간의 유익을 위해서 존재하는 자로 간주한다. 그들은 종교를 인간의 진보와 복지의 발전을 위한 수단과 대상이라고 간주한다.

(3) 우리의 최고의 충성이 인류의 복지를 위한 헌신이라고 주장하는 것이 왜 잘못된 것인가?
오늘날 매우 일반적인 인기를 얻으며 선도하는 미국의 신문과 잡지에 당연히 게재되는 이러한 인문주의적 태도는 실제로는 우상숭배와 같다. 왜냐하면 이것은 피조물을 창조주의 자리에 올리는 것이며, 인류를 하나님처럼 숭배하게 만들기 때문이다.

(4) 우리 동료 인간들을 위해 봉사하는 것이 하나님을 경배하는 고상한 방법이라는 것은 옳은 것이 아닌가?
그것은 모두 다 동료 인간을 섬기는 우리의 동기에 달려 있다. 우리의 실제적인 동기가 하나님을 섬기기 위한 욕구에서 나온 것이라면, 그것은 진정으로 하나님의 계시된 뜻에 순종하는 것으로서 하나님을 경배하는 행위이다. 그러나 우리의 동기가 단순히 인류에 헌신하고 인류를 돕기 위한 것이라면, 우리는 우상숭배자들이며 하나님의 말씀에 명령된 일을 행한다 할지라도 우리는 진정으로 하나님을 섬기는 자들이 아니다.

(5) 우리가 하나님의 계시된 뜻을 순종할지 하지 않을지 선택할 수 있는 권리가 있는가?
하나님은 그 누구에게도 당신의 계시된 뜻에 순종하도록 사람을 강요하지 않으신다. 하나님은 그들이 스스로 결정하도록 그들의 의지를 존중하신다. 그러나 그 누구도 하나님을 불순종하는 선택을 할 권리는 없다. 하나님의 뜻에 순종하는 것을 대적하는 결정은 우리 창조주를 배반하는 행위인 것이다.

(6) 왜 하나님은 당신의 뜻을 우리에게 부과하시기 전에 우리의 소망이나 뜻을 먼저 물어보시지 않는가?

우리는 종종 하나님께서 민주적인 원리를 따라서 우주를 통치하지 않으신다는 사실을 잊는 경향이 있다. 하나님의 왕국은 민주주의가 아니라 완전한 군주제이다. 하나님은 주권자이시다. 하나님은 그의 모든 피조물들을 향해 완전하고 불변하는 권위를 지니신다. 우리는 하나님의 명령과 율법을 싫어하든지 좋아하든지 말할 권리가 없다. 우리는 그것을 좋아하든 싫어하든 순종해야 할 의무만 있는 것이다. 왜냐하면 그것은 모두 다 하나님의 계시된 뜻이기 때문이다. 하나님을 마치 우리에게 의무가 있는 자처럼 그리고 우리가 하나님의 요구를 비판하며 그것에 의문을 제기할 수 있는 자처럼 우리와 같은 존재와 자리로 끌어내리는 것은 불손하고 불경하며 사악한 것이다.

제92문 하나님께서 사람에게 그의 순종의 법칙으로 처음 계시하신 것은 무엇이었는가?

답 선악을 알게 하는 나무의 실과를 먹지 말라는 특별한 명령 외에 무죄상태에 있는 아담과 그가 대표하는 전 인류에게 계시하신 순종의 규칙은 도덕법이었다.

1) 관련성구
- **창 1:26-27:** 인류는 도덕적 본성을 지닌 하나님의 형상으로 창조되었다.
- **롬 2:14-15:** 인간의 마음에 새겨진 하나님의 계명은 하나님의 자연계시이다.
- **롬 10:5:** 의의 표준은 하나님의 도덕법이다.
- **창 2:17:** 아담을 향하신 하나님의 특별한 명령은 선과 악을 알게 하는 나무의 실과를 금하신 것이다.

2) 해설

(1) 죄로 타락하기 이전의 인간의 상태를 우리는 무엇이라 부르는가?

무죄상태라고 부른다.

(2) 무죄한 상태에 있던 죄인에게 하나님께서 주신 특별한 명령은 무엇이었는가?

선과 악을 알게 하는 나무의 실과를 먹지 말라 하신 것이다. 이 특별한 명령은 행위언약을 맺게 했다.

(3) 하나님의 이 특별한 명령이 어떻게 주어졌는가?

이 특별한 하나님의 명령은 자연계시가 아니라 특별계시 또는 하나님으로부터 온 메시지를 통해 주어졌다. 의심의 여지없이 아담과 하와는 이것이 하나님의 뜻의 선포임을 깨달았다(창 2:16-17; 3:3).

(4) 이 특별한 명령 이외에 하나님께서는 인류에게 어떤 순종의 법칙을 주셨는가?

행위언약을 맺게 한 이 특별한 명령 이외에 하나님은 순종의 법칙으로 도덕법을 주셨다.

(5) 무죄한 상태에서 어떻게 도덕법이 인류에게 주어졌는가?

도덕법은 무죄한 상태에서 인간의 마음속에 역사하시는 하나님의 자연 계시를 통해 인류에게 주어졌다. 피조된 인류는 그들의 마음에 기록된 하나님의 도덕법을 소유하게 된 것이다. 하나님은 이미 그들 마음에 도덕법을 기록해 주셨기 때문에 아담과 하와에게 도덕법이라는 또 다른 특별계시를 주실 필요가 없었다. 인류가 죄로 말미암아 타락하지 않는 한 특별계시는 필요하지 않았던 것이다.

(6) 사람들은 오늘날에도 하나님의 자연계시를 통하여 그 마음에 하나님의 도덕법을 가지고 있는가?

물론이다. 하나님의 법은 하나님의 자연계시를 통해 세상에 있는 모든 인류의 마음에 기록되었다. 그러나 이 기록 즉 인간의 마음속에 기록된 하나님의 자연계시가 인간의 죄로 말미암아 심각하게 어두워졌고 왜곡되었기 때문에 더 이상 인간의 행실을 인도할 기능을 상실케 되었다. 따라서 타락으로 인해 하나님의 특별한 계시가 필요해진 것이다. 성령의 빛이 없는 한 인간은 고의적으로 하나님의 진리를 거짓 것으로 바꾸며, 피조물을 조물주보다 더 섬기게 되어 있다(롬 1:25).

(7) 왜 하나님은 아담과 하와에게 십계명을 계시하지 않으셨는가?

죄가 인류에게 침투해 들어오지 않는 한 상세하고 자세한 계명의 목록은 필요하지 않았다. 인간의 마음에 기록된 하나님의 단순한 도덕법만으로 충분했기 때문이다. 왜냐하면 이 하나님의 도덕법이 아담과 하와에게 그들의 가장 최고의 목적이 하나님을 사랑하고 서로 사랑하는 것이라고 올바르게 교훈해 주었기 때문이다. 오직 죄가 세상에 들어올 때에만 "도적질하지 말라", "살인하지 말라", "네 이웃을 향하여 거짓 증거하지 말라" 등과 같은 구체적인 율법 조항들이 필요하게 된 것이다. 인류가 무죄한 상태에 있는 한 특정한 율법과 계명들은 무의미할 뿐 아니라 필요없는 것이었다.

(8) 도덕법에 대한 통속적인 "현대"의 견해는 무엇인가?

도덕법에 대한 통속적인 "현대"의 견해는 성경에 근거한 것이 아니라 인간의 철학과 과학이론에 근거한 것이다. 이 통속적 개념에 따르면 도덕법은 하나님의 뜻의 계시나 하나님의 본질에 대한 표현이 아니다. 그것은 "자연의 일부분"으로서 그 자체로 존재하는 것을 의미한다. 현대사상은 우주를 스스로 우연히 존재하는 것(피조되지 않은 것)으로 간주하며, 도덕법 역시 우주의 일부분으로서 스스로 존재하는 것으로 간주한다. 이 견해에 따르면, 만일 하나님이 존재하신다면, 그 하나님 역시 그를 초월하는 이 도덕법에 지배를 받는다고 한다. 짐승이 조상이라고 주장하는 만연한 진화론에 의하면 도덕법은 하나님의 계시가 아니라 인간의 발견이라고 한다. 이 이론은 인간이 하나님에 의하여 에덴동산에서 출생한 것이 아니라 물질에서 기원했으며, 인간의 마음에 기록된 법의 기원 역시 하나님의 계명이 아니라 정글의 법칙, 즉 약육강식의 법칙에 기인한다고 주장한다. 또한 수백만 년의 시간을 통해 인류는 발전하고 진화했으며, "자연"에 내재되어 있는 참된 도덕법을 더 많이 발견했다는 것이다. 그 결과 약육강식의 법칙이 오늘날 우리가 알고 있는 도덕법으로 바뀌었다는 것이다.

(9) 도덕법에 대한 이 "현대적" 견해와 관계한 오류는 무엇인가?

① 이 "현대적" 견해는 도덕법을 하나님의 계시된 뜻이나 하나님의 본질에 대한 표현이 아니라 우주 밖에 있는 어떤 비인격적인 힘이나 원리라고 주장한다.

② 성경은 인류가 만물의 영장으로 창조되었지만 하나님께 불순종함으로 가장 낮은 곳으로 타락했다고 교훈하는데 비해 이 이론은 인류가 가장 낮은 곳에서 점차 성장해서 가장 최고의 영장이 되었다고 주장한다.

③ 성경이 도덕법을 신적계시로 교훈하는 반면 이 이론은 도덕법을 인간의 발전이나 발견으로 간주한다.

요약해서 말하자면 현대 사상은 다음과 같은 성경의 위대한 3대 진리를 인정하지 않는 것이다.

첫째, 하나님에 의해 창조된 우주.

둘째, 본래적인 완전함 이후에 발생한 인류의 타락.

셋째, 하나님의 뜻으로서의 도덕법의 계시.

제93문 도덕법은 무엇인가?

답 도덕법은 인류에게 선포된 하나님의 의지이다. 모든 사람이 개별적으로 온전하게 영원토록 이 법을 지켜 순종하되 마음을 다하고 성품을 다하고 힘을 다하여 하나님과 사람에게 마땅히 해야 할 모든 의무를 성결과 의로 행하도록 지시하고 요구한다. 이 도덕법을 지키면 생명을 약속하고 이것을 위반하면 죽음으로 경고한다.

1) 관련성구
- **신 5:1-3:** 하나님의 도덕법은 순종을 요구한다.
- **신 5:31-33:** 하나님의 율법은 하나님의 뜻의 계시이다.
- **눅 10:26-27:** 도덕법은 인간의 전인이 하나님을 따를 것을 요구한다.
- **갈 3:10:** 하나님의 법은 전체적이고도 완전한 순종을 요구하신다.
- **살전 5:23:** 하나님의 법은 인간의 전인과 관계한다.
- **눅 1:75:** 하나님의 법은 하나님을 섬김에 있어서 거룩과 의를 요구하신다.
- **행 24:16:** 하나님의 법은 하나님을 향한 의무와 사람을 향한 의무를 포함한다.
- **롬 10:5; 갈 3:12:** 하나님은 하나님의 법을 따르는 자에게 생명을 약속하신다.
- **갈 3:10; 창 3:17-19:** 사망은 하나님의 법의 위반과 관계된 형벌이다.

2) 해설

(1) 대요리문답은 도덕법을 어떻게 정의하고 있는가?

대요리문답은 도덕법을 "인류를 향한 하나님의 뜻의 선언"으로 정의한다. 이는 다음과 같은 성경적 진리와 관계한다.

① 도덕법은 인간적 발견이 아니라 신적 계시이다.
② 도덕법은 우주 안에 내재된 힘이나 원리가 아니라 하나님의 뜻의 계시이다.
③ 하나님은 "인류 안에 있는 최선의 어떤 것"이 아니라 그의 피조물들에게 뜻을 계시하시는 의지를 지니신 "절대주권자"이시다.

(2) 누가 하나님의 도덕법의 지배를 받는가?

이제까지 살아왔고 앞으로 이 세상을 살아갈 모든 사람들이 하나님의 도덕법의 지배를 받는다.

(3) 하나님의 도덕법은 성경을 모르는 야만들에게도 구속력이 있는가?

물론이다. 성경 이외의 하나님의 도덕법이 하나님의 일반 계시를 통하여 그들의 마음에 기록되었다(롬 2:14-16).

(4) 하나님의 도덕법은 하나님을 믿지 않는 자들에게도 구속력이 있는가?

그렇다. 심판의 날에 그들은 하나님의 존재의 부인과 그들의 모든 다른 죄들에 대해 하나님께 답해야 할 것이다. 그들이 하나님을 믿지 않는 한 그들의 "선한 행위"라는 것도 모두 악한 것이다. 하나님을 부인한다고 해서 그들의 삶에 권위 있게 임하시는 하나님의 도덕법까지 부인할 수는 없는 것이다.

(5) 하나님의 도덕법은 그리스도인들에게 구속력이 있는가?

확실히 그러하다. 그리스도는 하나님의 도덕법의 순종을 통한 영생에 이르시게 하기 위하여 우리를 구원하신다.

(6) 하나님의 도덕법은 변하는가 항상 동일한가?

하나님의 도덕법의 참된 의미는 항상 동일하지만 우리는 성경에서 그 도덕법이 계시된 특정한 형식이 시대에 따라 더 상세하게 부가된 계명조항으로 변한다는 것을 알고 있다.

(7) 하나님의 도덕법은 오늘날 우리 시대에 변하는가?

그렇지 않다. 성경의 완성을 통해 인류를 향하신 하나님의 뜻의 계시는 종결되었고 불변하시며 이 확정된 형태로 세상 끝날까지 존재할 것이다.

(8) 오늘날의 많은 현대인들이 하나님의 도덕법이 확정되었고 세상 끝날까지 변하지 않을 것이라는 사상에 대해 취하는 태도는 무엇인가?

현대 사상에 영향을 받은 많은 사람들은 도덕법에 대한 이 사상이 좁고 정적이라며 반대한다. 그들은 2천년이나 오랜 시간 전에 인류에게 주어진 상세한 계명 조항들이 현대의 과학적 발전을 이룬 우리 시대에 적합한 것이라고 생각하는 것 자체가 어리석은 것이라 주장한다.

(9) 하나님의 도덕법의 불변성에 대한 이러한 반대에 대해 우리는 어떤 답변을 줄 수 있는가?

① 이런 반대를 주장하는 사람들은 도덕법을 하나님의 계시로 생각하지 않는다. 그들은 성경에 기록된 계명들도 인간적 경험과 과정의 산물로 취급한다. 만일 성경에 있는 계명들이 모두 인간적 산물이며 인간적 발견뿐이라면, 역시 우리는 오늘날에도 계명을 만들고 발견할 수 있을 것이다. 그러나 만일 이 계명들이 하나님께서 주신 것이라면, 그것들은 하나님께서 시간이 흐름에 따라 제약을 받는 분이 아니시며 세상 끝날까지 유용한 계명을 수여하실 수 있는 분이시기 때문에 모든 세대에 걸쳐서 필요한 것이 될 것이다.

② 건전한 성경의 연구를 통하여 올바르게 해석하기만 하면, 성경에 계시된 하나님의 도덕법은 21세기를 살아가는 사람들에게도 정확하게 유익한 계명이며, 타락 이후 역사를 살아갔던 모든 세대의 사람들에게 필요한 계명임을 깨닫게 될 것이다.

(10) 하나님의 도덕법이 인간에게 요구하는 순종은 어떤 것인가?

하나님의 도덕법은 완전한 순종을 요구한다. 즉 그의 전 인생을 통한 전 율법에 대한 전적인 순종을 요구하는 것이다. 따라서 하나님의 도덕법은 우리 생각과 말과 행동뿐만 아니라 전 인생에 걸친 우리의 기질과 마음의 상태가 단 한 순간이라도 실패함 없이 완전할 것을 요구하는 것이다.

(11) 하나님의 도덕법은 우리가 선한 사람이 될 것을 요구하는가?

하나님의 도덕법은 우리가 단순히 "착한 사람"이 될 것을 요구하지 않고 전적으로 완전히, 즉 도덕적으로 완전한 사람이 될 것을 요구한다. 단순히 "착한 사람이 되는 것"에 대해 말하는 것은 하나님의 표준과 기준을 낮추는 것이다. 하나님은 단순히 "선함"이 아니라 절대적인 도덕적 표준을 요구하신다.

(12) 이러한 표준은 인류에게 너무 높은 기준이 아닌가?

우리는 성경에 제시되어 있는 도덕적 완전함의 이상이 이생에서 도달하지 못할만한 완전한 것임을 솔직하게 인정해야 한다. 그렇다고 해서 이 표준이 그렇게 높은 것은 아니다. 만일 아담과 하와가 죄를 범하지 않았다면 모든 인류는 이 절대적으로 완전한 표준에 도달했을 것이다. 만일 그렇게 되었다면 인류는 지금보다 훨씬 다른 상태로 존재했을 것이다. 이 표준이 인간이 도달하기에 너무 높은 표준이라는 것은 타락과 그것을 통한 부패와 무능력으로 말미암은 인간 자신의 실수이다. 하나님의 표준은 하나님께서 인류를 창조하신 이래 지금까지 동일하다. 변한 것은 하나님의 표준이 아니라 바로 인간이다. 또한 우리는 타락한 인간이 도달하기에는 너무 높은 표준이라는 것이 바로 도덕법에 대한 하나님의 원래 모습을 보여주고 있다는 것을 깨달아야 한다. 실개천은 그 근원보다 더 높을 수 없다. 만일 도덕법이 인간의 경험의 산물이라면, 그것은 타락한 인간들이 언제나 도달할 수 있는 낮은 표준을 제시했을 것이다. 우리가 성경에서 발견하는 절대적인 도덕법은 하나님으로부터 나오는 것이다. 인간은 절대로 그것을 만들어 낼 수 없다. 그리스도 이외에 그 어떤 인간적 사상도 절대로 죄악이 없으신 사람의 사상을 만들 수는 없었던 것이다. 성경은 절대적인 도덕법을 제시하며, 그의 성품 안에서 절대적인 도덕적 완전함을 충만하게 이루신 그리스도를 선포하고 있다. 이 표준은 높으며 우리는 결코 그것을 성취할 수 없다. 그렇기 때문에 이 중대한 사실이 바로 이 표준이 사람의 표준이 아닌 하나님의 표준이심을 웅변적으로 나타내주고 있는 것이다.

(13) 하나님의 도덕법은 우리에게 어떤 종류의 의무를 요구하시는가?

하나님의 도덕법은 하나님과 사람에 대한 성결의 의무와 의의 의무를 요구한다.

(14) "성결의 의무"와 "의의 의무"의 차이는 무엇인가?

"성결," 즉 "거룩"과 "의"라는 단어는 의심의 여지없이 어느 정도 교차되는 단어이다. 엄밀한 의미에서 "성결의 의무"는 종교적인 의무이며, "의의 의무"는 도덕적 의무라고 할 수 있다. 예를 들면 기도와 성경을 읽는 것은 "성결의 의무"이다. 반면에 엿새 동안 힘써 일하며(출 20:9), 게으르지 말아야 할 것은 "의의 의무"이다.

(15) 하나님께 대한 의무와 사람에 대한 의무의 차이는 무엇인가?

엄밀히 말하면, 모든 의무는 다 하나님께 대한 의무이다. 하나님께 대한 의무가 아니면서 사람에 대한 의무가 존재할 수는 없다. 즉 하나님의 영광을 위한 인간을 향한 의무라는 말이다. 그러나 다른 의무들은 하나님께 간접적으로 속한 의무이지만 전적으로 그리고 직접적으로 하나님께만 돌려야 할 의무들도 있다. 예를 들면, 하나님의 거룩하신 이름을 경외하는 것과 그것을 망령되이 일컫지 말아야 할 것은 오직 하나님께만 향한 의무이다. 그러나 우리 이웃을 우리 몸과 같이 사랑하는 것은 하나님을 향한 간접적인 의무이다. 이러한 경우 하나님을 향한 우리의 의무는 우리 이웃을 사랑하고 그들의 복지를 추구하는 것이다. 따라서 하나님을 향한 우리의 의무는 사람을 향한 부수적인 의무와 관계되는 것이다.

(16) 하나님은 그의 도덕법을 지키는 값으로 무엇을 약속하셨는가?

하나님의 생명을 약속하셨다. 이는 물론 영생을 의미한다.

(17) 하나님의 도덕법을 성취하는 것 이외에 다른 방법으로 영생을 취득할 수 있는가?

결코 그럴 수 있는 방법은 없다. 하나님의 표준은 바뀐 적도 낮아진 적도 없다. 아담과 하와는 하나님의 도덕법을 온전히 지킴으로 영생을 얻을 수 있었다. 만일 그들이 그러했다면 우리 역시 영생을 얻었을 것이며, 죄를 범하지 못하는 상태로 출생했을 것이다. 그러나 아담과 하와는 하나님께 불순종했고 인류는 범죄함으로 타락했다. 그 결과 인류는 하나님의 도덕법을 전혀 성취할 수 없게 된 것이다. 여전히 하나님의 도덕법은 낮아지지 않았다. 영생은 여전히 하나님의 도덕법에 대한 절대적인 순종에 달려 있다. 그러나 하나님 자신께서 우리의 대표자로 우리 대신 하나님의 도덕법을 완전히 성취하신 우리 주 예수 그리스도를 둘째 아담으로 제공하셨다. 그래서 "한 사람의 순종으로 많은 사람이 의인"이 되게 된 것이다(롬 5:19). 우리는 언제나 인류가 영생을 취득할 수 있을 정도로 낮은 수준의 표준과 복음이 관계되어 있다는 오류를 피해야만 할 것이다. 복음은 낮은 표준이나 조건과 관계되어 있지 않다. 복음이 이 조건과 표준을 대신 충족시킬 한 사람과 관계되어 있다. 하나님께서는 도덕법에 대한 그리스도의 완전한 성취를 마치 우리가 스스로 성취한 것처럼 받아들이시고 그리스도의 의를 우리에게 전가하신 것이다.

(18) 하나님의 도덕법의 위반으로 인해 인류에게 온 형벌은 무엇인가?
사망의 형벌이다(롬 5:12; 6:23).

(19) 하나님의 도덕법의 위반에 대한 형벌로서의 사망의 의미는 무엇인가?
"죄의 값"으로서의 "사망" 또는 하나님의 도덕법의 위반에 대한 형벌로서의 사망은 가장 포괄적인 의미에서 다음과 같은 것들을 포함하는 죽음이다.
① 하나님의 은총으로부터의 분리이다.
② 육체의 죽음과 흙으로 돌아감이다.
③ 성경에서 "지옥" 또는 "둘째 사망"이라 불리는 하나님의 사랑과 은총으로부터의 영원한 분리이다.

제94문 타락한 후의 사람에게도 도덕법이 소용 있는가?

답 타락 후에는 아무도 도덕법에 의하여 의와 생명에 이를 수 없다. 그러나 중생한 자와 중생하지 못한 자와 마찬가지로 모든 사람에게 공통적으로 크게 소용되는 것이다.

1) 관련 성구
- **롬 8:3; 갈 2:16**: 타락 이래, 도덕법에 대한 개인적 순종으로 의와 생명을 얻을 수 있는 사람은 아무도 없다.
- **딤전 1:8**: 율법은 그 자체로 선한 것이다. 그러나 올바로 사용되어야 한다.

2) 해설

(1) 대요리문답이 경계하는 도덕법에 대한 일반적인 오류는 무엇인가?

그것은 죄악 된 인간이 자신의 "선한 행위"나 "선한 성품"으로 자신을 구원할 수 있다고 믿는 일반적 오류, 즉 인류가 타락 이래 도덕법에 대한 개인적 순종으로 의와 생명을 얻을 수 있다는 오류이다. 대요리문답은 매우 부정적으로 이러한 종류의 그릇된 사상을 배격한다. 따라서 도덕법과 십계명에 대한 긴 부분(제148문까지 계속되는)의 시작부터 대요리문답은 죄인 된 인간이 도덕법을 순종하기에 적당하다는 사상을 주의 깊게 경고하고 있는 것이다. 도덕법 자체와 십계명 안에 표현된 도덕법은 모든 계층의 사람들에게 유익하다. 그러나 우리는 바리새인의 체계에 내재되어 있는 오류와 거짓 즉 인간이 하나님의 율법들을 모두 순종할 수 있다는 그릇된 신념을 깨닫고 반드시 배격해야 한다. 진실은 중생 받지 못한 자는 결코 하나님을 기쁘시게 하기 위해 하나님의 도덕법을 지킬 수 없다. 심지어 그들의 "선한 행실" 조차도 회개가 필요한 죄일뿐이다. 그러나 그리스도 안에 있는 참된 신자는 신적 은혜로 말미암아 하나님의 도덕법을 부분적으로 지킬 수 있으며, 그들의 "선한 행위"는 그리스도의 중보 사역으로 말미암아 하나님이 받으시기에 합당한 것이 된다. 때때로 웨스트민스터 표준문서들이 십계명에 대한 강력한 강조 때문에 "행위로 말미암은 구원" 사상을 조장한다는 의심을 받아왔다. 그러나 이러한 비난은 전혀 근거 없는 것이며, 구원의 길과 도덕법에 대한 웨스트민스터 표준문서의 특색 있는 표현을 간과하는 것이다.

(2) 만일 도덕법이 의와 생명을 얻는데 무익한 것이라면 도덕법의 목적은 무엇인가?

도덕법은 첫째, 일반적으로 모든 인류에게 유익하며, 둘째 중생 받지 못한 죄인들에게 유익하며, 셋째 중생 받은 그리스도인에게 유익하다.

제95문 도덕법이 모든 사람에게 어떤 소용이 있는가?

답 도덕법이 모든 사람에게 소용되나니, 하나님의 거룩한 성품과 뜻과 그들이 따라서 행해야 할 의무를 알게 하는데 소용된다. 또 도덕법은 그들이 이를 지키는데 무능함과 그들의 성품과 마음과 생활의 죄악된 타락성을 확신케 하여 그들로 하여금 그들의 죄와 재난을 느껴 겸손케 함으로써 그리스도와 그에게의 완전한 순종의 필요성을 보다 더 명백히 깨닫게 하는데 도움이 된다.

1) 관련성구

- **레 11:44-45; 20:7-8; 롬 7:12:** 도덕법은 하나님의 거룩하신 본성과 표현이다.
- **미 6:8; 약 2:10-11:** 도덕법은 하나님께 순종해야 할 피조물로서의 모든 사람의 의무의 계시 역할을 한다.
- **시 19:11-12; 롬 3:20; 7:7:** 도덕법은 그들의 죄성과 그 본성상 영적인 비참함을 깨닫게 한다.
- **롬 3:9, 23:** 도덕법은 그들의 죄와 비참을 깨닫게 함으로 죄인들을 겸손케 한다.
- **갈 3:21-22:** 도덕법은 죄로부터 구원받기 위하여 구주로서의 그리스도의 필요성에 대한 명백한 인식을 갖게 한다.
- **롬 10:4:** 도덕법은 율법을 완전히 순종하신 그리스도의 성품과 의에 대한 높은 인상을 갖게 한다.

2) 해설

(1) 모든 사람을 위한 하나님의 도덕법의 4가지 용도는 무엇인가?

모든 사람을 위한 하나님의 도덕법은 다음과 같은 네 가지 용도로 사용된다.
① 하나님에 대한 진리의 계시이다.
② 하나님을 향한 인간의 도덕적 의무에 대한 진리의 계시이다.
③ 본성상 전적으로 죄인인 그들의 상태를 깨닫게 하기 위한 수단이다.
④ 비교할 수 없는 그리스도의 성품에 대한 올바른 평가와 인식에 도움을 준다.

(2) 어떻게 도덕법이 하나님에 관한 진리의 계시가 되는가?

하나님의 도덕법은 그의 거룩하신 본성과 뜻의 표현이기 때문에 하나님에 관한 진리의 계시가 된다. 이는 도덕법을 "자연 안에" 내재되어 있는 힘이나 원리로 간주하는 "오늘날의 현대적 견해"와 배치된다. 옳고 선한 것은 그 자체로 옳고 선한 것이 되지 않고, 오직 하나님의 거룩하신 본성이 그것을 요구하시기 때문에 옳고 선한 것이 되는 것이다. 우리는 대요리문답이 하나님의 뜻보다 하나님의 본성을 먼저 언급하는 것에 유의해야 한다. 하나님의 본성이 무엇이 옳은지를 결정하며 하나님의 뜻은 그것을 사람에게 도덕적 의무로 부과하시기 때문이다.

(3) 어떻게 도덕법이 하나님을 향한 인간의 도덕적 의무의 계시가 되는가?

하나님의 뜻의 표현으로서 도덕법은 사람에게 전적이며 완전한 순종을 요구한다. 순종에 대한 요구는 성경에 기초해 있으며, "최대 다수의 최대 행복"이나 "인류의 복지" 등과 같은 공리주의에 입각해 있지 않다. 순종에 대한 요구는 성경의 창조 교리에 기초해 있는 창조주와 피조물의 관계에 근거한 것이다. "하나님이 이 모든 말씀으로 일러 가라사대... 너는 나 외에는 다른 신들을 네게 있게 말지니라"(출 20:1-17). 도덕법을 이기적인 목적이나 공리주의적인 목적으로 순종해야 한다고 가르치는 현대 사상보다 더 부도덕한 사상은 없을 것이다. 도덕법은 하나님께서 우리의 창주주이시며 우리는 그의 피조물이기 때문에 반드시 지켜야 할 우리의 의무이다.

(4) 어떻게 하나님의 도덕법이 본성상 타락한 그들의 죄성을 깨닫게 하는 도구가 되는가?

① 하나님의 도덕법은 온 인류를 완전한 도덕적 표준에 세우기 때문이다. 이 완전한 표준을 시험하면 할수록 그는 점점 더 이것을 성취할 수 없음을 깨닫게 된다. 에덴동산에서 하나님의 피조물인 인류는 이 완전한 도덕적 표준을 성취할 수도 있었다. 타락 이후 이 표준은 여전히 동일하지만 인간의 성품은 완전히 바뀌었다. 오직 죄 없는 사람만이 지킬 수 있는 이 도덕적 표준을 성취하려는 죄인의 시도는 그들이 이 표준에 따라서 살 수 없는 무능력한 자들이기 때문에 오히려 그들의 죄악된 본성을 더욱 확신시킬 뿐이다.

② 죄악된 인간의 마음은 하나님의 도덕법의 거룩한 요구에 반항하기 때문이다. 따라서 도덕법은 인간의 죄악되고 오염됨 본성이 실제 범죄의 주범

임을 깨닫게 만든다(롬 7:7). 도덕법은 실제로 그들의 죄악된 본성이 거룩한 요구를 반항하기 때문에 죄인들을 더욱 심각한 죄인 되게 만드는 것이다. 이러한 죄악된 마음의 부패는 실제 죄악된 행위로 연결된다(롬 7:8-11).
③ 하나님의 도덕법은 그들의 죄와 비참으로 인해 죄인들을 겸손하게 만드는데 사용된다. 그들이 율법을 준수함에 있어서 자신들의 실패와 무능력을 예리하게 깨달으면 깨달을수록 그들의 죄악된 상태로 인해 더욱 겸손하지 않을 수 없게 되는 것이다. 바리새인들이 그렇게 하는 것처럼 율법은 순종하고 지킬 수 있다고 선전하는 곳에서만 사람들은 그들의 죄악성에 눈멀고 교만에 빠지게 되는 것이다.
④ 하나님의 도덕법은 죄를 느끼게 하고 그 결과 구원의 필요성을 깨닫게 하는데 도움을 준다. 율법은 사람을 그리스도에게 인도하는 몽학선생이다. 도덕법 준수에 대한 개인적 실패는 그들로 하여금 율법을 완전하게 지키시고 그들을 구원하심으로 그들도 앞으로 율법을 완전하게 지키게 해주실 구세주의 필요성을 절감하게 한다.

(5) 어떻게 하나님의 도덕법이 비교할 수 없는 그리스도의 성품에 대한 올바른 평가를 내릴 수 있도록 우리를 돕는가?

그리스도 자신께서 율법 아래 사셨다(갈 4:4). 그리스도는 하나님의 도덕법의 모든 요구를 완전하게 성취하셨고 하나님께서 인간에게 표준으로 제시하신 완전한 표준을 완벽하게 다 이루신 분이시다. 만일 우리가 그리스도께서 죄인을 위하여 도덕법을 성취하셨음을 깨닫기만 한다면, 우리는 도덕법의 참된 목적에 대한 통찰력을 갖게 될 것이고 비교할 수 없는 그리스도의 성품에 대한 깊은 감사를 느끼게 될 것이다. 도덕법을 단순히 자연적 힘이나 원리에 대한 인간의 발견이라고 생각하는 자들은 그리스도 역시 "착한 사람" 정도로 생각할 것이다. 그러나 도덕법을 하나님의 완전하고도 거룩한 뜻이라고 믿는 자들은 그리스도를 가장 완전한 사람이시자 하나님이시라고 믿을 것이다. 만일 그리스도께서 지상에서 하나님의 도덕법의 절대적인 표준을 완전하게 이루셨다면, 그리스도의 순종과 의는 모든 국면에 있어서 절대적으로 완전한 순종과 의가 될 것이다. 그리스도는 인간의 삶에 있어서 절대적인 도덕적 완전이 되시는 것이다.

제96문 도덕법이 중생하지 못한 자들에게 무슨 소용이 있는가?

답 도덕법은 중생하지 못한 자들에게도 소용이 있다. 그들의 양심을 그것으로 일깨워 장차 임할 진노를 피하게 하며 그리스도께로 그들을 나아가게 하거나 혹은 죄의 상태와 죄의 길에 계속 머물러 있을 경우 그들로 하여금 핑계할 수 없게 하여 그 저주아래 있게 하는 것이다.

1) 관련성구
- 딤전 1:9-10: 하나님의 도덕법은 악인에게 적용된다.
- 갈 3:24: 도덕법은 구원을 위해 죄인들을 그리스도에게 인도하기에 유익하다.
- 롬 1:20; 2:15: 도덕법은 죄인들로 하여금 핑계하지 못하게 한다.

2) 해설

(1) '중생하지 못한 자들' 이란 단어는 무엇을 의미하는가?

이는 거듭나지 못한 자들 즉 구원받지 못한 죄인을 묘사하는 단어이다.

(2) '중생하지 못한 자' 들의 양심의 일반적 상태는 어떠한가?

일반적으로 중생하지 못한 자들의 양심은 잠자고 있는 상태이며 따라서 일깨움이나 각성이 필요한 상태이다.

(3) 도덕법은 어떻게 구원받지 못한 죄인들의 양심을 각성시키는가?

도덕법은 하나님의 진노가 모든 불의를 따라 하늘로부터 임한다고 선언한다 (롬 1:18). 그렇기 때문에 그들의 양심은 장차 그들에게 임할 하나님의 심판에 대한 두려움으로 떨게 되는 것이다.

(4) 도덕법은 하나님의 진노를 피할 길을 제시하는가?

그렇지 않다. 도덕법은 절대 피할 길을 제공하지 않는다. 그것은 오직 죄에 대한 하나님의 심판만을 선고할 뿐이다. 율법이 하나님의 진노로부터 피할 길을 제공하지 않기 때문에 율법은 죄인들을 오직 유일하신 피할 길이 되시는 그리스도에게 인도하는 것이다.

(5) 구원받지 못한 모든 죄인들은 하나님의 도덕법에 대한 지식을 가지고 있는가?

그렇다. 성경의 지식을 가지고 있는 자뿐 아니라 성경에 대해 전혀 무지한 자들 즉 야만인들도 인간의 마음에 기록된 하나님의 자연계시를 통하여 하나님의 도덕법에 대한 약간의 지식을 가지고 있다.

(6) 구원받지 못한 모든 죄인들은 하나님의 도덕법에 대한 지식을 모두 동일하게 가지고 있는가?

그렇지 않다. 도덕법에 대한 자연계시 만을 소유하고 있는 자들은 희미하고 불완전한 지식을 가지고 있을 뿐이다. 그러나 이 지식 자체만으로도 그들은 결코 핑계할 수 없게 된다. 이에 비해 성경의 빛을 가지고 있는 자들은 더 명백하고 위대한 하나님의 도덕법을 소유하고 있는 자들이다.

(7) 하나님의 도덕법은 모든 죄인들의 양심을 각성시킴으로 그들을 그리스도에게 인도하여 구원시키는가?

그렇지 않다. 모든 죄인들이 하나님의 도덕법에 대한 약간의 지식을 소유하게 되는 것은 사실이지만 구원을 위하여 그리스도에게 나아오지 않는 자들은 아주 많다.

(8) 왜 도덕법은 구원을 위하여 모든 죄인들을 그리스도에게 인도하지 않는가?

도덕법 그 자체에는 구원을 위하여 죄인들을 그리스도에게 인도할 수 있는 능력이 없다. 이는 도덕법에 하나님과 성령님의 초자연적인 역사하심이 동반되어야만 죄인들이 비로소 그리스도에게 인도되기 때문이다(행 16:14).

(9) 왜 성령님은 모든 죄인들이 그리스도에게 와서 구원 받을 수 있도록 그들의 마음을 열어 주시지 않는가?

성경은 하나님께서 일부를 선택하시고 구원하시며, 이를 우리에게 알리지 않으신다는 하나님의 주권이라는 대답 이외에 다른 대답을 하지 않는다(롬 9:15-18). 성경은 명백하게 하나님께서 어떤 이들을 구원으로 선택하셨고 그 선택한 자들을 실제로 구원하심을 명백하게 교훈한다. 사람들을 선택과 유기로 구분하시는 이러한 사역은 사람들에게 계시되지 않은 하나님께 속한 비밀한 일이다.

(10) 그리스도에게 전혀 나아오지 않는 죄인들의 경우 도덕법은 어떤 결과를 낳는가?

그리스도에게 전혀 나오지 않는 죄인들의 경우 도덕법은 "그들이 핑계하지 못하게 하며, 그 결과 저주에 빠지는 결과"를 낳게 한다.

(11) 중생하지 못한 자들도 하나님을 기쁘시게 하기 위한 목적으로 도덕법을 사용할 수 있는가?

그렇지 않다. 로마서 8:8은 "육신에 있는 자들은 하나님을 기쁘시게 할 수 없느니라"고 말씀한다. 여기 "육신에 있는 자"라는 표현은 중생하지 못한 자 또는 거듭나지 못한 자를 의미한다. 이러한 사람들은 도덕법을 통하여 그들의 의무가 무엇인지를 배울 수는 있지만 죄와 허물로 죽은 자들이기 때문에 하나님을 기쁘시게 할 수 없다. 그들의 마음은 하나님을 대적하며 그들의 행하는 모든 일들 역시 그릇되고 죄악적인 동기에 의해 행할 뿐이다.

(12) 중생하지 못한 자들이 자기 자신의 구원을 얻기 위하여 도덕법을 사용할 수 있는가?

그렇지 않다. 로마서 3:20을 참조하라. 하나님의 율법을 준수함으로 구원에 이를 죄인은 아무도 없다. 죄인이 하나님의 계명의 말씀을 지키면 지킬수록 그는 그 계명을 범하는 자가 될 것이며, 구원이 필요한 소망 없는 죄인임을 더욱 깨닫게 될 것이다.

(13) 성경적 전도법에 있어서 하나님의 도덕법이 차지하는 역할은 무엇인가?

"복음전도"라는 단어가 "복음의 선포"를 의미한다면 우리는 율법이 없는 복음은 무의미하다고 말할 수 있을 것이다. 복음이란 "복된 소식"이다. 즉 그것은 죄로부터의 구원의 복된 소식을 의미한다. 죄란 율법을 범한 것이다. 사람은 율법의 범함이라는 각성이 없이는 복음의 필요성을 느끼지 못할 것이다. 하나님의 도덕법에 대한 지식 없이는 그들이 율법의 범죄자라는 사실 역시 깨닫지 못할 것이다. 그러므로 하나님의 도덕법을 위반한 범죄를 강조하지 않고서는 그 어떤 전도프로그램도 건전하거나 성경적일 수 없다. 오늘날의 많은 복음전도는 하나님의 계명과 죄와 회개에 대해 더욱 적게 말하고 있다. 그 대신 "그리스도를 영접하라"는 말만 더 많이 한다. 따라서 오늘날처럼 하나님의 율법에 대해 더 많이 강조해야 할 때도 없는 것이다. 이것이 없이는 기독교신앙의 진정한 부흥은 없기 때문이다.

제97문 도덕법이 중생한 자들에게는 무슨 특별한 소용이 있는가?

답 중생하여 그리스도를 믿는 자는 행위의 언약인 도덕법에서 해방되었으므로 이로서 의롭다하심을 받거나 정죄를 받는 일은 없다. 그러나 모든 사람에게 공통된 도덕법의 일반적 용도 외에 특수한 소용이 되는 것은 이 법을 친히 완성하시고 그들을 대신하여 저주를 받으신 그리스도와 그들이 얼마나 밀접한 관계가 있음을 보여줌으로써 그들로 하여금 더욱 더 감사하게 하며 이 감사를 표시하려고 그들의 생활법칙으로서 도덕법을 더욱 더 조심하여 따르게 한다.

1) 관련성구

- **롬 8:14; 7:3-6; 갈 4:4-5:** 중생한 자는 행위 언약 아래 있지 않는다.
- **롬 3:20; 갈 5:23; 롬 8:1:** 중생한 자는 그의 순종으로 의롭다함을 받지 않으며, 도덕법의 위반으로 인해 정죄를 당하지도 않는다.
- **롬 7:2, 25; 8:3-4; 갈 3:13-14:** 도덕법은 그리스도인으로 하여 그를 위하여 모든 율법을 다 성취하시고 그 대신 형벌을 친히 당하신 그리스도에게 얼마나 큰 빚을 진 자임을 보여준다.
- **눅 1:68-69, 74-75:** 도덕법은 그리스도 안에서 제공된 구속으로 인해 하나님을 향한 감사를 유발시킨다.
- **롬 7:22; 12:2; 딛 2:11-14:** 도덕법은 그리스도인의 순종의 표준이 된다. 이 표준은 구원을 얻기 위함이 아니라 무조건적인 선물로서 베풀어주신 구원의 은혜에 감격하고 감사하는 표현으로서의 표준이다.

2) 해설

(1) 사람이 "거듭나서" 그리스도인이 될 때 그는 도덕법과 어떤 새로운 관계를 맺는가?

그는 즉시 그리고 영원히 율법의 순종을 통해 자신을 구원하려는 모든 무익한 시도와 율법의 정죄로부터 구원받는다.

(2) 행위언약은 언제 종결되었는가?

① 하나님의 계명에 대한 인간적 순종을 통해 영생을 얻으려는 방법인 인류의 대표자로서의 아담의 순종 즉 행위언약은 아담과 하와가 에덴동산에서의 금지된 나무의 실과를 취함으로 종결되었다.

② 택자를 위한 그리스도의 순종을 통해 영생을 얻으려는 구원의 방법으로서의 신-인이시자 둘째 아담이신 그리스도께서 행위언약을 모두 성취하셨다. 그 결과 이 행위언약이 은혜언약 안에 합병되었으며, 그 결과는 오늘날에도 여전히 효력을 발생하고 있다.

③ 아직 그리스도에게 나오지 않고 은혜언약의 유익을 수여받지 못한 자들의 경우 그들은 여전히 행위언약의 위반이라는 정죄 아래 있다. 그러한 자들은 행위언약에 기초하여 영생을 얻으려는 즉 도덕법에 대한 개인적 순종이라는 무익하고도 절망스런 시도를 하기 마련이다.

(3) 도덕법에 대한 개인적 순종을 통한 영생의 취득을 추구하는 신앙상의 용어는 무엇인가?

도덕주의라고도 불리는 율법주의이다.

(4) 그리스도 시대에 유행했던 율법주의의 영향을 받은 유대인의 종파는 무엇인가?

바리새인들이다.

(5) 율법주의의 오류는 무엇인가?

그것은 율법주의가 언제나 "완전함에 이르지 못하고 제 시간에 이르지 못하기 때문"이다. 우선 율법주의는 하나님께서 도덕법에 대한 완전한 순종을 요구하시는데 죄인들은 매우 불완전한 순종을 보이기 때문에 구원에 이르지 못한다. 또한 율법의 순종을 통한 영생의 가능성이 오래 전 에덴동산에서부터 종결되었기 때문에 그들은 구원을 이룰 가능성이 아주 없다.

(6) 현대의 그리스도인들도 이 율법주의의 영향을 받는가?

이는 슬픈 일이지만 다음과 같이 이유에서 종종 사실이다.
① 은혜로 말미암는 구원이라는 성경적 교훈이 선포되지 않고 알려지지 않은 곳에서 고백적 그리스도인은 종종 선한 행위로 영생을 취득하려는 완전한 율법주의자가 된다.
② 심지어 은혜로 말미암는 성경적 구원의 교훈을 알고 이해하는 자들조차도 무의식적으로 율법주의적인 사고를 하게 된다. 그는 은혜의 신학을 고백하기는 하지만 그 모순을 깨닫지도 못한 채 여전히 율법주의적 태도의 영향을 받는다.

(7) 그렇다면 율법주의의 치료책은 무엇인가?

첫째, 율법주의의 무익함과 전적인 부족을 깨달아야 한다. 둘째, 은혜로 말미암는 구원이라는 성경적 교훈에 대한 깊은 이해와 개인적 경험을 가져야 한다.

(8) 그리스도인은 죄를 지을까 두려워해야 하는가?

그렇다.

(9) 그리스도인은 영원한 정죄를 받는 위험 때문에 죄 짓는 것을 두려워하는가?

그렇지 않다 요한일서 4:18을 보라.

(10) 그렇다면 그리스도인은 왜 죄 짓는 것을 두려워해야 하는가?

그것은 신자가 하나님의 거룩과 배치되는 일을 행하는 두려움을 갖는 것이 당연하기 때문이다. 그것은 영원한 정죄와 상관이 없다고 하더라도 하나님을 대적하는 것이며, 하나님의 얼굴의 빛을 우리에게서 숨기는 것이다.

(11) 그리스도인은 도덕법을 통해 어떻게 그리스도를 깨닫게 되는가?

도덕법은 그리스도인에게 그가 그리스도에게 얼마나 빚 진자인 것을 알게 함으로 그리스도를 깨닫게 한다. 즉 그리스도께서 그를 위하여 얼마나 온 율법을 다 성취하시고 그를 대신하여 율법의 형벌을 받으셨는지에 대한 것을 깨닫게 하시는 것이다.

(12) 도덕법은 그리스도인으로 하여금 어떻게 그리스도께 감사하는 것을 유발시키는가?

도덕법은 그리스도인으로 하여금 그를 위하여 그리스도의 사역과 고난을 인식함으로 그리스도를 향한 감사를 유발시킨다.

(13) 율법주의적 신앙의 마음은 감사 대신에 어떤 상태를 낳는가?

율법주의적 신앙은 하나님을 향한 진정한 감사의 태도를 낳지 못하고 오히려 영적교만이라는 자기 의를 낳는다.

(14) 그리스도인은 어떻게 하나님께 그의 감사를 표현하는가?

그리스도인은 기도와 찬양뿐만 아니라 하나님의 도덕법을 순종의 법칙으로 지킴으로써 하나님을 향한 감사를 표현해야만 한다.

(15) 성경은 그리스도인이 율법 아래 있지 않고 은혜 아래 있다고 말한다(롬 6:14). 그렇다면 그가 어떻게 순종의 법칙으로서의 도덕법 아래 있을 수 있는가?

그리스도인은 율법의 정죄로부터 자유함을 받았지만 올바른 삶을 위한 표준으로서의 율법의 교훈은 지켜야 한다.

(16) 그리스도인이 올바른 삶의 표준으로서의 도덕법의 교훈으로부터 자유롭지 못하다는 것을 성경을 통해 증명하라.

① 성경은 그리스도인이 죄를 범할 수 있다고 교훈한다(요일 1:8; 2:1; 약 5:16). 그러나 성경은 죄를 "불법"이라고 정의한다(요일 3:4). 그러므로 성경은 그리스도인이 율법을 어기는 죄를 범할 수 있다고 교훈하는 것이다. 그렇다면 그리스도인은 율법의 교훈 아래 있는 것이다. 그렇지 않다면 그들이 율법을 범한다고 말할 수 없을 것이다.

② 고린도전서 9:19-21에 보면 사도 바울은 "하나님의 율법 아래" 있지 않다는 것을 부정하면서 오히려 자신이 "그리스도의 율법 아래" 있는 자임을 확증한다. 물론 이 단어들은 그가 그리스도인이 된 수 년 후에 기록된 것들이다. 그리스도를 믿기만 하면 올바른 삶을 위한 표준으로서의 도덕법으로부터 자유로워진다고 주장하는 현대의 그리스도인들은 사도

바울이 주장하지 않은 것을 주장하는 것이며 위에 인용된 말씀들을 부인하는 것이다.

제98문 어디에 도덕법이 요약되어 포함되어 있는가?

답 도덕법은 십계명에 요약되어 포함되어 있다. 이는 시내산상에서 하나님의 음성으로 이르시고 두 석판에 친히 써 주신 것으로 출애굽기 20장에 기록되어 있다. 첫 네 계명에는 하나님께 대한 의무와 나머지 여섯 계명에는 사람에 대한 의무가 포함되어 있다.

1) 관련성구
- **출 34:1-4; 신 10:4:** 하나님께서는 십계명을 두 돌판에 신적으로 계시하시고 기록하셨다.
- **마 22:37-40:** 그리스도는 도덕법을 하나님을 향한 사랑과 이웃을 자신과 같이 사랑하라는 말씀으로 요약하셨다.

2) 해설

(1) 십계명은 성경 어디에 기록되어 있는가?

출애굽기 20:1-17과 신명기 5:6-21에 기록되어 있다.

(2) 십계명은 하나님의 도덕법에 관한 완전한 진술인가?

십계명은 도덕법에 대한 완전한 진술이라기보다 도덕법의 요약이라 할 수 있다. 올바로 해석하기만 하면 십계명에는 하나님과 관계된 모든 도덕적 의무를 포함한다. 그러나 십계명의 올바른 해석과 적용을 위해서는 더욱 상세한 하나님의 뜻의 진술이 필요하다. 예를 들면, 제8계명은 도적질을 금하고 있다. 그러나 성경의 다른 부분을 연구하면 "도적질"이라는 것이 무엇을 포함하며 그것의 정확한 정의를 배울 수 있게 된다.

(3) 보통 십계명은 어떻게 구분되는가?

그리스도께서 구분하신 법칙을 따르면 십계명은 두 부분으로 나뉜다. 첫째 네 개의 계명은 하나님을 향한 우리의 의무이며, 나머지 여섯 개의 계명은 우리 자신과 우리 이웃들에 관한 의무에 관한 것이다.

(4) 십계명의 전부는 모두 하나님을 향한 우리의 의무에 관한 것인가?

그렇다. 우리는 나머지 여섯 개의 계명이 우리 자신과 이웃들과의 관계에 대한 의무라고 생각해서는 안된다. 그것들은 모두 하나님을 향한 우리의 의무이다. 이 문제에 대한 올바른 이해는 첫 네 개의 계명이 하나님을 향한 우리의 직접적 의무라고 한다면, 나머지 여섯 개의 계명은 하나님을 향한 우리의 간접적인 의무 즉 우리 자신과 우리 이웃들과 관계된 하나님을 향한 우리의 의무에 관한 것이라고 생각하면 된다.

(5) 마지막 여섯 가지의 계명은 왜 우리 이웃들과 관계한 하나님을 향한 우리의 의무가 되는가?

왜냐하면 사람이 아니라 하나님께서 양심의 주인이 되시기 때문이다. 하나님은 우리의 창조주이시다. 우리는 모두 다 하나님께 책임이 있는 존재들이다. 마지막 날에 우리 모두는 하나님으로부터 심판을 받을 것이다. 우리 이웃들에게 대한 의무들 역시 하나님을 향한 도덕적 책임 때문에 존재하는 것이다. 우리에게 왜 도적질하지 않고 살인하지 않아야 하느냐고 묻는다면, 도적질하고 살인하는 것이 하나님을 대적하는 죄가 되기 때문이라고 대답해야 할 것이다. 우리는 사회적 국면에 있어서의 우리 모든 행동의 책임을 져야 하며 그 책임은 하나님을 향한 책임이기 때문이다.

(6) 십계명의 두 돌판에 기록된 도덕법은 모두 중요한가?

율법에 대한 우리의 순종에 관한 한 십계명의 모든 계명은 전적으로 중요하며, 그것들 중 어느 하나라도 범하게 되면 하나님의 도덕법 전체를 범한 것이 된다(약 2:10-11). 그러나 십계명의 논리적 구조에 관한 한, 두 번째 돌판의 계명은 첫 번째 돌판의 계명에 종속적이라고 말할 수 있다. 즉 말하자면, 하나님을 향한 우리의 도덕적 책임은 우리의 이웃을 향한 의무의 기초가 된다는 것이다. 따라서 그리스도께서 "가장 크고 첫째 되는 계명"은 하나님을 사랑하는 것이며, 그렇게 우리 이웃을 사랑하는 것이 "둘째 되는 계명"이라고 말씀하신 것이다. 즉 십계명의 둘째 돌판은 첫째 돌판의 계명의 부수적이고 종속적이라는 말이다.

(7) 오늘날 십계명에 대한 잘못된 견해는 무엇인가?

① 십계명이 모세나 유대인들 가운데 다른 어떤 이들이 제정한 인간적 법이라고 주장하는 것이다.
② 십계명이 인간적 경험의 산물 즉 인류의 일반적 복지를 위해 필요한 것을 인간들이 발견한 법이라고 주장하는 것이다.
③ 십계명은 단지 일시적으로만 중요할 뿐이며, 후일 신약성경에서 소위 사랑의 계명으로 불리는 법, 또는 인류의 진화론적 과정에 의해 대체되었다고 주장하는 것이다. 이 세 가지 모든 견해들은 다 그릇된 것들이다. 십계명은 인간적인 법전이 아니라 하나님의 신적인 법전이다. 이것들은 모세나 다른 사람에 의해서가 아니라 하나님 자신에 의해 선포되고 기록된 것이다. 따라서 십계명은 일시적으로만 중요한 것이 아니라 영구적으로 중대하며 세상 끝날까지 변하거나 다른 법이나 원리에 의해 대체될 수 없는 것이다.

제99문 십계명을 바로 이해하기 위해서는 어떠한 법칙을 준수해야 하는가?

답 십계명을 바로 이해하기 위해서는 다음의 법칙을 준수해야 한다.

1. 율법은 온전한 것으로 누구나 전인격적으로 그 의를 충분히 따르고 영원토록 온전히 순종하여 모든 의무를 철두철미하게 끝까지 완수하여야 하며 무슨 죄를 막론하고 극히 적은 죄라도 금한다.

1) 관련성구

- **시 19:7:** 하나님의 계명은 완전하다.
- **마 5:21-22, 27-28, 33-34, 37-39, 43-44:** 하나님의 계명은 절대적인 도덕적 완전을 요구하며 완전하고 절대적인 의를 조금이라도 손상하는 것을 용납하지 않는다.
- **마 5:48:** 하나님 자신의 완전하심은 그의 피조물과 형상을 지닌 자로서의 인간에게 완전함을 요구하신다.

2) 해설

(1) 왜 우리는 십계명을 올바로 이해하기 위해서 규칙을 가져야 하는가?

왜냐하면 십계명은 도덕법의 완전한 적용이나 상세한 진술이 아니라 포괄적인 요약이기 때문에 그렇다.

(2) 대요리문답은 십계명의 이해를 위해서 몇 가지 규칙을 제시하는가?

여덟 가지 규칙을 제시한다.

(3) 이 여덟 가지 규칙은 어디서 근원되었는가?

이것들은 모두 성경 자체에 그 기원을 두고 있다. 대요리문답이 제시하고 있는 규칙들은 특별한 문제와 상황에 대해 도덕법의 성경의 적용을 형식화한 것이다.

(4) 하나님의 도덕법이 완전하다는 것은 무엇을 의미하는가?

이는 도덕법이 인간을 위한 하나님의 뜻의 완전한 계시임을 의미하며, 우리가 그것을 완전하게 준수해야 함을 의미한다.

(5) 하나님의 도덕법은 어떤 종류의 의의 준수를 요구하는가?

완전한 의의 준수를 요구한다. 그러므로 부분적인 순종은 하나님 앞에서 무가치한 것이 된다.

(6) 그의 도덕법에 대한 하나님의 순종의 요구는 우리 본성의 어떤 부분과 관계하고 있는가?

도덕법은 "전인"과 관계한다. 즉 우리 마음의 상태와 생각과 감정과 말과 행위를 포함하는 우리 인간의 전체적 본성인 몸과 영 모두와 관계한다.

(7) 하나님의 도덕법은 인류에게 얼마나 오랫동안 구속력이 있는가?

영원히 구속력이 있다. 말하자면 지금 이 세상에서와 오는 세상 모두에서 구속력이 있다는 말이다. 그러나 오는 세상에서의 인간을 향한 특정한 하나님의 도덕법의 계시는 더 이상 이 세상 삶에 적합한 십계명이 아니라 영원한 삶에 적합한 하나님의 뜻의 새롭고 직접적이 계시가 될 것이다.

(8) 하나님의 도덕법은 어떤 점에서 인간의 법들과 다른가?

불신자들의 신앙 세계에서의 다양한 인간의 법들은 부분적이며 적당하고 불완전한 순종에 만족하는 반면, 하나님의 계명은 절대적인 도덕적 완전함을 요구하며 그 어떤 죄라도 용납하지 않는다.

(9) 인간의 절대적인 도덕적 완전을 요구하시는 하나님의 계명은 인간에게 불가능한 것을 지키도록 요구하는가?

그렇다. 이 세상에 사는 사람이라면, 그 어떤 인간이라도 절대적인 도덕적 완전함을 위한 하나님의 법의 요구를 만족시킬 수 없다.

(10) 하나님은 인간에게 불가능한 것을 성취하도록 요구하시는 비이성적인 분이신가?

그렇지 않다. 하나님의 피조물로서 범죄하기 이전의 인간은 절대적인 도덕적 완전함을 추구할 수 있었다. 그러나 그의 타락으로 죄에 빠졌기 때문에 그는 결코 도덕적 완전함에 이르지 못하게 되었다. 그러나 하나님은 우리 타락한 인류의 죄악된 상태에 알맞도록 그의 계명의 법을 낮추지 않으셨다. 하나님 자신의 성품의 표현인 하나님의 법은 불변하시는 것이다. 율법을 지킴에 있어서 우리의 무능력이 우리 자신의 과실이기 때문에 하나님께서는 우리의 죄악된 본성에 알맞도록 그 요구를 낮추실 수 없는 것이다. 그러므로 우리가 성취하지 못할 계명에 대한 하나님의 요구는 매우 합당한 것이다.

(11) 하나님의 도덕법을 완전히 다 지킨 사람은 있었는가?

그렇다. 예수 그리스도는 태어나면서부터 십자가에 돌아가실 때까지 이 세상에 살면서 가장 절대적인 도덕적 완전의 삶을 사셨다. 이 기간에 그리스도는 하나님의 계명의 지극히 작은 부분이라도 생각이나 말이나 행위로 위반한 적이 전혀 없으시다. 뿐만 아니라 그는 마음과 영과 뜻과 힘을 다해 전심으로 하나님을 사랑하고 또 그렇게 사람들을 사랑하시면서 모든 계명의 긍정적인 부분을 다 지켜 행하셨다. 우리 주 예수 그리스도를 통해서 우리는 도덕법이 요구하는 모든 절대적인 도덕적 완전이 추상적인 의미에서가 아니라 인간의 삶을 통하여 실제적으로 실현되었음을 보게 되는 것이다.

제99문 (계속) 십계명을 바로 이해하기 위해서는 어떠한 법칙을 준수해야 하는가?

답 십계명을 바로 이해하기 위해서는 다음의 법칙을 준수해야 한다.
2. 율법은 신령하여 말과 행실과 태도뿐만 아니라 이해와 의지와 감정과 기타 영혼의 전역에 미친다.

1) 관련성구
- 롬 7:14: 도덕법은 그 성격상 영적이다.
- 신 6:5; 마 22:37-39: 도덕법은 우리 마음과 영혼의 모든 기관의 준수를 요구한다.

2) 해설

(1) 성경에서 '영' 이란 단어의 본래적 의미는 무엇인가?

영어 성경의 영이라는 단어는 히브리 구약성경과 헬라어 신약성경의 번역인데 모두 다 "바람"을 의미한다.

(2) '바람의 원뜻 이외에 성경에 나타난 '영' 이란 단어에는 또 어떤 의미가 있는가?

영이란 단어는 스스로 의식하고 활동하며 살아있는 신적이며 천사적이고 마귀적이며 인간적인 것을 의미한다. 하나님은 영이시며, 천사와 마귀들도 물질적 몸을 가지고 있지 않은 순전히 영적 존재이다. 인간의 영혼은 보통 물질적 몸과 연합되어 있으며, 영과 육의 복합적인 인격으로 구성되어 있다. 그러나 인간의 영은 육체적 몸과 분리해서는 온전히 살수 없으며, 이는 마지막 날에 죽음과 부활의 사이에 존재하는 영이 그것을 증거한다.

(3) 성경에서 "영적" 또는 "신령" 이란 형용사의 의미는 무엇인가?

성경에 나타난 신령이란 형용사는 오늘날의 현대주의자들이 사용하는 것처럼 '종교적' 이거나 '헌신적' 이라는 의미로 사용된 적이 없다. 그것은 언제나 '영혼과 관계된 의미'에서만 엄밀하게 사용되었다. 성경에서 언제나 신령이란 단어는 '하나님의 성령과 관계' 된 의미로만 사용되었다. 따라서 성경의 용법으로 볼 때, '신령한 사람'은 종교적인 사람을 의미하는 것이 아니라 하나님의 성령께서 내주하시는 사람인 것이다.

(4) 대요리문답의 제99문에 나타난 신령이란 단어의 의미는 무엇인가?

이 질문에서 '신령'이란 단어는 '인간적 영혼과 적합'한 또는 '인간의 영과 관계'된 의미에서 사용되었다. 따라서 하나님의 도덕법이 신령하다고 기록하고 있는 요리문답의 용법은 그것이 우리의 외적인 행실이나 행동에만 미치는 것이 아니요 우리의 신령한 생활, 우리의 생각과 마음의 상태와 감정과 욕망과 우리의 의지에도 미치는 것임을 의미한다.

(5) 인간의 법들은 '신령' 한가?

그렇지 않다. 인간의 법들은 즉 정부에 의해서 제정된 법들은 전혀 신령하지 않다. 그들은 사람의 영적이며 심미적인 부분을 통치하지 못한다. 인간의 법은 외적인 행동의 일치만 촉구할 뿐이며, 생각이나 욕망이나 신념이나 감정들은 다스리지 못한다. 예를 들면, 정부는 시민들에게 소득세를 납부해야 할 의무를 부과할 수는 있지만 소득세의 법을 믿게 강요하거나 그것을 기쁨과 즐거움으로 납부하게 만들 수는 없다. 민간 정부는 사람의 마음이나 영적 생활을 통치할 사법적 권한이 없기 때문이다. 전체주의적 국가에서는 예를 들면, 일본에서 사람의 '위험한 사상들을 통제할 목적으로 특별 경찰들이 존재했던 것처럼 국가가 사람들의 생각까지 통제하려는 시도가 있었지만 이것은 하나님의 주권과 인간의 자유를 파괴하는 악독한 권리 침해일 뿐이다.

(6) 바리새인들은 하나님의 도덕법의 범위를 어떻게 오해했는가?

그들은 율법의 영적 특성을 간과했으며 그것이 오직 그들의 외면적 행동만을 지배한다고 잘못 생각했다. 도덕법에 대한 이러한 그릇되고 불완전한 견해 때문에 바리새인들은 그들이 스스로 도덕적 완전함을 이룰 수 있다고 생각하며 스스로에게 기만당했다. 율법 조항의 세부사항들을 꼼꼼하게 준수함으로 그들은 그 모든 요구사항들을 다 지켰다고 생각한 것이다. 그러나 그들에게 하나 부족했던 것은 율법의 교훈과 금지에 대한 외면적이고 문자적인 준수가 아니라 그 요구사항들에 담겨진 영적인 준수였다. 그들은 컵과 접시의 바깥쪽은 깨끗이 청소했지만 내적으로는 악독함이 가득했던 것이다. 그들은 입으로는 모두 하나님을 경배했지만 그들의 마음은 언제나 하나님과 멀리 떨어져 있었다.

(7) 도덕법에 대한 바리새인의 오류와 정반대되는 오류는 무엇인가?

바리새인들의 오류와는 정 반대로 오늘날의 어떤 현대주의 신자들은 우리에게 필요한 유일한 것은 오직 율법에 대한 내적인 준수뿐이며, 우리의 외적인 생활이나 율법의 문자적 조항에 대한 실천에는 신경 쓸 필요가 없다고 말한다. 이러한 자들은 만일 우리가 하나님을 사랑하고 우리 이웃을 사랑하는 마음만 갖고 있으면 안식일 준수와 같은 율법 조항의 세부사항은 무시해도 된다고 말한다. 그들은 외면적인 삶의 모습이 내적인 영적 삶의 표현이라는 사실을 모르고 있는 것이다. 만일 하나님의 율법이 진정으로 우리 마음에 새겨져 있다면 그것은 우리의 외적인 생활과 행실로 표현되고 말 것이다.

(8) 도덕법이 이해에 미친다는 것은 무엇을 의미하는가?

이는 우리의 지성이 하나님의 도덕법에 지배를 받음을 의미한다. 따라서 그릇된 것을 믿는 것은 죄이고 진리를 거부하는 것도 죄이며 우리 생각을 편견으로 가득하게 하는 것도 죄이다. 우리는 자신의 행동만큼이나 생각에도 책임을 질줄 알아야 한다.

(9) 도덕법이 의지에 미친다는 것은 무엇을 의미하는가?

이는 결정을 하거나 선택을 하게 하는 우리의 능력이 하나님의 도덕법에 지배를 받음을 의미한다. 따라서 하나님의 율법에 반하는 결정을 내리는 것과 하나님의 율법에 알맞은 결정을 내리지 못하는 것 역시 죄이다. 뿐만 아니라 잘못되고 죄악된 동기에 의해 결정하는 것도 역시 죄이다.

(10) 도덕법이 감정에 미친다는 것은 무엇을 의미하는가?

'감정'이란 사랑과 증오와 분노와 기쁨과 슬픔과 같은 표현을 의미한다. 이러한 감정들은 하나님의 율법의 지배를 받는다. 따라서 계명이 요구하는 것과 배치되는 그릇된 감정이나 느낌을 가지는 것은 모두 죄악된 것이다.

(11) 대요리문답이 언급하고 있는 기타 영혼의 전역이란 무엇을 의미하는가?

이 언급은 기억이나 또는 아름다운 음악과 그림과 시와 문학 등을 생산해 낼 수 있는 능력을 포함하는 예술적인 감각을 의미할 것이다. 이 모든 인간의 영혼의 재능은 하나님의 율법의 지배를 받는다.

(12) 우리의 영적인 생활 이외에 도덕법이 관심을 가지는 인간의 활동들은 무엇인가?

우리의 말과 행실과 태도들이다. 말하자면 도덕법은 우리의 내적이며 영적인 삶이 우리를 둘러싸고 있는 외적인 세계에 표현하는 모든 가능한 방법들을 다 포함한다. 이것은 우리의 모든 가능한 관계와 환경들을 포함한다. 하나님의 도덕법을 떠나서 우리의 내적이며 외면적인 행실이 수행할 수 있는 것은 아무것도 없다. 참으로 하나님의 계명은 심히 넓고도 광대하시다(시 119:96).

제99문 (계속) 십계명을 바로 이해하기 위해서는 어떠한 법칙을 준수해야 하는가?

답 십계명을 바로 이해하기 위해서는 다음의 법칙을 준수해야 한다.

3. 여러 가지 점에서 꼭 같은 것이 몇 계명 중에 명해졌거나 금지되기도 한다.
4. 해야 할 의무를 명한 곳에는 그와 반대되는 죄를 금한 것과 어떤 죄를 금한 곳에는 그와 반대되는 의무를 명한 것과 어떤 약속이 부가된 곳에는 그와 반대로 경고가 포함되어 있고 어떤 경고가 부가된 곳에는 그와 반대로 약속이 포함되어 있다.

1) 관련성구

- 골 3:5: 탐욕은 우상숭배이다. 그래서 두 번째 계명에서 금하고 있다.
- 암 8:5: 동일한 죄악적 욕망으로 제4계명과 제8계명을 범한다.
- 잠 1:19: 탐욕과 살인에는 동일한 죄가 관계되어 있다.
- 딤전 6:10: 돈을 사랑함이 수많은 죄의 뿌리가 된다.
- 사 58:13: 안식일 준수의 부정적이며 긍정적인 국면이 있다.
- 신 6:13; 마 4:9-10: 하나님을 두려워함에도 부정적이며 긍정적인 두 국면이 있다.
- 마 15:4-6: 제5계명에도 부정적이며 긍정적인 국면이 있다.

2) 해설

(1) 동일한 의무가 십계명의 여러 계명에 요구되고 있는가?

그렇다. 예를 들면 "엿새 동안은 힘써 네 일을 하라"는 계명은 안식일에 관계된 제4계명의 일부분이다. 그러나 도적질을 금하는 제8계명은 생계를 위해 일할 것을 명하며, 일하지 않는 자는 다른 사람의 것을 도적질 하는 삶을 사는 것과 같다고 말한다.

(2) 동일한 죄가 십계명의 여러 계명에서 금지되고 있는가?

그렇다. 예를 들면, 살인죄에 관해 거짓 증거하는 것은 무죄한 자의 목숨을 앗아가는 죄를 범하는 것이다. 이것은 "너는 살인하지 말지니라"는 제6계명과 "네 이웃을 향하여 거짓 증거하지 말지니라"는 제9명의 명백한 위반이다.

(3) 이런 방법으로 여러 가지 계명이 함께 겹치는 이유는 무엇인가?

인간의 삶의 모든 관계가 다른 이의 삶과 서로 얽혀 있는 삶의 복잡성 때문이다. 결과적으로 하나님의 도덕법의 관점에서 우리의 삶의 현실을 볼 때, 우리는 우리 삶의 한 가지가 열 개의 다른 계명과 얽혀 있음을 깨닫게 된다.

(4) 하나의 계명이 금한 것을 다른 계명이 요구하는 것과 같이 십계명은 다른 각 계명과 모순되는가?

그렇지 않다. 하나님은 만유의 하나님이시며, 그것들은 하나의 도덕법의 표현이기 때문에 십계명은 전체적으로 조화를 이룬다. 십계명에는 실재하는 모순이 전혀 존재하지 않는다. 만일 여기 모순이 있다면, 그것은 십계명을 해석하는 우리의 해석에 문제가 있다는 것을 깨달아야 한다. 예를 들면, 어떤 청년이 그의 목사님에게 제5계명에 대한 순종 때문에 제4계명을 위반해야 한다고 말하면, 그것은 그가 제5계명을 잘못 해석하기 때문일 것이다. 이는 마치 그의 부모님의 말씀에 순종하기 위하여 안식일 날 교회에 가지 않고 예식장에 가는 것과 같다. 부모님을 공경하고 순종하라는 것은 "주 안에서" 그렇게 하라는 명령이다. 즉 하나님의 도덕법에 위배되지 않는 범위 내에서 공경하라는 것이다. 제5계명은 하나님의 계명에는 불순종하면서 그의 부모에게는 순종하는 것을 요구하지 않는다.

(5) 십계명의 긍정적이며 부정적인 면에 관한 대요리문답의 교훈은 무엇인가?

대요리문답은 십계명 안에 긍정적이고 부정적인 요소들이 각 계명 안에 암시되어 있다고 교훈한다. 의무가 명령된 곳에는 그와 반대되는 죄가 금지되어 있고 죄가 금지된 곳에는 그와 반대되는 의무가 명령되어 있다. 동일한 원리가 저주와 약속에도 적용된다.

(6) 십계명의 부정적인 국면이란 무엇을 의미하는가?

하나님의 법의 위반에 대한 금지 또는 하나님께서 금하신 것을 행하는 것이다.

(7) 십계명의 긍정적인 국면이란 무엇을 의미하는가?

하나님의 법의 준수에 대한 요구 또는 하나님께서 명하신 것은 무엇이라도 행하는 것이다.

(8) 십계명이 진술되어 있는 형식에 의하면 이 두 국면 가운데 어떤 것이 더욱 강조되어 있는가?

부정적인 국면이 더욱 강조되어 있다. 십계명 가운데 여덟 개의 계명이 "말지어다" 또는 이와 유사한 단어로 시작한다. 형식적으로 볼 때 십계명 가운데 단 2개의 계명이 긍정적인 반면 8개의 계명이 부정적인 형식으로 되어 있다.

(9) 계명의 형식에 진술된 이 부정적인 강조는 하나님의 도덕법이 긍정적이기 보다는 부정적임을 의미하는가?

그렇지 않다. 십계명의 형식이 대부분 부정적으로 구성되어 있지만 올바로 해석하기만 하면, 그 의미는 항상 부정적인 동시에 긍정적이다. 따라서 계명에 명시된 강조점은 항상 양쪽 모두에 있는 것이다. 이런 해석은 십계명을 우리 마음을 다하고 목숨을 다하고 뜻을 다하여 우리 주 하나님을 사랑하라고 요구하시는 도덕법에 대한 우리 주님의 요약을 비교해보면 정당해진다.

(10) 십계명 가운데 어떤 계명들이 약속과 저주를 동반하고 있는가?

둘째와 셋째 계명이 저주를 선언하고 있으며, 다섯째 계명이 약속을 선언한다. 각각의 경우 만일 우리가 계명을 올바로 해석하기만 하면 이 약속과 저주가 서로 연결되어 있음을 깨닫게 될 것이다.

제99문 (계속) 십계명을 바로 이해하기 위해서는 어떠한 법칙을 준수해야 하는가?

답 십계명을 바로 이해하기 위해서는 다음의 법칙을 준수해야 한다

5. 하나님께서 금하신 것은 아무 때나 해서는 안 되며, 그의 명하신 것은 언제나 우리의 의무이다. 특수한 의무는 언제나 행할 것만은 아니다.
6. 한 가지 죄 또는 의무 밑에 같은 종류를 전부 금했거나 명령했는데, 이들의 모든 원인, 방편, 기회와 모양과 이에 이르는 도전도 모두 포함되어 있다.

1) 관련성구

- **욥 13:7-8:** 우리는 하나님께서 금하신 것이라면 아무리 '선한' 의도를 지녔다고 해도 그것을 해서는 안된다.
- **롬 3:8:** 선을 이루기 위하여 악을 행하는 것은 사악한 것이다.
- **욥 36:21; 히 11:25:** 우리는 죄를 범하기보다 고난을 택해야 한다.
- **신 4:8-9:** 하나님께서 명하신 것은 언제나 우리의 의무가 된다.
- **마 12:7:** 때론 우리의 의무는 희생 제사 보다 자비가 더 우선되는 것처럼 하나가 다른 것보다 우선할 때가 있다.
- **전 3:1-8:** 모든 특별한 의무들이 항상 수행되는 것은 아니다.
- **마 5:21-22, 27-28:** 한 가지 죄 또는 의무 밑에는 모든 같은 종류가 포함되어 있다.
- **마 15:4-6:** 부모를 공경하고 부모를 저주하는 것을 금하는 명령은 그들이 필요로 할 때 그들의 쓸 것까지 공급하는 것을 포함하고 있다.
- **히 10:24-25:** 서로를 사랑하고 서로에게 선행을 행하는 것은 당연한 것이며, 그리스도인으로서 서로 함께 모이기를 힘쓰지 않는 것은 잘못된 것, 즉 그들의 교회의 정규적인 교회의 예배를 소홀히 하는 것은 잘못된 것임을 암시한다.
- **살전 5:22:** 그리스도인이라면 악은 모든 모양이라도 버려야 한다.
- **유 23:** 그리스도인은 가장 작은 악이라도 미워해야 한다.

- 갈 5:26: 그리스도인은 다른 이들을 시기하거나 질투하지 말아야 하며, 시기와 질투를 유발시키는 헛된 영광을 구하지 말아야 한다.
- 골 3:21: 아비들은 그들이 죄에 분노와 낙심의 죄에 빠지지 않게 하기 위해서 자녀들을 노하게 하지 말아야 한다.

2) 해설

(1) 하나님께서 금하신 것에 대하여 대요리문답은 윤리에 대한 어떤 중요한 원리를 제시하는가?

하나님께서 금하신 것이라면 무엇이라도 행하지 않는 원리이다.

(2) 이 위대한 원리와 모순되는 통속적인 개념은 무엇인가?

이 위대한 원리는 어떤 것이 옳은지 그른지는 그것이 이루어지는 목적에 달려 있다는 통속적인 개념에 의해 반박된다. 이 통속적인 개념에 의하면 우리가 선한 목적을 제공하기만 하면, 하나님께서 금하신 것을 행하는 것이 옳을 수도 있다고 말한다. 예를 들면, 어떤 이의 생명을 구하기 위하여 거짓을 말하는 것이나 해외 선교를 위하여 도박을 통해 돈을 버는 것이나 교회를 후원하기 위해 도박 산업을 장려하는 것이 옳다는 것이다.

(3) 이 통속적 개념은 새로운 사상인가?

그렇지 않다. 이 사상은 이미 고대의 사상이며 그의 서신서에서 이러한 사상의 불건전성을 폭로했던 사도바울 시대에도 잘 알려진 사상이다(롬 3:8).

(4) "목적이 수단을 정당화한다"는 개념은 왜 부당한 개념인가?

이러한 개념은 옳음과 그름을 구분시켜주는 차이를 파괴하기 때문에 사악한 것이다. "선을 위하여 악을 행하자"라고 말하는 것은 "옳지 못한 일을 행함으로 옳은 일을 하자"라고 말하는 것과 같다. 이러한 개념에는 옳음과 그름에는 아무런 실제적 차이도 없다는 것을 의미한다. 흑과 백이 회색빛으로 섞여 있는 것이다. 성경 전체는 옳음과 그름 사이의 구분이 절대적으로 제시되어 있다. 말하자면 죄를 범하지 않고 그릇된 일을 행할 수 없으며, 그릇된 일을 행하지 않고서는 죄를 범할 수 없는 것이다.

(5) 이 부당한 개념이 왜 오늘날 이렇게 유행하는가?

부분적으로는 의심의 여지없이 이 개념이 우리의 죄악된 마음에 자연적으로 호소하기 때문이며, 매우 살기 편한 교리이기 때문이다. 또 부분적으로는 오늘날의 세상이 옳고 그름은 절대적인 문제가 아니며, 세상은 변했으며, 1백 년 전의 옳음이 지금 옳을 수 없으며, 그때 그릇된 것이 지금도 그릇된 것일 수 없다는 불신자의 철학으로 가득 차 있기 때문이다.

(6) 하나님께서 명하신 것이 항상 우리의 의무가 되어야 한다는 원리의 중대성은 무엇인가?

이는 우리가 항상 하나님의 도덕적 통치 하에 있으며, 우리 마음과 생각과 말과 행동에 책임을 져야 할 존재임을 암시한다. 우리는 하나님을 향한 우리의 의무로부터 휴가를 떠날 수 없다. 우리는 전 생애를 통하여 모든 순간에 하나님을 향한 도덕적 의무를 지닌 자들이다.

(7) 왜 모든 특별한 의무가 동시에 수행될 수 없는가?

그것은 물론 모든 특별한 의무들을 동시에 수행하는 것이 불가능할 뿐만 아니라 어리석은 시도가 될 것이기 때문이다. 하나님의 율법은 우리가 이 세상에서 성취할 수 없는 높은 이상을 제시하지만 불합리를 제공하지는 않는다. 안식일 준수와 같은 어떤 의무들은 특정한 시간에 한정되어 있다. 그러나 한정되지 않는 의무들은 한 순간에 모두 다 성취되지 않는다. 우리는 기뻐하는 자들과 함께 기뻐하며 슬퍼하는 자들과 함께 슬퍼하지만 동시에 기뻐하고 동시에 슬퍼할 수는 없는 것이다.

(8) 대요리문답에 의하면 십계명에 언급된 각각의 죄와 의무 아래에는 무엇이 포함되어 있는가?

각각의 죄와 의무 아래에는 같은 종류의 모든 다른 죄와 의무들이 포함되어 있다. 예를 들면 제9계명은 이웃을 향하여 거짓 증거하는 것을 금한다. 이 계명은 특별하게 한 가지 형식의 진실하지 못함에 대해 언급하지만 이 계명을 올바로 이해하기만 하면 모든 종류의 거짓증거를 금하고 있음을 깨닫게 될 것이다. 성경의 다른 부분들을 통해 우리는 모든 거짓말쟁이들이 불 못에서 각기 고통

당할 것을 배우게 된다(계 21:8; 22:15). 말하자면, 십계명은 각기 독립해서 취급될 것이 아니라 전체 성경의 정황을 통하여 취급되어야 함을 의미한다. 우리는 십계명의 진실하고 참된 의미를 결정하기 위하여 하나님의 모든 말씀을 고찰해야만 한다.

(9) 십계명의 의미에 모든 죄와 의무를 향한 원인, 방편, 기회와 모양과 이에 이르는 도전이 모두 포함되어 있다고 말하는 것이 옳은 이유는 무엇인가?

왜냐하면 하나님의 계명은 신령해서 외면적인 행동뿐만 아니라 생각과 동기와 마음의 의향까지 감찰하기 때문이다. 또한 우리의 외면적인 행위의 그 어떤 특별한 행동이라도 결코 고립되어 있지 않고 여러 가지 사건과 동기의 산물로 구성되어 있기 때문이다. 따라서 살인죄를 금하는 계명에는 살인의 원인이 되는 미움의 죄를 금하는 예수님의 계명이 포함되어 있는 것이다. 이런 의미에서 예수님은 간음을 금하는 계명에는 간음에 이르게 하는 음욕을 금하는 것까지 포함되어 있는 것이라고 교훈하셨다.

(10) 십계명을 해석함에 있어서 이러한 규칙을 적용할 때 우리가 주의해야 할 위험은 무엇인가?

특정한 계명에 특별하게 언급되어 있지 않은 어떤 다른 것이 포함되어 있다고 말할 때, 우리는 우리의 개인적인 생각이나 선호도나 편견을 가지고 십계명을 해석하는 일을 항상 조심해야 한다. 우리는 우리가 말하는 모든 것이 이 특정한 계명 안에 포함되어 있다고 할 때, 그것이 정말 우리의 사상이나 견해에 기초해 있는 것이 아니라 하나님의 말씀의 교훈에 기초해 있는지를 주의해야 할 것이다. 예를 들면, 제6계명이 극형이나 정당방위를 금한다는 주장이 제기되었지만 전체 성경의 연구는 이러한 해석을 지지하지 않는다. 또한 제2계명이 우리 조국의 국기를 소중히 여기는 것을 금한다는 주장이 제기되었지만 이러한 주장은 종교적인 예배와 공민으로서의 신의를 분별하지 못함에 기인한다. 이와 마찬가지로 제6계명이 육식을 금하고 채식주의를 권장한다고 주장하는 것은 전적으로 그릇된 것이다. 이러한 주장을 하는 자들은 십계명을 자기들의 선입견으로 해석하는 자들일 뿐이다.

제99문 (계속) 십계명을 바로 이해하기 위해서는 어떠한 법칙을 준수해야 하는가?

답 십계명을 바로 이해하기 위해서는 다음의 법칙을 준수해야 한다.
7. 우리들에게 금했거나 명령된 일이라면 다른 사람들의 지위와 의무에 따라서 그들도 이를 피하거나 행하도록 도와줄 의무가 우리에게 있다.
8. 다른 사람들에게 명령된 것도 우리의 지위와 사명에 따라 그들을 도와야 할 의무가 있고, 그들에게 금한 일에도 저희와 동참하지 않도록 조심할 의무가 있다.

1) 관련성구
- **출 20:10; 레 19:17; 창 18:19; 수 24:15; 신 6:6-7**: 다른 사람들의 의를 장려하고 죄를 억제하는 것은 우리의 의무이다.
- **고후 1:24**: 다른 이들이 옳은 일을 하도록 돕는 것이 우리의 의무이다.
- **딤전 5:22; 엡 5:11**: 다른 사람의 죄에 동참하지 않는 것이 우리의 의무이다.

2) 해설
(1) 십계명을 올바로 이해하기 위한 마지막 두 가지 규칙의 일반적 목적은 무엇인가?

마지막 두 가지 규칙의 일반적 목적은 우리 이웃의 도덕적 복지에 대한 책임감이다. 이 두 가지 규칙들은 하나님의 뜻에 대한 순종이 단순히 개인적인 문제가 아니라 다른 이들을 향한 관심과도 연결되어 있음을 상기시켜준다. 물론 궁극적으로는 우리 각 개인이 마지막 날에 하나님 앞에서 회계할 자라는 것은 사실이다. 그러나 우리는 이 회계의 일부분에 다른 이들의 도덕적 복지에 영향을 미치는 우리의 삶도 포함되어 있음을 반드시 명심해야만 한다.

(2) 대요리문답은 왜 일곱 번째 규칙에 "우리의 지위"라는 구절을 첨가했는가?

왜냐하면 다른 이들의 도덕적 성품과 삶을 위한 우리 책임의 한계와 본질을 결정함에 있어서 사회 속에서의 우리의 지위와 다른 이들을 향한 우리의 관계를 고려해야 하기 때문이다. 따라서 예를 들면, 자녀를 위한 부모의 책임은 부모를 위한 자녀의 책임보다 더 막중하다. 그럼에도 불구하고 자녀들은 그 지위에 있어서 그들의 책임을 다하기 위해 노력해야 한다. 이와 마찬가지로 목사나 장로 역시 그의 지위와 권위 때문에 성도가 그들에게 영향을 끼치는 것보다 성도들에게 영향을 끼침에 있어서 더욱 엄청난 책임을 지닌다. 그러나 각각의 경우 모두 특정한 책임이 존재하는 법이다.

(3) 우리가 옳지 않다고 믿기 때문에 우리 스스로 하지 않을 일을 다른 이가 하도록 시키는 것은 옳은 것인가?

절대로 그렇지 않다. 만일 그 사안이 그릇된 것이라면, 우리는 우리 스스로 그 일을 하지 않아야 하며 그 누구에게도 그 일을 시켜서도 안된다. 그럼에도 불구하고 현실에 있어서 이 원리는 종종 위반된다. 기독교 사업가는 안식일 날 스스로 그의 사업장이나 사무실을 열어서는 안되며 그는 다른 사람을 대리로 문을 열어서도 안된다. 만일 어떤 책이나 잡지가 읽어서는 안되는 것이라면, 우리 스스로 읽어서도 안되며 다른 이들이 읽도록 그것을 주거나 판매해서도 안된다. 여기서 말하는 다른 이들이 그리스도인이든 그렇지 않든 전혀 관계가 없다. 하나님의 도덕법은 모든 사람들에게 동일하다. 그것은 그리스도인에게는 하나의 표준을 제시하고 그리스도인이 아닌 자에게는 또 다른 표준을 제시하지 않는다. 하나님께서는 모든 이들의 절대적인 도덕적 완전을 요구하신다. 그리스도인이 자신은 결코 하지 않을 어떤 일을 자신을 위하여 그리스도인이 아닌 다른 사람을 고용해서 할 수 있다고 말하는 것은 매우 사악한 것이다.

(4) 다른 이들이 의를 추구하고 죄를 피하게 하도록 돕기 위해 우리는 어떤 노력을 기울여야 하는가?

우리는 다음과 같은 결과를 산출하기 위하여 노력을 기울여야 한다.
① 우리 자신이 모범을 보여야 한다.
② 기회 있을 때마다 또는 요구할 때마다 그들의 증인이 되녀 그를 설득해야 한다.
③ 하나님께서 우리에게 허락하신 권위를 행사함으로 그들을 도와야 한다. 첫째와 둘째 방법은 모든 그리스도인이 실천해야 한다. 셋째 방법은 가정

과 교회와 국가에 하나님께서 허락하신 권위를 받은 자들에 한하여 실천해야 한다. 따라서 예를 들면, 어떤 그리스도인이든지 안식일을 준수해야 하며, 다른 이들이 안식일을 준수하게 하기 위해 제4계명을 지키도록 그들을 설득하고 도와야 한다. 그러나 이러한 방법 이외에 부모는 자녀들이 안식일을 범하지 않도록 훈계해야 할 책임이 있다. 국가 공무원들은 그의 모범과 실례를 통해 정직을 장려해야 할 책임이 있지만 또한 그의 권위를 사용하여 도적질하는 자를 기소해야 할 의무도 있다. 각각의 경우 하나님께서 허락하신 권위의 한도 내에서 그리고 연관된 다른 이들과의 관계 속에서 그 권위를 행사해야 한다.

(5) 다른 이들이 그들의 의무를 다함에 있어서 우리가 도울 일은 무엇인가?

변화하는 사회를 변화시킴에 있어서 다른 이들을 돕는 방법은 많이 있다. 다른 이들이 겪어야 하는 어려움과 유혹을 이해시키고 그들을 향하여 항상 동정적인 마음을 가짐으로 그들을 도울 수 있다. 우리는 언제나 과도한 비판적 자세를 피해야 하며, 심지어 어떤 이의 잘못을 책망해야 할 때에도 신랄하고 가혹하며 자기 의를 주장하는 자세가 아니라 온유와 그리스도인의 사랑의 자세로 그렇게 해야 한다. 만일 어떤 이가 죄와 유혹과 낙심과 싸우는 고통 중에 있다면 말과 행실을 통하여 그러한 자를 격려할 수 있는 모든 가능한 일을 하도록 노력해야 한다. 우리는 죄악 가운데 즐거워해서는 안되며 다른 이들의 잘못을 은밀히 기뻐해서도 안된다. 뿐만 아니라 다른 이들의 죄와 실패에 대한 사소한 잡담을 피하는 것은 유형교회의 결점을 치유하는 긴 여행에 큰 도움이 될 것이다.

(6) 왜 우리는 "그들에게 금한 일에도 저희와 동참하지 않도록 조심"해야 하는가?

그들에게 금한 일에 우리가 동참하는 것은 그들의 잘못된 행실을 조장하는 꼴이 되며 심지어 그 일들이 우리에게 금한 것이 아니라 할지라도 그들의 범죄에 동참하는 결과를 초래하기 때문이다. 예를 들면, 어떤 이가 차를 훔친 것을 알고서도 그 차를 타는 것은 잘못된 일이다. 이러한 경우에 우리는 다른 이의 잘못에 동참하는 결과를 낳는다. 만일 부모가 어떤 특정한 시간에 집을 떠나 구기 종목을 보러 가는 것을 금했는데 자녀가 그 말씀에 불순종하고 집을 떠나 구기 종목을 보러 간다면, 또 다른 아이가 그 사실을 알고도 그 친구와 함께 동행하는 것은 그릇된 일이며, 그 자녀로 하여금 어버이의 권위를 불순종하는 일을 조장하는 결과를 낳을 것이다.

제12과
하나님 자신을 향한 하나님의 뜻

제100문 십계명에서 어떠한 특별한 것들을 고찰해야 하는가?
　답 우리는 십계명에서, 서문과 십계명 자체의 내용과 계명을 보다 더 강화하기 위하여 그중 어떤 것에 첨부된 몇 가지 이유를 고찰해야만 한다.

제101문 십계명의 서문은 무엇인가?
　답 십계명의 서문은 이 말에 포함되어 있으니, "나는 너를 애굽 땅 종 되었던 집에서 인도하여 낸 너희 하나님 여호와로라" 하신 것이다. 여기서 하나님께서는 자기의 주권을 영원불변하시며 전능하신 하나님으로 나타내셨다. 또 자기의 존재를 스스로 자존하시고 그의 모든 말씀과 하시는 일에 존재를 부여하시는 이로 나타냈다. 또 옛날에 이스라엘과 맺으신 것과 같이 자기의 모든 백성과 언약을 맺으신 하나님이시며, 이스라엘을 애굽의 종살이에서 인도하여 내신 것과 같이 우리를 영적 노예의 속박에서 구출하신 것을 나타내셨으니, 이 하나님만을 우리의 하나님으로 삼고 그의 모든 계명을 지켜야 한다.

1) 관련성구
- **출 20:2; 신 5:6:** 십계명의 서문.
- **사 44:6:** 하나님의 절대 주권.
- **출 3:14:** 하나님의 자존성.
- **출 6:3:** 여호와라는 이름의 계시.
- **행 17:24, 28:** 하나님은 창조주이시며, 만유의 보존자이시다
- **창 17:7; 롬 3:29:** 하나님은 언약을 통하여 이스라엘의 하나님뿐만 아니라 이방인의 하나님도 되신다.
- **눅 1:74-75:** 하나님께서는 그의 백성을 영적 속박뿐만 아니라 인간적 압제에서도 구속하신다.

- **벧전 1:15-18; 레 18:30; 19:37**: 하나님의 주권과 그의 구속 사역은 그를 향한 전적인 동맹과 순종을 요구하신다.

2) 해설

(1) 십계명의 서문이 중대한 이유는 무엇인가?

십계명의 서문은 십계명에 없어서는 안 될 본질이며, 이어지는 계명들의 기초를 구성하기 때문에 중대하다. 서문은 우리가 왜 계명을 순종해야 하는지에 대한 이유를 진술한다. 그것은 첫째, 하나님의 절대주권, 둘째, 하나님의 구속역사의 두 가지 사실에 도덕적 책임의 기초를 둔다.

마치 그것이 전혀 중요하지 않은 것처럼 십계명의 서문을 생략하고 십계명을 아이들에게 가르치는 것은 정말이지 재앙과도 같은 일이다. 주일학교 교실에 서론을 생략한 십계명의 도표를 그럴싸하게 걸어 놓는 것은 정말 불행스러운 일이다. 십계명의 서문을 경시하는 이 만연한 경향은 우리 시대의 신앙 쇠퇴의 증상이다. 오늘날의 경향은 도덕성을 인류의 복지나 사회의 안전 그리고 그와 유사한 실용주의적 개념과 같은 인간의 사상에 기초해 둔다. 이러한 신념을 종교적 신앙으로 소유한 사람들은 십계명의 서문을 부적당한 것으로 간주할 것이다. 그들은 십계명이 하나님의 절대 주권과 구속과 분리되어 있다 하더라도 그것의 '가치'를 확보할 수 있을 것으로 생각한다. 우리는 이러한 현대적 경향을 반드시 물리쳐야 하며, 도덕법에 대한 하나님 중심 사상을 강조해야 한다. 십계명의 서문을 간과하는 것은 율법의 권위의 근원이라는 중요성을 간과하는 것이요 결과적으로 십계명 자체를 오해하게 만드는 것이다.

(2) 하나님의 주권은 무엇을 의미하는가?

하나님의 주권은 전 우주를 향한 절대적이며 최상이시고 불변하시는 권위와 통치를 의미한다. 왜냐하면 하나님은 모든 피조물을 향하여 최고의 주권을 행사하시기 때문이다. 웨스트민스터 신앙고백서 제2장 2절이 밝히 말하고 있듯 하나님께서는 "자신의 영광을 피조물들 안에서, 그것들에 의해서, 그것들에게, 그것들 위에 나타내시는 분"이시다. 그 어떤 피조물이라도 하나님의 행위의 의로움에 대해 의문을 제기할 수 없다. 그렇게 하는 것은 불신앙이요 불경한 것이다. 또한 하나님의 주권은 하나님께서만이 최고의 궁극자이심을 암시한다. 우주에는 하나님이 구속을 받으실 만큼 하나님을 초월한 원리나 법이 존재하지 않는다. 하나님께서는 오직 자신에게만 책임이 있으신 분이다. 그의 본성이 바로 그의 유일한 법이다. 하나님 위에 있거나 초월해 있는 것은 하나도 없다. 하나님의 주권은 하나님의 구속 역사라는 매우 특별한 방법으로 계시되었다. 죄로부터의 구속은 전적으로 하나님의 사역이시며, 그 유익 역시 전적으로 하나님의 주권적인 기뻐하시는 뜻에 의해 베풀어진다. 그는 구원하실 자를 구원하시며, 당신의 절대적이며 전능하신 능력으로 그렇게 하신다.

(3) "여호와" 라는 이름의 근원은 무엇인가?

흠정역에 아도나이 즉 "LORD"로 표기되어 있는 이 하나님의 이름은 히브리어 자음인 야훼 즉 "JHVH"에 기초해 있다. 히브리어 알파벳은 자음으로만 구성되어 있으며 초기 히브리 구약성경 사본은 자음으로만 기록되어 있었다. 이 성경을 낭독할 때 낭독자들이 발음을 용이하게 하기 위해 모음이 추가되었다. 후일 자음의 위에 아래에 또는 자음 사이의 '점들'로 구성된 모음의 표기법이 고안되었다. 이 야훼의 발음이 원래 모음의 소리인지는 확실치 않다. 많은 학자에 의해 '야훼' 라는 발음은 옳은 것으로 인정되었지만 증명된 바 없는 일종의 견해일 뿐이다. 유대인들은 하나님의 이름인 JHVH가 발음하기조차 너무 거룩해서 이 JHVH를 읽을 때마다 그 이름을 주(Lord)를 의미하는 아도나이로 대치했다. 그후 구약 성경 본문에 모음의 점들이 추가되었을 때 '아도나이'의 모음이 JHVH의 자음들 사이에 삽입되어 오늘날 영어와 유럽어의 '여호와' 라는 혼성어가 된 것이다. 물론 중요한 것은 이름의 발음이 아니라 그 이름이 지니는 의미이다.

(4) 여호와라는 이름은 무엇을 의미하는가?

이 하나님의 이름은 특별히 모세 시대에 계시되었다(출 6:2-3). 그 기본적인 의미의 열쇠는 출애굽기 3:14-15과 33:19에서 발견된다. 하나님께서는 모세에게 "나는 스스로 있는 자니라"고 말씀하셨고 이스라엘 백성들에게 "나 여호와가 너를 그들에게 보냈노라"고 말하라고 명하셨다. 바로 다음 구절(출 3:15)에 있는 '나는' (I AM)이라는 동사는 3인칭으로 변화되었고 흠정역에서 아도나이, 즉 '주' 로 번역되었다. 따라서 "나는 스스로 있는 자니라" 는 말씀은 여호와의 의미의 열쇠를 제공해준다. 이는 하나님께서 주권적이시며 스스로 결정하시며 그 외의 다른 것들에 의해 제한을 받거나 영향을 받는 분이 아니심을 의미한다. 출애굽기 33:19은 사람들에게 구원을 베푸시는 하나님의 주권을 의미하는 이름에 대해 더 설명해준다. "내가 나의 모든 선한 형상을 네 앞으로 지나게 하고 여호와의 이름을 네 앞에 반포하리라 나는 은혜 줄 자에게 은혜를 주고 긍휼히 여길 자에게 긍휼을 베푸느니라." 따라서 우리는 여호와라는 이름이 절대주권과 자유 안에서 그의 언약의 자비를 그의 백성들에게 베푸셔서 전능하신 능력과 그들과의 교제를 시작하심으로 그들을 죄에서 구속하시는 하나님을 묘사한다고 말할 수 있을 것이다.

(5) 십계명의 서문은 왜 이스라엘을 애굽 땅에서 구원해내신 하나님을 언급하는가?

왜냐하면 구원이 가장 먼저 오고 하나님의 계명을 준수하는 것이 나중에 오는 것임을 깨달아야 하기 때문이다. 우리는 우리가 이스라엘 백성이 애굽의 종 되었던 곳에서 구원받기 전까지 하나님의 계명을 준수할 수 없듯이, 사단의 왕국으로부터 구속받기 이전까지는 결코 하나님의 거룩하신 계명을 진정으로 준수할 수 없다. 아담의 타락 이후 구속은 순종의 기초가 되었다. 또한 하나님의 구속역사 역시 하나님의 계명을 순종하게 하는 의무를 부가했다. 모든 사람들은 그들과 창조주와의 관계 때문에 하나님의 계명에 순종해야 한다. 그러나 하나님의 백성들은 그들의 구속자가 되시는 하나님의 관계 때문에 더욱 순종해야 할 의무가 부가된 것이다.

(6) 하나님은 왜 애굽 땅을 '종 되었던 집'이라고 하시는가?

왜냐하면 애굽 땅은 이스라엘 백성들이 문자적으로 종 되었던 장소일 뿐만 아니라 죄의 영적 노예를 상징하고 있기 때문이다. 모든 하나님의 자녀들은 고대 애굽의 육체적 종보다 더욱 강력하고 잔인하며 포악한 '종 되었던 집'에서 구속받았다. 십계명의 서문에 나타난 이 서론은 첫째, 그리스도인으로 우리는 잔인한 종 됨으로부터 구원을 받았으며, 둘째, 이 구원은 우리 자신의 성취가 아니요 주권적이며 전능하신 하나님의 능력을 통해 성취된 것임을 깨닫게 한다.

(7) 하나님의 구속 역사가 우리에게 부과하는 두 가지 의무는 무엇인가?
① "오직 하나님만 우리 하나님 되시게" 하는 충성의 의무이다.
② "그의 모든 계명을 지키는" 순종의 의무이다. 우리는 우리의 것이 아니며 그리스도의 보혈이라는 값을 주고 산 것이 되었음을 깨달아야 하며, 따라서 우리는 한량없는 희생과 봉사로 우리를 구속하신 하나님을 향하여 절대적인 충성과 순종을 맹세해야 한다.

제102문 하나님에 대한 우리의 의무를 포함하는 첫 4계명의 대강령은 무엇인가?

답 하나님께 대한 우리의 의무를 포함한 첫 4계명의 대강령은 우리 마음을 다하여 힘을 다하며 뜻을 다하여 주 우리 하나님을 사랑하는 것이다.

제103문 제1계명은 무엇인가?

답 제1계명은 "나 외에는 다른 신을 네게 있게 말지니라" 하신 것이다.

제104문 제1계명이 요구하는 의무는 무엇인가?

답 제1계명에 요구된 의무는 하나님께서 홀로 참되신 하나님이시며 우리의 하나님이심을 알고 인정하며, 따라서 그만을 생각하고 명상하고 기억하고 높이고 공경하고 경배하고 좋아하고 사랑하고 사모하고 경외함으로 그에게만 예배하고 영화롭게 하는 것이다. 또 그를 믿고 의지하고 바라고 기뻐하고 즐거워하고 그에 대한 열심을 가지고 그를 불러 모든 찬송과 감사를 드리고 전인격적으로 그에게 모두 순종하고 복종하며 그를 기쁘시게 하기 위하여 범사에 조심하고, 만일 무슨 일에든지 그를 노엽게 하면 슬퍼하며 그와 겸손히 동행하는 것이다.

1) 관련성구

- **눅 10:27**: 도덕법에 대한 그리스도의 요약. 하나님을 향한 사랑이 처음 네 계명의 전부이다.

- 출 20:3; 신 5:7: 첫째 계명.
- 대상 28:9; 신 26:17; 사 43:10: 하나님을 유일하신 참 하나님으로 그리고 우리의 하나님으로 알고 인정하는 것.
- 시 95:6-7; 마 4:10; 시 29:2: 유일하신 참 하나님과 우리 하나님으로 경배하고 영광을 돌리는 것.
- 말 3:16; 전 12:1: 우리는 반드시 하나님을 생각하며 기억해야 한다.
- 시 71:19: 우리는 하나님을 가장 높은 분으로 인정해야 한다.
- 말 1:6: 하나님을 영예롭게 하는 본분.
- 사 45:23: 하나님을 경배해야 할 의무.
- 수 24:15, 22: 하나님을 우리 하나님으로 선택하는 의무.
- 신 6:5; 시 73:25; 사 8:13: 우리는 반드시 하나님을 사랑하고 추구하며 경외해야 한다.
- 출 14:31: 하나님을 신뢰해야 할 의무.
- 사 26:4; 시 32:11; 37:4; 130:7: 우리는 반드시 하나님을 신뢰하고 소망하며 기뻐하고 즐거워해야 한다.
- 롬 12:11; 민 25:11: 하나님을 위한 거룩한 질투를 소유해야 할 의무.
- 빌 4:6: 우리는 감사함으로 하나님께 기도해야 한다.
- 렘 7:23: 하나님을 향한 온전한 순종의 의무.
- 약 4:7: 하나님께 복종해야 할 의무.
- 요일 3:22: 하나님을 기쁘시게 함에 있어서 삼가 행해야 한다.
- 렘 31:18; 시 119:136: 우리는 하나님의 법을 지키지 않을 때 슬퍼해야 한다.
- 미 6:8: 하나님과 함께 겸손히 동행하는 의무.

2) 해설

(1) 우리 마음과 영과 힘과 뜻을 다하여 우리 하나님 여호와를 사랑하는 것은 무엇을 의미하는가?

이는 단순히 하나님을 향한 감정적인 태도가 아니라 우리로 하여금 우리 삶에 있어서 하나님을 영화롭게 하고 모든 일과 국면과 관계에 있어서 그에게 순종하게 하는 모든 것을 포함하는 실제적인 헌신을 의미한다. 우리 삶에 있어서 모든 것이 하나님을 향한 사랑으로 결정되어야 한다. 따라서 우리의 신앙으로부터 우리 삶을 분리시킬 수 있는 것은 하나도 없다. 우리는 우리 삶의 국면에 일정한 경계선을 만들어 놓고 그곳은 하나님과 아무런 상관이 없다고 말해서는 결코 안된다. 우리가 무엇을 하든, 우리는 모두 다 하나님의 영광을 위해서 해야 한다. 사업이나 정치나 사회생활을 하나님 없이 할 수 있다고 생각하는 사람은 그 자체로 불경건한 사람이다. 하나님과 그와의 관계가 그가 가르치는 화학이나 유럽 역사에 대한 해석과는 아무런 관계가 없다고 생각하는 교사는 그 자체로 불신앙적 사람이다. 일관된 신앙의 그리스도인은 그의 신앙이 그의 모든 삶을 주장하는 원리가 되며 자기 삶에 있어서 하나님과 아무런 관계가 없는 국면은 하나도 없음을 인정하는 자이다.

(2) 십계명에서 왜 이 첫째 계명이 제일 먼저 오는가?

왜냐하면 이 계명이 다른 모든 계명의 기초가 되기 때문이다. 하나님을 향한 우리의 의무는 다른 모든 의무의 근원이자 기초가 된다. 이것은 우리 삶에 있어서 본질적이며 근원적이고 근본적인 의무이다.

(3) 왜 우리는 하나님을 참되신 우리 하나님으로 인정해야 할 책임이 있는가?

왜냐하면 하나님이 우리의 창조주이시기 때문이다. 우리를 만드신 분이 우리가 아니라 하나님이시기 때문이다. 또한 하나님은 그의 백성을 죄와 지옥의 형벌에서 구원해 주시는 구속자이시다. 그러므로 하나님을 떠난 그 어떤 생각도 하나님을 배반하는 것이며, 불신앙적이고 악한 것이다.

(4) 우리는 영원히 하나님을 의존해야 하는가?

그렇다. 영원토록 창조주와 피조물의 관계는 지속될 것이다. 이것은 절대로 변하거나 사라지지 않는다. 창조주와 피조물의 구분은 성경의 가장 근본적인 구분이다. 이는 성경의 모든 구절에 전제되고 암시되어 있다.

(5) 하나님에 대한 의존성을 우리는 어떻게 표현해야 하는가?

우리는 첫째, 그를 향한 올바른 태도를 통해 둘째, 하나님에 대한 올바른 생각을 통해 그리고 셋째, 그의 계시된 뜻인 성경에 대한 올바른 반응을 통해 우리의 의존성을 표현해야 한다.

(6) 하나님을 향한 올바른 태도는 무엇인가?

하나님을 향한 올바른 태도는 창조주와 피조물의 관계를 인정하고 깨닫는 경외하는 자세이다. 이 둘 사이에는 무한한 차이가 있으며, 엄청난 거리가 있다. 따라서 하나님은 우리가 전혀 파악할 수 없는 우리에게 항상 신비하고 놀라운 분으로 남아있는 무한하신 존재이심을 깨닫는 태도를 견지해야 한다.

(7) 하나님에 대한 올바른 생각은 무엇을 의미하는가?

하나님을 향한 올바른 생각은 당신에 대해 그의 말씀 안에 계시된 진리에 따라 하나님에 관해 생각하는 것을 뜻한다. 따라서 우리 자신의 상상이나 욕망이 아니라 하나님 자신의 계시를 통한 생각을 의미한다. 사람의 견해나 사색이나 사람들의 마음을 어둡게 하는 철학들에 기인한 하나님에 관한 생각은 하나님에 관한 올바른 생각이 될 수 없다. 하나님에 대해서 유일하게 올바른 생각은 오직 성경으로부터 기인된 생각뿐이다.

(8) 하나님의 계시된 뜻에 대한 올바른 반응은 무엇을 의미하는가?

이는 하나님께서 명하신 모든 것에 대한 의식적이며 진심 어린 순종과 그가 말씀을 통해 금하신 모든 것을 피하려는 것을 의미한다. 따라서 성경은 우리 삶에 진정한 안내자가 된다.

(9) 이 대답에 내포되어 있는 위대한 진리의 일부분은 무엇인가?

첫째, 하나님의 진리이다. 둘째, 창조의 교리이다. 셋째, 하나님의 인격이다. 넷째, 하나님을 향한 인간의 도덕적 책임이다.

(10) 첫째 계명에 요구된 의무들은 어떻게 요약되는가?

우리는 이 계명이 최고이며, 온전하고 모든 것을 포함하는 하나님을 향한 헌신을 요구한다고 말함으로 이 의무들을 요약할 수 있을 것이다. 따라서 하나님을 향한 우리의 관계 역시 우리 삶에 있어서 가장 최고이며 가장 중대한 요소가 된다. 만일 우리가 하나님과 우리와의 관계를 부차적인 문제 또는 우리 삶에 있어서 사소한 문제로 간주한다면 우리는 첫 계명을 전혀 진지하고 온당하게 다루지 않은 것이다.

제105문 제1계명에 금한 죄들은 무엇인가?

답 제1계명에 금한 죄들은 다음과 같다. 하나님을 부인하거나 모시지 않는 무신론과 참 하나님 대신 다른 신을 모시거나 유일신보다 여러 신을 섬기거나 예배하는 우상 숭배와 이 계명이 요구하는바 하나님께 당연히 드릴 것을 무엇이든지 생략하거나 태만히 하는 것과 그를 모르고 잊어버리고 오해하고 그릇된 의견을 가지며 하나님께 합당치 않는 악의로 그를 생각하는 것과 그의 비밀을 감히 호기심을 가지고 꼬치꼬치 파고들려 하는 것이다. (제105문에 대한 답변이 상당히 길기 때문에 한꺼번에 다루기보다 몇 가지로 구분하여 다루게 될 것이다.)

1) 관련성구
- **시 14:1:** 무신론의 죄.
- **엡 2:12:** 하나님이 없는 자에게는 소망도 없다.
- **렘 2:27-28; 살전 1:9:** 우상숭배의 죄는 참되신 하나님을 섬기는 것과 대조된다.
- **시 81:11:** 하나님을 거부하는 죄는 우리의 최고의 헌신을 거부하는 것이다.
- **사 43:22-24:** 하나님을 만홀히 여기는 죄와 그가 요구하시는 경배.
- **렘 4:22; 호 4:1, 6:** 하나님과 그의 뜻에 대한 무지의 죄.
- **행 17:23, 29:** 하나님의 본질과 그의 뜻에 대한 오해의 죄.
- **사 40:18:** 하나님에 대한 그릇된 생각의 죄.
- **시 50:21:** 하나님에 대한 무가치한 생각과 악한 생각.

2) 해설

(1) 무신론의 문자적 의미는 무엇인가?

무신론은 문자적으로 "하나님 없는 주의"이다. 이는 하나님이 없다는 신념을 지시한다. 따라서 무신론은 하나님의 존재를 부정한다.

(2) 무신론의 세 가지 종류는 무엇인가?

첫째, 이론적 무신론이다. 둘째, 실질적 무신론이다. 셋째, 실천적 무신론이다.

(3) 이론적 무신론은 무엇인가?

이론적 무신론은 하나님이나 신의 존재에 대한 견해나 신념에 있어서 절대적인 부인을 뜻한다.

(4) 실질적 무신론은 무엇인가?

오늘날 미국에서 가장 유행하고 있는 명목적 무신론은 성경이 말하는 하나님의 존재, 즉 그 존재와 지혜와 능력과 거룩과 의와 선함과 진리에 있어서 영이시며, 무한하시며, 영원하시고 불변하시는 성부와 성자와 성령으로 존재하시는 동일본질이시며 권세와 영광에 있어서 동등하신 한 하나님에 대한 부인을 뜻한다. 성경의 하나님만이 오직 유일하시며 살아계신 참된 하나님이시기 때문에 그만이 유일한 하나님이시며 참되게 존재하시는 하나님이시다. 따라서 성경의 하나님을 부인하는 것이 실질적 무신론이다. 실질적 무신론자는 신은 믿지만 하나님은 믿지 않는다. 그가 믿는 신은 무한하신 하나님이 아니며 인간의 마음에 존재하는 유한한 신일뿐이다. 이 '하나님'은 인간과 우주로부터 절대적이거나 독립적이지 않다. '남편'과 '아내'가 서로에게 의존적인 존재임을 암시하는 상호 협력적인 용어인 것처럼 실질적인 무신론자는 '하나님'과 '인간' 혹은 '하나님'과 '우주'를 서로에게 의미를 부여하는 상관적인 관계로 간주한다. 이러한 신념은 단순한 이론적 무신론과는 다르며 실질적 무신론은 사악하게 보이지 않을 만큼 더욱 교묘한 무신론이다. 실질적 무신론자는 매우 종교적인 사람일 수 있다. 그러나 그의 신앙의 기저는 이론적 무신론과 다를 바가 전혀 없다.

(5) 실천적 무신론은 무엇인가?

실천적 무신론은 신앙 문제에 있어서 하나님의 존재를 인정하면서도 마치 하나님이 없는 것처럼 살아가는 것을 뜻한다.

(6) 어떤 종류의 무신론이 가장 일반적인가?

솔직히 이론적 무신론은 비교적 드물다. 또한 이는 단순하고 거짓 없이 무신론이라고 밝히고 있기 때문에 누구라도 쉽게 잘못된 것임을 깨달을 수 있다. 실질적 무신론은 목사들과 신학교수들과 대학교수들과 특별히 철학자들에게서 일반적으로 나타난다. 이는 소위 '지성적'임을 자부하는 자들에게서 현저하게 나타난다. 이 무신론은 매우 교묘하고 매우 종교적으로 나타나기 때문에 대단히 위험한 무신론이다. 실천적 무신론은 모든 종류의 무신론에게서 일반적이다. 이는 하나님을 대수롭지 않게 여기는 평범한 사람들의 태도이다.

(7) 우상 숭배의 문자적 의미는 무엇인가?
우상숭배는 문자적으로 형상이나 형상을 통한 신들을 숭배하는 것을 의미한다.

(8) 대요리문답은 어떤 의미에서 우상숭배라는 단어를 사용하는가?
대요리문답은 우상숭배라는 단어를 다신론을 의미하는 광의적이며 포괄적인 의미로 사용한다.

(9) 어떤 종류이든지 간에 무신론은 왜 지독한 죄가 되는가?
왜냐하면 하나님께서 모든 인류의 창조주이시며, 무신론자는 그의 창조주를 인식하거나 경배하는 일을 거절하기 때문이다. 창조주와 피조물의 관계는 성경에 나타난 인간의 삶에 있어서의 가장 근본적인 관계이다. 모든 관계 중에 가장 근본적인 이 관계를 부인하는 자는 철저하게 사악한 자이다. 왜냐하면 그는 자신에게 생명을 주신 하나님을 부인함으로 하나님을 제한하는 자이기 때문이다.

(10) 한 하나님보다 많은 신을 섬기는 것 또는 참되신 하나님을 섬기는 것보다 다른 신을 섬기는 것이 왜 지독한 죄가 되는가?
왜냐하면 그의 창조주를 향한 인간의 관계의 본질은 그에게 온전하고 연속된 헌신과 충성을 요구하기 때문이다. 우리의 종교적 헌신을 나누고 그것 가운데 일부분으로는 우리를 창조하신 참되신 하나님을 섬기며 다른 부분으로는 다른 사람이나 형상을 숭배하는 것은 하나님을 지극히 모독하는 행위이다. 하나님은 전부를 원하신다. 그에게 우리의 충성과 봉사의 일부분만을 드리는 것은 하나님을 모욕하는 것이며, 불쾌하게 하는 것이다.

(11) 왜 참되신 하나님에 관한 무지가 엄청난 죄인가?
그것은 왜냐하면
① 우리가 그에 대해 참된 지식을 소유할 때만 하나님을 올바로 경배하고 사랑하고 섬길 수 있기 때문이다.

② 성경뿐만 아니라 자연의 책을 통해 인류에게 있어서 참된 하나님에 대한 지식을 소유할 수 있는 수많은 풍성한 계시가 주어졌기 때문이다. 하나님에 대해 무지한 자는 하나님 자신의 계시를 경시하고 잘못 사용한 결과이며, 그가 하나님에 대한 참된 지식을 원하지 않는다는 것을 보여주는 것이다(롬 1:28).

(12) 하나님을 잊어버리는 것이 왜 큰 죄인가?

왜냐하면 하나님에 대한 우리의 태만은 우리 마음이 죄로 말미암아 강퍅해졌으며, 하나님에 대해 별로 크게 신경 쓰지 않는다는 것을 암시하기 때문이다. 하나님에 대한 부주의와 태만은 우리의 강퍅해진 마음이 생산하는 죄의 결과이다.

(13) 하나님을 오해하고 그릇된 의견을 가지며 하나님께 합당치 않은 악의로 하나님을 생각하는 것은 왜 죄악인가?

왜냐하면 하나님에 관한 우리의 실수와 오류와 그릇된 사상이 다만 지성의 결핍 때문만이 아니고 인류가 죄에 빠진 결과이기 때문이다. 이 죄는 우리의 마음을 강퍅하게 하고 모든 종류의 악으로 향하게 했을 뿐만 아니라 우리로 하여금 진리를 분별하지 못하게 하고, 모든 종류의 죄의 희생자가 되게 하기 위해 우리의 지성을 어둡게 만들었다. 하나님에 대한 모든 종류의 그릇된 사상과 무가치한 생각은 죄, 즉 우리 자신의 사적인 죄와 하나님을 배반한 아담으로부터 물려받은 인류의 죄로부터 기원된다.

(14) 모든 사람들이 하나님에 대해 자신의 그릇된 개인적 견해를 가질 권리가 있는가?

우리가 '권리'에 대해 말할 때는 언제나 시민적 권리와 도덕적 권리를 구분해야 한다. 도덕적 권리에 관해서 말할 때는 그럴 권리가 없다. 그 어떤 사람도 하나님에 관하여 그릇된 생각을 가질 권리가 없으며 성경에 계시된 하나님 이외의 생각을 믿을 권리도 없다. 시민적 권리에 관한 한, 하나님에 관해 그릇된 사상을 가진 자는 다른 나라나 다른 시민의 방해 없이 그의 그릇된 신념을 가질 권리가 있다. 말하자면 시민 정부는 사람들의 생각이나 믿음을 판단할 사법적 권리가 없으며 그들의 그릇된 믿음이나 견해나 심지어 무신론을 형벌하거나 박해할 권리가 없는 것이다. 그러나 이러한 자들은 마지막 심판의 날에 그들의 무신론에 대해 하나님께 대답해야 할 것이다. 그러나 우리는 국가 공무원이 국가적 이유로 무신론의 대중적인 전파를 금지하고 하나님을 향한 인간의 도덕적 책임을 부인하는 것을 금지할 수도 있음을 믿는다. 무신론을 공중에게 선전할 목적으로 협회를 구성하는 것을 거절하는 것은 시민의 권리나 종교적 자유를 침해하는 것이 결코 아니다. 이러한 협회의 성공은 인간 사회의 도덕적 기초를 파괴하고 나아가 국가 자체를 파괴하는 결과를 낳는다. 시민의 자유와 종교의 자유는 인간의 문명의 기초를 파괴하는 시도로서의 시민의 자유를 포함하지 않는다.

제105문 (계속) 제1계명에 금한 죄들은 무엇인가?

답 제1계명에 금한 죄들은 다음과 같다. 그의 비밀을 감히 호기심을 가지고 꼬치꼬치 파고들려 하는 것이다. 또 모든 신성모독과 하나님을 미워하고 자기를 사랑하고 자기중심으로 지정의를 과도하고 무절제하게 다른 모든 일에 쏟는 것과 전적으로 또는 부분적으로 우리의 지정의를 하나님에게서 떠나게 하는 것과 공연한 경신, 불신, 이단, 그릇된 신앙, 의혹, 절망, 완고함, 심판을 받으면서도 무감각하여 돌같이 굳은 마음, 교만, 주제넘음, 육신의 방심, 하나님을 시험하는 것, 불법적인 수단을 씀과 비합법적인 수단을 의뢰하는 것이다.

1) 관련성구

- **신 29:29:** 하나님의 오묘한 일에 대한 담대한 연구.
- **딛 1:16; 히 12:16:** 신성모독의 죄.
- **롬 1:30:** 하나님을 혐오하는 죄.
- **딤후 3:2:** 과도한 자기사랑의 죄.
- **빌 2:21:** 자기 일을 구하고 그리스도의 일을 구하지 않는 죄.
- **요일 2:15-16:** 하나님 대신 피조물에게 마음을 쏟는 죄.
- **삼상 2:29; 골 3:2, 5:** 하나님보다 더 세상 것을 사랑하는 죄.
- **요일 4:1:** 헛된 영을 쉬이 믿는 죄.

- 히 3:12: 불신앙의 죄.
- 갈 5:20; 딛 3:10: 이단의 죄.
- 행 26:9: 그릇된 신앙 또는 그릇된 것에 대한 신실한 믿음의 죄.
- 시 78:22: 하나님을 의지하지 않는 죄.
- 창 4:13: 절망의 죄.

2) 해설
(1) "그의 비밀을 감히 호기심을 가지고 꼬치꼬치 파고들려 하는 것"은 무엇을 의미하는가?

종종 오해될 수 있는 이 진술은 그것이 자연계시이든 성경계시이든 하나님의 계시의 진리의 신비를 파고들려 하는 것이 잘못된 것임을 의미하지 않는다. 하나님께서 금하신 것을 알려고 하는 것 그 자체가 아니라, 하나님의 신비를 감히 호기심을 가지고 꼬치꼬치 파고들려 하는 것이다. 말하자면 그릇된 태도(감히 불경하게)로 파고드는 것 또는 그릇된 동기(하나님께 영광을 돌리고 인류에게 유익을 끼치기 위한 것이 아니라 단지 호기심으로)로 파고드는 것을 뜻한다. 경외하는 태도와 올바른 동기로 하나님의 비밀을 추구하는 자는 더 이상 하나님의 신비를 이해할 수 없고 간파할 수 없는 곳에서 반드시 멈추어야 할 것을 깨닫는 자이다. 그의 목표는 하나님의 생각을 좇아서 생각하는 것이며, 말하자면 그의 지성을 가지고 하나님을 이해하는 것이 아니라 하나님께서 인간을 위하여 계시하신 대로 이해하는 것이다.

(2) '신성모독' 이란 무엇인가?

'신성모독' 이란 하나님의 이름을 헛되게 일컫는 불경함과는 같지 않다. 불경함은 말의 죄이지만 신성모독이란 성품의 죄, 전인의 죄이다. 신성 모독자는 거룩한 것을 평범하고 하잘 것 없는 것으로 취급하는 자를 말한다. 에서는 신성 모독자였는데 이유는 그가 그의 장자권보다 식사 한 끼를 더 중요하게 여겼기 때문이다. 식인종들은 선천적으로 존귀한 인간의 몸을 단지 식용적 가치로만 여기기 때문에 신성 모독자들이다. 성경을 찢어서 담배를 만드는 종이로 사용하는 이방인들은 하나님의 말씀의 거룩성을 전혀 이해하지 못하고 단지 종이의 가치로만 사용하는 자들이기 때문에 신성모독자들이다.

(3) 중생 받지 못한 자가 실제로 하나님을 싫어한다는 것을 어떻게 설명할 수 있는가?

부인할 수 없는 이 사실은(롬 1:30) 성경의 원죄교리와 전적 타락 교리로만 설명될 수 있다. 심지어 하나님을 싫어하고 혐오하는 것을 자랑하는 자들이 있다는 것은 아담의 타락을 통하여 인류에게 도덕적 악의 깊은 심연이 있다는 것을 알려주는 것이다.

(4) 자기를 사랑하는 것이 죄인가?

무절제하고 과도하게 자기를 사랑하지 않는 한 이는 죄가 아니다. "네 이웃을 네 몸과 같이 사랑하라"는 명령은 자기 사랑을 포함한다. 자기보존은 우리의 본능과도 같으며 따라서 자기를 사랑하는 것은 죄가 아니다. 그러나 이것은 언제나 인간의 영혼 속에 신적으로 심겨진 사랑이어야 한다. 그러나 자기 사랑이 균형을 이루지 못하고 이웃보다 자기를 더 사랑하게 될 때 특별히 하나님보다 자기를 더 사랑하게 될 때 바로 이것이 과도한 자기 사랑이 되며 따라서 죄악적인 사랑이 되고 만다. '이기주의' 역시 이런 맥락에서 동일한 문제이다.

(5) 세속주의적 죄의 참된 본질은 무엇인가?

그리스도인은 종종 세속적인 마음에 대해서 기계적이고 피상적인 생각을 갖는다. 세속주의는 춤과 도박과 카드놀이와 이와 같은 것들과 같이 서너 가지의 형태를 띤다. 그러나 세속주의의 본질은 하나님을 사랑하고 추구하는 것보다 더 세상을 사랑하고 추구하는 것이다. 이는 "우리 마음과 뜻과 감정을 하나님보다 다른 것에 더욱 고정시키는 것"을 뜻한다. 사람은 춤이나 도박과 같은 세속주의에 빠지지 않고서도 매우 세속적인 사람이 될 수 있다. 예를 들면 그의 음악적 기술을 대단히 아끼는 위대한 음악가가 하나님보다 그 음악을 더 아낀다면 그는 세속주의자이다. 유명한 과학자가 하나님을 알고 하나님을 영화롭게 하는 일보다 자신의 과학적 연구에 더 열중해 있다면 그가 바로 세속주의자이다.

(6) '공연한 경신'이란 무엇을 의미하는가?

이는 진리의 결핍으로 인해 믿거나 수용할 가치가 전혀 없는 것을 쉽게 믿고 수용하는 경솔함을 뜻한다. 이것을 위한 일반적인 용어가 바로 멍청함, 또는 속기 쉬움이란 단어이다. 속기 쉬운 멍청한 사람은 그가 듣는 모든 것을 믿는 자이다. 그는 무엇이 믿을 가치가 있고 무엇이 그렇지 않은지 분별할 능력이 없는 자이다. 종교적인 국면에 있어서 속기 쉬운 사람은 열정과 웅변을 가지고 여러 가지 예화를 들어가면서 메시지를 전달하는 모든 설교자에게 큰 영향을 받는다. 속기 쉬운 청중들은 설교자의 진술을 성경과 대조하지 않는다. 그는 정확하고 신중한 생각 없이 단지 그것 전부를 단숨에 삼켜버린다. 이러한 사람들은 그들이 읽은 마지막 책이나 잡지에 큰 영향을 받는다. 그들은 이어서 또 다른 책과 잡지를 읽고 그들의 생각을 바꿀 것이다. 그들은 신앙에 있어서 모든 유행의 변화를 따르지만 분별력이나 견실성은 결핍되어 있는 자이다.

(7) 불신앙은 왜 지독한 죄가 되는가?

우리는 믿음으로 구원을 받았기 때문에 불신앙은 신앙의 반대가 된다. 따라서 불신앙은 지독한 죄가 되며 불신앙에 머물러 있는 한 구원의 가능성은 아주 없게 된다. 물론 불신앙에도 정도가 있으며 최고의 그리스도인이라 할지라도 약간의 불신앙은 있기 마련이다. 그러나 사람이 불신앙에 완전히 잠겨있다면, 그가 구원받을 가능성은 전혀 없다. 성경은 이런 상태를 가리켜서 불신앙의 악한 마음이라고 칭한다(히 3:12).

(8) '이단'의 의미는 무엇인가?

성경에서 이단은 그릇된 교리를 전파하는 것을 의미한다. 예를 들면, 교회에서 그릇된 교리를 가르치기 위해 당파나 분파를 조성하는 것은 하나님께서 그의 말씀에 계시한 것과는 배치되는 것이다. 현대적 용법으로 볼 때 이단은 그릇된 교리를 가리키며, 기독교의 본질적인 진리에 배치되는 그릇된 교리를 믿거나 견지하는 것을 뜻하게 되었다. 이러한 현대적 의미에서 볼 때 이단은 분명히 죄악적이며, 성경적 의미에서 볼 때도 이 단어는 그릇된 교리를 선전하기 위한 당파나 파벌을 조성하는 것을 포함한다.

(9) 그릇된 신앙이란 무엇인가?

그릇된 신앙이란 용어는 종교적 기만, 즉 그릇되거나 잘못된 것에 대한 확고하고 확신 넘치는 믿음을 뜻한다. 바울은 그리스도인을 핍박할 때 하나님의 뜻을 수행한다고 믿었었다. 이런 경우 바울의 믿음은 그릇된 신앙이 된다.

(10) '의혹'과 '절망'은 무엇을 의미하는가?

이 두 용어들은 서로 연결되어 있다. 절망은 단순히 완전한 불신을 뜻한다. 의혹은 하나님의 약속과 사랑과 선하심에 대한 의심 내지는 믿지 못함을 뜻한다. 가인은 그에게 임한 형벌이 감당하기엔 너무 중하다고 생각했기 때문에 절망했다. 그는 그의 동생을 살인한 죄를 하나님께 용서해달라고 간청할 믿음이 없었다. 가룟 유다는 하나님께 용서를 구하는 기도를 하는 대신 절망에 빠지고 말았으며, 스스로 목매어 죽고 말았다. 절망은 자살의 가장 흔한 동기이다. 사람이 하나님으로부터 더 이상 도움을 받을 소망이 없다고 생각할 때 자신의 생명을 버림으로 모든 것을 끝장내버릴 지독한 불신앙에 빠지는 것이다.

제105문 (계속) 제1계명에 금한 죄들은 무엇인가?

답 제1계명에 금한 죄들은 다음과 같다. 공연한 경신, 불신, 이단, 그릇된 신앙, 의혹, 절망, 완고함, 심판을 받으면서도 무감각하여 돌같이 굳은 마음, 교만, 주제넘음, 육신의 방심, 하나님을 시험하는 것, 합법적인 수단을 씀과 비합법적인 수단을 의뢰하는 것이다. 또 육에 속하는 기쁨과 향락에 빠지는 것과 부패하고 맹목적이며 무분별한 열심을 가지는 것이다.

1) 관련성구
- 렘 5:3: 완고한 죄.
- 사 42:25: 하나님의 심판 아래 있으면서도 무감각한 마음.
- 롬 2:5: 마음이 강퍅해짐.
- 렘 13:15; 잠 16:5, 17; 딤전 6:4: 교만의 죄.
- 시 19:13; 벧후 2:10: 주제넘음의 죄.
- 습 1:12; 계 18:8; 사 28:15: 육신의 방심의 죄.
- 마 4:7: 하나님을 시험하는 죄.
- 롬 3:8: 불법적인 수단을 쓰는 죄.
- 렘 17:5: 비합법적인 수단을 의뢰하는 죄.
- 딤후 3:4: 하나님을 사랑하는 것보다 쾌락을 더 사랑하는 것은 죄이다.
- 갈 4:17; 요 16:2; 롬 10:2; 눅 9:51, 55: 무분별한 열심은 죄이다.

2) 해설

(1) "완고함"이란 무엇을 의미하는가?

이 단어는 문자적으로 교정 받을 수 없는 상태를 의미한다. 하나님의 선하심과 그의 심판은 인간으로 하여금 회개에 이르게 하지만 성령의 특별한 역사하심이 없이는 참된 회개에 이를 수 없다. 번창하고 잘살 때는 하나님을 무시하고 잊어버리는 사람들이 많고 고통과 재앙의 순간에는 고집스런 불신앙으로 하나님을 도전하고 완고해지는 사람들이 많다. 이것이 바로 완고함의 의미이다.

(2) "심판 아래 있으면서 무감각함"은 무엇을 의미하는가?

이는 고통과 재앙의 순간에 임하시는 하나님의 손길을 인식하지 못함을 의미한다. 그들의 모든 고통을 다만 '운명'이나 '우연'이나 '불행' 또는 자연의 섭리로 치부하는 자들은 그들에게 발생한 일을 통해 절대로 하나님의 섭리의 손길을 발견할 수 없다. 그들은 하나님께서 모든 것을 예정하셨으며, 모든 것이 하나님의 섭리적인 통치 하에 있고 하나님의 도덕적 통치를 위하여 모든 것이 합력하여 선을 이룬다는 것을 깨닫지 못한다. 이러한 마음 상태에 있는 자들은 하나님께서 보내시는 심판을 통해 아무런 충격도 받지 못할 것이다. 완전히 눈이 먼 자는 가장 강렬한 빛이라도 보지 못하며, 완전히 귀 먹은 자는 가장 큰 소리도 듣지 못한다.

(3) '돌같이 굳은 마음'은 무엇을 의미하는가?

'굳은 마음'은 영적 민감성을 전적으로 상실당한 성품의 상태를 묘사할 때 사용된 표현이다. 사람이 이 상태에 있게 되면 그의 양심의 기능은 거의 활동하지 못하게 된다. 그는 하나님에 대해 무관심하며 영적인 일과 그의 영혼의 영원한 구원에 대해 관심을 가지지 않는다. 이러한 자에게 율법과 복음은 거의 영향을 끼치지 못한다. 하나님께서 그의 특별하신 은혜와 자비를 통해 새 마음을 주시지 않는 한, 그는 결코 구원받을 수 없게 되고 만다.

(4) 성경을 통해 영적 상태가 '굳은 마음'인 사람의 예를 들어보라.

모세 시대의 애굽 왕 바로가 바로 그러하다. 반복된 경고와 심판에도 불구하고 그는 하나님의 백성들을 가게 하지 않았으며, 그의 백성을 보낸 후에도 마음을 바꾸어 홍해까지 그들을 추격했다.

(5) 교만은 무엇이며, 성경은 교만을 왜 큰 죄로 정죄하는가?

교만은 우리 자신과 우리 성품과 우리가 성취한 일에 대한 정당하지 못하고 그릇되게 높이는 견해이다. 이는 합법적이며 그 자체로는 죄가 아닌 자존감에 대한 왜곡이다. 교만은 두 가지 이유에서 죄악이다. 첫째, 교만은 하나님 앞에서의 의존적인 피조물로서의 우리 위치와 배치된다. 둘째, 하나님 앞에서의 정죄당하고 비참한 죄인으로서의 우리 위치와 배치된다. 사람들이 자신들이 가지고 있는 것을 자랑하는 것은 실상 모두 하나님의 선물이다. 따라서 우리가 스스로 자랑할 것은 아무것도 없다. 그러므로 사도바울은 로마서 4:2에서 아브라함이 행위로 의롭다함을 받았다고 할지라도 하나님 앞에서는 자랑할 것이 전혀 없다고 말하는 것이다. 고린도전서 4:7을 읽고 인간의 교만을 산산조각 내는 이 구절에 나와 있는 세 가지 질문에 주목하라. 본질적으로 교만은 하나님으로부터의 독립을 선언하는 것이다. 이러한 교만은 우리가 하나님 없이 그리고 그의 예정과 그가 주시는 은사 없이도 우리 스스로 무엇인가를 할 수 있으며, 무엇인가 될 수 있으며 무엇인가 가치 있는 일을 성취할 수 있다는 추측에 근거한다. 그러므로 교만은 하나님을 불쾌하게 하는 거짓말에 기초해 있는 것이다.

(6) 육신의 방심은 무엇이며, 그것은 왜 그릇된 것인가?

육신의 방심은 확신에 대한 합법적인 근거도 없이 모든 것이 다 잘 될 것이라는 안이한 확신이다. 사람들로 하여금 평강이 없는데도 "평강하다 평강하다"라고 말하게 하는 것이 바로 육신의 방심이다. 육신의 방심은 죄에 대해 스스로 만족하며 하나님에 대해 무관심한 태도와 관계해 있다. 이러한 태도는 우리가 전심을 다하여 진지하고도 신실하게 섬겨야 할 하나님을 모욕하는 것이기 때문에 악한 것이다.

(7) '하나님을 시험하는 것' 은 무엇을 의미하는가?

우리 구주의 유혹에 대한 복음서의 기록은 이 표현의 의미에 대한 열쇠를 제공해준다. 이는 고의적으로 부주의하게 악하고 어리석은 방법으로 행하는 것이며, 우리의 행위로 말미암아 우리에게 다가올 고통으로부터 우리를 지켜주시는 하나님의 선하심과 능력을 시험하는 행위이다. 예수님께서 성전 꼭대기에서 뛰어 내리실 때, 하나님께서 천사를 보내어 예수님의 육신을 보호해 줄 것이라는 기대를 가지는 것은 성경에서 금하고 있는 하나님을 시험하는 짓이다. 통상적인 주의와 예방을 통하여 병드는 것이나 사고를 미리 막는 일을 게을리 하면서도 하나님께서 그를 건강하게 지켜주실 것이라고 믿는 것은 하나님을 시험하는 것이며 사악한 것이다.

(8) '불법적인 수단을 씀' 은 무엇을 의미하는가?

불법적인 수단을 쓰는 것은 '선을 위해서 악을 행하는 것' 즉 그릇되고 죄악적인 수단을 사용함으로 선한 목적을 성취하는 것을 의미한다. 세상에는 이러한 행실을 언제나 옹호한 자들이 있었다.

(9) '합법적인 수단을 의뢰하는 것' 은 무엇을 의미하는가?

비합법적인 수단을 의뢰함을 확증하는 것은 첫째 계명에 금한 죄를 범하는 것이다. 요리문답은 우리가 합법적이며 옳은 수단을 사용할 때조차도 우리의 믿음과 확신을 오직 하나님께만 두어야 하며, 우리가 사용하는 방법에 두지 말아야 함을 교훈한다. 우리가 아프다면 의사의 진찰을 받고 약을 조제 받는 것은 당연한 일이다. 그러나 그럴 때에라도 우리는 의사나 의사가 지어주는 약이 아니라 오직 하나님만 참되게 의뢰해야 한다.

(10) '육에 속하는 기쁨과 향락에 빠지는 것' 은 무엇을 의미하는가?

육이란 단어는 '육체' 를 의미하는 라틴어에서 연원되었으며 이 단어에서 사육제란 단어가 파생되었다. 육이란 형용사로서 '육체에 속하는 것' 을 의미한다. 대요리문답의 진술로 볼 때 육이란 단어는 신체적 몸 자체를 의미하지는 않는다. 오히려 이것은 사도 바울에 의하여 우리의 죄악된 본성을 의미하는 '옛 사람' 또는 '내 지체 안에 죄의 법' 또는 '육신의 마음' 같은 '정욕' 을 지칭하는 말이다. 디모데후서 3:4은 우리 죄악된 본성의 특징이 하나님을 사랑하는 것보다 쾌락을 더 사랑하는 것이라는 사실을 잘 드러내고 있다. 그러므로 '육에 속하는 기쁨과 향락에 빠지는 것' 은 우리의 옛 사람, 그리고 죄악된 본성에 호소하는 기쁨과 향락에 빠지는 것이다. 그러나 이러한 향락과 기쁨은 우리가 성령으로 거듭날 때 받게 되는 우리의 새로운 본성이 기뻐하고 즐거워하는 향락과는 전혀 상관이 없는 기쁨이다.

(11) '부패하고 맹목적이며 무분별한 열심을 가지는 것' 은 무엇을 의미하는가?

'열심' 이란 단어는 그것 때문에 왕성한 행동을 하게 만드는 어떤 것을 위한 열정을 뜻한다. 중국어에서 열심이란 문자적으로 뜨거운 마음을 의미한다. 열심을 가지는 것, 또는 하나님을 향한 열심을 품는 것은 선하고 옳은 것이다. 그러나 대요리문답이 묘사하는 '부패하고 맹목적이며 무분별한 열심' 과 같이 그릇된 열심도 있음을 명심해야 한다. 이는 우리가 참되신 하나님을 향해 그리고 그를 섬김에 있어서 열심을 품을 때조차도 우리 열심히 죄악적일 수 있음을 의미한다. 부패한 열심은 새로운 본성과 우리 마음에 내주하시는 성령으로부터가 아니라 우리의 타락한 마음과 그것으로부터 나오는 욕정과 충동에 기인한다. 그리스도인이 성경 진리에 대하여 어떤 이와 논쟁함에 있어서 하나님의 말씀을 변증하려는 열심 때문에 온유하고 인내하는 마음 대신 평정을 잃고 분노하게 되면 이것이 바로 부패한 열심히 되는 것이다. 맹목적인 열심이란 참된 지식에 기초하지 않은 열심이다. 회심하기 이전의 바울은 그리스도인들을 핍박했는데 후일 사도 바울 자신이 깨달은 것처럼 이것이 바로 맹목적인 열심의 예이다. 바울 시대의 유대인들은 하나님을 향한 열심이 있었지만 참된 지식에 기초한 열심은 아니었다. 따라서 그것은 맹목적인 열심일 뿐이다. 또 다른 죄악적인 열심은 무분별한 열심이다. 이는 그 자체로 참되고 옳은 무엇인가를 향한 열심인데 지혜와 상식이 부족한 열심이다. 예를 들면, 사람들을 기도회에 참석시키고자 하는 열심은 옳은 열심이다. 그러나 만일 어떤 이가 매일 몇 시간씩 기도회에 참석하면서 그의 동료 그리스도인들로 하여금 모든 여가 시간에 아무것도 하지 않고 기도회에만 참석하게 하는 것은 지혜와 상식에 근거하지 않은 무분별한 열심이다. 어떤 열심 있는 그리스도인에 대한 기사가 신문에 보도된 적이 있다. 그는 이제 막 새로운 도색이 끝난 자신의 소유가 아닌 남의 차에다 분필로 '예수 구원' 이라는 글자를 크게 썼다. 바로 이런 경우가 무분별한 열심이다. 왜냐하면 이 사람에게는 지혜와 상식이 결핍되어 있기 때문이다. 모든 부패하고 맹목적이며 무분별한 열심은 성령께서 우리 마음과 삶에 역사하심으로 우리에게 수여하시는 거룩과 지식과 지혜 대신에 우리 자신의 사악함과 무지와 어리석음으로부터 연원되기 때문에 그 자체로 죄가 된다.

제105문 (계속) 제1계명에 금한 죄들은 무엇인가?

답 제1계명에 금한 죄들은 다음과 같다. 미지근하여 하나님의 일에 대하여 죽음과 하나님에게서 멀어짐과 배교하는 것과 성도들이나 천사들 혹은 다른 어떤 피조물에게 기도하든지 종교적 예배를 드리는 것과 마귀와 의논하며 그의 암시에 귀를 기울이는 것과; …

1) 관련성구
- 계 3:16: 미지근한 죄.
- 계 3:1: 하나님에 대해 죽은 죄.
- 겔 14:5; 사 1:4-5: 하나님을 멀리한 죄.
- 롬 10:13-14; 호 4:12; 행 10:25-26; 계 19:10; 마 4:10; 골 2:18; 롬 1:25: 종교적 경배는 피조물이 아니라 오직 하나님께만 드려져야 한다.
- 레 20:6; 삼상 28:7, 11; 대상 10:13-14: 하나님께서는 죽은 자와 교통하려는 모든 시도와 마귀와 악한 영과 교통하려는 모든 시도를 금하셨다.
- 행 5:3: 사단의 간계에 주의를 기울이는 것은 아주 잘못된 것이다.

2) 해설

(1) 영적인 '미지근함'이란 무엇인가?

영적인 미지근함은 하나님에 관한 것과 우리 영혼의 구원의 관한 게으른 무관심 또는 자기만족의 상태이다. 이는 그리스도인의 삶의 진보에 관한 성실한 열망이 없는 상태를 좋아한다. 하나님의 말씀은 영적 미지근한 상태에 있는 사람이 하나님에 관해 차가운 사람보다 더 하나님을 불쾌하게 하는 자라고 교훈한다(계 3:15-16).

(2) 영적 미지근함은 오늘날 통상적인 상태인가?

의심의 여지없이 영적인 미지근함은 언제나 일반적인 상태였으며, 모든 그리스도인이 지속적으로 싸워야 할 적으로 간주되어 왔다. 그러나 이러한 영적인 미지근함은 전례 없이 오늘날 우리 시대에 더욱 만연해 있다.

(3) 영적 미지근함의 치유책은 무엇인가?

영적인 미지근함을 다루기 위한 모든 종류의 계획과 방법이 주창되었지만 이러한 상태를 쉽게 변화시킬 수 있는 지름길은 없다. 유일한 치료책은 하나님의 은혜를 더욱 사모하고 성경의 교훈에 더욱 귀를 기울이고 더욱 죄를 회개하고 슬퍼하며 하나님과 사람을 더욱 사랑하고 성도의 삶에 역사하시는 성령의 능력을 더욱 의지하는 것뿐이다.

(4) '하나님의 일에 대하여 죽은 것'은 무엇을 뜻하는가?

영적 미지근함이 성령으로 진실하게 거듭난 그리스도인의 죄라면, 영적 죽음은 성령의 역사하심을 통해 전혀 거듭난 적이 없는, 즉 영적 생명의 전적인 결핍을 뜻한다. 이러한 자들은 '죄와 허물로 죽은 자'이다(엡 2:1). 이는 모든 불충한 자와 불신자들의 상태이며, 불신자들과 이방세계 전체의 상태이다. 그러나 영적인 생명이 결핍되어 있는 고백적 그리스도인들도 있다. 이들은 경건의 모양은 있으나 능력은 결핍되어 있다. 그들은 그리스도인의 삶에 있어서 교회에 출석하는 것과 같은 외면적인 형식과 행위에 충실하지만 그들 마음에 새로운 생명이나 성령의 능력은 없는 자들이다. 바로 이런 자들이 사데 교회의 교인들이었다. 예수님은 사데 교회 교인들을 향하여 "살았다 하는 이름은 가졌으나 실상은 죽은 자"라고 비판하셨다(계 3:1).

(5) 영적 죽음의 치료책은 무엇인가?

영적 죽음의 유일한 치료책은 개인적 생활이든 교회나 국가든 간에 생명을 주시고 성령의 새롭게 하시는 능력이 동반된 주 예수 그리스도에 관한 옛 복음뿐이다. 복음의 메시지가 신실하게 선포되기만 하면 성령께서 역사하신다. 그러면 그곳에는 사망에서 생명으로 옮기는 자들이 생길 것이며 그들은 "그리스도 예수 안에서 있는 새로운 피조물"이 될 것이다.

(6) 대요리문답이 말하는 '하나님에게서 멀어짐과 배교하는 것'은 무엇을 뜻하는가?

이는 때로 '침체' 또는 '하나님을 멀리함' 등으로 불리는 것으로서 고백적 그리스도인이 하나님에 관한 것에 흥미를 잃고 기독교의 공적인 고백까지 포기하는 것을 뜻한다. 이러한 자는 강퍅한 자로서 영적 문제에 관심이 없다. 그는 성경과 성례와 기도와 같은 은혜의 방편을 도무지 사용할 줄 모른다. 통상적으로 그는 더 이상 교회 예배에 출석하지 않고 하나님을 예배하는 형식조차도 취하지 않는다. 우리는 성령으로 말미암아 거듭난 그리스도인은 하나님으로부터 전적으로 완전히 떨어져 나가지는 않음을 기억해야 한다. 그러나 거듭난 그리스도인이라 할지라도 베드로가 한 날 밤에 그리스도를 세 번씩이나 부인했던 것처럼 하나님으로부터 어느 정도 잠시 동안 떨어질 수 있다. '하나님에게서 멀어짐과 배교하는 것'의 또 다른 형태는 참된 기독교를 포기하고 그릇된 종교나 이단의 회원이 되는 것이다. 이것 역시 사악함의 극치이다.

(7) 성인과 천사와 다른 피조물에게 종교적 예배를 올리는 것이 왜 그릇된 일인가?

이것은 다음과 같은 이유에서 그릇된 일이다.
① 그들이 우리를 창조하지 않았고 따라서 우리의 종교적인 헌신을 받아야 할 아무런 이유가 없기 때문이다.
② 그들은 우리를 죄에서 구속하지 않았으며, 따라서 우리 구원에 대한 감사를 그들에게 돌릴 필요가 없으며 오직 하나님께만 돌려야 하기 때문이다.
③ 이 세상에는 오직 주 예수 그리스도 한 분만 중보자가 되시며 그들은 하나님과 우리 사이의 중보자가 아니기 때문이다. 그러므로 성인과 천사와 다른 피조물들에게 돌리는 모든 종교적 예배는 오직 하나님께만 드려야 할 예배와 명예를 손상시킬 뿐이다. 우리는 절대로 성인이나 천사들을 예배해서는 안되며 오직 하나님께만 합당한 예배와 헌신을 드려야 한다.

(8) 성인과 천사에게 기도하는 종교단체는 무엇인가?

로마 가톨릭 교회이다. 그들은 성인과 천사들을 신자와 하나님 사이의 중보자로 간주한다.

(9) 강신술 또는 영매를 수단으로 죽은 자와 교통하려는 시도는 왜 지독한 죄가 되는가?

하나님께서는 성경을 통해 이러한 관습을 엄하게 금하셨다. 이러한 성경의 경고를 무시하는 자들은 사단의 궤계에 빠지는 자가 되며, 그것으로부터 절대로 헤어 나오지 못하게 될 것이다. 이 사악한 행실이 오늘날 매우 유행하고 있지만 그리스도인들은 이것과 관계된 모든 것들로부터 자신을 멀리해야 할 것이다.

(10) 그리스도인은 '마귀와 의논하며 그의 암시에 귀를 기울이는 것'을 왜 피해야 하는가?

그리스도인들은 어두움에서 빛으로, 사단의 왕국에서 하나님 나라의 왕국으로 옮겨진 자들이다. 사단을 향한 그들의 유일한 태도는 반드시 부정적이어야만 한다. 사단의 그 어떤 암시에 대해서도 그리스도인들이 말해야 할 유일한 대답은 '아니오'이어야 한다. 사단의 제안에 귀를 기울이는 것은 하와가 뱀의 말을 듣기 시작했을 때부터 출발했고 하나님께서 하신 말씀을 의심하는데 까지 나아갔다. 물론 '마귀와 의논하는 것'은 사단과의 실제적인 접촉이 있든지 없든지 관계없이 지독히 사악한 것이다. 이러한 일을 행하는 것은 하나님의 최고 대적자를 돕는 것이 되며 인간의 삶에 고통과 재앙만 불러올 뿐이다.

제105문 (계속) 제1계명에 금한 죄들은 무엇인가?

답 제1계명에 금한 죄들은 다음과 같다. 사람들을 우리의 신앙과 양심의 주로 삼는 것과 하나님과 그의 명령을 경시하고 경멸하는 것과 하나님의 영을 대항하고 슬프게 하고 그의 경륜에 대해 불만스러워 하고 참지 못하며 우리에게 주신 재난에 대하여 어리석게 하나님을 원망하는 것과 우리들의 됨됨이나 소유나 능히 할 수 있는 어떤 선에 대한 칭송을 행운, 우상, 우리들 자신, 또는 어떤 다른 피조물에게 돌리는 것이다.

1) 관련성구
- 고후 1:24; 마 23:9: 우리는 사람들을 우리의 신앙과 양심의 주로 삼아서는 안된다.
- 신 32:15; 삼하 12:9; 잠 13:13: 하나님과 하나님의 명령을 멸시하는 것은 죄이다.
- 행 7:51; 엡 4:30: 성령을 거부하고 탄식케 하는 것은 죄이다.

- **시 73:2-3, 13-15, 22; 욥 1:22:** 하나님의 통치 아래 있음을 불평하고 하나님을 어리석게 원망하는 것은 죄이다.
- **삼상 6:7-9:** 우리 삶의 모든 사건들을 우연으로 돌리는 것은 죄이다.
- **단 5:23:** 우리의 성공과 번영의 이유를 우상이나 그릇된 신들에게 돌리는 것은 사악한 것이다.
- **신 8:17; 단 4:30:** 우리 자체나 우리가 소유한 것 우리가 할 수 있는 모든 것을 우리의 것으로 돌려서는 안된다.
- **합 1:16:** 우리는 그 어떤 피조물도 우리가 누리는 축복의 근원이나 우리가 누리는 성공의 기쁨의 원인으로 간주해서는 안된다.

2) 해설

(1) '사람들을 우리의 신앙과 양심의 주로 삼는 것'은 무엇을 의미하는가?

이것은 단순히 인간일 뿐인 존재를 우리 신앙의 권위로 삼는 것을 의미한다. 따라서 우리는 하나님의 말씀의 교훈이 아니라 그들이 믿고 행동하라는 데로 믿고 행동하게 된다. 이것은 단지 인간의 교훈과 영향일 뿐이다.

(2) 사람들을 우리 신앙의 양심과 주로 삼는 것이 왜 그릇된 것인가?

왜냐하면 모든 인간의 권위는 무오하지 않으며 따라서 우리는 그것을 맹목적으로 따를 수 없고 그 가르침을 전혀 의심 없이 믿고 순종할 수 없기 때문이다. 오직 무오한 말씀을 가지신 하나님만이 우리 믿음과 양심의 주가 되신다. 우리는 하나님의 말씀만을 전적으로 따라야 하며 그것이 전적으로 하나님으로부터 나온 말씀이기 때문에 그 가르침을 믿고 그 명령을 추호의 의심도 없이 순종해야 한다. 따라서 우리는 그 어떤 인간적 권위에 복종하지 않을 수도 있다. 우리는 그러한 교훈과 명령이 과연 하나님의 말씀에 부합되는지를 알아보아야 한다.

(3) 사람들이 어디에 있든지 그 가르침을 수용하고 그들의 명령에 무조건 순종할 것을 요구하는 가장 큰 영향력 있는 기관은 무엇인가?

그 가르침을 하나님의 음성과 동일한 것으로 주장하는 로마 교회이다. 따라서 그들은 자신들의 가르침을 모든 사람들이 추호도 의심하지 않고 수용해야 한다고 주장한다.

(4) 개신교회의 교인이 로마 가톨릭 교회에 가입하는 것은 죄인가?

분명히 이것은 죄이다. 왜냐하면 이러한 일을 행하는 개신교인은 신앙에 있어서 최고의 권위인 하나님의 기록된 말씀을 포기하는 것이며, 그 대신 로마 가톨릭 교회의 교훈을 그의 최고의 권위로 수용하는 것이기 때문이다. 그는 로마 가톨릭 교회의 가르침을 수용하며 그들의 명령을 아무 질문이나 의심 없이 맹목적으로 순종한다. 바로 이것이 사람을 우리 신앙과 양심의 주로 삼는 행위이다.

(5) 개신교회의 교인이 이러한 죄를 범한 적이 있는가?

그렇다. 의심의 여지없이 그들의 믿음과 행실에 있어서 그들 교회의 관례나 교훈 또는 목회자의 진술 이외의 더 나은 이유나 높은 권위를 제시하지 못하는 부주의한 개신교인들이 많이 있다. 교회의 관례와 교훈과 규칙 또는 목회자의 선언 등이 하나님의 말씀과 부합하는 만족스러운 증거 없이 수용하고 순종하는 것은 교회와 목회자를 우리 믿음과 양심의 주로 삼는 일이기 때문에 그릇된 일이다. 자기 스스로 그의 교회의 진술이나 목회자의 말씀이 진실한지 그렇지 아니한지를 하나님의 말씀인 성경에 비추어 연구하는 것은 모든 그리스도인들의 의무이다.

(6) 개신교회들 가운데 사람들의 믿음과 양심의 주인 노릇을 하려는 교회들이 있는가?

그렇다. 이것은 이전에 오직 하나님의 말씀만을 사람들의 신앙과 양심의 주로 간주했던 크고 영향력 있는 교파가 이제는 정도의 차이는 있지만 교회의 가르침을 하나님의 가르침과 동일시하는 우리 시대의 악한 징조들 가운데 하나이다. 이러한 교파들은 그들의 목회자들과 감독관들 그리고 사람들에게 협의회와 총회와 교회의 위원회와 기관의 신경과 결정에 절대적인 순종을 요구한다. 심지어 어떤 경우에는 교파의 조직 안에서 높은 위치를 차지하는 개인의 말이나 결정에 절대적인 순종을 요구하기도 한다. 실제로 매우 크고 강력한 어느 한 교파는 몇 년 전 교회 회의 명령에 불순종하는 것은 성찬에 참여하는 것을 거절하는 죄와 유사한 죄라는 결정을 내린 적이 있다. 이런 모든 경향들은 전적으로 사악하고 나쁜 것이다. 교회의 음성이 더욱 커지면 커질수록 하나님의 말씀은 점점 더 중요하지 않게 된다. 교회의 음성과 가르침은 그것들이 기록된 하나님의 말씀과 부합될 때만 믿고 순종해야 한다.

(7) '하나님과 그의 명령을 경시하고 경멸하는 것' 은 왜 악한가?

왜냐하면 하나님과 그의 명령을 경시하고 경멸하는 것이 하나님의 권위에 대한 모욕이 되기 때문이다. 이는 하나님의 말씀을 인간의 이기적인 욕구와 동료 인간의 견해와 정부의 명령 보다 중요하지 않은 것으로 간주하는 것이다. 하나님을 우리 사고나 헌신이나 순종에 있어서 두 번째나 세 번째에 두는 것은 하나님의 위엄과 권위를 모독하는 것이다.

(8) 하나님의 경륜에 불만스러워하고 참지 못하는 것이 왜 죄가 되는가?

그것은 하나님의 사랑과 선하심과 능력과 약속에 대한 불신앙과 믿음의 결핍이라는 결과를 낳기 때문이다. 불만족하고 참지 못하는 자는 하나님의 말씀과 약속을 액면 그대로 기꺼이 받아들이지 않는다. 그는 하나님의 말씀이 하나님의 섭리적인 역사하심과 모순된다고 생각한다. 그러나 우리가 그리스도인으로 믿음으로 행하는 한 어려움과 고난들을 인내할 것이며, 하나님께서 정하신 시간에 우리를 도우시고 구원해주실 것을 믿게 될 것이다.

(9) 우리에게 주신 재난에 대하여 어리석게 하나님을 원망하는 것은 왜 그릇된 것인가?

어리석게 하나님을 원망하는 사람은 그가 하나님을 심판할 자리에 있으며, 하나님께서 옳게 행하시는지 그렇지 않은지를 결정할 자격이 있다고 생각하기 때문이다. 이는 자신을 하나님만큼이나 지혜롭고 위대하다고 여기는 것이다. 만일 그가 하나님만큼 위대하고 지혜롭지 않다면, 하나님께서 옳게 행하시는지 그렇지 않은지를 어떻게 결정할 수 있겠는가? 하나님을 어리석게 판단하고 원망하는 것은 하나님의 말씀이 금하는 것이다. 로마서 9:19-21을 읽으라.

(10) 우리의 성공과 번영을 '우연' 이나 '행운' 으로 돌리는 것이 왜 그릇된 것인가?

이것은 우연이나 행운이란 것들이 절대 존재하지 않기 때문이다. 사람들이 부르는 '우연' 이란 단지 인간들이 계산하거나 예측할 수 없는 것이다. 인간들이 말하는 '우연히' 되었다는 모든 것들은 실상 하나님의 섭리의 경륜에 따른 결과이다. 동전을 공중에 던져서 앞면이 나오든 뒷면이 나오든 그것은 언제나 하나님에 의해 결정된다. 만일 어떤 이가 자기 집 땅속에서 수백만 달러의 가치가 있는 금이나 보석을 발견한다면 그는 그것을 '우연'이나 '행운'으로 간주할 것이다. 그러나 실상 그것은 하나님의 섭리와 역사하심의 결과일 뿐이다. 만일 우리가 하나님께서 발생할 모든 일을 미리 결정해 놓으셨다면 그리고 그의 섭리가 모든 일을 통치하신다면 세상에 '우연'이란 결코 없을 것이다.

(11) 우리의 성공과 번영을 우상이나 우리 자신에게나 다른 아무 피조물에게 돌리는 것이 왜 그릇된 것인가?

왜냐하면 우리 자신을 포함한 피조 된 전우주가 그 존재와 활동에 있어서 전적으로 하나님께 의존적이기 때문이다. 물론 우상은 생명이 없으며 그 누구도 도울 힘이 없다. 그러나 우리 자신과 다른 피조물이라도 어떤 일을 성취할 능력이 없음 역시 사실이다. 우리는 전적으로 매 순간마다 하나님께 의존적인 존재이다. 만일 우리가 성공과 번영을 우리 자신이나 다른 피조물에게 돌린다면 그것은 우리를 하나님으로부터 독립된 존재로 간주하는 것이다. 이것은 아담과 하와가 에덴동산에서 금지된 나무의 실과를 먹을 때 최초로 시작되었던 기만에 불과하다. 우리는 언제나 우리 자신들이 피조된 존재들이며 우리 모든 삶과 양심을 통하여 하나님을 의존함으로 하나님께서 우리의 창조주이심을 나타내야만 한다. 이 창조주·피조물의 관계는 언제나 우리 존재의 가장 중대한 요소일 것이다. 이것을 단 한 순간이라도 무시하는 것은 악한 것이다.

제106문 제1계명에 있는 '나 외에는' 이라는 말에서 우리는 특별히 무엇을 가르침 받는가?

답 제1계명에 있는 '나 외에는' 혹은 '내 앞에서' 라는 말은 만물을 보고 계신 하나님께서 어떤 다른 신을 두는 죄를 특별히 주목하시고 불쾌하게 여기신다는 것을 가르친다. 이것은 이 죄를 범하지 못하게 막으며 가장 파렴치한 격동으로 중대하게 보여줄 뿐 아니라 또한 우리가 주를 섬기는 일에 무엇을 하든지 그의 목전에서 하도록 설복시키는 논증이 될 것이다.

1) 관련성구
- 겔 8:5-6; 시 44:20-21: 하나님께서는 다른 신을 섬기는 것을 가장 사악한 죄로 간주하신다.

- **대상 28:8**: 하나님께서 모든 것을 감찰하시고 아시기 때문에 우리는 언제나 "하나님 존전"에 살며 행해야 한다는 사실을 명심해야 한다.
- **왕상 18:15**: 하나님 앞에서 살고 행했던 하나님의 종.
- **히 4:13**: 하나님께서는 모든 것을 보시고 아시는 분이시다.

2) 해설

(1) 제1계명에 있는("너는 내 앞에서 다른 신을 네게 두지 말지니라") '내 앞에서' 라는 말은 혹은 '나 외에는' 이라는 말은 히브리 성경에서 문자적으로 어떻게 번역될 수 있는가?

히브리어에서 이 단어는 문자적으로 '나의 얼굴 앞에서' 라고 번역된다.

(2) '내 얼굴 앞에서' 라는 표현은 무엇을 의미하는가?

물론 하나님은 영이시며 육체가 없으시기 때문에 얼굴도 없으시다. 우리가 성경에서 하나님의 '얼굴' 또는 '용모' 라는 단어를 읽을 때 이것은 비유적인 표현임을 깨달아야 한다. 그 의미는 '하나님의 존전' 또는 '하나님의 시야' 라는 뜻이다.

(3) 우리 삶의 어떤 부분이 하나님의 시야에 놓여 있는가?

우리 생각과 말과 행동과 내적 상태 즉 우리 삶의 모든 부분이 하나님의 시야 앞에 놓여 있다(히 4:13).

(4) 하나님의 존전에서 도망치거나 탈출하는 것이 왜 불가능한가?

왜냐하면 하나님께서는 모든 곳에 계시며 모든 것을 아시기 때문이다. 그러므로 그 어떤 것이라도 하나님으로부터 숨는 것은 불가능한 일이다.

(5) 하나님의 존전에서 숨거나 도망치려 했던 성경의 인물들을 열거해 보라.

아담과 하와와 요나이다(창 3:8; 욘 1:3).

(6) 아담과 하와는 왜 하나님의 존전에서 숨으려고 했는가?

왜냐하면 금지된 실과를 먹은 그들의 죄로 말미암아 범죄한 양심으로 인해 그러했다.

(7) 요나는 하나님의 존전에서 왜 도망치려 했는가?

하나님으로부터 받은 명령을 순종하지 않으려는 그의 고집스런 불순종의 영 때문에 그러했다.

(8) 하나님의 존전에서 도망치려 했던 아담과 하와와 요나의 결국은 어떻게 되었는가?

그들은 하나님의 존전에서 피하려는 시도가 불가능하며 사람들이 어디로 가든지 그들이 무엇을 하든지 하나님의 임재가 그들을 좇아가며 이 세상에서 하나님을 피하여 숨을 곳은 전혀 없다는 것을 깨달았다.

(9) 하나님께서는 너무나 크신 분이시기 때문에 우리들이 하나님을 예배하든지 그렇지 않든지 관심이 없으시며, 하나님 대신 다른 신을 섬기는지 관심이 없을 거라 말하는 자들에게 우리는 어떻게 대답해야 하는가?

성경은 이 세상에 하나님께서 통치하지 못할 만큼 큰 것은 없으며 따라서 하나님께서 관심을 가지지 않을 만큼 작은 일도 없음을 교훈한다. 하나님은 창조주이시며 큰 것과 작은 것, 즉 모든 것의 통치자이시다. 더욱이 어떤 것의 중요성 또는 그것에 대한 하나님의 관심사는 그것의 크기나 무게에 전혀 관계가 없다. 인간은 하나님의 형상을 따라 지음 받은 하나님의 피조물이며 하나님의 도덕법의 지배를 받는다. 하나님의 말씀은 모든 생각과 말과 행동이 하나님의 심판의 대상이 됨을 가르친다.

(10) 제1계명에 있는 '내 앞에서' 라는 구절을 읽을 때 이 계명을 향한 우리의 태도는 어떠해야 하는가?

우리는 잠시 멈추어서 우리가 혹시 어떤 방법을 통해 어떤 시간에 하나님 이외에 다른 신을 섬기는 죄를 범한 적이 있는지 상고해야 하며, 이러한 죄는 참되신 하나님께서 보시고 아는 것임을 깨달아야 한다. 따라서 우리가 그런 죄 가운데 있다면 이 죄로부터 돌이키고 회개해야 한다.

(11) 대요리문답은 참되신 하나님의 존전에서 다른 신을 섬기는 죄를 어떻게 묘사하는가?

대요리문답은 이 죄를 참되신 하나님에 대한 '가장 뻔뻔스러운 모욕'으로 묘사한다. 우리 모두는 한두 가지 방식에 있어서 이러한 죄로부터 자유롭지 못하다. 모든 그리스도인은 잠시 동안 세상을 사랑한 우상숭배에 빠질 수도 있다. 우리는 이것이 우리의 창조주시오 구속자이신 하나님에 대한 가장 뻔뻔스러운 죄임을 깨달아야 한다.

(12) 우리는 어떻게 하나님을 향한 예배와 우리 삶의 모든 활동을 나타내야 하는가?

우리는 하나님께서 모든 것을 보시고 우리 삶의 모든 자세한 사항을 관찰하시는 분이심을 깨닫고 하나님을 향한 예배와 우리 삶의 모든 활동을 '그의 존전에서' 표현해야 한다. 이러한 사상은 우리로 하여금 순간마다 매일 죄를 미워하고 혐오하게 해야 하며, 하나님을 의식적으로 사랑하고 섬기게 해야 한다.

(13) 자신이 '하나님의 존전'에 서 있다고 고백한 구약의 위대한 선지자는 누구인가?

엘리야이다(왕상 18:15).

제107문 제2계명은 무엇인가?

답 제2계명은 "너를 위하여 새긴 우상을 만들지 말고 또 위로 하늘에 있는 것이나 아래로 땅에 있는 것이나 땅 아래 물속에 있는 것의 아무 형상이든지 만들지 말며 그것들에게 절하지 말며 그것들을 섬기지 말라. 나 여호와 너의 하나님은 질투하는 하나님인즉, 나를 미워하는 자의 죄를 갚되 아비로부터 아들에게 삼사 대까지 이르게 하거니와 나를 사랑하고 내 계명을 지키는 자에게는 천대까지 은혜를 베푸느니라."

제108문 제2계명에서 요구된 의무는 무엇인가?

답 제2계명에 요구된 의무는 하나님께서 자기 말씀 가운데 제정하신 종교적 예배와 규례를 받아 준수하고, 순전하게 전적으로 지키는 것이다. 특히 그리스도의 이름으로 드리는 기도와 감사이며, 말씀을 읽고 전함과 들음이며, 성례의 거행과 받음이며, 교회 정치와 권징, 성역과 그것의 유지, 종교적 금식, 하나님의 이름으로 맹세하는 것과 그에게 서약하는 것이다.

1) 관련성구

- **출 20:4-6:** 제2계명.
- **신 32:46-47; 마 18:20; 행 2:42; 딤전 6:13-14:** 성경에 종교적 예배에 대한 전적인 준수가 제정되어 있다.
- **빌 4:6; 엡 5:20:** 그리스도의 이름으로 올리는 기도와 감사는 성경에 제정된 의식이다.
- **신 17:18-19; 행 15:21; 딤후 4:2; 약 1:21-22; 행 10:33:** 하나님께서는 하나님의 말씀인 성경을 읽고 설교하고 듣는 것을 예배의 의식으로 제정하셨다.
- **마 28:19; 고전 11:23-30:** 세례와 성만찬이 신적 예배의 의식으로 제정되었다.
- **마 18:15-17; 16:19; 고전 5:1-13; 12:28:** 성경을 통해 교회 정치와 권징이 신적 의식으로 제정되었다.
- **엡 4:11-12; 딤전 5:17-18; 고전 9:7-15:** 복음사역 자체와 그것을 위한 교회 성도들의 후원은 말씀 안에서 지정된 그들의 의무이다.
- **욜 2:12-13; 고전 7:5:** 신앙적 금식은 신적인 의식이다.
- **사 19:21; 시 76:11:** 하나님의 이름으로 맹세하는 것과 그에게 서약하는 것이 성경을 통해 제정된 의식이다.

2) 해설

(1) 제2계명의 일반적인 주제는 무엇인가?

제2계명의 일반적인 주제는 종교적 예배이다. 본 계명은 이 주제를 우상숭배의 금지와 그릇된 예배라는 부정적인 측면에서 다룬다. 이는 물론 하나님을 향한 참된 예배의 상응하는 의무를 암시한다.

(2) 하나님을 참되게 예배하는 것과 관련해서 하나님의 백성에게 부과된 3대 의무는 무엇인가?

① 참된 예배를 받는 것, 즉 양심과 행위 모두를 묶는 의무를 깨닫는 것이다.
② 참된 예배를 준수하는 것, 즉 그것을 신앙의 조항으로 믿을 뿐만 아니라 우리 삶에서 실제로 그것을 준행하는 것을 뜻한다.

③ 참된 예배를 지키는 것, 즉 성경에 제정된 대로 엄격하게 고수하며, 부패를 피하고 하나님께서 그의 말씀을 통해 제정하신 모든 문제들을 인간적으로 변경하지 않는 것이다.

(3) 왜 우리는 하나님을 향한 참된 예배를 받아 준수하고, 순전하게 전적으로 지켜야 하는가?

왜냐하면 하나님께서는 그의 예배에 관한 한 질투하시는 하나님이시다. 말하자면 하나님은 당신을 예배함에 있어서 우리가 생각이 원하는 마음대로 하도록 허용하지 않으심을 뜻한다. 하나님은 주권자이시다. 그는 모든 것을 통치하신다. 따라서 우리는 하나님의 뜻을 지켜야 할 의무가 있다. 하나님은 성경을 통해 하나님께서 엄격하게 경배를 받으시며, 다른 방법이 아니라 오직 하나님께서 정해 놓으신 의식을 통하여 경배를 받으시는 것이 하나님의 뜻임을 계시하셨다.

(4) 이 의무가 오늘날 어떻게 무시되고 있는가?

인간의 자유와 존엄성이 끝없이 강조되고 그에 상응하여 하나님의 위엄과 권위가 홀대 받는 오늘날 우리 시대에는 인간이 자기가 원하는 대로 하나님을 예배하거나 '그들의 양심이 지시하는 대로' 하나님을 예배하는 것이 일반적인 경향이다. 그들에게 있어서 더욱 중요한 것은 하나님의 진리의 말씀이나 제정된 법칙이 아니라 신실성이다. 심지어 이방인들이나 야만인들의 그릇된 예배조차도 그들이 신실하기만 하면 하나님께 받으실만한 예배가 된다고 여기는 것이 오늘날 유행하는 사고방식이다. 이 모든 진술들은 성경의 명령과는 철저하게 모순되는 것들이다.

(5) 예배의 순결성을 유지하는 의무가 로마 가톨릭 교회에 의해 어떻게 폐기되었는가?

로마 가톨릭 교회뿐만 아니라 일부 개신교회 단체도 교회는 예배 문제에 관한 한 성경의 말씀에 제한을 받아서는 안된다고 주장한다. 그들은 교회가 예배에 관한 법령들을 추가할 수 있으며, 심지어 성경에 제정되지 않은 새로운 의식까지도 더할 수 있다고 주장한다. 예배에 관한 이러한 잘못된 태도는 로마 교회에 존재하는 많은 부패한 예배의 이유가 되며 로마 교회의 예배를 모방한 다른 단체들의 그릇된 예배를 설명해준다.

(6) 예배의 순결성을 유지하는 의무가 많은 개신교회들에 의해 어떻게 폐기 되었는가?

많은 개신교 단체들, 아니 거의 모든 개신교회들이 종교적 예배를 인간적인 선호도나 편리성을 따라 결정할 수 있는 사소한 문제로 치부한다. 성경에서 금하지 않은 문제들은 하나님을 예배함에 있어서 합법적인 것이라는 견해가 오늘날 유행하는 사상이다. 따라서 이러한 사상 때문에 종교적 예배에 많은 인간적 부패가 도입되는 것이다.

(7) 신적 예배를 위해 제정된 의식은 어떻게 구분되는가?

통상적인 사용의 경우와 특별한 경우의 사용으로 나눌 수 있다. 예를 들면 기도와 설교 그리고 성례는 통상적인 용도를 위해 제정되었다. 금식과 하나님의 이름으로 하는 맹세와 서약은 계속해서 정해 놓고 되풀이 되는 것이 아니라 특별한 요청에 따라 수행되는 경우에 따른 용도로 제정되었다.

(8) 신적 예배가 수행되는 인간 삶의 네 가지 국면은 무엇인가?

그리스도인 개인과 기독교 가정과 기독교회 그리고 기독교국가가 그것이다.

(9) 모든 신적 예배의 의식이 이러한 인간 삶의 네 가지 국면을 위해 의도되었는가?

그렇지 않다. 어떤 의식들은 교회를 위한 것으로 제한되었고 다른 것들은 개인과 교회와 가정에게만 적당한 것으로 제정되었다. 예를 들면, 세례와 성찬은 교회의 의식이며 가정이나 여타 다른 단체에서 사적으로 수행되어서는 안된다. 이와는 반대로 하나님의 이름으로 맹세하는 것은 교회뿐만 아니라 기독교 국가나 민족을 위해서도 적당한 의식이 된다.

제108문 (계속) 제2계명에서 요구된 의무는 무엇인가?

답 또한 모든 거짓된 예배를 부인하고 미워하며 반대함이며 각자의 위치와 사명에 따라 거짓된 예배와 모든 우상 숭배의 기념물을 제거하는 것이다.

1) 관련성구

- 행 17:16-17; 시 16:4: 제2계명은 성경이 제정하지 않은 모든 예배의 형식으로부터의 분리와 배격을 요구한다.
- 신 7:5; 사 30:22: 우상숭배의 기념물들은 반드시 제거되어야 한다.

2) 해설

(1) 거짓된 예배에 관한 그리스도인의 의무는 무엇인가?

그리스도인은 거짓된 예배를 부인하고 미워하며 반대해야만 한다.

(2) '거짓된 예배' 란 무엇을 의미하는가?

'거짓된 예배' 란 거짓된 신을 예배하고 거짓된 예배의 형식을 실천하는 것 뿐 아니라 하나님의 말씀인 성경에 제정된 방법이 아닌 다른 방법으로 참되신 하나님을 예배하려고 하는 것이다.

(3) 그리스도인은 어떻게 거짓된 예배를 부인하고 미워하며 반대해야 하는가?

그리스도인은 일반적이고 이론적인 의미에서 거짓된 예배를 부인하고 미워하며 반대해야 할 뿐 아니라 실제적인 측면에서도 그렇게 해야 한다. 말하자면 그러한 예배를 혐오하고 동참하지 않는 것이다. 왜냐하면 이 문제는 마지막 심판의 날에 하나님 앞에서 양심을 두고 계산해야 할 문제이기 때문이다.

(4) 그리스도인은 왜 프리메이슨 식의 예배나 그와 유사한 비밀스런 형제단 예배를 배격해야 하는가?

프리메이슨은 본질적으로 종교적인 집단이며 그 종교는 하나님의 말씀에 기록된 기독교와는 전적으로 다른 종교이기 때문이다. 따라서 프리메이슨 식의 모든 종교 법령들과 의식들은 거짓된 예배 즉 하나님의 말씀에 지정되지 않은 방법으로 하나님을 예배하려는 거짓된 예배이다. 그리스도인으로서 이러한 예배에 참여하는 것은 제2계명을 위반하는 것이다.

(5) '우상숭배의 기념물' 이란 무엇을 뜻하는가?

이 표현은 거짓된 종교의 제단과 형상과 성전 등을 가리킨다. 성경은 이러한 '

'우상숭배의 기념물'은 반드시 제거되어야 한다고 교훈한다. 이유는 사람들이 그들의 예배에 있어서 이런 것들을 사용할 유혹에 빠지지 않게 하기 위해서이며 거짓된 종교의 성장을 막기 위해서이다.

(6) 우상숭배의 기념물은 어떻게 제거되어야 하는가?

"우상숭배의 기념물"은 어떠한 국가나 사회에서든 종교개혁시대에 종종 발생했던 것처럼 무분별한 집단적 폭력으로서가 아니라 '각 개인이 처한 위치와 사명'에 따라 분별력 있게 제거되어야 한다. 말하자면 우상숭배의 기념물을 제거하는 일은 반드시 그러한 일을 할 수 있는 가정과 교회와 국가에서 합법적인 권위를 부여받은 사람들에 의해서 수행되어야 한다. 로마 가톨릭 교회의 미사가 우상숭배적이라고 생각하는 그의 개신교적인 신앙의 확신을 소유한 개인인 로마 가톨릭 교회에 들어가 도끼를 가지고 그 제단을 부서뜨릴 권한이 없다. 가정의 가장은 그의 집에 혹시라도 있을지 모르는 우상숭배의 기념물을 제거해야 하지만 그의 이웃의 집에서는 그렇게 할 수 없는 것이다. 이방 종교의 사회에 사는 그리스도인은 모든 종류의 우상숭배의 기념물의 제거를 위해 소망하며 기도하며 일해야 한다. 그러나 그들은 자신들의 집이나 소유물에 있는 우상숭배의 기념물 외에는 다른 집에 있는 것들을 직접적인 행동을 통해서 파괴할 권한은 없다. 반면에 우상숭배의 죄에서 기독교로 개종한 사람이 있다면 집에 있는 모든 우상숭배의 기념물들을 제거하는 것은 당연하며 이런 경우에 다른 그리스도인들이 그것을 도와줄 수는 있다.

(7) 우리 가정과 교회와 국가에 있어서의 거짓된 예배의 요소는 어떻게 제거되어야 하는가?

이 문제에 있어서 대요리문답은 우상숭배의 기념물의 제거에 관한 원리와 동일한 원리를 제시한다. 그것은 각 개인이 처한 '위치와 사명'에 따라 그렇게 해야 한다. 말하자면 모든 그리스도인은 가정에서든 교회에서든 국가에서든 하나님께서 그들에게 주신 권위와 권한의 한계 내에서 거짓된 예배를 제거하라는 사명을 부여받았다는 것이다.

(8) 종교 자유의 원리는 모든 사람이 자기가 원하는 대로 또는 양심이 원하는 대로 예배할 권리가 있다는 것을 암시하지 않는가?

이 질문은 '권리'가 무엇을 의미하는가를 정의하지 않는 한 분명하고도 확실하게 해결될 수 없다. '권리'라는 단어는 애매모호하며 세심하게 정의되지 않는 한 혼란과 오해를 불러일으킬 수밖에 없다. 시민사회의 공민으로서의 권리와 도덕적 권리에는 기본적인 차이가 있다. 시민의 권리는 인간적 사회 안에서의 적용되는 권리이다. 반면에 도덕적 권리는 하나님의 도덕법의 국면에까지 적용되는 권리이다. 수백만 명의 사람들은 그들이 원하기만 하면 세금을 납부한 이후에 그들의 돈을 자신과 가족의 세상적 기쁨을 위해 마음대로 사용할 권리가 있다. 정부는 각 개인에게 그들의 재산을 비이기적인고 박애적으로 사용하라고 명령할 수 없다. 그러나 도덕적 권리에 관한 한 하나님 앞에서 자신을 위하여 재산을 이기적으로 사용할 권리가 없다. 어느 백만장자가 재산을 이기적으로 사용한다면 정부는 그것을 재판할 사법적 근거가 없다. 그러나 그는 심판의 날에 하나님 앞에서 그 행동에 대해 대답을 해야 할 것이다. 종교적인 자유의 문제에 대해서도 마찬가지이다. 사람은 그가 원하는 대로 예배를 드릴 시민 권리를 소유할 수 있고 아예 예배를 드리지 않을 자유도 있다. 이러한 경우 정부는 거짓된 예배를 금지할 수도 참된 예배를 강요하지도 못한다. 그러나 그 어떤 사람도 그가 원하는 대로 예배를 드릴 도덕적 권리는 없다. 따라서 하나님의 말씀에 지정된 예배 이외의 예배를 올리는 자들은 심판의 날에 하나님 앞에서 그 행동에 대해 계산을 해야 할 것이다. 오직 하나님만이 양심의 주님이시오 모든 문제는 하나님의 판단 아래 있으며 궁극적으로 하나님의 도덕법에 의해 선고될 것이기 때문이다.

(9) 미국식 '관용' 사상은 하나의 종교나 예배의 형식이 다른 종교만큼이나 좋다면 모든 종교가 다 하나님을 기쁘시게 하는 종교라고 주장한다? 이는 정말 그렇지 않은가?

이 사상은 의심의 여지없이 영화와 신문과 라디오와 '자유주의적 교회'에 의해 선전되는 미국적 '관용' 사상이다. 이 강력한 영향들은 예배자가 신실한 마음으로 예배하기만 하면 모든 종교와 모든 예배의 형식은 동일하게 선한 것이며 가치 있는 것이라는 대중적 여론을 조성한다. 개신교와 가톨릭주의와 유대주의의 독특한 특징들은 모두 '미국주의' 와 '관용주의' 의 날개 아래 중요하지 않은 것으로 전락해 버린다. 이는 우리 시대에 가장 사악하고 타락한 경향 가운데 하나이다. 우리는 이런 위협에 항상 깨어있어야 한다. 만일 이러한 거짓된 관용주의가 성공한다면 우리나라에 강력한 영향력을 끼치는 참된 성경적 기독교는 사라질 것이며 정통적인 성경중심의 그리스도인은 '민주주의의 적' 으로서 고난 받게 될 것이다.

제109문 제2계명에서 금지된 죄는 무엇인가?

답 제2계명에서 금지된 죄는 하나님께서 친히 제정하지 않으신 어떤 종교적 예배를 고안하고 의논하고 명령하고 사용하고 어떤 모양으로 승인하는 것들이다.

1) 관련성구

- 민 15:39: 예배에 관한 하나님의 명령은 "우리 자신의 마음에 원하는 대로" 변경이나 더함 없이 반드시 지켜져야 한다.
- 신 13:6-8: 사람들에게 거짓된 예배를 조언하거나 종용하는 것은 죄이다.
- 호 5:11; 미 6:16: 하나님에 의해 제정되지 않은 종교적 예배를 명령하는 것은 죄이다.
- 왕상 11:33; 12:33: 하나님 자신에 의해 제정되지 않은 예배를 실행하는 것은 엄청난 죄이다.
- 신 12:30-32: 하나님에 의해 제정되지 않은 예배를 인정하는 것은 죄이다.
- 신 13:6-12; 슥 13:2-3; 계 2:2, 14-15, 20; 17:12, 16-17: 거짓 종교를 관용하는 것은 하나님을 대적하는 죄이다.

2) 해설

(1) 하나님이 제정하신 예배에 대한 성경적 원리는 무엇인가?

하나님이 제정하신 예배에 대한 성경적 원리는 하나님께서 받으실만한 올바른 유일한 예배가 사람에 의해 변경될 수 없는 하나님 자신께서 제정하셨다는 사실에 있다.

(2) 이 하나님이 제정하신 예배에 대한 성경적 원리의 기초는 무엇인가?

하나님을 향한 예배의 성경적 원리의 기초는 인생의 모든 국면에 역사하시는 하나님의 주권이다. 하나님의 주권이란 하나님의 절대적이며 최고의 권위를 뜻한다. 이 권위는 피조물의 동의를 구할 필요가 없으며, 그들에 의해 변경되거나 수정될 필요가 없는 것이다. 전능하신 창조주와 통치자와 만물의 궁극자로서의 하나님은 모든 것 위에 뛰어나시며 그의 계시된 뜻은 모든 것을 통치하시는 절대적인 계명이다. 특별히 하나님의 백성에 의하여 어떻게 하나님이 경배를 받으셔야 하는가에 대한 문제에 대해서도 절대적인 계명이 된다.

(3) 하나님의 주권이란 교리는 오늘날 광범위하게 고백되는 교리인가?

그렇지 않다. 일반적으로 이 교리를 명목상으로 견지하는 많은 교회들이 이 교리를 포기해버렸다. 임마누엘 칸트 이후 현대 철학은 인간의 자율성, 즉 인간의 자율적 결정을 지대하게 강조했다. 이러한 경향의 결과는 참되신 하나님의 주권에 대한 믿음을 포기하게 만들었다. 심지어 우리는 여러 곳에서 제한된 하나님을 공공연히 주장하는 사람들을 듣는다. 어떤 학자들은 하나님은 더 이상 독립적인 존재가 아니며 인간의 마음에 내포된 존재라고까지 주장한다. 다른 이들은 하나님께서 우주를 창조하셨을 때, 자신을 제한시키셨으며 이제 더 이상 주권적이지 않으시며, 그의 피조물들의 요구에 자신을 적당하게 맞추셨다고 말한다. 또 어떤 이들은 하나님은 단지 인류의 복락을 위해 존재하며, 따라서 그들은 '민주적인' 하나님을 믿는다고 말한다. 오늘날 많은 대형 개신교 단체들은 옛날 성경의 진리였던 절대적이며 초월하시는 하나님의 주권 교리를 케케묵은 골동품으로 간주한다. 그러나 오늘날 많은 그리스도인들과 작은 교파들 그리고 몇 안 되는 큰 교파들은 여전히 하나님의 참된 주권을 신뢰한다.

(4) 하나님의 주권에 대한 신앙의 포기와 하나님이 제정하신 예배에 대한 모든 종류의 변경과 부패 사이에는 어떤 관계가 있는가?

사람들이 하나님의 주권이나 하나님의 절대 권위를 포기하면 그들은 자연적으로 하나님을 예배하는 문제에 대해서 그들이 좋아하는 대로 움직이며 그들이 느끼고 요구하는 대로 행동하게 된다. 인간이 성경에 나타난 하나님의 주권을 부인하고 그 자리에 자신이 만든 하나님을 집어넣으면, 성경이 제정한 단순하고 참된 예배 또한 부인하게 되는 것은 당연한 일이다. 그들은 이러한 예배에 그들의 욕심을 따라 인간들이 만든 온갖 종류의 의식과 관례와 제례를 포함시킨다.

(5) 우리는 어떻게 우리가 신자로 있는 교회에서의 하나님을 향한 예배의 부패를 효과적으로 반대할 수 있는가?

물론 우리는 할 수 있는 한 모든 종류의 부패를 반대해야 한다. 그러나 우리가 거짓된 예배가 실행되는 원리를 먼저 반대하고 성경에 나타난 참된 예배의 원리를 증거하지 않고서는 거짓된 예배의 몇몇 특별한 사항들을 단순히 반대하는 것만으로는 성공할 수 없다. 예를 들면, 하나님을 예배함에 있어서 먼저 인간의 선호도나 욕구에 의해서가 아니라 하나님의 말씀에 제정된 대로 예배해야 한다는 성경적 원리를 먼저 강조하지 않고서 단순히 음악적 도구만을 반대하는 것은 아주 작은 것만 교정하는 것이 될 것이다. 우리가 사람들에게 이러한 원리의 효용성을 확신시키지 않고서 거짓된 예배에 대한 몇몇 특정한 사항들만 반대한다면 그들의 눈에 우리는 그들의 예배의 관습을 무시하고 우리의 예배의 관습만을 존중하는 고집쟁이로 보이게 될 것이다. 따라서 예배에 대한 원리를 확신시키지 않고 예배의 특정한 사항만을 개혁하고자 함은 확고한 기초 없이 모래 위에 아름답고 큰 건물을 짓는 것과도 같은 것이다.

(6) 우리는 어떻게 하나님이 제정하신 예배에 대한 효용성을 사람들에게 확신시킬 수 있는가?

하나님은 인간의 편견이나 욕구에 따라서가 아니라 오직 성경에 제정된 방법으로만 경배를 받으셔야 한다는 원리의 효용성을 사람들에게 확신시키기 위해서는 무엇보다도 먼저 예배에 대한 이러한 성경적 원리를 강조하는 두 가지 근거를 확신시켜야만 한다. 그것들은 다음과 같다.

① 성경의 완전한 영감성과 권위이다.
② 하나님의 절대 주권이다.

수년 전 거의 모든 개신교회의 개혁주의 교회들과 칼빈주의 교회들은 이 두 가지 원리들을 당연한 것으로 믿었다. 그러나 오늘날 그들은 더 이상 이 원리들을 당연한 것으로 수용하지 않는다. 그들은 단지 그들이 고백하는 신경을 통해서만 입에 발린 말로 고백할 뿐이다. 성경의 권위성과 하나님의 절대주권이라는 이 두 가지 기본적 원리가 수용되지 않는 한, 하나님을 향한 예배에 대한 성경적 원리는 무의미하게 될 것이다. 예배에 대한 원리를 수용하기를 거부하는 자들이 그 원리의 실제적인 적용은 수용할 것이라고 기대하는 것보다 어리석은 일은 없을 것이다. 성경의 참된 권위와 하나님의 절대주권을 믿지 않는 자들에게 예배의 원리를 받아들이라고 설득하는 것은 소용없는 짓이다. 기초는 반드시 거기 있어야 한다. 그렇지 않으면 건물은 무너지고 말 것이다.

(7) '거짓된 종교를 관용하는 것'은 무엇을 뜻하는가?

관용이란 단어는 "완전히 증명되지 않은 것을 인정하는 것"이다. 대요리문답은 거짓된 종교를 관용하는 것은 제2계명을 위반하는 것이며 따라서 죄라고 교훈한다. 그러나 이것이 정부가 거짓된 종교를 법으로 금지해야 한다거나 그리스도인들이 폭력을 동원해서 그들의 성전을 부수거나 그들의 모임을 방해하는 것을 의미하지는 않는다. 오히려 이것은 그 어떤 관용을 통하여 그들의 거짓 종교를 조금이라도 인정하는 것은 잘못된 것임을 의미한다. 단순히 그것을 그냥 두는 것은 잘못된 것이 아니다. 그렇다면 무엇이 관용인가? 그리스도인 부모로서 그의 자녀를 여호와의 증인의 모임에 보낸다면 그것이 바로 거짓종교를 관용하는 것이며, 잘못된 것이다. 기독교회로서 그 교회의 건물을 크리스쳔 사이언스가 사용하게 한다면 그것이 바로 거짓 종교를 관용하는 것이며 잘못된 것이다. 민간 정부가 거짓 종교를 법적으로 인정하는 법령을 제정하거나 그것을 어떤 방법으로든지 종교로 인정한다면 그것이 바로 거짓 종교를 관용하는 것이며 따라서 잘못된 것이다. 그러나 민간정부가 단지 거짓 종교와 관계된 기관의 건물과 재산에 대한 헌장을 만드는 것은 거짓 종교를 관용하는 것이 아니다. 그것은 단지 정부가 거짓 종교의 종교적 특징을 다루는 것이 아니라 민간적 국면만을 다루고 있기 때문이다. 민간정부가 불당에 화재예방 규정서를 발행하는 것은 거짓 종교를 관용하는 것이 아니다. 이러한 규정서는 단지 민간적 문제만을 다루기 때문이다. 이는 다른 모든 기관과 마찬가지로 종교적 기관의 민간적 국면과 관계되어 있기 때문이다. 이 규정서는 종교적 기관을 다루는 것이 아니라 종교적이든 세속적이든 관계없이 하나의 기관을 다루는 것이다.

제12과 하나님 자신을 향한 하나님의 뜻   395

제109문 (계속) 제2계명에서 금지된 죄는 무엇인가?

답 제2계명에서 금지된 죄는 또 하나님의 삼위의 전부나 그 중 어느 한 위의 표현이라도 내적으로 우리 마음속에나 외적으로 피조물의 어떤 형상이나 모양을 만드는 것이며 이 꾸며낸 신의 형상으로 하나님을 예배하며 섬기는 것이다.

1) 관련성구

- **신 4:15-19; 행 17:29; 롬 1:21-25:** 하나님을 대신하는 그 어떤 형상을 만드는 것은 모두 죄이다.
- **단 3:18; 갈 4:8:** 하나님을 어떤 형상이나 모양으로 예배하는 것은 제2계명을 위반하는 죄이다.
- **출 32:5:** 참되신 하나님을 눈에 보이는 형상으로 섬기는 것은 제2계명을 위반하는 죄이다.

2) 해설

(1) 하나님을 형상화하거나 그림으로 만드는 것은 왜 잘못인가?

하나님은 육체의 모양이 없는 영이시기 때문에 사람들이 만드는 그 어떤 그림이나 형상은 모두 하나님의 본질에 대한 그릇된 생각을 갖게 한다. 대요리문답이 잘 교훈하듯이 내적으로 우리 마음속에나 외적으로 피조물의 어떤 형상이나 모양을 하나님으로 만드는 것은 모두 잘못이다. 두 가지 경우 모두 다 하나님을 시각화하는 것이기 때문에 죄이며 성경에 제시된 하나님의 계시를 왜곡하는 것이다.

(2) 구주 예수 그리스도를 그림으로 그리거나 사진으로 만드는 것은 그릇된 일인가?

대요리문답에 의하면 이것은 분명히 잘못이다. 왜냐하면 요리문답은 제2계명을 하나님의 삼위의 전부나 그 중 어느 한 위의 표현이라도 특별히 제2위 하나님이신 그리스도를 내적으로 우리 마음속에나 외적으로 피조물의 어떤 형상이나 모양을 만드는 것과 꾸며낸 신의 형상으로 하나님을 예배하며 섬기는 것은 죄라고 해석하고 있기 때문이다. 오늘날 이러한 예수 그리스도의 사진은 너무나도 당연히 유행하고 있지만 칼빈주의적 교파에 있어서 이런 현상은 매우 현대적인 현상임을 깨달아야 한다. 종교개혁시대의 우리 조상들은 그 후로부터 약 3백 년 동안 예수 그리스도를 그림으로 만들거나 그것을 허락하는 일을 매우 신중하게 막아왔다. 그러나 오늘날 이러한 그림들은 너무 흔한 일이 되었고 너무 적은 사람들만이 주일학교에서 교육용으로 이것을 사용하는 것을 반대한다. 이런 의미에서 미국성경공회가 구세주를 그림으로 그려서 사용하지 않도록 결정한 사실은 매우 칭찬할만한 일이다.

(3) 오늘날 유행하는 예수 그리스도의 그림에 대해 우리는 어떤 견해를 견지해야 하는가?

이 문제에 대해서는 다음과 같은 몇 가지 생각을 할 수 있을 것이다.

① 성경은 예수 그리스도의 개인적 모습에 대한 어떤 정보도 제공하지 않으며, 오히려 예수님이 '육체에 계실 때'를 생각하지 말고 오늘날 승귀하신 모습인 하늘에 계신 영광의 모습을 생각하라고 교훈한다(고후 5:16).

② 성경이 우리 구세주의 개인적인 모습에 대한 정보를 제공하지 않기 때문에 구세주를 그림으로 그리는 모든 예술가들은 전적으로 그의 인격과 모습을 자신의 상상력을 통해 그릴뿐이다.

③ 의문의 여지없이 구세주의 그림은 예술가들의 신학적 견해에 의해 엄청난 영향을 끼쳤다. 오늘날의 전형적인 예수님의 그림은 19세기 '자유주의'의 결과이며 그들은 하나님의 사랑과 부성만을 강조하는 '친절한' 예수님을 그렸으며 죄와 심판과 영원한 형벌에 대해서는 전혀 말하지 않았다.

④ 오늘날을 살아가는 많은 사람들은 예수 그리스도에 대한 생각을 성경 자체가 말씀하는 예수님으로 생각하지 않고 전형적으로 '자유주의적인' 예수님의 그림을 통해서 생각해 왔다. 이러한 자들은 부득이하게 예수님을 성경이 말씀하는 대로 인성을 하나님으로 보지 않고 단순히 인간으로만 간주할 것이다. 예수님의 그림을 통속적으로 수용함에 대한 필연적인 결과는 그의 인성을 과도하게 강조하는 것이며 그림으로는 나타낼 수 없는 그의 신성에 대해서는 소홀해지는 것이다.

⑤ 전 세계에 만연해 있고 모두 수용하고 있는 악의 문제에 대해서 우리는 우리가 믿고 있는 것이 잘못된 것이라는 사실을 분명하게 증거해야 한다. 그러나 우리는 이 문제에 대한 기독교의 생각이 갑작스럽게 바뀔 것이란 기대는 하지 말아야 한다. 이는 교회가 이 문제에 대한 웨스트민스터 총회의 중요하고도 높은 견해로 돌아올 때까지는 수년간 성경적 원리의 교육을 해야 할 시간이 필요함을 의미한다. 이 문제에 대한 인내가 요구되고 있는 것이다.

(4) 예수님에 대한 그림을 예배용으로가 아니라 '예배를 돕는 도구'로 사용한다면 합법적인 것이 아닌가?

웨스트민스터 총회에서 언급되었듯이 제2계명은 삼위일체 가운데 그 어떤 분의 표현이라도 형상화하는 것을 금한다. 이는 웨스트민스터 표준문서에도 마찬가지이다. 웨스트민스터 표준문서는 그리스도께서 인성을 취하신 하나님으로서 그 자신 안에 신성과 인성이 연합되어 있음으로 결코 그리스도가 사람이 아니심을 교훈한다. 이러한 교훈은 그 어떤 목적으로도 예수 그리스도를 그림으로 그리는 것은 잘못된 것임을 암시한다. 물론 주일학교에서 아이들의 교육을 위하여 예수님의 그림을 사용하는 것과 로마 가톨릭 교회가 예배를 위하여 예수님의 그림을 사용하는 것 사이에는 중대한 차이가 있다. 전자가 후자만큼이나 죄악적이지 않다는 것은 인정된 사실이다. 그럼에도 불구하고 우리 종교개혁의 선조들이 구세주를 그림으로 형상화하는 것을 반대한데는 다 그럴만한 이유가 있었다. 우리는 어떤 특정한 습관이나 관례가 대중적이라 할지라도 그것 자체가 정당함을 증명하지는 않는다는 사실을 깨달아야 한다. 그 관례가 옳음을 증명하기 위해서는 그 관례가 하나님의 말씀에 계시된 원리와 명령들과 일치됨을 증명해야만 한다. 단순히 이 관례가 일반적임을 나타내는 것은 그럴듯한 일이지만 그렇다고 그것 자체가 옳음을 증명하지는 않는다.

제109문 (계속) 제2계명에서 금지된 죄는 무엇인가?

답 제2계명에서 금지된 죄는 또 우리 자신들이 고안했든지 전통에 의해 다른 사람들로부터 받았든지 고대 제도, 풍속, 경건, 선한 의도, 혹은 다른 구실의 명목아래 예배에 추가하거나 삭감하여 하나님의 예배를 부패하게 하는 미신적 고안이며, 성직매매, 신성모독이며, 하나님이 정하신 예배와 규례에 대한 모든 태만과 경멸과 방해와 반항이다.

1) 관련성구
- **출 32:8:** 거짓된 신을 고안하는 죄.
- **왕상 18:26-28; 사 65:11:** 거짓된 신을 예배하는 죄.
- **행 17:22; 골 2:21-23:** 하나님에 의해 금지된 미신적 관습.
- **말 1:7-8, 14:** 하나님의 예배를 부패하게 하는 죄.
- **신 4:2:** 우리는 하나님께서 말씀을 통해 제정하신 예배에 추가하거나 삭감할 수 없다.
- **시 106:39:** 예배자 자신들에 의해 신적 예배를 변경하는 것은 그릇된 것이다.
- **마 15:9:** 전통에 의해 신적 예배를 변경하는 것은 그릇된 것이다.
- **벧전 1:18; 렘 44:17; 사 65:3-5; 갈 1:13-14; 삼상 13:11-12; 15:21:** 고대 제도, 풍속, 경건, 선한 의도, 혹은 다른 구실의 명목아래 하나님의 예배를 부패하게 하는 것은 그릇된 것이다.
- **행 8:18:** 성직매매의 죄.
- **롬 2:22; 말 3:8:** 신성모독의 죄.
- **출 4:24-25:** 하나님께서 제정하신 예배의 규례에 대한 태만과 경멸은 하나님을 모욕하는 행위이다.
- **마 22:5; 말 1:7, 13:** 하나님께서 제정하신 예배의 규례를 경멸하는 것은 죄이다.
- **마 23:13; 행 13:44-45; 살전 2:15-16:** 신적 예배의 규례를 방해하고 반항하는 것은 죄이다.

2) 해설

(1) 무엇이 우상숭배의 죄인가?

우상숭배의 죄는 거짓된 신의 형상이나 모양을 만들고 이 모양이나 그림을 숭배하고 거짓된 신을 '숭배하기 위한 도구'로 사용하는 것이다.

(2) 인간역사에 어떻게 우상숭배의 죄가 시작되었는가?

우상숭배의 죄는 타락의 결과와 인간의 전적 부패로 말미암아 시작되었다. 사도바울은 로마서 1:21-23에서 우상숭배의 기원에 대해 다음과 같이 설명한다. "하나님을 알되 하나님으로 영화롭게도 아니하며 감사치도 아니하고 오히려 그 생각이 허망하여지며 미련한 마음이 어두워졌나니 스스로 지혜 있다 하나 우준하게 되어 썩어지지 아니하는 하나님의 영광을 썩어질 사람과 금수와 버러지 형상의 우상으로 바꾸었느니라."

(3) 우상숭배의 기원에 대한 이러한 설명이 오늘날 유행하는 진화론과 어떤 차이가 있는가?

성경에 의하면, 인류는 본래 참되신 하나님을 섬겼는데 죄로 말미암은 타락 이후에 우상을 숭배하게 되었다. 따라서 참되신 하나님을 섬기고 예배하는 것은 우상숭배보다 훨씬 오래된 것이다. 그러나 오늘날 매우 유행하는 종교의 발전이라는 이론에 의하면, 우상숭배는 참되신 하나님을 섬기는 것보다 훨씬 오래된 일이다. 이 이론에 의하면 종교는 원시적인 영들을 숭배하는 물활론으로부터 시작되었으며, 궁극적으로 한 하나님을 섬기는 단일신론으로 발전했다는 것이다. 발전이론은 종교를 하나님을 찾는 인간의 추구라고 정의한다. 그러나 이와는 반대로 성경은 하나님의 인간 구속을 설명하며 우상숭배를 참되신 한 분 하나님을 향한 본래적 예배의 타락으로 선포한다.

(4) '미신적 고안'은 무엇을 의미하는가?

이러한 표현은 주문이나 부적 그리고 재수를 상징하는 물건과 같은 것을 말한다. 이러한 다양한 종류의 미신적 고안은 집 문에 걸어놓아 행운을 불러일으키는 부적으로부터 시작해서 복을 가져온다는 사람의 목에 걸린 금박 십자가에 이르기까지 다양하다. 형상물과 목걸이와 메달과 같은 모든 것들은 '성수'(holy water)와 성자와 순교자의 유품과 같이 복을 가져오는 능력과 결과가 있다고 여겨졌다. 그러나 이 모든 것들은 참으로 미신적인 것이다. 이것들은 모두 그것 자체로 능력이 없으며 따라서 그것을 믿고 사용하는 것은 죄악인 것이다.

(5) '예배에 추가하거나 삭감하여 하나님의 예배를 부패하게' 만드는 예를 들어보라.
① 하나님의 예배를 부패하게 만드는 것: 지역 교회의 신앙 있는 성도생활을 하지 않는 부모의 자녀들에게 세례를 베푸는 것이다.
② 하나님의 예배에 추가하는 것: 로마 교회가 실행하는 다섯 가지 성례는 성경에 제정된 두 가지 성례에 추가하는 행위이다. 예를 들면, 물로 세례를 주는 일에 소금과 기름을 사용하는 것이다.
③ 하나님의 예배에 삭감하는 것: 성찬 예배에서 잔을 성도들에게 돌리는 것을 금하는 행위이다. 또한 하나님의 말씀의 선포와 설교 없이 세례나 성찬을 시행하는 행위이다.

(6) 지난 1백 년 동안 개혁주의 교회 또는 개신교의 칼빈주의 계통의 교회에서 하나님의 예배를 부패하게 했던 특별한 부패는 무엇인가?
① 영감된 시편 찬양을 단순한 인간적 작곡으로 대체하는 행위이다.
② 신적 예배에 일반적인 기악적 음악을 도입하는 행위이다. 우리는 종교개혁시대에 영감된 시편 찬송이 개혁주의 교회와 개신교의 칼빈주의 교회의 주된 찬송가였으며, 기악적 음악은 신적 예배를 부패하게 만드는 비성경적인 것으로 거부했음을 깨달아야 한다. 존 칼빈과 존 낙스 그리고 다른 많은 종교개혁자들이 이러한 입장을 취했다. 스코틀랜드와 영국 그리고 아일랜드 장로교회와 회중교회 가운데 이 순전하고도 단순한 성경적 예배가 2백 년 동안이나 지속되었다. 영감되지 못한 찬송과 기악적 음악이 도입된 이후 양심있는 많은 그리스도인들은 이러한 예배 음악의 새로운 도입을 강력하게 반대하였다. 오늘날 시편 찬송을 다른 찬송으로 대체하는 것은 거의 확정되었으며, 예배시간에 피아노나 오르간 없이 회중을 통해 울려 퍼지는 시편 찬송을 한 번도 들어보지 못한 성도들이 기하급수적으로 늘어났다. 이러한 '청교도적인' 예배의 원리를 여전히 고수하

는 자들은 '시대에 뒤떨어진', '이상한' 사람들로 간주된다. 그러나 실제로 이들만이 칼빈주의 종교개혁자들과 청교도 신학자들에 의해 일반적으로 수용된 이 종교개혁적 진리에 기초를 둔 신적 예배의 원리를 고수하는 유일한 자들이다.

(7) 풍속 즉 규례와 원리의 차이는 무엇인가?

종교의 국면에 있어서 원리는 옳다고 인정된 것 때문에, 즉 하나님의 계시된 뜻에 따라 의도적으로 채택되어 확립된 법 또는 관습을 의미한다. 반면에 풍속은 오래되었고 일반화되었기 때문에 견지되어 온 것으로서 오랫동안 사용된 방법이다. 어떤 특정한 관습은 원리의 적용일수도 있고 동시에 풍속의 준수일수도 있다. 따라서 우리는 주님께서 "안식일에 자기 규례대로 회당에 들어가사"라는 말씀을 읽게 되는 것이다(눅 4:16). 이것은 예수님의 관습이었지만 동시에 원리이기도 했다. 기독교회에 있어서의 성만찬의 반복된 준수는 원리의 문제이다. 그러나 성만찬에 참석하는 표를 주는 것은 관습의 문제일 뿐이다. 그리스도인은 안식일 날 하나님을 예배하기 위해 모여야 한다. 이것은 원리의 문제이다. 그러나 다른 시간이 아닌 오전 11시에 모여 예배를 드리는 것은 단순히 규례의 문제일 뿐이다.

교회에서 원리가 마치 규례인 것처럼 간주되는 것과 규례가 실제 원리인 것처럼 간주되는 것은 대단히 나쁜 타락의 징후이다. 우리는 언제나 규례와 원리를 구별할 줄 알아야 하며 언제든지 우리의 규례를 우리의 원리의 기초에 근거하여 비평할 줄 알아야 한다. 만일 우리가 이 둘 사이에 부조리를 발견한다면, 일관성을 유지하기 위하여 우리의 원리가 아니라 우리의 규례를 희생함으로 하나님의 진리에 대한 충성을 표현해야만 한다.

(8) 왜 고대제도 또는 풍속이 하나님의 예배를 정당하게 바꿀 수 없는가?

왜냐하면 고대 제도나 풍속이 단수히 오래 되었고 많이 퍼져 있다는 사실 자체가 옳음을 증명하는 것은 아니기 때문이다. 어떤 특정한 문제가 수천 년 동안 규례가 되었으면서도 여전히 그릇될 수 있다. 정작 문제는 그 규례의 고대성이나 대중성에 있는 것이 아니라 그것이 옳은지, 즉 하나님의 계시된 뜻에 비추어 볼 때 건전한지 그렇지 않은지에 달려있는 것이다.

(9) 왜 경건이나 선한 의도가 하나님의 예배를 정당하게 바꿀 수 없는가?

왜냐하면 하나님께서 우리에게 요구하시는 것은 단순히 경건이나 선한 의도 만은 아니기 때문이다. 하나님은 우리에게 당신의 계시된 뜻에 순종하기를 원하신다. 오늘날 예배하는 사람들이 진실하기만 하면 어떤 형식의 예배를 드리든지 그다지 중요하지 않다고 말하는 사람들이 있다. 사무엘상 15장에 보면 사울 왕은 하나님의 명령에 불순종하여 "길갈에서 당신의 하나님 여호와께 제사하려고" 마땅히 멸하여야 할 아말렉의 양과 소를 백성들로 하여금 취하게 했다(21절). 따라서 사울은 하나님의 계시된 뜻에 대한 직접적인 불순종의 핑계 거리로 '경건' 과 '선한 의도'를 요구했던 것이다. 그러나 사무엘 선지자는 이러한 사울 왕의 위선자적 행동을 책망했다. "여호와께서 번제와 다른 제사를 그 목소리 순종하는 것을 좋아하심 같이 좋아하시겠나이까 순종이 제사보다 낫고 듣는 것이 수양의 기름보다 나으니 이는 거역하는 것은 사술의 죄와 같고 완고한 것은 사신 우상에게 절하는 죄와 같음이라 왕이 여호와의 말씀을 버렸음으로 여호와께서도 왕을 버려 왕이 되지 못하게 하셨나이다"(22-23절).

(10) 성직매매는 무엇이며 왜 잘못된 것인가?

성직매매는 성직을 구입하기 위한 뇌물 행위이다. 이 용어는 사도 바울에게 돈을 주고 다른 사람에게 성령을 내려주는 능력을 사고자 했던 마술사 시몬으로부터 연원되었다(행 8:9-24). 교회역사를 보면 성직 매매는 성직이나 교회에서 특정한 '지위'를 수여받기 위해 주교나 고위 관직에 있는 자에게 비밀스럽게 돈을 지불하는 것을 의미한다. 성직매매는 일종의 뇌물이기 때문에 죄이며 부정직한 것이다. 왜냐하면 이것은 살아계신 하나님의 교회를 타락하고 부패한 정치적인 기관으로 전락시키기 때문이다. 어떤 사람을 교회의 지위에 임명하기 위해서 필요한 합법적인 일들은 다음과 같다.

① 그 직무의 지원자에 알맞은 자격을 획득해야 한다.
② 하나님의 백성으로부터의 합법적인 요청이 있어야 한다. 누구를 하나님의 교회의 공식적인 지위로 임명할 것인지를 결정하는 일에 있어서 돈과 개인적 편견과 가족관계 등은 아무런 영향을 끼치지 못해야 한다.

(11) '신성모독'은 무엇을 의미하는가?
신성모독은 거룩한 것을 마치 더러운 것으로 여기는 죄이다. 시편 23편이나 성경의 다른 부분들을 풍자하는 것은 죄이다. 신적인 것을 농담으로 경멸하는 것은 신성모독이다. 세례나 성찬이나 신적 예배의 그 어떤 규례라도 흉내 내거나 풍자하는 것은 신성모독이며 죄악적인 것이다.

(12) 제2계명이 금하는 다른 죄들은 무엇인가?
"하나님이 정하신 예배와 규례에 대한 모든 태만과 경멸과 방해와 반항이다." 이 죄악된 관습은 광범위하며 많은 실례들을 들 수 있다. 전도와 기독교 예배를 위해 자유롭게 모이는 집회를 법으로 금지하는 것, 일본이 패망하기 전 하나님께서 지정해놓으신 활동을 하기 위해서는 정부의 허가가 필요하다는 '종교법'과 같은 것들은 제2계명을 위반하는 죄이다. 기독교 예배를 방해하는 것. 신적 예배가 진행되는 동안의 무질서하고 불손한 행동, 예배시간에 껌을 씹는 행위, 불필요하게 말하고 속삭이고 쪽지를 전달하는 행위나 예배와는 전혀 상관없는 책이나 잡지를 읽는 것은 모두 다 "하나님이 정하신 예배와 규례에 대한 모든 태만과 경멸과 방해와 반항"의 범주에 속하는 것들이다. 오늘날 교회의 많은 신자들이 그들의 행위가 죄악적이며 제2계명을 위반하는 행위라는 사실을 깨닫지 못한 채 예배 시간에 부주의하고 불경한 행동을 한다.

제110문 제2계명을 더 잘 지키게 하려고 여기에 어떠한 이유가 부가되었는가?

답 제2계명을 더 강화하려고 부가된 이유는 다음의 말씀에 내포되어 있다. 곧 "나 여호와 너의 하나님은 질투하는 하나님인즉 나를 미워하는 자의 죄를 갚되 아비로부터 아들에게로 삼사 대까지 이르게 하거니와, 나를 사랑하고 내 계명을 지키는 자에게는 천대까지 은혜를 베푸느니라"고 한 것이다. 이는 우리 위에 있는 하나님의 주권과 우리 안에 있는 순종을 나타낸다. 하나님은 자신이 예배에 대한 열심히 있으시며 우상숭배자들을 영적으로 간음하는 자로 여기사 보복하시는 분노를 나타내신다. 이 계명을 범한 자들을 자기를 미워하는 자들로 여기셔서 여러 시대에 이르기까지 그들을 형벌하신다고 경고하심과 자기를 사랑하며 이 계명을 지키는 자들에게는 여러 대에 이르기까지 자기의 긍휼을 약속하신 것이다.

1) 관련성구

- 시 45:11; 계 15:3-4: 우리 위에 있는 하나님의 절대주권과 우리 안에 있는 순종.
- 출 34:13-14: 하나님을 예배하게 하기 위한 하나님의 열심.
- 고전 10:20-22; 렘 7:18-20; 겔 16:26-27; 신 32:16-20: 거짓 종교를 향한 하나님의 보복하시는 분노.
- 호 2:2-4: 제2계명을 위반하는 여러 세대의 사람들에 대한 하나님의 형벌.
- 신 5:29: 제2계명을 준수하는 여러 세대의 사람들에 대한 하나님의 자비의 약속.

2) 해설

(1) '우리 위에 있는 하나님의 주권과 안에 있는 순종' 이란 무엇을 의미하는가?

우리 위에 계신 하나님의 주권이란 우리 인생에 대한 하나님의 절대적이며 불변하시는 권위를 가리킨다. 우리 안에 있는 순종이란 우리가 하나님의 소유물 된 자들임을 의미한다. 이 두 가지 진리가 모두 제2계명에 부가된 것이다.

(2) '자신의 예배에 대한 하나님의 열심' 이란 무엇을 의미하는가?

하나님께서 질투하시는 하나님이시라는 하나님의 계시에 근거한 이 표현은 하나님께서 스스로 경배를 받기를 원하실 뿐만 아니라 하나님의 계시의 말씀인 성경에 지정된 대로 경배 받으시기를 원하시는 분이심을 의미한다. 사람들은 종종 하나님을 예배하든지 말든지 또는 어떤 방식으로 하나님을 예배하든지 큰 상관이 없는 것처럼 말하곤 한다. 그러나 하나님은 질투하시는 하나님이시다. 하나님은 어떻게 경배를 받느냐 하는 문제에 대해서 결코 무관심한 분이 아니시다.

(3) 거짓 종교를 향한 하나님의 태도는 무엇인가?

모든 거짓 종교에 대한 하나님의 태도는 보복하시는 분노이다. 대요리문답의 이러한 표현은 인용할 수 있는 수많은 성경 구절로 증명할 수 있다. 이사야, 예레미야와 에스겔과 같은 구약의 많은 선지자들이 분명하게 거짓 종교 특별히 우상 숭배에 대해 보복하시는 하나님의 분노라는 이 진리를 가르치고 있다. 이 진리는 구약성경에만 제한되어 있는 진리가 아니라 신약 성경도 명백하게 교훈하는 진리이다. 거짓된 예배에 대한 하나님의 진노에 관해 가장 강조하는 말씀은 짐승과 그와 같은 것들을 예배하는 죄에 대해 기록한 요한계시록 14:9-11이다. "만일 누구든지 짐승과 그의 우상에게 경배하고 이마에나 손에 표를 받으면 그도 하나님의 진노의 포도주를 마시리니 그 진노의 잔에 섞인 것이 없이 부은 포도주라 거룩한 천사들 앞과 어린 양 앞에서 불과 유황으로 고난을 받으리니 그 고난의 연기가 세세토록 올라가리로다 짐승과 그의 우상에게 경배하고 그 이름의 표를 받는 자는 누구든지 밤 낮 쉼을 얻지 못하리라." 만일 우리가 성경에 대해 진실하다면 우리는 반드시 죄를 미워하시는 하나님의 진노에 대한 성경의 교훈을 약화시키려는 현대의 모든 경향을 단호하게 배격해야 할 것이다.

(4) 거짓된 종교의 사악함을 드러내기 위해서 성경에서 종종 사용된 화법은 무엇인가?

결혼서약에 충실하지 않은 아내에 대한 화법이다. 하나님은 구약의 이스라엘 백성과 신약의 교회인 영적 이스라엘 백성의 남편으로 묘사되었다. 이 영적 '혼인' 관계에 있어서 이스라엘 백성은 언약 관계를 통하여 참되신 하나님만을 섬겨야 한다는 충성이 요구되었다. 그러나 이스라엘은 하나님의 언약에 있어서 신실하지 못했고 이웃 나라들의 모든 이방신들을 섬기기 시작했다. 역사와 성경을 통하여 거짓 종교의 거짓된 예배와 관계하는 것은 영적 간음으로 정죄되었다. 호세아 2:2-4은 구약 선지서들에 나타나 있는 동일한 모습을 나타내주는 여러 성경구절 가운데 하나에 불과하다. 계속해서 반복되어 강조된 이 화법을 통해 하나님께서 얼마나 그의 백성들이 거짓된 예배와 타협하는 것을 싫어하시고 혐오하시는지는 배우게 되는 것이다.

(5) 하나님께서 그 아비의 죄를 삼대와 사대에 이르기까지 그 후손들에게 내리는 것은 부당하지 않은가?

우리는 지금 여기서 하나님께서 위협하시는 것이 단지 아비의 죄를 삼대와 사대에 이르기까지 그 후손들에게 내리시겠다는 것이 아니라 삼대와 사대에 걸쳐서 하나님을 대적하는 모든 자들에게 그렇게 하시겠다는 것임을 명심해야 한다. 이 구절에 대한 칼빈의 언급은 매우 시의적절한 설명이다(기독교강요 2.8.20-

21). 칼빈은 이 구절이 악한 자의 죄의 징벌을 의로운 자녀나 손자나 증손자에게 내리시겠다는 것을 의미하지 않는다. 오히려 이 말은 삼대와 사대 째의 후손들 자신이 하나님 앞에서 악한 죄를 범할 때, 그렇게 하시겠다는 것을 의미한다. "하나님께서 불의한 자로부터 당신의 은혜를 거두시는 징벌이 임할 때 그것은 그들이 자신들의 조상의 악한 길을 그대로 행한 결과이다. 이은 그들의 조상의 범죄의 결과에 따른 저주를 그들이 맛보고 있음을 의미한다. 그렇기 때문에 그들이 당하는 하나님의 의로운 심판의 형벌로서의 한시적인 비참과 영원한 파멸은 모두 다른 사람들의 죄 때문이 아니라 그들 자신의 죄 때문인 것이다."

(6) 나를 사랑하고 나의 계명을 지키는 자에게는 '천 대까지 은혜를 베푼다는 것' 은 무엇을 의미하는가?

여기 '천 대' 라는 것은 천 명이 아니라 수많은 세대를 의미한다. "하나님께서 그의 자비를 천대까지 베푸신다. 이는 성경에 매우 자주 등장하며 교회와의 엄숙한 언약에도 첨가되어 있는 약속이다. "나는 너의 하나님이 될 것이며, 네게로부터 후손이 나올 것이다"(창 17:7). 또한 하나님은 그의 보복하시는 진노를 삼 대와 사대까지만 미치게 하지만 그의 광대하신 자비는 천 대에까지 주실 것이라는 축복을 넌지시 알려주신다."(칼빈의 기독교강요).

(7) 제2계명에 첨가된 이유로 볼 때 하나님의 예배에 대한 우리의 태도는 어떠해야 하는가?

우리는 항상 하나님을 예배하는 것과 그와 관계된 모든 문제에 대해 진지하게 신경 써야 하며 의식적으로 조심해야 한다. 우리는 언제나 신실하게 하나님을 예배하는 일에 조심성 있게 참석해야 하며, 하나님의 계시된 뜻과 배치되는 모든 일과 타협하는 것을 피해야 한다.

제111문 제3계명은 무엇인가?

답 제3계명은 "너는 너의 하나님 여호와의 이름을 망령되이 일컫지 말라. 나 여호와는 나의 이름을 망령되이 일컫는 자를 죄 없다 하지 아니하리라" 한 것이다.

제112문 제3계명에 요구된 것은 무엇인가?

답 제3계명이 요구하는 것은 하나님의 이름, 그의 칭호, 속성, 규례, 말씀, 성례, 기도, 맹세, 서약, 추첨, 그 역사와 그 외에 자기 자신을 나타내시는 것은 무엇이든지 거룩하고 존경하는 마음으로 사용하여야 한다. 또 하나님의 영광과 우리 자신을 위하여 자신과 남들의 선을 위하여 거룩한 고백과 책임 있는 담화로써 거룩하게 또는 경외함으로 생각하고 명상하고 말하며 글을 써야 한다.

1) 관련성구

- **출 20:7**: 제3계명.
- **마 6:9; 신 28:58; 시 29:2; 68:4; 계 15:3-4**: 하나님의 거룩하신 이름을 다룰 때는 언제나 경외심을 동반하여야 한다.
- **말 1:14; 전 5:1**: 하나님의 규례는 언제나 경외심을 가지고 대해야 한다.
- **시 138:2**: 하나님의 말씀은 거룩하게 사용해야 한다.
- **고전 11:24-29**: 성례는 조심스럽게 준수해야 한다.
- **딤전 2:8; 렘 4:2; 전 5:2-6; 행 1:24, 26**: 기도와 맹세와 서약과 제비뽑는 것은 하나님을 알려주시는 방법이며 경외심을 가지고 사용해야 한다.
- **욥 36:24**: 하나님의 역사 안에 나타난 자기 계시는 항상 거룩하게 다루어야 한다.
- **말 3:16; 시 8:1, 3-4, 9; 골 3:17; 시 15:2, 5; 102:18**: 하나님의 이름이나 자기계시는 생각과 묵상과 말과 글에 있어서 항상 경외심을 가지고 사용해야 한다.
- **벧전 3:15; 미 4:5**: 하나님의 이름은 거룩한 고백을 통하여 영광을 받으셔야만 한다.
- **빌 1:27**: 하나님의 이름은 일관된 삶을 통하여 영광을 받으셔야만 한다.
- **고전 10:31**: 하나님의 이름은 하나님께 영광 돌리는 이유로 사용되어야 한다.
- **렘 32:39; 벧전 2:12**: 하나님의 이름은 우리와 다른 이들의 유익을 위하여 영광을 받으셔야 한다.

2) 해설

(1) 제3계명에 기록된 하나님의 '이름'은 무엇을 의미하는가?

제3계명에 있는 하나님의 '이름'이란 실제 단어인 하나님과 다른 신적인 이름은 주, 여호와 뿐 아니라 그것이 내포하는 여러 가지 의미로서의 하나님의 자기 계시 모두를 포함하는 단어이다. "히브리어에서 이름이란 종종 계시된 인격과 실재의 의미로 사용된다. 하나님은 언제나 당신의 이름을 두고 당신의 목적을 수행하신다(렘 44:26). 말하자면 하나님께서는 증명된 능력을 통하여 당신의 말씀을 성취하시는 것이다. 모든 땅 위에 뛰어나신 하나님의 이름(시 8:1)은 창조와 구속에 계시된 하나님의 존재에 대한 표현이다. 하나님의 이름을 아는 것은 바로 그러한 속성의 표현에 대한 인정이요 그 이름이 표현하는 성품을 이해하는 것이다(출 6:3, 7; 왕상 8:43; 시 91:14; 사 52:6; 64:2; 렘 16:21)"(John D. Davies, *A Dictionary of the Bible*).

(2) 하나님의 이름이 포함하는 것은 무엇인가?

하나님의 이름은 하나님의 모든 자기 계시, 즉 자연에 나타난 일반계시와 오늘날 우리에게 성경으로 존재하는 특별계시 모두를 포함한다. 이는 성례와 기도와 맹세와 서약 등과 같은 성경에 제정된 신적 예배에 대한 모든 의식을 다 포함한다.

(3) 하나님의 이름을 향한 우리의 태도는 무엇이어야 하는가?

주기도문의 첫번째 기도인 '이름이 거룩히 여김을 받으시오며'에서 배우는 바와 같이 거룩하고 존경하는 태도를 취해야 한다.

(4) 하나님의 이름을 향한 거룩하고 존경하는 태도는 무엇을 의미하는가?

① 이는 무엇보다도 먼저 하나님의 자기 계시를 소홀히 여기거나 경박하게 대하지 않게 해 주는 진실하고 진지하며 존경하는 태도를 의미한다.
② 우리가 하나님의 무한하신 위엄과 크심 그리고 그의 존재와 속성에 있어서 무한하시고 영원하시며 불변하시는 분 앞에 서 있는 경외와 놀라움을 가지고 하나님을 경배하는 태도를 의미한다.

(5) 하나님의 이름을 향한 존경하는 태도는 얼마나 우리의 의식과 표현에 영향을 미쳐야 하는가?

하나님의 자기 계시에 대한 이 경외하는 태도는 우리의 의식과 표현을 완전히 통제해야 한다. 하나님께서는 당신의 이름이 '생각과 묵상과 말과 글에서 거룩과 존경'을 동반한 채 사용되어야 함을 요구하신다. 즉 그것은 우리의 내적인 양심과 말과 글의 표현에 있어서 하나님의 이름을 향한 경외의 태도에 의해 지배되는 것을 의미한다.

(6) 하나님의 이름을 향한 우리의 태도는 우리의 일상생활에 어떻게 영향을 미치는가?

하나님의 자기 계시를 향한 경외의 태도는 '거룩한 고백과 책임 있는 담화'에 잘 나타나 있다. 즉 그것은 하나님의 이름과 자기 계시의 내용을 구성하는 참된 신앙과 우리의 고백적인 믿음과 일관된 행동이다. 하나님의 이름에 대한 참된 존경은 참된 믿음의 고백과 일관성 있는 경건한 삶을 요구한다.

(7) 하나님의 이름을 영화롭게 함에 있어서 우리의 목적이나 목표는 무엇이어야 하는가?

대요리문답이 잘 밝히고 있듯이 하나님의 이름을 영화롭게 함에 있어서의 첫째 되는 가장 고상한 목적은 하나님의 영광이다. 이것과 부수적으로 우리는 '우리 자신과 남들의 선'을 위하여 하나님의 이름을 영화롭게 하여야 한다. 따라서 하나님을 사랑하고 우리 자신과 이웃을 사랑하는 것에는 모두 다 하나님의 이름이 영화롭게 되고 존경을 받아야 함이 요구되어 있는 것이다.

(8) 우리는 하나님의 이름을 실제로 어떻게 거룩히 여기고 존경해야 하는가?

오직 참된 그리스도인만이 하나님의 이름을 영화롭게 하고 존경할 수 있다. 왜냐하면 오직 참된 그리스도인만이 하나님을 참되게 알 수 있으며 오직 그들만이 자연과 성경 안에 계시된 참된 의미로서의 하나님의 자기 계시를 이해할 수 있기 때문이다. 물론 그리스도인이 아닌 자들 가운데서도 그 문자적 의미에서 '하나님의 이름을 망령되이 일컫지' 않는 자들이 있다. 그들은 단순히 그들의 일반적 문화 환경 때문에 신성모독으로부터 멀리하지만 그럼에도 불구하고 그리스도인이 아니기 때문에 적극적이고 영적인 의미에서 하나님을 향한 참된 존경을 가지고 있지 않다. 진정으로 하나님의 이름을 영화롭게 하려면 우리가 반드시 중생 받아야 하며 예수 그리스도를 우리의 구세주로 믿어야 한다.

제113문 제3계명에서 금지된 죄는 무엇인가?
답 제3계명에서 금지된 죄는 하나님의 이름을 명한대로 사용하지 않음과 무지하게, 헛되이, 불경하게, 모독적으로, 미신적으로, 혹은 사악하게 언급하든지 그의 칭호, 속성, 규례, 혹은 사역을 모독하여 위증하는 것이다

1) 관련성구
- **말 2:2**: 하나님의 이름을 올바르게 사용하는 일을 게을리 하는 것은 죄이다.
- **행 17:23**: 하나님의 이름을 무식하게 남용하는 것도 죄이다.
- **잠 30:9; 말 1:6-7, 12; 3:14**: 하나님의 이름을 헛되고 불경하게 그리고 모독적으로 사용하는 것은 죄이다.
- **삼상 4:3-5; 렘 7:4-10, 14, 31; 골 2:20-22**: 하나님의 이름을 미신적으로 사용하는 것은 죄이다.
- **왕하 18:30, 35; 출 5:2; 시 139:20; 50:16-17; 사 5:12**: 하나님의 칭호와 속성과 규례와 사역을 잘못 사용하는 것은 죄이다.
- **왕하 19:22; 레 24:11**: 신성모독의 죄이다.
- **슥 5:4; 8:17**: 위증의 죄이다.

2) 해설
(1) '헛된' 또는 '헛됨' 이라는 단어는 무엇을 의미하는가?
영어 성경의 '헛됨'을 의미하는 단어는 히브리어 구약성경과 헬라어 구약성경에서 여러 가지 단어들로 번역되었다. 이 모든 단어들이 항상 정확하게 동일한 의미를 가지고 있지는 않다. 제3계명에서의 '헛되다' 라는 단어는 '그릇되다'를 의미한다. 이 단어는 구약성경에서 53회나 등장하며 그 중에 44번은 '헛되다' 로 번역되었다. 하나님의 이름을 헛되이 사용하는 것을 금함에 있어서 제3계명은 하나님의 이름을 그릇되게 또는 틀리게 사용하는 것을 금하는 것이다.

(2) 제3계명이 금하는 것으로서 대요리문답이 언급하고 있는 하나님의 이름을 오용하는 특별한 종류는 무엇인가?

그것은 하나님의 이름이나 그의 자기 계시를 무지하게 헛되이 그리고 불경하게 모독적으로 미신적으로 그리고 사악하게 사용하는 것을 뜻한다. 하나님의 이름을 무지하게 사용하는 것은 성령 하나님의 조명 이외에 타락한 자의 어두운 마음에서 기원되는 사용을 뜻한다. 왜냐하면 현대인들은 하나님의 자기 계시에 대해 무지하며 하나님은 사랑 밖에 아무것도 아니며 죄인을 지옥에 보내실 수 없을 만큼 선하신 분이라고 말하기 때문이다. 하나님의 이름을 헛되이 사용하는 것은 마치 너무 덥게나 추운 날씨와 관계해서 하나님의 이름을 사소한 일에 사용하는 것을 의미한다. 하나님의 이름을 불경하게 그리고 모독적으로 잘못 사용하는 것은 이와 유사하거나 심지어 더 나쁜 것이다. 예를 들면, 범죄를 위한 음모와 같이 죄악적이며 합법적이지 않은 일과 관련한 맹세에 하나님의 이름을 사용하는 것이다. 하나님의 이름을 미신적으로 사용하는 것은 어떤 종류이든지 간에 점을 치는 것이나 마술이나 그와 같은 일로 세상사를 지배하거나 하는 것과 같은 미신적인 일에 하나님의 이름을 사용하는 것을 의미한다. 하나님의 이름을 사악하게 사용하는 것은 그릇된 동기 또는 재앙을 만났을 때 하나님을 저주하는 것처럼 하나님을 향한 그릇된 태도로 하나님의 이름을 사용하는 모든 경우를 뜻한다. 하나님의 자기 계시에 대한 이러한 모든 종류의 오용은 정도의 차이만 있을 뿐 매우 일반적이다. 심지어 그리스도인들조차도 종종 이러한 죄에 빠지기 쉽기 때문에 항상 깨어 경계해야만 한다.

(3) 하나님의 실제 이름 이외에 우리가 헛되이 사용하는 것을 금하는 하나님의 자기 계시의 내용은 무엇인가?

하나님의 칭호, 속성, 규례 그리고 사역들이다. 말하자면 하나님께서 당신의 본질과 속성에 계시해 놓으신 모든 것을 뜻한다. 많은 사람들이 하나님의 실제 이름을 헛되이 부르는 것을 두려워하면서도 실제로는 감탄사적으로 하나님의 이름을 대용하는 '주여!' (Lord), '이런 야단났군!' (goodness), '어이쿠 저런 어쩌나' (mercy) 등의 표현을 통해 하나님의 칭호와 속성 등을 남용함으로 동일한 죄를 범한다. 이와 마찬가지로 하나님의 규례와 사역에 나타난 하나님의 자기 계시 역시 'Holy smoke!', 'Jerusalem', 'Good grief' 등의 불경한 표현으로 오용된다. 거룩한 연기(Holy smoke)란 성전 제사에서 행해지는 희생제사의 향 냄새에 대한 경박한 표현이며, 예루살렘(Jerusalem)이란 하나님의 임재가 있는 도시에 이름에 대한 불경한 표현이며, "아이쿠 야단났구나!"란 뜻의 'Good grief'는 겟세마네 동산과 십자가에서의 그리스도의 고난에 대한 부주의하고 불경한 표현이다. 이러한 표현들은 매우 일반적이며, 심지어 그리스도인들조차도 자신들이 그렇게 하고 있는지 깨닫지 못한 채 이런 일을 행하고 있다. 우리는 이런 모든 표현들과 이와 유사한 표현들이 제3계명에 대한 위반이며 하나님을 불쾌하게 하는 것임을 명심해야만 한다.

(4) 모독이란 무엇인가?

모독이란 욕설이나 하나님을 향한 직접적인 사악한 언어를 의미한다. 예를 들면 하나님을 악하거나 불의하거나 진실하지 못하다고 정죄하는 모든 종류의 직접적인 정죄가 바로 그것이다. 구약의 율법에 의하면 신성 모독의 죄는 돌로 쳐서 죽이는 형벌을 당한다(레 24:16). 이것은 이 죄가 얼마나 사악한 죄이며 하나님께 얼마나 불쾌한 죄인지를 보여준다.

(5) 오늘날 사람들은 어떻게 하나님을 모독하는가?

오늘날 하나님은 여러 가지 방법으로 모독을 당하신다. 종종 극심한 고난이나 재앙은 사람들로 하여금 하나님을 모독하는 원인을 일으킨다. 예를 들면, 어떤 이들은 만일 하나님이 선하시다면 제2차 세계대전을 막았어야만 한다고 말한다. 만일 하나님께서 선하신 하나님이시라면 반드시 전쟁을 막으실 것이기 때문이라는 것이다. 따라서 하나님은 반드시 선하지 않거나 능력이 제한되어 있는 하나님이라는 것이다. 따라서 하나님의 선하심과 능력을 도전하는 행위가 바로 신성모독이다.

(6) 위증은 무엇인가?

위증이란 서약을 통하여 그릇된 진술을 하는 행위이다. 즉 하나님을 증인으로 진실만을 말한다고 하면서 실제로는 거짓을 말하는 것이다. "하나님의 이름으로 위증죄를 범하는 것은 전혀 하찮은 죄가 아니다. 그렇기 때문에 율법은 이러한 죄를 신성모독이라 부른다(레 19:12). 만일 하나님으로부터 진리를 약탈한 다면 하나님께 남는 것은 무엇이겠는가? 그러면 하나님은 더 이상 하나님이시기를 멈추게 될 것이다. 그렇다면 결국 하나님은 거짓의 선동자가 되든지 승인자가 되든지 둘 중 하나가 될 것이다. 따라서 우리는 우리가 위증의 죄를 범할 경우 우리에게 하나님의 보복하시는 진노가 임해도 괜찮다고 말하면서 하나님을 우리의 선언의 증인으로 만들어서는 결코 안된다"(존 칼빈, 기독교강요, 2.8.24). 위증은 하나님을 대적하는 죄일 뿐만 아니라 거의 모든 나라에서 법으로 처벌하는 범죄행위이다.

(7) 위증은 오늘날 흔히 있는 죄인가?

이 문제에 관한 정확한 통계를 내리는 것이 불가능하고 위증임을 증명하는 것도 매우 어려운 일이기는 하지만 오늘날 법정에서 위증이 빈번하게 자행되고 있다는 것은 사실이며, 사람을 고용해서 동일한 시간에 죄를 범한 피고가 그 시간에 다른 도시에 있었다고 증언하게 하는 것 역시 가능하다. 어떤 사람들은 이혼을 허락받기 위해서 다른 주의 법정에 가서 그 주에서 평생 살겠다고 서약하지만 이혼증서를 취득하자마자 법정에서 곧바로 기차역으로 달려가 그들이 원래 살고 있던 주로 돌아오기도 한다. 아무 걱정도 생각도 없는 이러한 위증은 일반 사람들에게 매우 사소한 문제 같아 보인다. 그러나 기독교적 관점에서 보자면 이러한 행위는 절대로 사소한 것이 아니라 하나님의 계명을 위반하는 극악무도하고 사악한 행위이다. 수년 전 어떤 주에서는 운전면허증을 취득하려는 모든 지원자에게 법으로 맹세하게 하던 많은 일들 가운데 하나인 고속도로에서 시간당 30마일 이상 달리지 못하게 하는 것을 선서하게 했다. 그러나 이런 요구는 주정부가 모든 시민들에게 위증의 죄를 범하게 만드는 것과 다름없다. 모든 그리스도인은 하나님의 이름으로 맹세하는 모든 종류의 신적 규례의 남용을 반대해야 할 것이다.

제113문 (계속) 제3계명에서 금지된 죄는 무엇인가?

답 제3계명에서 금지된 죄는 ... 모든 죄악된 저주, 맹세, 서원과 추첨으로 하나님의 이름을 남용함이다. 또 합법적인 경우에 우리 맹세와 서원을 위반함과 불법적인 경우에 그것을 지킴이며 하나님의 작정과 섭리에 대하여 불평함과 시비를 거는 것이며 이를 호기심으로 파고들거나 오용함이며 잘못 해석하거나 잘못 적용하는 것 ...

1) 관련성구
- 삼상 17:43; 삼하 16:5; 렘 5:7; 22:10: 죄악된 저주와 맹세.
- 신 23:18; 행 23:12-14: 죄악적인 서원의 오용.
- 에 3:7; 9:24; 시 22:18: 죄악적인 추첨의 오용.
- 시 24:4; 겔 17:16-19: 합법적인 맹세와 서원을 위반하는 것은 죄이다.
- 막 6:26; 삼상 25:22, 32-34: 비합법적인 맹세와 서원을 위반하는 것은 죄이다.
- 롬 9:14, 19-20: 하나님의 작정과 섭리에 불평하고 시비를 거는 것은 죄이다.
- 신 29:29: 하나님의 작정과 섭리를 호기심으로 파고드는 것은 죄이다.
- 롬 3:5-7; 6:1; 전 8:11; 9:3; 시 39: 하나님의 작정과 섭리를 잘못 적용하는 것은 죄이다.

2) 해설

(1) 대요리문답이 말하는 '죄악된 저주' 는 무엇을 의미하는가?

대요리문답이 말하는 '죄악된 저주' 란 골리앗이 이방신의 이름으로 다윗을 저주했던 것처럼 어떤 사람을 향한 죄악된 저주를 의미한다. 이러한 저주는 재앙과 파괴가 저주받은 사람에게 임하게 해달라는 소원으로 구성되는데 이러한 소원은 하나님이나 그릇된 이방신의 이름으로 행해진다. 그러나 우리는 사람에게 임하는 모든 재앙과 파괴가 죄악적이지는 않다는 사실을 깨달아야 한다. 우리는 소위 '저주' 시와 성경의 다른 부분을 통해 하나님을 대적하는 완강한 대적자에게 심판이 임하게 해달라는 간청이 당연한 것임을 깨닫게 된다. 그렇다면 무엇이 죄악된 저주인가? 그것은 발락 왕이 발람에게 원했던 것처럼 하나님께서 저주하지 않은 자들을 저주하는 것이다(민 22:6; 23:8).

(2) '죄악된 맹세'는 무언인가?

대요리문답이 말하는 '죄악된 맹세'는 일반적으로 '신성모독'이라 불리는 것으로서 하나님의 이름을 서약이나 '말로 하는 맹세'나 우상 신의 이름으로 맹세함으로 헛되이 일컫는 것을 의미한다. 명백하게도 이는 매우 일반적인 죄이며 오늘날 많은 사람들이 아무 생각 없이 저지르는 죄이다. 오늘날 수많은 사람들이 이런 일에 익숙해져 있다. 그들은 적어도 한 번 이상 제3계명을 위반하지 않고는 몇 분 이상 대화를 하지 못할 정도이다. 오늘날 대중적인 책과 잡지들은 신성모독으로 가득하며 '최고의 사람들'이라는 자들은 하나님의 이름과 주 예수 그리스도의 이름을 언급하지 않지만 '제기랄', '빌어먹을'이란 단어들을 사용하여 그들의 말을 강조하기를 조금도 주저하지 않는다. 이러한 말의 신성모독은 물론 부분적으로는 심리적으로 설명될 수 있다. 그러나 기본적으로는 신학적인 이유이며, 소위 신성모독이란 하나님으로부터 분리된 인간성과 원죄로 인해 전적으로 부패하고 타락한 마음으로부터 연원되는 것이다. 그리스도인은 이러한 세상의 말의 습관과 타협하고자 하는 유혹을 항상 경계해야 할 것이다.

(3) 완곡한 맹세는 무엇인가?

완곡한 맹세는 죄악된 세상의 불경한 어법을 전적으로 모방하기를 주저하는 자들이 말로 하는 모독적인 맹세이다. 완곡한 맹세의 사용은 특별히 그리스도인들이 범하는 죄이다. 그들은 신성모독적인 용어를 그대로 되풀이하여 사용하지 않기 때문에 잘못을 범하지 않고 있다고 생각함으로 스스로 양심을 속인다. 완곡한 맹세의 흔한 표현들은 다음과 같다. 하나님(God) 대신 거쉬(Gosh), 'damn' 대신 'darn', 'hell' 대신 'heck', 'Jesus' 대신 'Gee', 'Christ' 대신 'Crises', 'devil' 대신 'dickens', 라틴어로 하나님을 의미하는 'Deus' 대신 'deuce'가 그것이다. 제3계명뿐만 아니라 우리 주님의 명령에도 모든 완곡한 맹세의 사용은 금지되어 있다. "도무지 맹세하지 말찌니 ... 오직 너희 말은 옳다 옳다, 아니라 아니라 하라 이에서 지나는 것은 악으로 좇아 나느니라"(마 5:34-37).

(4) 서원은 어떤 경우에 죄가 되는가?

서원은 그 서원의 내용이 하나님의 말씀에 금지된 것이거나 하나님의 말씀에 명령된 것을 지키는 의무를 방해하는 것이거나 행할 능력이 없는 것이거나 하나님께서 약속하신 능력이 아니라면 죄가 된다. 서원은 하나님 이외에 그 어떤 다른 피조물이나 거짓 우상 신을 섬기는 것이면 죄가 된다(웨스트민스터 신앙고백 22장 7절을 참조하라).

(5) 죄악된 서원의 성경적 예를 들어보라.

첫째, 입다의 서원(삿 11:30-31). 둘째, 바울을 죽이려 음모를 꾸미는 유대인의 서원이다(행 23:12-14).

(6) 추첨은 어떤 경우에 죄가 되는가?

"추첨은 다른 방법으로는 결정할 수 없는 불확실한 사건을 제비뽑기나 주사위를 던져서 하나님의 섭리에 호소하여 결정하고자 하는 상호간의 합의이다"(Buck 신학사전). 그러나 추첨의 사용은 다음과 같은 경우에는 죄가 된다.

① 그것이 아주 사소한 문제를 위해 사용될 때이다.
② 다른 방법을 통해 결정될 수 있는 문제일 경우이다.
③ 하나님을 향한 경외와 믿음이 없이 가볍고 경박한 영으로 할 경우이다.

(7) 합법적인 맹세와 서원에 대한 우리의 의무는 무엇인가?

어려움이나 개인적인 손해에도 불구하고 하나님을 두려워하는 마음으로 그것들을 양심적으로 성취하고자 하는 것이 우리의 의무이다. 그렇게 하지 않는 것은 하나님을 향한 큰 죄이다.

(8) 비합법적인 맹세와 서원에 대한 우리의 의무는 무엇인가?

만일 맹세와 서원이 비합법적인 것일 때, 즉 하나님의 도덕법과 배치될 때 그것은 양심을 속박할 수 없다. 하나님의 계명은 당신의 계명을 위반하는 일을 속박하지 않는다. 사람이 비합법적인 맹세나 서원에 얽혀있음을 깨닫게 될 때 그것을 즉시 거절하는 것이 그의 권리이자 하나님께서 부여하신 의무가 된다. 비합법적인 서원을 거절한 신실한 그리스도인으로 아주 잘 알려진 사람이 바로 종교개혁자 마틴 루터이다. 그는 로마 가톨릭 교회의 수도사로서 영구적인 독신과 금욕주의에 대한 서원을 포함하여 그가 취한 서원의 비합법적인 특성을 깨닫고 즉각적으로 이러한 비합법적인 '의무들'을 거부했다.

(9) 비합법적인 맹세를 깨뜨리는 일에 실패한 성경인물은 누구인가?

세례 요한을 목 베라고 지시한 헤롯 대왕이다(막 6:14-29). 헤롯의 맹세는 비합법적인 것이었다. 그는 헤로디아의 딸에게 나라의 절반을 주는 것과 그녀가 원하는 것은 무엇이든지 약속할 권리가 없었다. 자신의 왕국에서의 그의 권위는 거룩하게 위임된 것이다. 따라서 분별없는 변덕에 의해서가 아니라 법과 정의에 의해 청지기정신이 발휘되어야 했다. 그러나 그는 어리석게도 이러한 사악한 맹세를 하고 말았다. 따라서 그는 자신의 죄와 맹세의 위반을 회개해야만 했다. 그러나 그는 엄청난 '체면의 손상'을 염려해 그렇게 하기를 원치 않았다.

(10) 하나님의 작정과 섭리에 대해 불평하고 시비를 거는 것은 왜 그릇된 일인가?

하나님의 작정과 섭리를 불평하고 시비를 거는 것은 언제나 그릇된 것이다.

① 이러한 행동은 하나님의 주권을 반대하는 반역의 영과 관계되어 있기 때문이다. 불평하는 자는 그가 하나님의 작정과 행위를 판단할 수 있으며 따라서 하나님의 설명을 요구할 수 있는 자리에 앉아 있다는 것을 전제하는 것이다.

② 이러한 행동은 하나님의 선하심과 사랑에 대한 믿음의 결핍과 관련되어 있기 때문이다. 불평하는 자는 하나님께서 고난과 어려움과 궁핍으로부터 자신을 구출해 주실 것을 인내하며 기다리려 하지 않는다. 그는 만일 하나님께서 진정으로 선함과 사랑의 하나님이시라면 그의 백성들을 즉시 구원해주셔야 한다고 느끼는 것이다. 이는 하나님으로부터의 즉각적인 구원의 요구가 하나님께서 당신의 시간에 당신의 방법을 통하여 우리를 구원하실 것임을 믿고 기꺼이 인내하려는 믿음의 태도와는 전적으로 배치된다는 것을 암시한다.

(11) "하나님의 작정과 섭리를 호기심으로 파고들며, 잘못 적용하는 것"은 무엇을 의미하는가?

하나님의 작정과 섭리를 호기심으로 파고드는 것은 경외하는 태도 대신 호기심이 동기가 되어 하나님의 신비와 비밀을 수색하는 것을 뜻한다. 하나님의 비밀을 호기심으로 꼬치꼬치 캐는 사람은 하나님 자신과 하나님의 역사하심의 비밀과 본질을 인정하기를 거절하는 자이다. 그는 하나님을 이해하고 하나님의 역사를 완전히 섭렵함으로 자신의 죄악적인 호기심을 만족시키기를 원하는 자이다. 이것은 하나님의 초월적인 신비와 속성을 부정하고 하나님을 인간과 같은 수준으로 끌어내리는 것이기 때문에 죄악이다.

하나님의 작정과 섭리를 잘못 적용하는 것은 그것으로부터 그릇된 추측을 이끌어내고 그것을 사악한 목적으로 사용하는 것을 의미한다. "만일 하나님께서 나에게 영생을 약속하셨다면 나는 영생을 받을 것을 확신할 것이다. 따라서 나는 그리스도를 영접할 필요도 그리스도인의 삶을 살 필요도 없는 것이다"라고 말하는 자는 하나님의 섭리를 잘못 적용하는 죄를 범하는 것이다. "나는 칠 일 동안 일하고 부자가 된 사람들을 많이 알고 있다. 하나님께서는 그들을 부유케 하셨다. 이는 하나님께서는 우리 시대에 사람들이 안식일을 지킬 것을 기대하지 않으신다는 것을 보여준다"고 말하는 자들은 하나님의 섭리를 잘못 적용하는 죄를 범하는 것이다. 하나님의 작정과 섭리의 경우, 성경을 주의 깊게 연구한다면 이 두 가지 경우 모두에서 우리가 얼마나 하나님의 작정과 섭리를 잘못 적용하는 죄를 범하는지 깨닫게 될 것이다.

제113문 (계속) 제3계명에서 금지된 죄는 무엇인가?

답 제3계명에서 금지된 죄는 ... 하나님의 말씀이나 어느 부분을 잘못 해석하거나 잘못 적용하거나 어떤 방식으로 곡해하여 신성을 모독하는 농담, 호기심에 넘친 무익한 질문, 헛된 말다툼 혹은 그릇된 교리를 지지하는데 쓰이는 것이다. 또 하나님의 이름을 피조물 혹은 하나님의 이름 밑에 내포되어 있는 무엇이든지 마술이나 죄악된 정욕과 행사에 악용함이며 ...

1) 관련성구

- 마 5:21-28: 하나님의 말씀의 일부분을 잘못 해석하는 것은 죄이다.
- 겔 13:22; 벧후 3:16; 마 22:24-31; 사 22:13; 렘 23:34-38: 하나님의 말씀을 잘못 해석하거나 농담과 어리석은 언행과 그릇된 교리로 곡해하는 것은 죄이다.

- 딤전 1:4-7; 6:4-5, 20; 딤후 2:14; 딛 3:9: 그릇된 교리와 "쓸데없는 언쟁" 그리고 "헛된 논쟁"을 지지하기 위한 하나님의 말씀의 모든 오용은 악한 것이다.
- 신 18:10-14; 행 19:13: 미신적인 행사를 위하여 하나님의 자기 계시의 어느 부분에 관한 모든 오용은 그릇된 것이다.
- 딤후 4:3-4; 롬 13:13-14; 왕상 21:9-10; 유 4: 죄악된 정욕과 행사를 위하여 하나님의 자기 계시의 어느 부분을 남용하는 것은 사악한 것이다.

2) 해설

(1) 성경을 잘못 해석하는 것이 왜 죄인가?

성경을 잘못 해석함은 그것이 단순히 유한적 존재로서의 우리의 한계로부터 시작될 뿐 아니라 특별히 죄를 통한 타락으로 말미암아 초래된 우리 마음의 부패와 지성의 어두움으로부터 기원되기 때문이다. 우리는 진리의 반대로서의 오류가 그 자체로 죄임을 깨달아야 한다. 그들이 하나님의 말씀을 잘못 해석하는 것은 사람들의 죄악된 마음과 어두워진 지성 때문이다.

(2) 하나님의 말씀을 '잘못 적용'하고 '곡해'하는 것은 무엇을 의미하는가?

하나님의 말씀을 '잘못 적용'하는 것은 인간을 향한 하나님의 뜻의 계시로서의 성경의 참된 의미와 적절한 목적을 떠나서 사용하는 모든 것을 포함한다. 성경을 단순히 위대한 문학서로 존중하고 읽는 것은 하나님의 말씀을 잘못 적용하는 죄를 범하는 것이다. 성경이 진리가 아님을 증명하기 위하여 성경을 연구하는 무신론자는 하나님의 말씀을 잘못 적용하는 죄를 범하는 것이다. 베이커 에디(Mary Baker Eddy)의 악명 높은 책인『성경의 비결로 본 과학과 건강』이 바로 '크리스천 사이언스'라는 잘못된 종교를 지지하는 방법으로 사용되는 것으로서 하나님의 말씀을 잘못 적용하고 곡해하는 예이다. 중보자이신 예수 그리스도를 통한 구원의 계시로서가 아니라 단순히 그 도덕적 교훈 때문에 성경의 교훈을 옹호하는 자는 하나님의 말씀을 잘못 적용하고 곡해하는 죄를 짓는 것이다. 성경의 도덕적 교훈은 성경의 신앙적 메시지에 근거하고 있기에 반드시 그리스도의 구속사역과 분리되어 설명될 수 없다. 이러한 방법으로 성경을 가르치는 것은 그리스도의 구속 없는 윤리적 메시지만 교훈하는 것이며 그것은 성경의 참된 의미와 목적과는 아무 상관없이 하나님의 말씀을 잘못 적용하고 곡해하는 것이다.

(3) '불경한 농담'으로 성경을 사용하거나 성경의 어느 부분을 사용하는 것이 왜 그릇된 것인가?

하나님의 거룩하신 말씀으로서의 성경은 신성한 것이며 반드시 마땅한 경외감으로 다루어져야 하기 때문이다. 물론 성경에 해학(humor)도 있으며 그것을 나타내고 즐기는 것은 그릇된 것이 아니다. 그러나 불경한 농담을 목적으로 성경을 사용하는 것은 성경에 있는 해학을 즐기는 것과는 사뭇 다른 것이다. 하나님의 말씀을 비웃음과 조롱의 대상으로 삼는 것이 바로 그릇된 것이다.

(4) '호기심에 넘친 무익한 질문'과 '헛된 말다툼'은 무엇을 의미하는가?

사도바울이 디모데와 디도에게 보낸 편지에 의하면 그리스도 시대의 유대인들과 다른 이들 그리고 사도들 역시 바로 이러한 행사를 범한 자들이었다. 여기에 언급된 하나님의 말씀의 이러한 오용은 다음과 같다. '신화', '끝없는 족보', '헛된 변론', '무익한 질문과 말다툼', '불법한 논쟁', '불경하고 헛된 수다', '어리석은 질문' 등이다. 이러한 성경의 여러 다양한 오용은 아래와 같이 요약될 수 있다.

① 그 자체로 확실하게 결정될 수 없는 질문에 대한 논쟁('신화').
② 그것이 결정된다 하더라도 무가치한 문제에 대한 논쟁('끝없는 족보').
③ 실재와는 전혀 상관없이 단어로만 싸우는 단순한 말의 논쟁('헛된 변론').
④ 하나님 말씀에 계시된 진리가 아니라 인간적 철학의 개념으로만 행하는 논쟁('그릇된 과학적 논쟁').
⑤ 구약의 율법에 대한 유대인의 전통적 해석과 부가('율법에 대한 열심'). 이러한 모든 하나님의 말씀의 남용은 오늘날에도 존재한다. 하나님의 참된 종은 이러한 모든 행사를 피하기 위해 노력해야 하며, 교회에서 이런 일이 발생하지 않도록 예방하고 이런 일이 발생했을 때 효과적으로 제거할 줄 알아야 한다.

(5) '그릇된 교리를 지지하는 것'이 왜 죄인가?

왜냐하면 그릇된 교리는 우리의 죄로 부패해진 마음과 어두워진 지성의 결과이며 그것을 지지하는 것은 하나님의 진리를 반대하는 것과 관계하고 성령의 조명 사역의 전적이며 부분적인 결핍을 나타내기 때문이다. 오늘날 많은 사람들이 그릇된 교리를 지지하는 것을 죄라고 부르기를 주저한다. 그러나 성경에 의하면 교리적 오류를 고수하는 것은 그것이 아무리 신실하다 할지라도 죄악적인 것이다. 디모데전서 6:3-5은 교리적 오류의 죄에 대한 성령의 교훈을 제시하고 있다. 디도서 3:10-11도 동일한 교훈을 제시한다.

(6) 대요리문답이 말하고 있는 '마술'은 무엇을 의미하는가?

'마술'이란 '요술', '점', '무당을 매개로 죽은 자와 교통하려는 시도', '행운'을 가져오게 하는 부적을 사용하는 것 등을 포함하는 인간이 초인간적 능력을 통제하거나 그들의 목적이나 유익을 위하여 사용하는 것으로서 성경이 금한 행사의 모든 것을 의미한다.

(7) 이러한 행사가 어떻게 제3계명을 위반하는가?

이러한 행사는 이전 질문에 묘사된 바와 같이 하나님의 자기 계시를 여러 형태로 악용하는 것과 관계되기 때문에 제3계명을 위반한다. 불법한 지식이나 정보(성경에 기록된 예언 이외의 미래에 관한 정보)를 얻기 위하여 또는 하나님의 섭리(마술의 행사와 '부적'의 사용과 마술로)를 통제하기 위해 하나님의 말씀이나 그의 사역에 나타난 자기 계시를 사용하는 것은 그릇된 것이다. 이 모든 행사들은 신앙을 마술로 곡해하는 것과 관계한다. 인간의 제일 되는 목적이 하나님을 영화롭게 하는 것임을 인식하는 대신 그들은 인간의 이기적이며 죄악적인 목적을 위하여 하나님과 말씀과 사역 안에 있는 하나님의 계시를 이용한다. 이것이야말로 제3계명에 금한 하나님의 이름을 헛되이 일컫는 것이다.

(8) 하나님의 자기 계시가 어떻게 죄악된 정욕과 행사에 악용되는가?

율법폐기론(그리스도인은 삶의 규칙으로서의 하나님의 도덕법에 종속적이지 않다는 이론)이라는 이단의 모든 희생자들은 모두 다 인간의 정욕과 행사를 위하여 하나님의 계시를 악용하는 경향이 있다. 이러한 몇 가지 극단적 예는 교회 역사에서 찾아볼 수 있다. 우리는 먼저 성경에서 본질적으로 율법폐기론주의인 니골라당을 매우 정죄하는 모습을 찾아볼 수 있다(계 2:6, 14-16, 20-23). 이와 마찬가지로 바울서신(딤후 3:1-9; 4:3-4)과 베드로후서 2장 그리고 유다서에서도 율법폐기론의 경향과 행사에 대한 경고와 정죄의 말씀을 찾아볼 수 있다. 세상에는 항상 "경건치 아니하여 우리 하나님의 은혜를 도리어 색욕거리로 바꾸고 홀로 하나이신 주재 곧 우리 주 예수 그리스도를 부인하는 자"들이 있어 왔다(유 4). 물론 이러한 악은 제3계명의 위반에 대한 극단적인 예이며 하나님의 이름을 헛되이 일컫는 죄이다.

제113문 (계속) 제3계명에서 금지된 죄는 무엇인가?

답 제3계명에서 금지된 죄는 ... 하나님의 진리와 은혜 및 방법을 훼방하고 경멸하고 욕하고 혹은 어떻게든지 반항함이며, 외식과 사악한 목적으로 신앙을 고백하는 것이며, 하나님의 이름을 부끄러워하거나 불안하고 지혜 없는 해로운 행위에 의해서 그 이름에 수치를 돌리거나 그 이름을 배반함이다.

1) 관련성구
- 행 13:45; 요일 3:12: 하나님의 진리와 은혜와 방법을 훼방하는 것은 죄이다.
- 시 1:1; 벧후 2:3: 하나님의 진리와 은혜와 길을 조롱하고 조소하는 것은 죄이다.
- 벧전 4:4: 하나님의 진리와 은혜와 길을 욕하는 행위는 죄이다.
- 행 4:18; 13:45-46, 50; 19:9; 살전 2:16; 히 10:29: 하나님의 진리와 은혜와 길을 반대하는 것은 죄이다.
- 딤후 3:5; 마 6:1-5, 16; 23:14: 위선적이고 신실하지 못한 신앙 고백은 죄이다.
- 막 8:38: 그리스도와 복음을 부끄러워하는 것은 죄이다.
- 시 73:14-15; 고전 6:5-6; 엡 5:15-17: 불안하고 지혜 없는 행위로 복음에 수치를 돌리는 것은 죄이다.
- 사 5:4; 벧후 1:8-9; 롬 2:23-24: 지혜 없는 해로운 행위에 의해서 복음에 수치를 돌리는 것은 죄이다.
- 갈 3:1-3; 히 6:6: 복음에 수치를 돌리거나 복음을 배반하는 것은 죄이다.

2) 해설
(1) 하나님의 진리와 은혜와 길을 훼방하는 것은 무엇을 의미하는가?

'훼방'이란 그릇되고 사악하게 악을 말하는 것이다. 하나님의 진리를 훼방하는 것은 단순히 복음에 소홀하거나 거절하는 일반적인 불신자가 행하는 것이 아니다. 그것은 첫째, 복음에 대해 악하게 말함으로 적극적으로 반대하는 자이다. 둘째, 그 마음의 기저에는 복음이 참된 것임을 아는 자이다. 그럼에도 불구하고 복음을 훼방하는 자이다. 그들의 극단적인 복음의 훼방은 오직 원죄와 전적 타락이라는 성경적 진리로만 설명될 수 있다. 사람들은 어떤 이유로 기독교 신앙고백을 배반하며 다른 종교에 가입함으로 기독교에 적대적인 사람이 된다. 그들의 빈정됨과 반대의 강도는 죄를 범한 양심을 억누르고 그들의 양심을 통해 말씀하시는 하나님의 음성을 억누르려는 절박한 투쟁의 결과이다. 결과적으로 그들은 복음이 참된 것이라는 잊혀지지 않는 확신으로 인해 마음의 평화를 잃고 마는 것이다.

(2) 하나님의 진리와 은혜와 길을 경멸하는 것은 무엇을 의미하는가?

경멸하는 것은 모욕적으로 간주하거나 대하는 것을 뜻한다. 조롱하는 것은 경멸의 언어적이며 외적인 표현을 추가하는 것 이외에 조소와 비슷한 의미를 지닌다. 경멸하는 자와 조소하는 자는 그리스도의 복음을 지성인들이 받아들이기에는 그릇된 것일 뿐 아니라 어리석고 무가치한 것이라고 간주한다. 그들은 복음을 거절할 뿐만 아니라 둔하고 무가치한 것으로 평가절하 한다. 그들은 하나님의 진리와 은혜의 방법을 하찮은 것으로 여긴다. 경멸하는 자는 소위 그들이 말하는 성경의 '부도덕한' 부분을 지적하기를 기뻐하며 기적과 같이 그들이 발견하고 선언한 '믿을 수 없는' 특징들을 장황하게 논한다. 경멸하는 것과 조소하는 것은 항상 편협한 마음의 표현이다. 세상에는 기독교를 믿지 않으면서도 존경과 위엄을 가지고 기독교를 대하는 사람이 있다. 그러나 경멸하는 자와 조롱하는 자는 모욕적으로 어리석게 기독교를 하찮은 것으로 간주해버린다. 물론 심판의 날에 그들의 경멸과 모욕은 도리어 그들의 머리 위에 떨어지고 말 것이다.

(3) 하나님의 진리와 은혜와 길을 욕하는 것은 무엇을 의미하는가?

'욕하는 것'은 악랄한 언어로 매도하는 것을 의미한다. 이는 '중상과 비방'의 극단적인 형태이다. 욕하는 것은 일반적으로 그리스도의 복음을 향한 것인데 그것 자체보다는 그것을 믿고 고수하는 자 즉 그리스도인을 향한다. 성경은 이것을 '그리스도를 위하여 받는 능욕'이라 부른다(히 11:26). 인디아와 중국과 같은 이방 나라들의 사람들은 미국 사람들이 전혀 알지 못하는 그리스도를 믿는 공적인 고백으로 인해 당하는 엄청난 능욕을 인내하며 살아간다. 사단의 왕국이 공격을 당하여 그들 중 일부가 하나님의 나라로 옮겨오게 되면 사단은 심히 질투하여 복음에 대한 극심한 박해를 한다. 이로 인하여 많은 그리스도인들이 그리스도를 위하여 받는 중상모략과 욕함을 당하는 것이다.

(4) 사람이 하나님의 진리와 은혜를 반대하는 방법에는 어떤 것들이 있는가?

우리가 이제까지 논해 온 훼방하고 경멸하고 욕하는 것 이외에 세상에서 하나님을 반대하는 방법들은 아주 많고 다양하다. 우리는 진정한 반대는 인간적이 아니라 인간의 삶의 배후에 역사하는 사단에 의해 조종되는 것임을 깨달아야 한다. 사단은 하나님의 은혜와 진리와 방법을 반대하는 두 가지 방법을 끊임없이 사용한다. 첫째 방법은 핍박이다. 사단은 왕과 정부나 어떤 경우에는 폭도들의 폭동과 같은 세상권력을 동원하여 하나님의 교회와 성도들을 향한 극심한 박해를 일으킨다. 박해는 종종 복음의 확장과 교회의 성장을 한시적으로 억제한다. 이때 외식하는 자는 더 이상 교회의 구성원임을 밝히지 않고 떨어져 나간다. 선교사역은 장애물을 만나 방해를 받게 된다. 그러나 결국 박해는 실패하고 만다. 성령의 능력으로 교회는 박해의 불을 통과함으로 이전보다 더욱 강력해지기 때문이다. 그들은 세상의 방법이 아니라 하나님의 영을 신뢰하게 된다. 이때 사단은 첫번째 방법보다 더욱 효과적인 결과를 내는 두번째 방법, 즉 이단과 그릇된 교리를 교회 안에 퍼뜨린다. 이 이단들은, 교회에서 물리치지 않는다면, 세상의 구원적 메시지를 증거하는 기독교를 파괴할 것이다. 이때 성령께서는 이단을 대적하고 그것을 교회에서 제거하기 위하여 진리의 증거자로 일어나신다. 이는 종종 수년 동안의 극심한 노력이 요구되지만 교회 안에서 하나님의 진리가 배척을 당할 때 반드시 필요하고 요구되는 일이다. 선교와 전도를 위해 노력이 이루어질 수 없다면 복음진리의 증인된 기관으로서의 교회의 순수성을 보존하는데 사용되어야 할 것이다. 이는 정상적인 교회의 확장과 성장을 한시적으로 방해할 것이다. 그럼에도 불구하고 기독교를 반대하는 사단의 두 번째 방법 역시 궁극적으로 실패할 것이며 때가 차매 진리는 변호되고 하나님의 운동은 사단과 인간의 반대에도 불구하고 전진할 것이다.

(5) '외식과 사악한 목적으로 신앙을 고백하는 것'은 무엇을 의미하는가?

'외식으로 신앙을 고백하는 것'은 참된 믿음이 아니라 가장하여 고백함으로 신앙고백을 진실하지 못한 것으로 만드는 것을 의미한다. '사악한 목적'이란 위선으로 행동하는 동기를 묘사한다. 그가 그리스도인임을 고백하는 그의 실제 동기는 하나님의 영광이나 그의 영혼의 구원 때문이 아니라 물질적인 이익이나 사회적인 존경과 같은 부적절한 동기 때문이다. 중생하지 못한 모든 교인이 다 외식자는 아니다. 그러나 사람은 자신을 스스로 속일 수 있다. 그는 실제로는 구원받지 못한 죄인임에도 자신이 신실한 그리스도인임을 굳게 믿는다. 그러나 외식하는 자는 스스로 속지 않는 자이다. 그는 자신이 참된 신자가 아님을 확실하게 알고 있다. 그는 자신을 그리스도인으로 가장하여 다른 사람들을 속이는 자이다. 그리스도로 인하여 교회에 박해가 오면 외식하는 자는 전혀 지체하지 않고 기독교와 신앙고백을 배반한다. 실제로 자신이 외식자임을 아는 자들은 그리스도의 복음을 위하여 당하는 능욕과 핍박을 반드시 회피할 것이다.

(6) 사람들은 어떤 경우에 자신이 그리스도인임을 부끄러워하게 되는가?

의심의 여지없이 이것은 자신이 그리스도인이라는 사실이 알려지게 되는 것을 두려워하는 경우이다. 욕 당함과 조롱당함 심지어는 고난당하고 죽음에 이르게 되는 두려움을 뜻한다. 이것은 성경에서 살인과 요술과 우상숭배와 간음죄와 같은 죄악적이며 육적인 두려움과 관계된 마음이다(계 21:8). 이것은 단순히 엄청난 죄에 나타난 두려운 감정이 아니다. 그것은 오히려 두려움에 양보하여 사람의 행위가 바로 그 두려움에 의해 결정되게 만들고 두려움의 노예가 되게 하는 행위이다.

(7) 신앙을 고백하는 그리스도인이 어떻게 그리스도의 복음을 부끄러워하게 되는가?

"불안하고 지혜 없는 해로운 행위에 의해서 그 이름에 수치를 돌리거나 그 이름을 배반하는 것"에 의해서이다. 그리스도인이 바로 세상이 보는 유일한 성경이라는 말이 있다. 세상은 넓은 의미에서 그리스도인의 삶과 행위를 관찰함으로 기독교를 평가한다. 그리스도인이 악명 높고 사악한 사건의 죄와 연루되어 있다면 복음은 세상의 눈에 경멸적으로 비칠 것이다. 따라서 신앙을 고백하는 그리스도인의 세속적 삶과 행위가 그리스도의 복음에 수치가 될 수 있다는 것이다.

(8) 그리스도의 복음을 '배반'하는 것은 무엇을 의미하는가?

이것은 심지어 기독교 신앙고백을 포기하는 것을 의미한다. 배교자는 하나님에 대한 관심을 상실한 자이며 더 이상 교회 예배 출석을 하지 않고 그의 마음이 무관심과 불신앙으로 강퍅해진다. 그는 여전히 교회의 회원권을 유지하고 있을지도 모른다. 그러나 이는 그가 교회에 관심을 보여서가 아니라 교회의 감독관이 신실하지 못한 성도를 치리하고 징계하는 일을 게을리 하기 때문이다. 배교자는 자신이 명목적으로는 교회의 회원이라 할지라도 기독교에는 적극적인 관심을 보이지 않는 자이다. 만일 더 늦기 전에 회개하지 않는다면 그는 영원토록 지옥에 빠져 멸망당할 것이다.

그리스도의 복음으로부터의 완전하고 전적인 타락과 배교는 성령으로 거듭난 참된 신자가 저지르는 죄는 아니다. 참된 신자라도 부분적이고 유한적인 배교에 빠져서 기독교에 대한 관심을 잃고 잠시 동안 능동적인 신앙 고백을 하지 못하는 일에 관계될 수 있다. 더 깊은 논의에 대해서는 성경증거구절이 포함된 대요리문답 제79문과 *Blue Banner Faith and Life*, vol. 2, no. 1 (January-March 1947), 42-44를 참조하라.

제114문 제3계명에 어떠한 이유가 첨부되었는가?

답 "너희 하나님 여호와"와 "나 여호와는 나의 이름을 망령되이 일컫는 자를 죄 없다 하지 아니하리라"고 하신 말씀이다. 이 말씀이 제3계명에 첨부된 이유는 하나님은 주와 우리 하나님 여호와시므로 우리는 그의 이름을 훼방하거나 어떤 방식으로든지 악용할 수 없기 때문이다. 이 계명을 위반한 많은 자들이 비록 사람들의 비난과 형벌은 피할 수 있을지라도 하나님께서는 이 계명의 위반자를 그대로 내버려 두시기는커녕 그들로 하여금 그의 의의 심판을 결단코 피하지 못하게 하실 것이다.

1) 관련성구
- **레 19:12; 겔 36:21-23; 신 28:58-59; 슥 5:2-4:** 하나님의 주권과 위엄과 거룩 때문에 하나님의 이름은 모독되거나 악용되어서는 안된다.
- **삼상 2:12, 17, 22, 24; 3:13:** 하나님의 이름을 더럽히는 자는 사람의 심판을 피할지 몰라도 하나님에 의해 반드시 형벌을 당할 것이다.

2) 해설

(1) 하나님께서 여호와이심을 선언하는 것은 무엇을 의미하는가?

하나님께서 여호와이심을 선언하는 것은 하나님께서 주권자이시며 스스로 결정하시고 자신의 밖에 있는 그 어떤 것에 의해서도 제한을 받지 않는 분이심을 의미한다. 따라서 이 용어는 하나님의 위엄과 권위를 지칭한다. 왜냐하면 하나님은 하나님이시기 때문에 그의 이름은 경외심을 가지고 사용되어야 하기 때문이다.

(2) 제3계명에 나타난 '너희 하나님'이란 무엇을 의미하는가?

이 표현은 하나님과 그의 백성 사이의 특별한 언약 관계를 암시하는 말이다. 하나님의 권위가 전 우주적이며, 그의 계명 역시 모든 사람이 지켜야 할 계명이라도 하나님의 은혜언약의 범주 안에 있는 자들은 그들의 하나님을 특별한 의미로 부를 수 있고 따라서 그들은 경외하는 마음과 올바른 방식을 통해 하나님의 이름을 사용해야 할 의무를 부가적으로 지닌다. 하나님의 이름을 헛되이 부르는 것은 그릇된 것이다. 따라서 하나님의 백성들이라 불리는 하나님의 언약 안에 있는 자들이 그렇게 하는 것은 더 큰 죄가 되는 것이다.

(3) 오늘날 하나님의 주권은 어떻게 부인되는가?

하나님의 주권과 그의 위엄과 거룩과 절대하신 공의와 같은 진리들은 하나님은 사랑과 자비 이외에 아무것도 아니라는 현대적인 하나님 개념에 의해 부인되고 모호해진다. 이러한 신개념은 하나님을 인간의 죄를 형벌하시기에 너무나 친절하시고 사랑이 많으신 분으로 제시한다. 그러한 하나님은 그의 이름이 헛되이 일컬어질 때 결코 분노할 수 없다. 물론 성경에 계시된 하나님은 이와는 다른 하나님이시다. 그는 그 존재와 속성에 있어서 무한하시고 영원하시며 불변하시고 거룩하시며 공의로우시고 진리이시며 동시에 인간을 사랑하시고 그들에게 자비를 베푸시는 하나님이시다.

(4) 오늘날 '너희 하나님'이라는 말씀에 표현된 특별한 언약적 관계가 어떻게 부인되고 모호해지는가?

이 진리는 하나님의 전우주적인 부성과 인간의 형제애라는 대중적인 개념을 통해 부인되고 모호해진다. 만일 모든 인류가 이미 구속과 양자 없이 하나님의 자녀라면, 만일 모든 인류가 이미 하나님의 가족 안에 있는 형제라면, 하나님께서 택자들을 당신과 교제케 하시려고 세상에서 빼내어 특별한 언약관계에 있는 백성으로 만드신다는 성경적 교훈은 모든 의미를 상실하게 되고 말 것이다.

(5) 하나님께서는 왜 이 계명을 부인하는 자들이 그의 의로우신 심판을 피하지 못하게 하셨는가?

물론 하나님께서 십계명 가운데 어떤 계명이라도 위반하는 자가 의로우신 심판을 피하지 못하게 하셨다는 것은 사실이다. 모든 계명은 하나님의 계명으로서의 통일성을 가지고 있다. 그러나 하나님의 이름을 헛되이 일컫지 말라는 명령은 특별히 하나님 자신의 명예와 권위에 관계된 것이기 때문에 여호와의 이름을 망령되이 일컫는 자를 죄 없다 하지 아니하리라고 엄중히 경고하신 것이다.

(6) 하나님의 이름을 헛되이 일컫는 것은 큰 죄인가?

물론 이것은 큰 죄이다. 세상에서 이 계명의 위반은 일반적으로 전혀 죄로 간주되지 않는다. 그러나 우리는 옳고 그름에 대한 세상의 견해가 우리가 성경을 통해 가지고 있는 하나님의 도덕법의 계시와는 전혀 부합되지 않는다는 사실을 알아야만 한다.

(7) 하나님의 이름을 헛되이 일컫는 사람들은 주로 사람의 징계와 형벌을 피하는가?

그렇다. 이 세상에는 더 이상 불경한 맹세를 반대하는 강력한 견해가 없는 것 같으며 심지어 교육을 받고 상당한 수준에 있는 많은 사람들조차 하나님의 이름을 헛되이 일컫는 일을 대수롭지 않게 생각한다. 대중문학은 점점 더 신성모독적이다. 2, 30년 전에는 그들의 칼럼에서 신성모독을 신중하게 제외했던 잡지들이 이제는 버젓이 불경적인 용어를 쓰고 있다. 우리는 현대문화의 기독교적 허식이 천박하기 짝이 없다는 사실을 깨달아야만 한다. 성경 고등 비평을 통한 성경의 권위에 대한 일반적인 믿음의 약화가 도덕적인 행위의 약화를 가져오고 있는 것이다. 거의 절제가 없는 신성모독적 발언과 맹세의 증가가 바로 이러한 약화의 조짐이다. 성경의 진정한 권위에 대한 회복이 없이는 이 불경스러운 악은 결코 치료되지 않을 것이다.

제115문 제4계명은 무엇인가?

답 제4계명은 다음과 같다. "안식일을 기억하여 거룩히 지키라. 엿새 동안은 힘써 네 모든 일을 행할 것이나, 제 칠일은 너희 하나님 여호와의 안식일인즉 너나 네 아들이나 네 딸이나 네 남종이나 네 여종이나 네 육축이나 네 문안에 유하는 객이라도 아무 일도 하지 말라. 이는 엿새 동안에 나 여호와가 하늘과 땅과 바다와 그 가운데 모든 것을 만들고 제 칠일에 쉬었음이라. 그러므로 나 여호와가 안식일을 복되게 하여 그날을 거룩하게 하였느니라."

제116문 제4계명에서 요구되는 것은 무엇인가?

답 제 사계명이 모든 사람에게 요구하는 것은 하나님께서 말씀가운데 지정하신 정한 날, 특히 칠일 중에 하루 온종일을 거룩하게 지키는 것이다. 이는 창세로부터 그리스도의 부활까지 제 칠일이고 그 후부터는 매주 첫날이 되어 세상 끝날 까지 이렇게 계속하게 되어 있으니, 이것이 기독교의 안식일인데 신약에서 주일이라고 일컫는다.

1) 관련성구
- **출 20:8-11; 신 5:12-15:** 안식일의 계명.
- **고전 16:1-2; 행 20:7:** 사도들과 초기 그리스도인들은 한주일의 첫날을 지켰다.
- **마 5:17-18:** 모든 계명이 성취될 때까지는 율법의 일점일획이라도 없어지지 않을 것이다.
- **사 56:2, 4, 6-7:** 구약은 신약시대의 안식일 준수를 예언한다.
- **계 1:10:** 주의 날이 여호와의 이름으로 언급되었다.

2) 해설
(1) 안식일 계명은 도덕법인가, 의식법인가?
안식일을 지키라는 계명은 하나님의 도덕법이다.

(2) 안식일 계명이 의식법이 아니라 도덕법이라는 것은 어떻게 증명되는가?
① 제4계명 그자체가 안식일이 모세에 의해 제정된 것이 아니라 세상의 창조 시에 기원된 것임을 밝히고 있다. 따라서 안식일은 하나님께서 모세에게 의식법을 수여하시기 수천 년 전부터 존재했다.
② 안식일 계명은 십계명의 일부분이며 도덕법의 정황을 통해 발견되기 때문에 따라서 안식일 계명은 도덕법으로 간주되어야 한다. 만일 십계명이 아홉 개의 도덕법과 한 개의 의식법으로 구성되었다면 이상했을 것이다. 십계명은 하나님의 도덕법의 요약으로서의 통일성을 제공한다. 따라서 만일 안식일 계명이 도덕법이 아니라면 이 통일성은 파괴될 것이다.
③ 십계명의 나머지 모든 계명과 마찬가지로 안식일 계명은 썩기 쉬운 물질에 기록된 것이 아니라 그 영구성을 상징하는 돌 판에 기록되었다. 의식법의 모든 부분은 그리스도의 십자가와 함께 폐지되었다. 따라서 만일 안식일 계명이 의식법이었다면, 이것 역시 폐지되었을 것이며 영구적이지 않고 유한적인 효과만을 지니고 있었을 것이다. 그러나 하나님께서 친히 이 계명을 돌 판에 기록하신 것은 이 계명이 영구적이라는 것을 암시한다.

(3) 안식일 계명은 누구에게 구속력이 있는가?

모든 사람이 예외 없이 안식일을 지켜야 한다. 예수님은 "안식일이 사람을 위하여 있다"고 말씀하셨다. 예수님은 안식일이 이스라엘을 위하여 있다거나 사람이 안식일을 위하여 있다고 하지 않으시고 사람을 위하여 있다고 하셨다. 따라서 안식일은 어떤 특정한 부류의 사람들에게 한정되어 있는 것이 아니라 모든 인류를 구속하는 계명이 되는 것이다.

(4) 어떤 종류의 사람들에게만 한정하여 안식일 계명을 지켜야 할 의무가 있다고 주장되었는가?

① 어떤 이들은 안식일 준수 계명이 오직 이스라엘 백성들이나 유대인들에게만 구속력이 있다고 주장한다.

② 다른 이들은 안식일 준수 계명의 의무가 오직 그리스도인들에게만 있다고 주장한다. 따라서 그리스도인이 아닌 자들은 안식일을 지킬 필요가 없다고 말한다.

(5) 이 주장은 어떻게 해결될 수 있는가?

① 안식일 계명은 도덕법이다. 만일 안식일 계명이 도덕법이라면, 그것은 모든 사람들이 지켜야 할 계명이다.

② 만일 우리가 제4계명이 오직 유대인들이나 그리스도인들에게만 적용되는 계명이라면, 제5, 6, 7계명 역시 모두 유대인들과 그리스도인들에게만 적용되는 계명이라고 말하지 않는가? 우리는 언제나 십계명이 통일성 있는 계명이며 독단적으로 분리될 수 없는 계명임을 명심해야 한다. 우리는 나머지 모든 계명은 인류 전체에게 적용되는데 그 중에 한 가지 계명만을 추려서 그것이 오직 한 단체에게만 적용되는 계명이라고 말할 수 없다. 십계명은 모두 하나로 취급되어야 하며, 그것들이 원래 하나님에 의해서 이스라엘 백성들에 계시된 것이며, 하나님의 도덕법의 요약으로서 모든 인류에게 구속력이 있는 계명임을 깨달아야만 한다.

(6) 안식일의 원리는 무엇인가?

안식일의 원리는 정기적으로 주중의 하루 전체를 거룩한 날로 지키는 것이다. 그것이 안식 후 첫날이든지 구약의 안식일이든지는 안식일의 원리의 한 부분이 아니다. 이 문제는 성경에 제시되어 있는 대로 결정될 것이다.

(7) 안식일의 원리는 종종 어떻게 그릇되게 진술되는가?

안식일의 원리는 종종 우리가 가진 일주일 가운데 한 날을 하나님께 드리는 것으로 진술되어 왔다. 이것은 매우 그릇된 것이며, 안식일 원리에 대한 부정확한 진술이다. 왜냐하면 이런 원리는 아무 때나 한 날을 준수할 것을 요구하기 때문이다. 사람들은 이러한 원리에 기초해서 매 일곱 시간마다 한 시간을 하나님께 드리고 매 7년마다 1년을 하나님께 드리기도 한다. 또 어떤 사람은 매주 다른 날을 안식일로 지킬 수도 있을 것이다. 이전 질문에 언급했던 것처럼 안식일의 정확한 원리는 매칠일 마다 한 날 전체를 정규적으로 하나님께 드리는 것이다.

(8) 제4계명은 주중의 일곱 번째 날 즉 토요일을 안식일로 준수할 것을 명령하는가?

그렇지 않다. 구약의 안식일이 이레 중에 마지막 날이었음은 사실이다. 그러나 제4계명은 이것을 요구하지 않는다. 이 계명은 6일 동안 힘써 일할 것을 명했는데 주중의 어느 날을 그 노동의 시작의 날로 정했는지 명시하지 않았다. 제4계명은 6일 동안의 노동 이후 7일째 되는 날을 안식일로 지키라고 요구한다. 그러나 이 날이 필연적으로 마지막 날로서의 일곱 번째 날을 의미하지는 않는다. 오늘날 그리스도인들이 준수하는 이 계명의 요구는 월요일부터 토요일까지 6일 동안 일하고 돌아오는 주의 첫 날을 안식일로 지키는 것이다.

(9) 왜 구약은 주중의 일곱 번째 날이 안식일이었는가?

구약의 안식일은 창조 시에 제정하셨던 하나님의 모범과 규례로 인해 주중의 일곱 번째 날을 안식일로 전했다(창 2:1-3). 안식과 예배 이외에 안식일은 하나님의 위대하신 창조사역을 기억하게 하려는 것이었다. 이 창조의 진리는 물론 인간을 포함한 만물이 그 존재에 있어서 하나님께 의존적이라는 사실을 암시한다. 그것은 또한 인간이 그들의 삶에 있어서 도덕적으로 책임 있는 존재임을 암시한다. 따라서 창조사역을 기억하는 매주 지키는 안식일은 하나님을 향한 인간의 의존과 하나님을 향한 그의 도덕적 책임을 계속해서 상기시키는 것이다. 그러므로 안식일은 신앙과 도덕의 기초를 계속적으로 생각하게 하는 계명이다.

제12과 하나님 자신을 향한 하나님의 뜻

(10) 왜 그리스도인의 안식일은 주중 첫날인가?

그리스도인의 안식일 또는 주일은 그리스도의 부활을 기념하는 이레 중 첫 날이다. 따라서 구약의 안식일이 하나님의 창조를 기념하는 날이라면 그리스도인의 안식일은 하나님의 새로운 창조인 예수 그리스도 안에서의 위대하신 구속 사역을 기념하는 날이다.

(11) 누가 안식일을 주중의 일곱 번째 날에서 첫날로 바꾸었는가?

우리 주 예수 그리스도이시다. 그리스도는 그의 위대한 구속사역의 성취로 구약시대를 마감하고 은혜 언약이라는 신약시대를 여셨다. 이레 중 일곱 번째 날에서 첫째 날로의 변경은 이 세대의 변경의 일부분이다. 우리 구주께서 제6일에 십자가에 달리셨고 그날 저녁에 장사지낸바 되셨으며 제7일째 되는 날 무덤에 계셨고 다음 이레 중 첫 날에 무덤에서 부활하셨다. 따라서 그리스도는 구약의 제 칠일 안식일을 자신과 함께 무덤에 장사지내셨으며 그곳에 남겨두셨고 안식 후 첫날을 지키게 하기 위해 자신과 함께 신약의 새로운 안식일을 일으켜 세우신 것이다.

(12) 로마 황제인 콘스탄틴 대제가 안식일을 주중 일곱번째 날에서 첫날로 바꾸었는가?

이 날의 변경의 원인자가 종종 콘스탄틴 대제라고 주장되었지만 그러한 주장은 그릇된 것이다. 로마 황제인 콘스탄틴은 주후 321년에 주중의 첫날을 지키라고 시민들에게 명령했고 법정에서의 재판을 금하고 군인들이 군사훈련을 하지 못하도록 명령했다. 그러나 주의 날로서의 안식 후 첫날의 준수는 신약과 다른 기독교의 자료증거를 볼 때 콘스탄틴 황제의 시기보다 훨씬 앞서 있다.

(13) 주중 첫날로서의 안식일은 언제까지 지켜야 하는가?

세상 끝날까지 지켜야 한다. 이것은 우리가 신약이라고 부르는 그리스도와 사도들을 통한 하나님의 계시가 세상에 끝 날이 올 때까지 인류에게 주어진 마지막 계시이기 때문이다. 신약의 완성으로 인해 하나님께서는 침묵하셨고 더 이상 인간에게 직접 말씀하시지 않으시며, 우리 주 예수 그리스도께서 영광중에 산 자와 죽은 자를 심판하시러 다시 오실 때까지 새로운 계시는 없을 것이기 때문이다.

(14) 천국에서도 안식일을 준수해야 하는가?

성경은 이 주제에 대해 직접적으로 언급하지 않고 있다. 그러나 이 세대와 오는 세대의 차이에 관한 성경의 교훈으로 미루어볼 때 천국에서는 우리가 현재 알고 있는 안식일 준수는 사라질 것이다. 오히려 우리는 천국 자체가 끝이 없는 안식이라고 말할 수 있을 것이다. 성경은 천국에는 성전이 없을 것이라고 말했다(계 21:22). 물론 천국에는 성경도 필요 없을 것이다. 구속받은 자는 하나님의 얼굴을 직접 대면하여 볼 것이기 때문이다(계 22:4). 천국에는 지치거나 피곤함도 없고 안식을 위한 특별한 시간이 필요하지도 않다. 왜냐하면 천국은 가장 활동적이며 가장 완전한 안식이 함께 존재하기 때문이다. 분명히 인간이 죄로 타락하기 이전에 안식일이 존재했었다. 따라서 죄로부터의 구원이 완성되었다 하더라도 그것이 안식일을 폐지할만한 이유가 되지 못하는 것이다. 오히려 성경은 "안식할 때가 하나님의 백성에게 남아 있도다"라고 말한다(히 4:9). 그것은 바로 영원한 안식으로서의 안식일이다. 그러므로 창조 시에 제정된 안식일은 영원 가운데서 폐지되지 않을 것이며 하나님의 구속받은 백성들의 안식을 위하여 영원한 안식일로 성취될 것이다.

(15) 안식일 준수의 의무에 관해 그리스도인들 사이에 존재하는 차이는 무엇인가?

위의 질문 3번에서 언급한 바와 같이 어떤 이들은 안식일 준수의 의무가 유대인들이나 그리스도인들에게 제한되어 있다고 믿는다. 안식일이 그리스도인에게 적용되지 않는다고 주장하는 자들은 안식일과 주의 날을 구분하고 주의 날이 제4계명과는 전혀 상관이 없다고 주장한다. 뿐만 아니라 안식일을 어떻게 준수해야 하는 지에 대해서도 많은 차이가 있다. 그러나 명백하게도 어떻게 준수할 것인지를 논의하기 이전에 안식일을 준수해야 하는지 말아야 하는지를 결정해야 할 것이다.

(16) 교회가 안식일을 준수하는 의무를 교훈하는 것은 중요한 일인가?

확실하게도 이것은 중요한 일이다. 그리스도인들 사이에 안식일 준수에 관한 여러 가지 견해들이 있다는 것은 교회가 이 주제에 관해 성경이 교훈하고 있는 바를 소홀히 해서는 안된다는 것을 시사한다. 세심한 안식일 준수가 이 시대의 정신과 부합되지 않는다는 것이 교회가 성도들에게 안식일 준수를 하찮은 것으로 치부해도 된다는 것을 의미하지는 않는다. 안식일이라는 주제에 대해 많은 진실한 그리스도인이 서로 성경 해석에 있어서 다르다고 할지라도 우리는 교회가 성경의 정확한 해석이라고 믿고 정한 기준대로 신실하게 안식일을 고백하고 준수해야 한다.

제117문 안식일 혹은 주일을 어떻게 거룩히 지킬 수 있는가?

답 안식일 혹은 주일을 거룩히 함은 온종일 거룩히 쉼으로 할 것이다. 죄악된 일을 그칠 뿐 아니라 다른 날에 합당한 세상일이나 오락까지 그만 두어야 하되 부득이 한 일과 자선사업에 쓰는 것을 제외하고는 시간을 전적으로 공적으로든지 사적으로 예배하는 일에 드리는 것을 기쁨으로 삼을 것이다. 그 목적을 위하여 우리 마음을 준비할 것이며 세상일을 미리 부지런히 절제 있게 조절하고 적절히 처리하여 주일의 의무에 보다 더 자유로이 또는 적당히 행할 수 있어야 할 것이다.

1) 관련성구
- **출 20:8:** 안식일은 거룩히 지켜야 한다.
- **출 20:10; 16:25-28; 느 13:15-22; 렘 17:21-22:** 하나님께서는 안식일 날 세상일을 금할 것을 요구하신다.
- **마 12:1-13:** 부득이 필요한 일은 안식일에 행할 수 있다.
- **요 9:14; 눅 13:14-16:** 자비와 자선의 일은 안식일에 행할 수 있다.
- **사 58:13-14; 눅 4:16; 행 20:7; 고전 16:1-2; 사 66:23; 레 23:3:** 하나님을 예배하는 일로 안식일의 의무를 준수해야 한다.
- **출 20:8; 눅 23:54-56; 출 16:22-29; 느 13:19:** 안식일을 준비하는 의무는 세상일을 미리 주의 깊게 점돈하는 것이다.

2) 해설
(1) 성경의 안식일 준수가 요구하는 두 가지 방법은 무엇인가?
하나님의 말씀은 부정적이며 긍정적인 안식일 준수를 요구한다.

(2) 안식일의 부정적인 준수는 무엇을 의미하는가?

그것은 이 날에 행해서는 안되는 일을 행하지 않는 것이다.

(3) 안식일의 긍정적인 준수는 무엇을 의미하는가?

그것은 이 날에 행해야 할 일을 반드시 행하는 의무이다.

(4) 대요리문답은 안식일의 부정적인 준수를 어떻게 말하는가?

대요리문답은 안식일 날 첫째 죄악된 사역과 둘째, 세상일과 셋째, 세상 오락을 금하고 거룩히 안식할 것을 말한다.

(5) 거룩한 안식은 무엇을 의미하는가?

이것은 단순히 쉬거나 일을 하지 않는 것이 아니라 종교적인 동기 즉 하나님을 향한 순종과 예배함으로 쉬는 것을 의미한다. 우리는 단순히 쉬는 것이 아니라 하나님께 헌신함으로 쉬는 것이다.

(6) 안식일 날에는 세상일과 오락을 얼마나 금해야 하는가?

'하루 종일' 즉 안식일 날 전체를 하나님께 헌신해야 한다.

(7) 안식일은 해가 질 때부터 그 다음날 해 질 때까지인가? 아니면 자정부터 그 다음날 자정까지인가?

이는 그 자체로는 중요치 않은 문제이다. 유대인들은 해질 때부터 그 다음 날 해질 때까지 안식일을 준수했다. 우리는 자정부터 자정까지 안식일을 준수한다. 안식일 역시 다른 날들과 마찬가지로 계산되어야 한다.

(8) 종교적 의무 이외에 안식일 날 어떤 일이 합법적인가?

종교적 의무 이외에 부득이 필요한 일과 자선 사업은 안식일에 합법적인 일이다.

(9) '부득이한 일'은 무엇을 의미하는가?

엄밀히 말하면 부득이한 일은 피할 수 없는 일 또는 다른 날로 연기할 수 없는 일이다. 만일 집에 화재가 발생했다면 즉시 불을 꺼야 할 것이다. 이것이 부득이한 일이며 이는 안식일을 범하는 것이 아니다. 집에 있는 가축들 역시 먹을 것과 마실 것을 주어야 한다. 암소는 젖을 짜 주어야 한다. 이러한 일은 연기될 수 없기 때문에 필요한 일이다. 이것들은 안식일을 범하는 것이 아니다. 심지어 연기될 수 있는 일이라 할지라도 그것이 안식일 날 더 크고 무거운 일을 제거해 준다면 그것은 적절하게 수행될 수 있다. 만일 15분 동안 차를 고쳐서 두 시간을 벌수 있다면 그것은 합법적인 일이다. 그렇지 않으면 말을 타거나 두 시간 걸어서 교회에 도착해야 할 것이다. 그럼에도 불구하고 안식일 날 부득이한 일을 구성하는 것이 어떤 것이냐에 대한 문제에 관한 한 그리스도인들 사이에 견해 차이가 있음 역시 인정해야만 한다. 과거에는 부득이한 일이 아니었는데 오늘날에는 신실한 그리스도인 사이에서 부득이한 일로 간주되는 것들이 있다. 성경은 안식일 날 행할 수 있는 부득이한 일의 원리를 교훈하고 있으며 이 원리에 대한 실제적 적용까지 제시하고 있다. 그러나 성경은 모든 경우에 적용될 수 있는 부득이한 일에 대한 손쉬운 매뉴얼을 제시하지는 않는다. 성경의 추론으로 미루어 볼 때 우리는 부득이한 일을 다음과 같이 제시할 수 있다. 첫째, 도무지 연기될 수 없는 일이다. 둘째, 안식일 날 더 크고 무거운 일을 제거해 주는 일이다.

(10) '자선 사업'은 무엇을 의미하는가?

이는 주로 영리적 동기가 아닌 사업으로서 인간적 고난의 동정과 사랑의 동기로 행하는 사업이다. 의사와 간호사들은 안식일 날 병자들을 돌볼 수 있으며 그들의 일에 대한 보상을 받을 권리도 있다. 하지만 안식일 날 그러한 일을 합법적이게 하는 원인은 그러한 영리적 요소에 있지 않고 고통과 고난을 경감시키는 동기에 있어야 한다. 안식일 날 병자를 심방하는 것은 매우 적절한 일이다. 그러나 반드시 올바른 동기로 수행되어야만 한다.

(11) 안식일 날 우리가 가장 신경 써야 할 부분은 무엇인가?

그것은 공사 간에 하나님을 예배하는 일이다.

(12) 공적으로 하나님을 예배하는 것은 무엇인가?

이것은 하나님의 말씀이 선포되는 교회의 정규적인 예배와 주일학교의 성경공부 그리고 기도회 등과 같은 다른 회집을 포함하는 교회에서 드리는 모든 종류의 예배를 의미한다.

(13) 사적으로 하나님을 예배하는 것은 무엇인가?

사적으로 하나님을 예배하는 것은 다음과 같다.

① 개인적 성경 독해와 기도와 같은 개인적 예배이다.

② 가정 예배와 자녀의 신앙 훈육 그리고 종교적 대화를 포함하는 가족 예배이다.

(14) 안식일을 올바로 준수하기 위해서 우리는 어떤 준비를 해야 하는가?

① 우리는 먼저 주의 날에 합당한 마음 구조를 만들기 위해 마음의 준비 즉 안식일과 그 의무와 특권과 축복을 먼저 생각하는 준비를 해야 한다.

② 우리는 미리 세상일을 부지런히 절제 있게 조절하고 적절히 처리하여 주일의 의무에 보다 더 자유로이 또는 적당히 행할 수 있어야 한다. 우리가 주일예배에 참석하기 위해서 자동차를 운전해야 한다면 주일날 일하지 않기 위해서 토요일 날 미리 휘발유와 오일을 준비해야 한다.

제118문 왜 가장과 기타 윗사람들에게 안식일을 지키라고 특별히 명령하였는가?

답 특별히 가장과 기타 윗사람들에게 안식일을 지키라는 명령이 주어진 것은 그들 자신에게 안식일을 지킬 의무가 있을 뿐 아니라 그들의 통솔아래 있는 사람들도 반드시 안식일을 지키게 할 의무가 있기 때문이며, 그들의 일로 아랫사람들이 안식일을 지킬 수 없도록 방해하는 일이 흔히 있기 때문이다.

1) 관련성구

- **출 20:10:** 제4계명은 특별히 가장들에게 주어졌다.
- **수 24:15:** 가장의 책임은 가족 모두가 여호와 하나님을 섬기게 하는 것이다.
- **느 13:15, 17:** 위에 있는 사람들이나 특별한 권위에 있는 사람들은 안식일을 거룩히 지켜야 할 부가된 책임이 있다.
- **렘 17:20-22:** 왕들과 공무원들은 안식일을 올바로 지키게 할 책임이 있다.
- **출 23:12; 신 5:14-15:** 종들과 고용인들은 안식일 날 안식할 권리가 있으며, 고용주에 의하여 그 권리를 박탈당해서는 안된다.

2) 해설

(1) 안식일 계명은 누구에게 구속력이 있는가?

안식일 계명은 세상에 있는 모든 인간 개인뿐만 아니라 모든 정부와 기구와 회사와 다른 기관들에게 구속력이 있다. 이 세상에 "안식일을 기억하여 거룩히 지키라"는 명령을 무시하거나 위반할 수 있는 개인이나 단체는 전혀 없다.

(2) 어떤 부류의 사람들에게 이 계명을 복종할 부가된 책임이 있는가?

'가장들과 다른 윗사람들,' 즉 하나님께서 가정과 교회와 국가의 권위를 주신 자들이다. 다른 문제와 마찬가지로 안식일 준수 문제에 있어서도 더 큰 권위를 가진 자에게 더 큰 책임이 있다는 것은 일반적인 진리이다.

(3) 가장들은 어떻게 가족들이 안식일을 준수하는지를 볼 수 있는가?

① 가장들은 무엇보다도 스스로 안식일이 짐이 아니라 기쁨이며 그것을 기쁘고 즐겁게 그리고 일관성 있게 준수하는 모범을 보임으로 다른 가족들로 하여금 안식일을 준수하게 해야 한다.
② 그들의 권위를 가지고 안식일 준수의 의무와 책임을 교훈해야 한다.
③ 만일 필요하다면 하나님께서 주신 권위로 안식일을 거룩히 지키는 것을 방해하는 세상적 활동을 금할 수도 있다.

(4) 가장이 안식일 준수를 위해 너무나도 엄격해질 수 있다는 것은 사실인가?

물론 안식일 준수의 방식에 있어서 비이성적으로 엄격해질 수 있음은 가능한 일이다. 그러나 오늘날 우리시대에 이러한 엄격함은 거의 찾아보기 힘들다. 오히려 오늘날의 경향은 이와는 대조적이다. 부주의한 관용과 안식일의 거룩함을 무시하는 것이다. 오늘날 안식일 준수의 엄격함이 무엇보다 필요한 시점이다. 물론 어린 자녀들에게 어느 정도의 허용이 필요함은 사실이다. 그들은 성인들이 안식일을 준수해야만 하는 것처럼 그렇게 정확하게 안식일을 준수할 수는 없다. 그럼에도 불구하고 우리는 어린 자녀들에게 안식일과 다른 날 사이에는 중대한 차이가 있음을 깨닫게 해야 하며, 다른 날들에 적당한 일들이 안식일에는 옳지 않은 일임을 알려주어야 한다.

(5) 안식일 날 제외되어야 할 가족의 활동은 무엇인가?

어떤 종류의 일들은 '의문의 여지가 있는 일'들이지만 안식일 날 해서는 안 될 일들이 있다. 과외를 받는 일, 일반 책이나 잡지를 읽는 일, 신문을 읽는 일, 라디오 방송을 듣는 일, 실내에서든지 실외에서든지 세속적인 게임을 하는 일, 친구들과 친척들에게 편지를 쓰는 일, 경제적이며 사업적인 대화를 나누는 일, 사회적 방문, 소풍을 가는 일, 대중 집회나 스포츠 게임을 관전하는 일 등은 제외되어야 할 일들이다.

(6) 이러한 모든 활동들이 안식일 날 해서는 안되는 일이라면 이 날은 기쁨의 날이기 보다 괴로움의 날이 아닌가?

이는 우리가 하나님을 사랑하는지 그렇지 않은지에 달려 있다. 만일 우리의 사랑이 세상이나 세상에 있는 것들을 향한 것이라면, 안식일 준수는 환영받지 못할 짐이 될 것이다. 그러나 만일 우리 인생의 최고의 헌신이 하나님을 사랑하는 것이라면, 우리는 안식일 날 하나님께 예배하기 위하여 세속적인 일들로부터 등을 돌리고 하나님의 나라와 그의 의를 구하기 위해 노력해야 할 것이다.

(7) 종교적 예배 이외에 어떤 활동들이 안식일에 적당한가?

종교적 예배 이외에 부득이한 일과 자선 사업 그리고 다음과 같은 활동들은 안식일 날 적당한 일들이다. 성경과 정통 기독교 작품을 읽는 일, 성경의 스토리를 아이들에게 읽어주거나 말해주는 일, 다양한 성경 게임을 하는 일, 그리스도께 돌아오게 하는 편지를 쓰는 일, 고난당하는 자를 위로하고 약한 자를 격려하는 일, 모든 적당한 복음적 활동들 그리고 기독교 라디오 방송을 청취하는 일 등이 그것이다.

(8) 안식일 준수 문제에 대해 교회의 목사들과 감독관에게는 어떤 특별한 책임이 있는가?

목사들과 모든 교회의 감독된 자들은 교회 성도들 앞에 일관성 있고 양심적인 안식일 준수에 대한 모범을 보임으로 이 주제에 관한 성경의 교훈에 대해서 증인 역할을 수행해야 할 것이다.

(9) 안식일 준수 문제에 대해 공무원들과 국가 공직에 있는 자들에게는 어떤 특별한 책임이 있는가?

국가 공무원들은

① 불명예스러운 일에 빠지지 않도록 그들 스스로 안식일을 주의 깊게 지켜야 한다.

② 민법적이며 사법적인 적절한 조치를 통해 안식일의 거룩성을 보호해야 한다.

③ 어떤 종류의 사람들이든지 간에 그들로 말미암아 안식일 준수가 방해 받을 수 있는 모든 종류의 법과 정부의 요구를 반대하고 제거해야 한다.

제119문 제4계명에서 금지된 죄는 무엇인가?

답 제4계명에서 금지된 죄는, 요구된 의무 중에 어느 것이라도 빠뜨리는 것과 이 의무를 부주의하고 태만하고 무익하게 이행함이다. 또 주일날 지쳐서 괴로워하는 것과 게으름을 피우거나 죄 된 일을 하는 것이며 또한 세상의 일과 오락에 대하여 필요 없는 일, 말, 생각 등을 하는 것으로 그날을 더럽히는 것이다.

1) 관련성구

- 겔 22:26: 의무를 수행하지 않는 것은 죄이다.
- 행 20:7-9: 예배시간 중의 무관심은 졸음에 빠질 수 있다.
- 겔 33:30-32: 신앙적 의무에 대한 부주의하고 게으르며 열매 없는 행위.
- 암 8:5: 안식일이 빨리 지나기를 바라면서 안식일을 불경하게 하는 것은 죄이다.
- 말 1:13: 안식일이 피곤한 일이라며 안식일 예배를 무시하는 것은 죄이다.
- 겔 23:38: 안식일 당일에 하나님의 성소를 더럽히는 것 자체가 죄이다.
- 렘 17:24, 27; 사 58:13-14: 일상생활의 불필요한 일과 말과 생각으로 안식일을 범하는 것은 죄이다.

2) 해설

(1) 십계명 중 어느 계명이 게으름의 죄를 금하고 있는가?

매 주 육일 동안 최선을 다하여 힘써 자기 일을 하라고 명령하는 제4계명이다.

(2) 왜 안식일을 '부주의하고 태만하고 무익하게 이행'하는 것이 죄가 되는가?

왜냐하면 하나님께서는 우리에게 형식적이고 기술적인 순종만을 원하지 않고 그의 모든 계명에 대한 영적 헌신과 순종을 원하시기 때문이다. 단순히 형식적인 안식일 준수는 위선만 낳을 뿐이다.

(3) 주일날 지쳐서 괴로워하거나 빨리 지나가기를 바라는 것은 왜 그릇된 것인가?

이러한 마음의 태도는 하나님의 것을 기뻐하거나 그것에 만족하지 못하는 이기적이며 세속적인 마음이기 때문에 그릇된 것이다.

(4) 게으름으로 안식일을 불경하게 하는 것은 왜 그릇된 것인가?

이것은 하나님께서 우리를 활동적이며 지성적으로 만드셨기 때문에 그릇된 것이다. 식물이나 나무는 살아있는 것과 성장하는 것 그 자체로 하나님께 영광을 돌린다. 그러나 인간은 식물이나 나무가 아니다. 그들은 하나님의 형상으로 지음 받은 살아있는 생령이다. 하나님께서는 대단히 활동적이시기 때문에 인간적 게으름으로 특별히 안식일 날의 게으름으로는 전혀 영광을 받으실 수 없는 분이시다.

(5) 안식일날 오후에 잠간 자는 것이나 산책을 나가는 것은 그릇된 일인가?

그렇지 않다. 잠간 낮잠을 자거나 산책을 하는 것은 적당하게 하기만 하면 부득이한 일로 간주되며 그것은 안식일 날 아침과 점심과 저녁을 먹는 것처럼 신체적 건강과 정신적 활성에 도움을 주는 것들이다. 안식일 날 우리 몸을 적당하게 하는 것은 그릇된 것이 아니다.

(6) 안식일날 물건을 사거나 팔기로 동의하거나 계약을 맺는 것은 그릇된 것인가?

확실히 이것은 그릇된 일이다. 안식일 날 물건을 사고파는 것은 잘못된 일이지만 단순히 사고 팔 것을 계약만 하고 실제 돈 거래는 다른 날 하면 그것은 죄가 되지 않는다고 생각하는 사람들이 있다. 그러나 실상은 구두로 하던 서면으로 하던 계약을 맺는 것 자체가 안식일 날 세상 사업을 하는 것이며 그것은 매우 잘못된 일이다.

(7) 예배당 의자에 앉아 설교가 진행되는 동안 다음 주의 사업계획을 구상하는 것은 그릇된 일인가?

물론 이런 행사는 오직 하나님과 그런 생각을 하는 당사자만 아는 비밀스런 죄라 할지라도 모두 악한 것이다. 오늘날 우리에게는 생각만 하는 것은 결코 죄가 아니라는 사상이 팽배하다. 그러나 성경은 우리가 우리의 말과 행동뿐만 아니라 생각까지도 책임이 있는 존재임을 교훈한다. 더욱이 우리는 노력과 자기 훈련을 통해 생각이 자기 마음대로 가지 않도록 우리 생각을 지배하는 것 역시 가능하다. 물론 이것을 성공적으로 수행하기 위해서는 성령 하나님의 능력이 필요하다.

(8) 오늘날 우리가 처한 만연된 상황은 안식일을 어떻게 홀대하고 있는가?
① '일요일' 영화, 스포츠, 세속적 라디오 방송 등을 포함하는 세상의 조심성 없고 막돼먹은 안식일의 상업화이다.
② 안식일은 단지 유대인에게만 적용되는 것이라고 주장함으로 안식일의 원리를 거부하는 그리스도인의 숫자가 증가하는 것이다.
③ 안식일에 대한 일반적인 경솔함이다. 이런 경솔함은 안식일의 원리와 의무를 신봉하고 고백하는 그리스도인들에게서 조차 발생하고 있다. 작금의 안식일 준수는 매우 건전하지 않다. 오직 신앙의 부흥과 안식일 준수의 의무에 관한 건전한 교훈만이 안식일을 회복하고 현대의 세상 속에서 안식일의 명예와 영광을 회복할 수 있을 것이다. 법률의 제정은 안식일의 모독을 막을 수는 있지만 그것만으로는 이를 성취할 수 없다. 오직 참된 기독교의 부흥만이 안식일의 회복을 가져올 것이다. 그렇지 않다면 안식일의 회복은 요원할 것이다.

제120문 제4계명을 더욱 더 잘 지키게 하려고 어떠한 이유가 부가되어 있는가?

답 제4계명을 더욱 더 잘 지키게 하려고 부가된 이유는, 하나님께서 칠일 중 육일을 허락하셔서 우리 자신의 일을 돌보게 하시고, 자기 자신을 위해서는 하루만을 남겨두신 이 계명의 공평성에 있으니 "엿새 동안은 힘써 네 모든 일을 행할 것이나"라고 하신 말씀에 나타나 있다. 또 "제 칠일은 너희 하나님 여호와의 안식일인즉" 이라고 하셔서 그날의 특별성에 대해 하나님께서 주의를 촉구하신데 있으며, 이는 "엿새 동안에 나 여호와가 하늘과 땅과 바다와 그 가운데 모든 것을 만들고 제 칠일에 쉬신" 하나님의 본을 받음에 있다. 하나님께서 이 날을 자기를 섬기는 거룩한 날로 거룩하게 하실 뿐 아니라 우리가 이 날을 거룩히 지킬 때 우리에게 복을 주시기로 정하심으로 하나님께서 이 날을 복되게 하신데 있다.

1) 관련성구
- **출 20:8-11:** 이 질문은 제4계명에 부가되어 있는 이유의 분석이다. 따라서 계명 그 자체 이외 또 다른 참조 성경 구절은 필요 없다.

2) 해설
(1) 얼마나 많은 이유가 제4계명에 부가되어 있는가?
네 가지 이유가 제4계명에 부가되어 있다.
① 하나님께서 7일 중 6일을 허락하셔서 우리 자신의 일을 돌보게 하시고, 자기 자신을 위해서는 하루만을 남겨두신 이 계명의 공평성 때문이다.
② 하나님께서 안식일을 제정하셨다는 특별한 주장 때문이다.
③ 하나님께서 친히 6일 동안의 창조 사역 이후 제7일 날 안식하심으로 모범을 보이셨기 때문이다.
④ 하나님께서 안식일을 축복하셨기 때문이다.

(2) "공평성"이란 무엇인가?
이것은 둘 또는 더 많은 단체 사이의 문제에 대한 공평함 또는 적당함을 의미한다.

(3) 하나님께서는 안식일 계명을 통해 어떻게 공평성을 나타내시는가?
하나님께서 7일 중 6일을 허락하셔서 우리 자신의 일을 돌보게 하시고, 자기 자신을 위해서는 하루만을 남겨두심으로 공평성을 나타내신다. 따라서 하나님께서는 우리에게 불가능한 것을 요구하지 않으신다. 만일 우리가 7일 모두를 하나님을 예배하는 일로 사용한다면 우리는 생계를 유지하기 위해 일할 시간이 없을 것이며, 우리의 신체와 정신 건강에 필요한 휴양과 사회적 교제의 시간도 없어지게 될 것이다.

(4) 오직 일주일에 한 날만 하나님을 예배하는데 전적으로 사용된다면 다른 6일은 우리가 원하는 대로 사용할 수 있는가?

절대로 그렇지 않다. 우리는 도덕적인 존재이며 항상 우리의 말과 생각과 행동에 책임을 져야 하는 존재이다. 나머지 육일은 우리의 노동과 행실을 통해 간접적으로 하나님을 영화롭게 하는데 사용되는 대신 안식일은 오직 하나님을 예배하는 일에만 사용된다. 우리의 일상생활과 직업은 오직 하나님께 영광 돌리는 일에 사용되어야 한다. 그러나 안식일은 오직 직접적으로 그리고 영적인 방식을 통해 하나님을 영화롭게 하고 예배하는 일에만 사용해야 한다.

(5) "그 날의 특별성에 대해 하나님께서 주의를 촉구하심"이란 표현은 무엇을 의미하는가?

현대 언어에서 이것은 "그 날이 하나님의 특별한 소유물이 됨을 하나님께서 주장하시는"것을 의미한다.

(6) 하나님께서는 안식일을 당신의 특별한 날로 주장할 권리가 있는가?

그렇다. 왜냐하면 하나님께서는 우리의 창조주이시며 주님이시기 때문이다. 하나님은 주권자이시며, 따라서 그는 당신의 피조물 중 그 어떤 것이라도 소유권을 주장하실 수 있는 분이시다.

(7) 안식일을 범하는 것은 왜 도적질과 같은 것인가.

왜냐하면 자신의 이기적인 유익을 위해 안식일을 범하는 자는 특별히 하나님께 속한 것을 도적질하는 것이기 때문이다. 그는 하나님의 소유물인 안식일을 착복하는 것이다.

(8) 하나님께서는 왜 6일 동안의 창조 이후 제7일째 되는 날 안식하셨는가?

이는 하나님께서 일 때문에 피로하셨거나 휴식이 필요하셨기 때문이 결코 아니다. 하나님은 전능하신 분이시며 창조사역은 그에게 전혀 피곤한 일이 아니었기 때문이다. 그러나 하나님께서 그렇게 하신 이유는 인류가 추구하고 따라야 할 모범과 신앙적 원리를 제시하기 위해서였다.

(9) 제7일째 안식하신 하나님의 모범은 어떻게 안식일이 유대인에게만이 아니요 모든 인류에게 적용되는 것임을 나타내는가?

이는 안식일이 단순히 하나님께서 이스라엘 백성들에게 특별한 계명을 주셨던 모세 시대가 아니라 세상의 창조 시에 시작된 것임을 나타낸다. 안식일은 이스라엘 백성의 첫 사람이었던 아브라함 이전 수천 년 전부터 하나님에 의해 제정된 것이다.

(10) 하나님께서 창조사역 이후 안식일에 안식하신 모범에는 어떤 특별한 신앙적 의미가 담겨 있는가?

히브리서 4:9-10을 보라. 안식일 날의 하나님의 안식은 장차 천국에서의 하나님의 백성의 영원한 안식을 상징하고 예표 한다.

(11) 천국에서의 하나님의 백성의 안식은 게으른 상태가 될 것인가?

그렇지 않다. 천국은 가장 완전한 안식과 가장 왕성한 활동의 상태가 될 것이다. 단지 죄 때문에 안식과 활동은 양립하지 못하는 것이다. 천국에서는 저주가 영원히 사라질 것이기 때문에 결코 피곤이나 피로나 지침이나 신체적 건강이나 정신적 건강의 회복이 필요가 없다. 요한계시록 4:8과 21:25을 보라. "그들이 밤 낮 쉬지 않고", "거기는 밤이 없음이라."

(12) 하나님께서 안식일 날 허락하신 축복은 무엇인가?

① 안식일은 하나님을 예배하는 날로 구별된 축복이다.
② 안식일은 우리에게 축복의 날로 지정되었다. 우리가 안식일을 하나님께서 의도하신 대로 즉 경외하는 마음으로 양심을 다해 영적 방식으로 준수하기만 하면 그 축복을 받게 될 것이다.

제121문 제4계명의 첫머리에 왜 '기억하라'는 말이 있는가?

답 제4계명의 첫머리에 '기억하라'는 말이 있음은 한편으로 안식일을 기억함에서 오는 유익이 크기 때문이다. 우리는 '기억함'으로 이 날을 지키려고 준비하는 일에 도움을 받는다. 안식일을 지킴으로 남은 모든 계명을 지키는데 도움이 된다. 이 날을 통하여 창조와 구속, 이 두 가지 큰 은혜를 계속하여 감사히 기억함은 보다 더 좋은 일이기 때문이다. 다른 한편으로는 우리가 이 날을 흔히 잊어버리기 쉽기 때문에 '기억하라'고 하셨다. 오히려 다른 때에 합당한 일이라도 안식일에는 우리의 본래의 자유를 제재하여야 한다. 안식일은 칠 일중에 단 한번만 오기 때문에 여러 가지 세상의 일이 우리들의 마음을 이 날에 대한 생각으로부터 빼앗아 가서 이 날을 준비하거나 이 날을 거룩히 하는 일에 지장이 있게 한다. 또 사단은 별 수단을 다 써서 이 날의 영광을 말살시켜 버리려 하고 심지어 이를 기억하지도 못하게 하여 모든 비종교적, 불경한 요소를 들어오게 하려 하기 때문이다.

1) 관련성구

- **출 20:8:** 기억하라는 단어는 안식일 계명의 첫 번째 단어이다.
- **출 16:23; 눅 23:54-56; 비교. 막 15:42; 느 13:19:** 안식일을 기억하는 것은 우리가 그것을 지키는 일을 도와준다.
- **시 92:13-14;** ("A시편으로서 안식일을 위한 노래이다") **겔 20:12, 19-20:** 안식일의 신실한 준수는 다른 모든 신앙적 의무를 더 잘 지키게 만들어준다.
- **창 2:2-3; 시 118:22-24; 비교. 행 4:10-11; 계 1:10:** 안식일을 기억하는 것은 신앙의 요약으로서의 하나님의 위대하신 창조사역과 구속사역을 생각하게 한다.
- **겔 22:26:** 우리는 본질상 안식일을 잊어버린다.
- **느 9:14:** 다른 모든 십계명보다 안식일 계명이 좀 더 경시된다. 따라서 안식일을 좀 더 쉽게 홀대하고 간과할 경향이 있다. 안식일에 대한 우리의 지식은 전적으로 성경에 좌우된다.
- **출 34:21:** 안식일의 계명은 다른 때에 합법적인 일이라도 안식일 날에는 우리의 본래적 자유를 제한한다.
- **신 5:14-15; 암 8:5:** 주중의 세상적 사업은 종종 우리 마음을 안식일에서 뺏어가며 안식일을 올바르게 준수하지 못하게 한다.
- **애 1:17; 렘 17:21-23; 느 13:15-23:** 사단과 그의 종들은 영적인 안식일 준수를 방해하며 안식일 제정을 파괴하려고 시도한다.

2) 해설

(1) 십계명 가운데 얼마나 많은 계명들이 "기억하라"는 단어로 시작하는가?

오직 한 가지 계명, 즉 제4계명인 안식일 계명뿐이다.

(2) 안식일을 기억하는 일은 어떤 유익을 가져오는가?

그것을 기억하지 않고서는 안식일을 올바로 지킬 수 없다. 만일 우리가 그것을 먼저 생각하고 주중에 그것을 마음에 두고 있다면, 우리는 안식일을 지켜야 할 마땅한 마음 상태로 더 잘 지키게 될 것이다. 만일 우리가 주중에 전혀 안식일을 생각조차 하지 않는다면 그 안식일 날 하나님께 속한 것에 헌신하기는 매우 어려울 것이다.

(3) 안식일을 지키는 일은 다른 신앙적 의무를 어떻게 더 잘 지키게 도와주는가?

안식일의 영적 준수는 우리를 하나님과 계속 교제케 한다. 우리가 진정으로 하나님과 교제 가운데 있다면 다른 모든 신앙적 의무들은 좀 더 진지하고 기꺼운 마음으로 수행될 것이다. 그러나 우리가 안식일에 태만하다면 하나님과의 교제는 약화될 것이고 우리 역시 해야 할 의무를 소홀히 하게 될 것이다.

(4) 안식일날 우리의 마음이 생각해야 할 가장 큰 두 가지 일은 무엇인가?

대요리문답이 우리에게 말하고 있는 창조와 구속의 사역은 '신앙의 간략한 요약'을 포함한다. 창조와 구속이라는 하나님의 이 두 가지 사역은 성경 전체의 주제를 구성한다. 성경은 하나님의 창조와 구속사역의 영감된 기록이다. 하나님께서는 창조사역을 마치셨을 때 안식일을 제정하셨고 우리 구주 예수 그리스도께서 안식 후 첫날 죽음에서 부활하셨기 때문에 안식일은 우리 마음에 하나님의 이 두 가지 사역을 상기시키고 있는 것이다.

(5) 우리가 안식일을 기억하는 것은 왜 특별히 필요한 일이 되는가?

왜냐하면 우리가 그것을 매우 쉽게 잊어버리기 때문이다. 모든 그리스도인들은 성경뿐만 아니라 자신의 경험을 통해 이것을 깨달아야 한다. 안식일을 기억하여 거룩히 지키라는 계명처럼 더 잊어버리기 쉬운 계명도 없기 때문이다.

(6) 안식일을 잊어버리는 일은 왜 그렇게 쉬운가?

하나의 이유는 자연계시가 안식일에 대해 많이 말하지 않기 때문이다. 우리는 자연계시를 통해 우리 시간의 한 부분을 우리 창조주이신 하나님께 드려야 한다는 것만 알뿐이다. 우리는 어떤 시간을 정확히 어떻게 하나님을 향하여 사용해야 하는지 알지 못한다. 우리는 이러한 지식에 대해서 하나님의 특별계시인 성경을 통해서만 전적으로 알 수 있다. 자연계시는 살인을 저지르는 것이 그릇된 것임을 알려주지만 일주일 중의 한 날을 하나님께 예배하는 거룩한 날로 사용하라는 것은 교훈해 주지 않는다. 따라서 살인하지 말라는 계명보다 안식일 계명을 잊어버리기가 더 쉬운 법이다.

(7) 왜 많은 사람들이 안식일 계명을 합당하지 못한 무거운 짐으로 여기는가?

안식일 계명이 다른 날에 합법적인 문제에 대한 우리의 본래의 자유를 제한하기 때문이다. 물건을 사거나 팔거나 하는 일, 직장에서의 일, 스포츠와 다른 여흥에 관계하는 일 등은 그 자체로 그릇된 것이다. 주중의 다른 날에는 이러한 일들이 합법적인 일이지만 안식일 날에는 매우 그릇된 일이 된다. 그러나 오늘날 많은 사람들이 6일 동안의 사업과 쾌락으로 만족하지 못한다. 그들은 7일 모두를 원한다. 안식일이 바로 이러한 욕망을 방해하기 때문에 많은 사람들이 안식일을 합당하지 못한 무거운 짐으로 여기는 것이다. 안식일을 향하여 이러한 태도를 가진 자들은 안식일을 소홀히 여기고 그것을 쉽게 잊어버리는 경향이 있다.

(8) 안식일이 일주일에 한 번씩만 있다는 사실이 어떻게 그것을 잊어버리기 쉽게 만드는가?

만일 안식일이 이틀이나 삼일 만에 돌아온다면 안식일과 안식일 사이에는 하루 이틀밖에 없으며 따라서 안식일을 우리 기억에서 잊어버리지 못할 것이다. 그러나 안식일 사이에 6일이나 있기 때문에 온갖 세상 업무와 활동으로 인해 안식일을 잊어버리기가 쉽다. 그러므로 안식일 계명에 기억하라는 단어를 사용한 것은 하나님의 지혜인 것이다.

(9) 사단은 왜 그의 종들과 함께 별 수단을 다 써서 이 날의 영광을 말살시켜 버리려 하는가?

사단은 그의 왕국의 종들과 함께 하나님과 하나님의 왕국을 대적하기 위하여 오랫동안 전쟁을 벌여왔다. 하나님의 왕국은 영적인 나라이며 이 왕국은 영적인 무기와 방법으로 보호되고 전파된다. 하나님의 왕국의 참된 확장은 자신의 죄를 회개하고 하나님을 신실하고 충성스럽게 섬기게 만드는 그리스도를 향한 사람들의 회심에 달려 있다. 이런 것들은 주로 복음 설교 사역과 하나님을 향한 공사간의 예배 그리고 성경공부와 성례와 기도 등에 달려 있다. 이러한 신적인 규례들은 주중에는 거의 경험할 수 없는 것들이다. 이것들은 적당한 시간과 주의를 끌 수 있는 안식일날 가능한 것이다. 사단은 물론 이것을 잘 깨닫고 있으며, 안식일을 무너뜨리기만 하면, 복음 설교와 신적 예배의 규례가 소홀하게 될 것을 잘 알고 있다. 만일 복음 설교와 신적 예배에 대한 규례가 소홀해지면 하나님의 왕국은 성장할 수 없다. 만일 하나님의 왕국이 성장하지 않는다면 사단의 왕국이 저지되지 못할 것이다. 만일 사단의 왕국이 저지되지 않는다면 사단은 이 세상에서의 그의 사악한 목적을 성취할 수 있게 된다. 따라서 우리는 안식일이 추상적이며 합당하지 못한 하나님의 계명이 아니라 위대한 목적을 성취하며 사단의 왕국과 악의 홍수를 대항하는 성채를 쌓는 계명이라는 것을 명심해야 한다. 우리는 이러한 사상과 함께 안식일에 대한 공부를 마무리해야 한다.

제13과
다른 사람을 향한 의무에 대한 하나님의 뜻

제122문 사람에 대한 우리의 의무를 포함하는 나머지 여섯 가지 계명의 대강령은 무엇인가?
　답　사람에 대한 우리의 의무를 포함하는 나머지 여섯 가지 계명의 대강령은, 우리 이웃을 내 몸같이 사랑하며 남에게 대접을 받고자 하는 대로 우리도 남을 대접하는 것이다.

1) 관련성구
- 마 22:39: 그리스도에 의해 요약된 십계명의 두 번째 돌판.
- 마 7:12: 그리스도께서 요약하신 다른 사람을 향한 신자의 의무로서의 '황금률'.

2) 해설
(1) 다른 사람들을 향한 우리의 의무를 다루고 있는 십계명의 부분은 무엇인가?
제5계명부터 시작되는 마지막 여섯 개의 계명으로서 사람에 대한 우리의 의무를 다루는 흔히 '율법의 두 번째 돌판'이라 불리는 계명이다.

(2) 십계명의 둘째 돌 판에는 이웃을 향한 우리의 어떤 태도가 요구되고 있는가?
우리 이웃을 향한 사랑의 태도와 우리 자신과 같이 그들을 사랑하라는 것이다.

(3) 우리 자신을 사랑하는 것은 그릇된 것인가?
그렇지 않다. 우리 주님의 말씀은 우리 자신을 사랑하는 것이 하나님을 사랑하고 우리 이웃을 사랑하는 일과 균형을 이루기만 하면 그릇된 것이 아니라는 것을 암시한다. 하나님 사랑에 종속되는 것이요 이웃을 사랑하는 것과 동격을 이루는 것으로서의 자신을 사랑하는 것이 바로 우리의 참된 의무이다.

(4) 십계명의 둘째 돌 판에는 이웃을 향한 우리의 어떤 행동이 요구되고 있는가?
율법의 두 번째 돌 판은 이웃이 우리에게 어떻게 행동하길 원하는 그대로 우리가 그들에게 행할 것을 요구한다. 따라서 단순히 태도 이상의 것이 요구되어 있다. 이웃을 향한 우리의 사랑의 태도는 우리 이웃의 복지를 위한 구체적인 행동으로 나타나야만 한다.

(5) 그리스도께서 '황금률'을 말씀하셨을 때, 그는 이전에 알려지지 않은 어떤 새로운 계명을 제시한 것인가?

그렇지 않다. "이것이 율법이요 선지자의 대 강령이니라"고 하신 부가된 말씀이 암시하듯 '황금률'의 의미와 본질은 이미 구약에 포함되어 있는 것이다.

(6) 우리의 이웃은 누구인가?

선한 사마리아인의 비유는 이 질문에 대한 답을 제공해준다(눅 10:25-37). 간단히 말하자면 우리 이웃은 그가 누구든지 관계없이 우리의 도움을 필요로 하는 모든 사람들이다. 우리들은 우리 자신과 같은 사람들에게 친절을 베풀고 교제해야 할뿐만 아니라 그들이 누구인지 관계없이 우리에게 도울 힘만 있다면 궁핍과 고통 중에 있는 모든 사람들에게도 친절과 자비를 베풀어야 한다.

(7) 오늘날 '황금률'은 어떻게 오용되는가?

오늘날 그들에게 필요한 모든 종교에 황금률이 있다고 말하는 사람들이 점점 늘고 있다. 이것은 그들이 전혀 죄에 대해 심각하게 생각하지 않고 구세주의 필요성을 느끼지 않으며 자신들의 선한 삶을 통하여 구원받을 수 있다고 자신하는 것과도 같다. 이러한 태도는 영적 교만의 극치이며, 하나님을 업신여기는 것이며 예수 그리스도 안에 있는 무조건적인 은혜를 멸시하는 처사이다.

(8) 그리스도인이 아닌 자들도 황금률을 지킬 수 있는가?

절대로 그럴 수 없다. 그것을 지키는 동기가 하나님을 향한 사랑과 하나님의 뜻을 준수하겠다고 하는 소원이 아니라면, 우리는 결코 황금률을 지키는 것이 아니다. 이기적인 이유나 인도주의적인 차원에서 황금률을 '준수'하는 자들은 전혀 황금률을 지키는 자가 아니다. 성령으로 거듭나지 않고 하나님을 향한 사랑이 그들의 마음에 새겨지지 않는 한 황금률을 지킬 수 있는 사람은 아무도 없다.

제123문 제 오계명은 무엇인가?

답 제 오계명은 "네 부모를 공경하라. 그리하면 너의 하나님 나 여호와가 네게 준 땅에서 네 생명이 길리라"하신 것이다.

제124문 제5계명에 있는 부모는 누구를 뜻하는가?

답 제5계명에 있는 부모는 혈육의 부모뿐 아니라 연령과 은사에 있어서 모든 윗사람과 특히 하나님의 규례에 의하여 가정, 교회, 국가를 막론하고 우리 위에 권위의 자리에 있는 자들을 뜻한다.

1) 관련성구

- **잠 23:22, 25; 엡 6:1-2:** 제5계명에 있는 아버지와 어머니라는 용어는 우리의 육신적 부모를 포함한다.
- **딤전 5:1-2:** 제5계명에 있는 '아버지'와 '어머니'는 연령에 있어서 우리 윗사람을 포함한다.
- **창 4:20-22; 45:8:** 제5계명에 있는 아버지와 어머니는 은사에 있어서 우리의 윗사람을 포함한다.
- **왕하 5:13:** '아버지'와 '어머니'는 가정에서 우리를 다스리는 모든 사람을 포함한다.
- **왕하 2:12; 13:14; 갈 4:19:** '아버지'와 '어머니'는 교회에서 우리를 다스리는 모든 사람을 포함한다.
- **사 49:23:** '아버지'와 '어머니'는 국가에서 우리를 다스리는 모든 사람을 포함한다.

2) 해설

(1) 제5계명에 있는 '아버지'와 '어머니'의 분명하고도 제일의 의미는 무엇인가?
분명하고도 제일 되는 의미는 우리의 육신적 부모이다.

(2) 그렇다면 제5계명은 우리의 의무가 육신적 부모에게만 제한되는가?

그렇지 않다. 성경에 나타난 아버지와 어머니의 용법은 제5계명이 대요리문답이 언급하고 있는 여러 종류의 사람들을 포함하는 광의적인 의미를 지니고 있음을 암시한다.

(3) '연령에 있어서 윗사람'은 무엇을 의미하는가?

이는 우리보다 나이가 많은 사람들을 의미한다.

(4) '은사에 있어서 윗사람'은 무엇을 의미하는가?

이는 하나님에 의해서 인간 삶의 특정한 분야에 특별한 능력이나 숙련을 부여받은 자들을 의미한다.

(5) '하나님의 규례'라는 표현은 무슨 의미인가?

'하나님의 규례'는 권위의 행사에 대한 하나님의 지정을 의미한다. 예를 들면, 교회가 사람들에 의해 선출된 목사와 장로에 의해 다스려지는 것은 하나님의 규례이지만 그들의 권위는 그리스도로부터 받는다.

(6) 하나님의 규례는 특별히 인간의 삶의 어떤 국면에 권위를 행사하게 하는가?

하나님의 규례는 특별히 세상에 있는 세 가지 신적인 기관, 즉 가정과 교회와 국가에서 그 권위를 행사하게 한다.

제125문 왜 윗사람들을 부모라 칭해야 하는가?

답 윗사람들을 부모라 칭함은 육신의 부모같이 아랫사람들에 대한 모든 의무를 가르쳐 인륜관계에 따라 아랫사람들을 사랑으로 부드럽게 대하게 하고 아랫사람들은 마치 그들 자신의 부모에게 하듯 자기 윗사람들에 대한 의무를 더욱 더 자원하는 마음으로 즐겁게 행하게 하려함이다.

1) 관련성구
- 엡 6:4; 고후 12:14; 살전 2:7-8, 11; 민 11:11-12: 부모의 의무는 그들의 자녀들을 사랑으로 부드럽게 대하는 것이다.
- 고전 4:14-16; 왕하 5:13: 아랫사람들은 마치 그들 자신의 부모에게 하듯 자기 윗사람들에 대한 의무를 더욱 더 자원하는 마음으로 즐겁게 행해야 한다.

2) 해설

(1) 대요리문답의 이 질문은 인간 사회의 권위에 있는 자들에 관해 어떤 진리를 교훈하는가?

이 질문은 우리에게 가정과 교회와 국가와 같은 인간사회의 모든 권위의 자리가 가정의 육신적 부모의 위치와 같음을 교훈하며 이런 유사성으로 인해 특정한 의무와 연관되어 있다.

(2) 가정과 교회와 국가의 권위의 자리에 있는 자들에게는 어떤 의무가 있는가?

그들은 자신들의 권위 아래 있는 자들에게 사랑과 온유와 부드러움으로 의무를 행사해야 한다.

(3) 대요리문답은 왜 '인륜관계를 따라'라는 구절을 첨가하는가?

이 구절은 권위를 가진 자들이 견지해야 할 사랑과 온유함의 태도가 여러 관계에 존재하는 다른 의무들을 폐지하지 않기 때문에 필요한 것이다. 사랑과 부드러움의 의무는 판사가 범죄한 죄인에게 형벌을 하지 않는다거나 사람들이 그들의 법적인 납세의 의무를 강요받지 말아야 함을 암시하는 것이 아니다. '사랑으로 부드럽게'라는 말은 그들의 의무의 수행을 대체하는 말이 아니라 그 수행의 태도와 방식에 대한 모든 의무를 의미한다.

(4) 가정과 교회와 국가의 권위에 종속되어 있는 자들에게는 어떤 의무가 있는가?

그들을 다스리는 자들 즉 그들의 부모에게 기꺼이 그리고 유쾌하게 순종하듯 그들을 향해 자신의 의무를 수행하는 것이다. 따라서 하나님의 계명은 가정과 교회와 국가의 합법적인 권위에 순종함을 요구할 뿐 아니라 그것을 기꺼이 그리고 유쾌한 마음의 태도로 수행하는 것을 요구한다.

제126문 제 오계명의 일반적 범위는 무엇인가?

제 오계명의 일반적 범위는 아랫사람, 윗사람 혹은 동등자들로서 상호관계에 있어서 우리가 서로 지고 있는 의무를 행하는 것이다.

1) 관련성구
- 엡 5:21; 벧전 2:17; 롬 12:10: 인간사회에는 여러 가지 상호적인 의무가 있다.

2) 해설

(1) 권위의 정도에 있어서 서로 다른 사람들 간에 가능한 세 가지 관계는 무엇인가?

① 한 교회 안의 두 장로처럼 동일한 권위를 가진 두 사람은 서로 협력관계에 있다.

② 부모와 자녀 그리고 국가 공무원과 일반 시민의 관계처럼 어떤 사람은 다른 사람에 대해 권위를 행사할 수 있다.

③ 자녀가 부모에게 또는 시민이 통치자에게 종속적인 것처럼 어떤 사람은 다른 사람의 권위에 종속적 관계에 있을 수 있다.

(2) 이런 다양한 인간 사회의 관계에 있어서 제5계명이 요구하는 것은 무엇인가?

제5계명은 가정과 교회와 국가와 같은 인간 사회의 모든 의무가 적절하고 올바른 태도에 의해 수행될 것을 요구한다. 이어지는 대요리문답의 6개의 질문(제127문-제132문)은 이것을 상세하게 설명하고 있다.

제127문 아랫사람들이 윗사람들에게 어떻게 존경을 표시해야 할 것인가?

답 아랫사람들이 윗사람들에게 표시해야 할 존경은 언행심사 간에 모든 합당한 경의와 그들을 위한 기도와 감사, 그들의 덕행을 본받음과 그들의 합법적인 명령과 권고에 즐거이 순종함과 그들의 징계에 당연히 굴복함과 그들의 여러 등급 및 그들의 지위의 성질에 따라 윗사람들의 인물과 권위에 충성하고 옹호하며 지지함과 그들의 연약성을 참고 이를 사랑으로 덮음으로써 그들로 하여금 그들과 그들의 통치에 영예가 되게 함이다.

1) 관련성구

- **말 1:6; 레 19:3, 32; 잠 31:28; 왕상 2:19:** 윗사람들은 마땅한 존경을 받아야 한다.
- **딤전 2:1-2:** 우리는 우리를 다스리는 자들을 위해 기도와 감사의 의무를 다해야 한다.
- **히 13:7; 빌 3:17:** 우리는 우리를 다스리는 자들의 덕행과 선행을 본받아야 한다.

- 엡 6:1-2, 5-7; 벧전 2;13-14; 롬 13:15; 히 13:17; 잠 4:3-4; 23:22; 출 18:19, 24: 우리는 우리를 권위로 다스리는 자들의 합법적인 명령과 권고에 대한 기꺼운 순종의 의무가 있다.
- 창 16:6-9; 히 12:9; 벧전 2:18-20: 우리는 우리를 경책하는 권위자들에게 복종할 의무가 있다.
- 딛 2:9-10; 삼상 26:15-16; 삼하 18:3; 에 6:2; 마 22:21; 롬 13:6-7; 딤전 5:17-18; 갈 6:6; 창 45:11; 47:12: 우리는 우리를 다스리는 자들에게 충성하고 그들을 옹호하며 지지해야 할 의무가 있다.
- 벧전 2:18; 잠 23:22: 권위의 자리에 있는 자들의 까다로움과 연약성을 인내할 의무가 있다.
- 시 127:3-5; 잠 31:23: 우리를 다스리는 자들의 통치를 존경하는 것은 하나님의 뜻이다.

2) 해설

(1) 권위에 있는 윗사람들을 향한 우리의 태도는 무엇이어야 하는가?

그들에게 합당하게 경의를 표하는 '마땅한 존경'의 태도를 취해야 한다.

(2) 이 합당한 경의의 태도는 어떻게 표현되어야 하는가?

우리를 다스리는 윗사람에 대한 합당한 경의의 태도는 마음과 생각의 태도만이 아니라 '말과 행동'으로 표현되어야 한다.

(3) 윗사람들을 존경함과 관계된 신앙적 예배의 의무는 무엇인가?

그들을 위한 기도와 감사의 의무이다.

(4) 우리는 그들의 성품이나 행위에 관계없이 윗사람들의 모범을 따라야 하는가?

그렇지 않다. 우리는 '그들의 덕과 행동'을 본받아야 한다. 말하자면 우리는 하나님의 말씀의 교훈과 요구와 부합될 때에만 그들의 모범을 따라야 한다는 말이다

(5) 그들의 합법적인 명령과 권고에 대한 우리의 마땅한 태도는 무엇인가?

우리는 그들의 명령과 권고가 합법적이고 하나님의 계명과 일치되기만 하면 그것에 대한 기꺼운 순종의 자세를 견지해야 한다.

(6) 하나님의 계명과 모순되는 명령을 순종하는 것은 우리의 의무가 되는가?

그렇지 않다. 성경에 계시된 하나님의 계명은 옳고 그름에 대한 궁극적 표준이다. 하나님의 계명과 모순되는 그 어떤 명령도 사람을 속박할 수는 없다. 하나님의 계명 이외의 명령에 순종하는 것 역시 우리의 의무가 된다. 그러나 하나님의 계명과 배치되는 그 어떤 명령도 우리의 의무가 될 수 없다. 하나님의 계명은 인간의 계명과 명령을 순종하게 함으로 하나님의 계명의 위반을 요구하지 않는다.

(7) 윗사람들의 징계에 대해 우리는 어떤 태도를 취해야 하는가?

'그들의 징계에 당연히 순종함'의 태도를 취해야 한다. 즉 우리가 그들에 의해 합법적으로 징계를 당할 때 고집스럽게 우리가 옳을 것이라고 느끼고 주장하는 대신 우리의 실수와 연약성을 인정하는 것이다.

(8) 하나님의 섭리로 우리를 다스리게 된 '인물과 권위'에 대해 우리는 어떤 의무를 지니는가?

충성과 옹호와 지지이다. 이러한 의무들의 정확한 본질과 범위는 각각의 관계에 따라 결정된다. 따라서 자녀가 부모에게 보여야 할 충성은 시민이 국가에 보일 충성과는 동일하지 않다. 마찬가지로 육신적 부모에게 보이는 옹호와 지지는 국가에게 보이는 그것과 동일하지 않은 것이다.

(9) 우리를 다스리는 윗사람의 연약성을 향한 우리의 태도는 어떠해야 하는가?

① '그들의 연약성'을 참고 인내하는 태도이다.

② 그것들을 '사랑으로 덮는' 사랑의 태도이다. 즉 그들의 실수와 연약을 합법적으로 가리고 덮어주는 것이다. 따라서 '그들로 하여금 그들과 그들의 통치에 영예'가 되게 해야 한다. 이는 반드시 모든 실수와 잘못을 감추고 고통스럽게 인내해야 한다는 말이 아니다. 그러나 어떤 경우에는 윗사람들의 비행을 폭로하고 항거하는 더 높은 충성이 요구되기도 한다. 그들의 비행을 국가나 교회의 법적 기관에 보고하는 것도 우리의 의무이다. 대요리문답은 악명 높은 비행으로서의 '연약성'이 아니라 오래 참고 사랑으로 덮어주고 인내해야 할 실수와 인품의 연약을 말하고 있는 것이다.

제128문 아랫사람들이 윗사람에 대하여 범하는 죄는 무엇인가?

답 아랫사람들이 윗사람들에게 짓는 죄는 그들에게 요구된 의무를 소홀히 함과 합법적인 권고와 명령과 징계에 거슬리는 것과 그들의 인물과 지위를 시기하고 경멸하고 반역함과 그들과 그들의 다스림에 치욕과 불명예로 판명되는 그런 모든 수치스러운 태도 등이다.

1) 관련성구
- 마 15:4-6: 윗사람들을 향해 요구된 의무를 소홀히 하는 것은 죄이다.
- 민 11:28-29; 삼상 8:7; 사 3:5; 삼하 15:1-12: 아랫사람이 윗사람을 시기하고 경멸하고 반역하는 것은 죄이다.
- 출 21:15; 삼상 2:25; 10:27; 신 21:18-21: 윗사람과 그들의 인물과 지위에 있어서 합법적인 권고와 명령과 징계에 거슬리는 것은 죄이다.
- 잠 30:11, 17; 19:26: 윗사람과 그들의 다스림에 치욕과 불명예로 판명되는 모든 수치스러운 태도는 죄이다.

2) 해설
(1) 예수님께서는 바리새인과 서기관들에게 윗사람을 향한 의무를 소홀히 하는 어떤 죄를 정죄하셨는가?

예수님께서는 하나님께 드림이 되었다고 하는 것을 핑계로 궁핍한 부모를 돕지 않는 것을 격려하고 합리화하는 자들을 정죄하셨다(마 15:4-6).

(2) 윗사람의 인물과 지위를 시기하는 죄는 무엇을 의미하는가?

이는 하나님께서 당신의 섭리 가운데 그들에게 준 것을 자신에게는 주지 않았다고 분개하는 감정이다. 시기하는 것은 하나님의 섭리에서 오류를 찾는 것과 같다.

(3) 윗사람의 권위를 경멸하는 죄는 무엇을 의미하는가?

경멸이란 어떤 사람을 낮게 보거나 멸시함으로 그가 가진 권위를 무시하면서 그 명령에 불순종하는 것이다. '법정모독죄'라는 일반적인 용어가 이 의미를 잘 나타내준다.

(4) 윗사람의 권위를 반역하는 죄는 무엇을 의미하는가?

반역이란 우리가 인식하고 영예를 돌려야 할 권위를 향한 경멸의 극단적인 형태이다. 자신들을 다스리는 자들을 향해 반역을 일으키는 자는 더 이상 그들의 권위를 인정하지 않는다. 따라서 압살롬은 그의 아버지이자 합법적인 왕이었던 다윗을 향하여 반역을 일으킨 것이다.

(5) 어떤 종류의 권고와 명령과 징계를 존중하고 순종해야 하는가?

우리를 다스리는 윗사람의 합법적인 권고와 명령과 징계이다. 따라서 산적이나 노상강도의 명령은 그들의 권위가 합법적이지 않기 때문에 순종하거나 영예를 돌릴 필요가 없다. 재산법에 배치되는 국가공무원의 명령 역시 합법적인 명령이 아니기 때문에 순종할 필요가 없다. 뿐만 아니라 성경에 위배되는 것은 그 어떤 명령이라도 순종할 필요가 없다. 왜냐하면 하나님의 말씀에 위배되는 것은 그 어떤 것이라도 합법적인 것이 아니기 때문이다.

(6) 저주하고 조롱하는 것은 무엇을 의미하는가?

이 용어들은 다음과 같은 내용을 의미한다.
① 엄밀한 의미에서의 저주, 즉 저주받는 사람에게 악이 임하게 해 달라는 헛된 소망과 기도에 하나님의 이름을 사용하는 것을 의미한다. 또한 하나님의 이름이 실제로 언급되지 않더라도 죄악적인 소원과 기도를 뜻한다.
② 윗사람들의 권위와 명령과 징계를 진지함과 존경으로 대하는 대신 모멸과 조롱과 경멸과 무시의 대상으로 삼는 것을 의미한다.
③ 말보다 더 큰 소리를 내는 행동으로 우리를 다스리는 자들을 무시하고 경멸하는 것을 의미한다. 따라서 어떤 사람은 한마디 말도 하지 않지만 그의 부모와 또는 윗사람들을 부당하고 교정할 수 없는 행동과 삶의 방식을 통하여 저주하고 멸시하기도 하는 것이다. 이 모든 악한 경향들은 윗사람과 그들의 권위에 수치와 치욕과 불명예를 불러온다.

제129문 아랫사람들에 대하여 윗사람들에게 요구되는 것은 무엇인가?

답 윗사람들에게 요구되는 것은 하나님에게서 받은 권세대로 그들이 인륜관계에 따라서 아랫사람들을 사랑하고 위하여 기도하고 축복하며 그들을 가르치고 권고하고 훈계하며 잘 하는 자들을 격려하고 칭찬하고 포상하며 잘못하는 자들을 바로 잡아 책망하고 징벌하는 일이다. 또 영육 간에 필요한 모든 것을 그들을 위하여 공급하고 예비하며, 정중하고 지혜롭고 거룩하고 모범적인 행위로 하나님께 영광 돌리고 자신들에게 영예가 있게 하여 하나님께서 그들에게 주신 권위를 보존하는 것이다.

1) 관련성구

- **골 3:19; 딛 2:4; 삼상 12:23; 욥 1:5; 왕상 8:55-56; 히 7:7; 창 49:28:** 아랫사람들을 사랑하고 위하여 기도하며 축복하는 것은 윗사람들의 의무이다.
- **신 6:6-7; 엡 6:4:** 아랫사람들을 가르치고 권고하며 훈계하는 것은 윗사람들의 의무이다.
- **벧전 3:7; 2:14; 롬 13:3; 에 6:3:** 잘 하는 자들을 격려하고 칭찬하고 포상하는 것은 윗사람들의 의무이다.
- **롬 13:3-4; 잠 29:15; 벧전 2:14:** 윗사람들은 잘못하는 자들을 바로 잡아 책망하고 징벌하는 의무가 있다.
- **욥 29:12-17; 사 1:10, 17; 엡 6:4; 딤전 5:8:** 윗사람들은 반드시 아랫사람들의 영육 간에 필요한 모든 것을 그들을 위하여 공급해야 한다.
- **딤전 4:12; 딛 2:3-5:** 윗사람들은 반드시 모범적인 행위를 통하여 하나님께 영광 돌리게 해야 한다.
- **왕상 3:28; 딛 2:15:** 윗사람들은 반드시 모범적인 행위로 자신들에게 영예가 있게 하여 하나님께서 그들에게 주신 권위를 보존해야 한다.

2) 해설

(1) 대요리문답의 이 질문이 제시하는 원리는 무엇인가?

이 질문이 제시하는 원리는 권위에는 언제나 책임이 동반된다는 것이다. 상응하는 책임이 없는 합법적인 권위는 없는 법이다. 권위가 더 높고 클수록 그에 상응하는 책임도 큰 법이다. 가정과 교회와 국가에서의 윗사람들은 그들의 권위 사용에 대하여 하나님 앞에 책임을 져야 한다.

(2) 윗사람들의 책임은 모든 경우에 다 동일한가?

그렇지 않다. 그들의 책임은 하나님으로부터 받은 내용과 자연적인 관계에 따라 다르다. 따라서 국가의 통치자는 도시의 시장과는 다른 종류의 책임을 가진다. 가정에서의 부모의 책임은 교회에서의 목사나 장로의 책임과는 다르다. 권위가 있는 곳에는 언제나 책임이 있기 때문에 각각의 경우 책임이 존재하는 법이다. 그러나 그 책임의 정도와 성격은 각각의 경우에 따라 다른 법이다.

(3) 아랫사람을 향한 윗사람이 행해야 할 마땅한 태도는 무엇인가?

인륜관계에 따라서 그들의 복지를 위하여 아랫사람들을 사랑하고 위하여 기도하고 축복하며 그들을 가르치고 권고하고 훈계하는 태도이다.

(4) 아랫사람의 교육에 관한 윗사람의 책임은 무엇인가?

'그들을 가르치고 권고하고 훈계'하는 것이다. 즉 지식으로 교화하고 문제를 조언하며 악을 경고하는 것이다. 이 기능들은 특정한 관계의 상황에 따라 요구되는 기능들이다. 국가의 통치자나 교회의 목사나 장로 그리고 가정의 부모는 모두 다 다른 환경과 상황과 관계 속에서 '가르치고 권고하고 훈계'하는 책임을 지니고 있다.

(5) 자기 일을 잘 하는 자들을 향한 윗사람의 책임은 무엇인가?

그들을 '격려하고 칭찬하고 포상'하는 책임이다. 즉 그들의 행위를 승인하고 말로 칭찬하며 적절하게 상을 내리는 것이다. 이런 일을 통해서 옳은 일을 행하도록 격려하는 것이다.

(6) 자기 일을 잘 못하는 자들을 향한 윗사람의 책임은 무엇인가?

그들을 '바로 잡아 책망하고 징벌'하는 일이다. 즉 그들의 행위를 억제하고 말로 경책하며 필요하다면 적절한 형벌을 통하여 그들을 징계하는 일이다.

(7) 아랫사람에게 공급해고 예비해야 야 할 윗사람의 책임은 무엇인가?

그들은 어떤 상황이든지 아랫사람을 보호해야 하며 그들의 힘으로 '영혼과 신체에 필요한 모든 것'을 공급하고 예비해 주어야 한다. 물론 공급과 예비의 종류와 정도 역시 각각의 관계되는 상황에 따라 다르다. 국가는 국내와 국외의 호전적인 적들과 범죄자들의 폭동으로부터 국민들을 보호할 책임이 있다. 교회는 영혼을 파괴하는 거짓 교리와 이단들로부터 성도들을 보호해야 하며 하나님의 말씀과 배치되는 모든 종류의 선전을 막아야 한다. 가정의 가장은 그의 힘이 허락하는 모든 한도 내에서 그릇되고 해로우며 파괴적인 모든 것들로부터 가족을 보호해야 한다. '영육 간에 필요한 모든 것'의 공급에 관해서도 역시 유사한 구분이 필요하다. 가정의 가장은 가족들에게 음식과 의복과 안식할 집과 의료적 지원뿐만 아니라 적절한 교육과 신앙적 교육을 공급해야 한다. 교회의 책임은 주로 영적인 국면에 있는데 하나님의 말씀의 신실한 설교와 성례의 정당한 시행 그리고 차별 없이 시행되는 권징의 적절한 시행이 그것이다. 일반적으로 교회는 성도들에게 음식이나 의복이나 안식처 등을 제공하는 단체가 아니다. 그러나 정말로 궁핍한 경우에 한해서는 집사들을 통하여 믿음의 가정들에게 이러한 생필품들을 제공하는 것 역시 교회의 의무가 된다. 국가의 경우 그 의무는 주로 개인과 가정과 교회의 자유와 안전을 보장하고 유지하는 것이며, 공의를 시행함에 있어서 공평정대하게 하는 것이며, 비상사태의 경우 대중적인 복지를 공급하는 것이다. 부모들이 그들의 자녀를 위한 적절한 교육을 제공하지 못할 경우 국가가 바로 그 사명을 감당해야 하며 그것을 수행하는 방식에 있어서도 하나님께 책임을 져야 한다. 한시적인 도움이 필요한 비상사태의 경우를 제외하고서는 사람들에게 음식과 의복과 집을 제공하는 것은 국가의 기능이 아니다. 오히려 성경에 의하면 국가의 기능은 시민들이 자신과 자신의 가정을 위하여 생활에 필요한 것을 적당하게 공급할 수 있도록 사회와 경제에 있어서 공의와 법과 질서를 유지하는 것이다.

(8) 왜 윗사람은 아랫사람에게 모범적인 행위를 보여야 하는가?

모범을 보임으로 그들 스스로 하나님께 영광을 돌리고 그 자체가 그들에게 영예가 되며 하나님께서 그들에게 맡기신 권위를 신실하게 행사하게 하기 때문이다. 말할 필요도 없이 일관성 있는 모범이 없이는 권위의 자리에 있는 자는 존경받지 못할 것이며 그들의 교훈과 권고 역시 무시될 것이다. 자신이 법을 어긴 국가 공무원들은 시민들에게 법을 지키라고 영향력을 행사할 수 없다. 세상 죄와 타협한 목사와 장로들은 교회의 성도들에게 경건한 삶을 살아감에 있어서 영향을 끼치지 못한다. 거짓말하고 상소리를 하며 이성을 잃는 부모는 그의 자녀를 도무지 가르칠 수 없으며, 진실하고 경건하며 자제력을 갖춘 자녀를 만들 수 없다. 각각의 경우 모범을 보임에 있어서 실패한 자들은 가정과 교회와 국가에 있어서 그 권위가 경멸되는 결과를 낳게 된다.

제130문 윗사람들의 죄란 무엇인가?

답 윗사람들이 짓는 죄는 요구된 의무를 소홀히 하는 일 외에 자기 자신의 명예, 평안함, 유익 혹은 쾌락을 과도히 추구하는 것이다. 또 불법하거나 아래 사람들의 능력에 지나치는 일을 하라고 명령함이며, 악한 일을 권하고 격려하거나 찬성함이며 선한 일을 못하게 말리고 낙심시키거나 반대함이며, 그들을 부당하게 징계함이며, 부주의하여 잘못된 일이나 시험이나 위험에 빠지게 하거나 내버려둠이며, 그들을 욕되게 하거나 불공평, 무분별, 가혹하거나 태만한 행동으로 그들의 권위를 깎는 일이다.

1) 관련성구
- 겔 34:2-4: 윗사람들이 그들의 권위 하에 있는 자들에게 해야 할 의무를 소홀히 하는 죄.
- 빌 2:21; 요 5:44; 7:18; 사 56:10-11; 신 17:17: 윗사람들의 이기적인 태도와 행위.
- 단 3:4-6; 행 4:17-18; 출 5:10-18; 마 23:2, 4: 윗사람이 불법을 행하거나 아랫사람의 능력에 지나치는 일을 하라고 명령하는 것은 죄이다.
- 마 14:8; 막 6:24; 삼하 13:28; 삼상 3:13: 아랫사람에게 악한 일을 권하고 격려하거나 찬성하는 것은 죄이다.
- 요 7:46-49; 골 3:21; 출 5:17: 아랫사람에게 선한 일을 못하게 말리고 낙심시키거나 반대하는 것은 죄이다.
- 벧전 2:18-20; 히 12:10; 신 25:3: 아랫사람이 잘못을 했을지라도 그들을 부당하게 징계하거나 과도하게 징계하는 것은 죄이다.
- 창 37:28; 13:12-13; 행 18:17: 아랫사람을 부주의하여 잘못된 일이나 시

험이나 위험에 빠지게 하거나 내버려두는 것은 죄이다.
- **엡 6:4:** 불공평, 무분별로 아랫사람을 욕되게 하는 것은 죄이다.
- **창 9:21; 왕상 12:13-16; 1:6; 삼상 2:29-31:** 가혹하거나 태만한 행동으로 아랫사람의 권위를 깎는 것은 죄이다.

2) 해설

(1) 윗사람에게 요구된 의무를 소홀히 하는 것은 왜 죄가 되는가?

왜냐하면 그러한 소홀함은 하나님께서 권위와 함께 주신 책임을 심각하게 인식하는 일을 실패함에서 비롯되기 때문이다. 상응하는 책임을 인식하고 수용하지 않은 채 권위를 행사하는 것은 책임감 없이 행동하는 것이며 언제나 죄가 된다(약 4:17).

(2) 윗사람들의 잘못의 근원이 되는 마음의 그릇된 태도는 무엇인가?

절제하거나 통제되지 않는 과도한 이기심은 어쩔 수 없이 아랫사람들을 향한 불의한 착취를 낳기 마련이다. 권위에 있는 자들은 이 권위가 그들 자신의 이기적인 쾌락을 위하여 주어진 것이 아님을 깨달아야 하며 모든 경우에 있어서 하나님의 도덕적인 통치를 받으며 따라서 그들의 권위 사용에 있어서 책임을 져야 할 존재임을 깨달아야만 한다. 모든 이기적인 권위의 사용은 언제 권위의 남용이며 죄악적인 것이다.

(3) 성경에서 하나님의 계명에 위배되는 일을 행하라고 명령한 통치자들을 예로 들어보라.

① 거대한 황금신상을 향해 절하라고 명령한 느부갓네살 왕이다(단 3:1-7).
② 30일 동안 자신 이외에는 그 어떤 신이나 사람에게 절함을 금하는 법령을 내린 다리오이다(단 6:4-9).
③ 아모스 선지자에게 벧엘에서 예언하지 말라고 명령한 아마샤이다(암 7:10-13).
④ 예레미야 선지자에게 여호와의 이름으로 예언하는 것을 금한 시드기야이다(렘 32:1-5).

⑤ 사도들에게 예수의 이름으로 설교하지 말라고 명령한 산헤드린 공의회이다(행 4:17-18; 5:28, 40).

(4) 교회 역사에서 하나님의 계명에 위배되는 일을 행하라고 명령한 통치자들을 예로 들어보라.
① 초대교회 성도들에게 하나님 대신 황제를 숭배하라고 핍박한 로마의 황제들이다.
② 엄숙한 동맹을 서약한 언약도들에게 그것을 포기하고 교회의 수장은 왕임을 인정하라고 명령한 스코틀랜드 통치자들이다.
③ 일본과 한국과 만주에 있는 전쟁에서 패한 국가의 백성들에게 태양신을 섬기는 것이 국가에 대한 시민의 의무라며 일본 신사를 참배하라고 명령한 일본 통치자들이다.

(5) 성경에서 아랫사람들에게 불가능한 일을 시킨 통치자들을 예로 들어 보라.
① 바로 왕의 명령으로 이스라엘 백성들에게 짚을 주지도 않으면서 벽돌을 만들라고 명령한 애굽의 간역자들과 패장들이다(출 5:10-18). ② 그의 마술사들에게 자신이 꾸었던 잊어버린 꿈을 해석하라고 명령한 느부갓네살 왕이다(단 2:1-13).

(6) 왜 악한 일을 권하고 격려하며 선한 일을 못하게 말리는 것이 윗사람의 특별한 잘못인가?
이것은 특별히 한 사람이 다른 사람에게 미치는 일반적인 영향에는 윗사람의 권위가 더욱 부가되기 때문에 사악한 것이다. 악한 일을 권하고 선한 일을 못하게 하는 것은 언제나 그릇된 일이다. 그런데 이러한 영향에 특별한 권위가 부가되면 악은 더욱 극심하게 된다. 따라서 국가공무원이 시민들에게 법을 위반할 것을 조장하거나 법을 지키고 존중하는 일을 못하게 하는 것은 개인이 유사한 영향을 끼치는 것보다 더욱 사악한 것이다. 예를 들면, 자녀들에게 거짓말을 하라고 시키는 부모나 정직하려고 노력하는 자녀들을 조롱하는 것은 같은 놀이 친구끼리의 유사한 영향보다 훨씬 더 나쁜 것이다. 이와 마찬가지로 목사나 다른 교회 감독관들이 성도들에게 죄악된 행위를 조장하거나 거룩하며 경건하며 일관성 있는 삶을 살려고 노력하는 성도들을 말리는 것은 교회의 성도끼리 동일한 일을 하는 것보다 더욱 나쁜 것이다. 다른 사람을 향한 우리의 영향력에 있어서 더 큰 권위는 항상 더 큰 책임을 낳는 법이다.

(7) 아랫사람들을 부당하고 과도하게 징계하는 것은 왜 죄인가?
① 이것은 불의한 일이기 때문에 잘못된 것이며 정도를 넘어선 일이기 때문에 그릇된 것이다.
② 이것은 적절한 징계를 무력화하고 파괴함으로 징계 받는 자에게 행실의 개선 대신에 불의와 분노의 감정을 낳기 때문에 그릇된 것이다.

(8) 아랫사람을 부주의하여 잘못된 일이나 시험이나 위험에 빠지게 하는 것은 왜 죄인가?
모든 개인은 그의 이웃의 복지에 대한 도덕적 책임이 있다. 그러나 권위의 자리에 있는 자들에게 이 책임은 훨씬 증대된다. 아랫사람을 부주의하고 조심성 없으며 무관심하게 불의와 또한 도덕적이며 영적이며 신체적인 위험에 빠뜨리는 것은 아랫사람의 복지에 있어서 하나님께서 주신 책임을 엄청나게 무시하는 것이며 소홀히 여기는 것이다.

(9) 아랫사람을 부주의하여 잘못된 일이나 시험이나 위험에 빠지게 했던 성경의 인물을 예로 들어보라.
① 소돔이라는 악한 도시에 점점 더 가까이 이동해서 결국 그 가정의 도덕적 위험은 상관하지도 않고 그 도시에 거주를 정한 롯이다(창 13:12-13).
② 요셉을 애굽에 팔아넘김으로 그를 매우 불의하게 대했을 뿐 아니라 우상숭배와 부도덕이라는 유혹의 환경을 내 몰았던 요셉의 형제들이다(창 37:26-28).
③ 바알을 숭배한 이세벨과 결혼함으로 전 국가를 불의와 나쁜 선례에 노출시키고 우상숭배와의 타협이라는 유혹에 노출시킨 아합이다(왕상 16:29-33).

(10) 아랫사람들을 노엽게 하는 것은 무엇을 의미하는가?
에베소서 6:4에서 연원된 이 표현은 기대하고 예상되는 상황을 넘어선 비이성적인 요구나 그것 자체로 비이성적인 요구와 관계된 가혹하고 부당하고 위험한 태도를 의미한다. 어린 아이들에게 어른들처럼 완벽하게 수행하기를 기대하는 것이나 능력 밖의 일에 대해 형벌을 위협하는 것은 아주 사소한 문제에 대한 과도한 엄밀성 같은 것을 요구하는 부모나 윗사람의 부당한 처사이다. 이러한 부당함은 아랫사람을 노엽게 하며 낙심하게 하는 것이다.

(11) 자신을 욕되게 하고 '불공평하며 무분별하고 가혹하거나 태만한 행동'으로 그들의 권위를 깎아 내렸던 성경의 인물을 예로 들어보라.

경건한 자의 후손으로 태어나서 큰 재물과 거부의 소유주였음에도 불구하고(삼상 25:3) 그 이름이 악한 자를 의미하는, 완고하고 그 행사가 항상 어리석었던 나발이다(삼상 25:25). 나발은 언제나 다윗의 후손들에게 극단적인 악을 행하였던 무분별한 사람이었다. 그는 또한 '벨리알의 아들처럼 불량한 사람'이라서 함께 더불어 말할 수 없을 정도였다(17절). 나발의 무분별함과 악한 성질과 무절제는 그의 권위를 너무나 깎아내렸으며 그 자신을 스스로 욕되게 했다. 심지어 그의 아내조차 그를 '이 불량한 사람 나발'이라 칭했으며, '미련한 자'라고까지 했다(25절).

제131문 동등자들의 의무는 무엇인가?
답 동등자들의 의무는 피차 존엄과 가치를 존중하여 서로 서로 경의를 표하며 피차 받은바 은사 및 진급을 자기 자신의 것처럼 기뻐하는 것이다.

1) 관련성구
- **벧전 2:17:** 우리의 동료들을 사랑하고 존경하는 것은 우리의 의무이다.
- **롬 12:10:** 그리스도인의 의무는 상호간에 사랑하고 존중하는 것이다.
- **롬 12:15-16; 빌 2:3-4:** 우리는 우리 자신뿐만 아니라 타인의 진보와 명예도 기뻐하고 즐거워해야 한다.

2) 해설
(1) 대요리문답이 말하는 동등이란 무엇을 의미하는가?

이 단어는 본질의 동등이 아니라 신분, 즉 위치의 동등을 의미한다. 본질상 동등한 두 사람이 신분상으로는 동등하지 않을 수 있다. 부모와 자녀는 본질상 동질이지만 신분상 부모는 권위를 행사하는 윗사람이다. 인간 사회에 있어서 사람들의 권위가 각각 다른 것은 필연적이다. 이 신분상의 동등하지 않음은 하나님이 정하신 규례이다.

(2) 그 권위에 있어서 동등자라는 말은 무엇을 의미하는가?

이것은 그들이 권위에 있어서 동등한 위치에 있으며 다른 한 사람을 주관하지 않는 것을 의미한다. 예를 들면 군대에서 장군은 사병을 다스릴 수 있지만 두 사병은 동등하다는 것이다.

(3) 인간 사회에 있어서의 우리의 동등자를 향한 일반적인 의무는 무엇인가?

우리와 마찬가지로 그들 역시 하나님의 형상으로 지음 받은 피조물임을 깨닫고 따라서 우리가 하나님을 두려워하기 때문에 그들 역시 영화로워야 하며 존중되어야 함으로 우리는 그들의 '존엄과 가치'를 인정해야 한다.

(4) 우리는 동등자의 영광과 존경을 위해 어떤 특별한 죄를 피해야 하는가?

우리의 동등자에게 영광과 경의를 표함에 있어서 우리는 특별히 이기심과 교만의 죄를 피해야 한다. 모든 사람들은 본성상 자신을 너무 높이는 경향이 있다. 우리는 우리의 성취를 확대시키고 타인의 것은 과소평가하는 경향이 있다. 우리는 타인의 결점과 실패는 비난하면서 우리의 성공에는 지나친 박수를 치는 경향이 있다. 이 모든 것들은 다 좌악된 인간의 이기심과 교만으로부터 흘러나온다. 오직 우리 삶에 임하시는 하나님의 은혜로만 이 모든 죄들이 극복될 수 있다.

(5) 로마서 12:15-16의 명령에는 어떤 특별한 의무가 담겨 있는가?

그리스도인의 호의의 의무는 우리 이웃의 특별한 상황과 필요성과 관계된 관심사와 복지에 관한 것이다. 우리는 기뻐하는 자들과 함께 기뻐하며 슬퍼하는 자와 함께 슬퍼해야 한다. 말하자면 우리는 다른 이들의 경험을 함께 공유하고 그들의 경험에 호의와 동정을 표시해야만 한다.

(6) 왜 우리는 다른 이의 성취와 은사를 기뻐해야 하는가?

왜냐하면 하나님께서는 우리의 것이든지 다른 이의 것이든지 관계없이 그 성취와 은사를 기뻐하시기 때문이다. 우리는 우리 삶의 모든 것을 이기적인 관점에서가 아니라 하나님의 영광이라는 관점에서 다루어야 한다.

(7) 다른 이들의 은사와 진급을 기뻐하는 일을 방해하는 특별한 죄는 무엇인가?

다른 사람들이 이룬 성공과 명예를 즐거워하고 기뻐하지 못하게 하는 시기하는 죄이다. 타인을 향한 참된 그리스도인의 사랑과 호의는 우리 삶에 있어서 시기의 죄를 극복하게 해 줄 것이다.

제132문 동등자들끼리의 죄는 무엇인가?

답 동등자들끼리의 죄는 명령받은 의무를 소홀히 하는 이외에 피차의 가치를 과소평가하고 피차의 은사를 질투하고 피차의 높아짐과 번영함을 기뻐하지 않고 다른 사람보다 높아지려고 횡포를 부리는 것 등이다.

1) 관련성구

- **롬 13:8:** 그리스도인 상호간의 사랑의 의무.
- **딤후 3:3:** 선한 사람을 멸시하는 것은 죄이다.
- **행 7:9; 갈 5:26:** 다른 사람의 은사를 시기 질투하는 것은 죄이다.
- **민 12:2; 에 6:12-13:** 다른 사람의 성공을 질투하는 것은 죄이다.
- **요삼 9; 눅 22:24; 벧전 4:15:** 다른 사람보다 높아지려고 횡포를 부리는 것은 죄이다.

2) 해설

(1) 오늘날 그리스도인 상호간의 사랑을 소홀히 하는 것은 죄인가?

이것은 그리스도인들이 그들 마음에 역사하시는 성령 하나님의 능력으로 서로 연합하는 일이 발생하는 부흥의 계절을 제외한다면 그리스도인들 사이에 흔하게 발생하는 죄이다. 박해의 시기에 그리스도인은 그들의 사랑이 심하게 증대되고 깊어지는 것을 발견한다. 다른 한편, 우리 구주께서는 "불법이 성하므로 많은 사람의 사랑이 식어지는 때"가 올 것을 예언하셨다(마 24:12). 믿음이 떨어지는 영적 침체와 불신앙과 배교의 시기에는 그리스도인의 사랑과 동정심이 줄어들어 무관심과 냉정함이 그 자리를 대신 차지할 것이다. 오늘날 미국 사회에서 그리스도의 사랑이 소홀해지고 있다는 것은 부인할 수 없는 사실이다.

(2) 시기심 많은 사람의 질투하는 죄의 결과는 무엇인가?

이 죄는 하나님의 계명을 위반하는 파멸적인 죄 이외에 그 사람에게 영적이며 심리적인 파괴의 결과를 낳는다. 시기심 많은 사람은 그 자신이 바로 죄의 희생자이며, 그로 말미암아 자신의 영혼이 황폐되거나 파괴될 때까지 질투가 그의 인격을 좀 먹는다. 이러한 자는 의심이 많으며 성을 잘 내고 쉽게 불쾌를 느끼며 다루기 어렵고 그의 친구와 동료들에게 '문젯거리'가 된다. 성경은 "시기는 뼈의 섞음이니라"고 말한다(잠 14:30). 그의 삶에서 이러한 죄를 허용하는 자는 이 질투를 억제시키지 않는다면, 그의 성품이 파괴되고 질투에 의해 완전히 정복될 때까지 그의 인격을 부식시켜버리는 산을 가지고 노는 것과도 같다. 오직 하나님의 전능하신 능력만이 이 비루한 영적 노예의 상태를 구원할 수 있을 뿐이다.

(3) 대요리문답이 말하는 '다른 사람보다 높아지려는 횡포'는 무엇인가?

이 표현은 부모와 자식관계나 군주와 백성과의 관계처럼 합법적인 이유로 권위를 취득해서 한 사람의 능력이 다른 사람의 능력보다 높음을 부정하는 것이 아니다. 오히려 이것은 자신에게 속해 있지 않은 권위와 권력을 탈취하는 것이다. 이러한 자는 서로 동등한 위치에 있는 자를 주관하고자 한다. 이러한 성품을 표현해주는 형용하는 '오만한', '으스대는'과 같은 것들이다. 교회의 한 교인이 자기 멋대로 행동하여 나머지 모든 교인들을 지시하고 주관하고자 하는 것이 바로 '탁월한 능력을 찬탈하는 행위'이다. 이것과 가까이 연결되어 있는 것이 바로 베드로전서 4:15말씀이 금하고 있는 것처럼 다른 사람들의 일에 쓸데없이 지나치게 간섭하는 죄이다. "너희 중에 누구든지 남의 일에 간섭하는 자로 고난을 받지 말려니와." '남의 일에 간섭하는 자'로 번역된 헬라어는 문자적으로 다른 이들을 주관하는 자 즉 다른 이들의 일상사에 스스로 감독관이 된 자를 가리킨다.

제133문 제5계명을 잘 지키도록 부가된 이유는 무엇인가?

답 "너의 하나님 나 여호와가 네게 준 땅에서 네 생명이 길리라"는 말씀에 나타나 있는 제5계명에 부가된 이유는 하나님의 영광과 그들 자신의 선을 이룰 수 있는데 있어서 이 계명을 지키는 모든 사람들에게 주시려는 장수와 번영의 분명한 약속이다.

1) 관련성구
- **신 5:16:** 제5계명을 순종하는 자들에게는 장수와 번영이 약속되어 있다.
- **왕상 8:25:** 하나님께서는 다윗에게 그의 후손들을 향한 영구한 왕권을 약속하셨다.
- **엡 6:2-3:** 제5계명의 약속은 신약 성경에 또 다시 선포되고 재확인되었다.

2) 해설

(1) 제5계명에 부가된 하나님의 약속은 무엇인가?

제5계명을 신실하게 지키는 자에게 약속된 장수와 번영이다.

(2) 제5계명의 순종이 인간 사회에 가져올 결과는 무엇인가?

이 계명이 순종되는 사회에서는 장수와 번영이 존재할 것이다. 다른 한편으로 합법적인 권위에 대한 존경이 결핍되어 있는 곳에서는 인간 사회에 무질서와 무법이 판을 칠 것이며 이것은 인생을 단축시키고 번영을 방해하는 결과를 낳을 것이다. 따라서 하나님의 섭리 가운데 제5계명의 순종은 사회 안에서의 생명과 번영의 일반적인 증진을 가져올 것이다.

(3) 이 계명을 순종하는 개인은 항상 장수하며 물질적 풍요를 누리는가?

항상 그렇지는 않다. 우리는 대요리문답이 밝히고 있는 "하나님의 영광과 그들 자신의 선을 이룰 수 있는데 있어서"라는 전제를 명심해야만 한다. 제5계명에 대한 순종이 장수와 번영을 가져온다는 것은 분명한 사실이지만 이러한 축복이 이 계명을 의식적으로 순종하는 모든 개인에게 자동적으로 임함을 의미하지는 않는다. 특별한 경우에 하나님의 영광과 그들 자신의 선은 장수나 물질적 번영 혹은 이 둘 모두 없을 때에 더 잘 수행되는 경우도 있다. 이러한 약속과 같은 것을 다룰 때에 우리는 항상 하나님의 주권과 비밀스런 경륜의 여지를 남겨두어야 한다. 이와 동시에 우리는 하나님의 모든 자녀들은 장수와 물질적 번영보다 더욱 나은 것, 즉 그리스도와 함께 후사된 자이며 하나님의 나라의 기업을 상속받을 자들임을 기억해야 한다.

(4) 장수와 물질적 번영을 추구하고 그것을 위해 기도하는 것은 정당한 일인가?
이것은 분명히 이러한 축복들이 우리의 제일 되는 목표가 아니라 하나님의 나라와 그의 의를 위한 것일 때에만 그리고 우리가 하나님의 뜻에 대해 겸손히 복종하면서 그것들을 추구할 때만 정당한 일이다. 장수와 번영이 마치 우리의 주요 목적인 것처럼 여기고 추구하는 것은 죄악이다. 그리스도인은 참된 삶이 이생에서의 삶이 아니요 영원한 삶인 것을 항상 기억해야만 한다. 또한 참된 보화 역시 이 세상에 속한 것이 아니요 천국에 속한 것임을 깨달아야 한다. 이는 지상에서의 축복을 멸시하는 것이 아니다. 다만 이것은 이생과 오는 세상과의 상대적인 중요성에 관계된 일이다.

제134문 제 육계명은 무엇인가?
답 제 육계명은 "살인하지 말지니라"하신 것이다.

제135문 제6계명에 요구된 의무는 무엇인가?
답 제6계명에 요구된 의무는 우리 자신과 다른 사람의 생명을 보존하기 위해 주의 깊은 연구와 합법적인 노력을 아끼지 않는 것이다. 누구의 생명이든지 불법하게 빼앗아가려는 모든 사상과 목적에 대항하고 모든 격분을 억제하고 모든 기회와 시험과 습관을 피하는 것이다. 폭력에 대한 정당방위, 하나님의 징계를 조용한 마음과 즐거운 마음으로 참고 견디며...

1) 관련성구
- **출 20:13**: 제6계명.
- **엡 5:28-29**: 우리 생명을 보존하는 일.
- **왕상 18:4**: 다른 이의 생명을 보존하는 일.
- **렘 26:15-16; 행 23:12-27**: 우리 자신과 다른 사람의 생명을 보존하기 위해 주의 깊은 연구와 합법적인 노력을 아끼지 않는 것이 우리 의무이다.

- **엡 4:26-27:** 누구의 생명이든지 불법하게 빼앗아가려는 모든 격분을 억제해야 한다.
- **삼하 2:22; 신 22:8:** 누구의 생명이든지 불법하게 빼앗아가려는 시도를 피해야 한다.
- **마 4:6-7; 잠 1:10-16:** 누구의 생명이든지 불법하게 빼앗아가려는 시험을 피해야 한다.
- **삼상 24:12; 26:9-11; 창 37:21-22:** 누구의 생명이든지 불법하게 빼앗아가려는 시도는 모두 사악한 것이다.
- **시 82:4; 잠 24:11-12; 삼상 14:45:** 제6계명은 폭력으로 인한 파괴에 대한 정당방위를 요구한다.
- **약 5:7-11; 히 12:9:** 제6계명은 하나님의 섭리에 의해 계시된 하나님의 뜻에 대한 인내심 있는 복종을 요구한다.
- **살전 4:11; 벧전 3:3-4; 시 37:8-11; 잠 17:22:** 제6계명은 우리에게 조용한 마음과 즐거운 마음으로 참고 견딜 것을 요구한다.

2) 해설

(1) 제6계명의 살인이라는 단어의 의미는 무엇인가?

제6계명의 살인이라는 단어는 "살인을 범하다"는 의미를 지닌다. 이 계명의 히브리어 본문은 "너는 살인을 하지 말지어다"라고 정확하게 번역하고 있다. 대요리문답은 이런 의미에서 단순히 죽이는 것을 금함의 의미가 아니라 그 어떤 사람의 생명이라도 부당하게 파괴하는 것을 금하는 의미로 이 계명을 옳게 번역했다. 바로 이것이 살인범죄와 과실의 정확한 번역이다.

(2) 제6계명에 요구된 긍정적인 태도는 무엇인가?

"우리 자신과 다른 사람의 생명을 보존하기 위해 주의 깊은 연구와 합법적인 노력"을 아끼지 않는 것이다.

(3) "우리 자신과 다른 사람의 생명을 보존하기 위한 주의 깊은 연구"는 무엇을 의미하는가?

이는 생명을 보존하려는 모든 종류의 연구와 계획을 포함한다. 예를 들면 여기에는 질병의 원인과 예방에 관한 과학적 연구, 생명을 구하고 고통을 예방하는 약을 개발하기 위한 화학적 연구, 고속도로에서의 교통사고를 예방하는 계획, 선박들에게 암초를 알려주는 경공업에 대한 설계, 토지의 생산을 증대시키는 농업적 연구, 지진과 화재와 홍수와 같은 천재지변으로 인한 고통을 감소시키기 위한 효과적인 통신수단의 발전에 관한 연구 등이 포함된다.

(4) "우리 자신과 다른 사람의 생명을 보존하기 위한 합법적인 노력"은 무엇을 의미하는가?

이는 하나님의 도덕법에 의해 금지된 노력의 경우를 제외한 직접적으로 간접적으로 인간의 생명을 보존하려는 모든 노력을 의미한다. 따라서 우리 자신의 생명과 이웃의 생명을 보존하는 것은 우리 의무이다. 우리는 거짓을 말하지 않고 그리스도를 부인하지 않으며, 우리 조국에 대해 하나님께서 주신 책임을 배반하지 않으면서 이 일을 수행하야 한다. 우리는 심지어 우리 자신과 다른 이의 생명을 구원하기 위한 목적이라도 선을 이루기 위해 악을 행해서는 결코 안된다.

(5) 실제적이며 문자적인 살인죄 외에 제6계명은 우리에게 무엇을 피하라고 요구하는가?

실제적인 살인 죄 이외에 제6계명은 누구의 생명이든지 불법하게 빼앗아가려는 모든 시도를 피하고 저항하며 억제해야 한다. 따라서 우리는 그러한 생각과 의도들을 물리치고 격분을 억제해야 하며, 다른 이의 생명을 빼앗으려는 모든 기회와 시험과 습관을 피해야 한다. 대요리문답은 이러한 경우와 시험과 습관의 목록을 제시하는 일을 신중하게 피하고 있다. 그러한 목록이 완성되는 것은 불가능하며 적절치 않고 영구적이지도 않다. 결투나 투우싸움이나 나이아가라 급류에서의 사냥과 같은 어떤 습관들은 인간의 생명을 불법하게 앗아가려는 시도이기 때문에 반드시 피해야 한다. 그러나 논란이 여지가 있는 다른 습관들도 있다. 예를 들면 작은 보트를 타고 태평양을 횡단하려는 시도와 같은 것들이다. 대요리문답은 원리를 제시하지만 그 원리의 정확한 적용은 그리스도인의 성화된 일반 지식과 상식에 지혜롭게 맡겨놓았다.

(6) 폭력에 대한 정당방위에는 어떤 것이 포함되는가?

제6계명의 이 요구는 국내와 국외의 모든 종류의 적들로부터의 불법한 폭력으로부터 국민을 보호할 국가의 의무와 모든 종류의 범법자들의 불법한 폭력으로부터 자신과 이웃을 보호할 개인적 의무를 포함한다. 따라서 제6계명은 어떤 경우에서건 범죄적 폭력으로부터 자신과 이웃을 보호하는 의무와 방어적인 전투의 정당성과 의무, 그리고 법과 질서를 수호하기 위한 경찰의 공권력과 관계되어 있다.

(7) 제6계명은 왜 '하나님의 징계를 참고 견딜 것'을 요구하는가?

하나님의 뜻에 대한 인내의 복종은 하나님의 섭리의 사건이 우리에게 계시해 주시는 바와 같이 우리의 참된 마음과 영과 신체의 복지를 위해 필요하다. '하나님의 징계'를 참지 못하며 불복하는 것은 본질적으로 스스로 파괴하는 행위이다. 오직 하나님의 뜻에 대한 복종과 그 뜻에 조화롭게 사는 것만이 참되고 진실한 목적지에 도달하게 하며, 우리의 영적 복지가 보장되는 유일한 길이다. 이는 인간이 하나님의 피조물이며 그들의 참된 복지는 하나님과의 연합과 교통에 있다는 기본적인 진리와 관계한다. 그리스도인이 하나님의 섭리적인 징계를 참지 못하고 불평하면 그들은 하나님을 모욕하는 것이며, 스스로에게 상처를 입히는 것이다. 지옥에 유기된 자는 하나님과 하나님의 뜻을 영원토록 배반하고 반항할 것이다. 그리스도인이 하나님의 뜻을 참지 못하고 배반하면 그는 스스로를 어느 정도 지옥에 유기된 자처럼 내모는 자가 된다.

(8) 제6계명은 왜 '조용한 마음과 즐거운 마음'을 요구하는가?

조용하고 즐거운 마음의 태도는 건강과 장수를 불러일으킨다. 걱정과 근심과 비관적인 태도는 우리 인격에 쓸데없는 피로와 비탄을 불러온다. 육체에 미치는 마음의 영향은 이미 잘 알려져 있는 사실이다. 실망과 고난과 고통에도 불구하고 하나님께 헌신해야 할 하나님의 소유물로서의 몸과 마음을 통해 하나님께 영광을 돌리기 위하여 조용하고 즐거운 생활을 하는 것은 그리스도인의 의무이다.

제135문 (계속) 제6계명에 요구된 의무는 무엇인가?

답 제6계명에 요구된 의무는 … 육류와 술과 약과 수면과 노동 및 오락을 절제 있게 하며, 자비로운 생각과 사랑과 인애와 온유와 우아함과 친절과 화평과 부드럽고 예의 있는 언행과 관용과 화해되기 쉬움과 상해의 관용 및 용서 또는 악을 선으로 갚음과 곤궁에 빠진 자들을 위로하고 구제함과 죄 없는 자를 보호하고 옹호하는 것이다.

1) 관련성구

- 잠 25:16, 27; 딤전 5:23: 제6계명은 육류와 음료의 절제 있는 사용을 요구한다.
- 사 38:21: 제6계명은 고통의 경감과 생명의 연장을 위한 약품의 적절한 사용을 요구한다.
- 시 127:2; 살후 3:10-12; 잠 16:26; 전 3:4, 11; 5:12: 제6계명은 수면과 노동과 오락을 절제 있게 사용하는 것을 요구한다.
- 삼상 19:4-5; 22:13-14; 롬 13:10; 눅 10:33-34; 골 3:12-13; 약 3:17; 벧전 3:8-11; 잠 15:1; 삿 8:1-3: 제6계명은 친절과 사랑 넘치는 생각과 말과 행동을 요구한다.
- 마 5:24; 엡 4:2, 32; 롬 12:17, 20-21: 제6계명은 인내와 용서와 선으로 악을 갚는 정신을 요구한다.
- 살전 5:14; 욥 31:19-20; 마 25:35-36; 잠 31:8-9: 근심에 싸인 자들을 돕고 위로하며 무죄한 자를 불의로부터 보호하고 변호하는 것은 우리의 의무이다.

2) 해설

(1) 육류와 음료의 절제 있는 사용은 무엇을 의미하는가?

이는 우리 신체와 정신에 해로운 영향을 주지 못하게 하기 위해 이런 것들에 대한 양심적이며 주의 깊고 세심한 사용을 의미한다. 우리는 성경이 술취하는 것만큼이나 폭식하는 것 역시 죄라고 선언하고 있음을 깨달아야 한다.

(2) 약이란 단어는 무엇을 의미하는가?

대요리문답이 언급하고 있는 이 단어는 오늘날 우리가 '의약품'이라고 부르는 것이다. 이는 약뿐만 아니라 고통을 경감시키고 생명을 연장시키는 모든 과학적 수단과 방법을 포함하는 용어이다.

(3) 그리스도인이 고통을 경감시키고 질병을 치유하기 위해서 의약품이나 다른 과학적 치료를 받는 것은 그릇된 일인가?

그렇지 않다. 과거에 어떤 열성적인 그리스도인은 신자가 약품을 사용하는 것은 하나님의 능력과 선하심을 불신하는 행위라며 그릇된 것이라고 주장했다. 그러나 우리는 결코 하나님을 믿는 것이 합법적인 수단을 사용하는 것과 배치되지 않는다는 것을 깨달아야 한다. 하나님께서는 고통을 경감시키고 생명을 연장시키는 수단들을 인간이 발견하도록 함으로 인간에게 임한 죄의 저주를 완화시키셨다. 우리가 하나님을 믿는다는 이유로 이러한 수단들의 사용을 거절하는 것은 하나님을 신뢰한다는 것의 의미와 개념을 오해하는 것이다. 실제로 하나님을 향한 우리의 믿음은 우리로 하여금 하나님의 섭리로 인해 우리의 재량에 맡겨진 적절한 수단들을 사용할 것을 요구한다. 어떤 농부가 다음과 같이 말한다면 당신은 그에게 무엇이라고 말하겠는가? "나는 절대로 밭을 갈지 않고 어떤 씨앗도 뿌리지 않을 것이다. 나는 하나님께서 내게 추수할 것을 주시리라고 믿는다."

(4) 수면과 노동과 오락에 대해서 그리스도인은 어떤 태도를 취해야 하는가?

대요리문답은 이 질문에 대해 성경적 교훈을 제시한다. 수면과 노동과 오락은 인간 삶에 모두 필요한 것들이다. 이것들이 없이는 건강한 신체와 깨어있는 마음을 가질 수 없다. 그러나 수면과 노동과 오락은 서로 적절한 균형을 이루어야 하고 각각 적당한 시간이 배당되어야 하며 인생의 더 큰 목적인 하나님을 영화롭게 하고 그분을 영원토록 즐거워하는 일에 종속적이어야 한다. 게으름과 나태함은 죄악이다. 그러나 과도한 시간을 할애하여 오락에 빠지는 것 뿐 아니라 노동에 중독되는 것 역시 무절제한 것이며 맹목적인 것이다. 명백하고 일반적인 무절제에 빠져있지 않다고 자신하는 많은 그리스도인들은 자신들이 좀 더 가벼운 무절제에 빠지는 죄를 짓지는 않았는지 돌아보아야 한다. 참석한 사람들이 녹초가 돼서 다음날 효율적인 업무를 하지 못할 만큼 늦은 밤까지 계속되는 연회나 사교적 집회는 죄악적인 무절제의 한 형태이다. 속도와 쾌락과 경제적 성공이라는 현대 미국의 우상이 바로 그것이다. 그리스도인은 이러한 모든 문제에 대해 자신이 하나님께 영광 돌리는 청지기임을 깨닫고 양심적이며 사려 깊은 태도를 개발해야 한다.

(5) 제6계명은 왜 다른 사람을 향해 친절과 화평과 부드러움을 유지해야 하는가?

왜냐하면 이와 반대되는 태도 즉 무례하고 비이성적이며 미워하는 태도는 우리 자신과 다른 사람에게 모두 해로운 결과를 낳기 때문이다. 이는 우리와 이웃의 마음의 평화를 깨뜨리며 신체에 임하는 마음의 영향으로 인해 다소간의 차이는 있지만 우리와 이웃의 건강에 손상을 가한다. 분노와 고집과 가혹하고 상냥하지 못한 태도는 몸과 마음 모두에 해로운 결과를 낳을 수밖에 없다. 이것이 바로 하나님의 계명이 확실히 금한 '살인'의 한 형태이다.

(6) '관용'의 의미는 무엇인가?

이것은 재빨리 우리 권리를 찾고 우리 자신을 위한 정의를 추구하기보다 타인의 잘못에 대한 고난에 대신 기꺼이 동참하려는 것을 의미한다.

(7) 그리스도인은 왜 '화해되기 쉬운' 마음과 태도를 소유해야 하는가?

왜냐하면 그리스도인은 하나님의 놀라우신 사랑과 은혜로 하나님과 화목된 자이기 때문이다. 그러므로 그는 가능한 한 기꺼이 아니 더 적극적으로 그의 동료와 화해를 요청하는 자가 되어야 한다.

(8) 그리스도인은 왜 상해를 용서해야 하는가?

왜냐하면 하나님께서 그의 모든 죄를 값없이 용서해주셨기 때문이다. 따라서 하나님께 감사하는 마음으로 그리스도인은 그의 모든 동료들을 향한 용서의 마음을 가져야 한다.

(9) 대요리문답은 다른 사람은 상관하지 말고 오직 우리만 아무 항거나 반대 없이 인내하고 용서하라고 말하는가?

전혀 그렇지 않다. 교회나 국가의 보장된 법과 권위에 호소하여 정의를 추구하는 것은 우리의 권리이자 의무이기도 하다. 그러나 다른 이의 행동을 제어하는 것이 우리의 의무라 할지라도 우리는 그들을 혐오해서는 안되며 친절과 사랑의 태도를 견지해야만 한다. 특별히 하나님의 진리와 권리가 위험에 처해 있을 때 그가 누구이든지 관계없이 의와 진리를 위하여 용기 있게 일어서는 것이 필요하다. 사람을 기쁘게 하다가 하나님의 진리를 수호하는 일에 미지근한 자가 되어서는 결코 안된다.

(10) 곤궁에 빠진 자들을 향한 그리스도인의 의무는 무엇인가?

대요리문답에 인용되어 있는 성경구절들과 선한 사마리아인의 비유는 그들이 누구이든지 간에 곤궁에 빠진 자들을 위로하고 돕는 일이 우리의 의무라는 것을 교훈한다. 우리의 이웃은 바로 지금 우리의 도움이 필요한 자이다. 특별히 우리 교회에서의 동료 그리스도인들뿐만 아니라 세상에 있는 그 어떤 이들이라도 그들의 고통과 곤궁함을 경감시키는 것이 우리의 의무이다.

(11) 죄 없는 자를 향한 그리스도인의 의무는 무엇인가?

대요리문답이 말하는 '무죄한 자'는 죄인으로 다루어지는 위험에 처한 자 또는 이미 잘못을 행한 범죄자로 고통을 받는 자를 의미한다. 따라서 우리의 힘이 닿는 데까지 다른 이들을 불의로부터 보호하는 것은 언제나 우리의 의무가 된다. 이것은 가정과 교회와 국가를 포함한 인간 사회의 모든 국면에서의 큰 문제뿐만 아니라 작은 문제에서도 마찬가지로 진리이다.

제136문 제6계명에서 금지된 죄는 무엇인가?

답 제6계명에서 금지된 죄는 공적 재판이나 합법적인 전쟁 혹은 정당방위 외에 우리 자신이나 다른 사람들의 생명을 빼앗는 모든 행동이다. 합법적이며 필요한 생명 보존의 방편을 소홀히 하거나 철회하는 것, 죄악된 분노, 증오심, 질투, 복수하려는 욕망을 가지는 것, 모든 과도한 격분, 산란하게 하는 염려와 육류, 술, 노동 및 오락을 무절제하게 사용함과 격동시키는 말과 압박, 다툼, 구타, 상해, 다른 무엇이든지 사람의 생명을 파멸하기 쉬운 것이다.

(참조: 제136문의 대부분은 135문과 중복되기 때문에 우리는 136문에 대한 대답을 사형제도의 정당성과 전쟁의 참여 그리고 정당방위에 대해 할애할 것이다.)

1) 관련성구
- **창 9:6; 민 35:31, 33:** 살인죄로 인한 사형은 구약성경에서 하나님이 명령하신 것이다.
- **롬 13:4:** 신약성경은 형벌로서의 사형을 인정한다.
- **렘 48:10; 신 20:** 어떤 경우의 전쟁은 합법적이며, 어떤 특정한 상황 속에서의 전쟁의 참여는 하나님께서 주신 의무이다.
- **출 22:2-3:** 정당방위로 상대방의 생명을 파멸하는 것은 언제나 합법적이다.

2) 해설
(1) 왜 오늘날 많은 사람들이 살인자를 위한 사형 제도를 반대하는가?

오늘날 많은 사람들이 사형 제도를 대단히 반대한다는 것은 사실이며 계속해서 이 제도의 폐지를 위한 노력이 시도되어 왔다. 이러한 상황의 배경에는 하나님의 영감된 말씀으로서의 성경에 대한 믿음의 약화 내지 포기가 있으며 그 결과 민간 정부와 법체계가 하나님께서 제정하신 규례라는 믿음의 포기를 낳았다. 오늘날의 만연된 견해는 시민법이 인간적 동의나 관습에 기초해 있다는 것이다. 이들은 공의라는 것은 단지 사회가 일반적인 복지를 위해 발견한 것이라고 주장한다. 따라서 살인죄를 위한 사형제도는 단순히 원시시대부터 전해 내려온 인간적 관습이라는 것이다. 만일 이것이 인간적 관습이라면 물론 사회가 그것을 변경할 수 있으며 다른 형벌로 그것을 대체할 수 있다. 그러나 사형제도가 신적인 명령이며 공의가 하나님의 계명에 기초해 있다면 인간 사회는 그것을 변경할 권리가 없을 것이다.

(2) 창세기 9:6의 사형제도의 규례에는 어떤 이유가 있는가?

"이는 하나님이 자기 형상대로 사람을 지었음이니라." 말하자면 사형은 살인죄의 경우 명령된 것이다. 그것은 살인이 단순히 인류의 복지와 배치되는 것 때문이 아니라 그것이 하나님을 모독하는 행위이기 때문에 하나님의 명령인 것이다. 살인은 하나님의 형상을 지닌 자를 파괴함으로 하나님을 모욕하는 행위이다. 따라서 살인자는 인간 안에 있는 거룩함으로서의 하나님의 형상을 인식하지 못하는 신성모독의 죄를 범하는 자이다. 인간의 생명의 참된 존엄성과 가치는 인간이 하나님의 형상을 지님에 있다. 아담은 유한했지만 완전한 하나님의 신성을 닮은 자였으며, 심지어 오늘날 타락으로 말미암아 손상되었음에도 불구하고 사람 안에는 하나님의 형상이 존재한다. 따라서 살인죄에 있어서의 가장 가증스런 요소는 하나님의 형상을 지닌 인간 생명의 파괴를 통해 하나님을 모독하는 것이다.

(3) 인간의 법학자들이 살인자를 위한 사형 제도를 폐지하는 것은 정당한가?

그렇지 않다. 살인자를 향한 형벌의 경우와 같이 하나님의 말씀이 국가의 의무에 관해 긍정적인 법령을 제공한다면 시민법은 반드시 하나님의 계시된 뜻과 부합되어야 한다. 창세기 9:6은 살인자를 향한 사형제도가 국가에게 주어진 신적인 명령임을 보여주며, 로마서 13:4은 이 사형이라는 신적인 요구가 신약성경에서 폐지된 것이 아니라 재승인 되었음을 나타내준다.

(4) 성경 또는 예수님의 교훈은 그리스도인이 전쟁에 참여하는 것을 금하는가?

구약 성경이 정당하고 필요할 때 전쟁이라는 방책을 사용하는 것을 금하지 않고 있다는 것은 일반적으로 인정된 사실이다. 그러나 소위 '반전론'의 입장에 있는 자들은 자주 자주 구약 성경과 반대되는 것으로서 신약성경을 제시한다. 그들은 구약성경이 재가하고 실행한 것을 신약성경이 금한다고 주장한다. 이런 주장을 증명하기 위해 예수님의 산상수훈의 교훈과 특별히 '황금률'을 내세운다. 그러나 이러한 예수님의 교훈에 그릇되게 호소함으로 그들은 두 가지 오류를 범하고 있다.

① 이러한 해석의 방법은 예수님의 교훈을 구약과 신약이라는 성경 전체의 정황과는 상관없이 다루며 그것을 독립된 것으로 해석하고 심지어 각각 다른 종류의 성경인 것처럼 해석한다. 물론 진실은 예수님의 교훈과 나머지 모든 성경의 교훈은 완전한 조화를 이루고 있다는 것이며 우리 신앙의 표준은 단순히 '예수님의 교훈'이 아니라 창세기부터 요한계시록까지의 전체 성경이라는 것이다.

② 또한 이 방법은 예수님의 모든 교훈을 다 다루지 않으며 반전론을 지지하는 듯한 부분만을 선별적으로 다루고 있다. '황금률'과 같은 이러한 부분들은 공권력을 사용하여 악을 제어하는 것은 항상 그릇된 것임을 증명하기 위한 시도로 잘못 해석되곤 한다. 기독교로 개종한 첫 이방인이었던 백부장 고넬료는 믿음 있는 군인이었다. 사도들이 고넬료에게 로마 군대의 복무를 거부하라고 요구한 암시는 전혀 없다. 군병들이 세례요한에게 와서 "우리가 무엇을 하리이까?"라고 물었을 때 세례요한은 군복무를 거부하고 다른 직업을 찾으라고 말하는 대신 단순히 "사람에게 강포하지 말고 무소하지 말고 받는 요를 족한 줄로 알라"고 했다(눅 3:14). 즉 그는 그들의 군사적 신분을 이기적인 목적으로 남용하고자 하는 특정한 유혹을 피하라고 한 것이다. 그러나 세례요한은 군대복무의 의무 그 자체에 대해서는 전혀 언급하지 않았던 것이다. 대요리문답은 절대다수의 그리스도인들이 견지하는 합법적인 전쟁이라는 원리를 채택하고 있다. 물론 이것은 모든 전쟁이 다 합법적이라는 말은 아니며, 더욱이 전쟁 중에 발생하는 모든 행사가 합법적으로 승인될 수 있다는 것도 아니다. 대요리문답은 그 무엇보다도 군국주의를 반대한다. 그러나 대요리문답은 단순히 어떤 특정한 상황 하에서 그리스도인들이 전쟁에 참여하는 것은 모순된 일이 아님을 확인하는 것이다.

(5) 불법적인 폭력에 대항하여 우리를 보호하는 것은 왜 정당한 일인가?

비합법적인 폭력에 대한 정당방위는 언제나 합법적이다. 아니 그것은 합법적 그 이상의 것이다. 그것은 도덕적인 의무이다. 우리의 생명은 우리 자신의 것이 아니기 때문이다. 그것은 하나님께 속해 있으며 따라서 하나님의 것을 소유한 청지기로서 우리는 언제나 범죄적 폭력을 통한 파괴로부터 우리 자신의 생명과 타인의 생명을 잘 보존할 책임이 있다. 필연적 정당방위가 합법적이라는 원리는 모든 국가가 일반적으로 견지하는 시민법이다. '황금률'이나 이웃을 사랑하는 의무가 정당방위로 살인하는 것이 잘못된 것임을 주장하는 것이라면, 그것은 우리 이웃을 어리석고 광적으로 사랑하는 것이 되고 만다. 성경은 사람에게 그의 이웃을 자신의 몸처럼 사랑하라고 명령한다. 즉 이웃을 향한 사랑은 자기 자신을 적절하게 사랑하는 것과 균형을 이루어야 한다. 자기 자신을 정당방위나 자기 방어의 수단 없이 범죄를 통한 살인에 내어주는 자는 그의 이웃을 과도하게 사랑하는 자이며 자신을 전혀 사랑하지 않는 자이다.

제137문 제7계명은 무엇인가?
답 제7계명은 "간음하지 말지니라"하신 것이다.

제138문 제7계명에서 요구되는 의무는 무엇인가?
답 제7계명에서 요구되는 의무는 몸, 마음, 애정, 말, 그리고 행위상의 정절과 우리 자신 및 다른 사람들의 정절을 보존하는 것이다. 눈과 기타 모든 감관에 대하여 방심치 않고 주의깊이 하는 것이며 절제하고 정절 있는 친구와 사귀며 단정한 복장을 하고 독신의 은사가 없는 자들은 결혼하고 부부는 사랑으로 동거하며 우리의 사명 이행을 위해 건실하게 노력하며 모든 경우의 부정을 피하고 부정으로 향하는 유혹을 저항하는 것이다.

제139문 제7계명에서 금지된 죄는 무엇인가?
답 제7계명에서 금지된 죄는 요구된 의무를 소홀히 하는 것 외에 간통과 간음, 강간, 근친상간, 남색, 모든 부자연스러운 정욕, 모든 부정한 상상과 생각 및 애정이며, 부패하거나 더러운 모든 서신왕래 혹은 그것에 귀를 기울임이며 음탕한 표정, 뻔뻔스럽고 가벼운 행동, 야하고 무례한 옷차림 또는 합법적인 결혼을 금지하고 불법적인 결혼을 시행하는 것이며 마음을 허락하고 용납하고 경영하며 바람을 피우는 것이다. 또 독신생활의 서약에 말려들어가는 것과 결혼을 부당하게 지연시키는 것이며 불의하게 이혼하거나 유기하는 일이며 또한 게으름과 폭식과 술 취함과 음란한 친구와 사귀는 것이며 음탕한 노래와 서적과 춤과 연극을 즐기는 것이며 우리 자신이나 다른 사람들에게 음란을 자극시키는 것이나 음란한 행위를 하는 것이다.

1) 관련성구
   • 출 20:14: 제7계명.

- **살전 4:2-8:** 마음과 삶을 정결케 할 의무.
- **욥 31:1; 마 5:28:** 제7계명은 "눈과 기타 모든 감관에 대하여 방심치 않고 주의깊이 하는 것"을 요구한다.
- **잠 2:16-20; 5:8; 창 39:10:** 음란한 친구를 피해야 하는 의무.
- **딤전 2:9:** 겸손하고 단정한 복장을 취해야 할 의무.
- **엡 5:3-4:** 말과 대화를 정결케 할 의무.
- **마 15:19:** 마음의 정절을 대적하는 죄.
- **딤전 4:3; 막 6:18; 말 2:11-12:** 합법적인 결혼을 금하고 불법적인 결혼을 시행하는 것은 제7계명에 위배되는 일이다.
- **말 2:14-15; 마 19:5:** 일부일처제는 하나님이 정하신 결혼의 규례이다.
- **말 2:16; 마 5:31-32:** 이혼은 결혼의 신적 규례에 위배되는 것이며, 성경적 근거를 제외하고는 절대로 허용되어서는 안된다.
- **롬 13:13-14; 벧전 4:3:** 하나님의 말씀은 모든 종류의 부정함을 피하는 것과 모든 종류의 유혹으로부터의 분리를 요구한다.

2) 해설

(1) 제7계명은 제6계명과 어떤 관계에 있는가?

제6계명은 거룩한 삶을 존중할 것을 요구하는 한편 제7계명은 인류가 세상에서 계속 존재하기 위하여 성을 존중할 것을 요구한다.

(2) 제7계명의 일반적 범위는 어떠한가?

제7계명은 마음과 언어와 행동에 있어서 우리 자신과 이웃의 정절을 보존할 것을 요구한다(소요리문답 제71문).

(3) 제7계명의 위반의 원인은 무엇인가?

제7계명의 위반에 대한 실제적이며 기본적인 원인은 영적이다. 즉 다시 말하자면 인간의 부패하고 죄악적인 상태를 뜻한다(마 15:19).

(4) 현대인들의 생활의 어떤 영향이 제7계명을 위반하는 일에 공헌하였는가?

제7계명의 위반은 '자기표현'을 강조하는 심리적 전형의 수용으로 인해 엄청나게 증가했다. 말하자면 이것은 하나님의 계명이 금한 것이나 결혼의 규례가 금한 것과 관계없이 자연적 충동의 절제 없는 방종이다. 오늘날 많은 사람들이 원래 이것을 의도했던 학자들보다 더 이런 심리적 전형을 암암리에 수행하고 있다. 의심의 여지없이 수많은 사람들이 이 심리적 '자기표현'을 불순한 정욕을 탐닉하는 핑계로 사용한다. 그 결과 간통과 간음 그리고 비성경적인 이혼과 결혼에 대한 반대가 현저히 감소되었다. 이러한 죄는 전혀 새로운 것이 아니다. 이것들은 다소간의 차이만 있을 뿐 아주 오래 전부터 존재해왔다(창 34; 38:15-26). 그러나 '존경할만한' 많은 사람들 심지어 신앙이 있는 사람들에 의해 이러한 행사와 규례가 변호되고 죄가 아닌 것으로 선포됨에도 불구하고 오늘날 이러한 죄는 하나님의 계명에 대한 반역이자 폭동이다. 오늘날 우리는 많이 교육을 받은 사람들과 존경받는 사람들이 성의 본능의 표현을 하나님의 계명에 종속적인 도덕적 문제가 아닌 개인적 기호의 차이로 간주하는 상황을 맞이하고 있다. 따라서 오늘날 많은 사람들이 결혼을 떠난 성적 관계를 합법적인 것으로 간주하며 결혼은 영구적인 것이 아니라고 생각한다. 오늘날 미국에 이렇게 유행하는 성적 부도덕은 과거에 기독교 신앙의 빛 아래 살았던 저명한 사람들에게는 정당화될 수 없는 것이었다. 과거에 다섯 명의 남편과 살았고 현재 합법적인 결혼을 통하지 않은 여섯 번째 남자와 살고 있는 사마리아 여인(요 4:17-18) 역시 그 당시에 부도덕한 여인으로 간주되었다. 오늘날 우리 시대의 수많은 사람들이 이혼을 자기 인생의 치명적인 오점이 아니라 단순한 하나의 '문제' 또는 하나의 '불행'이라고 생각하며 비성경적인 근거에 의한 이혼을 일상적인 것으로 받아들이고 있다. 오늘날 미국에서는 이혼한 사람이라고 알려지는 것이 전혀 사회적 오점으로 여겨지지 않고 있는 실정이다. 이것은 대중의 여론이 얼마나 하나님의 계명의 도덕적 표준과 동떨어져 있는지를 잘 보여준다.

하나님의 계명을 평가절하 시키는 일에 사용되는 가장 주요한 원인 가운데 하나가 바로 텔레비전의 남용이라는 것을 강조할 필요가 있다. 이는 텔레비전이 그 자체로 악이라는 말은 아니다. 오히려 텔레비전은 하나님을 영화롭게 하는 방식으로 사용되어야 한다. 그러나 오늘날 만연되어 있는 텔레비전의 거의 모든 프로그램의 도덕적 수준이 낮다. 따라서 그리스도인은 언제나 텔레비전 사용에 있어서 주의를 기울여야 한다(GIW).

(5) 오늘날 미국에서 이혼이라는 악은 어떻게 치유될 수 있겠는가?

미국에서의 이혼은 매우 심각하지만 아무런 조치를 취하지 않을 수는 없다. 이 주제는 여기서 다루기에는 너무 방대한 주제이다. 그러나 개선을 위한 다음과 같은 몇 가지 가능성을 제안할 수 있을 것이다.

① 이혼에 관한 시민법은 하나님의 계명과 조화를 이루어야 한다. '성격의 불일치'와 '정신적 학대'와 같은 이혼을 합리화하는 수많은 비성경적인 이유들은 반드시 제거되어야 한다. 그것 중의 일부는 사법적인 분리의 근거로서 정당할 수 있지만 재혼의 권리를 위한 완전한 이혼을 합리화하는 근거가 되지는 못한다. 그리스도인은 이 주제에 대해 하나님의 계명의 요구와 조화를 이루는 민법과 사법을 추구해야 한다.

② 교회는 반드시 이 주제에 대해 하나님의 말씀의 교훈을 명백하고도 분명하게 선포해야 한다. 오늘날 만연해 있는 불법한 결혼과 이혼은 성경에 대한 무지에 근거하며 심지어 교회의 성도들조차도 결혼과 이혼에 대해 성경이 무엇을 교훈하는지에 대해 무지한 실정이다.

③ 교회는 성경적 근거 없이 이혼한 성도들을 반드시 신실하게 징계하고 훈육해야 한다. 특별히 재혼의 경우에는 각각의 배우자가 이혼에 있어서 성경적 근거에 합당한지를 살펴야만 한다. 방종스럽고 무절제한 시민법을 통해 하나님의 계명을 극악무도하게 위반하는 자들은 만족할만한 회개와 삶의 개선에 관한 증거를 나타내기까지는 예수 그리스도의 교회에서 성도로서의 특권을 향유할 권리가 없다.

④ 교회는 교회의 감독관된 자들이 디모데전서 3장과 디도서 1장의 요구에 따라 자격을 갖추었는지를 확신하고 보장하기 위하여 더 많은 주의를 기울여야 한다.

(6) 음탕한 서적과 잡지들은 이전시대보다 오늘날 더 유행하는가?

적어도 미국에서 이러한 일들은 의심이 여지없이 더 유행하고 있는 일이다. 음탕한 서적과 잡지들은 일상적인 것이 되었으며, 특별히 제1차 세계대전이후 이런 증상은 더욱 심해졌다. 오늘날 수많은 외설적이고 음흉한 동시대의 서적과 잡지들은 극단적으로 저속하고 음란하다. 어떤 유명한 서적과 잡지들은 기독교 가정이 구독할 목록에 합당하지 않다. 적어도 범세계적으로 인기 있는 한 가지 유명한 여성잡지는 기독교의 성적 도덕의 표준을 파괴할만한 요소들로 가득 차 있다. 이제는 더 이상 잘 알려진 회사나 출판사들이 유명한 서적이나 잡지를 발간하고 그것들이 유명인사의 서명으로 출판되었다고 해서 반드시 품위 있고 무해하지는 않다는 것을 명심해야 한다. 이러한 상황 속에서 진지한 그리스도인은 자신과 자신의 자녀들이 읽는 서적이나 잡지의 내용에 주의를 기울여야 할 것이다.

(7) 현대적 춤에 대한 우리의 태도는 어떠해야 하는가? 그리스도인은 춤추는 일에 참여해도 되는가?

이 문제에 대해 많은 것을 말할 수 있다. 대요리문답은 제7계명은 '음탕한 춤'을 금하고 있다. 일반적으로 현대의 춤은 바로 이런 범주에 속한다. 과거에 그리스도인들은 일반적으로 난잡한 춤이 부도덕으로 인도하는 경향이 있기 때문에 난잡한 춤을 반대해 왔다. 오늘날 많은 춤들은 그 결과에 있어서 뿐만 아니라 그것 자체로 부도덕하며 악하다고 할 수 있다. 즉 춤추는 행위 그 자체가 성적 충동이라는 죄악된 방종을 야기한다는 것이다. 말할 필요도 없이 모든 그리스도인은 이런 행사와 규례를 양심적으로 떠나고 거절해야 한다(독자들은 이 주제에 대한 훌륭한 책 *To Dance or Not to Dance*, by G. Mahler, published by Concordia House, St. Louis 13, Mo.를 참조하라).

(8) 그리스도인은 연극이나 영화에 대해 어떤 태도를 취해야 하는가?

물론 그리스도인은 다른 모든 윤리적 문제와 마찬가지로 영화에 대해서도 진지하고 양심적인 태도를 취해야 한다. 오늘날 존재하는 많은 상업적 영화는 특별히 젊은이들에게 아주 나쁜 영향을 미친다. 이러한 이유 때문에 많은 진실한 그리스도인은 항상 어떤 상황에서든지 간에 극장에 가는 것을 완전히 금해야 한다고 느끼기도 한다. 이러한 결정이 하나님을 향한 신자의 의무와 헌신에 따라 양심적으로 신실하게 이루어진다면 이 문제에 완전히 동의할 수 없다고 느끼는 그리스도인들도 이러한 결정을 존중해주어야 한다. 반면에 영화에 대해 전혀 양심적인 가책이나 망설임 없는 그리스도인들도 많이 있으며, 원할 때는 언제나 어떤 종류의 영화나 공연을 보러 가기도 한다. 이러한 태도는 신실한 그리스도인의 생활과 부합되지 않으며 정당화될 수도 없다. '쇼'는 그리스도인들이 보기에 합당한 것이라고 간주될 수 없다. 그리스도인은 영화관에 대해 이러한 부주의와 자기만족의 태도를 가져서는 안된다. 이러한 두 가지 태도 이외에 현대적 영화의 일반적 성격을 잘 알고 있으며 그러한 이유 때문에 거의 극장에 가지 않는 많은 진실한 그리스도인들도 있다. 그럼에도 불구하고 극장에 가는 것 자체가 죄라고 여기지는 않는다. 영화가 필연적으로 악은 아니라는 것은 명백한 일이다. 영화중에는 건전하고 유익한 것들도 있다. 신실한 그리스도인은 영화를 보러 가기 전에 그 영화의 성격과 특징을 분명히 파악하는 수고를 아끼지 않아야 한다. 이것은 여러 가지 방법을 통해 수행될 수 있으며, 소홀히 해서는 안되는 의무이다. 그리스도인이 이러한 종류의 질문에 있어서 그리스도인 형제에게 거치는 돌이 되지 않기 위해서 하나님의 말씀의 교훈에 주의를 기울여야 하는 것은 말할 필요도 없는 일이다(롬 14:4-7, 14-23; 고전 8:9-13). 우리는 형제들을 넘어지게 하는 것보다 오히려 반드시 어떤 종류의 쾌락과 즐거움을 기꺼이 부정하는 태도를 견지해야만 할 것이다.

여기서 보스 박사가 영화에 대해 말하는 것은 황금시간대에 방영되는 텔레비전 프로그램에도 동일하게 적용되는 것이다. (GIW).

(9) 대요리문답이 말하는 '무례한 옷차림'이란 무엇을 의미하는가?

대요리문답은 제7계명에 기록된 '무례한 옷차림'을 죄악적인 것으로 금해야 한다고 진술한다. 무례한 옷차림에 대한 정확한 정의를 내리는 것은 어려운 일이다. 이것은 모든 그리스도인이 양심적으로 결정할 문제이다. 그러나 일반적으로 옷이 몸을 적절하게 가리지 않아서 그것이 교회 내의 이성에게 불결하고 부정한 생각을 떠오르게 만들도록 몸을 노출시킨다면, 그러한 옷차림은 무례한 것이라고 할 수 있다. 우리는 성경이 적절하고 정숙한 옷차림의 결핍을 단호하게 정죄하고 있다는 사실을 깨달아야 한다(딤전 2:9; 잠 7:10, 13). 또한 성경은 과도하게 비싸고 사치스럽고 호사스러우며 노출이 심한 옷 역시 정죄하고 있다 (사 3:16-26; 벧전 3:1-4). 신앙은 외적인 의복에 있지 않고 마음의 문제인 것은 사실이다. 그러나 생명력 있는 강력한 기독교는 외적인 옷차림에 영향을 끼칠 것이며 그의 옷차림새를 하나님의 말씀에 복종시키게 만들 것이다.

(10) 독신생활의 서약은 왜 그릇된 것인가?

대요리문답이 '독신생활의 서약에 떠밀려' 라고 부르는 이러한 서약은 오늘날 많은 로마 가톨릭 교회의 교인들에게서 나타난다. 이러한 서약들은 첫째로 하나님의 말씀에 명령되어 있지 않은 일을 하도록 서약케 하는 것이며, 둘째로 하나님의 도움의 약속이 없는 일을 행하게 하는 것이기 때문에 죄악적인 것이다. 독신은 결혼보다 더 거룩한 형태의 삶이 아니다. 결혼하지 않고 독신으로 남아 있는 것은 어떤 특별한 경우에 한해서 하나님의 뜻일 수 있다. 그러나 그 어떤 사람도 독신으로 살겠다고 서약할 권리를 가지고 있지는 않다. 하나님의 말씀에 의하면 성인에게 있어서 결혼은 정상적인 삶이며(창 2:18, 24), 따라서 독신은 규칙이 아니라 예외이다. 중세시대의 로마 가톨릭 교회는 로마 제국의 극단적인 방종에 대한 반작용으로 금욕주의와 독신을 그리스도인의 이상형으로 간주함으로 또 다른 극단으로 치닫게 되었다. 그 이후로 지금까지 로마 가톨릭 교회는 이런 그릇된 이상에 영향을 받았으며 '처녀성'이나 독신을 결혼보다 훨씬 더 고상하고 거룩한 삶의 형태로 간주해 왔다.

(11) 대요리문답이 로마서 1:24-26과 레위기 20:15-16을 증거구절로 인용하는 '남색과 마음의 정욕'을 언급하는 것은 중요한 일인가?

확실히 그렇다. 보스 박사가 특별히 1940년대와 50년대 초반에 이 주제에 대해 언급했을 때 이것에 대해 아무런 설명도 하지 않았지만, 웨스트민스터 총회의 신학자들이 심지어 이 불쾌한 주제에 대해 언급함에 있어서 성경에 충실한 교훈을 제시한 것은 매우 중대한 일이다. 초창기에, 적어도 내 인생의 경험에 비추어 볼 때, 이러한 성적 타락은 언급할 필요가 없어 보였다. 왜 그랬는가? 왜냐하면 당시 우리 문화적 개념에 따라 많은 사람들이 이것이 그 자체로 분명한 악이라고 생각했고 동의했기 때문이다. 뿐만 아니라 우리의 본성적이며 생리적인 구조 자체가 남자가 남자와 더불어 여자가 여자와 더불어 성교를 나누는 것은 변태적인 것임을 교훈한다고 모두 믿고 있었기 때문이다(롬 1:26-27). 그러나 오늘날 심지어 네덜란드의 개혁주의 교회들과 같이 한 때 대단한 개혁주의 교단이었던 단체들이 이러한 악을 허용했고 심지어 그들의 교회의 감독들과 목사들이 이러한 타락을 실행할 수 있도록 허용하기까지 했다. 따라서 우리는 웨스트민스터 총회가 제7계명을 설명하면서 특별히 이러한 저속한 악에 대해 언급하는 것을 조금도 주저하지 않았다는 것에 감사하는 바이다 (GIW).

제140문 제8계명은 무엇인가?
답 제8계명은 "도적질하지 말지니라"하신 것이다.

제141문 제8계명에 요구된 의무는 무엇인가?
답 제8계명에 요구된 의무는 사람과 사람 사이의 언약과 거래에 진실, 신실, 공의로움이니, 각 사람에게 당연히 줄 것을 주는 것이며 바른 소유주에게서 불법 점유된 물건을 배상하는 것이며, 우리들의 능력과 다른 사람들의 필요에 따라 아낌없이 주며 빌리는 것이다. 이 세상 물건에 대한 우리의 판단, 의지, 애정의 절제이며, 우리의 생명 유지에 필요하고 편리하며 우리의 상태에 맞는 것들을 획득하여 보존하며 사용하고 처리하려는 주의 깊은 배려와 연구이다. 불필요한 소송과 보증서는 일이나 기타 그와 같은 일을 피하고 우리들 자신의 것과 마찬가지로 다른 사람들의 부와 외형적 재산을 구하여 보존하고 증진하기 위해 공정하고 합법적인 모든 수단과 방법으로 노력함이다.

1) 관련성구
- **출 20:15**: 제8계명.
- **시 15:2, 4; 슥 7:4, 10; 8:16-17**: 제8계명은 사업과 계약에 있어서의 의와 정직을 요구한다.
- **롬 13:7**: 모든 이에게 바쳐야 할 것을 바치지 않는 것은 도적질하는 것이다.
- **레 6:2-5; 눅 19:8**: 그릇되게 취득하거나 보유한 재산은 돌려주어야 할 의무가 있다.
- **눅 6:30, 33; 요일 3:17; 엡 4:28; 갈 6:10**: 제8계명은 할 수 있는 한 다른 이들이 도움을 필요로 할 때 꾸어주고 빌려줄 것을 요구한다.
- **딤전 6:6-9; 갈 6:14**: 제8계명은 세상적 부에 관한 우리의 태도와 행위가 적당해야 함을 요구한다.

- 딤전 5:8; 잠 27:23-27; 전 2:24; 3:12-13; 딤전 6:17-18; 사 38:1; 마 11:8: 제8계명은 하나님께서 우리에게 허락하신 섭리적 환경을 통해 우리 삶의 유지를 위한 수단을 취득하고 유지하며 사용할 노력을 요구한다.
- 고전 7:20; 창 2:15; 3:19; 엡 4:28; 잠 10:4: 합법적인 직업을 가지고 정규적으로 일하는 것은 우리의 의무이다.
- 요 6:12; 잠 21:20: 검소함은 그리스도인의 의무이다.
- 고전 6:1-9: 불필요한 소송을 피해야 한다.
- 잠 6:1-6; 11:15: 그리스도인은 보증에 말려들거나 휩쓸리지 말아야 한다.
- 레 25:35; 신 22:1-4; 출 23:4-5; 창 47:14, 20; 빌 2:4; 마 22:39: 정당하고 합법적인 수단을 통해 우리 자신과 다른 이들의 물질적 번영을 증진시키는 것은 우리의 의무이다.

2) 해설

(1) 제8계명의 일반적인 범위는 무엇인가?

제8계명의 일반적 범위는 제6계명이 언급했던 생명의 신성함과 제7계명이 언급했던 성의 신성함과 같이 재산의 신성함에 관한 것이다. 재산이나 부는 하나님의 의해 창조된 것이며 하나님의 영광과 그를 섬김에 사용되기 위해 인간에게 신탁하신 것이다. 따라서 그것은 청지기인 사람에게 맡기신 것이기 때문에 존중되어야 마땅하다. 따라서 제8계명은 우리가 이웃의 재산을 도적질 하지 말아야 하며, 동시에 우리 자신의 재산을 취득하고 관리할 것을 요구하는 것이다.

(2) 성경은 사유재산권을 인정하는가?

그렇다. 타락으로 인해 시작된 인류의 죄악된 상태로서의 사유재산권은 인생에 있어서 하나님을 영화롭게 하고 즐거워하기 위하여 필요한 것이다. 사유권은 단순히 인간적 발명이나 관습이 아니라 하나님의 도덕법에 기초해서 세워졌다. 사유권에 대한 신적인 규례는 "너는 도적질하지 말지니라"는 제8계명에 의해 확실하게 제정되었기 때문에 의미 있는 것이다. 사유권을 악이라고 생각하는 사람들은 성경을 배제하고서라도 대단히 잘못 생각하는 것이다. 그들이 마음속에 악이라고 생각하는 것은 사유권 그 자체가 아니라 사유권에 대한 남용에 기인한 것뿐이다.

(3) 우리는 성경의 빛을 통해 공산주의를 어떻게 판단해야 하는가?

성경의 교훈에 의하면 공산주의는 그 원리에 있어서 잘못된 것이다. 공산주의는 단지 그것과 연관된 남용으로 인해 그 특징과 실행에 있어서 잘못일 뿐만 아니라 그 기본적 사상에 있어서도 그릇되고 악한 것이다. 만일 세상에 독재자와 공산당과 비밀경찰과 공산당원과 정보의 검열이 없는 '완전한' 공산주의가 있다 하더라도 공산주의는 내재적으로 죄악적이고 사악하다. 자본주의 역시 그것과 관계된 비행적 악과 남용으로 하나님의 도덕법을 위반한다. 공산주의는 그 본질과 기본적 사상으로 하나님의 도덕법을 위반한다. 공산주의의 원리는 국가가 재산의 공동적 권리를 강요함에 있다. 이는 사유재산권은 분명히 악이며 아주 작은 분량만 허용될 수 있다는 것을 전제한다. 그러나 이것은 사유권이 하나님께 주신 권리라고 교훈하는 성경에 위배되는 사상이다. 하나님의 형상을 지닌 자로서의 인간 개인은 하나님께 의도하심대로 그의 사적 개성을 발전시키기 위해서 사유재산권리와 부의 축적권리를 행사해야 하며 그가 직면한 상황의 관계 속에서 온전히 하나님께 영광을 돌려야 한다. 인간에게 있는 하나님의 형상은 인간이 세상을 다스리고 주관할 수 있다는 것을 암시한다(창 1:27-28). 인간은 본질적으로 영혼과 양심을 지닌 개인이다. 그는 개인적 능력과 재능 그리고 소망과 욕구의 소유자이다. 공산주의는 인간 개인을 대중 속으로 삼켜버렸고 그 결과 하나님께서 창조하신 세상을 주관할 하나님의 형상과 청지기로서의 인간의 개성이라는 본질적인 요소를 희생시키고 말았다. 공산주의는 인간 개인이 대중과 사회를 위해 존재한다고 가정한다. 그러나 이것은 사회와 모든 사회적 기관들이 개인을 위해 존재하며, 그 개인은 그의 삶을 위한 신적인 목적과 하나님의 영광을 성취하기 위하여 존재한다고 교훈해주는 하나님의 말씀과 정면으로 배치된다. 불멸의 영혼과 양심 그리고 하나님과 교통할 수 있는 능력을 지닌 자는 오직 인간 개인뿐이다. 이것은 이 세상에서 끝나지 않고 영원한 것이다. 이것들은 인간이 생명이 찬된 존엄성과 가치를 나타내준다. 인간 개인을 중요하지 않은 것으로 여기며 그를 소위 '사회'의 복지라는 미명으로 대중과 사회 속에 삼켜버리는 제도나 체계는 그것이 어떤 것이라도 기본적으로 그릇된 것이며 나아가 적그리스도적인 것이다. 이것은 인간 개인의 개성을 전복시킬 뿐만 아니라 재산의 공산권을 강제적으로 적용시키는 것이다.

(4) 사도행전 2:44; 4:32-37에 기록된바와 같이 초대교회는 혹시 공산주의를 실행한 것이 아닌가?

'공산주의'라는 종류가 예루살렘에 존재했었다는 것은 사실이다. 그러나 당시의 공산주의는 오늘날 존재하는 공산주의와는 전적으로 다른 종류의 공산주의이다. 그것은 바로 다음과 같은 이유에서 다르다.

① 이것은 사도행전 5:4에 아나니아를 향한 사도 베드로의 말에 잘 나타난 바와 같이 강제적인 것이 아니라 자원적이었다.

② 이것은 마가라 하는 요한의 어머니 마리아의 집을 팔아서 내놓지 않은 것을 보아 전체적으로 행해진 것이 아니라 부분적으로 행해진 것이었다(행 12:12).

③ 당시에 음식의 배급과 구제가 공정하게 이루어지지 않는다는 원망이 발생했다(행 6:1).

④ 이것은 한시적인 것이었고 스데반의 순교사건 이후 엄청난 핍박이 행해지고 그리스도인들이 예루살렘 밖으로 흩어지자 계속해서 실행되지 않고 중단되었다(행 8:1-4).

⑤ 그들이 말하는 이러한 종류의 '공산주의'가 예루살렘 교회 이외에 사도들에 의해 세워진 그 어느 교회에서도 제도적으로 정착되지 않았다는 것이다. 따라서 예루살렘 교회의 유한적인 '공산주의적 운동'은 원리의 문제가 아니라 특정한 시간과 장소에 필요한 특별한 조건으로서의 편의주의였다. 따라서 이러한 한시적인 예루살렘 교회의 직무를 근대 공산주의와 유사한 것이라거나 모든 교회들이 모방해야할 모범이라고 간주하는 것은 어리석고 비성경적이며 비역사적인 것이다.

(5) 사회주의는 기독교와 반대되는가?

사회주의라는 용어는 여러 가지 다른 의미로 사용되었기 때문에 그것이 어떤 경우의 사회주의인지를 먼저 정의하지 않는 한 단정적으로 말하는 것은 어려운 일이다. 근대 공산주의의 뿌리가 된 마르크스적 사회주의는 확실히 기독교 신앙과 배치되는 것이다. 그럼에도 하나님의 말씀과 배치되지 않는 제한적인 의미에서의 사회주의가 있다. 정부가 우편국의 일을 개인이나 사업가에게 맡기지 않고 정부 자신이 통제하는 것은 일종의 사회주의적 형태이다. 그럼에도 이것을 죄악적이라고 말하지는 않는다. 이 세상에 존재하는 거의 모든 나라에서 철도와 전신 전화국은 거의 국가에 의해 그 사업이 운영된다. 우리는 이것을 현명한 선택이 아니라고 논의할 수는 있지만 성경에 위배된다고 증명할 수는 없다. 그러나 국가가 모든 종류의 사업과 상업을 통째로 관장하고 주도하는 것은 확실히 잘못된 것이다. 국가에 의한 사업의 수행은 모든 국민들에게 본질적인 문제인 우정국과 같은 사업에 한정되어야만 한다. 또한 그러한 국가적 독점 사업에는 비용의 저렴과 효율성이 요구된다. 국가는 사적인 사업이 잘 수행될 수 있는 환경과 조건을 유지해주어야 하며 그러한 사업이 정의적 차원에서 수행될 수 있도록 도와주어야 한다. 국가는 사적 사업과 경쟁해서 그것을 탈취해서는 결코 안되는 것이다. 하나님은 인간 사회에 공의를 수행함으로 인간의 복지를 증진시키기 위해 국가와 정부를 제정하신 것이지 국가의 시민들과 경쟁하기 위한 거대한 기업과 상인을 발전시키기 위해 제정하신 것이 아니다(롬 13:4).

(6) 낭비는 왜 죄가 되는가?

대요리문답은 제8계명이 그리스도인의 의무로서의 검약과 검소를 명령한다고 말한다. 이것은 낭비의 반대이다. 후자는 특별히 미국의 특징 가운데 하나이며, 우리 조국의 그리스도인들 역시 이러한 정죄에서 자유롭지 못하다. 중국에서는 사람들이 나무 한 조각 볏짚 하나를 연료로 쓰기 위하여 아끼며 살아간다. 미국에서는 기차 창문 밖으로 수없이 쌓인 철도의 이음목들을 단순히 없애기 위해 불태우는 장면을 쉽게 볼 수 있다. 수많은 습관적인 낭비의 요소들을 마음에 쉽게 떠올릴 수 있을 것이다. 이러한 방탕한 습관은 부분적으로는 상대적인 부유함과 신상품의 결과로 해석할 수 있을 것이다. 그러나 그렇다고 해서 낭비가 합리화되는 것은 아니다. 우리에게 재원이 엄청나게 풍부하다 할지라도 다른 사람들의 삶을 유지하고 풍요롭게 해 줄 수 있는 것을 낭비하는 것은 아주 그릇된 일이다. 우리의 소유물은 우리 것이 아니며 우리 마음대로 사용하거나 낭비할 수 없는 것이다. 만일 우리가 하나님의 계명에 양심적으로 순종함으로 검소하며 경제적인 삶을 살지 않는다면 순전히 궁핍해서 경제생활을 해야 할지도 모르는 때가 올 것이다. 사람들이 막대한 돈을 호화스럽고 자기를 만족시키는 일에 사용함으로 자기 영혼과 신체를 해하는 것과 마찬가지로 국가적인 낭비 역시 대단히 어리석은 일이다. 그리스도인은 하나님께서 자기에게 맡기신 부를 마음대로 사용함으로 육체적으로 방종의 죄를 짓지는 않는지 심각하게 점검해 보아야 한다.

제142문 제8계명에서 금지된 죄는 무엇인가?

답 제8계명에서 금지된 죄는 요구된 의무를 소홀히 하는 이외에 절도, 강도 행위, 사람납치와 장물취득과 사기거래, 저울을 속이는 것과 치수 재기, 땅 경계표를 마음대로 옮기는 것, 사람들 사이에 맺어진 언약이나 신탁의 사건에 있어서 불공정하고 불성실함이며, 억압, 착취, 고리대금, 뇌물징수, 성가신 소송, 불법적으로 공유지를 사유화하는 것과 주민을 절멸하는 일이며, 물건 값을 올리기 위해서 사람의 마음을 쏠리게 하는 상품을 마구 사들이는 것과 부당한 값을 부르는 일과 우리의 이웃에게 속한 것을 빼앗거나 억류해두거나 우리들 자신을 부유하게 하기 위한 다른 모든 불공평하거나 죄악된 방법이다. 또 탐욕과 세상재물을 과도하게 소중히 여기고 좋아하며, 세상재물을 얻어 보존하고 사용하는 일에 의심 많고 마음을 산란하게 하는 염려와 노력이며 다른 사람들이 잘되는 것에 대한 질투이며, 그와 마찬가지로 게으름, 방탕, 낭비하는 노름과 우리들의 외형적 재산에 대하여 부당한 편견을 가짐이며, 우리 자신을 속여 하나님께서 우리에게 주신 재물을 바로 사용하지 못하는 것이다.

1) **관련성구**
   - 약 2:15-16; 요일 3:17: 제8계명에 부가된 의무를 소홀히 행하는 것.
   - 엡 4:28; 시 62:10; 딤전 1:10: 절도와 강도와 사람을 납치하는 것은 죄이다.
   - 잠 29:24; 시 50:18: 도적질한 물건을 알고 받는 것은 도적과 공범이 되는 것이다.
   - 살전 4:6; 잠 11:1; 20:10; 암 8:5: 부정한 거래와 저울을 속이는 행위는 죄이다.
   - 신 19:14; 잠 23:10: 지계석이나 이정표를 사적인 행동으로 옮기는 것은 제8계명에 위배되며 일종의 도적질과 같다.

- 시 37:21; 눅 16:10-12: 계약을 맺는 일이나 신뢰문제에 있어서 부정직과 불의 그리고 신실하지 못함은 죄악적인 것이다.
- 레 25:17; 마 23:25; 겔 22:12, 29; 시 15:5: 모든 형태의 압제와 궁핍한 자로부터 부당한 이득을 취하는 것이 금지되어 있다.
- 욥 15:34; 암 5:12; 삼상 8:3; 시 26:10; 사 35:15: 뇌물과 부정직은 불의한 것이며 항상 악한 것이다.
- 고전 6:6-8; 잠 3:29-30: 부정한 소송과 합법적이지 못한 소송은 제8계명을 위반하는 일이다.
- 사 5:3; 미 2:2; 잠 11:26: 인간의 호구지책을 목적으로 독점이나 과점을 시도하는 것은 악한 것이다.
- 행 19:19, 24-25: 그 자체로 비합법적인 모든 직업은 제8계명과 배치되는 것이다.
- 욥 20:19; 약 5:4; 잠 21:6: 법적으로 다른 이들에게 속한 것을 부당하게 취득하여 재물을 증식하는 모든 방법은 죄이다.
- 눅 12:15; 딤전 6:5; 골 3:2; 잠 23:5; 시 62:10; 마 6:25, 31, 34; 전 5:12: 재물에 관한 모든 그릇된 태도는 제8계명에 의해 금해져 있다.
- 시 73:3; 37:1, 7: 다른 사람의 물질적 번영을 시기하는 것은 그릇된 것이다.
- 살후 3:11; 잠 18:9; 21:17; 23:20-21; 28:19; 전 4:8; 6:2; 딤전 5:8: 우리의 재물을 게으름과 나태함과 방탕과 낭비와 부주의로 탕진하는 것은 죄악이다.

2) 해설

(1) 제8계명에 의해 분명하게 금지되어 있는 일반적인 죄는 무엇인가?

절도, 강도, 주거침입, 공금횡령, 장물취득, 저울을 속이는 것과 치수 재기 등과 같이 너무나도 분명하게 잘못된 것으로 인정되는 것들로서 언급할 필요조차 없는 것들이다. 이러한 죄들은 성경이 정죄하고 있으며 하나님의 자연계시에 의해서도 정죄되는 죄들이다. 이러한 너무나도 분명한 불의에 대해서 상세하게 논함으로 시간을 허비하는 대신 쉽게 구별할 수 없는 죄에 대해 다루고자 한다.

(2) '인간 납치'는 무엇인가?
① 몸값을 받기 위해 사람을 납치하는 행위이다.
② 사람을 노예로 팔기 위해 훔치는 행위이다.
③ 전체주의적 국가 특별히 러시아 연방 공화국에서 행해지고 있는 '강제노역'이라 불리는 사악한 현대판 노예의 형태이다. 그들은 한두 가지 구실로 그들의 자유를 박탈당하고 편안함이란 희망을 빼앗긴 채 국가를 위해 노동을 강요당하며 비참하게 생계를 유지하고 있다.

(3) 오늘날의 광고는 어떻게 하나님의 제8계명을 위반하는가?
현대의 광고는 너무나 부정직으로 가득 차서 그리스도인이 어떻게 대응할지 곤란하게 만든다. 우리는 라디오 방송을 통해 귀에 익숙한 소리들을 듣는다. 그들은 왜 특정한 상표의 커피와 마카로니와 아스피린이 다른 제품들보다 훨씬 더 좋은 제품인지에 대한 모든 이유를 떠들어댄다. 그러나 두 시간 후에 우리는 다른 상표의 커피와 마카로니와 아스피린이 다른 제품들보다 훨씬 뛰어나기 때문에 그 제품을 사야 한다고 주장하는 또 다른 익숙한 목소리를 듣는다. 물론 광고에 나오는 방송인들은 전부 광고주들로부터 주문 받은 글을 읽어내려 갈 뿐이다. 그러나 모든 과정은 명백하게도 과장과 위선과 일부만 진실로 가득 찬 찰나에 불과하며 청취자들은 이런 것들로 마음이 굳어져서 더 이상 그런 광고를 액면 그대로 믿지 않게 된다. 이런 터무니 없는 허풍은 잡지와 신문광고에서도 동일하게 발견된다. 미국에서 '좋은', '살 가치가 있는'이란 광고로는 더 이상 충분치 않다. 그들은 '최고급의', '거대한', '굉장한', '놀라운' 등의 용어를 사용해야 하는 것이다.

물론 노골적인 거짓으로 가득 찬 광고도 있다. 그러나 가장 유행하는 광고는 노골적인 사기가 아니라 과장과 반만 진실로 가득 찬 교묘하게 오도된 진술로 구성되어 있다. 팔 물건의 품질과 가격에 대한 엄밀하고도 객관적인 진리를 떠난 다른 인상을 주고 영향을 끼치는 모든 광고는 부정직하며 따라서 죄악적인 것이다. 일반적인 상표의 아스피린을 "그 어떤 다른 아스피린보다 더 순수하고 효과가 확실한 아스피린"이라고 끝없이 지루하게 반복할 때 이 상표가 다른 상표보다 더 순수하고 효과가 더 빠른 아스피린이라는 인상을 만들어내는 것은 당연하다. 그러나 진실은 아스피린은 단순히 미국식품의약안전청의 통제를 받는 아스피린이라는 것이다. 따라서 합법적으로 판매된 아스피린의 상표 가운데 하나의 상표는 다른 상표만큼이나 순수하고 그 효과가 신속하다는 것이다. 많은 그리스도인들이 어떻게 해서든지 이러한 부정직한 광고 실행에 직간접적으로 연관되어 있다. 그들은 그들의 직업이 하나님의 도덕법의 위반과 관계가 있는지 심각하게 살펴보아야만 한다.

물론 합법적인 광고의 분야도 있다. 합법적인 광고는 보통 다음과 같은 내용으로 구성되어 있다.

① 합법적인 광고는 판매하고자 하는 제품에 대해 과장이나 거짓 대신 참된 진실을 말해야 한다.

② 그들이 생산하는 제품이 공평한 생산 테스트 시험을 통해 사실이 입증되지 않는 한 다른 경쟁회사의 훨씬 더 우수하다는 인상을 주지 말아야 한다.

③ 쉽게 믿는 대중들에게 호소하는 즉 어떤 치약 상표는 '특별한' 요소를 함유(어마어마한 특별한 이름을 제시하지만 실제로는 화학분야에서 전혀 알려지지 않은 이름)하고 있기 때문에 또는 어떤 커피 상표는 오직 회사만 알 수 있는 그 '특별하고도 신비한' 제조과정 때문에 다른 상표의 커피보다 더 우수하다는 식의 상상적인 허위의 주장을 하지 말아야 한다. 라디오와 신문과 잡지 광고는 오늘날 미국에서 엄청난 사업으로 등장하고 있다. 그러나 그 윤리적 표준은 성경의 표준과는 너무나 멀다. 오늘날의 광고의 수준을 판단해 볼 때 우리 나라는 속이기도 하며 속기도 하는 나라 또는 좀 더 나쁘게 말하자면 거짓말의 나라임이 분명하다. 우리는 반드시 이러한 동시대의 삶의 국면을 하나님의 도덕법에 관계해서 진지하게 판단해야만 한다.

(4) 대요리문답이 진술하고 있는 "공유지를 사유지로 만들기 위해 불의하게 경계표를 옮기는 것"이나 "토지 매입을 위해 그 주민을 절멸시키는 것"은 무엇을 의미하는가?

대요리문답이 언급하는 '불법한 울타리'는 한때 영국에서 존재했었던 관습으로 농경을 위해 '공유지'에다가 울타리를 치는 것을 의미한다. 울타리를 치는 이러한 관습이 '공유지'를 사용할 수 있는 자들의 권리를 무시한다면 매우 불의한 것이다. 18세기와 19세기의 법은 농작물을 수확하기 위해 많은 땅을 필요로 할 경우 형평법상의 기초에 의거해 모든 자들에게 울타리 치는 일을 허용했다.

'주민을 절멸시키는 것'은 거대한 재산을 형성하기 위하여 많은 면적의 땅을 사는 행위이며, 그 지경의 거주민들을 이주시키는 것을 의미하는 것으로서 구약 시대에 알려진 불의의 한 형태이다. 이러한 불의는 이사야 5:8과 미가 2:2에서 정죄되었다.

(5) 대요리문답은 생활필수용품의 독점에 대해 무엇이라 말하는가?

대요리문답은 "물건 값을 올리기 위해서 상품을 마구 사들이는 행위"가 제8계명의 위반이며 죄악적인 행위라고 진술한다. 모든 종류의 독점이 필연적으로 그릇된 것은 아니다. 우편국처럼 어떤 사업이나 봉사는 자연적으로 독점적일수도 있으며 국가나 국가에 의해서 법적으로 자격을 갖춘 개인 사업가가 운영하는 것이 바람직하다. 대요리문답이 죄악으로 간주하는 것은 손쉽게 살 수 있는 생산품들을 '사재기' 함으로 물건 값을 올리는 독점과 같은 것이다. 이러한 행사는 경쟁을 제거하고 수요와 공급이라는 정상적인 시장 기능을 마비시킨다. 이것은 독점을 일으킨 사람들이 다른 모든 사람들이 팔 제품을 가지고 있지 않기 때문에 그들 마음대로 가격을 정할 수 있도록 하기 위하여 인위적인 물품부족과 소멸을 야기한다. 이러한 일용품의 독점, 특별히 생활필수품의 독점은 수많은 나라에게 법적으로 금지될 정도로 명백하게 부정한 것이다.

물론 대요리문답이 규정하고 있는 원리는 전매 특허법이 불법이라는 것을 암시하지는 않는다. 정부는 발명가에게 그 자신이 발명한 제품의 독점권을 제한된 기간 동안 인정하기 위해 발명을 권장하고 있다. 그러나 일반적으로 대기업이 그 품목을 제조해서 사람들에게 공급하기 위한 목적이 아니라 다른 사람들이 그 제품을 생산해서 판매하는 것을 막기 위해 발명가로부터 그 특허권을 사들이는 것은 전혀 다른 문제이다. 이 후자의 관례는 본질적으로 부도덕하며 제8계명에 위배되는 일이다. 이것은 분명히 발전을 조장하고 발명을 격려하는 특허법의 합법적인 목적을 저해하는 것이다. 기업들이 발전을 방해하고 시민들에게 새로운 발명의 결과를 맛보지 못하게 하기 위해서 이러한 법들을 자기들에게 유리하게 사용한다면 이러한 특허법의 개정을 요구하는 것이 그리스도인의 원리가 되어야 할 것이다.

(6) '낭비하는 노름'은 무엇이며 왜 그릇된 것인가?

'낭비하는 노름'이란 그에 상응하는 노력과 가치를 통하지 않은 부의 취득에 관한 시도이기 때문에 그 자체로 죄악인 모든 종류의 도박을 의미한다. 만일 도박꾼이 승리한다면 그는 도적이 될 뿐이다. 만일 그가 돈을 잃는다면 그는 주님이 주신 소유를 낭비하는 죄를 범할 뿐이다. 도박은 '우연'이나 주사위 노름을 통해 돈이나 소유물을 결정하고자 하는 동의이기 때문에 결코 합법적이지 않다. 죄악적인 것을 행하고자 하는 계약 역시 악한 것이다. 도박은 결투의 신청이 살인과 관계있는 것처럼 도적질과 관계있는 죄악적인 행위이다. 도박이나 노름은 슬롯머신이나 복권이나 로또나 내기나 돈과 상품이 걸려 있는 우연의 게임이나 여러 종류의 스포츠 도박 등을 포함한다. 이러한 모든 종류의 노름은 본질적으로 부도덕하며 그리스도인은 이 모든 것들로부터 철저하게 떠나야 한다. 도박은 악습일 뿐만 아니라 전인격을 망칠 때 까지 계속하게 되는 열병과도 같다. 물론 교회와 민간단체들이 어떤 종류이건 도박과 관계된 계획을 후원하거나 지지한다면 그것은 경멸할 가치조차 없는 일이다.

제143문 제9계명은 무엇인가?

답 제9계명은 "네 이웃에 대하여 거짓증거하지 말지니라"고 한 것이다.

제144문 제9계명에서 요구되는 의무는 무엇인가?

답 제9계명에서 요구된 의무는 사람과 사람 사이의 진실과 우리 이웃의 좋은 평판을 우리 자신의 것과 같이 보존하고 증진하는 것이다. 진실을 위하여 나서서 이를 옹호함이며, 재판과 처벌의 문제에 있어서나 무슨 일에 있어서라도 마음속으로부터 성실하고 자유롭고 명백하며 충분하게 진실만을 말하는 것이다. 우리의 이웃을 관대하게 평가하고 이웃의 좋은 평판을 사랑하며 소원하고 기뻐함이며 그들의 연약을 슬퍼하며 덜어주는 것이며 또한 그들의 재능과 미덕을 너그럽게 승인하고, 그들의 결백을 변호함이며, 그들에 관한 좋은 소문을 쾌히 받아들이고 나쁜 소문을 시인하기를 즐겨하지 않는 것이다. 고자질하는 자와 아첨하는 자와 중상하는 자들을 낙망시키는 것이며, 우리 자신의 좋은 평판을 사랑하고 보호하여 필요할 때에는 이를 옹호함이며, 합법적인 약속을 지키고 무엇이든지 참되고 정직하고 사랑스럽고 좋은 평판이 있는 것을 연구하여 실천하는 것이다.

1) 관련성구
- **출 20:16:** 제9계명.
- **슥 8:16:** 사람과 사람 사이의 진실을 유지하는 것은 우리의 의무이다.
- **요삼 1:12:** 우리 이웃의 좋은 평판을 보존해야 한다.
- **잠31:8-9; 시15:2; 대하19:9; 삼상19:4-5; 수7:19; 삼하14:18-20; 레19:15; 잠 14:5, 25; 고후 1:17-18; 엡 5:25:** 모든 문제에 있어서 진실을 말하며 특별히 대중적인 정의 문제에 대해 진실을 말하는 것은 우리 의무이다.
- **히 6:9; 고전 13:7; 롬 1:8; 요이 1:4; 요삼 1:3-4:** 우리의 이웃을 관대하게 평가하고 이웃의 좋은 평판을 사랑하며 소원하고 기뻐하는 것은 우리 의무이다.
- **고후 2:4; 12:21; 잠 17:9; 벧전 4:8:** 그들의 연약을 슬퍼하며 덜어주는 것은 우리의 의무이다.
- **고전 1:4-7; 딤후 1:4-5; 삼상 22:14; 고전 13:6-7; 시 15:3; 잠 25:23:** 우리의 이웃을 관대하게 평가하고 이웃의 좋은 평판을 사랑하며 소원하고 기뻐하며, 그들에 관한 좋은 소문을 쾌히 받아들이고 나쁜 소문을 시인하기를 즐겨하지 않는 것은 우리의 의무이다.
- **잠 26:24-25; 시 101:5:** 고자질하는 자와 아첨하는 자와 중상하는 자들은 낙망시켜야 한다.
- **잠 22:1; 요 8:49:** 필요할 때에는 우리 좋은 평판을 옹호해야 한다.
- **시 15:4:** 합법적인 약속은 반드시 지켜야 한다.
- **빌 4:8:** 참되고 정직하고 사랑스럽고 좋은 평판이 있는 것을 연구하여 실천하는 것은 우리 의무이다.

2) 해설

(1) 제9계명의 일반적인 범위는 무엇인가?

제9계명의 일반적 범위는 인간 사회에 있어서의 진실과 정직의 존엄성과 우리 자신과 이웃의 선한 평판을 유지하는 것이다.

(2) 진실은 왜 거룩한 것으로 간주되어야 하는가?

진실은 하나님의 성품이기 때문에 즉 하나님의 인격의 한 특징이기 때문에 신성한 것으로 간주되어야 한다. 하나님은 진실에 있어서 무한하시고 영원하시며 불변하시다. 우리는 성경을 통해 하나님께서 거짓을 말하실 수 없는 분이심을 배운다(딛 1:2). 하나님은 "진리의 하나님 여호와"로 불리신다(시 31:5). 이와 유사하게 "하나님은 빛이시며 그에게는 어두움이 조금도 없으시다"는 말씀을 읽을 수 있다(요일 1:5). 성경은 하나님으로부터 나온 하나님의 말씀이기 때문에 예수님께서도 "당신의 말씀은 진리니이다"라고 말씀하실 수 있으셨다(요 17:17). 성경은 "진리"이다. 그러나 예수 그리스도는 단순히 진리가 아니시고 바로 "그 진리"이시다(요 14:6). 즉 그만이 절대적이며 궁극적이며 영원한 진리가 되신다는 말이다. 하나님은 그의 진리에 있어서 무한하시고 영원하시며 불변하시기 때문에 진리는 반드시 하나님의 모든 이성적 피조물들(천사와 인간)에 의해 거룩한 것으로 간주되어야 한다.

(3) 세상에 만연해 있는 허위와 거짓을 어떻게 설명할 수 있는가?

우리는 성경에 제시되어 있는 인격적인 마귀의 존재를 인정하지 않고서는 이 세상에 허위와 거짓이 만연해 있다는 사실을 이해할 수 없다. 하나님께서 진리의 근원이신 것처럼 사단은 비 진리의 근원이요 거짓의 아비이다(요 8:44). 허위 즉 비 진리는 하와가 하나님의 진리 대신 사단의 말을 듣고 마귀의 거짓말을 믿었을 때 인류에게 들어왔다. 성경에서 사단은 세상을 속이는 자로 묘사되어 있다(계 12:9). 사단은 또한 '이 세상의 신'(고후 4:4) 그리고 '이 세상 임금'이라고 불린다(요 14:30). 사단은 비 진리의 왕국을 가지고 있으며, 이 왕국을 확장하고 선전하길 원한다. 이러한 허위에 의해 조종을 받는 자들은 사단의 왕국의 시민들이다. 그렇다면 허위와 거짓을 말하는 그리스도인들은 사단의 왕국의 무기를 취급하는 것이 되고 만다.

(4) 어떤 근대철학체계가 진리의 신성함을 위반하는가?

'실용주의'라 불리는 현대 철학이다. 실용주의는 진리는 그것이 진리인가 그렇지 않은가에 있지 않고 그것이 효과가 있느냐 그렇지 않느냐에 달려있다고 가르친다. 실용주의에 의하면 진리의 시금석은 바로 성공이다. 만일 어떤 것이 '효과'가 있다면 그것은 반드시 수용되어져야 한다. 그렇다면 우리는 성경과 같은 절대 진리 표준으로 사물을 측정하지 않게 된다. 이 개념은 미국인의 삶에 엄청난 영향을 끼쳤으며 심지어 신앙생활에도 대단한 영향을 받았다. 이 실용주의는 진리의 신성함에 대한 사람들의 인식을 심각하게 파괴하고 평가절하 함에 있어서 이루 셀 수 없는 해악을 끼쳤고 절대적 진리나 불변하는 진리와 같은 존재에 대한 믿음을 파괴시켰다. 오늘날 많은 사람들이 실용주의라는 단어를 전혀 들어본 적이 없지만 이 철학의 영향 아래 놓여 있음은 부인할 수 없는 사실이다. 예를 들면 웨스트민스터 신앙 표준문서가 17세기에는 진리였지만 20세기에는 더 이상 적당하지 않다고 말하는 자들은 바로 이러한 영적 질병으로 고통을 받고 있는 사람들이다. 오늘날 미국의 교회 생활에 있어서 너무나 일반적인 현상이 되어버린 교리를 혐오하고 건전한 교리의 중요성을 평가절하 하는 것은 거의 이 실용주의의 영향 때문이다. 종교가 '실제적인 강조점'을 가져야 한다고 요구하는 많은 사람들은 실제로 교회가 그 밑에 굳건한 진리의 기초 없이 '어떤 행동이나 효과를 낳기 위한 프로그램'을 가져야 한다고 주장하는 것과 다름없다. 실제적인 효과와 행동을 요구하는 현대주의가 진리에 대한 무관심이나 참을성 없음과 연결되면 그것만큼 사악한 것도 없다. 절대적이며 불변하는 진리에 기초하지 않는 한 이 세상에 진정으로 실용적인 것은 하나도 없다.

(5) 우리가 하나님의 진리를 진정으로 알고 사랑하려면 우리 삶에는 어떤 변화가 발생해야 하는가?

본성적으로 우리는 진리에 대한 편견을 가지고 있으며 진리를 의심하고 부정할 뿐만 아니라 허위와 거짓을 말하는 경향이 있다. 이러한 상태는 사단의 기만적인 사역과 관계있으며 부분적으로는 허물과 죄로 죽어버린 우리의 영적 무지와 관계되어 있다(엡 2:1). 이것 때문에 우리는 성령 하나님의 전능하신 사역으로서의 중생과 '거듭남'을 경험해야 한다. 이 새로남의 경험은 우리 마음의 눈을 열어 하나님의 진리를 보게 하고 그것을 감사하게 만든다. 그 결과 거룩해지는 성화의 과정이 따라오고 성도의 마음속에 비 진리와 거짓을 혐오하는 마음을 심어주며 매일의 생활과 대화 속에서 정직과 신실함의 마음을 심어준다. 성령 하나님의 중생과 성화의 사역이 없다면, 우리는 영원히 비 진리의 희생자로 남게 될 것이다.

제145문 제9계명에서 금지된 죄는 무엇인가?

답 제9계명에서 금지된 죄는 우리 자신의 것과 마찬가지로 이웃이 지니고 있는 진실과 좋은 평판을 특히 공적 재판사건에서 해치는 모든 일이다. 그것은 거짓 증거를 제공하고, 위증을 시키고, 고의적으로 나와서 악한 소송을 변호하고 진실을 외면하고 억압함이며, 불의한 판결을 하고 악을 선하다, 선을 악하다 함이며, 악인을 의인의 행사에 따라 보상하고 의인을 악인의 행사에 따라 보상하는 것이다.

1) 관련성구
- **삼상 17:28; 삼하 1:9-10, 15-16; 16:3:** 우리 자신의 것과 마찬가지로 이웃이 지니고 있는 진실과 좋은 평판을 해치는 것은 죄이다.
- **레 19:15; 합 1:4:** 공적 재판사건에 있어서 진실을 해치는 모든 일은 죄이다.
- **잠 6:16, 19; 19:5; 행 6:13:** 거짓 증거를 제공하고 위증을 시키는 것은 죄이다.
- **렘 9:3, 5; 행 24:2, 5; 시 12:3-4; 52:1-4:** 고의적으로 진실을 외면하고 억압하는 것은 죄이다.
- **잠 17:15; 왕상 21:9-14:** 공적 재판에 있어서 불의한 판결을 하는 것은 죄이다.
- **사 5:20-23; 잠 17:15; 암 5:7:** 악을 선하다 하고 선을 악하다 하는 모든 것은 죄이다.

2) 해설
(1) 제9계명에서 금지된 죄의 일반적 범위는 무엇인가?

제9계명에서 금지된 죄의 일반적 범위는 우리와 타인의 진실과 좋은 평판과 배치되는 모든 것이다. 즉 제9계명은 말이나 행동이나 죄악적인 침묵이나 그 어떤 방식으로든지 간에 사람과 사람 사이의 진실을 유지하는 것을 방해하고 좋은 평판을 왜곡하는 모든 행위를 금하고 있다.

(2) 우리 자신의 선한 평판을 해치는 것이 왜 죄가 되는가?

우리 이웃을 우리 자신과 같이 사랑해야 한다는 말에는 자신을 향한 적절한 사랑이 하나님께서 주신 의무라는 것이 암시되어 있다. 각 개인이 하나님의 형상을 지니고 있고 하나님께 영광을 돌리기 위해 창조되었기에 합법적인 각각의 선한 평판은 반드시 보존되어야 한다. 그러나 이 의무는 반드시 우리 이웃의 선한 평판의 보존과 균형을 이루어야 하며 하나님의 영광과 영예를 향한 최고의 열정에 종속적이어야 한다.

(3) 특별히 어떤 형태의 거짓이 사악한 것인가?

'공적 재판' 즉 국가나 교회의 법정에서 말과 행동이나 침묵으로 진리를 반대하는 것이다.

(4) '거짓 증거를 제출'하는 것은 왜 죄가 되는가?

법정에서 거짓 증거를 제출하는 것 특별히 맹세 또는 위증을 하고 거짓 맹세를 하는 것은 진리이신 하나님의 본성과 반대됨으로 죄악적인 것이다. 또한 이것은 우리 이웃 권리를 박탈함으로 이웃을 사랑하는 것과 반대되는 것이기 때문이다. 또한 이것은 하나님께서 정하신 공의의 규례를 제한하는 것이며 죄로 말미암아 타락한 인간의 도덕적 부패로부터 흘러나오는 것이기 때문에 악한 것이다.

(5) '위증을 시키는 것'은 무엇을 의미하는가?

이 표현은 법정에서 사람에게 거짓된 증거를 제시함으로 죄가 있는 사람이 형벌을 면하게 하거나 무죄한 사람을 형벌하도록 하거나 법정이 진정한 사실과는 다른 판결을 내리도록 만드는 것이다.

(6) 오늘날 '위증을 시키는 것'은 흔한 죄인가?

이런 문제에 대해 정확한 통계를 낼 방법은 없지만 오늘날 돈을 벌기 위하여 위증을 하는 일은 비일비재하다. 이러한 거짓된 증거를 제공하는 일 가운데 하나가 바로 현장부재증명, 즉 알리바이다. 많은 사람들이 돈을 받고 법정에서 재판 중에 있는 특정한 사람이 그 범죄가 행해진 시간에 다른 도시에 있었다는 거짓말을 하고 있다.

(7) '고의적으로 나와서 악한 소송을 변호하는 것'은 왜 그릇된 일인가?
악인을 무죄하다고 변호하는 것이나 그릇된 것을 옳다고 말하는 것이 죄악이기 때문이다. 만일 변호사가 그의 의뢰인이 범죄한 사실을 알고 있다면 그는 그 악한 소송을 변호하지 않아야 한다. 이러한 경우 변호사는 그의 의뢰인에게 범죄한 사실을 인정하라고 해야 한다. 그럼에도 변호사는 법적으로 보장된 죄인의 인권을 보호할 의무가 있다는 것은 사실이다. 따라서 변호사는 죄인을 무죄한 자로 변호해서는 안되며 다만 그가 법이 요구하는 형량 이상의 형벌을 받는 것을 막아야 할 책임이 있다.

(8) '진실을 외면하고 억압하는 것'은 무엇을 의미하는가?
이 표현은 그의 마음과 양심이 알고 있는 진리를 거스리고 반대하는 고집스럽고 완고하며 악한 노력을 의미한다. 진실에 대한 이러한 고집스러운 반대는 진실 편에 서 있는 사람이나 기관에 대한 깊은 선입견으로부터 출발한다. 엄격하며 신실한 교회를 떠나 좀 더 자유분방하며 '포용적인' 교회로 옮긴 자들은 종종 그들이 이전에 회원으로 있었던 교파의 교리와 원리를 고집스럽게 반대하고 비판한다. 이러한 경우 그들이 진실에 대한 열정이 없었다는 것은 명백해 진다. 또한 진실에 대한 고집스러운 반대는 질투로부터 발생하기도 한다. 어떤 이들은 진실 편에 서 있는 사람의 은사와 재능과 업적에 대한 비밀스러운 질투로 인해 그 사람을 반대할 뿐만 아니라 그들이 지지하고 있는 진리까지 강퍅하게 반대한다. 이러한 모든 행위가 바로 '진실을 외면하고 억압하는 행위'이다. 이런 행위는 모두 사악하며 하나님을 불쾌하게 만드는 것이다.

(9) 악한 것을 선하다 하고 선한 것을 악하다 하는 것은 왜 특별한 죄가 되는가?
악을 선으로 선을 악으로 부르는 것과 악한 자를 의인으로 의인을 악한자로 간주하는 모든 실제적인 행위는 선과 악의 구분을 파괴하고 부정하기 때문에 매우 가증스러운 죄악이다. 선과 악의 구분은 하나님으로부터 흘러나오는 것이기 때문에 절대적이며 불변하다. 따라서 선과 악의 구분을 파괴하는 것은 무엇이든지 하나님의 의로우신 성품을 실제적으로 부정하는 것과 같다. 우리는 하나님께서 절대적으로 선하시고 악을 미워하시는 분이심을 결코 잊어서는 안될 것이다.

제145문 (계속) 제9계명에서 금지된 죄는 무엇인가?

답 제9계명에서 금지된 죄는 또한 문서위조, 진실의 은폐, 공의의 소송에도 불구하고 부당한 침묵을 지키는 것이다. 불법행위가 우리 자신으로부터 책망을 요구하고 다른 사람들에게 항고를 요구할 때에 잠잠하는 것이며 진리를 불합리하게 말하거나 그릇된 목적을 위해 악의로 말하고, 혹은 그릇된 의미로 혹은 의심스럽고 애매한 표현으로 진리와 공의에 불리하도록 진리를 곡해하는 것이다.

1) 관련성구

- **욥 13:4; 시 119:69; 눅 16:5-7; 19:8:** 문서를 위조하는 것은 죄이다.
- **레 5:1; 신 13:8; 행 5:3-9; 딤후 4:16:** 진실을 은폐하고 부당한 침묵을 지키는 것은 죄이다.
- **왕상 1:6; 레 19:17:** 말해야 할 의무가 있을 때 침묵하는 것은 죄이다.
- **사 59:4:** 불법행위가 우리 자신으로부터 책망을 요구할 때에 잠잠하는 것은 죄이다.
- **잠 29:12:** 그릇된 목적으로 악의를 가지고 말하는 것은 죄이다.
- **삼상 22:9-10; 시 52:1-5:** 그릇된 목적으로 사악하게 진실을 말하는 것은 죄이다.
- **시 56:5; 요 2:19; 마 26:60-61:** 그릇된 의미로 진리를 왜곡하는 것은 죄이다.
- **창 3:5; 26:7, 9:** 의심스럽고 애매한 표현으로 진리와 공의에 불리하도록 말하는 것은 죄이다.

2) 해설

(1) '문서위조'는 무엇인가?

성경과 대요리문답에서 이 단어는 오늘날 우리가 사용하는 일반적인 의미보다 넓은 의미로 사용된다. 이것은 그릇된 것을 말하는 글로 쓰여진 문서뿐만 아니라 법정 소송이나 계약 등에 있어서 사용된 모든 거짓을 포함한다.

(2) 진실을 은폐하는 것이 왜 죄가 되는가?

진실을 은폐하는 것은 거짓말을 하는 것과 본질적으로 같은 것이다. 이것은 어떤 이들을 속이려는 의도로 수행되며 따라서 거짓말에 상응하는 거짓 행동이다.

(3) 진실을 은폐하는 것은 항상 죄가 되는가?

그렇지 않다. 어떤 때는 그것을 알 권리나 필요가 없는 자들에게 그 일을 숨겨야 하는 것이 우리의 의무인 경우가 있다. 물론 그것을 알아야 할 권리가 있는 자에게 그 진실을 은폐하는 것은 죄이다. 예를 들면, 치명적인 군사 정보를 적들의 손에 넘겨주지 않는 것은 그릇된 일이 아니다. 그것은 오히려 우리의 의무이다.

(4) '공의의 소송에도 불구하고 침묵을 지키는 것'은 무엇을 의미하는가?

이것은 진리와 공의를 위해 말하는 것이 우리가 의무가 될 상황에서 사적이며 개인적인 이익을 이유로 침묵을 지키는 것이다. 예를 들면, 소송사건이나 법정에서 증인이 되어 증언하는 것은 우리의 의무이다. 그렇게 하는 것을 거절하거나 미적거린다면 그것으로 말미암아 진실은 왜곡되고 무죄한 자는 고통을 당하며, 죄인은 그 죄를 면하게 될 것이다.

(5) 공의의 소송에 침묵을 지키는 것은 왜 그릇된 일인가?

왜냐하면 '그 누구도 자신을 위해 살지 않아야 하기 때문'이다. 우리는 하나님을 향한 도덕적 책임과 우리 이웃과 인간 사회를 향한 의무를 지닌 존재들이다. 진리와 공의를 수호하기 위해서라면 우리의 개인적인 감정이나 편의는 고려대상이 되지 않아야 한다.

(6) 불법행위가 우리 자신으로부터 책망을 요구하고 다른 사람들에게 항고를 요구할 때에 침묵할 권리가 있는가?

그렇지 않다. 아무 말도 하지 않으며 침묵하는 것이 쉬운 일이라고 할지라도 이것은 하나님과 우리 이웃을 향한 의무가 아니다. 우리는 상황이 어렵고 힘들지라도 범죄를 대항하여 증거해야만 한다.

(7) '불순한 의도'로 진실을 말하는 것은 무엇을 의미하는가?

불순한 의도로 진실을 말하는 것은 지혜나 일반 상식이 더 적절한 시기까지 기다리라고 함에도 그릇된 시기에 진실을 말하는 것을 의미한다. 만일 어떤 이가 기차를 잡으려고 서두른다면 우리는 그에게 그 특별한 시간에 구원의 복음을 말하려고 하지 않아야 한다. 그 사람이 이 주제에 대해 주의를 기울일 수 있는 더 적당한 시간을 찾을 때까지 기다리는 것은 적절하고 현명할 것이다.

(8) '그릇된 목적을 가지고 악의로 진실을 말하는 것'은 무엇을 의미하는가?

이것은 그릇된 동기와 목적을 가지고 진실을 말하는 것을 의미한다. 우리가 말하는 것이 엄밀한 의미에서 진실이라 할지라도 그것을 말하는 것이 그릇될 경우가 있다. 예를 들면, 우리가 어떤 이의 명성에 흠집을 낼 의도를 가지고 또는 어떤 이의 분노하는 감정을 일으키기 위한 의도로 진실을 말한다면 그렇게 진실을 말하는 것은 그릇된 것이다.

(9) 그릇된 의미로 혹은 의심스럽고 애매한 표현으로 진리와 공의에 불리하도록 진리를 곡해하는 것은 왜 그릇된 일인가?

이런 것들은 모두 다 사람들을 기만하는 것이기 때문에 그릇된 것이다. 다른 사람을 속이려는 목적으로 두 가지 의미로 이해 될 수 있는 의도적 표현을 하는 것은 명백한 거짓말만큼이나 사악한 것이다. 예를 들면, "나는 그리스도의 신성을 믿습니다"라고 말한 어떤 목사님이 나중에 모든 인간의 신성을 믿기 때문에 그리스도의 신성을 믿는다고 말했다면 제9계명을 범하는 죄를 짓는 것이다.

(10) 거짓말의 근본적인 본질은 무엇인가?

거짓말의 객관적이며 근본적인 본질은 어떤 사람을 속이려는 의도이다. 우리가 진실 그 자체를 말한다 할지라도 만일 우리의 의도가 다른 사람을 속이려는 것이라면 우리는 하나님 앞에서 정말 거짓말쟁이가 되는 것이다.

제145문 (계속) 제9계명에서 금지된 죄는 무엇인가?

　답 제9계명에서 금지된 죄는 비 진리를 말하고 거짓말하고 중상하고 험담하고 훼방하고 고자질하고 수군수군하고 냉소적이고 욕설함이며 조급하고 가혹하고 편파적으로 비난하는 것이며, 또한 불의한 의도와 언어와 행동이며 아첨, 허영심에 가득 찬 자와 우리 자신이나 다른 사람들을 과대평가 혹은 과소평가하는 것이다.

1) 관련성구

- **사 59:13; 레 19:11; 골 3:9:** 비 진리를 말하는 것은 죄이다.
- **시 15:3; 50:20:** 중상하고 험담하는 것은 죄이다.
- **약 4:11; 렘 38:4:** 다른 사람을 비방하고 나쁘게 말하는 것은 죄이다.
- **레 19:16; 롬 1:29-30:** 나쁜 소문을 내고 속삭이는 것은 하나님의 말씀이 정죄하는 죄이다.
- **창 21:9; 갈 4:29; 고전 6:10:** 냉소하고 비웃는 것은 죄이다.
- **마 7:1; 행 28:4; 창 38:24; 롬 2:1:** 욕설하며 조급하고 가혹하게 판단하는 것은 죄이다.
- **느 6:6-8; 롬 3:8; 시 69:10; 삼상 1:13-15; 삼하 10:3:** 다른 이를 향한 불의한 의도와 언어와 행동은 죄이다.
- **시 12:2-3:** 아첨하는 것은 죄이다.
- **딤후 3:2:** 허영심에 가득 찬 것은 죄이다.
- **눅 18:9-11; 롬 12:16; 고전 4:6; 행 12:22; 출 4:10-14:** 우리 자신이나 다른 사람들을 과대평가 혹은 과소평가하는 것이다.

2) 해설

(1) 비 진리나 거짓을 말하는 것은 왜 그릇된 것인가?

비 진리를 말하는 것이나 거짓을 말하는 것은 진리이신 하나님의 성품과 배치되는 것이기 때문에 그릇된 것이다. 사단은 성경에서 거짓의 아비로 불린다. 거짓을 말하는 사람은 하나님을 기쁘시게 하는 방법이 아니라 사단의 방법을 사용하는 것이다. 하나님의 거룩을 모독하는 것 이외에 거짓을 말하는 것은 인간 사회의 기본적인 기초를 파괴하는 것이다. 그것은 거짓이라는 모조품을 소개함으로 세상의 일반적 진실을 파괴한다. 만일 모든 사람이 항상 거짓을 말한다면 그 누구도 신뢰할 수 없기 때문에 인간 사회는 존재하지 못할 것이다. 인간 사회가 기능을 다하고 존재할 수 있는 것은 진리를 말하는 것이 널리 퍼져 있기 때문이다. 거짓말쟁이는 이기적인 목적으로 거짓을 말함으로 인간 사회의 진실함에 대한 일반적인 명성을 '속이는 자'이다.

(2) '중상'하고 '험담'하는 것은 무엇인가?

중상은 어떤 사람에 대한 거짓된 사실을 사악하게 말함으로 그 사람을 모욕하는 것이다. '험담'이란 비밀스럽게 그 사람 모르게 뒤에서 그릇된 보고를 하는 중상의 더 심한 표현이다. 중상과 험담은 진실이 아니기 때문에 죄악적일뿐만 아니라 그것이 우리 이웃을 적절하게 사랑하는 것과 배치되며 그의 선한 평판을 해하는 것이기 때문에 죄악적인 것이다.

(3) 대요리문답이 말하는 '훼방'하는 것은 무엇을 의미하는가?

오늘날 이 단어를 위해 일반적으로 사용되는 언어는 비방이다. 이것은 사람의 영향이나 선판 평판과 명성을 흩뜨리기 위해 사람을 평가절하 하거나 그 사람에 대해 나쁘게 말하는 것이다.

(4) '고자질'하고 '수군수군' 하는 것은 무엇을 의미하는가?

'고자질' 하는 것은 오늘날 유행하는 한담과 같은 의미로 사용되었다. 그것은 다른 사람의 죄와 실수에 대한 악의적인 전파이다. 우리는 다른 사람의 실수에 대한 개인적인 만족을 얻기 원한다. '수군수군' 하는 것은 고자질의 가장 경멸적인 형태이다. 이것은 다른 사람의 이야기나 소문을 몰래 돌리는 것을 의미한다. 이런 방식 때문에 이런 소문이나 이야기의 근원을 추적하는 것은 대단히 어려운 일이다. 과거에 은행이나 기업들은 부도덕한 자들에 의해 자행되는 이러한 수군수군 대는 운동과 루머 때문에 도산한 경우가 많았다.

(5) 다른 사람이 행한 비행을 말하는 것은 항상 그릇된 일인가?

그렇지 않다. 적당한 기관이나 권위에 비행이나 악행을 알리는 것은 우리의 의미이기도 하다. 만일 우리가 한 아이가 도적질하거나 물건을 파괴하는 것을 알고 있다면, 그 아이의 부모에게 그 사실을 알리는 것이 우리의 의무일 것이다. 교회의 회원에 의해 저질러진 심각한 비행의 경우 이것을 권위 있는 교회의 감독된 자들에게 보고하는 것은 우리의 의무이다. 만일 국내법을 위반했고 그것이 중요한 문제라면 정부의 권위 있는 법적 기관에 신고하는 것 역시 우리의 의무이다. 권위 있는 자에게 신고하거나 알리는 것은 '고자질'이나 '수군수군' 대는 것이 아니다. 이러한 경우 그 동기는 한담이나 다른 사람의 범죄를 알림으로 죄악적인 기쁨을 누리는 것과 관련되어 있지 않고 오히려 비행이 반드시 멈추어져야 하며 공의가 시행되어야 한다는 적절한 욕구와 관계되어 있다.

(6) '냉소적'이고 '욕설하는 것'은 무엇이며 그것은 왜 죄악적인가?

'냉소적'이란 말은 그들을 해하고 불행하게 만들려는 목적으로 조롱하는 것과 비웃는 것이다. '욕설하는 것'은 일반적으로 '중상하고 매도하는 것'이다. 이것은 그들을 진실과 정의와 반대되며 우리 이웃을 사랑하라는 계명과는 반대로 악하게 말함으로 반대하고 상처를 입히는 것이다. 그리스도인이 그들의 믿음과 신앙고백으로 인해 조롱을 당한다면 그것이 바로 '냉소적'임을 의미한다. 그들이 위선자라고 놀림을 당한다면 그것이 바로 '욕설하는 것'이 된다. 냉소적이며 욕설하는 것은 그것이 진실과 우리 이웃을 사랑하는 것과 배치되기 때문에 항상 그릇된 것이다.

(7) 대요리문답이 말하는 '조급하고 가혹하고 편파적으로 비난하는 것'은 무엇인가?

'편파적으로 비난하는 것'은 그 사람의 말이나 행동에서 그의 실수를 발견하는 것을 의미한다. '조급한 비난'은 그렇게 하는 것이 우리 의무가 아닌 경우에 판단하는 것을 뜻한다. '가혹한 비난'은 다른 사람을 판단함에 있어서 증거가 말하는 것 이상을 말하거나 '결론을 뛰어 넘는 것'을 뜻한다. '편파적인 비난'은 누군가를 반대하거나 좋아하는 선입견으로 불공정하게 판단하거나 편애를 드러내는 것을 뜻한다. 결점을 찾아내는 일이나 대충 판단하는 일은 정의와 우리 이웃을 사랑하는 일과 배치되기 때문에 죄악이다.

(8) 다른 사람에 대해 불의한 의도와 언어와 행동을 표현하는 것은 왜 제9계명을 위반하는 것인가?

왜냐하면 이것은 그들에 대해 거짓을 말하는 것과 동일한 행위이기 때문이다. 이것은 매우 일반적인 죄이지만 그리스도인은 이러한 행위를 수치스럽게 생각해야 한다. 만일 어떤 사람이 어떤 선한 일에 있어서 두드러진 운동을 한다면 우리는 그를 이기적인 야망가라고 고소할 권리가 없다. 만일 어떤 사람이 어떤 선한 목적을 성취하기 위한 특별한 방법을 반대한다면, 우리는 그가 선한 목적 그 자체를 반대한다는 성급한 결론을 내려서는 안된다. 그러나 슬프게도 이 원리는 너무 쉽게 무시되고 있다. 오늘날 신실한 그리스도인은 악과 전투함에 있어서 반드시 사용되어야 할 방법에 관해 다른 이들과 전적으로 동의하지 않기 때문에 이런 여러 종류의 악에 치우치게 되는 것이다.

(9) '아첨'이나 '허영'은 왜 그릇된 것인가?

'아첨'이란 다른 사람을 기쁘게 하고 그에게 어떤 이익을 얻기 위해 그를 과도하게 칭송하고 높이는 것이다. '허영'이란 우리 자신을 진실과 정의와 상관없이 너무 높이는 것이다. 이 두 경우는 모두 우리의 목적을 성취하기 위하여 엄격한 진리에 의존하는 대신 비 진리를 다루고 있기 때문에 죄이다.

(10) 우리 자신이나 다른 사람들을 과대평가하거나 과소평가하는 것은 왜 그릇된 일인가?

이러한 모든 생각이나 말은 진실에 입각한 것이 아니기 때문에 그릇된 것이다. 우리는 다른 사람들과 자기 자신을 향한 의무를 지니고 있다. 이 두 가지 경우 모두 과대평가하거나 과소평가하는 것은 그릇된 것이다. 어떤 그리스도인들은 그릇된 겸손을 가지고 있다. 그들은 언제나 자신들에 대해 나쁘게 말하며 무가치하게 말한다. 이것은 그에게 주신 하나님의 은혜와 은사를 비방하는 것이기 때문에 그릇된 것이다. 모든 경우에 있어서 우리는 참된 진실에 입각하여 생각하고 말하는 것을 우리의 목표로 삼아야 한다.

제145문 (계속) 제9계명에서 금지된 죄는 무엇인가?

답 제9계명에서 금지된 죄는 하나님의 은사와 은혜를 부인함이며 적은 과실을 더욱 악화시킴이며 자유로이 죄를 자백하라고 호출된 때에 죄를 숨기거나 변명하거나 경감함이다. 또 남의 약점을 쓸데없이 찾아내는 것이며 거짓 소문을 내는 것이며 나쁜 보도를 받아들이고 동조하고 공정한 변호에 대하여 귀를 막는 것이다.

1) 관련성구

- **욥 4:6; 27:5-6:** 하나님의 은혜와 은사를 부인하는 것은 죄이다.
- **마 7:3-5:** 다른 이의 적은 과실을 더욱 악화시키는 것은 죄이다.
- **잠 28:13; 30:20; 창 3:12-13; 4:9; 렘 2:35; 왕하 5:25:** 우리 죄를 자백하라고 호출된 때에 그 죄를 숨기거나 변명하는 것은 죄이다.
- **창 9:22; 잠 25:9-10:** 남의 약점을 쓸데없이 찾아내는 것은 죄이다.
- **출 23:1:** 거짓 소문을 내는 것은 죄이다.
- **잠 29:12:** 나쁜 소문을 받아들이고 동조하는 것은 죄이다.
- **행 7:56-57; 욥 31:13-14:** 공정한 변호에 대하여 귀를 막는 것은 죄이다.

2) 해설

(1) '하나님의 은혜와 은사를 부인하는 것'은 무엇을 의미하는가?

이것은 우리에게 주어졌든지 다른 이들에게 주어졌든지 간에 고집스럽게 하나님의 참된 은혜와 은사를 기꺼이 인식하기를 거부하는 것이다. 때때로 어떤 사람이 기독교 신앙을 고백했다는 말을 들으면 다른 사람은 그 사람이 그렇게 신실하고 정말로 회심했다는 것을 마지못해 믿는다. 하나님께서 그의 백성을 구원하시기 위해 애굽에서 모세를 부르셨을 때, 모세는 그 명령을 좇는 일에 동의하지 않았으며, 그 사명에 필요한 자격 조건을 갖추지 못했다고 부인했다. 이것은 바로 하나님께서 그에게 주신 은혜와 은사를 부인하는 결과를 낳았다(출 4:10-13).

(2) '적은 과실을 더욱 악화시키는 것'은 무엇이며 그것은 왜 그릇된 일인가?

이는 다른 사람의 적은 과실이나 실수를 좀 더 심각하고 중요한 것으로 만드는 것을 의미한다. 우리는 검정색을 흰색으로 흰색을 검정색으로 불러서는 안 된다. 우리는 사람의 과실을 그들의 미덕으로 간주하거나 전혀 과실이 아닌 것으로 여겨서는 안된다. 그러나 사람의 적은 과실을 엄청나게 심각한 것으로 제시해서도 안된다. 마태복음 7:3-5에 있는 우리 주님의 말씀은 우리가 다른 사람의 적은 과실을 수정하려 하기 이전에 우리 자신들이 심각한 과실의 소유자임을 상기시켜 준다.

(3) 사람들은 왜 인정해야 할 때 오히려 그들의 죄를 숨기거나 변명하는가?

아담과 하와가 그들이 행한 일의 책임을 회피한 이래로 사람의 죄악된 본성은 정직하게 그들의 죄를 고백하는 대신 그것을 숨기거나 변명하려고 노력해 왔다. 우리 마음의 죄악된 부패는 우리 마음속에 교만과 '허영'을 채워 넣었고 그 결과 우리 죄를 고백하고 과실을 인정하는 일을 고집스럽게 반항하게 된 것이다. 오직 강퍅해지고 고집스러워 진 우리 마음은 성령 하나님의 참되신 역사를 통해서만 부드러워질 수 있으며 우리 교만이 참된 겸손으로 바뀔 수 있다. 그리고 우리의 잘못된 행실을 하나님께만 아니라 그 행실을 보인 다른 사람에게도 기꺼이 고백할 수 있게 되는 것이다.

(4) '남의 약점을 쓸데없이 찾아내는 것'은 왜 그릇된 일인가?

'남의 약점을 쓸데없이 찾아내는 것'은 다른 사람의 과실과 실수에 대해 일반적으로 한담이라 부르는 것을 의미한다. 사람들은 다른 사람들의 비행에 대한 한담이 그들에게 기쁨과 스스로 의롭다는 느낌을 주기 때문에 그러한 한담을 즐겨한다. 이러한 습관은

① 스스로 의롭다는 교만으로부터 시작되기 때문에 그릇된 것이다.
② 이것은 우리 이웃을 올바르게 사랑하는 것과 배치되기 때문에 그릇된 것이다. 그가 무언가 그릇된 일을 하면 우리 마음은 기쁘지 않고 오히려 슬퍼져야 한다.
③ 이것은 그릇된 일을 행한 자를 향한 불법을 양산하기 때문이다. 이러한 한담이나 이야기는 결과적으로 그 비행에 대한 참된 사실이 올바른 방식으로 보고되지 않을 때까지 사람들에게 소문이 나고 점점 더 과장되기 마련이다.

(5) 우리는 어떻게 그릇된 소문을 일으키는 죄에 연루되는 것을 피할 수 있는가?

어떤 사람을 해하기 위해 또는 불공정한 목적을 성취하기 위해 의도적으로 그릇된 소문을 일으키는 것은 그리스도인에게 경고할 필요가 없을 만큼 너무나도 명백하게 사악한 것이다. 그러나 이러한 그릇된 소문에 연루되는 것은 너무나 쉽다. 이 그릇된 소문의 전파에 공헌하고 연루되는 죄는 알고 그럴 수도 있

으며 모르고 그럴 수도 있다. 우리는 그 소문이 사실인지 그렇지 않은지 모를 수 있다. 따라서 우리는 그 소문을 옮기기 전에 그것이 정말 정확한 사실인지 그렇지 않은지를 확인하는 수고를 아끼지 않아야 한다. 그리고 설마 그것이 사실이라 할지라도 그것을 쓸데없이 옮기는 일은 하지 않아야 한다. 다른 사람의 불명예에 대한 소문을 듣는 것마다 쉽게 믿고 옮기는 착한 사람들의 호의로 인해 엄청난 해악과 피해가 발생했다. 이러한 경솔한 습관은 공의에 반대될 뿐 아니라 우리 이웃을 향한 사랑과도 배치되는 것이다.

(6) 사람들은 어떻게 '나쁜 보도를 받아들이고 동조하는 죄'를 짓는가?

이 표현은 나쁜 보도를 받아들이고 동조하는 모든 것이 다 죄라는 것을 의미하지는 않는다. 나쁜 보도를 접수해야 하고 그것에 일시적으로 동조해야 하는 공적인 의무와 관계된 사람들이 있다. 예를 들면 변호사와 같은 직업을 가진 자는 그렇게 해야 할 의무가 있다. 나쁜 보도를 접수하고 그것을 가능한 증거를 통해 조사하고 입증하여 정의를 확산시키는 것이 그의 의무이다. 그렇다면 이러한 일에 있어서 어떤 것이 그릇된 일인가? 그것은 공적인 책임이 없는 자들이 다른 사람들의 나쁜 보도를 환영하고 쉽게 듣고자 하는 것이 그릇된 것이다. 이것은 사도 바울이 그리스도의 사랑과 배치되는 것이라고 선언하는 것으로서 불의를 기뻐하는 죄이다(고전 13:6).

(7) 공정한 변호에 귀를 막는 일은 어떻게 발생하는가?

맹목적이며 극단적인 선입견이 이러한 종류를 야기하는 원인이다. 이것은 스데반이 자신을 변호했을 때 나타낸 유대인의 관원의 태도에서 잘 예증되어 있다(행 7:57). 이와 마찬가지로 빌라도 법정에서의 유대인 군중들은 예수님에 대한 공정한 변호 듣기를 거절했으며, 그를 십자가에 못 박을 것을 종용했다(마 27:22-24). 또한 에베소 극장에서의 폭도들도 알렉산더가 유대인인 것을 알고 그의 변증 듣기를 거절했으며, 아데미 신상을 찬미하는 소리를 두 시간이나 계속했다(행 19:33-34). 사도 바울 역시 예루살렘성의 계단에서 자신을 변호하려 했지만 군중들은 그의 말 듣기를 거절했으며 그의 연설을 폭력적으로 멈추게 했다(행 22:22-23). 이 모든 경우들은 극단적인 선입견에 따른 행동을 잘 보여주는 실례들이다. 이러한 폭력적인 선입견은 무지와 오해의 결과일 뿐만 아니라 깊이 스며든 인간의 타락한 마음과 악의 결과이다.

제145문 (계속) 제9계명에서 금지된 죄는 무엇인가?

답 제9계명에서 금지된 죄는 악한 의심을 품는 것이며, 누구의 것이든 받을 만해서 받는 신앙에 대해 시기하거나 마음 아파하는 것이며, 그것을 손상시키려고 노력하거나 바라며 그들의 불명예와 추문을 기뻐하는 것이며, 조소하는 멸시와 칭찬이며 정당한 약속을 위반함이며 좋은 소문이 있는 일을 소홀히 함이며 누명을 쓸 일을 우리 자신이 실행하고 피하지 않거나 다른 사람들이 못하도록 능히 할 수 있는데도 막지 않는 것이다.

1) 관련성구

- 고전 13:5; 딤전 6:4: 다른 사람에 대해 악한 의심을 품는 것은 죄이다.
- 민 11:29; 마 21:15: 다른 사람의 받을 만한 평판을 시기하는 것은 죄이다.
- 스 4:12-13: 다른 사람의 좋은 평판을 손상시키려고 노력하는 것은 죄이다.
- 렘 48:27; 고전 13:6: 다른 이들의 죄와 불명예를 기뻐하는 것은 죄이다.
- 시 35:15-16, 21; 마 27:28-29: 다른 사람을 향한 조소와 멸시는 죄이다.
- 유 18; 행 12:22: 기롱하고 아첨하는 것은 죄이다.
- 롬 1:31; 딤후 3:3: 정당한 약속이나 맹세를 위반하는 것은 죄이다.
- 삼상 2:24; 삼하 13:12-13; 잠 5:8-9; 6:33: 좋은 소문이 있는 일은 소홀히 하고 나쁜 평판을 얻을 일과 관계하는 것은 죄이다.

2) 해설

(1) '악한 의심'이란 무엇인가?

이 표현은 온당한 증거를 통해 확인되는 합법적인 의심을 금하는 것을 의미하지 않는다. 그것은 오히려 증거에 의해서가 아니라 그렇게 되기를 희망하는 '부적절한 생각'에 근거하거나 또는 다른 이들에 관한 나쁜 소식을 너무 쉽게 믿는 믿음에 근거한 의심을 의미한다. 우리의 죄악적인 마음으로 인해 우리는 사람들의 행동에 대해 실제적인 사실을 좀 더 자비롭고 관대하게 설명할 수 있음에도 불구하고 너무 쉽게 나쁜 해석을 내린다.

(2) "누구의 것이든 받을만해서 받는 신앙에 대해 시기하거나 마음 아파하는 것"은 무엇을 의미하는가?

시기하는 것은 우리가 받고 싶은 것을 우리가 받지 못하고 다른 사람이 어떤 명예나 칭찬을 받았을 때 심히 불쾌하게 생각하는 것이다. 이러한 시기는 비밀스러운 악의와 불평을 키우며 질투할만한 성공의 대상을 싫어하는 결과를 낳는다. 이것은 하나님의 섭리에 대한 교만하며 이기적인 불만이기 때문에 죄악적인 것이다.

(3) 다른 이들의 선한 평판이나 명예에 해를 끼치려고 노력하고 소원하는 것은 왜 그릇된 일인가?

이러한 일반적인 관례는 두 가지 이유에서 그릇된 것이다.
① 이것은 진리와 배치되며 따라서 진리이신 하나님을 불쾌하게 하는 것이기 때문이다.
② 이것은 그들의 참된 명예와 복지를 마치 우리의 것으로 기뻐해야 하는 것으로서의 우리 이웃을 사랑하는 것과 배치되는 것이기 때문이다.

(4) 그리스도인은 어떻게 불의를 기뻐하는 죄를 범하게 되는가?

다른 사람들의 불의를 공개적으로 기뻐하지 않는 많은 그리스도인들은 다른 방식으로 이런 죄를 범한다. 다른 사람들이 저지른 죄에 대한 어떤 험담이나 악인들이 저지른 일이 너무나도 추한 죄라고 분개하면서도 그것을 말하는 것을 통해 엄청난 만족을 느끼는 것이 바로 그것이다. 또 어떤 이들은 공개적으로 그렇게 하는 것을 수치스럽게 여기면서도 그들의 마음 속으로는 다른 이들이 죄와 수치에 대한 은밀한 만족을 즐긴다.

(5) '조소하는 멸시'는 무엇인가?

이것은 말로 생각으로 또는 행동으로 하나님의 형상대로 지음 받은 그들의 존엄성을 무시하는 것으로서 이런 방식으로 다른 이들을 다루고 간주하는 모든 것을 의미한다. 이러한 경멸이 우리 그리스도인 형제들을 향하고 있다면 그것은 정말 엄청난 죄이다. 우리 구세주께서는 십자가에서 로마 군병들과 서기관들 그리고 바리새인들과 제사장들에게 조소하는 멸시를 당하셨다.

(6) '찬탄을 좋아하는 것'은 무엇인가.

이 표현은 그들이 받을만한 가치를 넘어서서 과도하게 찬미하고 영광을 돌리는 어떤 이들을 향한 맹목적이며 어리석은 헌신을 의미한다. 찬탄을 좋아하는 것은 아첨의 죄를 짓게 만드는 마음의 태도 또는 어떤 이를 향한 어리석고도 터무니없는 칭찬으로 이끄는 마음의 태도이다.

(7) 정당한 약속과 맹세를 위반하는 것은 왜 그릇된 일인가?

우리는 하나님을 향하여 우리 행동에 대한 도덕적 책임을 지닌 자이며 하나님께서는 우리에게 합법적인 약속과 맹세를 굳게 지킬 것을 요구하신다. 성경이 말하는 경건한 자는 그의 손해를 두고 맹세하며 그것을 변경시키지 않는 자이다. 말하자면 그의 말과 약속이 그에게 재정적인 손해를 가져온다고 해도 그것을 지키는 자이다. 그의 약속과 계약은 그것으로 인해 상실의 고통을 당한다고 해도 이루어야만 하는 것이다.

(8) 우리 자신과 다른 이들의 선한 평판과 명예에 관한 우리의 의무는 무엇인가?

① 우리는 선한 평판을 위한 모든 일을 실행에 옮겨야 한다.

② 우리는 나쁜 평판을 불러올만한 모든 일을 피해야 한다. 그러므로 우리는 우리 자신과 다른 이들의 선한 평판과 그 반대를 피해야 할 의무를 지닌 자이다. "선한 평판은 큰 재물보다 더 중요하게 취해야 할 것이다."

제146문 제10계명은 무엇인가?

답 제10계명은 "네 이웃의 집을 탐내지 말지니라. 네 이웃의 아내나 그의 소나 그의 나귀나 무릇 네 이웃의 소유를 탐내지 말지니라" 한 것이다.

제147문 제10계명에 요구된 의무는 무엇인가?

답 제10명에 요구된 의무는 우리 자신이 가진 그대로 온전히 만족하고 우리의 이웃에 대하여 마음을 다해 인자한 태도를 가짐으로써 그에 대한 우리의 모든 내면적 동기와 애정이 그의 소유물 전체에까지 미쳐 잘 돌봐주라는 뜻이다.

1) 관련성구

- 출 20:17: 제10계명.
- 빌 4:11; 히 13:5; 딤전 6:6: 만족하고 자족하는 것은 그리스도인의 의무이다.
- 욥 31:29; 롬 12:15; 시 122:7-9; 딤전 1:5; 엡 10:3; 고전 13:4-7: 우리 이웃과 그가 소유한 모든 소유물을 향해 옳은 태도를 보이는 것이 우리 의무이다.

2) 해설

(1) '만족'은 무엇을 의미하는가?

만족은 우리를 향한 하나님의 섭리에 따른 상황과 상태를 불평하거나 다른 이들의 축복이나 소유물을 시기함 없이 기꺼이 인정하는 태도이다.

(2) 공산주의자들은 왜 특별히 제10계명을 반대하는가?

공산주의는 '종교는 인민의 아편'이라는 슬로건을 내세우며 제10계명을 반대하기 때문이다. 즉 기독교는 사람들이 그들이 처한 삶의 상황에 만족하고 인내하는 것이 그들의 의무라고 가르치지만 공산주의는 가난한 자가 부자의 재물을 탈취하는 폭력적인 혁명을 통해 그들의 삶을 개선할 수 있다고 교훈한다. 기독교에 의하면 만족과 자족이 미덕이지만 공산주의의 교리에 의하면 그것은 죄악이다.

(3) 그리스도인의 만족의 의무는 우리 삶을 좀 더 증진시키는 노력이 그릇된 것임을 암시하는가?

그렇지 않다. 하나님의 섭리에 의한 우리의 상태에 만족하는 것은 우리의 의무이다. 그러나 이런 의무가 우리가 그렇게 함에 있어서 합법적인 수단과 방법을 사용하기만 하면 우리의 상태를 변경하거나 개선하는 것을 그릇된 것으로 간주하지는 않는다. 그렇다고 만족의 의무가 게으름의 핑계나 향상심의 결핍 또는 노력의 소홀함의 이유가 될 수는 없다. 우리는 우리의 상태를 개선하기 위해 노력해야 하며 모든 합법적인 수단과 방법을 통해 부를 증진시켜야 한다. 그러나 그렇게 함에 있어서 우리는 언제나 현재 우리가 소유하고 있는 것에 대해 만족하는 기독교 정신을 견지해야 한다. 이것은 우리 삶에 있어서 최우선의 관심사를 부의 증진에 두거나 그것을 우리 소망의 참된 목적으로 간주하는 것을 배제하는 것이다. 우리가 우리의 상황을 개선하는 동안에도 우리는 언제나 반드시 하나님과 하나님의 나라를 우리의 참된 부요함으로 여기며 살아야 한다.

(4) '종교는 대중의 아편'이라는 말은 사실인가?

물론 사람들의 향상심을 파괴하고 그들로 하여금 비참과 가난한 삶을 살게 방치했던 부패하고 타락한 기독교의 모습이 존재했던 것은 부인할 수 없는 사실이다. 그러나 이것은 참된 기독교의 모습이 아니며 특별히 가장 일관성 있는 개신교(칼빈주의 또는 개혁주의 신앙)의 모습은 더더욱 아니다. 칼빈주의적 교리 체계가 수용된 곳은 어디든지 삶의 모든 국면에 있어서 왕성한 활동을 하도록 사람들을 독려했으며 일반적으로 사람들의 물질적 번영을 증진시키는데 기여해 왔다. 이것에 대한 세 가지 놀라운 실례들이 있다. 이 실례들은 자연적으로 볼 때, 부나 물질적 풍요와는 거리가 먼 세 지역에 관한 것이다.

① 첫째는 바닷물의 침투에 따른 잠식으로부터 땅을 보호해야 할 막대한 노력이 필요했던 아주 작은 나라인 네덜란드이다.

② 둘째는 대부분 바위 언덕으로 구성되어 농업을 할 수 없었으며 많은 인구를 수용할 수 없었던 스코틀랜드이다.

③ 셋째는 돌로 가득 찬 많은 언덕과 엄청나게 추운 겨울로 유명한 뉴잉글랜드이다.

이 세 지역 모두에 일반적으로 칼빈주의적 개신교가 수용되었으며 부흥되었다. 그 결과 그들의 자연적인 불리함에도 불구하고 이 세 지역은 모두 세상에서 가장 유명한 발전과 번영의 나라가 되었다. 각각의 경우 기독교는 사람들의 삶의 상태를 엄청나게 개선시킨 정직한 정부와 진취성과 수고와 검약을 이끌어내었다.

(5) 제10계명은 우리 이웃을 향해 어떤 태도를 견지할 것을 요구하는가?

제10계명은 '우리의 이웃에 대하여 마음을 다한 인자한 태도'를 요구한다. 즉 우리는 우리 이웃의 참된 복지와 번영을 마치 우리의 것인 양 감사하고 기뻐하는 방식으로 우리 이웃을 사랑할 것을 의미한다.

(6) 우리 이웃을 향한 사랑의 태도를 견지하는 것은 쉬운 일인가?

그렇지 않다. 우리의 죄악된 마음은 다른 사람의 복지와 번영에 대해 극단적으로 이기적이며 시기와 탐욕을 나타낸다. 오직 우리 마음에 성령 하나님의 능력으로 역사하시는 은혜로만 우리는 우리 이웃을 내 몸과 같이 사랑할 수 있게 된다.

(7) 우리 이웃을 향한 '내면적 동기와 애정'은 무엇을 의미하는가?

이것은 우리 인격으로부터 흘러나와 우리의 외면적 삶과 행동을 결정하는 마음의 생각과 욕구와 동기를 의미한다. 따라서 제10계명은 우리 이웃과 이웃의 모든 소유물에 대한 올바른 생각과 욕구와 동기를 가질 것을 요구한다.

(8) 왜 우리의 삶은 우리 이웃의 복지를 위해 그들을 '잘 돌보아주어야' 하는가?

왜냐하면 하나님께서 우리를 인간 사회의 한 구성원으로 두셨기 때문이다. 인류가 그들의 복지를 위해 서로에게 의존적이라는 것은 하나님의 계획과 목적이다. 우리에게는 우리 형제를 지키는 자라는 의식과 의무가 있으며 따라서 우리 삶은 우리 자신의 것뿐만 아니라 그들의 번영과 복지까지도 잘 돌보아 주어야 하는 것이다.

(9) 제10계명과 사유재산권의 관계는 무엇인가?

우리 이웃의 소유물에 관해 언급함에 있어서 명백하게도 제10계명은 사유재산권의 법률에 대해 말하고 있다. 순수한 공산주의에는 사유재산이 있을 수 없다. 모든 것은 국가 아니면 일반적 의미에서 집합적으로 국민이 소유하며 사람들은 대중에게 소유된 것을 빌려 쓸 뿐이다. 물론 이러한 극단적인 공산주의는 인류가 적어도 몇 가지 소유물에 대한 사적인 소유권을 요구하기 때문에 한 번도 실행된 적이 없다. 그러나 공산주의는 사적인 소유권에 대한 원리를 인정하지 않으며 사람들이 몇 가지 소유물만 가질 것을 허락한다. 그것도 인간의 내재적인 권리로서가 아니라 대단한 특권으로서의 허락이다. 순수한 공산주의 체계 하에서는 '우리의 이웃에 대한 그 어떤 것'에 대한 탐욕을 말하는 것은 불가능하다. 모든 소유물은 집합적인 소유물이기 때문이다. '네 이웃의 소유물'을 탐내지 말라고 요구하는 제10계명은 사적인 재산권이 신적으로 재가된 인간의 권리임을 암시한다. 이것은 또한 인간이 하나님의 형상으로 지음 받은 존재라는 사실을 암시하고 있다.

제148문 제10계명에서 금지된 죄는 무엇인가?

답 제10계명에서 금지된 죄는 우리 자신이 소유한 재산으로만은 불만스러워 하며 이웃의 행복을 질투하고 마음 아파하는 동시에 이웃의 소유에 대하여 욕심스런 애착심을 가지는 것이다.

1) 관련성구
- 왕상 21:4; 에 5:13; 고전 10:10: 우리 자신이 소유한 재산에 대해 불만스러워 하는 것은 죄이다.
- 갈 5:26; 약 3:14-16: 이웃을 질투하는 것은 죄이다.
- 시 112:9-10; 느 2:10: 이웃의 소유에 대해 질투하는 것은 죄이다.
- 롬 7:7-8; 13:9; 골 3:5; 신 5:21: 이웃의 소유에 대해 그릇된 태도를 가지는 것은 죄이다.

2) 해설
(1) 불만스러워 하는 것은 왜 죄가 되는가?

불만의 영은 하나님의 섭리에 대한 불만족과 연관되어 있기 때문에 죄이다. 불만스러워하는 사람은 하나님이 자신을 올바르게 대우하지 않는다고 느끼는 사람이다. 따라서 불만은 하나님의 과실을 찾는다. 그러므로 불만은 불경스러운 태도이며 하나님의 선하심과 사랑을 불신하는 태도이다.

(2) 시기하는 것은 무엇이며 왜 그릇된 것인가?

시기하는 것은 다른 이들이 소유하거나 즐기는 것에 대한 이기적이며 적대적 앙심의 감정이다. 그것은 우리가 동일한 축복을 누리지 못한다면 그들도 그것을 누리지 못해야 한다는 것을 의미한다. 만일 우리 이웃이 하나님께서 우리들에게 주시지 않은 축복을 받는다면 우리는 그들이 그러한 좋은 것들을 받지 못할 것을 죄악적으로 소원하는 것이다. 따라서 시기하는 것은 죄악적인 이기주의에서 흘러나오는 것이기 때문에 그릇된 것이다. 이기적이지 않은 사람이 동시에 질투자가 될 수는 없기 때문이다.

(3) 이웃의 행복에 마음 아파하는 원인은 무엇인가?

그것은 인간의 타락한 마음 때문이다. 우리는 물질적이든 영적이든 다른 사람이 누리는 모든 축복에 대해 기뻐해야 한다. 그러나 우리의 타락한 마음으로 인해 우리는 때때로 하나님께서 그들에게 베풀어주신 축복을 감사하지 못하고 우리 이웃이 범죄한 사실과 그들의 상실에 대해 더 큰 만족을 느끼게 된다.

(4) 마음의 그릇된 태도가 어떻게 제10계명을 위반하는가?

제10계명은 우리 이웃의 소유물에 대한 '모든 과도한 애착심'으로 인해 위반된다. 즉 잘못된 행동뿐만 아니라 마음의 그릇된 태도까지 이 계명과 배치되는 것이다. 이 계명은 특별히 외면적인 행동만이 죄가 아니라 생각과 욕구와 동기와 마음의 태도까지 죄가 될 수 있음을 강조한다.

(5) 성경의 어떤 인물들이 이 계명을 악한 방법으로 위반했는가?

① 나봇의 포도원을 탐냈던 아합이다.
② 세상 명예를 탐내서 모르드개를 위해 애곡했던 하만이다.
각각의 경우 탐욕의 죄는 또 다른 형태의 죄로 이끈다는 사실을 명심하라.

제149문 하나님의 계명들을 완전하게 지킬 수 있는 사람이 있는가?

답 어떤 인간도, 스스로든지 혹은 현세에서 받은 어떤 은혜로든지, 하나님의 계명들을 완전하게 지킬 수 없으며, 생각과 말과 행동에서 매일 그것들을 어긴다.

1) 관련성구

- **약 3:12; 요 15:5; 롬 7:3:** 어떤 인간도 하나님의 계명을 완전하게 지킬 수는 없다.
- **전 7:20; 요일 1:8, 10; 갈 5:17; 롬 7:18-19:** 어떤 인간도 현세에서 성령의 도움으로 받은 어떤 은혜로든지 하나님의 계명을 완전하게 지키지는 못한다.
- **창 6:5; 8:21; 롬 3:9-19; 약 3:2-13:** 모든 인간은 매일의 생각과 말과 행동에서 그것들을 어긴다.

2) 해설

(1) 어떤 인간도 하나님의 계명을 완전하게 지킬 수 없다는 것은 왜 사실인가?

이 진술은 모든 인류가 끊임없이 모든 종류의 죄를 범하게 되는 죄악된 '마음' 또는 본성을 가지고 태어나기 때문에 진실이다. 모든 사람은 원죄로 말미암아 타락하고 부패한 본성을 가지고 이 세상에 태어난다. 이 원죄는 어쩔 수 없이 사람의 삶과 행동의 도덕적 성질을 결정한다. 성령으로 말미암아 거듭난 사람일지라도 현세에서 이 원죄의 부패는 완전히 근절되지 않으며 다만 억제될 뿐이다.

(2) '원죄'라고 하는 진리가 오늘날 일반적으로 수용되고 있는가?

그렇지 않다. 하나님의 말씀이 원죄와 전적 타락의 교리를 명백하게 교훈하고 있지만 이 진리들은 오늘날 극단적으로 인기가 없는 교리이다. 많은 사람들은 이 진리들이 교훈되고 설교되는 것을 싫어하고 혐오한다. 오늘날의 대중적인 취향은 모든 사람에게 많은 선함이 있으며 악을 극복할만한 충분한 선이 있다는 것이다. 이 인류에 관한 낙관적인 견해는 성경에서가 아니라 오늘날 유행하는 인간의 발전과 성취로 말미암는 끝없는 발전과 개량이라는 신념의 진화론이라는 철학에서 근거했다. 현대사상은 인간의 본성에 대해 낙관적이다. 그러나 성경은 인간의 마음의 자연적이며 도덕적인 상태에 대해서 명백하게 비관적이다.

(3) 하나님의 은혜로 또는 성령님의 능력으로 하나님의 계명을 현세에서 완전히 지킬 수 있다고 믿는 신앙을 무엇이라고 부르는가?

이 잘못된 신념은 완전주의 또는 '무죄한 완전'이라 불리는 것이다. 이러한 사상은 하나님의 요구의 참된 본질과 범위에 대한 인식의 실패에 기인한다. 하나님의 도덕법에 대한 영적 본질과 포괄적인 성격을 진정으로 이해하는 사람이라면 절대로 완전주의자가 될 수 없다. 오직 하나님의 계명이 요구하는 것에 대한 불완전하며 부적절한 개념을 가진 자만이 하나님의 은혜로 현세에서 하나님의 계명을 완전히 지킬 수 있다고 주장한다. 하나님께서는 우리에게 '선인'이 될 것을 요구하실 뿐만 아니라 도덕적으로 완전할 것을 요구하신다. 하나님께서 우리에게 요구하시는 것은 다만 신실함과 진지함과 상대적인 '선함'이 아니라 절대적인 도덕적 완전이다. 하나님의 도덕법의 요구는 한 번도 변경된 적이 없다. 그것은 도덕법이 하나님의 속성을 표현한 것이기 때문에 결코 변경될 수 없는 것이다. 물론 하나님 자신 역시 전혀 변치 않는 분이시다. 인류는 하나님의 형상으로 지음 받은 자이며 하나님께서는 당신의 형상대로 지음 받은 자들에게 절대적인 도덕적 완전을 요구하신다. 따라서 이런 도덕적 완전으로부터의 그 어떤 일탈이라도 죄가 된다.

(4) 성경에서 절대적인 도덕적 완전을 현세에서 성취했다고 주장하는 사람이 있는가?

아무도 없다. 가장 뛰어나고 거룩한 하나님의 성자들도 모두 범죄한 죄인들이었음을 스스로 고백하고 있다. 예를 들면 다윗의 많은 시편들은 죄의 고백을 담고 있다. 사도 바울은 회심한 이후 죄와의 계속적인 전투를 경험했다. 베드로는 성령으로 충만함을 받은 이후 이교적이며 일관성 없는 행동을 공적으로 책망 받아야 했다(갈 2:11-14). 이 세상에서 절대적인 도덕적 완전의 삶을 사셨던 우리 주 예수 그리스도를 제외한다면 성경을 통해 현세에서 완전한 인간을 찾는 것은 대단히 헛된 일이다.

제14과
인간의 타락의 상태

제150문 하나님의 법의 모든 범죄가 본질적으로 그리고 하나님 보시기에 동등하게 흉악한가?

답 하나님의 법의 모든 범죄가 동등하게 흉악하지 않고, 어떤 죄는 본질적으로 그리고 여러 가지 악화요인들 때문에 다른 죄보다 하나님 보시기에 더 흉악하다.

1) 관련성구
- 요 19:11; 겔 8:6, 13, 15: 하나님의 계명에 위배되는 여러 종류의 행동은 그 죄과에 따라서 차이가 있다.
- 요일 5:16: '사망에 이르는 죄'와 '사망에 이르지 않는 죄'가 있다.
- 시 78:17, 32, 56: 여러 가지 악화요인들 때문에 다른 죄보다 하나님 보시기에 더 흉악한 죄도 있다.

2) 해설

(1) '흉악'이란 단어가 의미하는 것은 무엇인가?

이 단어는 '극단적으로 사악한', '지독하게 사악한' 상태를 의미한다.

(2) 하나님 보시기에 모든 죄가 다 흉악한 죄인가?

그렇다. 아무런 문제가 되지 않는 죄란 것은 없다. 가장 사소한 죄라 할지라도 무한하시고 거룩하신 하나님을 대적하는 죄이다. 따라서 아무리 가장 작은 죄라 할지라도 영원히 죄악이 된다. 사람을 내적하시 잃는 죄, 아무 문제가 되지 않을 정도로 무시될만한 죄는 없다.

(3) 모든 죄는 하나님 보시기에 동일하게 악한가?

그렇지 않다. 가장 사소한 죄라도 거룩하신 하나님을 대적하는 죄이며 따라서 절대적으로 악한 것이지만 대요리문답은 어떤 죄는 그 자체로 다른 죄보다 악하며 어떤 죄는 여러 가지 악화요인들 때문에 하나님 앞에서 더 악한 것이라고 가르친다.

(4) 어떤 죄는 본질적으로 다른 죄보다 하나님 보시기에 더 흉악하다는 진술은 무엇을 의미하는가?

이 진술은 어떤 특정한 상황을 제외하면 어떤 죄는 다른 죄보다 더 흉악하다는 것을 의미한다. 따라서 예를 들면, 살인의 죄는 도적질의 죄보다 더 흉악하며, 도적질의 죄는 게으름이나 나태의 죄보다 더 흉악한 것이다.

(5) 로마 가톨릭 교회는 어떤 죄가 다른 죄보다 더 흉악하다는 성경의 진리를 어떻게 남용하는가?

로마 가톨릭 교회는 '치명적인 죄'와 '경미한 죄'를 구분한다. 로마 가톨릭 교리에 의하면 '치명적인 죄'는 '영원한 사망과 영혼의 정죄'를 가져오는 하나님의 계명을 위반하는 죄인 반면 '경미한 죄'는 우리 마음에 하나님의 사랑을 감소시키고 하나님의 도움을 받기에 약간 무가치한 자로 만들며 '치명적인 죄'를 거절할 능력을 약화시키는 '하나님의 계명에 대한 사소한 위반'이다.

(6) 로마 가톨릭 교리가 왜 그릇된 것인가?

이 교리는 성경이 모든 죄가 하나님의 영원한 형벌을 받기에 충분한 죄라고 교훈하기 때문에 그릇된 것이다. 성경에 의하면 죄의 삯은 사망이다(롬 6:23). 여기 죄의 삯이라고 할 때의 죄란 모든 종류의 죄를 포함한다. 로마 가톨릭 교회는 어떤 죄는 '하나님의 계명의 사소한 위반'이라고 가르치기 때문에 잘못된 것이다. 그 어떤 죄인도 하나님의 도움을 받기에 부족하기 때문에 '하나님의 도움을 받기에 약간 무가치한 자'로 만든다고 말하는 것은 전적으로 잘못된 것이다.

(7) 어떤 일반적인 오류가 죄의 심각성에 대한 그릇된 개념을 제공하는가?

'사소한 죄'라 불리는 죄들은 단지 하찮은 중요성에 불과하며 하나님은 그 죄인을 대적하기엔 너무 친절하신 분이라는 일반적인 사상이다. '사람들은 예의 바른 사회'에서 일반적으로 행해지며 존경받는 사람들이 범하고 있는 이러한 죄들은 중요하지 않으며 회개할 필요가 없는 죄라고 생각하는 경향이 있다. 이러한 죄들은 상투적인 부실이며, '순백의 거짓말'이며, 간헐적인 신성모독이며, 간헐적인 짜증이며, 사소한 부정직이며, 사업상의 불의이며, 식사하기 전에 하나님께 감사하기를 잊는 것이며, 단순히 사소하고 결코 중요하지 않은 문제로 간주되는 것이다. 많은 사람들은 이것이 문자적인 살인이나 도적질과 같이 막돼먹은 공개적 죄가 아니기 때문에 진정한 의미에서의 죄가 아니라고 생각한다. 어떤 이들은 그들이 이웃의 평균적인 상태를 넘어서는 특정한 죄를 저지르지 않았기 때문에 자신들을 '선한 그리스도인'이라고 간주한다. 그들은 자신들에게 사소한 '과실'과 '결점'이 있기는 하지만 실제적인 죄를 짓지는 않았다고 주장한다. 우리는 죄와 의에 대한 세상의 판단기준과 하나님의 기준이 매우 다르다는 사실을 깨달아야만 한다.

(8) 요한일서 5:16이 말씀하고 있는 '사망에 이르는 죄'와 '사망에 이르지 않는 죄'는 무엇인가?

'사망에 이르는 죄'는 회개의 가능성이 없기 때문에 영원한 사망을 낳는 죄의 형태를 의미한다. 즉 그리스도의 복음을 고의적으로 단정적이며 오랫동안 거절함으로 성령께서 탄식하시기를 멈추시고 그 강퍅한 심령 그대로 내버려두신 사람에게 임하는 죄이다. 우리는 이러한 자를 위해서 기도하지 않아야 할 명령까지 받았다. 참되게 거듭난 그리스도인은 결코 이러한 '사망에 이르는 죄'를 범하지 않는다. 이런 죄는 결코 중생 받지 않은 명목적인 그리스도인들이 범한다. '사망에 이르지 않는 죄'는 그리스도를 고의적이며 영구적으로 거절하기에 못사라는 죄를 의미한다. 이런 죄는 참된 그리스도인늘도 범할 수 있다. 우리는 '사망에 이르지 않는 죄'를 범하는 자들 즉 그리스도인의 형제들을 위해 기도하라는 명령을 받았다. 우리는 또한 하나님께서 우리 기도에 응답하셔서 그들에게 생명 즉 영적 회복의 상태로 돌아오게 해 주실 것임을 약속받았다.

제151문 어떤 죄를 다른 죄보다 더 흉악하게 만드는 가중요인이란 무엇인가?

답 죄는 아래 열거한 요인들에 의하여 가중된다.

1. 범죄자: 그가 보다 성숙한 연령에 이르렀는지, 더 많은 경험이나 은총을 가졌는지, 혹은 직업, 재능, 위치, 직책, 타인에 대한 지도성, 그리고 그의 모범이 당연히 타인에 의해서 추종되어야 하는가에서 고위에 있다면 그만큼 가중된다.

1) 관련성구

- **렘 2:8:** 죄는 경건한 삶에 있어서 모범을 보여야 할 특별한 책임이 있는 자들이 범했을 경우 더욱 가중된다.
- **욥 32:7, 9; 전 4:13:** 성숙한 연령에 이른 자는 더 큰 책임이 있다. 따라서 그들이 죄를 범할 때 그 죄는 젊은이들이 범한 동일한 죄보다 더욱 심각한 죄가 된다.
- **왕상 11:4, 9:** 더 많은 경험의 소유자와 다른 이들보다 더 큰 하나님의 은혜의 축복을 받은 자들이 죄를 범했을 경우 그 죄는 더욱 악화된다.
- **삼하 12:14; 고전 5:1:** 공개적으로 신앙을 고백한 자가 죄를 범했을 경우 그러한 고백을 하지 않은 자들이 범한 죄보다 더욱 심각한 죄가 된다.
- **약 4:17; 눅 12:47-48:** 더 큰 특권은 더 큰 책임과 관계되어 있다. 따라서 이러한 자들이 범하는 죄는 더욱 악화되기 쉽다.
- **렘 5:4-5:** 직업, 재능, 위치, 직책에 있어서 탁월한 지위에 있는 자들은 옳은 일을 행해야 할 부가된 의무가 있다. 따라서 그들이 죄를 범하면 그 죄과는 더욱 악화된다.
- **삼하 12:7-9; 겔 8:11-12:** 교회나 국가에서 공적인 자리를 차지하는 자들은 경건한 삶을 살아야 할 부가된 책임을 지닌다. 그들이 비행과 관련되면 그들의 공적인 위치는 그들의 죄를 더욱 악화시킨다.
- **롬 2:17-24:** 다른 사람을 지도할 위치에 있는 자들은 의로운 삶을 살아야 할 부가된 의무를 지니며 그들이 죄를 범하면 그 죄는 더욱 악화된다.
- **갈 2:11-14:** 그의 모범이 당연히 타인에 의해서 추종되어야 하는 고위에 있다면 그의 죄는 그만큼 더욱 가중된다.

2) 해설

(1) 본 질문의 '가중된다'는 단어는 무엇을 의미하는가?

이 질문에 있어서 가중된다는 단어는 문제를 더욱 무겁고 심각하게 만든다는 것을 의미한다. 따라서 죄의 가중이란 죄를 더욱 심각하고 악하게 만드는 어떤 요인과 상황을 말한다.

(2) 제151문에 대한 답변의 첫 번째 부분은 어떤 일반적 진리를 교훈하는가?

제151문에 대한 답변의 첫 번째 부분은 각각 다른 사람들이 저지르는 동일한 범죄는 그 사람의 특별한 책임에 따라서 각각 다른 경중에 관계되어 있다는 일반적인 진리를 교훈해준다. 죄는 항상 죄과와 관계되어 있다. 그러나 여러 가지 요인과 상황들이 특정한 사람들의 죄과를 가중시키는 것이다.

(3) 성숙한 연령에 있는 자들이 범하는 죄는 왜 더욱 가중되는가?

좀 더 성숙한 연령에 있는 사람들은 하나님의 뜻과 그의 은혜와 구원을 배우고 경험하며 유혹을 극복할 많은 기회를 가진 자들이다. 그렇게 성숙한 연령에 있는 사람들이 젊은이들보다 더 큰 지혜와 경험과 더 나은 판단력을 가진 자들이라고 기대하는 것은 당연한 일이다. 따라서 성숙한 연령에 있는 자들이 죄에 빠지면 그것은 더욱 가중된 범죄가 되는 것이다.

(4) 더 많은 은총이나 경험은 왜 그 사람의 죄과를 더욱 가중시키는가?

왜냐하면 더 많은 은혜를 경험한 사람은 다른 사람들보다 더욱 빛과 양심을 거슬리는 죄를 범하는 것이 되기 때문이다. 우리가 하나님의 은혜를 더 많이 경험하면 할수록 죄에 빠질 핑계는 점점 더 줄어들기 마련이다. 은혜의 경험은 거룩의 진보를 의미한다. 거룩에 있어서 진보를 나타낸 자가 죄에 빠지면 그는 그 높은 성취로부터 타락하는 것이며, 이것은 그의 타락을 더욱 가중시키는 요인이 된다.

(5) '그 직책에 있어서 탁월한' 사람이 죄를 범하면 왜 그 죄는 더욱 가중한 죄가 되는가?

왜냐하면 직책에 있어서 탁월한 위치에 있는 사람이 만일 죄에 빠지면 하나님의 계명을 위반하는 것이 될 뿐만 아니라 일관성 없는 죄에 빠지는 것이 되기 때문이다. 즉 그의 행실이 하나님의 계명과 모순될 뿐만 아니라 그 자신의 삶 자체와도 불일치하기 때문이다. 물론 죄는 누가 지었든지 간에 죄이다. 그러나 일반적으로 그리스도인이라고 알려진 자와 교회의 성도가 죄와 추문에 관계된다면 하나님 앞에서의 그들의 믿음의 고백은 오히려 그들의 죄를 가중시키는 요인이 되는 것이다.

(6) '재능' 또는 '은총'과 '위치'가 사람의 죄를 더욱 가중시킨다는 것은 무엇을 의미하는가?

재능 또는 은총이란 성경의 지식과 하나님의 계명 그리고 그리스도의 복음과 하나님의 말씀을 배울 수 있는 기회 등과 같은 하나님의 축복을 뜻한다. 애굽인과 바벨론 사람들이 우상을 숭배하는 것은 죄이다. 그러나 이스라엘 백성들이 우상을 섬기는 것은 그들이 하나님으로부터 빛과 지식에 대한 엄청난 은총을 선물로 받았기 때문에 더욱 중대한 죄가 되는 것이다.

위치란 인간 사회에서의 사람의 신분이나 지위를 뜻한다. 사람이 더욱 저명할수록 그의 책임 역시 더욱 커지는 법이며 그의 범죄는 더욱 가중되는 법이다. 이것은 왜냐하면 인간 사회에서 저명한 사람일수록 다른 많은 사람들에게 더 큰 영향을 끼치기 때문이다. 따라서 저명한 사람이 대중 앞에서 비성경적인 이혼을 했다면 평범한 사람이 이혼한 것 보다 훨씬 더 전국 방방곡곡에 신속하게 퍼져나갈 것이다.

(7) 교회나 국가의 공적 신분과 위치가 옳은 일을 행함에 있어서 어떻게 사람의 책임에 영향을 끼치는가?

교회나 국가의 공적인 지위에 있는 자들은 평범한 시민과 교회의 회원들로부터 존경을 받는 자이며 의로운 행실의 모범이 기대되는 사람들이다. 그러나 그들이 의로운 행실에 실패한다면 그들의 죄는 자신들의 공적인 지위로 인해 더욱 가중될 것이다. 수년 전 미국의 전 대통령이 유럽을 방문했는데 그가 주일날 기차를 타고 여행을 함으로 네델란드에 있는 그리스도인들에게 큰 충격을 안겨준 일이 있었다. 네델란드를 여행하는 많은 미국 관광객들이 동일한 죄를 범했지만 미국의 전 대통령이 그런 죄를 범했을 때 그것은 특별히 더욱 저속한 죄가 되며 그 죄과가 더욱 가중된 것이다. 이와 마찬가지로 교회의 목사와 장로와 집사가 비행과 관련될 경우 이것은 교회의 일반 성도들의 저지르는 동일한 범죄보다 더욱 심각한 죄가 되는 것이다.

(8) 다른 이의 도덕적 복지에 대한 책임이 어떻게 사람의 죄의 심각성에 영향을 끼치는가?

인간 사회의 구성원으로서 특별히 그리스도인으로서 우리는 우리 이웃의 도덕적 복지를 위한 책임을 지닌 자이다. 죄에 대한 우리의 책임은 단순히 그 죄 자체뿐만 아니라 다른 이들에게 끼치는 영향으로도 판단된다. 따라서 다른 이들을 인도하는 지도자의 위치에 있는 자들과 그들의 모범이 타인의 추종의 자리에 있는 자들은 부가된 책임을 지닌 자들이며 그들이 죄를 범하게 되면 그 죄는 더욱 가중되기 마련이다. 따라서 예를 들면, 학교 선생님의 모범은 그의 학생들의 추종을 이끌어낸다. 초등학생의 행동은 유년학생들이 흉내 내는 모범이 된다. 교회의 성도들은 교회의 감독된 자들이 행하는 모든 행동들을 정당한 것으로 보며 그들이 하는 대로 따라 하기 마련이다. 자신의 죄악된 행동을 통하여 다른 이들을 죄에 빠지게 하는 자들은 회개해야 할 두 가지의 죄 즉 자기 자신의 죄와 그가 미혹시켜 버린 이웃의 죄를 동시에 짓는 것이다.

제151문 (계속) 어떤 죄를 다른 죄보다 더 흉악하게 만드는 가중요인이란 무엇인가?

답 죄는 아래 열거한 요인들에 의하여 가중된다.

2. 피해자: 직접적으로 하나님과 그의 속성 및 예배에 대해서, 그리스도와 그의 은총에 대해서, 성령과 그의 증거 및 사역에 대해서, 우리와 특별한 관계에 있고 그에게 의무가 있는 윗사람이나 높은 사람들에 대해서, 특히 그들의 영혼이든지 혹은 다른 어떤 것이든지 약한 형제를 포함한 모든 성도에 대하여, 그리고 만인의 또는 다수의 공동선에 대하여 범죄 했는지에 따라 순서적으로 가중된다.

1) 관련성구

- **마 21:38-39:** 죄로 말미암아 상해를 입힌 자의 지위로 인해 그 죄가 가중된 죄의 사악함의 실례이다.
- **삼상 2:25; 행 5:4; 시 51:4; 롬 2:4; 말 1:8, 14:** 죄과는 하나님과 하나님의 속성과 예배에 대하여 직접적으로 반대할 때에 더욱 가중된다.
- **히 2:2-3; 12:25:** 주 예수 그리스도와 그의 은혜를 반대하는 자는 더욱 가중된 죄를 범하는 자이다.
- **히 10:29; 6:4-6; 마 12:31-32; 엡 4:30:** 성령과 그의 증거 및 사역에 대해서 반대하는 자는 더욱 심각한 죄를 짓는 자이다.
- **유 8; 느 12:8-9; 사 3:5:** 높은 사람들 그리고 존경을 보여야 할 자들에 대해서 짓는 죄는 하나님께 가중된 범죄이다.
- **잠 30:17; 고후 12:15; 시 55:12-15:** 특별히 그에게 의무가 있는 윗사람이나 관계가 있는 사람들을 향한 범죄는 더욱 가중된 범죄이다.
- **습 2:8-11; 마 18:6; 고전 6:8; 계 17:6:** 어떠한 범죄이든지 간에 그리스도인을 향한 범죄는 하나님 앞에서 가중된 범죄이다.
- **고전 8:11-12; 롬 14:13, 15, 21:** 약한 형제를 돌보는 것은 우리의 의무이며 그들을 해하는 어떠한 범죄도 하나님 앞에서 가중한 범죄가 된다.
- **겔 13:19; 고전 8:12; 계 18:12-13; 마 23:15:** 다른 이의 영혼을 위험에 빠뜨리거나 영혼 구원을 저해하는 범죄는 하나님 앞에서 특별히 흉악한 범죄이다.
- **살전 2:15-16; 수 22:20:** 다른 이들과 관계된 범죄나 만인의 또는 다수의 공동선에 대한 범죄는 매우 가중한 범죄이다.

2) 해설

(1) 우리는 인간에 대해 죄를 짓는 것인가 아니면 오직 하나님을 거스려 죄를 짓는 것인가?

엄밀히 말하자면 우리는 도덕적 책임을 계산해야 할 자들로서 오직 우리 창조주이자 심판자이신 하나님을 향하여 범죄하는 것이다. 우리가 동료를 해하는 죄를 범할 때 실제로 그것은 하나님을 대적하는 것이 된다. 그래서 우리야와 밧

세바를 가혹하게 해친 다윗이 "내가 주께만 범죄하여 주의 목전에 악을 행하였사오니"라고 하나님께 고백한 것이다(시 51:4). 엄밀히 말하자면 우리는 하나님께 상처를 입힐 수 없으며 사람에게 죄를 범할 수 없다. 우리는 하나님께 죄를 범하고 사람에게 상처를 입히는 것이다. 그러나 우리의 일반적 어법으로 볼 때 우리는 종종 사람에게 죄를 범했다고 말하며 성경도 이따금씩 그러한 어법을 사용한다. 물론 이것은 우리가 이 단어의 의미를 오직 하나님께만 범죄하는 것이며 사람에게 해를 끼치는 것으로 이해하기만 하면 전적으로 적절한 것이다. 우리의 도덕적 책임은 오직 하나님께만 향한 것이다.

(2) 십계명의 어떤 부분이 특별히 하나님을 향한 범죄를 다루고 있는가?
계명의 첫 번째 돌판, 또는 첫 네 계명이 바로 그것이다.

(3) 하나님을 직접적으로 대적하는 범죄는 왜 특별히 흉악한 죄가 되는가?
왜냐하면 영원하신 하나님의 위엄과 거룩 그리고 우리 주 여호와 하나님을 우리 혼과 영과 마음과 뜻과 목숨과 힘을 다하여 사랑해야 할 우리의 최고의 의무 때문이다. 따라서 하나님을 직접 대적하여 범죄하는 자는 그의 가장 고상한 의무를 무시하며 위반하는 자가 되는 것이다.

(4) 사람들은 어떠한 방법을 통해 하나님을 직접적으로 대적하는가?
사람들은 율법의 첫 돌판에 새겨진 계명을 위반함으로 하나님을 직접적으로 대적한다. 특별히 극악무도한 죄는 무신론과 우상 숭배와 하나님의 이름을 망령되이 일컫는 것과 안식일을 범하는 것과 같은 죄이다. 여러 다양한 형태로 발생하는 이 모든 죄들은 하나님을 직접적으로 대적하는 죄가 된다. 어떤 죄들은 하나님을 인격적으로 대적하는 죄이며, 또 다른 죄들은 그의 예배와 규례 등에 계시된 하나님을 직접적으로 대적하는 죄이다.

(5) 그리스도와 그의 은혜를 대적하는 죄가 왜 특별히 하나님 앞에서 흉악한 죄가 되는가?
① 왜냐하면 성부께서 하나님이신 것처럼 그리스도 자신께서 하나님이시며 따라서 그리스도를 대적하는 죄는 하나님을 대적하는 죄가 되기 때문이다.

② 왜냐하면 그리스도의 은혜는 잃어버린바 되었으며, 죄를 범한 바로 그 죄인을 향하신 하나님의 사랑의 은사이기 때문이다. 따라서 그리스도의 은혜를 대적하는 죄는 반드시 회개해야 할 하나님의 사랑과 자비를 대적하는 죄가 되가 되는 것이다.

(6) 성령을 대적한 성경의 인물을 예로 들어보라.

성령을 속이고 사람이 아니라 하나님을 향하여 거짓말을 한 아나니아이다(행 5:3-4).

(7) 성령의 증거와 사역을 대적하는 죄가 왜 그렇게 하나님 앞에서 흉악한 죄가 되는가?

왜냐하면 성령은 하나님의 사랑과 은혜로 말미암아 그의 백성의 심령에 좌정하시고 역사하시는 분이시기 때문이다. 성령 하나님의 내적 증거와 역사하심을 대적하는 것은 이 하나님의 은혜로운 선물을 모욕하는 것이나 다름없다. 성령의 내적 사역을 대적하는 모든 죄가 다 성경에 언급된 '사하심을 얻지 못할 죄'가 되는 것은 아니다. 그러나 성령의 내적 사역을 거부하고 경멸하는 모든 자들은 가중된 죄를 짓는 자가 될 것이다.

(8) 의무가 있는 윗사람이나 '높은 사람들'을 대적하는 죄가 왜 그렇게 심각한 것인가?

우리는 어떤 이들을 존중하고 존경해야 할 특별한 의무를 지닌 자들이다. 예를 들면, 자녀들은 그들의 부모를 공경해야 한다. 또한 시민들은 국가의 중요 직책에 있는 자들을 존중해야 한다. 이와 마찬가지로 하나님의 말씀은 성숙한 연령에 있는 자들을 마땅히 존경할 자로 알라고 명령한다. 공경하고 존중해야 할 특별한 의무가 있는 곳에서의 범죄는 더욱 가중된 범죄로 간주되어야 한다. 따라서 어떤 사람을 중상하는 것이 죄이지만 우리 조국의 대통령을 중상하거나 그 어떤 공적인 자리에 있는 자들을 중상하는 것은 더 가중된 죄를 범하는 것이 된다.

(9) '우리와 특별한 관계에 있는 자들을 해치는 죄'는 왜 흉악한 죄가 되는가?

우리와 특별히 가까운 관계에 있는 자들일수록 그를 정의와 사랑으로 대하는 것이 우리의 큰 의무이다. 이것은 그 관계가 혈연관계이든지 사회적 관계이든지 관계없이 중요하고 참된 것이다. 우리의 모든 동료들을 정의와 사랑으로 대우하는 것은 우리의 의무이지만 특별히 하나님의 섭리로 인해 우리와 가까운 관계에 있는 자들을 더욱 그렇게 대해야 한다. 이 진리는 종종 잊혀지고 무시된다. 사람들은 종종 가족보다 외부인들을 더 잘 대해주곤 한다. 그러나 절대 그렇게 되어서는 안된다. 가족이나 친척이나 고용주나 고용인은 자신의 가족을 반드시 먼저 고려해야 한다. 이런 것에 실수하는 것은 하나님 앞에서 가중된 죄를 범하는 것이다.

(10) 우리 동료 그리스도인을 대적하는 범죄에 대해 우리는 어떤 태도를 지녀야 하는가?

우리 동료 그리스도인을 대적하는 범죄는 하나님 앞에서 특별히 악한 것이다. 이것은 단지 우리 교회의 성도들만을 의미하지 않고 대요리문답이 올바르게 지적하고 있듯이 '모든 성도들'을 의미한다. 즉 그리스도 안에 있는 모든 그리스도인이 우리 형제이며 고려에 있어서의 우선 대상이 되어야 한다. 그들 중에 누구라도 대적하게 되면 그리스도의 몸의 한 지체를 대적하는 것이 되며 또 그리스도의 몸의 다른 지체를 대적하는 것과 연관된다. 하나님의 목적을 훼방하는 사단의 가장 효율적인 방법 가운데 하나가 바로 그리스도인들 사이에 불화와 다툼을 일으키는 것이다. 성경은 이것을 '형제 사이를 이간하는 것'이라 부르며 여호와께서 미워하시는 것 가운데 하나가 바로 형제 사이를 이간하는 것이라고 밝히고 있다(잠 6:19).

(11) '약한 형제'란 무엇을 의미하는가?

로마서 14장은 이 표현을 해석할 수 있는 열쇠를 제공한다. 간략하게 말하자면 '약한 형제'란 참된 그리스도인으로서 그 지식은 결여되고 믿음은 참된 것이지만 약하고 흔들리는 자를 의미한다. 그는 전혀 그릇되지 않은 문제에 대해 양심의 가책을 느끼며 그가 잘못된 것이라고 생각하는 일을 다른 그리스도인이 하는 것을 보면 수치를 느끼고 낙담하는 자이다. '약한 형제'는 도무지 그리스도인의 삶을 전진하기에 어려운 시간을 통과하는 자이다. 이러한 자들은 다른 그리스도인에 비해 매우 특별한 취급을 받아야 한다. 그렇다고 해서 약한 형제의 가책에 따라 다른 그리스도인의 행위의 원리가 정해져야 함을 의미하지는 않는다. 또한 약한 형제가 교회를 주도하고 교회의 감독관과 성도들을 지시해야 함을 의미하지도 않는다. 약한 형제의 가책이나 망설임은 주로 인내해야 할 연약으로 구성되어 있으며 교회의 강단에서 선전되고 강조되어야 할 것은 아니다. 그럼에도 우리는 약한 형제를 시험에 빠지게 하지 않기 위해서 항상 주의해야 한다. 즉 그 자체로 전혀 그릇된 것이 아님에도 불구하고 그들이 잘못된 것이라고 생각하는 행동을 통해 불필요하게 그들에게 충격을 주고 추문에 휩싸이게 하면 안된다는 것이다. 바로 이러한 약한 형제의 연약과 문제들을 무시하는 것이 그리스도를 대적하는 흉악한 죄가 되는 것이다(고전 8:12).

(12) 만인의 또는 다수의 공동선에 대한 범죄는 왜 그렇게 가중한 죄가 되는가?

우리는 모두 인간 사회의 구성원들이며 그리스도인으로서 그리스도의 몸의 지체들이다. 만일 각 개인이 로빈슨 크루소처럼 무인도에서 수 년 동안 혼자 살아갈 수 있는 존재라면, 그는 자신의 도덕적 삶에 있어서 하나님과 자신만 고려하면 될 것이다. 그러나 우리는 로빈슨 크루소처럼 살아갈 수 없다. 우리는 사회의 구성원이며 따라서 서로 상호 의존적인 존재이다. 그러므로 우리는 우리가 짓는 모든 범죄가 적어도 세 편, 즉 하나님과 우리 자신과 우리 이웃(일반적 의미에서 사회)과 관계되어 있음을 깨달아야만 한다. 명백하게도 우리의 행동으로 인해 사람들이 영향을 받고 상처를 받는다면 하나님 앞에서 우리의 죄과는 더욱 가중될 것이다. 따라서 범죄에 태만한 결과 기차를 탈선하게 하고 호텔에 불이 나게 하며, 엄청난 산림을 불태우게 만드는 것은 오직 자기 자신의 생명과 소유물만 위태롭게 하는 부주의보다 훨씬 더 악한 범죄가 되는 것이다.

제151문 (계속) 어떤 죄를 다른 죄보다 더 흉악하게 만드는 가중요인이란 무엇인가?

답 죄는 아래 열거한 요인들에 의하여 가중된다.
  3. 범죄의 본성과 품질: 율법의 명시된 조문인지, 많은 계명들을 함께 범했는지, 또는 그 속에 많은 죄들이 포함되어 있는지에 따라서, 단지 마음속에서 생각했을 뿐 아니라 실제로 말과 행동에서 나타내었는지, 타인을 중상했는지, 그리고 배상의 여지가 있는지에 따라서 가중된다.

1) 관련성구

- **잠 6:30-33:** 죄의 심각성은 그 범한 죄의 본질과 성격에 따라 달라진다.
- **에 9:10-12; 왕상 11:9-10:** 율법의 명시된 조문을 위반한 범죄는 특별히 하나님의 직접적인 명령을 범한 것이기 때문에 흉악한 것이다.
- **골 3:5; 딤전 6:10; 잠 5:8-12; 수 7:21:** 많은 계명들을 함께 범한 범죄는 특별히 하나님을 불쾌하게 하는 것이다.
- **약 1:14-15; 마 5:22; 미 2:1:** 마음속에서 생각했을 뿐 아니라 실제로 말과 행동으로 표현한 죄는 심각하게 가중되는 죄이다.
- **마 18:7; 롬 2:23-24:** 타인을 중상한 죄는 하나님 앞에서 가중된 죄이다.
- **삼하 12:7-10:** 배상을 전혀 하지 않는 죄는 특별히 하나님 앞에서 흉악한 죄이다.

2) 해설

(1) '범죄의 본성과 품질'은 무엇을 의미하는가?

이 표현은 범죄자와 그 상황을 제외한 범죄 그 자체의 내적인 성질을 의미한다. 따라서 누가 살인자인지 누가 도적인지 상관없이 그 범죄의 희생자가 누구인지 언제 어느 장소에서 벌어졌든지 상관없이 살인은 도적질보다 더 흉악한 죄이다. 누가 그 일을 하든지 언제 왜 그 일을 하든지 관계없이 살인은 그 자체로 도적질보다 사악한 것이다.

(2) '율법의 명시된 조문'은 무엇을 의미하는가?

이것은 성경에 주어진 계명의 실제 문자 조항을 의미한다. 따라서 도적질하는 것은 성경 여러 곳에서 "도적질하지 말지어다"라고 말씀하고 있기 때문에 율법의 명시된 조문을 명백히 위반하는 것이다. 그러나 복권이나 로또에 참여하는 것은 죄악적이기는 하지만 율법의 명시된 문자 조항을 위반하는 것은 아니다. 따라서 복권이나 로또가 죄악적임을 증명하기 위해서는 성경에 기록된 하나님의 계명에 기초한 논리적 추론의 과정이 요구된다.

(3) 많은 계명들을 위반한 범죄나 많은 죄를 범한 실례를 들어보라.
① 성경은 탐욕을 우상숭배라 교훈한다. 따라서 그의 마음을 세속적 소유물에 빼앗겨 탐욕 하는 자는 또한 우상숭배의 죄를 범하는 자이다.
② 안식일을 위반하는 자는 도적질하는 자이며, 불경한 자이며 하나님의 이름을 망령되이 일컫는 자이다. 따라서 안식일을 범하는 자는 그렇게 함에 있어서 제2, 3, 4계명을 위반하는 자이다.

(4) 모든 죄는 어디서 시작하는가?
사람의 마음 또는 가장 깊은 곳에서 시작된다(막 7:21-23). 죄는 마음으로부터 나오며 말과 행동이라는 외면적인 행동을 통하여 표현된다.

(5) 죄를 마음에 품는 것과 실제 행동으로 나타내는 것 중에 어떤 것이 더 악한가?
하나님 앞에서 죄를 마음에 품는 것만으로도 죄악적임을 잊어서는 안되지만 죄를 실제적인 행동으로 표현하는 것은 훨씬 더 악한 것이다. 실제적인 행동을 통하여 표현된 죄는 하나님을 대적하고 배반하는 완전한 형태이기 때문에 훨씬 더 악한 것이다. 야고보서 1:14-15을 읽고 이 구절들이 이 진리를 어떻게 교훈하고 있는지 생각해보라.

(6) 타인을 중상한 죄는 하나님 앞에서 왜 더 특별히 심각한 죄가 되는가?
왜냐하면 이러한 죄는 단순히 두 편이 아니라 세 편, 즉 자신과 그의 이웃과 그리고 하나님과 관계된 죄이기 때문이다. 다른 이에게 영향을 끼치지 않는 죄와 오직 죄인 자신과 하나님만 아는 비밀한 죄는 죄악적이며 하나님을 대적하는 죄가 된다. 그러나 다른 사람을 중상하고 죄를 짓게 유혹하는 죄는 더 심각한 범죄가 된다. 따라서 금지된 실과를 먹은 하와의 죄는 아담을 범죄하게 만든 죄이기도 하다. 이러한 범죄는 하나님 앞에서 그 심각성을 더욱 가중시키는 죄가 되는 것이다.

(7) 배상의 책임을 지지 않는 죄는 무엇을 의미하는가?

하나님과 우리와의 관계에 관한 한 사람이 배상할 수 있는 죄는 하나도 없다. 우리는 하나님 앞에서 모두 범죄한 자이며 예수 그리스도의 보혈로서만 우리 죄를 없이 할 수 있다. 그러나 우리 동료와의 관계에 관한 한 어떤 죄는 배상할 수 있는 죄이며 어떤 죄는 그럴 수 없는 죄이다. 예를 들면, 도적질의 죄는 배상할 수 있는 죄이다. 이웃의 돈을 훔친 자는 그에게 다시 돈으로 배상할 수 있다. 그러나 살인이나 간음의 죄는 배상할 수 없는 죄이다. 우리 이웃에게 한번 잘못을 행하게 되면 그것을 되돌릴 방법이 없는 것이다. 우리 이웃을 향한 거짓 증거는 배상할 수도 있으며 그렇지 못할 수도 있다. 그러므로 예를 들면 만일 어떤 이가 법정에서 거짓증거를 하고 동일한 법정에서 그 죄를 고백하고 그 증거를 취소한다면 법정에서 행해졌던 손해를 많은 부분 배상할 수 있게 된다. 그러나 이러한 거짓 증거의 철회가 수년 후에 이루어진다면 그릇된 일을 되돌리기에는 너무 늦은 시간이 될 것이다.

제151문 (계속) 어떤 죄를 다른 죄보다 더 흉악하게 만드는 가중요인이란 무엇인가?

답 죄는 아래 열거한 요인들에 의하여 가중된다.
3. 범죄의 본성과 품질: ... 은혜의 방편, 하나님의 긍휼과 징계, 본성의 빛, 양심의 가책, 공적 혹은 사적 권면, 교회의 권징, 정부의 징벌에 대항하여, 그리고 우리의 기도와 목표, 하나님 혹은 사람들에 대한 약속, 서원, 언약 및 의무에 역행하였는지에 따라서 가중된다.

1) 관련성구
- 마 11:21-24; 요 15:22: 죄를 억제해야 할 은혜의 방편을 사용하고도 죄를 범하면 그 죄는 더 가중된다.
- 사 1:3; 신 32:6: 하나님의 긍휼에도 불구하고 죄를 범하면 그 죄는 더욱 가중된다.
- 암 4:8-11; 렘 5:3: 하나님의 징계를 대적하는 죄를 범하는 것은 더욱 가중된 죄이다.

- **롬 1:26-27; 고전 11:14-15:** 성경 이외에도 본성조차도 죄악이라고 간주하는 죄는 특별히 악한 것이다.
- **롬 13:2; 단 5:22; 딛 3:10-11:** 자신의 양심의 정죄를 무시하고 죄를 범하는 것은 더욱 가중된 죄이다.
- **잠 29:1:** 경고와 경책에도 불구하고 죄를 짓는 것은 더욱 가중된 죄가 된다.
- **딛 3:10; 마 18:17:** 교회의 권징과 징계에도 불구하고 죄를 범하는 것은 더욱 악한 것이다.
- **잠 27:22; 23:35:** 정부의 징벌을 무시하는 것은 죄를 더욱 가중시키는 것이다.
- **시 78:34-37; 렘 2:20; 42:5-6, 20-21; 전 5:4-6; 잠 2:17; 20:25; 레 26:25; 겔 17:18-19:** 약속, 서원, 언약 및 의무에 역행하여 죄를 범하는 것은 그 죄를 더욱 가중시키는 것이다.

2) 해설

(1) 은혜의 방편에도 불구하고 죄를 범하는 것은 무엇을 의미하는가?

대요리문답에 사용된 대로 이 표현은 사람들의 죄를 억제하는 결과를 낳아야 하는 하나님의 특별하신 역사에도 불구하고 죄를 짓는 것이다. 성경 시대에 이런 하나님의 특별하신 행동은 주로 이적과 기적으로 수행되었다. 우리 시대에는 죄를 멈추고 억제시키는 결과를 낳는 특별하고도 놀라운 하나님의 섭리적 역사의 형태로 수행된다.

(2) 사람은 어떻게 하나님의 긍휼을 거슬러 죄를 짓는가?

모든 인류는 하나님의 긍휼을 계속적으로 거슬러 죄를 짓는다. "여호와의 자비와 긍휼이 무궁하시므로 우리가 진멸되지 아니함이니이다 이것이 아침마다 새로우니 주의 성실이 크도소이다"(애 3:22-23). 특별히 그리스도인은 구원에 있어서 하나님의 특별하신 긍휼을 입었으므로 하나님의 긍휼을 거스르는 죄를 범한다. 어떤 이들은 그들이 하나님으로부터 받은 특별한 긍휼과 축복을 대적하는 죄를 짓기도 한다. 예를 들면 하나님의 긍휼로 사망의 위험에서 구원받거나 심각한 질병에서 구출되면 하나님 앞에서 죄를 회개하고 하나님을 더욱 신뢰해야함에도 불구하고 오히려 하나님을 잊어버리고 이기적이며 세속적인 삶을 사는 것이다. 따라서 하나님의 긍휼을 거슬러 죄를 짓는 그 죄를 더욱 가중시키는 것이다.

(3) 하나님의 징벌을 거슬러 죄를 범하는 것은 무엇을 의미하는가?

하나님의 자녀가 아닌 경우 하나님의 심판은 그들의 범죄를 형벌하는 것과 계속해서 죄를 짓지 못하게 경고하는 두 가지 형태로 나타난다. 그러나 하나님의 자녀의 경우 하나님의 심판은 징계의 목적으로 수행된다. 즉 그들의 성화를 촉진시키고 세상과 함께 정죄를 당하는 것을 예방하는 것이다(고전 11:32). 각각의 경우 하나님의 심판은 그들을 회개에 이르게 하고 하나님께 복종하고 순종하게 만든다. 요한계시록에는 불신하고 그리스도를 거부하는 세상을 향한 하나님의 무서운 심판에 대한 많은 상징적인 묘사가 표현되어 있는데 많은 경우 이러한 심판은 회개를 가져오지 않는다고 기록되어 있다(계 9:20-21; 16:9, 11). 하나님의 심판에도 불구하고 이렇게 계속적으로 죄를 짓는 것은 하나님 앞에서 자신의 죄를 더욱 가중시키는 것이다.

(4) '본성의 빛'은 무엇을 의미하며 사람들은 어떻게 그것을 거슬러 죄를 짓는가?

'본성의 빛'이란 성경이라는 특별 계시 이외에 사람이 자연과 인간의 마음과 양심이라는 자연계시를 통해 얻을 수 있는 하나님의 기초적인 지식과 도덕적 의무를 의미한다. 본성의 빛이란 구원에 충분치 않지만 사람에게 하나님이 계시며 하나님을 예배하고 섬기는 것이 그들의 의무이며 어떤 특정한 일들은 그릇된 것임을 교훈하기에 충분한 계시이다. 따라서 본성의 빛은 사람으로 하여금 핑계할 수 없게 만든다(롬 1:20). 성경이외의 본성의 빛은 죄인들의 행실의 규범으로 충분치 않지만 살인과 무신론과 부정직과 같은 특정한 죄가 그릇된 것임을 교훈하기에 충분한 계시이다. 사람들이 죄를 범할 때 성경뿐만 아니라 본성의 빛까지도 그것이 죄임을 보여주며 그들이 악한 죄인임을 깨닫게 해주는 것이다. 본성의 빛을 거스르고 자신의 마음속에 새겨진 하나님의 계명(롬 2:14-16)을 거슬러 죄를 범하는 것은 하나님의 계시를 위반하는 것일 뿐만 아니라 자신의 신체적인 성질까지 위반하는 것이 된다.

(5) 사람들은 어떻게 '양심의 가책'을 거슬러 죄를 짓는가?

양심은 우리 영혼 안에 있는 도덕적 온도계이다. 이 양심은 우리가 옳다고 믿고 있는 것에 배치되는 행동을 할 때 그것을 비난하고 우리가 옳다고 믿고 있는 것과 조화되는 행동을 할 때 그것을 승인한다. 양심 그 자체는 무엇이 선하고 무엇이 악한지 말해주지 못한다. 그것은 단지 우리가 옳다고 믿고 있으며 악하다고 믿고 있는 믿음에 따라 행동하는지 그렇지 않은지를 말해줄 뿐이다. 사람의 양심은 성경에 계시된 도덕적 계명으로 계몽될 필요가 있다. 그러나 사람의 양심을 거슬러 행동하는 모든 것은 항상 악한 것이다. 즉 양심이 빨간불이라고 말하는데 그것을 지나치는 것은 항상 죄가 되는 것이다. 사람을 얻지 못할 죄를 짓지 아니한 모든 자와 도덕이며 영적인 강퍅함으로 하나님으로부터 버림을 당한 자들을 제외한 모든 자들에게는 성령의 일반적인 역사로 말미암는 양심의 일반적인 역사가 있다. 이러한 예외적인 경우를 제외하면 모든 인간은 어느 정도의 양심의 각성과 옳고 그름의 감각을 소유하고 있다. 이것을 무시하는 것은 죄를 가중시키는 것이다. 성령 하나님의 특별한 은혜와 사역을 통해 그리스도인의 양심은 불신자의 양심에 비해 더욱 정확한 기능을 할 수 있도록 각성되고 가장 민감한 양심이 된다. 그럼에도 불구하고 그리스도인조차 아직 남아 있는 연약한 죄성으로 말미암아 종종 양심을 거슬러 행동하기도 한다. 그리스도인의 경우 양심을 거슬러 행동하는 것은 불신자의 경우보다 더욱 흉악한 죄가 된다.

(6) "공적 혹은 사적 권면, 교회의 권징, 정부의 징벌에 대항하여" 짓는 죄는 왜 하나님 앞에서 죄를 가중시키게 되는가?

왜냐하면 이러한 모든 권면과 권징과 징벌은 죄를 향해 하나님께서 보이시는 불쾌한 방식이며 그것으로부터 떠나서 의를 행하라고 경고하시는 것이기 때문이다. 교회와 국가는 모두 다 신적인 기관이며 하나님의 종들로서 각각의 영역과 방식을 통해 비행과 악행을 경고하며 올바로 행할 것을 격려해야 할 의무를 지니고 있다. 어떤 사람이 이러한 경고와 경책에도 불구하고 죄악된 행실을 계속한다면 스스로 강퍅케 하는 자요 하나님을 대적하는 자이다. 그가 이러한 경고를 무시하면 무시할수록 그의 죄과는 더욱 가중될 뿐이다.

(7) 사람들에 대한 약속, 서원, 언약 및 의무에 역행하여 행동하는 것은 왜 하나님 앞에서 죄를 더욱 가중시키는 것이 되는가?

우리의 기도와 목적과 약속과 서원 등이 신실하지 않다면 그것들은 단지 하나님 앞에 혐오의 대상이 될 뿐이다. 즉 우리가 하나님의 도움으로 우리 마음 깊은 곳에서 흘러나오는 진심으로 행하며 그대로 항상 행하지 않는다면 그것은 위선적인 것이 될 뿐이다. 우리의 기도 등이 신실하지 않다면 그것은 위선이며 하나님께서 결코 받으시지 않을 것이다(시 68:18). 만일 그것들이 신실함에도 우리가 후에 그와 반대되는 생활을 한다면 이것은 영적인 상태에서 좀 더 육적인 상태로 전락하는 타락과 영적 침체를 의미한다. 우리가 이미 성취한 그리스도인의 고상한 삶에서 미끄러지고 후퇴하는 것은 언제나 하나님을 불쾌하게 만드는 것이 되며 그의 거룩을 대적하는 것이 된다. 그것은 오직 주 예수 그리스도의 보혈로만 깨끗하게 될 수 있는 죄만 더욱 가중시키는 결과를 낳을 뿐이다.

제151문 (계속) 어떤 죄를 다른 죄보다 더 흉악하게 만드는 가중요인이란 무엇인가?

답 죄는 아래 열거한 요인들에 의하여 가중된다.
3. 범죄의 본성과 품질: … 그리고 의도적으로, 의지적으로, 주제넘게, 파렴치하게, 자랑스럽게, 악의를 가지고, 자주, 고집스럽게, 경쾌하게, 계속적으로, 또는 회개한 후에 다시 범죄 했는지에 따라서 가중된다.

1) 관련성구

- 시 36:4; 렘 6:16; 민 15:30; 출 21:24: 의도적으로 의지적으로 주제넘게 죄를 짓는 것.
- 렘 3:3; 잠 7:13: 파렴치하게 죄는 짓는 것.
- 시 52:1: 자랑스럽게 죄를 짓는 것.
- 요삼 10: 악의적으로 죄를 짓는 것.
- 민 14:22; 슥 7:11-12; 잠 2:14; 사 57:17: 고집스럽게, 경쾌하게, 계속적으로, 또는 회개한 후에 다시 범죄하게 되면 그 죄는 더욱 가중된다.

2) 해설

(1) '의도적으로 의지적으로 주제넘게' 죄를 짓는 것은 무엇을 의미하는가?

이 세 가지 부사는 죄와 관련된 의미에 있어서 밀접하게 연관되어 있다. 의도적으로 죄를 짓는 것은 그것을 사전에 어느 정도 마음에 두고 죄를 범하는 것이다. 의지적으로 죄를 짓는 것은 그것이 옳고 그른지 관계없이 자신의 방식대로 죄를 범하는 태도를 가리킨다. 주제넘게 죄를 짓는 것은 우리 죄를 용서해 주실 하나님의 은혜를 미리 기대하며 일부러 죄를 범하는 것을 의미한다. 의도적이며 의지적이며 주제넘게 죄를 짓는 것은 의도하지 않은 죄와 연약으로 말미암은 죄와 갑작스러운 유혹으로 인한 죄와 하나님의 계명의 요구에 대한 무지로 인한 죄와 대조된다. 명백하게도 모든 의도적이며 의지적이며 주제넘은 죄는 하나님 앞에 흉악한 죄이다.

(2) 오늘날 유행하고 있는 의지적인 죄의 특별한 형태는 무엇인가?

우리의 판단과 견해와 행실을 하나님의 특별한 계시와 뜻으로서의 성경의 권위 앞에 기꺼이 순종하지 않으려는 것이다. 성경이 예배 시간에 대하여 기계적인 음악을 배제한 채 오직 영감된 시편 찬양만 하라고 명령한다는 것을 솔직히 인정하면서도 "나는 찬송과 도구적 음악이 좋아요. 이 둘을 모두 할 수 있었으며 좋겠어요"라고 말하는 사람들이 있다. 어떤 이들은 말로 하지는 않지만 그들의 행동으로 일관되지 못한 행실을 하는 경우도 있다. 이와 마찬가지로 칼빈주의 예정론과 선택교리를 극심하게 반대하면서도 성경이 그것을 교훈하고 있다는 사실은 부인하지 않는 자들이 있다. 어떤 사안에 대한 성경의 교훈을 이해하고 붙잡는 일에 실패하는 것과 성경적인 교훈과 원리를 인정하기를 거부하는 것은 사뭇 다른 별개의 일이다. 따라서 하나님 말씀의 교훈에 대한 의지적인 거절은 사람이 범할 수 있는 가장 지독한 죄 가운데 하나이다.

(3) 의도적으로 의지적으로 그리고 주제넘게 죄를 지은 경건한 인물들의 실례를 성경에서 제시해 보라.

① 요압이 실패했던 이스라엘 백성의 인구조사를 실시한 다윗이다(삼하 21:1-14).

② 바울이 그의 면전에서 책망했던 베드로의 위선의 죄이다(갈 2:11-14).

(4) '파렴치하게 자랑스럽게 악의를 가지고' 죄를 짓는 것은 무엇을 의미하는가?

파렴치하게 죄를 짓는 것은 우리 죄에 대한 수치스러운 감정 없이 담대하게 죄를 짓는 것이다. 파렴치하게 죄를 짓는 자는 그의 죄를 숨기지 않는다. 그는 누가 그 죄를 알든 상관하지 않는다. 자랑스럽게 죄를 짓는 자는 이것보다 한 걸음 더 나아간다. 심지어 그는 자신의 죄를 다른 사람에게 허풍을 떨며 자랑하고 다닌다. 그의 영광은 그의 부끄러움인 것이다(빌 3:19). 끌레버하우스(Claverhouse)가 언약도였던 순교자 존 브라운(John Brown)을 총으로 사형시켰을 때 그는 오늘 이 아침의 소행에 대해 어떤 변명을 할 것입니까?"라는 질문을 받았다. 끌레버하우스는 "이 친구에게는 책임이 있겠지요. 그렇지만 하나님에게는 내 마음대로 하겠습니다!"라고 말하며 파렴치하게 그리고 자랑스럽게 죄를 지었다.

악의를 가지고 죄를 짓는 것은 하나님을 향한 앙심과 적대감을 가지고 죄를 범하는 것을 의미한다. 로마 제국의 관리가 그리스도인의 생명을 취하는 것만으로 만족하지 못했을 때 그들은 사지를 끊는 형벌과 참기 어려운 고문 등과 같이 이 세상에서 인간이 고안해 낼 수 있는 가장 잔인한 방법으로 그들을 죽임으로 하나님을 향하여 악의적으로 죄를 범했다.

(5) 사람들이 '자주 고집스럽게 경쾌하게 계속적으로' 죄를 짓게 되는 것은 무엇 때문인가?

그러한 상습적인 죄를 짓는 것은 왜곡되고 악하며 고집스럽고 강퍅해진 인간의 마음 때문이다. 그것은 오직 성경이 가르치는 인간의 원죄와 전적 타락 교리로만 설명될 수 있다. 하나님의 말씀에 의하면 죄는 인간 본성의 표면적인 결함이 아니라 전 인격에 퍼져버린 뿌리 깊은 도덕적 부패이다. 이 세상에 그 무엇보다도 사악한 것이 인간의 마음이다. 따라서 이 세상에는 후회하고 애통해하며 죄를 짓는 것이 아니라 기뻐하고 즐겁게 죄를 짓는 사람들이 있는 것이다(롬 1:32). 실제로 회심하지 않은 모든 자가 죄를 사랑하는 자라는 것은 사실이다(딤후 3:4). 따라서 오직 하나님의 일반 은총만이 죄에 대한 자연적인 사랑을 억제할 수 있을 뿐이다.

(6) 회개한 후에 다시 범죄 하는 것이 왜 사람의 죄를 더욱 심하게 만드는가?

회개한 이후에 다시 죄를 짓는 것은 이전에 지었던 죄로부터의 분리에서 다시 그만큼 떨어지는 것이기 때문에 특별히 죄가 된다. 이것은 특별히 그리스도인의 죄인데 이유는 그리스도인이 아닌 자들은 전혀 참된 의미에서 회개하지 않기 때문이다. 불신자들은 죄에 대한 자연적인 후회를 경험하기도 하며 '마음을 고치고 새 생활을 시작'하는 결심을 하기도 한다. 그러나 그는 거듭나지 않았기 때문에 이러한 '회개'는 '생명에 이르는 참된 회개'가 아니다. 그리스도인은 생명에 이르는 참된 회개를 경험하는 자이다. 그러나 종종 하나님 앞에서 참되게 회개했던 여러 가지 종류의 죄에 다시 빠지곤 한다. 하지만 그들의 경우 이러한 실수는 한시적이며 영적 상태로의 새로운 회개와 회복을 낳을 것이다. 그럼에도 불구하고 이러한 유한적인 실책은 성령을 근심케 하는 것이며 하나님을 불쾌하게 하는 죄이다. 이것을 예방하는 유일한 길은 언제든지 자기를 부인하고 영적으로 근신하며 기도에 힘쓰는 것이다.

제151문 (계속) 어떤 죄를 다른 죄보다 더 흉악하게 만드는 가중요인이란 무엇인가?

답 죄는 아래 열거한 요인들에 의하여 가중된다.

4. 시간과 장소의 환경: 주일에, 다른 예배 시간에, 바로 그 직전 혹은 직후에 범죄 했는지, 그와 같은 잘못을 예방하거나 조치할 다른 도움이 있었는지, 그리고 공개적으로, 혹은 그것에 의해 당연히 자극을 받거나 오염될 타인의 면전에서 범죄 했는지에 따라서 가중된다.

1) 관련성구
- 왕하 5:26; 렘 7:10; 사 28:10: 죄는 상황과 시간과 장소에 따라 가중된다.
- 겔 23:37-39; 사 58:3-5; 민 25:6-7: 주의 날이나 다른 예배의 시간에 범하는 죄는 더욱 가중된다.
- 고전 11:20-21; 렘 7:8-10; 잠 7:14-15; 요 13:27, 30: 예배 바로 그 직전 혹은 직후에 범죄하면 그 죄는 더욱 가중된다.
- 스 9:13-14: 하나님의 징계를 경험한 즉시 죄를 범하면 그 죄는 더욱 가중된다.

- 삼하 16:22; 삼상 2:22-24: 공개적으로, 혹은 그것에 의해 당연히 자극을 받거나 오염될 타인의 면전에서 죄를 범하면 그 죄는 더욱 가중된다.

2) 해설

(1) 시간과 장소의 상황이 왜 사람의 죄를 더욱 가중시키는가?

하나님과 하나님의 도덕법의 요구를 향한 우리 의무의 심각성을 일깨워주는 특정한 시간과 장소가 있다. 이러한 시간과 장소의 상황이 무시되거나 그 때에 죄를 범하면 그 죄는 더욱 극악하고 그 죄과는 더욱 가중된다. 그리스도를 배반한 유다는 다른 시간에 그릇된 일을 할 수도 있었다. 그러나 유월절 직후 주님과의 만찬 이후에 저지른 유다의 죄는 더욱 가중된 죄가 된 것이다.

(2) 주의 날이나 다른 지정된 예배시간 또는 그 시간 직전이나 직후에 죄를 범하면 그 죄가 더욱 가중되는가?

그렇다 그것은 왜냐하면 이러한 죄는 그 자체의 죄 뿐만 아니라 여호와의 날을 더럽힌 죄까지 연관된 죄가 되기 때문이다. 마태복음 12:9-14을 보면 바리새인들이 예수님을 죽일 목적으로 안식일 날 회의를 열었다. 이것은 더욱 가중된 죄이다. 살인의 음모를 목적으로 한 회의는 시간과 장소를 불문하고 그 자체로 불법이다. 그러나 그것이 안식일 날 벌어졌기 때문에 바리새인들의 죄는 더욱 가중되는 것이다.

(3) 어떻게 최근에 경험한 하나님의 섭리를 무시하는 것이 죄를 가중시키는가?

우리 삶에 역사하시는 하나님의 특별한 섭리는 "너희는 떨며 범죄치 말지어다"라는 것이다(시 4:4). 즉 멈추어 서서 우리의 도덕적 상태와 하나님과의 관계를 생각해보라는 것이다. 우리가 이러한 하나님의 특별한 섭리를 무시할 때 우리는 어쩔 수 없이 마음이 강퍅해지고 죄를 가중시키게 된다. 그리스도를 부인하는 것은 언제나 엄청난 죄가 되다, 베드로가 그리스도로부터 경고를 받은 몇 시간 후 세 번이나 연속해서 주님을 부인했기 때문에 그의 죄는 더욱 심각한 죄가 되는 것이다.

(4) 왜 공적으로 저질러진 범죄나 다른 이들에게 나쁜 영향을 끼치는 범죄는 하나님 앞에서 더욱 악한 것인가?

우리 모두는 우리 형제를 지키는 자라는 의식을 지니고 있다. 우리는 우리 자신뿐만 아니라 이웃에 대한 도덕적 책임까지 지닌 존재이다. 자신과 단 몇 사람만 알고 있는 죄는 하나님 앞에서 그릇되고 악한 죄이다. 그러나 공개적으로 죄를 범하면 많은 사람을 오염시키고 하나님 앞에서 죄는 더욱 부가된다. 하나님의 성전에서 금잔과 은잔으로 술을 마시는 자는 가장 은밀하게 했다고 할지라도 죄악적인 것이다. 그러나 벨사살 왕이 수 천 명의 백성들과 그의 신하들 그리고 왕후들과 빈궁들 앞에서 공개적으로 그렇게 했을 때 그것은 더욱 가중된 죄가 된다(단 5:1-4, 23).

제152문 모든 죄는 하나님의 손에서 무엇을 받기에 합당한가?

답 모든 죄는, 아무리 적을지라도, 하나님의 주권과 선하심과 거룩하심, 그리고 그의 공의로운 법을 대항한 것이기 때문에, 현세와 내세에서 그의 진노와 저주를 받기에 합당하며, 그리스도의 피가 아니고서는 결코 속죄될 수 없다.

1) 관련성구
- **약 2:10-11; 출 20:1-2; 합 1:13; 레 10:3; 11:44-45:** 하나님의 주권과 선하심과 거룩하심을 반역하는 모든 것이 죄이다.
- **요일 3:4; 롬 7:12:** 모든 죄는 하나님의 의로우신 계명의 위반이다.
- **엡 5:6; 갈 3:10:** 모든 죄는 하나님의 진노와 저주를 받기에 합당하다.
- **애 3:39; 신 28:15-19; 마 25:41:** 모든 죄는 한시적인 또는 영구적인 형벌을 받기에 합당하다.
- **히 9:22; 벧전 1:18-19:** 그리스도의 보혈이 아니고서 속죄될 죄는 하나도 없다.

2) 해설

(1) 죄는 얼마나 악한가?

대요리문답과 성경은 죄가 절대적으로 악한 것임을 증거한다. 즉 죄는 절대적 속성을 가지며 가장 작은 죄라 할지라도 하나님의 권위의 거절이라는 절대적인 속성을 공유한다. 어떤 죄는 다른 죄보다 더 흉악하지만 가장 사소한 죄라도 하나님의 권위에 대한 완전한 거절이다. 이 원리는 아담과 하와가 금지된 나무의 열매를 먹음으로 범한 죄와 마찬가지로 사람이 가장 최초로 저지르는 죄에서 잘 드러난다. 외견상 아담과 하와의 죄 자체는 사소하고 중요하지 않은 행동처럼 보인다. 그러나 이 죄는 인류를 향한 하나님의 권위에 대한 완전한 거절과 관계된 죄이다. 이것은 하나님의 진리보다는 사단의 거짓말을 선호한 죄이며 하나님의 계시의 말씀보다는 인간의 이성을 더 신뢰한 죄이다. 진실보다는 거짓말과 관련되어 있고 계시된 하나님의 뜻보다는 우리 자신의 이성과 관련되어 있는 모든 다른 죄 역시 본질적으로 동일하다. 따라서 모든 죄는 전적으로 악이며 금세와 내세에서 하나님의 진노와 저주를 받기에 합당한 것이다.

(2) 사람과 같은 유한적인 존재가 죄를 범하는데 어떻게 그 죄가 절대적이며 무한한 악이 되는가?

죄는 영원히 완전하신 하나님을 대적하는 것이기 때문에 영원히 악한 것이다. 우리는 항상 죄를 인간관계에서 발생하는 결과라고 생각하는 경향이 있는 현대의 인문주의적 견해를 경계해야 한다. 죄에 대해서 중요한 것은 그것이 하나님을 대적하는 것이라는 사실이다. 하나님께서 그 주권과 선하심과 거룩에 있어서 영구하고 영원하며 불변하시기 때문에 모든 죄는 유한한 피조물에 의해 저질러졌다 할지라도 영원한 악이다.

(3) 하나님의 계명의 성격은 죄의 삶에 대해 어떤 것을 보여주는가?

하나님의 계명은 완전한 계명이며 인간에게 완전한 의를 요구하신다. 하나님의 도덕법은 우리에게 단순히 '선'만을 요구하지 않고 절대적인 도덕적 완전을 요구하신다. 아주 사소한 일탈이라도 절대적인 도덕적 완전으로부터의 일탈은 모두 죄이다. 이것이 진실이기 때문에 절대적인 도덕적 완전으로부터의 사소한 일탈이라도 계명을 어긴 형벌을 받기에 충분한 죄가 된다. 즉 사망의 값은 넓은 의미에서 육체적이며 영적이며 영원한 것이다.

(4) 하나님의 '진노와 저주'는 무엇을 의미하는가?

하나님의 진노는 죄와 죄인을 향하신 하나님의 의로우신 분노와 불쾌의 표현이다. 그것은 사랑과 은혜의 반대이며 그들의 죄를 없이 할 속죄가 제공되지 않는 한 하나님께서 죄인들을 은총과 사랑으로 받으실 수 없는 것을 의미한다. 하나님의 저주는 형벌의 형태로 나타나는 그의 진노의 표현이다. 하나님의 진노는 죄인을 향한 하나님의 태도를 가리킨다. 하나님의 저주는 그들을 향한 그 태도의 실행을 의미한다. 따라서 모든 죄는 이 세상과 오는 세상에서 하나님의 거룩한 진노를 받기에 마땅한 것이다(롬 1:18; 엡 2:3).

(5) 왜 모든 죄는 하나님의 진노와 저주를 영원히 받기에 합당한가?

왜냐하면 모든 죄는 영원하신 하나님을 대적하기 때문이다. 많은 사람들이 그렇게 유한적인 죄 때문에 영원한 형벌을 하시는 하나님은 불공평하다며 이 진리를 반대해 왔다. 그러나 사람들이 이 교리를 좋아하든 싫어하든 성경은 그것을 단정적으로 교훈하고 있다. 죄가 시간이라는 역사 안에서 저질러진 것이지만 그것은 시간을 초월해 존재하시는 하나님을 대적한 죄이기 때문에 하나님의 진노와 저주 역시 시간이라는 한계를 초월해, 즉 이 세상을 초월해서 임하는 것이다. 더욱이 죄의 본질상 한 번 시작이 되면, 죄를 지은 자가 그리스도에 의해 구속되지 않는 한, 멈추지 않고 계속해서 진행되기 때문이다. 죄를 지은 사람은 그 죄과를 옮길 수 없을 뿐만 아니라 하나님을 계속해서 배역하고 또 배역하게 된다. 그는 계속해서 정죄를 당하고 계속해서 악해질 뿐이다. 그러므로 죄의 경우 영원한 형벌을 당하는 것은 마땅한 것이다.

(6) 죄는 어떻게 유일하게 속죄되고 소멸될 수 있는가?

죄는 신적으로 임명된 중보자로서 죄인들을 위하여 고난당하시고 십자가에 돌아가신 그리스도의 피가 아니고서는 결코 속죄될 수 없다. 모든 인류는 하나님의 영원하신 진노와 저주를 받기에 마땅하다. 하나님의 진노와 저주를 받지 않는 모든 자들은 중보자로서 율법파기자의 형벌을 그의 아들에게 임하게 하셨던 하나님의 값없이 주시는 은혜와 자비의 결과 때문이다. 이것은 물론 죄를 다루는 인간의 모든 시도가 잘못되었으며 무익하다는 것을 암시한다. 도덕적 개선과 선한 결심과 '새로운 삶을 살고자 하는 마음'과 선행을 하는 것과 자선행위와 종교적 준수와 형식과 의식의 준수와 교회의 회원권과 기도와 수도원적 규례와 같은 그 어떤 방법을 통해서 자신의 죄를 없이 하려는 모든 시도는 비참하게 자기 기만적이며 영원한 지옥의 형벌로 빠져들게 하는 것일 뿐이다. 오직 하나님의 어린 양이신 그리스도의 보혈로서만 인간의 죄와 그 죄과를 속할 수 있다. 다른 길은 전혀 없는 것이다.

제15과
회개, 믿음, 말씀의 사용

제153문 하나님의 법을 위반했기 때문에 우리가 당연히 받아야 할 그의 진노와 저주를 피하기 위하여, 하나님께서 우리에게 요구하는 것은 무엇인가?

답 하나님의 법을 위반했기 때문에 우리가 당연히 받아야 하는 하나님의 진노와 저주를 피하기 위하여, 하나님께서 우리에게 요구하는 것은 하나님께 대한 회개와 우리 주 예수 그리스도에 대한 신앙, 그리고 그리스도께서 그의 중보의 은택들을 우리에게 전달하는 외적인 방편의 부지런한 사용이다.

1) 관련성구
- 행 20:21; 마 3:7-8; 눅 13:3, 5; 행 16:30-31; 요 3:16, 18: 하나님의 진노와 저주를 피하기 위하여, 하나님께서 우리에게 요구하는 것은 하나님께 대한 회개와 우리 주 예수 그리스도에 대한 신앙이다.
- 잠 2:1-5; 8:33-36: 회개와 믿음이라는 태도 이외에 하나님께서는 그리스도께서 그의 중보의 은택들을 우리에게 전달하는 외적인 방편의 부지런한 사용을 요구하신다.

2) 해설
(1) 하나님께서는 왜 인류가 자신의 죄로 말미암은 하나님의 진노와 저주를 피할 길을 제공하셨는가?

세상을 창조하기 전, 심지어 영원 전부터 때가 찰 때 택자들을 구속하시고 죄로부터 구원하시겠다는 계획을 세우신 하나님의 위대한 사랑 때문이다.

(2) 인류에게 하나님의 진노와 저주를 피할 방법이 언제 처음 계시되었는가?

하나님께서 미래의 어느 날 여인의 후손(예수 그리스도)이 뱀의 머리(사단과 사단의 왕국)를 상하게 할 것이라는 약속을 주신 때인 타락 이후 즉시이다(창 3:15).

(3) 우리는 어떻게 하나님이 친히 준비하신 그의 진노와 저주를 피할 방법을 통하여 유익을 얻는가?

우리는 하나님의 계시된 요구에 동의하고 순종함으로 그의 진노와 저주를 피할 수 있는 유익을 얻는다. 대요리문답은 그것을 첫째, 하나님을 향한 회개, 둘째, 예수 그리스도 안에 있는 믿음, 셋째, 지정된 외부적인 은혜의 수단을 부지런히 사용하는 것으로 요약한다.

(4) 하나님의 진노와 저주를 피함에 있어서 왜 회개가 필요한가?

하나님의 진노와 저주를 피한다는 것은 죄로부터의 구원을 의미한다. 우리는 우리 자신의 죄의 사악함을 인식하고 그것을 전심으로 혐오하며 그 죄과뿐만 아니라 그 권세로부터도 벗어나기를 간절히 원하지 않고서는 죄로부터 결코 구원받을 수 없다. 말하자면 우리는 여전히 죄를 추구하고 계속 죄 가운데 거하면 결코 구원에 이를 수 없다는 것이다. 하나님의 진노와 저주로부터 피하기를 원한다면 우리는 반드시 먼저 죄를 돌이키고 하나님을 향해야만 할 것이다.

(5) '우리 주 예수 그리스도에 대한 신앙'은 무엇을 의미하며 그것이 왜 하나님의 진노와 저주로부터의 구원을 위해 필요한 것인가?

'우리 주 예수 그리스도에 대한 신앙'은 예수 안에 있는 참되고 구원하는 믿음을 의미한다. 즉 그것은 다음과 같다.

① 예수 그리스도께서 단순히 우리 믿음의 모범이 아니라 믿음의 대상이어야 한다. 즉 그리스도를 믿는 믿음을 소유해야 한다.

② 우리 믿음은 성경에 계시되어 있는 그리스도 안에 있는 참된 믿음이어야 한다. 즉 우리는 그리스도를 구속자로 선지자로 제사장으로 왕으로 우리와 하나님 사이의 유일한 중보자로 구원의 유일한 길로 믿는 믿음을 소유해야 한다.

③ 우리는 우리 구원과 영생을 위한 믿음과 신뢰를 우리 자신이나 우리가 할 수 있는 그 어떤 것이 아니라 전적으로 그리고 오직 그리스도 안에만 두어야 한다.

(6) 왜 하나님의 진노와 저주를 피하기 위하여 은혜의 외부적인 방편들에 대한 부지런한 사용이 필요한가?

하나님께서는 그리스도의 구속사역의 유익을 우리에게 전달하시기 위해 말씀과 성례와 기도와 같은 이러한 외부적인 은혜의 방편들을 친히 지정하셨다. 이러한 수단 그 자체는 우리를 구원할 수 없다. 우리를 구원하시는 분은 오직 예수 그리스도이시다. 그러나 하나님께서는 이러한 은혜의 방편들을 매우 효과 있게 만드신다. 따라서 우리가 그리스도를 소유하며 진실히 믿기 원하면 우리는 반드시 이러한 지정된 수단들을 부지런하게 사용해야 한다. '신비주의'라는 그릇된 경향은 이러한 은혜의 외부적인 방편의 사용을 멸시하는데 그것은 성경적이지 않으며 영적으로도 매우 위험하다. 물론 하나님께서는 이러한 은혜의 방편 없이 죄인을 구원하시려는 계획을 세우실수도 있었다. 그러나 하나님은 그렇게 하시지 않으셨기 때문에 하나님께서 제공하신 은혜의 방편들을 항상 부지런히 사용해야 한다.

제154문 그리스도께서 자기 중보의 혜택을 그 몸 된 교회에 전달하시는 외적 방편은 무엇인가?

답 그리스도께서 자기 중보의 혜택을 그 몸 된 교회에 전달하시는 외적 또는 일반적인 방편은 그의 모든 규례인데, 특별히 말씀과 성례 및 기도이다. 이 모든 것은 택함을 입은 자들을 구원에 이르게 하는데 유효하다.

1) 관련성구
- 마 28:19-20: 복음 설교와 세례는 구원의 수단으로서 그리스도께서 지정하신 은혜의 방편이다.
- 행 2:42, 46-47: 말씀과 주의 만찬은 하나님께서 그의 택자의 구원을 위하여 사용하시는 은혜의 방편이다.
- 엡 6:17-18: 하나님의 말씀과 기도는 지정된 은혜의 방편이다.

2) 해설

(1) 대요리문답은 왜 그리스도께서 그의 백성의 구원을 위해 사용하시는 '외적 또는 일반적인 방편'을 언급하고 있는가?

말씀과 성례와 기도와 같은 방편들은 우리를 거듭나게 하고 거룩하게 하시는 성령의 내적 사역과 구분하기 위하여 '외적'인 방편이라 불린다. 유아 때 죽은 자들이나 정신적으로 외적인 방편을 사용할 수 없는 자들을 위하여 성령께서 그의 내적인 말씀으로만 구원을 가져오는 경우를 제외하고 성령께서 일반적인 경우에 이 외적인 수단들을 효과 있게 하시기 때문에 '일반적인' 또는 '통상적인' 방편이라 불린다.

(2) 말씀과 성례와 기도와 같은 은혜의 방편들은 구원에 필요한 것인가?

이전 질문에 잘 설명한 바와 같이 이 은혜의 방편들은 일반적인 경우에 필요하다. 그것들은 성령께서 그의 일을 하시기 위해서 지정된 방편들이다. 따라서 우리가 구원을 확신하기 원한다면 이 지정된 은혜의 방편들은 진실과 믿음으로 사용되어야 한다. 그러나 하나님의 구원적 은혜가 마치 성령께서 이러한 방편 없이는 역사하실 수 없는 것처럼 항상 이러한 외면적 방편에 좌우되는 것은 아니다. 우리는 한편으로는 구원이 성례에 전적으로 좌우된다고 교훈하는 로마 가톨릭 교회의 오류를 피해야 하며 다른 한편으로는 성례와 다른 외적인 방편들을 전혀 가치 없는 것으로 간주하는 신비주의의 오류를 피해야 한다. 그러나 대요리문답은 택자들의 구원을 가져오게 하는 하나님 말씀과 성례와 기도가 '외면적이며 일반적인 수단'이라는 성경에 계시된 정확한 진리를 제시한다.

(3) 말씀과 성례와 기도의 사용을 통해 어떤 유익을 얻는가?

그리스도의 중보의 유익을 얻는다. 즉 그리스도께서 그의 완전한 삶과 고난 그리고 십자가에서 돌아가심을 통하여 그의 백성을 위하여 성취하신 모든 유익과 축복들이다. 이 유익들은 영원토록 선하고 좋은 모든 것들을 포함한다. 우리는 "하나님의 후사요 그리스도와 함께 한 후사"가 된 것이다(롬 8:16-17).

(4) '말씀'은 무엇을 의미하는가?

말씀은 기록된 하나님의 말씀인 성경과 주로 설교를 통하여 제시되는 하나님과 사람과 구원에 관한 진리의 소식을 의미한다. 물론 사람은 성경 그 자체를 실제로 읽지 않고도 성경이 제시하는 특정한 진리에 대한 지식을 얻기만 하면 구원 받을 수 있다. 그러나 책으로서의 성경 그 자체의 중요성은 아무리 강조해도 지나치지 않다. 구원의 길에 대한 모든 참된 지식은 모두 다 기록된 하나님의 말씀을 통하여 얻을 수 있기 때문이다.

(5) '성례'는 무엇을 의미하는가?

성례란 세례와 성찬을 의미한다. 이것들은 그리스도에 의해 지정되었으며 따라서 이것들만이 참된 성례이다. 로마 교회가 추가한 것들은 전혀 성례가 아니다. 로마 교회의 성례의 일부분인 결혼과 임직과 같은 것들은 인간적 발명품들이며 오염된 하나님에 관한 예배이다. 오직 세례와 성찬만이 진정한 성례가 된다.

(6) '기도'는 무엇을 의미하는가?

기도란 그리스도인의 기도이다. 기도가 그리스도인의 기도가 되기 위해서는 두 가지가 필요하다

① 우선 제일 먼저 성경에 계시된 하나님으로서의 참되신 하나님께 올려 드리는 기도가 되어야 한다.
② 그리스도인의 기도는 반드시 하나님의 보좌로 갈 수 있는 유일한 길이 되시는 참되신 예수 그리스도의 이름으로 올려져야 한다. 따라서 이방신들이나 성모 마리아나 성자나 천사를 향한 기도는 무익하고 그릇된 기도이다. 중보자이신 그리스도를 믿는 믿음 없이 하나님의 존전에 직접 올려 드리는 기도는 그리스도인의 기도가 아니다.

(7) 구원을 위한 은혜의 방편은 누구에게 효과적인가?

하나님의 택자들이다(행 2:47). 하나님께서 그들을 죄에서 구출하시고 구원의 상태로 진입하게 하시는 영생으로 미리 정하신 것이다. 통상적인 경우 이것은 말씀과 성례와 기도에 의해 수행된다. 사람이 이 은혜의 방편을 사용함에 있어서 진실하다면 그것은 구원을 위하여 성령 하나님께서 그 사람 속에서 역사하신다는 좋은 표시가 될 수 있다.

(8) 성령께서 이 은혜의 방편들을 택자의 구원에 효력 있게 하신다면 우리가 이 은혜의 방편들을 사용하기 위해 노력할 필요가 있는가?

그렇다. 성경은 부지런히 은혜의 방편을 사용할 것을 명령한다. 우리는 어떤 특별한 충격을 기다려서는 안되며 지정된 은혜의 방편을 즉시 계속해서 사용해야 한다. 곡식의 추수는 오직 하나님께서만 섭리하시는 비와 햇빛에 의해 좌우된다. 그렇다고 해서 그것이 하나님께서 사람에게 기대하시는 일인 씨를 뿌리는 일을 하지 않을 핑계가 될 수는 없다. 성령 하나님과 그의 사역에 대한 믿음은 영적 나태함이나 지정된 은혜의 방편을 사용하는 일을 소홀히 하는 핑계가 될 수 없는 것이다.

제155문 말씀이 어떻게 구원에 유효하게 되는가?

답 하나님의 영이 말씀을 읽는 것을, 특별히 말씀을 전하는 것을 방편으로 하여 죄인들을 조명하시고 확신시키고 겸손하게 하시며 그들을 자기 자신들로부터 몰아내어 그리스도께로 가까이 이끄신다. 또 그들로 하여금 그의 형상을 본받게 하시며, 그의 뜻에 복종케 하시며, 그들을 강건케 하셔서 시험과 부패에 빠지지 않게 하시고 은혜로 저희를 세우시고 구원에 이르는 믿음을 통하여 그들의 마음을 거룩함과 위로로 굳게 세우시는 것이다.

1) 관련성구

- **느 8:8; 행 26:18; 시 19:8:** 하나님께서는 죄인들의 조명을 위해 즉 진리의 지식을 나누어주시기 위한 방편으로 말씀을 사용하신다.
- **고전 14:24-25; 대하 34:18-19, 26-28:** 성령께서는 죄인을 확신시키고 겸손케 하시기 위하여 말씀을 사용하신다.
- **행 2:37, 41; 8:27-39:** 성령께서는 죄인들을 자기 자신들로부터 몰아내어 그리스도께로 가까이 이끄시기 위하여 말씀을 사용하신다.
- **고후 3:18:** 성령께서는 하나님의 자녀들로 하여금 하나님의 형상을 본받게 하시기 위하여 말씀을 수단으로 사용하신다.
- **고후 10:4-6; 롬 6:17:** 신자들은 성령의 능력으로 말씀 앞에 복종케 된다.

- 마 4:4, 7, 10; 엡 6:16-17; 시 19:11: 말씀을 수단으로 신자들은 사단을 이길 수 있다.
- 고전 10:11: 하나님의 말씀을 통하여 성령께서는 유혹과 부패로부터 하나님의 백성들을 강하게 하신다.
- 행 20:32; 딤후 3:15-17; 살전 2:2, 10-11, 13; 롬 1:16; 10:13-17; 15:4; 16:25: 성령께서는 신자의 전 생애를 통하여 그가 영광의 상태에 진입할 때까지 그의 영적 진보와 성장을 위하여 말씀을 사용하신다.

2) 해설

(1) 제155문의 질문에 대한 첫 구절이 우리에게 교훈하는 바가 무엇인가?

제155문의 질문에 대한 첫 구절은 '하나님의 영이…' 라는 구절이다. 이 구절은 성경 또는 하나님의 말씀이 사람의 구원을 성취함에 있어서 사람의 마음에 역사하시는 성령 하나님의 능력이 없이는 그 어떤 내재적인 권세도 없음을 의미하는 말이 아니다. 물론 어떤 특별한 경우에는 말씀 없이도 성령의 권세로만 구원을 가져오는 경우가 불가능한 것은 아니다(웨스트민스터 신앙고백서 제10장 3절을 보라). 그러나 성령의 내적 구원 사역이 없는 말씀 그 자체로는 사람의 구원을 위한 한 걸음도 내디딜 수 없다. 성령께서는 말씀의 도움 없이도 존재하지만 말씀은 성령 없이는 구원을 가져올 수 없는 것이다.

(2) 성경은 성령의 특별한 사역이 없이도 어떤 부분을 성취하는가?

그렇다. 성경은 성령의 구원 사역 없이도 하나님의 일반 은총으로 말미암아 죄를 억제하고 어느 정도 사람의 양심을 자극하며 '민간의 정의'라 불리는 것을 증진시킨다. 예를 들면 사람이 십계명을 읽을 수도 있으며 그 결과 그가 계획했던 살인이나 도적질을 하지 않을 수도 있는 것이다. 이러한 것은 그의 구원과는 전혀 상관없는 일이며 세상을 좀 더 살기 좋은 관용적인 곳으로 만든 것이다.

(3) 만일 하나님의 말씀이 그 자체로 인간의 구원에 관해서 그 어떤 것도 성취할 수 없다면 미국성경공회나 다른 기관들이 성경을 널리 출판하거나 보급하는 것은 아무런 의미가 없지 않는가?

그렇지 않다. 성경을 보급하는 것은 마치 씨를 뿌리는 것과도 같다. 성령의 구원 사역 없이 이 씨가 생명으로 자랄 수 없으며 구원에 이를 수도 없다는 것은 사실이다. 그러나 우리는 사람에게 구원을 가져오기 위해서 성령께서 언제 어느 때 성경의 어떤 부분을 사용하실지 알 수 없다. 사람은 호텔 방에 구비된 기드온 성경을 읽고 그리스도에게 회심하기도 하며, 선교지에 보급된 얇고 싼 종이로 인쇄된 쪽 복음을 통하여 구원에 이르기도 하는 법이다.

(4) 성령께서 죄인을 구원으로 인도하기 위해 하나님의 말씀을 사용하는 두 가지 방법은 무엇인가?

말씀을 읽는 것과 말씀을 설교하는 것이다.

(5) 이 두 가지 방법 중에 특별히 어떤 것이 성령에 의해서 사용되는가?

말씀을 설교하는 것이다. 성령께서는 이 두 가지 방편을 다 사용하신다. 어떤 때는 독립적으로 또 어떤 때는 함께 사용하기도 하시지만 그가 특별히 사용하시는 것은 바로 말씀 설교이다. 우리는 이런 실례를 빌립과 이디오피아 내시의 사건을 통해 잘 알 수 있다(행 8:27-39). 이디오피아 내시는 성경을 읽고 있었으며 의심의 여지없이 어느 정도 지식의 빛을 가지고 있었다. 그러나 그는 빌립에게 한 질문에서 잘 드러난 것처럼 여전히 마음이 혼란스러웠다. 빌립이 병거에 그와 함께 앉아서 '예수에 대해 그에게 설교했을 때' 그의 혼란은 사라졌다. 성령께서는 그의 구원을 위하여 말씀을 사용하셨던 것이다.

(6) 하나님의 말씀이 사람의 구원을 이끌기 위해서는 왜 성령의 특별하신 사역이 절대적으로 필요한가?

왜냐하면 우리는 본질상 하나님으로부터 분리되었으며 죄와 허물로 죽은 자가 되었기 때문이다(엡 2:1). 우리의 자연적 오염과 완전한 영적 타락 또는 무능력으로 인해 구원을 가져오기 위해서는 생명을 주시고 그 생명을 유지시키시는 성령의 능력이 말씀과 함께 반드시 동반되어야만 한다.

(7) 사람의 구원을 위하여 성령께서는 말씀을 방편으로 신자의 삶의 어떤 경험을 사용하시는가?

성령께서는 구원의 모든 단계, 즉 거듭남으로부터 영광의 상태에 진입함에 있어서 말씀을 은혜의 방편으로 사용하신다. 죽음의 순간에 신자의 영혼이 '거룩 안에 완전하게 되는 것'은 물론 말씀과 별개로 전적인 성령 하나님의 전능하신 사역에 기인한다. 따라서 구원의 최종적 단계인 마지막 날의 몸의 부활도 말씀과 별개로 성령 하나님의 직접적인 사역으로 성취된다(롬 8:11). "주께서 호령과 천사장의 소리와 하나님의 나팔로 친히 하늘로 좇아 강림하시리니 그리스도 안에서 죽은 자들이 먼저 일어나고.." 라는 말씀이 있다(살전 4:16). 그러나 여기 '호령'이란 말은 성령을 방편으로 사용한다는 것을 의미하지 않는다. 이 호령이란 죽은 자들이 일어나게 될 그 때 재림하시는 예수 그리스도의 새로운 말씀을 의미한다. 따라서 죽음 이후에 발생하게 될 구원의 과정에 있어서의 마지막 단계들은 성경의 사용과는 별개로 성취되는 것들이다. 그러나 이생에서의 구원의 모든 과정들은 시작부터 마지막까지 성령께서 그 말씀을 수단과 방편으로 사용해서 성취된다. 중생이나 새로 남은 수단이나 방편의 사용이 아니라 직접적이며 독창적인 하나님의 능력으로 인간의 영혼에 직접적으로 역사되는 성령 하나님의 초자연적인 사역이다. 이런 경험을 통해 사람의 영혼은 처음 창조될 때와 마찬가지로 수동적이 된다. 그러나 중생은 언제나 사람이 자기 죄를 확신하고 구원의 길에 대한 이해를 생기게 하는 은혜의 방편으로서의 말씀 사용과 함께 동반된다. 중생에 있어서의 성령 하나님의 이러한 말씀 사용에는 두 가지 예외가 있다. 첫째는 그들의 미성숙함으로 인해 진리의 지식을 얻을 수 없는 유아들의 경우이다. 둘째는 그들의 정신적 비정상으로 인해 진리의 지식을 수납할 수 없는 정신 이상자나 정신적으로 결함이 있는 자들이다(웨스트민스터 신앙고백서 제10장 3절을 참조하라). 또한 세례 요한은 출생하기 이전인 복중에서부터 성령으로 충만했다(눅 1:15). 이러한 경우 중생은 성령에 의한 말씀 사용의 동반 없이 발생하는 것이다.

제156문 하나님의 말씀은 모든 사람이 읽어야 하는가?

답 비록 누구나 다 공적으로 회중에게 말씀을 봉독하게 허락되어 있지는 않으나, 모든 사람들이 각각 홀로 그리고 가족들과 함께 읽어야 할 의무가 있다. 이 목적을 위해 성경이 원어에서 각 나라 백성의 방언으로 번역되어 있다.

1) 관련성구

- 신 31:9-13; 느 8:2-3; 8:3-5: 하나님의 말씀인 성경을 회중 가운데서 공적으로 읽는 것은 특별히 말씀 사역자로 부르심을 받은 자들의 의무이다.
- 신 17:19; 계 1:3; 요 5:39; 사 34:16: 모든 부류의 사람들이 사적으로 성경을 읽어야 한다.
- 신 8:6-9; 창 18:17, 19; 시 78:5-7: 가정에서 하나님의 말씀인 성경을 읽는 것은 의무이다.
- 고전 14:6, 9-12, 15-16, 24, 27-28: 성경이 알 수 없는 언어로 기록되었다면 무익했을 것이다. 성경이 원어에서 각 나라 백성의 방언으로 번역된 것은 바로 성경을 읽게 하기 위한 것이다.

2) 해설

(1) 왜 모든 그리스도인들이 '회중에게 공적으로 성경을 읽도록 허락' 되어 있지 않는가?

성경을 '공적으로 회중에게 읽는 것'은 하나님을 향한 공적인 예배의 행위의 일부분이다. 따라서 이 일은 교회에서 이 일을 행하기에 합당한 자로 부르심을 받은 자들이 수행해야 한다. 물론 교회에 안수 받은 목회자나 유자격자 또는 장로의 부재 시에는 교회의 다른 회원으로 하여금 성경을 읽고 기도회나 '교제'를 인도하게 할 수 있다. 대요리문답이 부인하는 것은 그들의 직무가 하나님의 집을 다스려야 하는 것인 자들에 의해 지정되지 않은 사적 자격의 그리스도인이 공적인 예배에서 성경을 읽는 것이다.

(2) 어떤 부류의 사람들이 성경을 사적으로 읽어야 할 책임이 있는가?

성경이 보급된 모든 세상에 있는 모든 부류의 사람들이다. 성경을 읽는 것은 그리스도인이나 교회의 회원 된 자의 의무일 뿐만 아니라 읽을 수 있을 만큼의 나이가 된 사람이라면 누구라도 읽어야 할 의무가 있다.

(3) 읽는 것을 전혀 배운 적이 없는 사람에게도 성경을 읽어야 할 의무가 있는가?

그렇다. 읽는 법을 한 번도 배운 적이 없는 사람일지라도 하나님의 말씀을 읽고 연구하기 위해 읽는 법을 배워야 하는 것이 그리스도인의 의무임을 깨달아야 한다. 하나님께서 우리에게 당신의 말씀을 기록된 형태로 주셨다는 사실은 성경을 읽는 것이 모든 사람들의 의무임을 암시한다. 오늘날의 많은 선교지에서의 경험은 읽는 것을 배울 수 없는 사람은 하나도 없다는 것을 증명한다. 선교지에서의 성경의 전파와 보급은 엄청난 문학의 증가와 읽기와 쓰기의 능력이 동반된다는 사실을 주의하는 것은 가치 있는 일이다. 중세시대의 많은 사람들이 성경을 읽게 하기 위하여 스스로 중국어처럼 어려운 문자들을 공부했다. 많은 선교지에서 읽지 못하는 교인들을 보는 것은 슬픈 일이다.

(4) 왜 가정에서 하나님의 말씀을 읽어야 하는가?

가족이 인간 사회의 기초단위이기 때문에 가정이 하나님의 은혜 언약의 기본 단위가 되는 것이다. 하나님의 언약 백성의 몸이 세대와 세대로부터 이어지는 것은 바로 기독교 가정을 통해서이다. 부모와 자녀들 모두가 바로 이 은혜 언약의 참여자이다. 따라서 기독교 가정은 언약의 기관이며 언약적 축복과 약속들뿐만 아니라 언약적 의무도 소유하고 있다. 이 의무들 중에는 가정 예배를 드려야 할 의무도 있다. 하나님의 섭리로 말씀이 모든 인쇄의 형태로 보급되었기에 인쇄된 성경의 읽기를 통하여 가정예배를 더욱 효과적으로 드릴 수 있게 되었다(또한 *Blue Banner Faith and Life*, vol. 1, no.7 [July-September 1946], 138-39: "Is the practice of family worship commanded in the Bible, and if so, where?"를 참조하라).

(5) '방언'이란 표현은 무엇을 의미하는가?

종종 오해되는 표현은 단순히 세상 사람들이 일상생활에서 사용하는 평범한 살아 있는 언어이다. 방언이란 단어는 점차 '정교함이 결핍된, 고상함이 없는'이란 의미를 지니게 되었다. 그러나 대요리문답에서 방언이란 단순히 '통상적인' 또는 '일반적인' 언어를 의미한다. 영어와 불어와 독어와 중국어 모두 이러한 의미로 사용되고 있다.

(6) 왜 성경이 오늘날의 언어로 번역되어야 하는가?

구약성경은 그 당시 언약 백성의 일반적인 언어였던 히브리어로 기록되었다.

그리고 신약성경은 그 당시 로마제국에서 가장 광범위하게 사용되었던 헬라어로 기록되었다. 오늘날 이 언어들은 매우 특별한 노력을 기울이는 소수의 사람들만 이해할 수 있다. 성경은 모든 인류를 위한 메시지이며 성경이 담고 있는 복음은 모든 나라들에게 선포되어야 할 말씀이다. 따라서 지상 대 명령은 성경을 세상의 여러 언어로 번역하지 않고서는 수행될 수 없다. 이 성경 번역의 사역은 매우 초창기부터 시작되었지만 지난 1백 년 동안 더욱 엄청난 발전이 있었다. 오늘날 하나님의 말씀은 전체적으로나 부분적으로 약 1천여 개가 넘는 언어와 방언을 통하여 선포되고 있다. 이 위대한 업적은 세상의 많은 성경 공회들과 협력한 수많은 선교사들의 노력과 수고를 통하여 성취되어왔다.

제157문 하나님의 말씀을 어떻게 읽어야 하는가?

답 성경은 높이 받들고 경외하는 마음으로 읽어야 한다. 곧 성경은 하나님의 말씀이라는 사실과 하나님만이 우리가 성경을 깨닫게 하실 수 있다는 굳은 신념으로 그 가운데 계시되어 있는 하나님의 뜻을 알고 믿고 순종하고 싶어 하는 욕망으로 부지런히 읽어야 한다. 또 성경의 내용 및 범위에 주의함으로 묵상과 적용과 자기를 부인함과 기도함으로 성경을 읽어야 할 것이다.

1) 관련성구

- **시 19:10; 느 8:3-10; 출 24:7; 대하 34:27; 사 66:2:** 성경은 높이 받들고 경외하는 마음으로 읽어야 한다.
- **벧후 1:19-21:** 성경은 하나님의 말씀이라는 사실을 믿음으로 읽어야 한다.
- **눅 24:45; 고후 3:13-16:** 우리가 성경을 읽을 때 오직 하나님만이 성경을 깨닫게 하실 수 있다는 굳은 신념으로 읽어야 한다.
- **신 17:19-20:** 우리는 그 가운데 계시되어 있는 하나님의 뜻을 알고 믿고 순종하고 싶어 하는 욕망으로 성경을 읽어야 한다.
- **행 17:11:** 우리는 부지런히 성경을 읽어야 한다.
- **행 8:30, 34; 눅 10:26-28:** 우리는 성경의 참된 의미를 구하기 위하여 성경의 '내용 및 범위'에 주의해서 읽어야 한다.

- **시 1:2; 119:97:** 성경은 묵상하며 읽어야 한다.
- **대하 34:21:** 하나님의 말씀을 읽음에 있어서 우리는 그 말씀을 우리 자신에게 적용해야 하며 우리 삶과 필요에 관한 말씀을 분별해야 한다.
- **잠 3:5; 신 33:3:** 우리는 자기를 부인하며 성경을 읽어야 한다. 즉 우리 자신의 견해나 편애나 선입견을 포기하고 우리 자신의 생각보다 하나님의 뜻을 인정하고 순종함으로 읽어야 한다.
- **잠 2:1-6; 시 119:18; 느 7:6, 8:** 우리는 기도를 동반하여 하나님의 말씀을 읽어야 한다.

2) 해설

(1) 성경을 '높이 받들고 경외하는 마음'으로 읽는다는 것은 무엇을 의미하는가?

이것은 성경을 읽음에 있어서 우리가 다른 책을 읽는 태도나 자세와는 다르게 해야 할 것을 의미한다. 오직 성경만이 구원적 진리의 유일한 근원이 된다. 진리를 제시하는 다른 모든 종교적인 서적들은 성경에 근거하고 있다. 성경은 다른 모든 책들을 판단할 표준이 된다. 그것들을 읽음에 있어서 우리는 성경의 교훈과 일치되는 진술만을 수용해야 하며 매우 주의 깊고 사려 깊은 태도를 견지해야 한다. 우리는 성경 이외에 다른 책을 무조건적으로 맹종하는 일을 삼가야 한다. 외적인 경외감과 경건심을 가진 많은 사람들이 오히려 전혀 불경스러운 태도로 성경을 다루는 모습들을 보게 된다. 어떤 목사는 이렇게 말하기도 했다. "우리는 예수님의 모든 교훈을 다 수용해서는 안됩니다. 그것이 사실일 때만 수용해야 합니다." 성경에 대한 이러한 태도는 신성 모독적이며 극히 불경한 태도이다. 그것은 우리의 이성을 하나님 말씀보다 우위에 두는 태도이며 하나님의 말씀의 교훈이 우리의 이성과 일치될 때만 그것을 받아들이는 행위이다. 우리는 절대로 성경을 진리와 오류의 혼합물로 간주해서는 안된다. 우리는 모든 성경을 진리로 수용해야 하며 성경을 표준으로 모든 다른 책들의 교훈과 인간 이성의 견해와 판단을 측정하고 평가해야 한다. 우리는 물론 성경의 어떤 부분을 확실히 이해하기 위해 의심이나 어려움을 지닐 수도 있다. 그러나 그 본문이 무엇이든지 진리의 말씀인 성경에 대해 전적인 경외심을 나태내야만 한다. 그것은 말하자면 성경을 향한 우리의 태도가 주저하거나 비판적인 태도가 아니라 언제나 전적으로 수용적이어야 함을 의미한다.

(2) 우리는 성경을 하나님의 말씀으로 간주해야 하는가 아니면 사람의 말로 간주해야 하는가?

우리는 물론 성경의 모든 단어들이 사람들에 의해 기록되었다는 것을 깨달아야 한다. 그러나 동시에 우리는 성경의 진정한 저자가 확실히 성령 하나님이심을 깨달아야 한다. 결과적으로 우리는 성경이 '진정한 하나님의 말씀'이라는 확신을 가지고 읽어야만 한다. 성경의 특정한 부분이 모세와 이사야와 바울에 의해 기록되었다는 것은 부수적이며 부차적인 문제이다. 중요한 것은 하나님께서 성경의 진정한 저자가 되시며 성경은 진정한 하나님의 말씀이라는 것이다.

(3) 오늘날의 '자유주의'는 성경이 진정 하나님의 말씀이라는 사람들의 믿음을 어떻게 훼손시키는가?

오늘날의 종교적 자유주의는 성경 전체가 그 내용과 교훈에 있어서 하나님의 말씀이라는 사실을 믿지 않는다. 그들은 성경이 '하나님의 말씀'을 담고 있더라도 인간의 책이라고 주장한다. 즉 성경은 부분적으로는 하나님의 말씀이며 부분적으로는 인간의 말이라는 것이다. 성경의 어떤 부분이 하나님의 말씀이며 어떤 부분이 인간의 말인지를 인간의 마음이 결정하기 때문에 이런 견해는 믿음과 생명의 참된 권위로서의 인간의 이성이 가장 높은 권위가 된다. 만일 우리가 성경의 말씀들 가운에 어떤 부분은 인정하고 다른 부분은 부정함에 있어서 어떤 부분을 선택하고 가려내야 하는 존재가 된다면, 성경은 더 이상 우리의 표준이 되지 못한다. 우리는 오직 의심의 여지없이 성경이 교훈하는 모든 말씀을 하나님의 말씀으로 받아들일 때만 성경을 우리의 표준으로 참되게 간주하는 것이 된다.

(4) 현재 어떤 대중적인 종교적 견해가 하나님의 말씀으로서의 성경의 권위를 교묘하게 파괴하는가?

스위스의 칼 바르트(Karl Barth)와 에밀 부르너(Emil Brunner) 그리고 그들의 많은 제자들에 의해 발전된 '바르트주의'라고 불리는 신학이다. 이것은 '신신학'이라고도 불리며 '위기의 신학', '신정통주의 신학', '변증법적 신학' 이라고도 불린다. 이 바르트주의는 기록된 책으로서의 성경이 하나님의 말씀인 것을 부인한다. 동시에 바르트신학은 성경의 어떤 부분이라도 그것이 사람의 양심을 휘어잡고 그 사람을 하나님의 뜻의 계시로 인도한다면 하나님의 말씀이 될 수 있다고 가르친다. 그러나 이러한 주장은 성경의 권위를 영감된 하나님의 말씀으로서의 성경 그 자체에 두지 않고 성경과 관계된 인간적 경험에 둔다. 바르트주의는 성경에 대한 '고등비평' 이론을 주장한다. 이것은 성경의 많은 진술들이 그 평범하고 분명한 의미에 있어서 진리가 아니라고 주장한다. 그럼에도 그들은 하나님의 말씀이 사람들을 제어하는 의미로서 성경을 하나의 도구로 간주한다. '신정통주의'는 작금의 유명세에도 불구하고 지극히 위험하며 불건전한 교리일 뿐이다.

(5) 왜 오직 하나님께서만이 우리로 하여금 성경을 올바르게 이해하게 하실 수 있는 분인가?

왜냐하면 인간의 마음이 죄로 말미암아 어두워짐으로 진리와 오류를 구분하는 일에 적합하지 않게 되었기 때문이다. 죄로 말미암은 인류의 타락은 사람이 의보다 죄를 사랑하게 되는 도덕적 의미에서의 왜곡뿐만 아니라 진리보다 거짓을 더 사랑하는 마음과 지성의 어두움까지 낳았다. 인류는 하나님의 진리에 대한 편견을 가지게 되었고 죄악적인 오류를 더 좋아하게 된 것이다. "그 미련한 마음이 어두워졌나니"(롬 1:21). "저희가 마음에 하나님 두기를 싫어하매"(롬 1:28). 오직 성령 하나님의 중생과 조명하시는 사역만이 이 자연적인 죄의 어두움을 몰아낼 수 있다. 그렇게 될 때만 사람은 진리를 영적으로 분별하고 받아들일 수 있게 된다. 중생이 순간적으로 완성되는 사역인 반면에 하나님의 백성의 마음에 역사하시는 성령의 조명 사역은 우리 전 인생에 계속해서 발생하는 점진적인 과정이다. 따라서 우리는 성경을 이해하기 위해 더욱 성령 하나님의 비추어주심을 구해야 할 것이다.

(6) 성경을 읽고 연구하는 우리의 동기는 어떠해야 하는가?

성경을 읽고 연구함에 있어서 우리는 반드시 '하나님의 뜻을 알고 믿고 순종하고 싶어 하는 욕망'이라는 실제적인 동기를 가져야 한다. 많은 사람들이 잘못되고 부적절한 동기로 성경을 연구한다. 어떤 이들은 단순히 역사적인 책으로만 성경을 연구한다. 심지어 성경의 교훈에 대한 모순을 증명하거나 기독교를 대적하기 위해 성경을 연구하는 자들도 있다. 또 어떤 이들은 헛된 호기심이나 광신적이거나 오락을 목적으로 성경을 공부한다. 예를 들면, 세례나 지옥이나 감독들에 대한 성경의 교훈을 단순히 도표로 만들기 위해 성경을 연구한 자들이 있었다. 이러한 사람들은 성경의 어떤 한 문장이나 성경 교훈의 한 요소에 관심이 있는 '채집가'이다. 구원이 필요한 타락한 죄인 된 자신들의 영적 상태에 성경의 교훈을 적용할 의도가 전혀 없는 자들이다. 그들은 마치 골동품이나 자기를 고르는 사람들처럼 성경으로부터 목록들을 수집한다. 이러한 모든 성경 연구 방법들은 부적절하며 그릇된 것이다. 성경을 무엇보다도 먼저 타락한 죄인 된 자신을 위해 하나님으로부터 온 메시지로 받아들이지 않는 한 성경을 올바로 연구할 수 있는 사람은 하나도 없다. 우리는 성경을 문학적으로 또는 역사적으로 연구할 수도 있다. 그러나 그것들은 모두 먼저 성경을 타락하고 정죄 받은 죄인을 위한 구원의 길을 계시해주는 하나님의 말씀으로 받아들이고 난 후에 할 일들이다. 성경의 위대한 메시지와 예수 그리스도의 복음을 거절하거나 홀대하는 자들, 성경을 문학작품으로 간주하는 자들은 모두 하나님께서 미워하시는 일을 행하는 자들이다. 정죄당하고 형벌을 선고받은 죄인에게 무조건적인 사면이 제공되었는데 그 제안에 귀를 기울이지 않고 그 제안을 담고 있는 문서를 그저 문학적인 양태나 형식만 따진다면 그것처럼 어리석은 일이 어디 있겠는가?

(7) 우리는 왜 '매우 부지런히' 성경을 읽고 연구해야 하는가?

성경은 대단히 방대하며 많은 것을 담고 있어 이해하기 쉽지 않기 때문이다. 성경에는 어린 아이를 위한 젖뿐만 아니라 성숙한 그리스도인을 위한 단단한 식물도 포함하고 있다. 매일 5분씩 성경을 읽어서는 절대로 성경을 온전히 이해할 수 없다. 의식적으로 노력하고 애쓰지 않고 간간히 살펴보고 지나쳐버려서는 화학과목이나 수학과목을 완전히 섭렵할 수 있는 사람은 단 한 사람도 없듯이 말이다. 그렇다면 어떻게 노력도 기울이지 않고 수고도 하지 않으면서 성경을 이해할 수 있을 것이라 기대할 수 있겠는가? 많은 고백적 그리스도인들과 교회 교인들이 영적으로 지식적으로 너무나 게을러서 평생 동안 세심하게 준비된 '젖'으로 먹여야만 하는 영적 '유아들'로 남아 있다는 사실은 너무나 비극적이다. 성경이 말씀하는 '단단한 식물'(히 5:11-14)과 비슷하기만 하면 그들은 즉시 이것들이 너무 어렵다고 토해내 버린다. 우리는 더 이상 '어렵고 단단한 식물'로서의 성경을 읽고 연구하는 것을 거부하거나 하나님께서 우리에게 단번에 삼킬 수 있는 음식을 달라고 기도해서는 안된다. 오히려 우리는 시편 기자의 기도처럼 "우리 눈을 열어 주의 법의 기이한 것을 보게 하소서"라고 기도해야 한다(시 119:18). 만일 우리가 성경을 진지하게 연구함에 있어서 너무나 게으르고 무관심하다면 이런 기도를 하나님께 올릴 수 없다. 만일 우리가 하나님의 말씀을 읽는 일에 소홀히 하고 무관심하다면 하나님께서는 결코 우리의 눈을 열어서 그의 말씀 안에 있는 기이한 것을 보여주시지 않을 것이다.

(8) 왜 우리는 성경의 '내용과 범위'에 주의해서 읽어야 하는가?

성경을 연구함에 있어서 우리는 반드시 하나님께서 우리에게 주신 모든 지성을 동원해야 한다. 경건은 이상의 정당한 사용과 모순되지 않는다. 성경의 어떤 본문이나 어떤 부분을 연구할 때라도 우리는 항상 본문 말씀이 무엇이며, 말의 주체가 누구며, 경우와 상황과 전후 문맥과 장과 책과 전체 사이의 관계성에 주의를 기울여야 한다. 예를 들면, 우리는 성경에서 "하나님이 없다 하도다" 라는 말씀을 보게 된다. 우리는 이 진술이 "어리석은 자는 그 마음에 이르기를 하나님이 없다 하도다"(시 53:1)라고 말하는 '어리석은 자'의 진술이며, 나머지 모든 백성들도 부패하며 악을 행하는 자들이라는 사실을 깨닫기 전까지는 이 진술의 참된 의미를 찾지 못한다. 우리는 또 "가죽으로 가죽을 바꾸오니 사람이 그 모든 소유물로 자기의 생명을 바꿀지라"(욥 2:4)는 말씀을 읽는다. 문맥의 정황과 상관없이 이 말씀만 인용하면 이 구절은 오해하기 쉬운 말씀이 된다. 우리는 오직 거짓의 아비인 사단이 이 진술을 한 주체자라는 사실을 발견할 때만이 구절의 참된 의미를 깨달을 수 있는 것이다.

(9) '묵상'은 무엇이며 성경을 읽는 일에 있어서 묵상이 중요한 이유는 무엇인가?

'묵상'이란 어떤 것의 의미에 관해서 어느 정도의 시간을 들여 사려 깊게 그리고 진지하게 생각하는 것을 뜻한다. 묵상이란 많은 사람들이 그릇되게 가정하는 것과 같이 게으른 생각의 방황이나 한 낮의 희미한 공상이 아니다. 이것은 단정적이며 수고를 요구한다. 묵상이란 성경을 표면적으로 훑어보는 것으로는 그 진리의 풍성함을 얻을 수 없기 때문에 성경을 읽는 일에 있어서 필연적인 관련이 있다. 생각과 사고를 요구하는 다른 모든 학문 분야와 마찬가지로 성경을 연구하는 일에 있어서도 동일한 노력이 요구된다. 성경은 현대인들이 아무 때나 가장 적은 시간을 들여서 필요한 물품을 선반에서 꺼내 갈수 있는 슈퍼마켓이 아니다. 성경은 마치 보물을 소유하려면 엄청난 인내와 함께 노력을 들여서 캐내야 하는 광산과도 같다. 우리는 과거 그 어느 때보다도 성경을 연구함에 있어서 엄청난 도움을 제공받고 있다. 그러나 현대인들의 바쁘고 복잡한 생활양식으로 인해 많은 그리스도인들이 매우 초보적이고 피상적인 성경의 지식만을 소유하고 있으며, 해가 바뀌어도 성경진리에 대한 이해도는 더 성장하거나 증가하지 않는다. 따라서 성경 연구에 관한한 지름길은 없다. 성경 연구에 있어서 묵상은 반드시 필요하며 그것은 시간이 소요되는 일이다.

(10) 왜 우리는 '적용'과 함께 성경을 연구해야 하는가?

성경은 단순히 이론적이거나 추상적인 메시지가 아니라 그것을 읽는 자의 필요를 채워주는 인격적인 메시지이다. 사람은 순전히 지적 호기심으로 기하학이나 우주학을 공부하는데 그러한 자들은 이 학문들을 그들의 삶에 실제적으로 적용할 의도를 지니지 않는다. 그러나 성경을 그렇게 공부하는 것은 참된 의미를 상실하는 것이며 성경의 중요성을 무시하는 처사이다. 우리가 개인적으로 성경의 교훈을 우리 자신에게 적용하지 않는 한 우리가 연구하는 성경은 아무 유익이 없을 뿐만 아니라 심판의 날에 우리에게 죄과를 더욱 가중시킬 뿐이다.

(11) 대요리문답은 왜 성경 연구를 '자기 부인'과 관련시키는가?

대요리문답이 여기서 언급하고 있는 자기 부인은 적당한 성경 연구를 위해 충분한 자유 시간을 확보하기 위해 노력하는 것을 지칭하지 않는다. 여기 인용된 성경 구절들은 우리 자신들의 편견과 특별한 상상을 포기하고 믿음과 생명을 위한 우리의 표준으로서의 하나님의 말씀의 교훈을 수용하는 것을 의미한다. 우리는 우리 보기에 이치에 맞고 추구할만하며 도움이 되는 것뿐만 아니라 성경 전체의 모든 교훈을 다 수용해야 한다. 우리는 우리 자신의 이성을 진리의 궁극적인 표준으로 간주하는 것을 포기해야 하며 어린 아이와 같이 하나님의 이 권위 있는 말씀을 믿어야 한다.

(12) 성경 연구와 관련해서 기도는 무슨 역할을 하는가?

명백하게도 기도는 성경 연구와 관련하여 매우 중요한 역할을 한다. 만일 성경의 참된 이해가 성령 하나님의 조명하시는 사역에 좌우된다면 우리 마음과 지성에 조명하시는 이 성령의 사역이 더욱 계속 증가되기를 기도하는 것은 매우 당연한 일이다. 그러나 매우 슬프게도 성경 연구와 관련된 기도의 역할이 종종 오해되곤 했다. 우리는 종종 다음과 같이 말하는 사람이 있다는 것을 안다. "나는 이 본문에 대한 참된 해석을 기도의 응답으로 받았습니다." 우리는 성령께서 그 어떤 성경 본문의 참된 해석을 성경 연구의 시간 없이 기도의 응답이라는 이적적인 방법으로 우리에게 계시해주신다는 것을 기대해서는 안된다. 그것은 성경이 보증하는 것이 아니다. 기도는 사전이나 주석인 다른 참고문헌의 대체물이 아니다. 우리는 가능한 가장 최고의 도서들을 부지런히 사용하게 해달라고 기도해야 한다. 그리고 성령께서 그런 우리의 부지런한 사용을 통하여 우리를 축복하시고 참된 진리 가운데도 인도하시기를 기도해야 한다. 어떤 사람이 그것을 '기도 응답'으로 받았기 때문에 그 해석이 참되다고 주장하는 것은 매우 어리석은 일이다. 만일 그것이 진정으로 참된 것이라면 우리는 그것에 대한 상당한 이유를 제시할 수 있어야 하며 왜 다른 해석들이 그릇된 것인지를 밝혀야 한다. 명백하게도 미스터 김이 '기도응답'으로 받은 것은 미스터 박에게 아무런 영향을 끼치지 못할 것이다. 기도가 사고와 연구의 대체물이 된다면 그런 기도는 결코 하나님을 기쁘시게 하는 기도가 되지 못하는 법이다.

제158문 하나님의 말씀은 누가 설교할 수 있는가?

답 하나님의 말씀은 충분한 은사를 받았을 뿐만 아니라 정식으로 공인되어 이 직분에 부름을 받은 자만이 설교할 수 있는 것이다.

1) 관련성구

- **딤전 3:2, 6; 엡 4:8-11; 호 4:6; 말 2:7; 고후 3:6:** 하나님의 말씀을 공적으로 설교하는 자들은 성경이 제시하고 있는 특정한 자격을 갖추어야 한다.
- **14:15; 롬 10:15; 히 5:4; 고전 12:28-29; 딤전 3:10; 4:14; 5:22:** 하나님의 말씀은 정식으로 공인되어 이 직분에 부름을 받은 자들에 의해서만 공적으로 설교되어야 한다.

2) 해설

(1) 위의 질문은 특별히 어떤 종류의 말씀 설교를 취급하고 있는가?

그리스도의 교회에서의 공적 설교에 관한 것이다. 이것은 제156문의 대답에 있는 '공적으로 회중에게'라는 문구에서도 발견된다. 공적으로 임직 받은 목사가 아니거나 자격이 없는 자는 사적으로 또는 공적인 기회가 주어졌을 때 그리스도의 증인이 될 수는 있지만 교회 안에서의 공적인 말씀 선포로서의 설교는 그 사역을 위해 마땅히 구별된 자들에 의해 수행되어야만 할 것이다.

(2) 하나님의 말씀의 공적 설교는 왜 '충분한 은사를 받은 자들'에 의해 수행되어야 하는가?

말씀 설교가 대단히 중요한 사역이라는 것은 분명한 일이다. 이 일을 적절하게 수행하기 위해서는 마땅한 자격을 갖추는 것은 필수적인 일이다. 교회가 충분한 사역을 원한다면 영적 자격과 지적인 자격과 교육적인 자격을 요구해야 한다. 중생 받지 않았거나 일관성 없는 사역자는 하나님의 말씀을 다른 이들에게 설교함에 알맞은 자가 아니다. 그는 소경을 인도하는 소경이 될 뿐이다. 의롭게 생각하지 못하고 불건전한 논쟁의 오류를 지적하지 못하는 자는 그 자신이 그릇된 교훈에 빠지게 되며 다른 이들도 비탄에 빠지게 할 뿐이다. 적당하고 충분한 신학적 교육이 결핍된 자는 의로운 일을 행할 수 없으며 하나님의 말씀 선포라는 위대한 설교사역을 감당할 수 없고 오히려 균형을 잃어버리거나 한쪽으로 치우친 메시지를 설교하는 위험을 자초하게 될 것이다. 하나님께서 사람들을 목회 사역으로 소명하실 때, 그들이 그 사역을 올바르게 수행하기 위해 필요한 능력과 자격도 부여하실 것이다.

(3) 왜 우리 교회는 다른 개신교회와 마찬가지로 목회사역의 직무를 위해서 신학대학이나 신학교 교육을 요구하는가?

사역이 중대할수록 그 사역을 감당하는 자가 적절한 훈련을 받았는가 하는 것이 더 중대해지기 때문이다. 목회사역을 준비하기 위해 대학이나 신학교에서 7년을 공부하는 것은 시간낭비라고 생각하는 사람들이 있다. 오늘날의 많은 교단에서 이러한 요구조건을 완화시키고자 하는 압박이 있으며 그러한 교육조건을 갖추지 못한 자들에게도 목회사역을 허락하고자 하는 움직임이 있다. 어떤 이들은 대학의 과목인 철학이나 유럽 역사나 문학 등은 사역에 무가치한 것들이며 '영혼구원'에 있어서 시간낭비라고 생각한다. 이와 유사하게 '영어성경'에 대한 소강좌와 대중연설과 목회학과 같은 실제적인 주제들로 충분하며 히브리어나 헬라어나 교회사 그리고 조직신학과 같은 과목들을 공부하는 것은 시간낭비일 뿐이라고 생각하는 사람들도 있다.

지름길로 외과 의사 훈련을 받고 필요한 외과수술을 할 수 있는 자는 아무도 없다. 국가와 정부가 다른 사람의 생명과 죽음과 관련된 의료행위를 결정하는 자들에게 엄격하고 철저한 훈련을 시키고자 하는 것은 당연한 일이다. 그렇다면 사람의 영원한 운명을 결정짓는 복음사역은 훨씬 더 중요하며, 그 사역에 투신하고자 하는 자들에게는 훨씬 더 철저한 훈련이 필요한 것은 당연한 일이다. 의료계나 다른 전문직을 위한 훈련 기간과 비교해 볼 때 4년이라는 대학과정과 3년이라는 신학교 과정은 목회적 사역에 있어서 결코 긴 시간이 아니라는 것을 염두에 두어야 한다.

대학교육이 결핍된 목사는 그의 메시지를 전달하고자 하는 현대 세계를 이해하기 힘들 것이다. 철학과 역사와 다른 학문적인 주제들을 연구하는 것은 결코 시간낭비가 아니다. 오히려 이러한 연구는 현대사상의 배경을 제공하며 목회자로 하여금 하나님의 전체 경륜을 오늘날의 상황에 알맞게 살아있는 말씀으로 전달할 수 있게 해 준다. 마찬가지로 히브리어와 헬라어와 조직신학과 교회사를 공부하는 것은 전혀 시간을 낭비하는 일이 아니다. 이러한 공부는 목회자로 하여금 성경의 원어와 그 교훈에 대한 철저한 지식을 갖추게 하며 성경적이며 일관성 있고 통합적인 메시지를 설교할 수 있게 해 준다.

목회사역의 준비과정에 있어서 '이론적' 연구를 줄이고 '실천적' 과목을 늘리고자 하는 현대적 경향은 통탄할 만한 일이며 반드시 수정되어야 한다. 오늘날 미국에는 두 종류의 신학과 성경학교들이 있다. 하나는 학생들로 하여금 나가서 설교할 수 있을 정도의 특정한 지식과 재료만 가르치는 학교이다. 다른 하나는 학생의 손에 성경연구와 신학적 연구를 위한 도구들을 제공하고 그것들을 효과적으로 사용할 수 있게 도와주는 학교이다. 그렇게 되면 그는 나가서 설교하며 그의 재료는 죽을 때까지 결코 마르지 않게 될 것이다. 우리는 후자가 적절한 신학교육의 전형이며 목회사역에 있어서 가장 적당한 모범이라고 믿는다.

물론 전술한 내용이 결코 단 하나의 예외도 없다는 것을 의미하는 것으로 해석되어서는 안된다. 우리 주님의 제자들 가운데는 정식 교육을 많이 받지 못한 자들이 있었음에도 효과적인 말씀의 사역자가 되었음은 분명한 사실이다. 그러나 그들은 주님으로부터 3년 동안 개인적인 교육을 받는 그 무엇과도 바꿀 수 없는 특권을 누렸음을 기억해야만 한다. 하나님께서는 때때로 아주 적은 교육을 받은 자들을 목회사역으로 부르시는 경우가 있는데 이러한 예외적인 경우에 그들의 소명과 사명이 확실하다면 교회는 그들을 목회사역자로 임직하는 일을 주저해서는 안된다. 그러나 특별히 그러한 교육을 받을 정상적인 기회가 많은 오늘날에는 매우 드문 경우이다. 언제나 예외 조항이 규칙이 되어서는 안된다.

(4) "정식으로 공인되어 이 직분에 부름을 받는다"는 것은 무엇을 의미하는가?

목회사역에는 신적인 부르심이 있으며 교회의 소명이 있다. 우리는 언제나 목회사역이 직업이 아니라 직무임을 기억해야만 한다. 사람은 그가 변호사가 되기를 결심하듯이 또는 사업가가 되듯이 그렇게 목회자가 될 결심을 할 수는 없다. 그는 자신이 목회사역을 위하여 하나님으로부터 부르심을 받았다고 믿을 만한 특정한 이유를 가지고 있어야만 한다. 그러나 이것이 꿈이나 환상과 같은 특별계시가 하늘로부터 떨어짐을 의미하지는 않는다. 그것은 자신이 어느 정도의 필수적인 자격과 복음을 설교하고자 하는 진지한 욕구, 그리스도로 인하여 기꺼이 희생을 감수하고자 하는 마음 그리고 필요한 준비를 위해 노력하고자 하는 태도를 소유했다는 의식에 관한 것이다. 하나님께서 목회사역으로 부르시는 자들은 반드시 그 길로 부르실 것이다.

교회의 부르심은 무엇보다도 먼저 후보자 자신의 '마땅한 증명'과 그의 신앙적 확신, 일반적 능력, 그리고 학문적이며 신학적인 준비를 통해 하나님의 부르심을 인증하는 것으로 구성되어 있다. 이 '증명' 또는 '공인'은 여러 가지 단계로 나뉜다. 첫째, 후보자는 목회사역을 위한 학생으로서 장로회의 보살핌을 받는다. 그 후 부분적인 준비 이후 그에게 강도권을 부여한다. 그리고 마지막으로 완전한 교육과 준비 이후 교회의 청빙이나 선교부의 요청이 있을 경우 목회사역을 위한 목사로 임직하는 것이다.

교회의 공식적인 부르심은 회중으로부터의 그들의 목사가 되어 달라는 청빙이나 선교부나 다른 유형 교회의 기관으로부터 국내외의 선교 사역에 관계해 달라는 요청이나 다른 종류의 목회 사역에 헌신해 달라는 요청으로 구성된다. 모든 경우에 있어서 사람이 목회사역을 위한 임직을 받기 전에 그 교회 목회를 위한 또는 다른 특정한 분야의 사역에 대한 분명한 청빙이 선행되어야 한다.

(5) 사람이 목회사역을 시작하기 위해서는 왜 하나님과 교회로부터 공인되어야 하는가?

심지어 주 예수 그리스도께서 조차도 스스로 자신을 대제사장의 영광을 취하지 않으시고 아론이 그러했던 것처럼 하나님으로부터 부르심을 받았다(히 5:4-5). 오늘날 소위 프리랜서라고 불리는 많은 독립 설교자들과 선교사들이 있지만 이는 그릇된 경향이며 반드시 반대되어야 한다. 이러한 많은 독립 설교자와 선교사들 가운데는 실제로 하나님의 부르심을 받은 자들이 있을 수 있으며 그리스도와 그가 십자가에 못 박히신 것을 설교하는 선한 사역을 감당할 수도 있다. 그러나 바로 그것 때문에 그들의 태도와 관련해서 유형적 교회를 모욕하고 홀대하는 자들도 있다. 이런 행위는 결코 승인될 수 없는 것이다. 하나님의 부르심과 교회의 부르심은 서로 상충되지 않는다. 모든 참된 교회는 사람을 목회사역의 직무로 부르시고 훈련시키는 하나님의 도구이다. 더 우월한 경건을 주장하는 자들은 하나님의 부르심만으로 충분하기 때문에 교회의 부르심이나 안수식은 필요 없다고 말한다. 이렇게 유형 교회를 무시하는 것은 성경적이지 않으며 반드시 물리쳐야 한다.

제159문 설교하기로 부름을 받은 사람들은 하나님의 말씀을 어떻게 설교해야 할 것인가?

답 말씀의 사역에 부름을 받은 자들은 바른 교리를 가르치되 부지런히 때를 얻든지 못 얻든지 할 것이며, 사람의 지혜의 권하는 말로 하지 않고 오로지 성령의 나타남과 능력으로 할 것이며 …

1) 관련성구

- **딛 2:1, 8:** 말씀의 사역에 부름을 받은 자들은 바른 교리를 가르쳐야 할 의무가 있다.
- **행 18:25; 딤후 4:2:** 말씀의 사역에 부름을 받은 자들은 부지런하고 항상 가르쳐야 할 의무가 있다.
- **고전 14:19; 2:4:** 말씀 사역에 부름을 받은 사람은 사람의 지혜의 권하는 말로 하지 않고 오로지 성령의 나타남과 능력으로 설교해야 한다.

2) 해설

(1) '바른 교리'란 무엇인가?

바른 교리란 참된 교리 또는 성경에 계시된 진리에 입각한 교리를 의미한다.

(2) 바른 교리를 설교하는 것은 왜 중요한가?

바른 교리를 설교하는 것은 우리로 하여금 그리스도와 교제케 하고 그를 통하여 구원을 경험하게 해 주는 성경에 계시된 진리를 통해서만 가능하기 때문에 매우 중대하다. 청결한 음식과 순전한 약물이 우리 신체적 건강을 위해 필수적이라면, 순전한 영적 양식은 우리 생명과 우리 영혼의 영양분과 치유를 위해 훨씬 더 필요한 것이 아닐 수 없다!

(3) 목회자는 어떻게 바른 교리를 설교할 수 있는가?

바른 교리를 확실히 설교하는 유일한 길은 기록된 거룩하신 하나님의 말씀에 지속적인 충성을 보이는 것이며 그 참된 의미를 파악하기 위해 쉬지 않고 노력하는 것이다. 오직 계속적이며 사려 깊은 성경 연구만이 바른 교리와 참된 교리를 유지시키는 유일한 길이 될 것이다.

(4) 하나님의 말씀을 부지런히 가르치는 것은 왜 필요한 일인가?

하나님께서 명령하신 것은 반드시 부지런하게 수행해야만 한다. 말씀을 설교하는 것은 하나님께서 명령하신 일이요 영혼구원과 그의 나라의 확장을 위해 하나님께서 지정해놓으신 방편이다. 너무나 엄청나게 중대한 이 사역은 부지런함과 계속적인 진지한 노력을 통해 수행되어야 할 것이다.

(5) 바른 교리를 '때를 얻든지 못 얻든지' 가르치는 것은 무엇을 의미하는가?

이 표현은 말씀 설교가 교회의 공적 예배와 같은 공식적인 경우로만 제한되어서는 안되며 비공식적으로라도 기회가 된다면 언제나 전해야 한다는 것을 의미한다. 목회자는 교회의 정규적인 예배뿐만 아니라 언제나 진리의 증인이어야 한다.

(6) 하나님의 말씀을 '분명하게' 가르치는 것은 무엇을 의미하는가?

이것은 듣는 청중들에게 그 말씀의 의미를 명백하고 분명하게 설명하는 것을 말한다. 설교자는 이해하기 어려운 심원한 것을 목표해서는 안되며 그의 청중들에게 이해될만한 설교를 해야 한다. 듣는 청중들이 마음 상해할까봐 듣기에 거북하고 불쾌한 진리나 의무를 느슨하게 말하는 것은 그릇된 일이다. 그리스도의 사역자는 반드시 청중들이 듣든지 듣지 않든지 간에 진리를 명쾌하고 분명하게 전해야 한다. 그의 목표는 회중들을 즐겁게 하는 것이 아니라 하나님을 기쁘시게 하는 것이기 때문이다.

(7) 그들의 메시지의 효력을 위하여 목회자는 무엇을 의지해야 하는가?

그들은 '사람의 지혜나 권하는 말'이 아니라 '성령의 나타남과 능력'을 의지해야 한다. 즉 목회자는 웅변가로서 또는 대중 연설가로서의 그의 능력을 믿거나 메시지를 전파하는 자신의 방식의 심리학적 영향을 신뢰할 것이 아니라 성령께서 그 메시지에 복을 주사 그것들을 듣는 청중들의 마음에 적용시켜 주실 것을 의지하고 간구해야 한다. 목회자의 의지할 것은 심리학이나 '판매술'이 아니라 그의 설교에 동반되고 그 후에 일하시는 성령 하나님의 역사하심이 되어야만 한다. 그렇다고 해서 이것이 메시지가 흥미롭고 매력적인 방식으로 선포되어서는 안된다는 것을 의미하지는 않는다. 그것은 단지 그 메시지의 의존이 인간적 요소가 아니라 오직 신적인 것이어야 함을 의미하는 것이다.

제159문 (계속) 설교하기로 부름을 받은 사람들은 하나님의 말씀을 어떻게 설교해야 할 것인가?

답 말씀의 사역에 부름을 받은 자들은 … 충성스럽게 하나님의 모든 뜻을 알게 할 것이다. 설교자는 청중들의 필요와 이해능력에 적응시켜 열렬히 하나님과 그의 백성의 영혼에 대한 뜨거운 사랑으로 설교할 것이며, 성실히 하나님의 영광과 저들의 회개와 건덕과 구원을 목표로 삼고 할 것이다.

1) 관련성구

- **렘 23:28; 고전 4:1-2; 행 20:27:** 말씀 사역의 부르심을 받은 자는 신실하게 정직하게 그리고 충분히 설교해야 한다.
- **골 1:28; 딤후 2:15; 고전 3:2; 히 5:12-14; 눅 12:42:** 설교되는 말씀은 청중들의 필요와 이해능력에 따라 선포되어야 한다.
- **행 18:25; 고후 12:15; 5:13-14; 빌 1:15-17; 골 4:12:** 말씀 사역의 부르심을 받은 자는 열렬히 하나님과 그의 백성의 영혼에 대한 뜨거운 사랑으로 설교할 의무가 있다.
- **고후 2:17; 4:2; 12:19; 살전 2:4-6; 요 7:18; 고전 9:19-22; 엡 4:12; 딤전 4:16; 행 26:16-18:** 말씀 사역의 부르심을 받은 자는 성실히 하나님의 영광과 하나님의 백성들의 회개와 건덕과 구원을 목표로 삼고 설교해야 할 의무가 있다.

2) 해설

(1) 왜 설교자는 반드시 하나님의 말씀을 신실하고 정직하며 충분히 설교해야 하는가?

왜냐하면 그들이 취급하고 있는 이 메시지는 그들 자신의 것이 아니라 하나님의 메시지이기 때문이다. 목회자는 대사와도 같다. 따라서 그들은 자신에게 맡겨진 메시지를 길들이거나 각색할 권리가 없다. 그것은 정확하고도 충분히 전달되어야 한다.

(2) '하나님의 모든 뜻'이란 무엇인가?

사도바울의 말인 사도행전 20:27에서 인용된 이 표현은 계시된 하나님의 모든 진리와 뜻을 의미한다. 목회자들은 성령의 전체 진리를 설교해야 한다. 그들에게는 말씀을 제한하거나 변형하거나 부분적 메시지를 전달할 권리가 없다.

(3) 목회자는 어떻게 '하나님의 모든 뜻'을 설교해야 하는가?

물론 하나님의 모든 경륜을 한 번에 다 설교하는 것은 불가능한 일이다. 목회자들은 오직 한 설교에 하나님의 경륜의 적은 부분만을 선포할 수 있을 뿐이다. 한 번에 너무 많은 진리를 가르치려는 것은 청중들에게 혼란과 영적 소화불량을 낳을 뿐이다. 그러나 목회자들은 언제나 신적으로 계시된 진리 체계중 하나라도 누락시키지 않고 하나님께서 그의 말씀 안에 계시하신 모든 교훈을 가르치려고 목표해야 한다.

(4) 성경의 모든 진리들은 동일하게 중요한가?

그렇지 않다. 모든 성경은 다 동일하게 진리이지만 모든 부분이 다 동일하게 중요한 것은 아니다. 가장 중요한 것은 성경에서 가장 중요하게 강조되어 있는 부분이다. 목회자는 하나님의 모든 뜻을 다 설교하려고 목표해야 하지만 또한 오늘날 소홀히 여기고 부인되는 가장 중요한 진리나 교리를 가장 강조하기 위해 힘쓰고 애써야 한다. 목회자는 오락이나 취미 따위로 어떤 특정한 진리의 전문가가 되고 나머지 모든 진리를 소홀히 하는 죄를 범해서는 결코 안된다.

(5) 목회자가 만나게 되는 또는 반드시 피해야 하는 하나님의 모든 뜻으로부터 일탈하게 만드는 유혹은 무엇인가?

사람들이 '인기가 없는' 것으로 간주하는 성경 진리에 대해서는 아주 적게 말하거나 아예 침묵하는 것이며 사람들이 '좋아하는' 성경 진리에 대해서는 아주 강조하는 것이다. 따라서 목회자는 하나님의 사랑과 우리 이웃을 사랑하라는 예수님의 가르침이나 그와 같은 것에 대해서는 많이 설교하면서 죄나 사망이나 영원한 형벌에 대해서는 적게 말하거나 아예 말하지 않는 죄의 유혹에 빠진다. 목회자들은 그 말씀이 청중들의 기분을 상하게 할까 두려워서 하나님의 메시지를 약하게 조절시킬 권리가 없음을 명심해야 한다. 하나님의 종으로서 그들은 인간적 편견에 알맞게 하기 위해 말씀을 임의로 재단해서는 안되며 오직 성경의 전체 진리를 설교해야만 한다.

(6) 왜 목회자들은 설교할 때 '청중들의 필요와 이해능력'을 고려해야 하는가?

왜냐하면 만일 그들이 이 일에 실패한다면 그들의 설교는 많은 부분 무익하게 될 것이기 때문이다. 하나님의 진리는 언제나 동일하지만 각각 다른 부류의 사람들에게는 어느 정도 각각 다른 방식으로 전해야 한다. 해외 선교 지역에 있는 불신자들을 향한 설교의 방식이나 방법은 국내에 있는 동일한 교회의 성도들을 향한 설교와는 매우 달라야 하며 후자는 또한 미국에 있는 교회의 그리스도인들을 향한 설교와는 달라야 한다. 목회자는 하나님의 진리의 말씀으로부터 일탈하지 않으면서 그들의 청중들이 누구든지 그들이 설교의 의미를 '이해할 수 있는 방식'으로 설교하려고 노력해야 한다.

(7) 하나님의 말씀을 '열렬히' 설교하는 것은 무엇을 의미하는가?

이것은 반드시 감정적 흥분의 높이를 의미하지는 않으며 대요리문답이 묘사하는 바와 같이 '하나님과 그의 백성의 영혼에 대한 뜨거운 사랑'이라는 깊은 영적인 태도를 의미한다. 즉 그리스도의 사역자는 복음이 사소하거나 무관심한 문제가 아니라 인생에 있어서 가장 중요한 사안으로 여기며 전심을 다해 설교해야 한다. 목회자의 동기는 대중적인 인기나 박수가 되어서는 안되며 하나님을 향한 헌신과 그의 백성들의 영적 복지를 위한 열망이어야 한다.

(8) 하나님의 말씀을 '신실히' 설교하는 것은 무엇을 의미하는가?

이 단어는 외식이나 위선 없이 설교하는 것을 의미한다. 즉 그것은 말하는 자의 진정과 정직을 의미한다.

(9) 하나님의 말씀을 설교함에 있어서 가장 중요한 목표는 무엇이어야 하는가?

그것은 하나님의 영광뿐이다.

(10) 하나님의 말씀을 설교함에 있어서 2차적인 목표는 무엇이어야 하는가?

그것은 회심과 양육과 궁극적 구원이라는 하나님의 목적을 성취하는 것이다.

제160문 설교를 듣는 자들에게 요구되는 것은 무엇인가?

답 설교를 듣는 자들에게 요구되는 것은 부지런함과 기도함과 준비함으로, 설교 말씀을 따르며, 들은 바를 성경으로 살피며, 진리이며, 믿음과 사랑과 온유함과 준비된 마음으로 그것을 하나님의 말씀으로 마음에 받아들이며 묵상하고 참고하며 그들의 마음속에 숨겨두고 그들의 생활에 그 말씀의 열매가 맺혀야 하는 것이다.

1) 관련성구

- **잠 8:34; 벧전 2:1-2; 눅 8:18; 시 119:18; 엡 6:18-19:** 우리는 언제나 부지런함과 기도함과 준비함으로 복음 설교를 들어야 한다.
- **행 17:11:** 설교말씀을 언제나 성경으로 살펴야 한다.
- **히 4:2; 살후 2:10; 약 1:21; 행 17:11:** 말씀설교를 듣는 청중은 진리를 믿음과 사랑과 온유함으로 기꺼이 받아들여야 한다.
- **살전 2:13:** 진리의 말씀은 인간의 말이나 견해가 아니라 신적 권위가 있는 하나님의 말씀으로 받아들여야 한다.
- **눅 9:44; 히 2:1; 눅 24:14; 신 6:6-7; 말 3:16:** 설교를 듣는 자들은 그것을 묵상해야 한다.
- **잠 2:1; 시 119:11:** 말씀을 마음속에 숨겨 두어야 한다.
- **눅 8:15; 약 1:25:** 말씀은 생활에서 열매를 맺어야 한다.

2) 해설

(1) 복음 설교와 관련해서 우리의 첫째 의무가 무엇인가?

우리의 첫째 의무는 그것을 듣는 것이다. 이것은 신적 규례의 예배에 정규적으로 참석하는 것을 암시한다. 악이 횡행하고 많은 사람의 사랑이 식어가는 시대에는 많은 교인들이 교회의 예배 참석을 소홀히 한다. 어떤 이들은 자신이 다니는 교회의 예배에 절반만 참석해도 매우 잘하는 것이라고 생각한다. 우리는 어떻게 할 수 없는 특수한 상황을 제외하고서는 언제나 교회의 모든 정기적인 예배에 의식적으로 참석하기 위해 노력해야 한다. "모이기를 폐하는 어떤 사람들의 습관과 같이 하지 말고 오직 권하여 그날이 가까움을 볼수록 더욱 그리하자"(히 10:25).

(2) 정규적인 예배 참석이 복음 설교와 관련한 우리의 의무를 다 충족시키는가?

전혀 그렇지 않다. 정규적인 예배 참석은 가장 초보적인 단계일 뿐이다. 대요리문답은 복음 설교를 '들을 것'뿐만 아니라 그것을 어떻게 들어야 할 것도 제시하고 있다. 이 질문의 답은 설교말씀에 대한 그리스도인의 반응에 대한 높은 이상을 제시한다. 그러나 이 표준은 탁월하게 성경적 이상이다. 우리는 단지 안식일 날의 의무를 다하기 위해서 하나님의 예배의 집인 교회에 자리를 차지하고 앉아 있거나 하나님을 만족시키기 위해 예배를 드려주는 자세로 예배에 임해서는 안된다. 교회의 정규적인 예배에 참석하면서도 예배에 집중하지 않고 설교를 진지하게 새기지 않기 때문에 예배를 통해 아무런 유익도 얻지 못하는 일이 발생하는 것이다.

(3) 교회의 예배 시간에 우리가 특별히 피해야 할 모습은 어떤 것들인가?

우리는 예배시간에 늦거나 졸거나 수다를 떨거나 불필요하게 속삭이거나 예배와 전혀 상관없는 책이나 신문을 읽거나 세속적인 일을 생각하거나 다가오는 주의 사업을 구상하거나 예배에 집중하는 것을 방해하는 모든 행동이나 다른 모든 것들을 금해야 한다.

(4) 교회의 예배 시간에 습관적으로 자는 자들에게는 어떤 치유책이 필요한가?

예배 시간에 교인들이 졸거나 자는 것은 종종 설교자의 책임이라고 주장되어 왔다. 그러나 한 사람이나 두 사람만 졸고 나머지 모든 회중들은 깨어있는데 아무런 어려움을 느끼지 않는다면 그것은 설교자의 책임이 아닐 것이다. 교회 예배 시간에 잠을 자는 것은 건물의 빈약한 통풍체계 때문일 수도 있다. 교회 관리인이나 사찰 집사는 종종 이것을 간과할 때가 있다. 신선한 공기가 정신을 맑게 유지시키는데 필요한 일임을 설명할 필요가 있으며 며칠 동안 닫혀있던 예배당은 예배를 진행하기 전에 반드시 공기를 환기시켜야 한다. 교회에서 졸거나 자는 다른 경우는 토요일 날 늦은 밤까지 잠자리에 들지 않기 때문이다. 모든 의식 있는 그리스도인은 이런 일을 반드시 피해야 한다. 그러나 어떤 경우에 이것은 특별히 목회자의 책임이기도 하다. 그는 자신의 설교를 흥미롭게 만들어야 하며 회중의 관심을 집중시킬 수 있는 효과적인 방식으로 전달해야 한다.

(5) 설교말씀을 듣기 위해서 우리는 어떤 종류의 준비를 해야 하는가?

우리는 안식일 날 우리 마음이 하나님과 그의 말씀만을 전적으로 집중할 수 있도록 토요일 날에 꼭 필요한 일을 제외한 모든 일상 업무를 잘 정돈하고 마무리해야 한다. 우리는 하나님의 말씀을 받기 위해서 모든 세속적 업무를 간단히 처리해야 하며 마음으로부터 쾌락을 몰아내야 한다. 우리는 의식적으로 '일요신문' 읽는 것을 피하고 안식일 날 세속적인 라디오 방송을 듣는 것을 금해야 한다. 만일 교인들이 온갖 영화와 라디오와 야구와 정치와 사업과 다른 세속적 업무로 가득 차 있는 채로 교회에 온다면 그런 자들에게 효과적으로 설교할 수 있는 목사는 하나도 없을 것이다. 또한 그들의 마음이 안식일 날 오후나 저녁에 떠날 소풍이나 자동차 여행이나 다른 유흥으로 가득 차 있다면 결코 설교말씀에 주의를 기울일 수 없을 것이다. 우리가 진정으로 하나님을 기쁘시게 하고 그의 말씀으로부터 축복을 받기 원한다면 여호와의 날을 전적으로 하나님의 영광을 위해 신성하게 구별하여 지켜야 할 것이다.

(6) 말씀 설교와 관련해서 우리는 무엇을 기도해야 하는가?

우리는 목회자들이 성경을 진실하고 효과적으로 전달할 수 있도록 성령께서 목회자에게 영적 은사를 내려 주시기를 기도해야 한다. 우리는 또한 죄인들이 그리스도에게 돌아오며 성도들이 믿음과 경험 안에서 자랄 수 있도록 우리 자신과 다른 이들이 그 말씀을 받을 수 있는 성령의 은혜를 수여해 달라고 기도해야 한다.

(7) 그들의 목회자들이 무엇을 말하건 간에 다 믿고 수용하는 것은 그리스도인 된 자들의 의무인가?

절대로 그렇지 않다. 그들은 '그들이 듣는 것을 성경으로 상고'해야만 한다. 즉 그들은 메시지의 내용을 믿음과 행위의 정확 무오한 법도인 하나님의 말씀으로 조사하고 판단해야 한다. 그 어떤 설교자라도 그가 진정한 설교자라면 단지 자신이 진실을 말하고 있기 때문에 회중들이 그의 말을 다 수용해야 한다고 말하지는 않을 것이다. 그는 하나님께서 그것이 진리라고 말씀하시기 때문에 그리고 그것을 하나님의 말씀 안에서 발견하기 때문에 그것을 수용하라고 말할 것이다. 목회자는 하나님의 진리의 말씀을 설교해야 할뿐만 아니라 하나님의 말씀이 어디서 어떻게 그러한 진리들을 교훈하고 있는지도 보여주어야 한다. 회중들은 목회자의 권위 때문이 아니라 그의 말씀으로 역사하시는 하나님의 권위 때문에 진리를 믿어야 하는 것이다.

(8) 우리들에게 설교된 하나님의 진리에 대해 우리는 어떤 태도를 취해야 하는가?

우리는 '믿음과 사랑과 온유함과 준비된 마음으로 그것을 하나님의 말씀'으로 마음에 받아들여야 한다. 즉 우리는 반드시 진리를 향하여 고집스럽게 저항하는 태도가 아니라 수용적인 태도를 견지해야 한다는 것이다. 이러한 수용적인 태도는 사람의 마음과 지성에 역사하시는 성령 하나님의 특별한 사역을 통해서만 발생한다. 우리는 본성상 모두 진리에 대한 강퍅함과 편견을 지니고 있으며 진리를 거부하고 대적하는 경향이 있다. 많은 사람들이 실제로 그리스도에게 회심했을 때 그들 스스로 하나님의 진리에 대한 대적을 멈추고 온유하고 수용적인 태도로 바뀌었음을 증명한다. 어떤 고백적인 그리스도인들은 원죄나 전적 타락이나 무능력이나 예정이나 영원한 형벌과 같은 교리들에 대해 격렬한 분노감을 표시하기도 한다. 실상 이러한 교리들은 그들이 부인할 수 없을 정도로 성경이 명백하게 교훈하는 교리들이기 때문에 더욱 반대한다. 위에 언급한 교리들과 다른 모든 교리들에 관한 유일한 질문은 "그것들이 과연 성경적인 교리들인가?" 이어야 한다. 만일 이것들 모두가 성경이 교훈하는 진리이라면 모든 그리스도인 신자들의 문제를 해결해 줄 것이다. 우리가 이 교리를 좋아하거나 좋아하지 않는 것은 부적절한 진술이다. 우리는 하나님의 권위 때문에 우리가 그것을 좋아하든 싫어하든 관계없이 하나님의 말씀의 진리를 '즉시 마음으로' 받아들여야 한다.

(9) 우리는 왜 설교 말씀을 묵상하고 논의해야 하는가?

왜냐하면 그것은 오랜 시간 동안 진지한 생각을 통하여 우리 삶과 문제와 관련된 진리를 파악할 수 있기 때문이다. 우리는 이것을 다른 그리스도인들과 논의해야 한다. 이유는 그렇게 함을 통해서 그 메시지의 효과가 더욱 극대화되기 때문이다. 오늘날 신적 진리에 대한 그리스도인 사이의 대화는 소홀히 취급되고 있다. 우리는 대중들과의 관심사와 활동으로 인해 너무 분주한 나머지 다른 그리스도인들과의 영적 교제와 대화는 거의 나누지 못하고 있다. 오늘날 종교에 대해 논하기를 좋아하는 사람은 괴팍한 사람이나 '광신적인 사람'으로 간주되기 십상이다. 물론 항상 종교에 대해서만 말해야 한다고 느끼며 다른 모든 말들은 아무런 의미가 없다고 생각하는 사람들은 교회의 경책을 받게 될 것이다. "천하에 범사가 기한이 있고 모든 목적이 이룰 때가 있나니"(전 3:1). 신적 진리를 적당하고 유익하게 논의하는 것은 주의 백성들이 배양해야 할 덕목 가운데 하나이다.

(10) 왜 우리는 하나님의 말씀을 우리 마음 안에 숨겨야 하는가?

말씀을 마음 안에 숨긴다는 것은 그것 자체로 유익한 일이 되는 성경을 단순히 암송하는 것 그 이상을 의미한다. 그것은 성경 진리를 우리 마음 안에 보존시키고 계속 생각하며 그것을 우리 모든 삶의 국면에 관계해서 숙고하는 것이다. 이는 하나님의 진리의 말씀을 '한 귀로 듣고 한 귀로 흘려버리는 것'과 반대된다. 만일 우리가 진정으로 진리를 믿고 받아들인다면 그것은 우리 마음에 오래 남을 것이며 그 즉시 뿐 아니라 장래에도 그것으로부터 유익을 얻게 될 것이다. 그래서 우리는 하나님의 말씀을 우리 마음 안에 숨겨야 하는 것이다.

(11) 왜 우리는 삶을 통하여 하나님의 말씀의 열매를 맺어야 하는가?

왜냐하면 하나님의 말씀이 매우 실제적인 메시지이기 때문이다. 우리는 성경과 기독교 교리를 가지고 모든 종교적 주제에 대해 능수능란하게 변증했지만 그 자신과 자신의 가정의 경건의 능력에 대해서는 완전한 이방인이었던『천로역정』*Pilgrim's Progress*의 한 인물인 '수다'(Talkative)를 기억해야만 한다. "이러므로 그의 열매로 그들을 알리라"(마 7:20)는 주님의 말씀을 들어야 한다. 하나님의 말씀은 구원의 메시지이며 경건한 삶과 그리스도인의 자기 부인 또는 그리스도와 함께 못 박힌 자에 관한 메시지이다. 만일 어떤 이가 이런 진리에 대해 이방인이라면 그의 습관적인 설교말씀의 정송은 오직 심판의 날에 자신을 향한 정죄만 더 가중시킬 것이다.

제16과
성례의 사용

제161문 성례가 어떻게 구원의 유효한 방편이 되는가?

답 성례가 구원의 유효한 방편이 되는 것은 그들 자체 안에 있는 어떤 능력이라든지 혹은 그것을 거행하는 자의 경건이나 의도에서 나오는 어떤 효능으로 말미암는 것이 아니고 다만 성령의 역사와 그것을 제정하신 그리스도의 복 주심으로 말미암는 것이다.

1) 관련성구

- 벧전 3:21; 행 8:13; 행 8:23; 고전 3:6-7; 12:13: 성례의 효용성은 그것을 집례 하는 목사로부터 나오는 그 어떤 능력이나 내적인 권세로부터가 아니라 전적으로 성령의 역사와 그리스도의 축복에 달려 있다.

2) 해설

(1) 성례의 효용성에 대해 로마 가톨릭 교회는 무엇을 가르치는가?

로마 가톨릭 교회는 은혜가 성례 자체에 내재되어 있으며 이 성례를 받은 모든 자들에게 수여된다고 가르친다. 이 은혜는 능동적으로 거절하지 않는 모든 참여자에게 역사하는 효력을 수여한다고 전해진다. 어떤 사람은 하나님과 구원의 길에 대해 무지할 수도 있다. 어떤 이는 심지어 질병이나 사고로 인해 의식이 없을 수도 있다. 그러나 이런 경우에도 성례 그 자체가 그들에게 중생의 은혜를 베풀어 줄 것이라고 주장하는 것이다. 이러한 교훈에 의하면 믿음은 불필요하다. 믿든지 믿지 않든지 빨갛게 달구어진 철 그 자체가 사람을 태우듯이 성례 그 자체가 역사하기 때문이다(트렌트 공의회 제7차 회의, 법령 6, 8).

로마 가톨릭 교회는 또한 성례의 효용성이 성례를 집전하는 집전자의 비밀한 의도에 따라 좌우된다고 가르친다. 신부나 사제는 성례를 집전하고 말을 할 때 그의 마음에 교회가 하고자 하는 의도를 수행한다. 다른 말로 하면 이미 정해진 규칙서에 따라 말하고 행동한다 해도 사제가 그의 마음속에 성례를 통하여 은혜를 전달할 비밀한 의도가 없다면, 성례에 참여하는 모든 자들은 그 어떤 은혜도 받을 수 없으며 성례는 효력이 없으며 공허하게 된다는 것이다(트렌트 공의회, 제7차 회의, 법령 11). 만일 집례 하는 사제가 올바른 의도만 있다면 성례는 자동적으로 모든 참여자에게 은혜를 전달한다는 것이다.

(2) 성례는 그 자체로 어떤 능력이 있는가?

그렇지 않다. 우리 대요리문답은 성례가 그 자체의 능력으로 말미암아 구원의 방편에 있어서 효과적인 수단이 되지 않는다고 말함으로 로마 가톨릭 교회의 성례의 효용성에 대한 그릇된 견해를 올바로 배격하고 있다. 로마 가톨릭 교회의 견해는 허위이며 성경의 지지를 받지 못하는 견해이다. 사도행전 8:13, 23을 주의해보라. 마술사 시몬도 세례를 받았지만 조금 후 사도 베드로는 그에게 "너는 악독이 가득하며 불의에 매인 바 되었도다"라고 말했다. 만일 세례 그 자체가 자동적으로 중생을 수여해준다면 시몬은 그의 세례를 통하여 중생을 받았을 것이다. 그는 그리스도 예수 안에서 새로운 피조물이 되었을 것이다. 그러나 실상 그는 여전히 불의에 매인 바 된 인생이었을 뿐이다. 세례가 마술사 시몬에게 그 어떤 은혜도 수여하지 않았음은 자명하다. 성례 그 자체가 은혜를 베푼다는 착상은 구원에 있어서 믿음이 필요하다는 성경의 강조점과는 모순되는 것이다.

(3) 성례에 대한 이러한 잘못된 견해는 로마 가톨릭 교회에 한정되어 있는가?

그렇지 않다. 적지 않은 개신교회들도 성례의 효용성에 대해 오류를 보이고 있으며 비성경적인 견해를 지니고 있다. 그들의 죄를 전혀 회개한 적이 없고 예수 그리스도를 그들의 구주로 고백하는 분명한 믿음이 없는 자들에게 세례를 받거나 '성찬예식'에 참여하면 그것 자체로 어떤 영적 유익을 얻을 것이라고 부추기는 것이 그것이다. 어떤 이들은 성례에 참석하기만 하면 불의한 자도 죽을 때는 천국에 갈 것이라고까지 생각한다. 또 다른 이들은 '성찬에 참석'하면 죄를 어느 정도 경감받고 하나님 앞에 서게 해 줄 것이라는 순진한 생각을 하기도 한다. 세례 그 자체가 사람의 죄를 제거해준다는 개념은 잘 교육받지 못한 개신교인들에게서 흔히 발견되는 오류이다. 어떤 때는 기독교 신앙이 없으며 그리스도인답게 살지 않는 부모가 목사에게 그들의 자녀의 세례를 부탁하고는 거절당하면 성을 내는 경우가 있다. 우리는 성례 그 자체가 스스로 역사하지 않으며 예수 그리스도를 믿는 믿음이 없이는 아무런 효과가 없음을 늘 기억해야 할 것이다.

(4) 성례의 효용성이 목회자의 경건이나 도덕적 인격에 좌우되는가?

그렇지 않다. 이점에 있어서 로마 가톨릭 교회는 정통 개신교와 일치한다. 성례의 효용성의 타당성은 그것을 집례 하는 자의 경건과 영적 생활과 도덕적 인격에 좌우되지 않는다. 물론 모든 목회자들은 경건해야 하며 도덕적으로 책망할 것이 없을 정도로 거룩해야 한다. 그러나 목회자의 영적 상태가 성례의 효용성을 전복시키지는 못한다. 만일 목회자가 불경건하고 사악한 자로 판명된다면 그에게 세례를 받은 자들이 진정으로 세례 받은 것이 아니며 성찬에 참여한 자가 진정으로 성찬에 참여한 것이 아님을 의미하지는 않는다. 목사가 회심하지 않은 자라는 것은 정말 생각하기에도 끔찍한 것이다. 그러나 그것 자체가 그에 의해서 베풀어진 성례의 효용성을 제한하지는 못하는 것이다.

(5) 목회자의 의도가 성례의 효과를 결정하는가?

그렇지 않다. 성례가 그리스도의 제정의도에 알맞게 베풀어지기만 하면 목회자의 개인적 의도는 그 효용성에 아무런 영향을 끼치지 못한다. 회심하지 않은 자가 목회를 단순히 직업이나 생계의 수단으로 간주하는 그릇된 의도로 목회사역에 뛰어들어서 그리스도를 믿는 참된 믿음과 순종 때문이 아니라 교회가 제정한 규칙 때문에 성찬을 베푼다고 가정해 보라. 그러한 목회자는 삯군이며 진정한 그리스도의 종이 아니다. 그러한 자의 의도는 단순히 그의 직업에 따른 요구들을 지키는 것만 될 것이다. 그러한 자는 분명히 무가치한 자이며 그의 동기 또한 그릇될 것이다. 그럼에도 불구하고 그의 그릇된 의도가 성례의 효용성 또는 타당성에 영향을 끼치지는 못한다는 것을 분명히 해야 한다. 참된 회개와 그리스도를 믿는 믿음으로 성찬 예식에 참석한 자들은 목회자의 그릇된 의도와 동기에도 불구하고 성찬의 축복과 참된 유익을 얻을 것이다.

(6) 그렇다면 성례의 효용성을 좌우하는 것은 무엇인가?

성례의 효용성은 전적으로 성령 하나님의 역사와 성례를 친히 제정하신 그리스도의 축복에 좌우된다. 사람이 성례를 제정한 것이 아니라 주 예수 그리스도께서 은혜의 방편으로 제정하셨기 때문에 우리는 하나님께서 참된 믿음으로 그리스도께서 지정하신 성례에 참여하는 모든 사람들에게 그 성례와 더불어 성령 하나님의 은혜로우신 역사를 동반해 주실 것을 확신하는 것이다. 그리스도께서 보내신 성령은 그리스도의 것을 그의 백성에게 보여주신다. 성례를 통하여 성례와 함께 역사하시는 것이 바로 그의 목적이시다. 따라서 성례는 그 자체로 내적인 능력이 없지만 성령의 역사하심을 통하여 하나님의 자녀들에게 참된 은혜의 방편이 되는 것이다.

(7) 성례의 중요성을 경시하는 것은 가능한 일인가?

그렇다. 그리고 많은 이들이 그렇게 한다. 성례가 그 자체로 내적인 능력을 가지고 있다고 가르치는 로마 교회의 오류를 피하는 동시에 우리는 성례가 진정한 은혜의 방편이 아니라고 주장하는 또 다른 극단으로 가는 오류를 피해야 한다. 많은 사람들이 세례를 단순히 아이와 성인을 하나님께 헌신하는 교회의 의식으로 바라보았으며 성찬을 구속의 진리를 상징하고 그리스도를 기억하게 만드는 기념적 의식으로만 생각해 왔다. 이런 현상은 오늘날의 사람들에게서도 동일하게 발견된다. 성례에 대한 이러한 견해는 우리 교회의 신앙적 표준을 제시해주는 정통 칼빈주의나 개혁주의 신앙과는 모순되는 견해이다. 세례는 단순히 헌신적 의식만을 의미하지 않는다. 성찬은 상징적인 초상이나 기념예배가 아니다. 성례, 즉 세례와 성찬은 그 자체로 내재하는 능력이 없을지라도 하나님께서 제정하신 은혜의 방편이다.

제162문 성례란 무엇인가?

답 성례는 그리스도께서 자기 교회 안에 제정하신 거룩한 규례이니, 이 규례는 은혜의 언약 안에 있는 자들에게 주의 중보의 혜택을 표시하시고 인치시고 나타내시기 위한 것이며, 그들의 신앙과 다른 모든 은혜를 강화하고 더하게 하기 위한 것이며, 그들로 하여금 순종하게 하기 위한 것이며, 상호간에 사랑과 교통을 증거하고 소중히 기리며 그들을 은혜의 언약밖에 있는 자들과 구별하기 위한 것이다.

1) 관련성구
- 창 17:7, 10; 출 12; 마 28:19; 26:26-28: 성례는 그리스도께서 그의 교회 즉 하나님의 언약의 백성들에게 주신 거룩한 규례이다.
- 롬 4:11; 고전 11:24-25: 성례는 그리스도의 구속사역의 혜택을 표시하시고 인치시고 나타내시기 위한 것이다.
- 롬 15:8; 출 12:48: 성례는 세상을 위한 것이 아니라 은혜 언약 안에 있는 자들을 위한 것이다.
- 행 2:38; 고전 10:16: 그리스도의 중보의 혜택이 성례의 효력을 구성한다.
- 롬 4:11; 갈 3:27: 성례는 신자의 믿음과 다른 모든 은혜를 강화한다.
- 롬 6:3-4; 고전 10:21: 성례에 참석하는 것은 그리스도에게 순종하겠다는 서약의 표시이다.
- 엡 4:2-5; 고전 12:13: 성례는 그리스도인들 간의 연합의 끈이다.
- 엡 2:11-12; 창 34:14: 성례의 참석은 신자들에게 있어서 은혜 언약밖에 있는 자들과 구별시켜 준다.

2) 해설
(1) 소요리문답은 성례를 어떻게 정의하는가?
"성례란 가시적인 표식과 그리스도와 새 언약의 혜택들이 제시되어 있는 것으로서 그리스도에 의해 제정되어 신자에게 인치고 적용하는 거룩한 규례이다"(소요리문답 92번). 이 진술은 대요리문답의 정의보다 간략하며 성례의 정확한 정의에 대해 본질적인 것만 제시한다. 대요리문답의 답변은 더 상세하며 성례의 본질과 목적을 더욱 상세하게 묘사한다. 우리는 소요리문답의 진술을 다음과 같이 분석할 수 있을 것이다.

① 성례는 거룩한 규례이다. 그것은 '거룩한 규례들'이라 불리는 것에 속해 있다. 어떤 거룩한 규례들은 성례들이지만 다른 것들은 아닌 것도 있다. 그러나 모든 성례는 거룩한 규례이다.

② 성례는 그리스도께서 지상 생애를 사실 동안 그리스도에 의해 제정된 것이다. 따라서 결혼은 거룩한 규례이지만 그의 지상 생애동안 그리스도에

의해 제정된 것이 아니기 때문에 성례는 아니다. 그러나 세례와 성찬은
성례로 제정되었다. 따라서 그것들은 모두 성례가 된다.
③ 성례는 '가시적인 표식'의 사용과 관계되어 있다. 즉 물과 떡과 포도주와
같은 물질적 요소와 그것과 관계된 행위로 구성되어 있는 것이다.
④ 성례는 '가시적인 표식'과 함께 그리스도와 그의 구속을 제시하고 인치며
적용하는 목적을 지닌다.
⑤ 성례를 세상이 아니라 신자를 위한 것이다.

(2) 성례의 원어의 뜻은 무엇인가?

성례라는 단어는 성경에 나타나지 않는다. 이 단어는 보증이나 서약 또는 특별히 전쟁에서의 동맹을 의미하는 세크라멘툼(sacramentum)이라는 라틴어에서 연원되었다. 초대교회 시대에 이 세크라멘툼(sacramentum)이라는 라틴어는 신비를 의미하는 미스테리온(mysterion)이라는 헬라어를 번역하기 위해 사용되었다. 이 단어는 헬라어 성경에서 27회나 언급되었다. 제롬의 라틴역인 벌게이트(Vulgate)역본은 여덟 차례나 세크라멘툼으로 번역했다(엡 1:9; 3:3, 9; 5:32; 골 1:27; 딤전 3:16; 계 1:20; 17:7). 헬라어 미스테리온은 계시되기 전까지는 알려지지 않은 어떤 것을 의미한다. 따라서 이 단어는 세례와 성찬과 같은 기독교의 다양한 교리들과 규례들을 위해 사용되었으며 따라서 라틴어 세크라멘툼도 동일한 목적으로 사용되었다. 어떤 이들은 세크라멘툼이 성경에 나타나지 않는다는 이유로 이것을 반대하기도 했다. 그러나 이것은 매우 어리석은 행동이다. 예를 들면 삼위일체와 같이 우리가 일반적으로 사용하고 있는 많은 신앙적 용어들이 성경에 나타나지 않기 때문이다. 따라서 속성이나 무오성, 초자연성과 같은 단어들도 마찬가지이다. 이 단어들은 성경에 나타나지 않지만 그 의미는 언제든지 성경에 나타나 있으며 이 단어들은 그 의미 전달을 위해서 필요한 단어들이다. 우리는 성례라는 단어의 역사적 연구를 통해 성례가 무엇을 뜻하는지 찾을 수 없다. 그러나 우리는 성경에서 발견할 수 있는 특정한 규례들을 의미하는 단어로서 이 성례를 사용할 수 있다. 중요한 것은 우리가 성경에 있는 단어들만 사용해야 하는 것이 아니라 우리 마음속에 있는 의미가 하나님께서 그의 말씀 안에 의도하신 것이어야 한다는 사실에 있다.

(3) 어떤 백성들을 위해 성례를 제정하셨는가?

그의 교회, 즉 은혜 언약 안에 있는 하나님의 백성들을 위해서이다. 성례가 외면적 요소들과 행위들을 사용하는 것과 관계되어 있기 때문에 가견적 교회에 맡겨졌다. 우리는 항상 세례와 성찬이 교회적 규례임을 기억해야 한다. 이것들은 오직 하나님의 교회의 백성들만을 위해 제정되었다. 따라서 성례는 매우 특수한 상황만 제외하고서는 언제나 그리스도의 교회 밖에서는 결코 집례 되어서는 안된다. 세례와 성찬을 은혜 언약 밖에 있는 자들에게 베푸는 것은 그릇된 것이다. 세례와 성찬을 사적으로 베푸는 것은 비정상이며 반드시 피해야 한다. 교회 밖에서 그리스도인 단체나 일련의 사람들이 성찬을 하는 것도 그릇된 일이다. 성례는 가견적 교회에 속한 규례이기 때문이다. 이것은 결코 사적으로 준수하거나 기독교 단체나 일련의 사람들이 자원적으로 집례함으로 성례의 교회적 성격을 빼앗아서는 안된다. 성례는 오직 교회만을 위한 것이다.

(4) '표시한다'는 단어는 무엇을 의미하는가?

이와 관련해서 표시한다는 말은 무언가를 설명해주는 신호, 혹은 표지를 의미한다. 따라서 성례는 은혜 언약 안에 있는 자들을 향한 그리스도의 중보의 혜택을 표시한다. 성찬에 있어서 떡은 그리스도의 몸을 표시하고 포도주는 그의 피를 표시한다. 전체로서의 주의 만찬은 그리스도의 구속의 혜택에 대한 신자의 참여를 표시한다. 따라서 물질적 요소와 외적인 행위 안에 영적 실재가 표시되어 있는 것이다.

(5) '인치다'는 단어는 무엇을 의미하는가?

'인침'이라는 단어는 '담보하다', '보증하다' 또는 '법적으로 확증하다'라는 뜻으로 사용되었다. 대요리문답은 성례가 은혜 언약 안에 있는 자들에게 그리스도께서 자신의 중보의 혜택을 인치시기 위해서 제정되었다고 진술한다. 이것은 세례와 성찬 그 자체가 이 성례에 참여하는 자들에게 무언가를 확증해 줌을 의미하지 않고 성례가 참된 그리스도의 믿음 안에서 정당하게 시행된다면 '인치는' 기능 또는 그리스도의 구속의 혜택의 증명을 신적으로 보장해 줌을 의미한다. 참된 믿음으로 성례를 올바르게 사용하는 자는 그것들을 은혜 언약의 인침 즉 모든 언약의 성취에 대한 하나님의 보증으로 간주할 것이다.

(6) '나타낸다'는 단어는 무엇을 의미하는가?

우리는 자연스럽게 여기 '나타낸다'는 단어가 '보여준다' 또는 '진열하다'는 것을 의미한다고 추측할 것이다. 그러나 이것은 대요리문답이나 웨스트민스터 신앙고백서가 의미하는 바가 아니다(27장 3절; 28장 6절). 핫지(A. A. Hodge) 박사는 웨스트민스터 신앙고백서 주석에서 다음과 같이 말하고 있다. "여기 사용되고 있는 옛 영어 단어인 '나타낸다'는 이 단어는 '보여준다'는 것을 의미하지 않는다. 라틴어인 *exhibere*는 실행하다 적용하다는 것을 의미한다"(451p). 이 설명을 지지하기 위해 핫지 박사는 대요리문답이 "표시하며 인치며 나타낸다"고 말하고 있지만 소요리문답(92문답)은 "표시하며 인치고 적용한다"고 진술한다. 따라서 '나타낸다'는 것은 '적용한다'는 의미로 이해되어야 한다. 여기서 또 다시 우리는 '인침'의 경우와 같이 '적용함'도 참된 믿음과 함께 성례의 정당한 시행이 있는 곳에 존재한다는 것을 깨달아야 한다. 그리스도를 믿는 참된 믿음을 떠나서 성례는 그것을 받는 자들에게 그 어떤 영적 혜택도 적용하지 않는다.

(7) 성례는 그리스도의 혜택을 누구에게 표시하고 인치며 나타내는가?

'은혜의 언약 안에 있는 자들에게' 즉 예수 그리스도 안에 있는 신자들과 그들의 자녀들에게 표시하고 인치며 나타낸다.

(8) 그리스도의 중보의 혜택은 무엇인가?

이 혜택들에는 그리스도께서 그의 백성을 위하여 성취하신 모든 것과 앞으로 행하실 모든 일을 포함한다. 그것은 선지자, 제사장, 그리고 왕으로서의 그의 삼중직무 안에서 우리 구속자가 되시는 그리스도께서 행하신 모든 사역을 포함한다. 간단히 말하면 창세전에 이루어진 구원의 전 계획(엡 1:4)과 그의 택자들을 구속하시는 하나님의 섭리, 택자의 궁극적 영화 그리고 영광의 나라(롬 8:30)에서 누릴 영생을 의미한다. 이 모든 것들이 표시하며 인치고 적용되는 그리스도의 중보의 혜택 안에 포함되어 있는 것들이다.

(9) 신자의 생애에 있어서 성례가 수행하는 실제적 목적은 무엇인가?

성례는 '신자들의 신앙과 다른 모든 은혜를 강화하고 더하게' 하며 '순종하게' 한다. 말하자면 성례는 올바르게 시행되기만 하면 신자들의 모든 삶의 국면을 강화하고 세워준다는 것이다. 따라서 성례는 그들을 더 훌륭하고 일관성 있는 신자들로 만든다. 성례는 또한 하나님의 은혜 언약의 요구들을 기꺼이 순종하는데 동맹하게 해 준다.

(10) 인간 사회에 수행하는 성례의 기능은 무엇인가?

다른 용법들과 기능들 이외에 성례는 하나님의 백성들을 은혜 언약 밖에 있는 자들과 '구별'시켜주는 기능을 한다. 즉 성례는 하나님의 언약 백성이라는 표지와 휘장 또는 증거이다. 성례는 은혜 언약 안에 있는 자들을 일반적으로 세상에 있는 모든 자들과 구별시켜 주는 것이다. 세례는 교회 회원권의 표시이다. 세례 받은 자는 오랜 시간동안 은혜의 방편을 사용함에 있어서 게으르거나 악독한 죄로 말미암아 출교당하기 전까지는 그리스도의 교회의 구성원으로 간주된다. 이 세례의 기능은 오늘날 미국 개신교회에서 일반적으로 발생하고 있는 성례의 남용으로 말미암아 엄청나게 왜곡되어 왔다. 그들은 부모의 신앙 유무와 상관없이 또한 은혜 언약의 의무의 수용과 그에 따른 적절한 이해가 없는 부모를 둔 모든 유아들에게 세례를 베풀고 있다. 대부분의 미국 개신교회에 있어서 세례는 단순히 유아들에게 영적 이름을 부여하는 의식일 뿐이며, 유아들을 하나님께 애매하게 바치는 것으로 간주되어 왔다. 우리가 교회를 세상에서 구별시켜 주는 표식으로서의 세례를 말할 때 그것은 세례의 왜곡이나 근대 미국의 자유분방한 세례가 아니라 엄밀한 의미에서 성경이 말하며 우리 교회의 표준이 제시하고 있는 세례를 의미하는 것이다.

세례가 교회 회원권의 표시인 반면 주의 만찬은 교회원의 교통의 표지이다. 즉 예수 그리스도를 믿는 자원적이며 인격적인 신앙고백과 순종과 관계하는 교회원권을 의미한다. 세례와 마찬가지로 성찬의 참된 기능 역시 오늘날의 많은 교회에서 실행되고 있는 '공개 성찬식' 이라는 극단적인 형태로 인해 엄청나게 무호해졌다 공개 성찬식은 성찬 참여자로 하여금 그것을 받을지 말지를 결정하게 하며 실제적으로 참여하고자 하는 자들은 그들이 참된 복음적 교회에서 참된 믿음을 소유한 자인지 그렇지 않은 자인지 상관없이 누구나 참석할 수 있는 성찬식이다. 이러한 관례는 성찬이 의도하고 나타내고자 하는 교회와 세상의 구분을 파괴한다. 물론 '공개 성찬식'을 실행하는 모든 교회들이 이러한 극단적인 형태를 취하는 것은 아니다. 그들 중 어떤 교회들은 성찬식의 초청을 복음적 교단이나 교회에서 상당한 신앙을 소유한 자들로 제한한다. 그러나 이런 종류의 성찬식은 엄밀한 의미에서 '공개 성찬식'이라기보다 '제한된 성찬식'의 형태라고 보아야 할 것이다.

제163문 성례의 요소는 무엇인가?

답 성례의 요소는 둘이니, 하나는 그리스도 자신의 하심에 따라 사용되는 외부적이고 감지할 수 있는 표이다. 다른 하나는 이로서 표시되는 내적, 영적 은혜이다.

제164문 신약에서 그리스도께서 몇 가지 성례를 제정하셨는가?

답 신약에서 그리스도께서 그의 교회 안에 두 가지 성례만을 제정하셨으니, 곧 세례와 성찬이다.

1) 관련성구

- **마 3:11; 벧전 3:21; 롬 2:28-29:** 성례는 단순히 외부적인 표나 의식만이 아니라 내적인 영적 실재와 관계한다.
- **마 28:19; 고전 11:20, 23; 마 26:26-28:** 세례와 성찬은 유일하게 제정된 신약의 성례이다.

2) 해설

(1) '성례의 요소는 둘'이라는 말은 무엇을 의미하는가?

이 진술은 성례가 예수 그리스도 안에 있는 참된 믿음과 함께 올바르게 시행되기만 하면 그것은 외적이며 감지할 수 있는 표와 내적 영적 은혜라는 두 가지 요소와 관계한다. 성례를 예수 그리스도를 믿는 믿음과 상관없이 그릇되게 사용하는 자는 전혀 성례에 참여하는 자가 아니다. 그들은 외적인 형식 또는 성례의 의식에 참여할 뿐 영적 실재에 참여한 자는 아닌 것이다.

(2) '외부적이고 감지할 수 있는 표'는 무엇을 의미하는가?

'외부적인' 표란 외적이며 물질적 세계에 존재하는 표지를 의미한다. 그것은 신체적이며 화학적인 성질을 가지며 시간과 공간 안에 존재한다. 물과 떡과 포도주라는 성례의 요소와 그것에 동반되는 행위는 이러한 의미에 있어서 '외부적'이다.

'감지할 수 있는' 표란 시각과 미각과 감각으로 느낄 수 있는 표지를 뜻한다. 성례의 요소는 볼 수 있으며, 만질 수 있으며 맛볼 수 있다. 성례적 행위는 시야로 인식할 수 있는 행위이다. 그러므로 성례는 '감지할 수 있는' 표와 관계되어 있다.

(3) 성례의 외부적 요소에 있어서 물과 떡과 포도주와 같이 실제 필요한 재료적 요소 이외에 무엇이 더 필요한가?

이러한 재료적 요소 이외에 성례는 '그리스도 자신의 하심에 따라' 실행되어야 한다. 말하자면, 그리스도에 의해 성경에 지정된 방식으로 적절한 행동과 말을 통하여 그리스도께서 제정하신 정신에 알맞게 실행해야 한다는 것이다. 따라서 세례에 있어서 물은 세례 받는 자에게 적용되어야 한다. 그러나 이것만으로는 충분치 않다. 그것은 특별히 성부와 성자와 성령의 이름으로 즉 삼위 하나님의 이름으로 적용되어야 한다. 성찬의 경우 떡과 포도주를 성찬에 참여한 자들에게 돌리는 것만으로 충분하지 않다. 성찬의 요소를 진행하고 그것에 축사하며 떡을 떼고 떡을 나누어 주며 잔을 나누어 줌에 있어서 그리스도께서 지정하신 말씀을 선포해야 하는 것이다.

(4) '내적 영적 은혜'는 무엇을 의미하는가?

이 표현에 있어서 '내적'이란 '외부적인'이란 단어와 그리고 '영적'이란 '감지할 수 있는' 이라는 단어와 그리고 '은혜'란 '표'라는 단어와 대조되어 있다. 여기 은혜라는 단어는 신자를 위해 신자 안에 역사하시는 하나님의 구속사역을 의미한다. 이것은 또한 신자를 향한 하나님의 선물이기도 하다. 이 은혜는 외부적인 표와 대조된다. 은혜는 표가 의미하는 바이다. 은혜는 실체이며 표가 존재하는 이유이다. 외부적인 표는 은혜를 지시해주는 게시판과도 같다. 이 은혜는 물리적이며 물질적인 세계에서는 보이지 않고 마음과 영과 인격의 세계에서 보이기 때문에 내적이라고 불린다. 이것은 우리가 일반적으로 '영혼'이라 부르는 것 안에 존재한다. 이 은혜는 시각이나 미각이나 감각이나 청각과 같은 신체적 감각에 영향을 끼치지 않고 인간의 영혼에 영향을 끼치기 때문에 '영적'이라고 불린다. 이런 것은 육적인 감각이 아니라 영적으로라야 분변할 수 있는 것이다 (고전 2:9-16).

(5) '외부적이고 감지할 수 있는 표'와 '내적 영적 은혜'는 어떤 관계가 있는가?

"매 성례마다 그 표호와 그 표호에 의해 의미되는 것 사이에는 영적인 관계, 즉 성례전적인 상징적 연합이 있다. 그러기에 그 표호의 명칭들과 효과들은 그 표호에 의해 의미되는 것으로부터 나오게 되는 것이다"(웨스트민스터 신앙고백서 제27장 2절). 로마 가톨릭 교회는 성찬의 경우 적어도 표는 그것이 지시하는 것과 문자적으로 동일하다고 가르친다. 떡은 그리스도의 실제 몸이며 포도주는 그리스도의 실제 피라는 것이다. 심지어 몇몇 개신교회들 조차도 성찬 교리에 있어서 이러한 로마 가톨릭 교회의 접근법을 사용한다. 반면에 우리는 떡과 포도주가 그리스도의 살과 피를 대표한다고 믿는다. '외부적이며 감지할 수 있는 표'와 '내적이며 영적 은혜' 사이의 성례적 연합은 상징적이며 따라서 그리스도의 살과 피를 대표하는 것이다. 이러한 상징적 관계성 이외에 표와 은혜 사이의 도구적 관계성이 있다. 즉 말하자면 그리스도의 지정하심에 따라 외부적인 표가 참된 믿음과 함께 정당하게 시행되었을 때 그것이 의미하는 영적 은혜가 성례 참여자에게 실제로 전달되는 것이다. 하나님께서는 이 외부적인 표를 정당하게 시행하고 사용하는 자에게 성령을 통하여 은혜를 수여하신다. 따라서 우리는 이런 의미에서 외부적인 표와 은혜 사이의 도구적 관계성이 있음을 확증하는 것이다. 은혜는 성례 그 자체를 통해서가 아니라 성령 하나님을 통해서 전달되는 것이다. 성례가 신적으로 지정된 은혜의 방편인 만큼 성령께서는 이 성례를 정당하게 사용하는 곳마다 은혜를 베푸실 것이다.

(6) 신약에는 몇 가지의 성례가 있는가?

오직 두 가지, 즉 세례와 성찬만 있다. 이것들은 제162문답이 잘 진술하고 있는 것처럼 정확하고 성경적인 정의가 요구되는 것들이다. 즉 세례와 성찬이라는 이 두 가지의 신적 규례들은 그 자체로 다른 규례들이 소유하지 못한 특별한 성질을 가지고 있다는 말이다. 따라서 이것들은 다른 규례들과는 구별되는 것이며 '성례'라는 단어는 이 두 규례들에게만 한정되는 것이다. 제164문은 특별히 7성례 (세례성사, 견진성사, 성체성사, 고백성사, 주유성사, 영세성사, 종부성사)를 주장하는 로마 가톨릭 교리를 대적하고 있다. 이것들 가운데 일부분은 신적인 규례이긴 하지만 성례는 전혀 아니다. 심지어 다른 것들은 신적 규례들도 아니며 인간적 전통을 뿌리로 하고 있다. 그들이 주장하는 7성례 가운데 오직 두 가지 만이 성경적이며 신학적인 의미에서 성례로 간주될 수 있다.

제165문 세례란 무엇인가?

답 세례는 그리스도께서 성부와 성자와 성령의 이름으로 물로 씻는 신약의 한 성례이다. 이것은 그리스도 자신에게 접붙이고, 그의 피로 죄 사함을 받고, 그의 영으로 거듭나고, 양자가 되어 영생에 이르는 부활의 표와 인침이다. 이로서 세례 받은 당사자들은 엄숙히 유형적 교회에 가입하게 되어 전적으로 오직 주께만 속한다는 약속을 공개적으로 고백함으로 맺어지게 되는 것이다.

1) 관련성구

- 마 28:19: 세례는 그리스도께서 제정하신 것이다.
- 갈 3:27: 세례는 그리스도와의 연합의 표시이자 인침이다.
- 막 1:4; 계 1:5: 세례는 그리스도의 보혈로 말미암은 죄의 사면을 나타낸다.
- 딛 3:5; 엡 5:26: 세례는 거듭남 즉 새로 태어남을 나타낸다.
- 갈 3:26-27: 세례는 하나님의 가족으로 입양됨을 나타낸다.
- 고전 15:29; 롬 6:3-5: 세례는 영원한 생명으로의 부활을 상징한다.
- 고전 12:13: 세례는 엄숙히 유형적 교회에 가입하게 되는 공적 의식이다.
- 롬 8:4: 세례는 "전적으로 오직 주께만 속한다는 약속을 공개적으로 고백하는 것"이다.

2) 해설

(1) 세례는 어떤 행위로 구성되는가?

세례는 그리스도의 사역자가 물을 가지고 성부와 성자와 성령의 이름으로 씻는 신약의 성례이다.

(2) 세례의 적당한 형식은 무엇인가?

세례의 방법은 부차적인 문제이다. 즉 세례 시에 사용되는 물의 양이나 그것을 적용하는 방식은 성경에 지정되어 있지 않다. 교회 역사에 있어서 세례의 방식은 물 부음, 물 뿌림, 침수 등으로 구분되었다. 이러한 세 가지 방식 중에 어느 한 가지만이 확실한 세례의 시행법칙은 아니다. 신앙고백서는 이에 대해 다음과 같이 말한다. "세례 받는 사람을 물속에 반드시 잠기게 할 필요가 있는 것은 아니고, 그 사람 머리 위에 물을 붓거나 뿌려서 세례를 집행하여도 무방하다"(웨스트민스터 신앙고백서 제28장 2-3절). 단 필요하지 않은 때에도 침수를 하는 것은 그릇된 것이지만 신앙고백서가 침수 그 자체를 그릇된 것으로 보지 않는다는 것을 주목하는 것은 매우 중요한 일이다. 또한 신앙고백서는 세례의 유일한 방식으로 물 뿌림을 제시하지도 않는다. 다만 물을 붓거나 뿌려서 할 때 '정당하게 시행되어야' 한다는 것이다. 즉 침수와 더불어 물 부음이나 뿌림 등 어떤 방식을 채택하든지 간에 세례의 타당한 시행이 되는 것이다.

(3) 신약성경에서 '세례를 주다'라는 헬라어가 문자적으로 '침수시킴'을 의미한다는 것은 정확한 것인가?

결코 그렇지 않다. 신약적 용법에 있어서 헬라어 뱁타이조(baptizo)는 문자적으로 '씻다'를 의미하며 이는 마가복음 7:4과 누가복음 11:38에서 잘 나타나 있다. 이 두 구절의 본문에서 '침수'라는 의미는 전혀 나타나 있지 않다. 헬라어 명사는 뱁티스모스(baptismos)는 문자적으로 '씻음'을 의미하며 마가복음 7:4과 히브리서 9:10에서 명백하게 나타나 있다. 상을 침수시켜서 닦는다는 것은 어리석은 일이다. 그러나 마가복음 7:4의 헬라어 본문은 물을 뿌려서 상을 닦는 것을 말하고 있다. 뱁타이조와 뱁티스모스가 신약의 용법에 있어서 '침수하다' 그리고 '침수'를 의미한다는 침례교도의 확고한 주장은 이 단어들이 등장하는 신약의 본문들을 세심하게 연구한다면 결코 유효하지 못할 것이다.

(4) 세례의 본질적 의미는 무엇인가?

본질적으로 세례는 그리스도와의 연합을 의미하며 결과적으로 일반적인 의미에서 그리스도께서 그의 백성에게 가져오시는 모든 혜택들을 지시한다. 세례를 통하여 더욱 특별하고 직접적인 방법으로 오는 그리스도의 혜택들이 있다. 그것은 우리 죄를 씻음과 성령 하나님의 능력으로 말미암는 거듭남이다.

(5) 그리스도에게 '접붙임'은 무엇을 의미하는가?

이는 그리스도와의 생명적인 연합의 상태에 진입함을 의미한다. 이런 접붙임을 통하여 사람이 그리스도께서 머리가 되시는 영적 몸의 구성원이 되며 참된 포도나무의 가지가 된다. 그 결과 나무와의 생명적인 연합이 존재하며 그 나무로부터 영양분과 힘을 공급받는다. 이와 마찬가지로 신자가 그리스도에게 접붙이면 그와 함께 연합하여 살며 그리스도로부터 그의 영적 영양분과 힘을 공급받게 되는 것이다.

(6) 세례와 죄 용서는 어떤 관계가 있는가?

세례는 신자에게 그리스도의 보혈로 말미암아 그의 죄를 사면한다는 표와 인침이다. 일상생활에서 물로 더러운 것을 씻어내듯이 구원의 계획에 있어서도 그리스도의 피로 그의 백성의 죄를 씻는 것이다. 물론 이것은 비유적인 표현이다. 그리스도의 '피'는 피 흘려 죽으신 그의 사망을 의미한다. 성경이 그리스도의 피가 우리 죄를 씻는다고 말할 때는 언제나 하나님께서 그리스도의 속죄 사역을 근거로 우리 죄를 용서하시며 우리 마음을 거룩하게 하심을 의미한다. 이것들은 모두 영적 영역에서 발생하는 변화이다. 따라서 세례는 바로 이것들의 외부적인 표요 인침이다. 세례가 없이도 죄 용서가 있을 수 있다. 또한 세례를 받아도 죄 용서가 없는 경우가 있다. 그러나 세례가 정당하게 시행되기만 하면 그것은 언제나 인치는 것이며 따라서 죄의 사면과 관계한다.

(7) 세례와 거듭남의 관계는 무엇인가?

로마 가톨릭 교회와 일부 개신교회는 세례 그 자체가 중생과 거듭남을 수여한다고 주장한다. 그렇기 때문에 세례와 중생은 실질적으로 같으며 세례 받는 자는 누구든지 중생한다고 가르친다. 그러나 대다수의 개신교회는 이런 가르침을 그릇된 것으로 배격한다. 이것은 표와 그 표식이 의미하는 내용을 혼동함에 기인한다. 만일 세례가 중생의 표요 인침이라면 그것은 중생과 동일시될 수 없다. 디도서 3:5은 이러한 점에 있어서 적절한 구절이다. 본문에서 '씻음의 중생'

이라 하지 않고 '중생의 씻음'이라고 기록한 점을 주목하라. 이 둘은 엄청난 차이가 있는 표현이다. 우리는 씻음, 즉 세례를 통하여 중생되지 않고 거듭남인 중생을 통하여 씻는 것(영적 정화)이다.

(8) 세례가 어떻게 하나님의 가족으로 입양되는 표와 인침이 되는가?

갈라디아서 3:26-27은 이 질문에 대한 대답을 제공한다. 세례를 받는다는 것은 참된 의미에서 그리스도와의 연합과 그리고 그리스도를 믿는 믿음과 관계되어 있다. 그리스도를 믿는 믿음으로 신자는 하나님의 가족으로 입양된다. 따라서 세례는 양자의 표요 인침이 되는 것이다.

(9) 세례가 어떻게 영생으로의 부활의 표와 인침이 되는가?

대요리문답은 이 명제를 지지하기 위해 고린도전서 15:29과 로마서 6:3-5을 인용한다. 고린도전서 15:29은 매우 어려운 본문이며 명백하게도 죽은 자에게 세례를 베풀었던 고린도교회의 독단적 관습을 지칭한다. 본문은 이러한 관습을 인가하거나 찬성하지 않으며 단순히 그것이 당시 존재하고 있었음을 밝히고 있다. 따라서 사도 바울이 만일 부활이 없다면 그러한 세례 역시 전혀 의미가 없는 것이라고 말하는 것이다. 사도바울의 논증에 따라서 만일 몸의 부활이 없다면 사람의 세례는 무익하고 의미를 상실할 것이다. 따라서 세례는 영생을 향한 선택을 암시한다. 로마서 6:3-5은 특별히 세례와 부활 사상을 연계시킨다. 세례를 통하여 그리스도와 연합된 신자는 그의 부활의 때에도 그리스도와 연합될 것이다. 따라서 세례의 기본적 의미가 그리스도와 함께 한 장사와 부활이기 때문에 이 사실이 세례의 방식으로서의 침수를 요구한다고 주장하는 침례교도의 견해는 그 근거를 상실하게 된다. 로마서 6:3-5은 세례의 방식을 논의하지 않으며 그것과 아무런 상관이 없다. 이 본문의 논의하고 있는 주제는 세례가 아니라 성화이다. 세례는 성화를 지향하기 위해 논의되고 있다. 물론 세례를 통하여 죽음과 부활 안에서의 그리스도와의 연합이 제시되고 있으며 그것이 세례의 방식과는 아무런 상관이 없다는 것은 사실이다. 이것은 세례를 베푸는 행위가 침수를 통한 장사와 부활을 직접적으로 묘사하고 있지 않다는 것이다.

(10) 세례와 교회원권의 관계는 무엇인가?

대요리문답은 세례를 통하여 "세례 받는 당사자가 유형적 교회에 엄숙히 가입된다는 것"을 진술한다. 세례가 배지(badge)요 표요 휘장이라는 것은 명백한 일이다. 그러나 이러한 점과 관련해서 세례의 정확한 기능에 대한 질문이 제기된다. 그들이 교회의 회원이기 때문에 세례를 받아야 하는가? 아니면 그들이 세례를 받기 때문에 교회의 회원이 되는가? 대요리문답 제165문과 이와 유사한 진술인 웨스트민스터 신앙고백서(제28장 1절)는 그들이 세례를 받기 때문에 교회의 회원이 된다는 것을 암시한다. 그런데 웨스트민스터 표준문서들은 만장일치로 성례가 이미 교회의 회원된 자들을 위한 것이라고 교훈한다(대요리문답 제162문답; 웨스트민스터 신앙고백서 제27장 1절). 이점에 있어서 언제나 혼동이 있어 왔지만 사람들이 이미 교회의 회원이기 때문에 세례를 받는다는 것은 당연하며 이러한 주장은 개혁주의 신학에 관한 가장 탁월한 저자들이 견지하고 있는 견해이다. 어려운 문제는 '엄숙히'라는 단어에 놓여 있다. 이 단어는 대요리문답에서 '공개적으로' 라는 의미로 사용되었다. 말하자면 이미 그의 언약적 지위나 그리스도를 믿고 순종하는 개인적 믿음의 고백으로 인해 하나님 앞에서 유형적 교회의 회원이 된 자는 세례를 통하여 "공개적으로 회원으로 인식되며 엄숙히 유형적 교회에 가입하게 되는 것"이다. 세례를 통하여 일반적인 의미에서 세례 받은 자들이 공개적으로 유형적 교회의 회원이 될 뿐만 아니라 특정한 유형적 교회 회중의 회원이 된다는 것이다.

(11) 세례에 있어서 사람 편의 어떤 약속과 맹세가 관계되어 있는가?

그것은 "전적으로 오직 주께만 속한다는 약속을 공개적으로 고백"하는 것과 관계한다. 성인의 세례의 경우 이러한 맹세는 개인적으로 이루어진다. 유아들의 경우는 유아들의 대표자로서의 부모들에 의해 이루어진다. 세례가 하나님의 은혜뿐만 아니라 우리의 의무와도 관계된다는 사실은 충분히 강조되지 않고 있다. 우리는 언제나 세례가 하나님의 축복과 우리의 엄숙한 맹세와 관계한다는 사실을 기억해야만 한다.

제166문 누구에게 세례를 베풀게 되는가?
　답　그리스도를 믿는 믿음과 그에 대한 순종을 고백하는 자이다(유형적 교회 밖에 있어 약속의 언약에 외인인 자들에게는 세례를 베풀 수 없다). 그리스도를 믿는 신앙과 그를 향한 순종을 고백하는 양친 또는 그중 한 사람만 믿는 부모에게서 난 어린 아기들은 그 점에서 언약 안에 있으므로 세례를 베풀 수 있다.

1) 관련성구
- **행 2:38; 8:36-37:** 성인이 세례를 받으려면 그리스도를 믿는 개인적인 믿음의 고백이 요구된다.
- **창 17:7-9; 갈 3:9, 14; 골 2:11-12; 행 2:38-39; 롬 4:11-12:** 아브라함과 맺은 하나님의 언약은 그리스도 안에 있는 모든 신자들과 그들의 자녀들을 포함한다.
- **고전 7:14:** 다른 한 편의 부모가 불신자일지라도 그 다른 한 편 부모가 그리스도인이라면 그 자녀에게 '거룩한' 또는 언약적 지위를 수여하기에 충분하다.
- **마 28:19:** 모든 나라의 백성들이 세례를 받아야 한다.
- **눅 18:15-16:** 예수님에게 나아오는 모든 유아들은 그리스도께서 수여하시는 축복을 받아야 한다.
- **롬 11:16:** '거룩한' 지위 또는 언약의 지위는 '뿌리'가 가지에게 영향을 미치듯 부모로부터 자녀에게 전달된다.

2) 해설
(1) 어떤 부류의 사람들이 정당하게 세례를 받을 수 있는가?
오직 유형적 교회의 회원만이 정당하게 세례를 받을 수 있다.

(2) 유형적 교회를 구성하는 두 부류의 회원은 누구인가?
유형적 교회는 아래와 같은 두 부류의 사람들로 구성되어 있다.
① 그리스도를 향한 개인적 믿음의 고백과 순종을 보이는 자이다.

② 그들의 자녀 된 유아들, 즉 아직 개인적인 믿음의 고백을 하지 못한 그들의 자녀들이다.

(3) 성인의 나이에 있는 자 또는 책임 질 나이에 있는 자는 어떻게 유형적 교회의 회원이 되는가?

이전에 교회 밖에 있던 자가 그리스도를 믿고 그에게 순종하겠다는 공개적인 믿음을 고백함으로 교회의 회원이 될 수 있다. 이러한 고백을 함에 있어서 그들은 교회의 회원으로 간주되며 따라서 세례를 받고 그들의 이름이 성례가 시행되는 특정한 교회의 교인명부에 기록되는 것이다. 따라서 세례는 교회 회원의 공식적 승인의 표이며 회원으로서 그들에게 속한 특권이다.

(4) 그리스도인 부모를 둔 유아들은 어떻게 교회의 회원이 되는가?

한쪽 그리스도인 부모나 양편 그리스도인 부모를 둔 유아가 교회에서 출생하면 그는 미국에서 출생한 아이가 그 즉시 미국시민이 되는 것처럼 날 때부터 그 교회의 회원이 된다. 그들은 세례를 받음으로 회원이 되는 것이 아니다. 오히려 그들은 이미 태어날 때부터 이미 교회의 회원이 되었기 때문에 세례를 받는 것이다.

(5) 왜 그리스도인 부모를 둔 자녀들은 출생 시부터 교회의 회원이 되는가?

그들은 아브라함과 맺은 언약의 연속성에 있어서 그들의 부모와 맺으신 하나님의 언약으로 인해 태어날 때부터 교회의 회원이 된다. 그러나 그리스도인 부모를 둔 자녀들은 성장해서 그리스도를 향한 개인적인 믿음을 고백하고 그에게 순종하며 성찬에 참여하기 전까지는 교회원으로서의 모든 특권을 다 누리지 못한다.

(6) 유아 때 세례를 받은 청년 그리스도인들과 성도의 자녀들은 그들이 스스로 믿음을 고백하고 성찬에 참여할 때 교회의 회원으로 가입되는 것은 옳은 것인가?

그렇지 않다. 그가 이미 교회의 회원일 경우에는 다시 '가입'할 수 없는 것이다. 그리스도인 부모를 둔 자녀는 이미 태어날 때부터 교회의 회원이다. 그들이 받은 세례가 그것을 증거한다. 또한 위에 언급한 청년 그리스도인들이 '교회에 가입하는 것'은 그들이 전에는 교회의 회원이 아니었다는 것을 암시하기 때문에 그릇된 것이다. 그들의 경우 세례는 교회 회원권의 표가 아니다. 우리는 나이 21살이 되었을 때 미국에 '가입'하거나 미국 시민권자가 된다고 말하지 않는다. 그는 스스로 조국에 동맹하겠다는 표현을 할 수 없음에도 불구하고 이미 태어날 때부터 미국 시민이기 때문이다. 청년 그리스도인들이 '교회에 가입'한다고 말하는 일반적인 용법은 은혜 언약과 교회론과 세례라는 성경적 교리에 어긋난 표현이다. 교회 가입이라는 이 만연된 방식은 은연중에 우리 교회의 신앙적 표준에 제시되어 있으며 우리가 성경적이라고 믿는 은혜 언약신학과 배치되는 개인적이며 침례적인 신학을 드러낸다. 바로 여기에 모든 목회자들과 성도들이 은혜 언약의 교리를 심각하고도 진지하게 취급해야 할 책임이 있는 것이다.

(7) 모든 교회들이 그리스도인 부모를 둔 유아들은 반드시 세례 받아야 한다고 가르치는가?

그렇지 않다. 침례교회와 유사한 믿음을 고백하는 다른 교회들은 개인적인 믿음의 고백을 하는 자들에게만 세례를 받을 수 있다고 가르친다. 그러나 이런 믿음은 지상에 있는 소수의 교회들만이 견지해 왔다. 대부분의 고백적 그리스도인들은 유아 세례를 믿고 있다.

(8) 유아 세례를 반대하는 일반적인 이유는 무엇인가?

유아세례는 일반적으로 침례교회와 다른 이들에 의해 반대되었다. 그들이 반대하는 이유들은 다음과 같다.

① 신약 성경에 유아에게 세례를 주라는 명령이 없다.
② 성경에 유아에게 세례를 베푼 실례가 없다.
③ 유아들은 세례의 의미를 이해하지 못하며 따라서 세례는 그들에게 아무런 혜택도 주지 못한다.
④ 유아 때 세례를 받은 대부분의 아이들은 자라면서 불경해지고 명목적 그리스도인이 될 뿐이다.
⑤ 유아세례는 로마 가톨릭 교회의 미신일 뿐이다.

(9) 신약성경이 유아에게 세례를 주라는 명령을 하지 않고 있다는 주장에 대해 어떻게 답할 수 있는가?

우리는 그 어떤 명령도 필요하지 않다고 대답할 수 있다. 유아세례는 아브라함과 맺은 하나님의 언약에 근거해 있다. 구약시대에 유아들은 언약의 표(할례)를 받았다. 그러므로 그들은 신약시대에서의 동일한 언약의 표(세례)를 받는 것이다. 우리는 성경에서 유아에게 세례를 주라는 단정적인 명령을 찾으려 하지 않을 것이다. 오히려 우리는 만일 침례교의 입장이 옳은 것이라면 성경에 유아들에게 세례를 주지 말라는 단정적인 명령이 있어야 할 것이라 믿는다. 그러나 이런 명령은 없으며 있다면 오히려 구약의 관습을 변경하는 것이 될 것이다.

(10) 신약 성경에 유아 때 세례를 받은 실례가 하나도 없다는 것은 사실인가?

유아들이 세례를 받았다는 확실한 증명이 없으며 세례를 받지 않았다는 증명도 없는 것은 사실이다. 이와 마찬가지로 신약에서 여자들이 성찬에 참여했다는 단정적인 증명도 없다. 그러나 유아들이 세례를 받았다고 추정케 하는 적지 않은 신약 성경의 구절들이 있다. 예를 들면, 빌립보 간수는 자신이 "세례를 받고 그의 온 집도 세례"를 받았다(행 16:33). 바울은 '스데바나 집의 사람'에게 세례를 주었다(고전 1:6). '고넬료 일가와 가까운 친구들'이 세례를 받았다(행 10:24, 48). 우리가 이 모든 가정들에게는 유아들과 어린 아이들은 없고 오직 성인만 있었다고 단정할 수 있겠는가?

(11) 우리는 유아들이 세례의 의미를 이해하지 못하며, 따라서 세례는 그들에게 아무런 유익도 줄 수 없다는 주장에 대해 어떻게 답할 수 있는가?

예수님께서는 부모들의 요청에 따라 어린 아이들을 품에 안으시고 축복하셨다. 여기 헬라어 단어인 '아기들'은 8살이나 9살 난 어린이들을 의미하지 않는다. 이것이 세례는 아니지만 유아 세례의 문제와 관련되어 있다. 확실히 이 어린 아이들은 예수님이 누구시며 그가 무엇을 하시는지를 이해하기에는 너무 어렸다. 그럼에도 예수님께서는 그들을 품에 않고 축복하시는 일을 주저하지 않으셨다. 그 누가 이 일을 무익한 일이며 아이들에게 그 어떤 혜택도 가져오지 못할 일이라고 말할 수 있겠는가? 성경 다른 곳에서 부모들의 믿음이 아이들을 대표한 믿음으로 인정됨을 발견할 수 있다(막 9:24-27).

(12) 유아 때 세례를 받은 거의 모든 자들이 자라면서 불경해지고 단지 명목적 그리스도인이 되는가?

종종 이러한 주장이 제기되었지만 증명된 바는 하나도 없다. 이러한 주장을 입증할만한 그 어떤 정확한 통계도 발표된 적이 없다. 어린 나이에 세례를 받은 많은 사람들과 성인 때 세례를 받은 많은 사람들이 후일 동일하게 불경하게 되며 명목적 그리스도인이 되는 경우가 있다. 그렇다고 해서 유아 세례를 반대하는 교회가 그것을 실행하는 교회보다 더욱 순수하고 정결하다는 것이 증명된 적은 한 번도 없다. 더욱이 성인 때 세례를 받은 자들이 유아 때 세례를 받은 자들에 비해 훨씬 더 신실하며 견고한 신앙을 유지한다는 것이 증명된 적도 결코 없는 것이다.

(13) 유아 세례는 로마 가톨릭 교회의 미신적 행위인가?

물론 로마 가톨릭 교회가 유아세례를 시행한다는 사실이 유아세례를 그릇된 것으로 만들지는 못한다. 로마 가톨릭 교회는 역시 삼위일체 교리와 그리스도의 신성과 다른 많은 기독교의 진리를 수용한다. 우리는 단지 로마 가톨릭 교회가 그것들을 가르친다고 해서 그것들을 배격해서는 안된다. 실상 우리는 유아세례는 로마 가톨릭 교회의 오류와 미신적 행위의 발생 훨씬 이전부터 교회에 존재했었다는 것을 증명할 수 있다.

제167문 우리의 세례를 어떻게 잘 효용할 수 있는가?

답 필요하지만 소홀히 되어 있는 세례를 잘 사용하는 의무는 우리가 평생 동안 이행해야 할 것이다. 특별히 시험을 당할 때와 다른 사람들이 세례를 받고 있는 자리에 참석했을 때, 세례의 성질과 그리스도께서 그것을 제정하신 목적, 그것에 의해 우리에게 주어지고 보증된 특권 및 혜택, 그것에서 행한 엄숙한 서약 등을 심각히 또는 감사히 고찰함으로 가능하다. 우리의 죄악스런 더러움과 세례의 은혜 및 우리의 약속에 미급 또는 역행하는 것 때문에 겸손하여짐으로서, 그 성례 안에서 우리에게 보증된 죄사함과 다른 모든 축복에 대한 확신에 이르기까지 성숙함에 이른다. 우리는 세례를 받음으로 그리스도의 죽음과 부활로부터 힘을 얻어 죄를 억제하며 은혜를 소생시킴으로서 신앙으로 살기를 원하게 된다. 또 세례를 받음으로 그리스도께 자기의 이름을 바친 자로서 거룩함과 의로운 삶을 살기를 원하며 같은 성령으로 세례 받아 한 몸을 이룬 자들로서 형제의 사랑가운데 행하기를 노력하게 된다.

1) 관련성구

- **골 2:11-12; 롬 6:4, 6, 11:** 우리는 우리의 삶을 통하여 특별히 죄의 유혹을 받을 때 세례를 사용해야 한다.
- **롬 6:3-5:** 우리는 세례의 의미와 우리 삶을 위한 그 목적을 심각히 고찰해야 한다.
- **고전 1:11-13; 롬 6:2-3:** 우리는 세례의 목적과 우리의 맹세대로 살지 못한 것에 대해 겸손해야 한다.
- **롬 4:11-12; 베전 3:21:** 세례를 통해 인 쳐지는 축복의 실제적인 경험을 소유하는 것은 우리의 의무이다.
- **롬 6:3-5; 갈 3:26-27; 롬 6:22; 행 2:38:** 세례를 정당하게 사용하는 것은 그리스도를 완전히 신뢰하는 심각하고도 진지한 노력과 진정하고도 의로운 그리고 거룩한 생활과 관계한다.
- **고전 12:13, 25-27:** 세례를 사용하는 것은 우리가 모두 다 한 성령으로 세례를 받아 한 몸이 되었기 때문에 우리 동료 그리스도인들과 연합을 깨닫게 하며 형제 사랑으로 행하게 하는 것과 관계한다.

2) 해설

(1) '세례를 사용함'이란 무엇을 의미하는가?

우리의 세례를 '사용함'이란 그것을 우리 매일의 생활에 선한 목적으로 사용하는 것을 의미한다. 따라서 이것은 일상생활에서 그 의미를 경험하는 것이요 그 목적을 성취하는 것을 뜻한다. 세례는 성례요 교리요 그리스도인의 경험과 봉사를 증진시켜야 할 의무이다. 우리는 세례를 받음으로 성례를 받아야 한다. 교리를 믿고 이해해야 한다. 즉 성장하는 그리스도인답게 그 목적을 성취하기 위해 세례의 본질과 의미를 이해해야 한다는 것이다. 요리문답의 이 질문은 세례를 한 번 참석하고 그 후에는 잊어버리고 마는 단순한 종교적 의식으로 간주하는 모든 만연된 경향을 경계하기 위해 의도되었다. 이러한 경향은 대요리문답이 작성된 3백여 년 전에도 유행하고 있었다. 그것은 본 문답의 '필요하지만 소홀히 되어 있는 의무'란 문구에서도 잘 나타난다. 상황은 오늘날에도 동일하다.

(2) 세례의 효용성은 세례를 받을 그 당시에만 제한되는가?

절대 그렇지 않다. 세례는 죄로부터의 구원의 표요 인침이다. 그리고 그 효능은 죄가 남아있거나 죄의 영향력이 남아 있는 한 계속된다. 세례의 효용성이 세례를 베풀 때에만 국한되어 있다는 잘못된 개념은 신자의 유아들을 향한 세례를 반대하는 어떤 이들의 주장 때문에 그러하다. 세례가 암시하는 많은 것들 가운데 유아들이 경험할 수 없는 것들(회개와 믿음과 구원에 대한 의식적인 확신)이 많기에 어떤 이들은 유아 세례가 아무런 의미가 없다고 주장한다. 그러나 그것은 대단히 잘못된 것이다. 세례의 효용성은 세례 받은 이후부터 사람의 전 인생을 보호한다. 유아 때 세례를 받은 자들은 이러한 기독교의 경험을 심리적으로 느낄 수 있는 나이에 진입할 때 회개하고 믿고 구원의 확신을 얻으며 성화를 추구하게 되어 있다. 우리는 이 세상에 단 한번만 출생하지만 전 인생을 통하여 해마다 우리의 생일을 축하하는 파티를 가진다. 세례도 역시 단 한번만 받는다. 그러나 우리는 전 인생을 통하여 해마다 그 세례를 기억하고 그 의미를 경험하며 그 목적을 이루어내야 하는 것이다.

(3) 우리는 특별히 언제 세례를 사용해야 하는가?

우리가 유혹에 직면해 있을 때 세례를 사용해야 한다. 유혹의 때에 세례를 사용하는 것은 우리가 하나님의 언약 백성들임을 생각나게 하고 불경한 자와 세속적인 자들이 그렇게 하는 것처럼 죄와 타협하지 말고 하나님의 언약 백성답게 살 것을 상기시킨다. 또한 우리가 다른 이들이 세례 받는 자리에 참석하게 되면 세례의 의미와 그것과 관계된 맹세가 특별히 우리 마음과 지성에 살아 움직이는 실재가 된다. 그러한 경우 우리는 우리 역시 그들과 동일한 세례를 받았음을 상기하고 동일한 의미와 동일한 엄숙한 언약적 맹세를 지켜야 할 자들임을 기억해야만 한다.

(4) 세례를 사용함에 있어서 우리는 그 의무를 완전히 성취할 수 있는가?

그럴 수 없다. 가장 신실한 그리스도인이라 할지라도 생각에서 말로 행동으로 매일 매일 하나님의 계명을 어기며 산다. 그러므로 세례를 생각하며, 그것이 우리 삶에 어떤 의미가 있는지를 생각함에 있어서 우리는 항상 그 엄숙한 맹세대로 살지 못했던 지난 과거의 불신앙과 실패로 인해 겸손의 자세를 취해야 한다. 어떤 이들은 거룩을 추구하는데 열심을 보이지 않으면서도 세례 받은 것으로 만족하고 심지어 죽을 때 자신이 받은 세례가 자신을 천국으로 인도할 것이라고 믿는다. 그러나 이러한 태도는 그릇된 것이다. 우리가 세례의 의미를 더욱 상세히 이해하고 감사하기만 하면, 우리 마음속에 영적 만족은 더욱 크게 확장될 것이다. 그러나 그 대신 우리는 우리가 추구해야 할 의무에 한 없이 부족한 자신을 발견하기 때문에 진정한 겸손을 얻게 될 것이다.

(5) 대요리문답은 세례를 사용하는 어떤 방법을 명시하고 있는가?

대요리문답은 우리의 죄로 인해 우리를 겸손케 하고 구원의 확신을 증가시키며 죄를 억제하고 은혜를 소생케 하기 위해 그리스도로부터 힘을 공급받게 하는 몇 가지 그리스도인의 경험과 의무를 제시한다. 이러한 다양한 경험과 의무들은 하나님의 말씀의 교훈에 입각해서 신실하고 일관성 있는 그리스도인의 삶을 진지하게 살게 만든다. 세례가 죄로부터의 구원을 의미하기 때문에 세례를 사용하는 것은 실제 생활에서 죄로부터의 구원을 추구해야 함을 의미한다. 이것은 세례의 실재와 그 목적을 살아내는 것 그리고 효과적 소명과 칭의와 양자와 성화와 이생에서 그것으로부터 흘러나오는 많은 혜택들과 관계되어 있다. 말하자면 우리의 세례를 사용하는 것은 하나님의 말씀을 따라 하나님의 구원의 대로에 성실하게 행하는 것을 의미한다.

(6) 세례를 사용하는 것은 그리스도인의 연합에 관해 무엇을 암시하는가?

성령세례를 통해 모든 그리스도인들은 유형적 교회 안에서 세례를 받으며 공개적으로 그리스도의 유형적 교회의 회원으로 간주되고 인식된다. 이것은 동일한 세례와 동일한 몸의 지체에 참여하는 자들과의 연합과 형제 사랑을 촉진해야 할 의무를 암시한다. 우리는 모든 신실한 그리스도인과 함께 특별히 동일한 유형적 교회의 회원된 자들을 향한 연합과 사랑을 촉진시켜야 한다.

제168문 성찬이란 무엇인가?

답 성찬이란 예수 그리스도의 명하신 바를 따라 떡과 포도주를 주고받음으로서, 그의 죽음을 보여주는 신약의 성례이다. 성찬에 합당히 참여하는 자는 주의 살과 피를 먹고 마심으로 영적 영양이 되고 은혜로 자라는 것이며 주님과의 연합과 교통이 확고하여지고, 동일한 신비한 몸의 지체로서 하나님께 대한 감사와 약속 그리고 서로 사랑함과 사귐을 증거하고 그것을 새롭게 하는 것이다.

1) 관련성구

- **눅 22:20:** 성찬은 신약의 성례이다.
- **마 26:26-28; 고전 11:23-26:** 성찬은 그리스도께서 제정하심을 따라 떡과 포도주를 나누어 줌으로 구성된다.
- **고전 10:16:** 성찬의 올바른 사용은 신자와 그리스도간의 연합과 교통을 확증한다.
- **고전 11:24:** 성찬에 참여하는 것은 그의 은혜에 대해 하나님께 감사하는 것과 관계한다.
- **고전 10:14-16, 21:** 성찬은 하나님을 향한 우리 언약적 사랑의 맹세와 순정을 새롭게 하는 것과 관계한다.
- **고전 10:17:** 신자는 성찬에 참여함으로 신자로 하여금 그리스도의 영적 몸의 지체로서 성도 간에 서로 사랑하고 사귐을 증거하고 새롭게 해야 한다.

2) 해설

(1) '성찬이 신약의 성례'라는 말은 무엇을 의미하는가?

이 진술에 있어서 '신약'이란 구절은 책으로서의 신약 성경이나 신약 성경의 일부분을 지칭하는 말이 아니라 은혜 언약의 시대인 새 언약을 의미하는 말이다. 누가복음 22:20에서 이 단어를 번역한 헬라어는 일반적으로 신약적 용법에 따라 '언약'을 의미한다. 은혜 언약이란 하나님의 계획과 그의 백성들의 구원의 준비를 구성한다. 은혜 언약의 옛 시대는 모세로부터 그리스도 시대까지이며

'구약' 또는 '옛 언약'이라 불린다. 은혜 언약의 새로운 시대는 그리스도의 십자가부터 세상 끝날 까지 이며 보통 '신약' 또는 '새 언약'이라 불린다. 할례와 유월절은 '옛 언약' 또는 '구약'의 성례였다. 세례와 성찬은 '새 언약' 또는 '신약'의 성례이다.

(2) 성찬이 구성하는 것은 무엇인가?

성찬은 떡과 포도주를 예수 그리스도께서 명하신대로 나누어줌으로 구성된다. '그리스도께서 명하심'이란 무엇을 의미하는지는 다음 질문인 제169문답에서 설명해 놓았다. 성찬의 본질적 성격을 방해하지 않는 한 시간과 장소와 횟수와 같은 다양한 상황들이 있을 것이다. 그러나 그리스도께서 명하신 바와 같이 성찬의 본질적 요소는 변경되거나 생략되어서는 결코 안되는 것이다. 그리스도께서 명하신 그 명령으로부터의 어떤 일탈도 성만찬의 본질적 성격을 파괴하는 위험을 초래할 것이다. 로마 가톨릭 교회의 미사는 참여자가 떡만 받고 오직 신부들에게만 전용되는 포도주는 받지 못하기 때문에 진정한 의미에서 성찬이 아니다. 바로 이것이 그리스도께서 명하신 것으로부터의 중대한 일탈이다. 이와 마찬가지로 떡을 떼는 성례적 행위를 생략하는 것은 전술한 로마 가톨릭 교회의 관행보다는 덜 심각하지만 역시 그리스도의 명령으로부터의 일탈이다.

(3) 성찬의 본질적인 의미는 무엇인가?

성찬에는 예수 그리스도의 죽음이 명시되어 있다. 물론 이것은 성찬에 그리스도께서 그의 백성들을 대신하여 돌아가신 속죄의 교리가 표현되어 있다는 말이다. 우리는 성찬을 통해 그리스도의 속죄를 연출한다고 말할 수 있을 것이다. 이는 갈라디아서 3:1에 사도 바울이 갈라디아 그리스도인들에게 "예수 그리스도께서 십자가에 못 박히신 것이 너희 눈앞에 밝히 보이거늘"이라고 말씀하신 부분에 잘 나타나 있다. "이것은 너희를 위한 내 몸이니"; "이것은 많은 사람의 죄 용서를 위해 흘리는 나의 피니" 라고 말씀하신 우리 주님 자신의 말씀은 대속적 속죄 교리가 성찬의 기본 의미임을 명확하게 드러내고 있다. 물론 이것이 성찬이 의미하는 모든 것은 아니다. 그러나 이것이 성찬의 기본적 의미이며 이 기본적 진리가 없이는 다른 모든 것들이 그 의미를 상실할 것이다. 따라서 대속적 속죄 교리의 지식이 없는 자는 정당하게 성찬에 참여할 수 없다. 마찬가지로 그리스도의 대속적 속죄 교리를 교묘히 부정하는 현대 신학의 영향 아래 있는 자들은 정당하게 성찬에 참여할 수 없으며, 그렇게 하는 것은 신성모독이며 의미 없는 위선일 뿐이다. 순수하고 역사적인 의미에서 그리스도께서 우리 죄를 위하여 돌아가셨음을 믿지 않는 자들은 가장 중대한 진리를 거절하기 때문에 성찬에 참여할 권리가 전혀 없다.

(4) 성찬의 목적은 무엇인가?

간략히 말하자면 성찬의 목적은 주의 백성들의 영적 훈육에 있다. 이것은 성찬에 정당하게 참여하기만 하면 기독교적 믿음과 생활과 사역에 있어서 그리스도인을 강하게 하고 격려하며 영적으로 세워줄 것이다. 대요리문답은 성찬에 정당하게 참여하는 자가 받는 유익을 아래와 같이 더욱 자세히 설명한다.

① 그들의 구주이신 그리스도와의 영적 관계를 더욱 확증해준다.
② 하나님께 감사하며 순종하며 살겠다는 그들의 결심을 새롭게 하고 강화시켜 준다.
③ 동료 신자들을 향한 그들의 사랑과 교제를 증거하고 새롭게 해 준다.

따라서 성찬을 정당하게 사용하기만 하면 그리스도인은 그의 구주와 하나님과 형제들과의 관계를 더욱 강화시켜주고 일으켜 세워준다.

(5) 성찬과 그리스도의 재림은 어떤 관계에 있는가?

"너희가 이 떡을 먹으며 이 잔을 마실 때마다 주의 죽으심을 오실 때까지 전하는 것이니라"(고전 11:26). 성찬은 그리스도의 재림을 지시하고 있다. 그리스도인들이 성찬에 참여하는 것은 그리스도의 재림에 관한 믿음의 고백과 관계한다. 성찬은 인간 역사가 끊임없이 계속될 것을 말하지 않는다. 세상 역사는 그리스도의 재림과 함께 급작스럽게 종결될 것이다. 성찬은 기독교 역사에 관련한 의미로 충만하다. 이점에 있어서 성찬은 창조 시에 제정되어 영원을 통해 종결될 안식일과 대조를 이룬다(창 2:2-3; 히 4:1-10). 주의 성찬은 그리스도의 초림과 그의 재림 그리고 그의 십자가와 심판의 날의 간격을 연결해주는 다리이다. 주님의 죽음을 묘사함에 있어서 성찬은 우리를 갈보리로 인도한다. 또한

'오실 때까지' 라는 명령을 통해 성찬은 우리를 심판의 날로 인도한다. 성경에 의하면 역사의 세 가지 중요한 국면이 있다. 첫째는 우주의 창조요, 둘째는 그리스도의 십자가요, 셋째는 '여호와의 날' 즉 마지막 심판의 날 또는 그리스도의 재림이다. 죄와 구속이 발생하기 전에 제정된 안식일은 첫 번째와 세 번째 국면과 관계한다. 이것은 창조와 영원한 종결이라는 역사의 시간을 채운다. 그러나 구속 계획의 한 부분으로서의 인간의 타락 이후에 제정된 성찬은 십자가로부터 '위대한 백보좌'까지의 기독교 역사의 시간을 채운다.

제169문 성찬식을 통하여 그리스도께서 떡과 포도주를 어떻게 주고받으라고 명하셨는가?

답 그리스도께서 성찬의 성례를 거행함에 있어서 자기의 말씀의 사역자들을 명하여 말씀과 감사와 기도를 드리게 하고 성찬에 참여하는 자들에게 떡과 포도주를 나누어 주라고 하셨다. 수찬자들은 같은 결정에 의해서 그들을 위하여 그리스도께서 몸을 떼어 주시고 그 피를 흘려주신 것을 감사히 기억하면서 떡을 떼어먹고 포도주를 마시는 것이다.

1) 관련성구
- 고전 11:23-24; 마 26:26-28; 막 14:22-25; 눅 22:17-20: 성만찬이라는 성례는 예수 그리스도에 의해 제정되었다.

2) 해설

(1) 그리스도께서 제정하신 성만찬은 신약 성경 어디에서 발견되는가?

공관복음(마태, 마가, 누가복음)과 바울 사도가 기록한 고린도전서 11장에서 발견된다. 후자에는 성찬의 가장 상세한 설명이 기록되어 있다.

(2) 성찬을 시행함에 있어서 그리스도의 명하신 바를 정확히 따르는 것은 왜 중요한가?

교회의 머리되신 그리스도께서 바로 이것을 요구하기 때문이다. 교회는 그리스도의 것이며 그의 규례를 준행해야 하고 모든 일에 있어서 그의 뜻을 추구해야 한다(엡 5:23-24). 주의 성만찬은 주의 만찬이다. 따라서 교회는 그것을 수정할 권리가 없다. 성찬은 관습이나 전통에 의해 제정된 것이 아니라 주 예수 그리스도의 특별한 명령에 의해서 제정되었다. 따라서 교회는 그것을 수정할 권리가 없으며 그것에 가감할 권리가 전혀 없다.

(3) 그리스도께서는 누가 성찬을 시행하도록 지정하셨는가?

그리스도께서는 성찬의 시행을 '그의 말씀 사역자'에게 맡기셨다. 성경에 기록된 성찬 예식에 이런 설명이 진술되어 있지 않지만 다른 성경의 본문들은 유형적 교회의 사역과 예배를 임직 받은 감독관들이 해야 한다는 것을 증거하고 있다. 그리스도의 사역자는 "그리스도의 일군이요 하나님의 비밀을 맡은 자"라고 불린다(고전 4:1-2; 딛 1:7). '일군'이란 단어는 어떤 일의 수행이나 감독적 권한을 받은 공적인 사람을 뜻한다. 성례가 분명히 '하나님의 비밀'에 속한 일 가운데 하나이기 때문에 그리스도의 일군이요 사역자에게 맡겨진 것이다. 제사와 의식과 장막과 그 내용과 예배가 모두 다 제사장과 레위인 들에게 맡겨진 것으로 기록한 구약성경에서도 동일한 진리가 발견된다. 물론 모든 그리스도인 개인이 하나님의 제사장이지만 그럼에도 말씀 선포와 성례의 시행에 대한 공적인 책임에 관한 한 그리스도의 사역자는 신약의 제사장과 레위인이라 할 수 있다.

어떤 이들은 모든 그리스도인들이 세례와 성찬을 시행할 수 있다고 믿는다. 그러나 이것은 교회의 선한 질서와 배치된다. 교회는 유형적 몸이기 때문에 공적인 기능을 수행하기 위해서는 지도권이 필요하다. 훌륭한 질서는 이런 것들을 올바르게 수행할 수 있도록 정당하게 선택되고 검증되며 거룩한 사역을 위해 구별된 사람들의 손에 권위를 맡길 것을 요구한다. 바로 이것이 이어지는 구절의 고찰을 통해서도 예증되는 실제 그리스도의 뜻이기도 하다. "모든 것을 적당하게 하고 질서대로 하라"(고전 14:40)는 사도바울의 권면은 바울이 그 본문의 정황 속에서 관심을 갖고 있는 문제들뿐만 아니라 성례에도 적용되는 말이다.

(4) 성찬에 사용된 요소는 무엇인가?

성찬에 사용된 성례적 요소는 두 가지 즉 떡과 포도주이다. 이 요소들은 상징적 목적을 가진다. 떡은 그리스도의 몸을 포도주는 그리스도의 피를 표시한다. 따라서 떡과 포도주는 그리스도께서 베들레헴에서 아이로 태어나심으로 '육신이 되어 우리 가운데 거하셨을 때' 취하신 그리스도의 인성을 나타내준다(요 1:14).

(5) 성찬에 관계된 성례적 행위는 무엇인가?

성찬에 관계된 행위는 여섯 가지이다. 그것 중 네 가지(떡과 포도주 잔을 취하심, 축사하심, 떡을 떼심, 떡과 잔을 제자들에게 나누어 주심)는 예수님에 의해서 수행되었고 두 가지(떡과 잔을 받음, 떡을 먹고 포도주를 마심)는 제자들에 의해 수행되었다. 이 여섯 가지 성례적 행위는 그리스도의 속죄와 죄인이 그것을 믿음으로 받는 것을 묘사한다.

(6) 예수님에 의해서 수행된 네 가지 성례적 행위는 무엇을 의미하는가?

예수님에 의하여 그리고 그의 이름으로 사역자들에 의해 수행되는 성례의 네 가지 행위에 대한 의미는 다음과 같다.

① 그리스도는 유월절 만찬 석상에서 떡과 잔을 취하셨다. 이는 베들레헴이라는 이 세상에 출생하실 때 육체와 영혼이라는 인성을 취하셨음을 나타낸다.

② 그는 일반적인 식사가 아닌 특별한 종교적 목적으로 진열된 떡과 포도주를 축사하시거나 또는 감사기도를 올리셨다. 이러한 행위는 그의 나이 서른에 요단강에서 세례 요한에게 세례를 받으신 것처럼 인간의 구속자로서의 그의 특별한 사역을 위한 구세주의 구별을 의미한다. 예수님은 과거에 목수의 아들로 알려졌지만 이제는 그의 특별한 사역을 위해 구별된 분으로 인식되었다. 그때부터 예수님은 십자가에 못 박히실 때까지 특별한 구속사역을 위해 구별된 분이었다.

③ 그는 떡을 떼셨다. 이 행위는 그 자신의 몸이 십자가에 못 박히시고 로마 군병의 창에 의해 찢기실 것을 상징한다. 이 성례적 행위는 우리가 예수님의 교훈에 의해서가 아니라 그의 삶에 의해서 특별히 그의 십자가 죽음을 통해서 구원받는다는 사실을 상기시킨다.

④ 그는 떡과 잔을 제자들에게 주셨다. 이런 행위는 죄인들을 향한 하나님의 한이 없으신 은혜로 말미암는 그리스도의 선물(요 3:16)과 이 구세주의 신적 선물이 죄인들에게 공급되는 복음 설교를 상징한다.

(7) 제자들에 의해 수행된 두 가지 성례적 행위는 무엇을 의미하는가?

제자들과 오늘날 성찬 참여자들에 의해 수행되는 이러한 성례적 행위가 의미하는 바는 다음과 같다.

① 그들은 떡을 받았고 잔을 받았다. 이런 행위는 예수님을 믿음으로 말미암아 그를 자신의 구세주로 받아들임을 상징한다. 그리스도의 성육신과 세례와 속죄와 복음 설교는 반드시 죄인들 편에 있어서 예수 그리스도를 믿는 개인적 믿음을 양산한다. 구원을 위한 그리스도 안에서의 이 개인적 믿음이 떡을 받고 잔을 받음 안에 상징되어 있는 것이다.

② 그들은 떡을 먹고 포도주를 마셨다. 이는 영적 생명이 철저하게 그리스도에게 의존적임을 상징한다. 우리의 신체적 생명을 유지하기 위해서는 음식과 음료가 필수적이듯이 우리 영적 생명에 있어서도 그리스도가 필수적이라는 말이다. 그리스도 밖에서는 우리는 영적 생명을 소유할 수도 없으며 영적 건강을 유지할 수도 없다. 떡과 포도주에 참여하는 것은 그리스도를 향한 우리의 계속적인 의존성을 의미한다. 그것은 우리의 마지막 영광의 모습이 될 은혜 안에서 온전히 자라가기 위하여 성찬이 상징하고 있는 그리스도와의 영적 연합을 통해 이루어질 것이다(엡 4:13).

제170문 성찬에 합당하게 참여하는 사람들은 어떻게 그리스도의 살과 피를 먹는가?

답 그리스도의 몸과 피는 성찬 떡과 포도주 안에 함께 혹은 밑에 육체적으로 임재하지 않는다. 그러나 믿음으로 받는 자에게 영적으로 존재하는데 그것은 외적 감각에 의존되지 않는다. 그러므로 주의 성찬에 합당히 참여하는 자들은 육체적으로가 아니고 영적으로 그리스도의 살과 피를 먹고 마시는 것이다. 그러나 진실로 그들은 믿음으로 십자가에 달려 죽으신 그리스도와 그의 죽음에서 오는 모든 혜택을 받아 자신들에게 적용하는 것이다.

1) 관련성구

- **행 3:21:** 그리스도의 인성은 이제 천국에 있으며 세상 마지막 날까지 그곳에 머무르실 것이다. 따라서 그의 살과 피는 '신체적으로 또는 육적으로' 성찬의 떡과 포도주에 내재해 있지 않다.
- **마 26:26, 28:** 그리스도의 살과 피는 떡과 포도주가 그 외부적인 감각에 실재하듯이 성찬을 받은 참여자의 믿음에 영적으로 실재한다.
- **고전 11:24-29:** 성찬에 정당하게 참여하는 자는 그리스도의 살과 피를 먹는 자가 된다. 육체적 의미에서가 아니라 영적인 의미에서 참되고 진정하게 먹는 것이다.
- **고전 10:16:** 믿음으로 성찬에 정당하게 참여하는 자는 그리스도의 십자가와 그의 속죄의 모든 혜택들을 자신에게 적용시킨다.

2) 해설

(1) 성찬에 나타난 살과 피의 임재에 관한 원리는 무엇인가?

성찬에 나타난 살과 피의 임재에 대한 3가지 주요 원리가 있다. 첫째는 로마 가톨릭 교리, 둘째는 루터파 교리 그리고 마지막으로는 개혁주의 교리가 그것이다. 이 세 가지 원리 모두는 신자가 성찬 석상에서 그리스도의 살과 피를 받고 먹는다는 의미에서는 동일하다. 그러나 성례에 나타나는 그리스도의 임재와 신자가 그의 살과 피를 먹고 마시는 방식에 있어서는 각기 다르다.

(2) 성찬에 나타난 살과 피의 임재에 대한 로마 가톨릭 교회의 교리는 무엇인가?

로마 가톨릭 교회의 교리는 '화체설'이라고 불리는데 주후 1215년 제4차 후기공의회 때 공적으로 채택되었고 1545-63년도에 열린 트렌트 공의회 때 해설되었다. 그들이 권위 있게 해설한 내용은 다음과 같다. "빵과 포도주에 축성함으로써 우리 주 예수 그리스도의 몸이 전체적인 실체로 변화되고 포도주의 전체적인 실체는 그의 피로 변화된다. 이러한 변화를 거룩한 가톨릭교회에서는 정식으로 올바르게 화체라고 부른다. 주 예수 그리스도의 살과 피이신 거룩한 성찬 성례에 떡과 포도주가 실체적으로 남아있다고 말하거나 떡이 그의 살로 포도주가 그의 피로 변화되는 놀랍고도 기묘한 변화를 부인하고 단지 외면적인 떡과 포도주만 남아 있다고 말하는 자는 저주를 받을 것이다." 따라서 로마 가톨릭 교회는 떡과 포도주가 문자적인 그리스도의 살과 피로 기적적으로 바뀐다고 가르치는 것이다. 이러한 교리는 그리스도께서 죄인들의 죄의 구속을 새롭게 제공해 주시는 희생제사로 올려지는 로마 가톨릭 교회의 미사의 당연한 결론이다. 로마 가톨릭 요리문답서는 미사를 피 흘리지 않는 그리스도의 살과 피의 제사라고 부르며 실제로 피를 흘리지 않고 실제로 죽지 않음에도 불구하고 십자가와 같은 효력을 지닌다고 가르친다.

(3) 로마 가톨릭 교회의 화체 교리는 어떻게 그릇된 교리로 판명되는가?

핫지(A. A. Hodge) 박사는 그의 책 『신학요해』(Outlines of Theology)에서 로마 가톨릭 교리를 반대하기 위해 다음과 같은 핵심을 제시한다.

① 성경 언어 분석에 따르면 "이것은 내 몸이니"라는 한 문장 안에 있는 단어는 '대표한다', '표현한다' 라고 이해되어야 한다. 창세기 41:26-27; 출 12:11; 단 7:24; 계 1:20을 보라.

② 바울은 축사하신 이후에도 여전히 성찬의 한 요소인 '떡'을 말씀하고 있다. 고린도전서 10:16; 11:26-28을 보라.

③ 로마 가톨릭 교회조차 모든 성례에 표가 있으며 그 표가 의미하는 바가 있다는 원리를 견지한다. 화체설은 떡과 포도주가 그리스도의 문자적인 몸과 피로 변화한다고 말함으로 표와 그 표가 의미하는 바를 혼동하고 있으며 실제로 동일시하고 있는 것이다.

④ 만일 화체설이 사실이라면 그것은 우리가 더 이상 떡은 떡이며 살이 아니고 포도주는 포도주이며 피가 아니라고 말해주는 우리 감각의 증거를 믿지 못함을 의미할 것이다. 하나님께서 주신 신뢰할만한 이러한 감각에 반대되는 그 어떤 이적도 성경에는 기록되어 있지 않다.

⑤ 화체설은 또한 인간 이성에도 반대되는 것이다. 왜냐하면 화체설은 그리스도의 신체적 몸이 현재 전적으로 하늘에 계신데 지상의 많은 다른 장소에서 동일한 시간에 존재할 수 있다고 가르치기 때문이다. 또한 이것은 그리스도의 살과 피가 그 감각적 특성 없이 임재 한다고 주장하기 때문

에 이성과 배치된다. 그것은 마치 떡과 포도주의 감각적 특성이 그 떡과 포도주의 실체 없이 존재한다고 말하는 것과 같다. 특성이란 실체와 분리해서 존재할 수 없는 법이다.

⑥ 화체설은 미사를 희생제사로 간주하는 동시에 실질적으로 사람들의 믿음의 대상인 그리스도와 그의 사역을 사제와 그의 사역으로 대체하는 사제술의 반 기독교적 체계의 한 부분이다. 위에 언급한 이 모든 이유 때문에 화체설은 그릇되었으며 비성경적이고 종교적으로 위험한 교리가 아닐 수 없다.

(4) 성찬에 나타난 그리스도의 살과 피의 임재에 관한 역사적 루터파의 견해는 무엇인가?

종교개혁자 마틴 루터를 따라 정통 루터파는 '제단의 성례'가 "그리스도 자신이 제정하신 것으로써 우리 신자들이 먹고 마셔야 할 떡과 포도주 밑에 있는 주 예수 그리스도의 참된 살과 피"라고 교훈한다(루터의 소요리문답). 이것은 로마 가톨릭 교회의 화체설과는 사뭇 다른 견해이다. 왜냐하면 루터파 교리는 떡과 포도주가 실제로 그리스도의 살과 피로 변한다는 것을 부인하기 때문이다. 그러나 정통 루터파는 성례 밑에 그리스도의 참된 살과 피가 신체적으로 그리고 장소적으로 임한다고 믿는다. 이것은 영화롭게 된 그리스도의 몸의 편재성과 관련해 있다. 우리는 이러한 역사적 루터파 교리의 요소들이 잘못된 것이라고 믿으며 거의 로마 가톨릭 교회의 성찬 교리와 별 다를 바가 없다고 믿는다.

(5) 성찬에 나타난 그리스도의 살과 피의 임재에 관한 역사적 개혁주의의 견해는 무엇인가?

정통 개혁주의 교리는 대요리문답 제170문답에 잘 설명되어 있다. 이 교리는 성찬에 참여하는 참된 신자들이 '진실로 그리고 실제로', '그리스도의 살과 피를 신체적이고 육적인 의미에서가 아니라 영적 방식'으로 먹는 것임을 확증하고 있다. 개혁주의 교리는 성찬에 있어서 그리스도의 살과 피가 그 안에 또는 그 아래 '신체적이며 육적'으로 임재 해 있다는 것을 부정함으로 로마 가톨릭 교리와 루터파 교리 모두를 배격한다. 그럼에도 그리스도의 살과 피는 성찬의 요소의 외면적인 감각만큼이나 "성찬을 받는 참여자의 믿음 안에 참되게 그리고 실제 영적으로 임재"하는 것이다.

핫지 박사는 역사적 개혁주의 신경에 따라 이 교리를 다음과 같이 요약한다. "모든 개혁주의자들은 다음과 같은 점에 있어서 일치하고 동의한다. 첫째, 먹는 다는 것은 그 어떤 방식으로든지 입과 관계된 것이 아니다. 둘째, 그것을 받아먹고 마시는 것은 순전히 영적인 것이다. 셋째, 그것은 영혼의 손과 입을 통하여 즉 믿음으로 받고 마시는 것이다. 넷째, 그것은 성령의 권세로 말미암아 또는 통하여 받는 것이다. 그러나 이렇게 그리스도의 몸을 받는 것은 성찬에만 한정되어 있는 것이 아니다. 그 안에 믿음만 있으면 그것은 언제든지 발생하는 것이다."

(6) 만일 어떤 사람이 신자가 아님에도 성찬에 참여한다면 그는 그리스도의 살과 피를 먹고 마시는 것인가?

그렇지 않다. 그러한 자는 오직 그리스도와 그의 혜택을 받을 수 있는 믿음이 결핍된 자이다. 그러한 참여자는 오직 떡과 포도주만 받을 뿐이며 그러한 행위는 주제넘은 짓이며 죄악된 것이다.

(7) '주의 성찬에 합당하게 참여하는 것'은 무엇을 의미하는가?

우리는 '합당하게'라는 단어가 형용사가 아니라 부사라는 것을 명심해야 한다. 고린도전서 11:27에 기록된 사도바울의 말씀으로부터 인용된 이 부사는 성례 참여자의 인격을 의미하지 않고 성례에 참여하는 방식을 묘사한다. 이것은 성찬에 참여하는 사람이 반드시 합당해야 한다는 말이 이다. 모든 인류가 타락했고 오직 하나님의 무조건적인 자비하심으로만 구원받을 수 있기 때문에 성찬에 참여할만한 자격을 갖춘 자는 하나도 없다. 합당하다고 말하는 것은 은혜를 수여받는 것이라고 말하는 것과 같다. 만일 우리가 그것을 받을만한 자격이 있다면 그것은 은혜가 아니다. 만일 그것이 은혜라면 그것은 우리가 받을 자격이 없는 어떤 것이 된다. '합당하지 않게'라는 부사는 미국개정역(American Revised Version)에서 '합당하지 않은 방식'이라고 번역되었다. 이것은 아주 정확한 번역이다. 합당하지 않은 방식으로 성찬에 참여하는 것은 그리스도를 믿는 참된 믿음 없이 또는 마음속에 회개하지 않은 죄를 품고서 또는 성찬에 대한 적절한 이해나 지식 없이 성찬에 참여하는 것을 뜻한다.

우리는 또한 고린도전서 11:29에 '자기 죄'라고 번역된 단어가 영원한 형벌을 받을 죄를 의미하지 않는다는 것을 깨달아야 한다. 이 단어의 헬라어인 크리마(krima)라는 '심판'을 의미한다. 이 단어는 흠정역(the King James Version) 신약성경에서 13번이나 심판이라고 번역되었다. 미국개정역도 이것을 '심판'으로 번역했다. 이에 대한 하나님의 심판의 본질은 바로 다음 구절에 나타나 있다. "이러므로 너희 중에 약한 자와 병든 자가 많고 잠자는 자도 적지 아니하니"(고전 11:30). (*Blue Banner Faith and Life*, vol. 3 [April-June 1948], 92-93을 참조하라).

제171문 성찬의 성례를 받고자 하는 사람은 성찬에 참여하기 전에 어떠한 준비를 해야 하는가?

답 성찬의 성례를 받는 사람은 성찬에 참여하기 전에 이에 대한 준비를 해야 한다. 곧 먼저 자신이 그리스도 안에 있는가를 살펴야 한다. 자신의 죄와 부족을 느끼고 진리에 관하여 자신의 지식, 믿음, 회개를 살피고 하나님과 형제들에 대한 사랑과 모든 사람에 대한 사랑이 있는가를 살펴야 한다. 자기에게 잘못한 사람들을 용서하고 그리스도를 사모하는 마음과 새로운 순종을 다짐함으로서 은혜를 새롭게 받으며 같이 묵상하고 뜨겁게 기도함으로서 성찬 준비를 해야 할 것이다.

1) 관련성구

- **고전 11:28**: 성찬에 참여하기 전에 자기 자신을 살펴야 한다.
- **고후 13:5**: 그리스도인은 자기 자신의 믿음과 경험을 살펴야 한다.
- **고전 5:7; 출 12:15**: 성찬에 참여하기 전에 자기 죄에서 떠나야 한다.
- **고전 11:29; 고후 13:5; 마 26:28; 슥 12:10; 고전 11:31; 10:16-17; 행 2:46-47; 고전 5:8; 11:18; 마 5:23-24**: 성찬을 준비함에 있어서 진리에 관하여 자신의 지식, 믿음, 회개와 일관성 있는 그리스도인의 삶을 살펴야 한다.
- **사 55:1; 요 7:37; 고전 5:7-8; 11:24-28; 히 10:21-22, 24; 시 26:6; 대하 30:18-19; 마 26:26**: 그리스도를 사모하는 마음과 새로운 순종을 다짐함으로서 은혜를 새롭게 받으며 같이 묵상하고 뜨겁게 기도하고 있는지 살펴야 한다.

2) 해설

(1) 성찬에 참여하기 위해서는 왜 특별한 준비가 필요한가?

성찬의 중요성 때문이다. 즉 성례의 엄숙한 성격과 그것을 합당하지 않은 방식으로 취했을 경우 발생할 하나님의 심판의 위험 때문이다. 적절한 준비는 이러한 이유에서 뿐만 아니라 하나님의 명령 때문이기도 하다(고전 11:28). 이 명백한 명령 때문에 적절한 준비 없이 성찬에 참여하는 것은 확실히 그릇되고 죄악적인 것이다.

(2) 성찬을 위한 그러한 특별한 준비의 목적은 무엇인가?

이러한 특별한 준비의 목적은 우리가 성찬에 합당하게 참여하고 우리 믿음의 강화와 위로와 은혜 안에서 자라감과 여호와 하나님의 심판이나 징계를 받지 않게 하기 위함이다. 자기 자신을 살피는 목적은 우리 자신을 낙담시키거나 놀라게 해서 성찬석상을 떠나게 함이 아니다. 그것은 성찬에 올바르게 나아가게 하기 위함이며 그로 말미암아 축복을 받게 하기 위함이다. 고린도전서 11:28을 주의해 보라. "사람이 자기를 살피고 그 후에야 이 떡을 먹고 이 잔을 마실찌니." 사도바울은 "사람이 자기를 살피고 나서 떡을 먹는 것을 삼가라"고 말하지 않았다. 자기 자신을 살핀 결과는 회개와 죄의 고백, 구세주를 향한 새로워진 믿음과 사랑 그리고 성찬석상에서 그리스도의 축복을 받는 것이어야 한다. '성찬예식예배'는 우리의 영적 상태를 위한 보물 창고를 취하는 것이며, 하나님의 뜻에 배치되는 죄를 회개하고 버리며 하나님의 은혜로 하나님을 기쁘시게 하는 삶을 살겠다고 결심하게 하고 신적 표준으로 우리 자신을 살피게 하기 위해 하나님께서 지정하신 시간이다.

(3) 왜 교회는 성찬 예식을 거행하기 위한 특별한 예배를 드리는가? 그것의 목적은 무엇이며 이 예배는 그 목적을 성취하는가?

성찬 예식 전에 거행되는 특별예배는 고린도전서 11:28, 31에 기록된 하나님의 명령에 대한 순종이다. 모든 그리스도인 개인들은 자기 자신을 살펴서 스스로 개인적 준비를 해야 한다. 그러나 가장 크고 중요한 준비는 교회가 성찬이 시행되기 전에 특별한 예배를 드리는 것이다. 이러한 예배는 우리가 성찬을 합당하지 않게 참여함으로써 죄에 죄를 더하는 우를 범하지 않도록 우리 죄의 사악함과 하나님의 은혜의 필요성 그리고 진심어린 회개의 긴박성을 깨닫게 한다. 물론 이러한 예배가 항상 형식주의로 빠질 위험이 있지만 많은 이들은 이러한 예배가 그들에게 큰 축복이며 성령님의 능력으로 그들을 그리스도에게 더욱 가까이 가게 만드는 예배가 되었음을 증거한다. 이전에 개신교회에서 그렇게 은혜롭게 시행했던 이 예배를 오늘날 많은 교단들이 포기하고 있는 것은 영적 타락과 침체의 징조가 아닐 수 없다.

(4) 우리는 "자신이 성찬을 받기에 충분하지 않다"며 성찬 예식에 참여하지 않으려 하는 교인에게 어떤 말을 해 줄 수 있는가?

이러한 마음의 상태는 영적 노예의 비루한 상태를 나타낸다. 이는 구원의 율법주의적 견해(행위나 인격으로 말미암는 구원)의 결과인 동시에 고린도전서 11:29-32에 기록된 신적 심판에 대한 과도한 두려움의 결과이다. 이러한 상태에 있는 교인은 이 세상에 하나님의 구원과 축복을 받기에 '충분한' 인간은 단 한사람도 없으며, 성찬이 의미하는 모든 것은 하나도 예외가 없이 받을 자격이 없는 죄인들에게 베푸시는 하나님의 무조건적인 선물이라는 것을 이해시키기 위해 온유와 인내심을 가지고 훈육해야 한다. 그러한 자는 적절한 준비 이후에 그리스도 안에 있는 하나님의 은혜에 마음을 두고 주의 성찬에 참여하게 될 것이다. 이에 대해서는 다음 질문인 제172문의 논의를 참조하라.

때때로 어떤 사람이 자기 자신이 성찬을 받기에 '충분'치 못하다고 느낀다고 말하는 것은 단순히 죄 가운데 행하며 예수 그리스도와 주의 성찬을 심각하게 받아들일 의도가 없는 명목적 그리스도인의 핑계에 불과하다. 우리는 절대로 그렇게 육적인 상태에 있는 자가 성찬을 받도록 격려해서는 안된다. 왜냐하면 그러한 자가 성찬에 참여하게 되면 하나님의 심판을 유발시킬 위험에 처하게 될 것이기 때문이다. 그러한 자에게 필요한 것은 성령 하나님으로 말미암는 거듭남과 죄를 회개함과 그리스도를 자신의 유일한 구세주로 믿는 믿음이다. 오직 그런 연후에만 성찬에 참여토록 해야 한다.

우리가 이미 논의한 율법주의자와 명목적 그리스도인 이외에 병적으로 민감한 양심의 희생자로 묘사할 수 있는 참된 그리스도인들도 있다. 이러한 자들은 자신이 행위가 아니라 은혜로 구원받은 자임을 잘 알고 있는 자들이며 계속 죄 가운데 행하는 명목적 그리스도인과는 거리가 먼 자들이다. 그러나 의심과 양심의 가책으로 인해 그들은 성찬을 준비하는 예배를 기쁨으로 참석하지 못하고 고통스러워한다. 우리는 이러한 자들을 책망하거나 거칠게 비난할 것이 아니라 사랑과 위로로 돕는 노력을 아끼지 않아야 한다. 이러한 병적인 경향의 영혼들은 내적인 것 즉 자기 자신의 의심과 연약으로부터 외적인 것 즉 그리스도와 그의 구속으로 시선을 돌리게 만들어야 한다. 그들은 마치 존 번연의 『천로역정』 *Pilgrim's Progress*에 나오는 겁 많은 두려움 씨(Mr. Fearing)와도 같은 자들이다. 담대 씨(Mr. Greatheart)는 두려움 씨에 대해 "내가 생각하기로 그는 마음속에 절망의 구렁텅이를 가지고 다녔던 것 같아요. 그렇지 않고서야 그렇게 살 사람이 누가 있겠어요?" 두려움 씨는 언제나 자기 자신에 대해 비관적이다. 그럼에도 불구하고 그는 '자신 안에 신앙의 근본을 가진 자'이며 결국 승리의 개가를 부르며 "천성 문이 멀지 않으니 내가 나아가리라 내가 나아가리라"라고 외치면서 마지막 강을 건넜다. 이에 대해서도 다음 질문인 제172문의 논의를 참조하라.

(5) 성찬을 준비함에 있어서 가장 중요한 요소는 무엇인가?

죄의 회개와 동반되는 우리의 유일한 구세주로서 그리스도께서 십자가에 못 박혀 돌아가셨다는 것에 대한 우리의 개인적 믿음이다.

제172문 자신이 그리스도 안에 있는지 혹은 성찬에 합당한 준비가 되어 있는지 의심하는 자도 성찬식에 참여할 수 있을까?

답 자신이 그리스도 안에 있는지 혹은 성찬의 성례에 합당한 준비가 되어 있는지 의심하는 사람도 비록 그에 대한 확신이 아직 없을지라도 그리스도께 대한 진정한 관심을 가지고 있을 수 있다. 그런 관심의 결핍을 우려하고 그리스도 안에서 발견되며 죄악을 떠나고 싶어 하는 거짓 없는 소원이 있으면 하나님 보시기에 가납된 자이다. 그런 경우에 약하고 의심하는 신자들이라도 불신앙을 애통해하고 의심을 해결하려 노력해야 할 것이다. 그리함으로서 앞으로 더욱 더 영적으로 성장하기 위하여 성찬에 참여해도 좋을 뿐 아니라 참여할 의무가 있다.

1) **관련성구**
   - 사 50:10; 요일 5:13; 시 88:1-18; 77:1-12; 욘 2:4, 7: 확신은 구원의 본질이 아니다. 사람이 구원에 대해 확신하지 못하더라도 구원의 사실을 소유할 수 있다.
   - 사 54:7-10; 마 5:3-4; 시 31:22; 73:13, 22-23; 빌 3:8-9; 시 10:17; 42:1-2, 5, 11; 딤후 2:19; 사 50:10; 시 66:18-20: 자기 자신의 구원에 대해 지극히 관심이 있는 자 즉, 그리스도 안에서 발견되며 죄악을 떠나고 싶어 하는 거짓 없는 소원이 있는 자는 주관적인 확신이 부재하거나 약하다 할지라도 은혜의 상태에 있는 자이다.
   - 사 40:11, 29, 31; 마 11:28; 12:20; 26:28: 약하고 의심하는 신자들이라도 그들의 영적인 도움을 위해 하나님의 약속들과 성찬이 제공되어 있다.
   - 막 9:24; 행 2:37; 16:30; 롬 4:10; 고전 11:28: 자신의 구원에 대한 의심으로 고민하는 자와 성찬을 받기 위하여 적절한 준비를 하는 자는 자신의 영적 혜택을 얻기 위하여 성찬에 참여해야 한다.

2) **해설**

(1) 대요리문답의 이 질문은 어떤 부류의 사람들을 위한 것인가?

심약한 그리스도인들 즉 그들의 구원을 의심하거나 성례에 합당한 준비를 했는지에 대해 마음속에 의심이 있음으로 인해 성찬에 참여하기를 주저하는 자들이다. 이 질문은 그리스도를 믿지 않는 자들이나 외적으로 고백은 하지만 죄와 쉽게 타협하며 부주의하게 살아가는 사람을 대상으로 하지 않는다. 이 질문은 오직 그리스도를 믿으며 자신의 영혼의 구원에 대해 진지하지만 자신의 영적 상태에 대해 의심이 있는 자들의 영적 문제를 다룬다.

(2) 구원과 구원의 확신은 무엇이 다른가?

구원이란 하나님과 자신과의 관계에 관한 것이다. 구원의 확신이란 자신과 하나님과의 관계에 대한 그의 마음속에 있는 사람의 확실한 감정이다. 통속적인 근본주의를 지지하는 많은 성경 교사들은 만일 사람이 구원받는다면 반드시 그것을 알 것이며, 그리스도를 영접했음에도 구원의 확신이 결핍되어 있다면 그는 단순히 하나님의 말씀을 믿지 않은 것이라고 말함으로 이 두 가지를 혼동한다. 이러한 가르침은 지나치게 단순하고 오류가 있는 주장으로 무수한 정신적이며 영적인 고통을 초래한다. 확실하고도 단정적인 성경의 교훈에 따라서 대요리문답과 나머지 웨스트민스터 표준문서들은 한편으로는 구원 그 자체와 다른 한편으로는 구원의 정신적 확신 사이에는 특별한 구분이 있음을 가르치고 있다. 이 구분을 부인하거나 무시하는 것은 상당히 치명적인 신학적 오류의 문을 여는 것과도 같다.

구원과 구원의 확신 사이의 구분에 대한 더 상세한 설명은 대요리문답 제80-81문에 잘 나타나 있다. 간략하게 말하자면 어떤 것을 소유하는 것 그 자체와 그 소유물에 대한 그의 지식이나 확실성은 서로 다른 것이다. 어떤 사람이 은행에 백만 달러를 소유하고 있음에도 그것에 대해 모르거나 그 돈이 자신의 것인지를 확신하는 감정을 느끼지 못할 수도 있다. 이와 마찬가지로 어떤 사람이 성령의 권세와 능력으로 거듭났음에도 불구하고 이 영적 변화에 대한 확실성을 즐거워하지 못할 수도 있다. 성령의 사역은 우리의 의식보다 훨씬 깊은 사역이다. 사람이 한번 구원을 소유하면 그것은 영구하며 상실되지 않는다. 그러나 사람의 의식 속에 있는 그것에 대한 확신이나 확실성은 유혹이나 죄에 빠짐으로 또는 그것과 관계된 진리의 이해 부족으로 말미암아 종종 모호해지고 방해를 받는다.

이렇게 영적 의심과 사투하는 자를 '요한복음 3장 16절을 믿지 않는 자'라고 말함으로 비난하고 질책하는 것은 냉정하고 무자비한 처사일 뿐만 아니라 그러한 상태에 있는 자의 실제 문제의 본질에 대한 무지를 드러내는 것이다. 사람들이 오늘날 보증과 확신의 문제점들을 연구한 증거를 제시하거나 그 역사에 대해 잘 알지도 못하면서 이 구원의 확신이란 주제에 대해 얼마나 교리적으로 자신만만하게 글을 쓰는지 놀라울 정도이다. 구원과 보증이 분리될 수 없다고 믿는 어떤 성경 교사들은 찰스 핫지(Charles Hodge)의 조직신학과 같은 정통 개혁주의 작품들을 읽고 연구해야 할 것이다. 이 주제는 'A. B. C.'와 같이 단순한' 문제가 결코 아니기 때문이다.

(3) 왜 구원의 확신이 결핍되어 있는 자에게 성찬에 참여함을 금하지 않아야 하는가?

우리는 확신으로가 아니라 우리의 구속자가 되시는 그리스도를 믿는 믿음으로 구원받기 때문이다. 즉 말하자면 우리는 우리가 구원받는 것을 믿음으로 구원받는 것이 아니라 "그리스도를 믿는 믿음 안에서 구원받는 것이다." 우리가 구원받는다는 것을 믿는 것은 가능하며 좋은 일이다. 그러나 더욱 중요한 일은 예수 그리스도를 우리 구세주로 믿는 것이다. 자신을 타락한 죄인으로 고백하고 그리스도를 그의 유일한 구속자로 신실하게 믿기를 원하며, 악으로부터 떠나고자 하는 자는 진실한 그리스도인이다. 따라서 그의 구원이나 또는 성례를 위한 그의 적절한 준비에 대해 어느 정도의 의심이 있다 하더라도 그는 반드시 성찬에 참여해야 한다.

이스라엘 백성들이 애굽에서 유월절을 지켰을 때, 양을 잡아 그 피로 문설주에 바른 모든 가정은 애굽의 모든 초태생을 죽음으로 몰고 갔던 재앙으로부터 보호를 받았다. 두 가정이 바로 옆집에 살았다고 생각해보자. 두 가정 모두 양을 잡아 그 피로 문설주에 발랐다. 한 가정은 파괴적인 재앙으로부터의 안전할 것을 확신하고 즐거워했다. 반면 다른 한 가정은 그들이 정말 재앙으로부터 살아남을 수 있을지 의문을 던지고 걱정함으로 그 의심과 걱정으로 말미암아 고통을 당했다. 이 두 가정 가운데 어느 가정이 보호를 받았겠는가? 한 가정은 확신했고 다른 가정은 의심했음에도 정답은 두 가정 모두 보호를 받았다는 것이다. 지금 하나님께서는 "내가 사람들이 의심하지 않고 걱정하지 않는 집을 볼 때에 너희를 넘어가리니"라고 말씀하지 않으셨다. 하나님께서 하신 말씀은 "내가 그 피를 볼 때에 너희를 넘어가리니 재앙이 너희에게 내려 멸하지 아니하리라"였다(출 12:13). 자신의 믿음을 그 피에 두는 자는 어떤 의심이 있다 하더라도 하나님 앞에서 구원을 받으며 하나님의 언약 백성에 속하며 반드시 성찬에 참여해야 할 자가 되는 것이다.

(4) 심약한 그리스도인은 어떻게 성찬을 준비해야 하는가?

모든 그리스도인이 성찬에 참여하기 전에 반드시 해야 할 자기를 살피는 일 이외에 심약한 그리스도인은 반드시 "자신의 불신앙을 슬퍼하며, 그의 의심을 해결하기 위해 노력"해야 한다. 그런 연후에 축복을 기대하면서 성찬에 참여해야 한다. 확신이나 보증의 결핍은 너그럽게 보아 넘길 문제가 아니다. 우리는 항상 우리의 개인적 구원의 의식적인 확신을 얻고 유지하기 위해 노력해야 한다. 의심은 잠시 동안 피할 수 없는 것일 수도 있다. 그러나 우리는 절대로 그것을 우리 마음에 합법적으로 거주하는 어떤 것으로 간주해서는 안된다. 심약한 그리스도인에게 "요한복음 3장 16절을 믿을 필요가 없어"라고 말하는 것이 그릇된 것인 만큼 영적인 의심과 사투하는 자에게 "잊어버려. 네 의심과 문제들을 모두 무시해버려. 그것에 관심을 기울이지 않으면 곧 사라질 거야"라고 말하는 것 역시 매우 그릇된 것이다. 영적 의심이나 회의는 그것을 소유한 자에게 매우 피부적인 문제이다. 이것은 손짓 한번이나 어깨를 두드려 줌으로 해결될 만한 문제가 아니다. 의심이나 회의 가운데 있는 자는 자신의 문제에 솔직하게 직면해야 하며 그것으로부터의 해결책을 모색해야 한다. 하나님의 말씀의 연구와 기도와 경건하고 숙달된 그리스도인과의 대화가 큰 도움이 될 것이다. 또한 대요리문답이 올바르게 확증하고 있듯이 성찬 그 자체는 약하고 의심하는 그리스도인의 영적 도움을 위해 의도된 것이다.

제173문 신앙을 고백하며 성찬을 받고 싶어 하는 자에게 성찬을 못 받게 할 수 있는가?

답 신앙고백과 성찬을 받고 싶어 하는 욕망이 있을지라도 무식하거나 의혹이 있으면 가르침을 받아 바로 깨닫게 되기까지는 그리스도께서 자기 교회에 맡기신 권세로 그들로 하여금 성찬을 못 받게 할 수 있다.

1) 관련성구
- **고전 11:27-34; 마 7:6; 고전 5:1-13; 유 23; 딤전 5:22:** 그리스도는 무식하거나 의혹에 있는 자들을 성찬에 참여하지 못하게 할 권세를 교회에게 주셨다. 이 권세는 그러한 자로부터 성찬을 정당하게 보호하는 것으로 이해되어야 한다.
- **고후 2:7; 딤후 2:24-26:** 그의 무지가 해결되고 의혹스런 삶이 교정된다면

성찬 참여에 제외되었던 자들에게 유형적 교회의 교제와 특권을 다시 허락해야 한다.

2) 해설

(1) 주의 성찬은 회심하지 않은 자를 위한 것인가?

그렇지 않다. 회심하지 않은 자는 그리스도 안에 있는 구원하는 믿음이 없는 자요 구원하는 믿음이 없으면 성례도 아무런 유익을 끼칠 수 없다. 약하고 의심하는 그리스도인은 적절한 준비 이후에 성찬에 참여해야 한다. 그러나 전혀 그리스도인이 아닌 자와 위선자는 주의 성찬으로부터 아무런 유익도 얻을 수 없으며 따라서 성찬에 참여할 권리도 없다.

(2) 어떤 사람이 회심했으며, 그리스도를 믿는 구원적 믿음을 소유한 자인지를 교회가 결정해야 하는가?

절대 그렇지 않다. 오직 하나님께서만이 사람의 마음을 감찰하시며 그들의 영적 상태를 파악하실 수 있다. 교회의 감독된 자들과 치리회는 사람의 마음을 볼 수 없으며 그들이 진정으로 구원받은 그리스도인인지 그렇지 않은 자인지 선언하고 심판할 권리가 없다. 여러 시대에 존재했던 여러 교파와 종교 단체들이 중생하지 않은 자로 간주되는 자를 제외함으로 완전하게 순결한 교회를 만들고자 했다. 이러한 시도는 교회의 감독된 자들은 사람의 마음을 볼 수 없기 때문에 그 실행에 있어서 언제나 실패로 돌아갔고 반드시 실패해야 마땅하다. 사람들의 영적 상태나 하나님과 그들과의 관계의 상태를 선언하고자 하는 이러한 모든 시도는 악을 생산하기 쉽다.

(3) 어떤 사람이 회심한 사람인지를 교회가 결정할 수 없다면 교회의 권징은 어떻게 성립될 수 있는가?

참된 교회의 권징은 사람들이 회심했는지 그렇지 않은지에 근거해 있지 않고 그들의 신앙고백과 행실의 평가에 기초한다. 교회는 사람들의 마음을 조사해서 그들과 하나님과의 관계에 대한 심판을 선언할 권리가 없다. 그러나 교회는 그 마땅한 직무를 통해 사람들의 신앙 고백과 그들의 삶의 방식을 평가할 기능을 소유한다. 만일 어떤 사람이 교회의 회원이 되고자 할 때, 교회의 회의는 그가 중생했는지 아닌지를 결정하거나 또는 교회의 감독된 자들이 그가 구원받은 자인지 아닌지를 결정하기 위하여 그가 회심했다는 것을 스스로 증명하라고 요구하든지 그의 신앙적 경험을 설명하라고 요구해서는 안된다. 그러한 기능을 수행하기 위한 시도는 오직 하나님께만 속한 영역을 침범하는 것과 같다. 이와는 반대로 교회의 감독들은 교회원 후보자들의 신앙 고백과 그의 삶의 방식에 대해 질의해야 할 것이다. 그렇게 하고 난 후 그의 믿음의 고백과 삶의 방식이 교회의 회원권과 양립할 수 있는지를 결정해야 하는 것이다. 교회원 후보자는 자신이 구원받은 자임을 반드시 증명할 필요는 없다. 그의 고백이 그의 삶과 모순되지 않는 한 그의 신앙 고백이 액면 그대로 진실임을 입증하는 것이 되기 때문이다.

(4) 어떤 부류의 사람들이 성찬에서 제외되는가?

'무식하거나 의혹이 있는 자'이다. '무식'하다는 말은 어떤 사람이 적절한 믿음의 고백을 하지 않음을 의미한다. 무식한 자의 신앙 고백은 교회의 회원으로 인정함과 성찬에 참여함에 있어서 적절하지 않다. 이 부적합성은 지식의 결핍의 영향일수도 있으며 그 후보자가 견지하고 있는 거짓된 교리의 결과일수도 있다. 따라서 그리스도께서 죄인을 구원하시기 위해 십자가에 달려 돌아가셨다는 것을 모르는 자나 구원이 행위가 아니라 무조건적인 은혜로 말미암은 것이라는 사실을 모르는 자는 바로 그 지식의 결핍으로 인해 적절치 못한 신앙을 고백하게 될 것이다. 이와는 반대로 하나님의 전우주적인 부성(fatherhood)과 인간의 형제애(brotherhood)에 관한 신념을 고백하는 자 역시 바로 이 그릇된 교리로 인해 부적절한 신앙을 고백하는 자가 되고 만다. 이러한 두 종류의 무지의 소유자 - 단순한 지식의 결핍과 그릇된 신앙의 고백자 - 는 성찬에 참여함과 교회의 회원으로 가입시킴에 있어도 제외되는 자들이다(딛 3:10).

'의혹'이 있는 자는 그의 신앙고백이 자신의 삶의 방식과 모순되는 자들을 의미한다. '의혹'이란 죄나 과실 그 자체를 의미하는 것이 아니라 사람의 신앙고백을 무효화시킬만한 죄악적 행동이나 그를 성찬에 참여시킬 수 없으며 교회의 회원으로 받아들일 수 없을 만큼 부적절한 행동을 의미한다. 이러한 의혹은 다양한 형태로 나타난다. 따라서 그 당시의 정황에 따라 그것에 대한 정당한 결정을 내려야 한다.

대요리문답은 지혜롭게도 무지와 의혹에 대한 진부한 정의를 내리지 않고 있다. 오히려 대요리문답은 의심의 여지없이 성경적이며 따라서 가치 있는 원리에 대해 밝히고 그 결정에 관한 원리의 적용을 교회에 맡긴다. 어떤 특정한 후보자가 무지하거나 의혹에 있는지 아닌지를 결정하는 것은 반드시 교회의 감독들에 의해 수행되어야 한다. 시간이 흐름에 따라 거의 모든 교파들이 이와 유사한 경우를 교회법으로 결정함에 있어서 판단할만한 선례들을 소유하고 있다. 따라서 교파와 교단들은 전문 도박꾼들이 교회의 회원으로 가입하거나 성찬에 참여할 수 없다는 잘 정돈된 교회법 또는 규범을 가지고 있으며, 또한 비밀조직에 맹세로 가입한 자들은 교회에서 반드시 물리쳐야 한다는 교회법을 소유하고 있는 것이다. 각각의 경우 교파는 무식하거나 의혹에 있는 자는 제외되어야 한다는 대요리문답에 제시된 원리를 훌륭하게 적용한 것이다.

(5) 대요리문답은 공개적인, 비공개적인 또는 제한적인 성찬에 대해 어떤 입장을 취하고 있는가?

대요리문답이나 웨스트민스터 표준문서는 이 질문에 직접적으로 답하고 있지 않다. 왜냐하면 그 당시에는 교파주의가 성행하지 않았기 때문이다. 웨스트민스터 종교회의에 참석한 신학자들의 목적은 스코틀랜드와 잉글랜드 그리고 아일랜드 교회의 '언약도들의 신앙 일치'에 관한 기초를 놓는 것이었다. 각각의 제국에는 오직 하나의 통일된 국가적 교회만 있으며 모든 신실한 그리스도인이 다 그 교회의 구성원이라는 것이 당시 형성된 공감대였다. 따라서 웨스트민스터 종교회의는 무지한자와 의혹에 있는 자를 성찬에 참여시키지 말 것을 진술하는 한편 한 교단의 회원이 다른 교단의 교회의 성찬식에 참여할지 말아야 할지에 대한 질문을 다루지 않았다. 이 질문은 웨스트민스터 종교회의 이후 제기된 문제였다.

그러나 대요리문답의 진술은 공개적이며, 비공개적 또는 제한적 성찬에 대한 질문과 어느 정도 관계가 있다. 공개적 성찬은 원하는 자는 누구든지 성찬에 참여할 수 있다는 것을 뜻한다. 초청은 대개 '복음적 교회의 모든 회원들' 또는 '주님에게 속한 모든 자들'을 포함한다. 그러나 원하는 자들은 누구든지 그들의 믿음이나 생활의 심사 없이 성찬에 참여하게 된다. 이와는 반대로 제한적 성찬은 다른 교단의 회원이 성찬에 참여할 수는 있지만 그 특별한 교회의 감독들과 만나 자신들의 믿음과 삶에 대해 충분한 만족을 제시한 연후에 가능하다. 여기이 '제한적 성찬'을 견지하는 단체는 여러 종류이며 다양하다. 어떤 단체는 좀 더 관대하고 다른 단체는 좀 더 엄격하다. 비공개적인 성찬은 오직 한 교단 안의 성도들만 또는 그 교단과 친밀한 관계를 유지하는 실질적으로 동일한 믿음을 고백하는 다른 교단의 회원들만 허용되는 성찬을 뜻한다. 누가 성찬에 참여할 것인가에 대한 문제는 '공개적인' 성찬과 '비공개적인' 성찬만이 유일한 대안이라고 가정하는데서 그 엄청난 혼란이 시작된다. 그러나 이것은 사실이 아니다. '제한적인 성찬' 역시 고찰해야 할 대안이기 때문이다.

그러나 대요리문답은 공개적인 성찬을 반대하고 있다는 것을 분명히 밝히고 있다. 공개적인 성찬은 '무지하고 의혹에 있는 자'를 배제할 어떤 기회도 제공하지 않는다. 그 사람들이 교회의 감독 밖에 있는 무지하고 의혹에 있는 자이든지 개인적인 삶을 살고 있는 자이든지 관계없이 모두 성찬에 참여할 수 있다는 말이다. 그러나 이것은 성경적 교훈과 배치되는 것이며 교회는 반드시 무지하고 의혹에 있는 자를 제외해야 하며 그렇게 하지 않을 경우 교회의 권징은 붕괴되고 성례는 더럽혀질 것이다.

제한적이며 비공개적인 성찬 중에 대요리문답은 적어도 제한적인 성찬을 실행할 것을 요구한다. 하지만 교단적 차원에서 비공개적인 성찬을 실행하는 것 역시 잘못된 것은 아니다.

(6) 비공개적인 성찬의 실행은 그리스도인의 성찬 참여의 권리를 박탈하는가?

그에 상응하는 의무나 책임이 없는 참된 특권이나 '권리'란 없다. 어떤 교단의 유형적 교회의 성례에 참석할 권리란 영적 감독과 그 교단의 법적 치리에 순복할 상응하는 의무를 암시한다. 어떤 사람이 교단의 치리회에 순복할 의지가 없다면 그는 그 교단에서 그 어떤 권리도 요구할 수 없다. 모든 신실한 그리스도인은 하나님의 은혜로 성찬에 참여할 권리가 있다는 것은 의심할 여지없는 사실이다. 그러나 자신이 속한 그 교회의 교리를 인정하지 않는다든지 치리에 복종하지 않는다면 그런 자에게 성찬에 참여할 권리는 없다. 그가 속한 교회의 교리를 수용하고 그 치리에 복종하는 모든 신실한 그리스도인만이 하나님의 은혜로 그가 속한 교회의 성찬에 참여할 권리가 있는 것이다. 다른 교단의 성찬에 참여할 권리를 주장하기 위해서는 그 교단이 자신을 회원이 아닌 자로 참석시킬 수 있는지의 여부를 물어야 한다. 교단마다 성경적인 신앙과 행위의 특정한 표준을 채택하고 있다. 그리고 이러한 표준에 미치지 못하는 자는 무지하거나 의혹에 있는 자가 된다. 그 교단의 회원으로서 이러한 표준에 미치지 못하는 자는 교회 권징에 의해 성찬 참여에서 제외된다. 그러나 그러한 권징과 사법적 판단에 순종할 의무가 없는 다른 자에게는 영향을 끼치지 못한다. 따라서 한 교단은 무지한 자와 의혹에 있는 자를 성찬 참여에서 제외할 수 있는 유일한 방법으로서 성찬에 참여할 대상을 그 교단의 사법부에 순종할 회원과 그 교단과 친밀한 관계를 유지하는 신앙과 행위에 있어서 실질적으로 동일한 표준을 견지하는 다른 교단으로만 제한하는 것이다. 무지한 자와 의혹에 있는 자가 누구인지에 대해 상호간의 합의가 있어야만 교회 권징이 유지되고 교회의 순결함이 보존되는 것이다.

(7) 우리는 "성찬이 주의 만찬이기에 주님의 백성 된 자는 누구든지 초청받아야 한다"는 공개적인 성찬의 견해에 대해 어떤 반응을 보여야 하는가?

이러한 주장은 유형적 교회와 무형적 교회에 대한 무의식적인 혼동에 근거한다. 성경의 교훈에 의하면 실질적으로 성찬을 포함한 유형교회의 특권에 참여할 자는 무형적 교회의 회원이 아니라 유형교회의 회원 즉 적절한 믿음과 행위를 나타내며 질서를 따라 살아가는 자들이다. 사도바울은 성찬에서 제외되어야 할 악한 사람으로서 고린도 교회의 회원을 지목했다(고전 5:13). 이것은 실제적으로 수행되었다. 제외된 회원은 의혹 중에 있지만 나중에 바울이 교회의 특권을 누릴 수 있는 회복된 자라고 설명하는 것으로 보아서 여전히 그리스도인으로 간주되었다(고후 2:5-8). 이것이 주님의 성찬이기 때문에 성경에 제시된 대로 반드시 여호와의 집 즉 유형교회의 규칙에 합당하게 수행되어야 한다. 물론 각 교단은 성경을 연구하여 여호와 하나님의 집의 규칙이 무엇인지를 결정해야 하며 그것에 따라서 성찬을 합당하게 시행해야 한다. A라는 교단이 B라는 교단에서 시행되는 여호와의 집의 규칙에 따라서 성찬을 시행할 것이라고 기대하는 것은 이치에 맞지 않다. 각 교단은 각각의 성경 해석에 대해 책임이 있으며 성례의 시행을 포함한 그 해석을 실제로 시행하는 모든 일에 있어서 책임을 져야 한다.

제174문 성찬식 거행 시에 성례를 받는 자에게 요구되는 것은 무엇인가?

답 성찬식 거행 시에 성례를 받는 자에게 요구되는 것은 모든 거룩한 경외심과 조심스러움으로 그 규례에서 하나님을 앙망함이다. 성례의 요소 및 행동을 부지런히 지키고 주님의 몸을 주의 깊게 분별하고 그의 죽음과 고난을 사랑을 다해 묵상함으로서 자신 속에 은혜의 역사가 강하게 나타나게 함이다. 자신을 살펴 죄를 슬퍼하고 그리스도를 열심히 사모하여 주리고 목말라하듯 믿음으로 그를 먹게 되며 그의 충만을 받게 되고 그의 공로를 의지하고 그의 사랑을 기뻐하며 그의 은혜에 대하여 감사하게 됨으로, 하나님과의 언약과 모든 성도들에 대한 사랑을 새로워지게 할 것이다.

1) 관련성구

- 레 10:3; 히 12:38; 시 5:7; 고전 11:17, 26-27: 성찬식 거행 시에 성찬 참여자는 모든 거룩한 경외심과 조심스러움으로 성찬을 기다려야 한다.
- 출 24:8; 마 26:28: 성찬 거행 시에 성례적 요소와 행위를 부지런히 지켜야 한다.
- 고전 11:29: 성찬 참여자는 '주님의 몸을 주의 깊게 분별'해야 한다. 즉 성찬과 그리스도의 인격과 사역과의 관계를 이해해야 한다.
- 눅 22:19; 고전 11:26; 10:3-5, 11, 14: 성찬 참여자는 그리스도의 고난과 죽음을 묵상하며 자신 속에 은혜의 역사가 강하게 나타나도록 노력해야 한다.
- 고전 11:31; 슥 12:20: 성찬 참여자는 자기를 살펴 죄를 슬퍼해야 한다.
- 계 22:17; 요 6:35; 1:16; 빌 3:9; 시 63:4-5; 대하 30:21; 시 22:26: 성찬 거행 시에 성찬 참여자는 그리스도를 열심히 사모하여 주리고 목말라하듯 믿음으로 그를 먹어야 한다.
- 렘 50:5; 시 50:5; 행 2:42: 성찬의 거행은 무엇보다도 하나님과의 언약과 모든 성도들에 대한 사랑을 새로워지게 하는 시간이다.

2) 해설

(1) 성찬 거행 시에 성찬 참여자들의 가장 명백한 의무는 무엇인가?

그들의 가장 명백한 의무는 "모든 거룩한 경외심과 조심스러움으로 성례의 규례를 앙망"하는 것이다. 경외와 조심스러움은 모든 신적인 규례 특별히 그것이 우리 주님의 고난과 죽음을 기념하기 때문에 가장 엄숙하고도 거룩한 규례인 성찬과 관련된 의무이다. 성찬 거행 시의 모든 불경과 부주의한 행동은 하나님을 불쾌하게 해 드리는 것이다. 불필요한 잡담이나 속삭임, 예배와 관계없는 책이나 잡지를 읽거나 졸거나 세속적 업무에 대한 공상을 하거나 늦게 들어오는 자들을 쳐다보거나 하는 일들은 모두 다 거룩한 경외와는 배치되는 행동들이며 반드시 피해야 할 것들이다. 우리가 조심스러움으로 집중하지 않는 한 성례로부터 오는 축복을 기대하기는 어려울 것이다.

(2) 성찬 참여자들은 왜 성례의 요소 및 행동을 부지런히 지켜야 하는가?

왜냐하면 이 요소와 행동은 모두 다 성례의 의미에 있어서 모두 본질적인 것이기 때문이다. 성찬은 그 상징적 요소와 행위를 통해 볼 수 있고 만질 수 있는 그리스도의 구속과 구원의 길이다. 성례가 우리 마음과 지성에 전달하고자 하는 완전한 의미를 수여받기 위해서는 그 규례의 모든 세부사항들을 세심하게 살펴야 한다. 성찬은 그 성례 자체가 역사한다고 그릇되게 가르치는 로마 가톨릭 교회처럼 우리들에게 영적 결과를 자동적으로 생산해 주지 않는다. 오히려 성례는 그것 자체가 표현하는 진리를 믿음으로 이해하고 성령의 적용하심으로 우리 마음과 생활에 나타나는 것이다. 따라서 성례의 각 요소와 행위는 진리의 여러 국면들을 설명해 준다.

(3) '주님의 몸을 주의 깊게 분별'하는 것은 무엇을 의미하는가?

고린도전서 11:29에 기록된 '분별'이라는 헬라어 단어는 '구별하다', '식별하다', 또는 어떤 사람이나 사물을 다른 사람과 다른 것들로부터 '구별하고 분리시키는 것'을 의미한다(Thayer's Lexicon). 따라서 이 구절에 있는 '분별'이란 성례적 요소가 그리스도의 인성을 표시하고 있다는 것을 깨닫는 것 또는 그것들을 그리스도의 살과 피의 상징으로서 이해하는 것을 의미한다. 성례에 있어서 그 안에 제시된 그리스도와 그의 구속을 보지 못하고 오직 떡과 포도주만 보는 자들은 주의 몸을 분별하는 일에 실패할 것이다. 주의 몸을 진정으로 분별하기 위해서는 무엇보다도 먼저 교리적 지식을 지니고 있어야 한다. 그 후에는 그리스도를 자신의 개인적 구세주로 믿고 고백해야만 한다.

(4) 성찬 참여자들은 왜 그리스도의 죽음과 고난을 사랑을 다해 묵상해야 하는가?

그리스도의 죽음과 고난은 성찬의 의미를 구성하고 있기 때문에 성찬석상에서 우리 생각의 주요 주제가 되어야 한다. 우리는 무한하신 우리 주님께서 당신의 사랑에 대한 충심어린 반응을 요구하시기 때문에 사랑을 다해 그것들을 묵상해야 한다.

우리 구주께서 우리를 구속하시기 위하여 치르신 수치와 고난을 더욱 많이 깨달을수록 더욱 많이 그를 사랑하게 될 것이다. 그리스도와 그의 고난과 죽음을 향한 우리의 태도는 단순히 감정 그 이상의 것이어야 한다. 진정한 그리스도인이 아닌 많은 자들이 예수님께서 오늘날에도 살아 역사하시며 사람의 유일한 구속자가 되심을 믿지 않으면서도 예수님에 대한 막연한 호감을 느낀다. 예수님에 대한 이러한 감정적 애착은 본질적으로 플로렌스 나이팅게일(Florence Nightingale)이나 아브라함 링컨(Abraham Lincoln)에게 가지는 감정과 조금도 다를 바가 없다. 그러나 이와는 반대로 그리스도를 향한 그리스도인의 헌신은 십자가에 못 박혀 죽으시고 죽은 가운데서 부활하시어 사시는 여호와를 향한 헌신이어야 한다. 즉 그것들을 자신에게 각성시켜 '자신 속에 은혜의 역사'가 강하게 나타나게 함으로 인생 전반에 영향을 끼치는 헌신이어야 한다.

(5) 성찬 참여자들은 왜 자기를 살펴 죄를 슬퍼해야 하는가?

그것은 왜냐하면 예수께서는 그의 백성의 죄 때문에 고난을 받으시고 십자가에서 돌아가셨기 때문이다. 사람이 자기를 살피고 자기 죄를 슬퍼하지 않고서는 그리스도의 고난과 십자가를 올바르고 적절하게 이해할 수 없을 것이다. 성찬 석상에서의 우리의 생각과 사고는 그리스도의 고난과 죽음에 집중되어야 하지만 그와 동시에 그리스도께서 고난을 받으시고 십자가에 돌아가신 것은 바로 우리 죄를 속하기 위한 것임을 깨달아야 한다. 그러므로 우리는 반드시 우리를 살피고 우리 죄를 슬퍼해야만 한다.

(6) 성찬 참여자들이 성찬 석상에서 취해야 할 특별한 영적 태도는 무엇인가?

① 그리스도와의 교통을 위한 진정한 태도이다(주님을 열심히 사모하여 주리고 목말라하는 것).

② 그리스도를 자신의 구속자로 믿는 태도이다(믿음으로 그를 먹고 그의 충

만을 받게 되고 그의 공로를 의지하는 것).
③ 영적 기쁨의 태도이다(그의 사랑을 기뻐하는 것).
④ 그의 은혜에 감사하는 태도이다(그의 은혜에 대하여 감사하는 것).
⑤ 그의 백성을 사랑하시는 하나님과의 언약에 따라 신실한 목적으로 살아가는 태도이다(하나님과의 언약과 모든 성도들에 대한 사랑을 새로워지게 할 것).

제175문 성찬의 성례를 받은 후에 그리스도인들의 의무는 어떠한 것인가?

답 성찬의 성례를 받은 후에 그리스도인들의 의무는 성찬식에서 어떻게 행동했으며 또한 무슨 은혜를 받았는지를 심각하게 숙고하여야 할 것이다. 만일 소생함과 위로를 받았으면 하나님을 찬송하며 이 은혜의 계속됨을 빌며 뒷걸음질하지 않도록 주의하며 맹세한 것을 실행하며 이 규례에 자주 참여하도록 힘 쓸 것이다. 그러나 현재 아무런 혜택이 없으면 이 성례를 위한 준비와 자세를 더 정확히 검토하여야 할 것이다. 만일 그들이 두 가지에서 더 하나님 앞과 자신의 양심에 비추어 자신들을 가납할 수 있으면 때가 이르러 열매가 나타날 것을 믿고 기다릴 것이다. 그러나 만일 그들이 어느 편으로 보나 실패했음을 깨달으면 그들은 스스로 낮아져서 후에 더 많은 마음의 준비로 성찬식에 임해야 할 것이다.

1) 관련성구

- 레 10:3; 히 12:28; 시 5:7; 고전 11:17, 26-27: 성찬의 성례를 받은 후에 그리스도인들은 성찬식에서 어떻게 행동했으며 또한 무슨 은혜를 받았는지를 숙고해야 한다.
- 대하 30:21-26; 행]2:42, 46-47; 시 36:10; 아 3:4; 대상 29:18; 고전 10:3-5, 12; 시 50:14; 고전 11:25-26: 만일 성찬으로부터 유익과 혜택을 입었으면 그들은 하나님을 찬송하며 이 은혜가 계속되도록 노력하고 뒷걸음질하지 않도록 주의하며 맹세한 것을 실행하며 이 규례에 자주 참여하도록 힘써야 한다.
- 아 5:1-6; 시 123:1-2; 42:5, 8; 43:3-5: 만일 그들이 현재 아무런 혜택을

받지 못했으면 그것이 자신의 과실인지를 정확히 검토해야 하며 양심에 비추어 그렇지 않음을 확신한다면 때가 이르러 열매가 나타날 것을 믿고 기다려야 한다.
- **대하 30:18-19; 사 1:16, 18; 고후 7:11; 대상 15:12-14:** 그러나 만일 그들이 어느 편으로 보나 실패했음을 깨닫는다면 그들은 스스로 겸손케 하여 더 많은 마음의 준비로 다음 성찬식에 임해야 한다.

2) 해설
(1) 성찬과 관계된 그리스도인의 의무는 성찬의 시행과 함께 종료되는가?
그렇지 않다. 성찬이 그리스도인들에게 참된 영적 혜택들을 가져오기 때문에 그들이 성찬에 임하기 전에 어떻게 행동했으며 어떤 혜택들을 받았는지를 심각하게 숙고해야 한다. 실제 성찬 예식의 종료와 함께 성찬에 대한 우리의 생각도 한편 구석으로 치워버리면 우리가 성례를 통하여 받아야만 할 영적 유익을 상실할 것이다.

(2) 성찬의 영적 혜택은 항상 성찬이 시행될 그 당시 그리고 잠시 후에만 경험되는가?
그렇지 않다. 모든 진지한 그리스도인이 성찬의 시행 즉시 또는 잠시 후에 영적 혜택을 받는다는 것은 사실이지만 항상 그런 것만은 아니다. 때로 하나님께서는 그의 선하신 지혜 가운데 축복을 지체하실 때도 있으며 축복의 경험 자체를 잠시 동안 늦추시는 경우도 있다. 세례와 마찬가지로 성찬의 혜택들은 그것의 시행에 완전히 정비례하지는 않는 법이다.

(3) 성찬의 혜택을 경험할 때 성찬 참여자에게 발생하는 태도는 무엇인가?
① 하나님께 감사하는 태도이다.
② 축복이 계속되기를 소원하는 자세이다.
③ 죄의 상태로 되돌아가게 만드는 교만과 과신을 피하는 태도이다.
④ 하나님께 대한 그의 맹세를 지키려는 태도이다.
⑤ 성찬에 자주 참여하고자 하는 태도이다.
특별히 영적 교만과 과신의 태도를 경계해야 한다. 영적 축복과 혜택을 경험

한 자는 언제나 그리스도 대신 자기 자신을 과신할 위험에 빠지게 된다. 이런 위험을 항상 경계하지 않는 한 타락으로 말미암아 수치에 빠지게 될 것이다.

(4) 성찬으로부터 즉각적인 혜택을 경험하지 못할 때 그리스도인은 무엇을 어떻게 해야 하는가?

그는 영적 혜택을 받지 못한 것이 혹시 자신의 과실 때문은 아닌지 숙고해야 하며 따라서 성찬을 위한 자신의 준비와 행위를 점검해 보아야 한다. 그는 "스스로 낮아져서 후에 더 많은 마음의 준비로 성찬식에 임해야 할 것"이다. 즉 말하자면 성찬을 위한 적절한 준비의 결핍과 부적절한 성례의 참석은 죄이며 다른 모든 죄들과 같이 회개해야 하는 것이다.

(5) 성찬으로부터 아무런 혜택을 받지 못한 것이 자신의 과실로 인함이 아님을 확신할 때 그리스도인은 어떤 태도를 견지해야 하는가?

그러한 상태에 있는 그리스도인은 반드시 '때가 이르러 열매가 나타날 것을 믿고' 기다려야 한다. 말하자면 이 문제에 관한 한 하나님을 향한 그의 태도는 믿음의 태도이어야 하며 축복을 확신하고 인내하며 그 축복이 하나님의 거룩한 뜻에 의해 늦추어질 수 있음을 깨달아야 한다. 성경에는 자신들의 믿음의 연단이나 하나님의 비밀스러운 목적을 위하여 축복이 더디 임한 인물들이 많이 있다. 따라서 조급해하는 것은 믿음과 반대되는 것이다.

제176문 세례와 성찬은 어떠한 점에서 일치하는가?

답 세례와 성찬이 일치하는 것은 두 가지이다. 창시자가 하나님이시라는 점과 양자의 영적 부분이 그리스도와 그의 혜택이라는 점, 양자가 다 같은 언약의 인치심이라는 점, 양자가 다 복음의 사역자 곧 목사에 의해서 시행되며 그 밖의 누구에 의해서도 시행될 수 없다는 점과 주님께서 재림하실 때까지 그리스도의 교회에서 계속 시행되어야 한다는 점에서 일치한다.

제177문 세례와 성찬의 성례는 어떠한 점에서 다른가?

답 세례와 성찬의 성례가 다른 것은, 세례는 우리의 거듭남과 그리스도께서 접붙임 됨의 표와 보증으로 물로 시행되며 심지어 어린 아이에게 까지 단 한번만 시행되는 반면에, 성찬은 떡과 포도주로 자주 시행되며 영혼의 신령한 양식이 되시는 그리스도를 표시하고 나타내며 우리가 그 안에 계속하여 거하고 자라남을 확인하기 위함인데, 자신을 검토할 수 있는 연령과 능력에 이른 사람들에게만 시행되는 점에서 다른 것이다.

1) 관련성구
- **마 28:19; 고전 11:23:** 세례와 성찬의 창시자는 하나님이시다.
- **롬 6:3-4; 고전 10:16:** 성례의 영적 구분은 그리스도와 그의 혜택이다.
- **롬 4:11; 골 2:12; 마 26:27-28:** 세례와 성찬 모두 언약의 인치심에 있어서 일치한다.
- **요 1:33; 마 28:19; 고전 11:23; 4:1; 히 5:4:** 세례와 성찬은 모두 복음의 사역자에 의해 시행되어야 한다.
- **마 28:19-20; 고전 11:26:** 세례와 성찬은 그리스도의 재림하실 때까지 교회에서 시행되어야 한다.
- **마 3:11; 딛 3:5; 갈 3:27:** 세례는 우리의 거듭남과 그리스도께서 접붙임됨의 표와 보증으로서 물을 사용함으로 시행된다. 세례는 그리스도인의 삶의 시작을 의미하기 때문에 누구에게나 단 한번만 시행된다.
- **창 17:7, 9; 행 2:38-39; 고전 7:14:** 세례는 신자의 유아들에게도 시행된다.
- **고전 11:23-26:** 성찬은 영혼의 신령한 양식이 되시는 그리스도를 표시하고 나타내는 떡과 포도주로 자주 시행된다.
- **고전 10:16:** 성찬은 우리가 그 안에 계속하여 거하고 자라남을 확인하기 위해 시행된다.
- **고전 11:28-29:** 세례와 달리 성찬은 자신을 검토할 수 있는 연령과 능력에 이른 사람들에게만 시행되어야 한다.

2) 해설
(1) 세례와 성찬의 일치점은 몇 가지나 되는가?
대요리문답은 세례와 성찬의 일치점을 다섯 가지로 제시한다.
① 양자 모두 그 창시자가 하나님이시다. 대요리문답은 양자의 성례의 주인으로서 지상 생애 동안 사역하셨던 주 예수 그리스도를 부가할 수도 있을 것이다.
② 양자의 영적 부분은 세례와 성찬에 제시되고 인치며 적용된 그리스도와

그의 혜택들 즉 그리스도와 그의 구속이다.
③ 양자의 성례 모두 하나님의 택자들의 영원한 구원의 인침이다.
④ 유형교회의 규례로서 양자의 성례 모두 하나님의 비밀을 맡은 청지기로서의 복음의 사역자들에 의해서만 시행되어야 한다.
⑤ 양자의 성례 모두 그 본질에 있어서 영구적인데 마지막 날 그리스도께서 재림 하실 때까지 교회에서 시행되어야 한다.
따라서 세례와 성찬은 모두 성례를 구성하는 모든 것에 있어서 일치한다.

(2) 두 성례의 외적이며 물질적인 부분의 차이는 무엇인가?
세례의 물질적 요소는 물이며, 성찬의 물질적 요소는 떡과 포도주이다.

(3) 성례에 의해 표시되고 인 쳐지는 영적 실재에 관해 세례와 성찬의 차이는 무엇인가?
양자의 성례에 의해 표시되고 인치는 영적 실재가 기본적으로 동일한데 반해 세례와 성찬에는 차이점도 있다. 세례는 성령의 거듭나게 하심, 그리스도의 보혈을 통한 죄의 사면, 그리고 그리스도와의 연합과 같은 그리스도인의 삶의 시작의 표와 인침을 의미한다. 반면에 성찬은 영적 자양분으로서의 그리스도를 먹음과 은혜 안에서의 성장과 같은 그리스도인의 삶의 지속이라는 표와 인침을 의미한다. 양자 모두 그리스도의 구속에 기초해 있지만 전자는 영적 출생의 표요 인침인 반면 후자는 영적 성장의 표요 인침이 된다.

(4) 성찬은 모든 그리스도인들에게 반복적으로 시행되는데 세례는 왜 모든 사람에게 단 한번만 시행되는가?
이것은 양자의 성례가 표시하고 인치는 영적 실재가 다르기 때문이다. 세례는 영적 출생의 표요 인침이다. 사람이 이 세상에서 단 한 번만 육신적 생명을 받기 때문에 성령에 의해서도 단 한 번만 출생하는 것이다. 세례가 이러한 표요 인침이기 때문에 사람은 오직 한번만 세례를 받아야 한다. 반면에 성찬은 그리스도 안에 있는 믿음으로 말미암는 영적 성장의 표요 인침이다. 출생은 사건이지만 성장은 믿음으로 연습이 가능한 과정이다. 어떤 이들은 바로 이러한 이유 때문에 말하자면 유아들은 믿음이나 자기를 살필 능력이 없기 때문에 그들에게 세례를 베풀어서는 안된다고 주장한다. 이러한 논증에 답함에 있어서 세례는 신약의 할례라고 말할 수 있다. 구약의 유아들은 믿음을 행사할 능력이 없었음에도 불구하고 하나님의 명령을 따라 할례를 받았다. 따라서 구약 시대에 그들의 믿음을 행사함에 있어서 무능력함이 할례를 받는데 지장을 주지 않았다면, 신약 시대에 유아들이 세례를 받는 것을 반대할 하등의 이유가 없는 것이다. 따라서 유아들이 의식적인 믿음과 순종 이전의 그리고 그것의 원천이 되는 영적 출생의 표요 인침으로서의 성례를 받는 것은 너무나도 합당한 일이다. 반면에 그 후에 따라오며 의식적인 믿음의 행사에 좌우되는 그리스도를 먹는 영적 성장의 표요 인침으로서의 성례를 받는 것은 부적절한 일이 되는 것이다.

제17과
기도

1. 기도의 본질

제178문 기도가 무엇인가?
  답 기도는 그리스도의 이름으로, 성령의 도우심으로 말미암아 우리의 소원을 하나님께 올리는 것인 바, 죄를 자백함과 그의 긍휼을 감사히 인정하면서 하는 것이다.

1) 관련성구
- 시 62:8: 우리의 소원을 하나님께 올려야 한다.
- 요 16:23: 그리스도의 이름으로 기도해야 한다.
- 롬 8:26: 성령의 도우심으로 기도해야 한다.
- 시 32:5-6; 단 9:4: 기도를 통해 죄를 고백해야 한다.
- 빌 4:6: 기도를 통해 그의 긍휼하심에 감사해야 한다.

2) 해설
(1) 이 조항은 어떤 기도에 대해 규정하고 있는가?
이 조항은 진정한 기도, 또는 그리스도인의 기도에 대해 규정하고 있다. 즉, 그리스도의 구속사역으로 말미암아 하나님과 화목한 자들이 그가 계시하신 뜻에 따라 하나님께 드리는 기도이다.

(2) 기도에는 그리스도인의 기도 외에 어떤 기도가 있는가?
기도는 사실상 인간에게 보편적인 현상이다. 무신론자도 위급한 일이나 예기치 못한 재난을 당하면 신을 찾는다. 모든 종교에는 일종의 기도 행위가 있다. 그러나 기독교가 아닌 다른 종교의 기도는 참 하나님이 아닌 거짓 신에게 하는 기도이거나 하나님으로 오인하여 드리는 기도이다. 유일하신 참 하나님은 성경이 말하는 삼위(성부, 성자, 성령) 하나님뿐이시다. 그 외에 어떤 신도 거짓이며 존재하지 않는다. 더구나 다른 종교의 기도는 그리스도를 중보자로 하여 하나님께 나아가지 않는다. 그들은 그리스도의 이름으로 기도하는 것이 아니라, 기도자 자신의 이름이나 그리스도가 아닌 다른 중보자의 이름으로 기도한다. 이와 같은 불신자의 기도는 하나님께 열납될 수 없는 것이다(요 14:6). 물론 우리는 자비하신 하나님께서 때로는 중보자도 없이 드리는 저들의 영적 무지의 기도를 들어주시기도 한다는 사실을 부인하지 않는다. 그러나 이러한 기도는 앞서 언급한 바와 같이 그리스도인의 기도와는 본질적으로 다른 것이다.

(3) 우리는 왜 소원을 하나님께 올려야 하는가?

하나님의 피조물인 우리는 마땅히 육체적, 정신적, 사회적, 영적 필요를 공급받기 위해 그를 의지해야 한다. 인류가 죄를 범하기 전에도 사람은 하나님을 의지하고 기도해야 했었다. 그러나 인류의 타락으로 우리는 더욱 그를 의지하고 더 많은 것을 필요로 하게 되었다. 스스로의 능력이나 힘으로 살아갈 수 있는 사람은 아무도 없기 때문에 우리가 진정 하나님을 영화롭게 하고 그를 기뻐하기 위해서는 반드시 기도가 필요한 것이다.

(4) 우리는 기도를 통해 어떤 소원을 올려야 하는가?

우리는 기도를 통해 하나님께 합당한 소원을 올려야 한다. 즉, 하나님의 도덕법에 합당하며 그의 비밀하신 뜻을 이루는 소원이어야 한다. 소요리문답 제98문['그의 뜻에 합당한 일'] 및 대요리문답 제184문["우리는 무엇을 위하여 기도해야 하는가?"]을 참조하라. 우리는 아무런 내용이나 기도해서는 안 되며, 하나님의 말씀에 합당하며 그의 뜻을 이루는 기도를 해야 한다.

(5) 우리는 왜 그리스도의 이름으로만 기도해야 하는가?

우리는 모두 죄인이며, 오직 그리스도를 통해서만 하나님과 화목하고 그의 거룩하신 존전에 나아갈 수 있기 때문이다. 그리스도인이라 할지라도 날마다 생각과 말과 행동으로 하나님께 죄를 범하며 기도조차도 죄의 요소로 오염되어 있다. 그러므로 오직 그리스도의 중보를 통해, 그의 피와 의를 힘입어 우리와 우리의 기도가 하나님께 열납될 수 있는 것이다.

(6) 우리는 왜 성령의 도우심으로 기도해야 하는가?

로마서 8:26은 이 문제에 대한 열쇠가 된다. 우선, 우리는 너무 무지해서 성령의 도우심이 없이는 기도할 수 없다. 우리는 어떻게 기도해야 하며 무엇을 기도해야 할지도 모른다. 또한 우리는 한계가 있다. 다시 말하면 우리는 영적 능력이 약하고 부족하여 바르게 기도하지 못한다는 것이다. 우리는 종종 하나님께 기도할 때 온 마음을 다해 열중하기보다 냉담하고 미지근하며 온갖 잡다한 생각에 사로잡히곤 한다. 우리는 기도를 하나의 특권이 아니라 오히려 부담스러운 짐으로 여기는 경우가 얼마나 많은지 모른다. 이와 같이 성령의 도우심이 없이는 진정한 기도를 할 수 없다는 것은 분명한 사실이다.

(7) 우리는 기도할 때 왜 죄를 고백해야 하는가?

성경은 우리가 죄를 고백해야만 하나님께 나아갈 수 있다는 사실을 거듭 주장한다. "내가 내 마음에 죄악을 품으면 주께서 듣지 아니하시리라"(시 66:18). 하나님은 거룩하시며 어떤 죄도 용납하지 않으시기 때문에 우리가 진심으로 죄와 단절하려는 마음이 없이는 결코 하나님과 친밀한 교제를 할 수 없다. 죄를 깨닫고 그것을 자백하지 않은 채 하나님께 기도하는 것은 진정한 그리스도인의 모습이 아니라, 교만하며 자기 의만 내세우는 바리새인과 같은 것이다.

(8) 우리는 기도할 때 왜 하나님의 긍휼하심에 감사해야 하는가?

죄를 제외한 우리의 모든 삶은 하나님의 은혜를 입고 있다. 우리의 생명은 물론, 삶을 유지하고 즐거움을 주는 모든 것들은 하나님의 긍휼과 사랑의 선물이다. 우리는 비와 햇빛, 음식과 의복, 평화와 풍성함과 같은 일반적인 삶의 축복 외에도 우리를 죄와 사망으로부터 건져주신 놀라우신 구원의 축복으로 인하여 하나님에게 감사해야 한다. 그리스도인은 모든 슬픔과 죄와 영원한 죽음으로부터 영혼의 구원을 받았다. 우리는 기가 막힐 웅덩이와 수렁에서 건짐을 받아 예수 그리스도라는 굳건한 반석 위에 서게 되었다. 우리는 마귀의 나라에서 구속받아 천국 백성과 만유의 후사가 된 것이다. 확실히 그리스도인은 하나님께 감사해야 할 이유가 많다. 따라서 하나님의 말씀은 우리가 환란 가운데 있을지라도 하나님께 감사해야 한다고 말한다. "쉬지 말고 기도하라 범사에 감사하라 이는 그리스도 예수 안에서 너희를 향하신 하나님의 뜻이니라"(살전 5:17-18).

2. 누구에게 기도해야 하는가?

제179문 우리는 하나님께만 기도해야 하는가?

답 하나님만이 마음을 감찰하시고, 우리의 요청을 들으시며, 죄를 용서하시고, 모든 사람의 소원을 들어 주실 수 있으며, 그만이 신앙과 예배의 대상이 되시므로, 예배의 특정 부분으로서의 기도는 오직 그에게만 올려야 하고, 다른 누구도 기도의 대상이 되어서는 안 된다.

1) 관련성구

- **왕상 8:39; 행 1:24; 롬 8:27:** 하나님만이 모든 사람의 마음을 아신다.
- **시 65:2:** 하나님만이 우리의 기도를 들으실 수 있다.
- **미 7:18:** 하나님만이 우리의 죄를 용서하실 수 있다.
- **시 145:18-19:** 하나님만이 그를 찾는 모든 자의 소원을 이루어 주실 수 있다.
- **롬 10:14; 마 4:4-10; 행 10:25-26; 계 22:8-9:** 하나님만이 신앙과 예배의 대상이 되실 수 있다.
- **고전 1:2:** 기도는 예배의 특정 부분이다.
- **출 20:3-5; 시 50:15:** 사람은 하나님께만 기도해야 한다.

2) 해설

(1) 하나님 외에 다른 것들에게도 기도할 수 있다고 가르치는 유력한 종교 단체는 무엇인가?

로마 가톨릭 교회이다. 그들은 하나님과 마찬가지로 성모 마리아나 성인들 및 천사들에게도 기도할 수 있다고 가르친다.

(2) 로마 가톨릭 교회는 왜 마리아나 성인들이나 천사들에게도 기도할 수 있다고 가르치는가?

거룩하신 하나님께 나아가기 위한 중보자의 필요성에 대한 바른 인식이 결여되어 그리스도만이 하나님과 인간 사이의 유일한 중보자가 되셔서 우리를 성부께로 인도하시는 분이심을 깨닫지 못하기 때문이다. 사실 로마 가톨릭 교회도 그리스도를 하나님과 인간 사이의 중보자로 여기지만, 그들은 거기서 한걸음 더 나아가 마리아와 성인들과 천사들을 우리와 그리스도 사이의 중보자로 여긴다. 이와 같이 잘못된 가르침은 마리아나 성인들이나 천사들을 숭배하는 결과를 초래하며, 이것은 사실 우상 숭배에 해당하는 것이다. 로마 가톨릭 교회의 공동 요리문답(A common Roman Catholic catechism) 속에는 19개의 찬양이 부록으로 들어 있는데, 그 가운데 여섯 개는 마리아에 대한 것이고, 두 개는 마리아의 남편 요셉을 위한 것이며, 만일 나머지 열한 개를 특정인의 것으로 본다면, 성부 하나님과 예수 그리스도 및 성령을 위한 것이다. 또한 이 문답서 내용 가운데는 성인들은 하나님과 함께 있으며 하나님께서 그들에게 우리의 기도를 알려주시기 때문에 우리의 기도를 듣는다고 주장한다. 줄잡아 말해도 이것은 우리가 기도를 통해 하나님께 나아가는 우회적인 방법이 있다는 주장밖에 되지 않는다.

(3) 왜 하나님만이 우리의 기도를 들으실 수 있는가?

하나님만이 전능하시며, 오직 그 분만이 사람의 마음을 감찰하시고 아시기 때문이다. 하나님만이 전능하시기 때문에 오직 그 분만이 어느 곳에서나 피조물의 기도를 들으실 수 있다. 기도 응답에 관한 문제는 차치하고서라도 오직 하나님만이 우리의 기도를 들으시고 마음의 소원을 아시며 우리의 진정한 필요가 무엇인지 꿰뚫어 보시는 확실하고 분명한 능력이 있는 것이다.

(4) 왜 하나님만이 사람의 죄를 용서하실 수 있는가?

사람의 도덕적 책임은 어디까지나 창조주요 심판자이신 하나님에 대한 것이다. 유대인들은 오직 하나님만이 죄를 용서하실 수 있다고 믿었는데 이는 전적으로 옳은 것이다. 우리는 오직 하나님께 범죄하였기 때문에 당사자이신 하나님만이 우리의 죄를 용서하실 수 있다. 따라서 죄 사함을 위한 회개나 기도는 하나님께 직접 해야 하며 제 삼자에게 할 수 없는 것이다. 우리는 죄란 오직 인간 사회에만 영향을 준다고 생각하는 시대에 살고 있다. 그러나 인간 사회에 대한 영향은 극히 지엽적이며 한낱 죄의 부산물에 지나지 않는다는 사실을 기억해야 한다. 더욱 실제적이고 중대한 것은 하나님께 대한 범죄이며 그것을 용서하실 수 있는 분은 오직 하나님뿐인 것이다.

(5) 왜 하나님만이 소원을 이루어 주실 수 있는가?

그것은 하나님만이 전능하시기 때문이다. 즉 오직 하나님만이 절대적이고 궁극적인 능력을 가지고 계시다는 말이다. 하나님께서는 능치 못할 일이 없으시다. 하나님께서는 불가능한 것이 없다. 우리는 우리의 기도를 이루어주실 수 있는 능력을 실제로 가지신 그 분에게 기도해야 한다. 하나님은 전능하시며, 위대하시고 영원하신 계획에 따라 만물을 다스리신다. 그러므로 우리의 기도는 반드시 그분에게 드려져야 한다.

(6) 하나님만이 신앙의 대상이 되실 수 있다는 것은 무슨 뜻인가?

이 말은 하나님만이 종교적 신앙의 대상으로 섬김을 받으실 수 있다는 의미이다. 우리는 해나 달이나 별을 믿고 천사와 마귀를 믿으며 우리 자신과 인류를 믿는다. 이 말은 이러한 것들의 존재와, 그것과 관련된 특정 사실들을 믿는다는 것을 의미한다. 그러나 우리는 이러한 것들을 종교적 신앙의 대상으로 섬기지는 않으며 단지 일반적 지식의 대상으로, 때로는 비종교적 신앙의 대상으로 믿을 뿐이다. 우리가 우체국에서 편지를 보내는 것은 우편 서비스를 믿기 때문이다. 우리는 그들을 신뢰하기 때문에 정한 기일에 편지를 수신인에게 배달해 줄 것이라고 믿는다. 그러나 이것은 일반적인 믿음이며 종교적인 믿음은 아닌 것이다.

하나님에 대해서는 그가 계신 것과 그가 전능하시고 무한하시며 영원하시고 변함이 없으신 분이라는 사실을 믿을 뿐만 아니라 종교적 신앙의 대상으로서 그의 인격을 믿는 것이다. 즉, 그를 우리의 하나님으로 믿고 우리 자신을 그에게 영원히 맡기며 우리의 모든 삶은 그의 손에 달려 있으며 인생의 목적은 하나님을 영화롭게 하고 그를 기뻐하는 것이라고 고백하는 것이다.

(7) 왜 하나님만이 예배의 대상이 되는가?

이것은 하나님만이 참 신이라는 위대한 진리에 기인하기 때문이다. 예배(종교적 예배)란 종교적 신앙의 대상에게 해당되는 말이다. 우리가 하나님은 한 분뿐이라고 믿는다면 오직 그 분만이 예배와 섬김을 받으셔야 하는 것이다.

(8) 성경에서 하나님만이 받으실 수 있는 종교적 예배의 특권을 가로채려 했던 왕은 누구인가?
다리오 왕이다(단 6:6-9).

(9) 하나님께 기도하는 것은 모든 사람의 의무인가?
그렇다. 물론 그리스도인만이 성령의 도우심을 받기 때문에 그들만이 합당한 기도를 할 수 있다. 그러나 기도는 모든 사람의 의무이다. 불신자의 기도는 중보자이신 그리스도를 통하지 아니하기 때문에 하나님을 기쁘시게 할 수 없지만, 기도를 하지 않는 것은 더욱 큰 죄가 되며 하나님을 노엽게 하는 것이다.

제180문 그리스도의 이름으로 기도한다는 것은 무슨 뜻인가?

답 그리스도의 이름으로 기도한다는 것은 그의 명령에 순종하고 그의 약속들을 신뢰하며 그의 공로를 힘입어 긍휼을 간구하는 것이다. 이것은 단순히 그의 이름을 언급하는 것으로 그치지 않고, 기도할 때 실제로 그리스도와 그의 중보를 통해 기도할 용기를 얻고, 담대함과 능력과 기도의 응답에 대한 소망을 얻는 것이다.

1) 관련성구
- 요 14:13-14; 16:24; 단 9:17: 우리는 그리스도의 이름으로 기도할 때, 그의 공로를 힘입어 긍휼을 구해야 한다.
- 마 7:21: 그의 이름을 형식적으로 언급하기만 하는 것은 그리스도의 이름으로 기도하는 것이 아니다.
- 히 4:14-16; 요일 5:13-15: 우리는 그리스도를 중보자로 하여 기도해야 한다.

2) 해설
(1) 그리스도인의 기도와 다른 기도의 차이점은 무엇인가?
그리스도인의 기도는 성육하신 예수 그리스도를 중보자로 하여 성경에 계시된 참 하나님께 기도한다는 점에서 다른 모든 기도와 구별된다. 불신자의 기도는 모두 존재하지 않는 거짓 신에게 기도하거나 중보자 없이 하나님께 직접 나아가거나 예수 그리스도가 아닌 다른 중보자를 통해 하나님께 나아가려는 것이다.

(2) 기도할 때 예수 그리스도의 이름을 언급해야 하는가?

물론이다. 우리는 언제나 그렇게 기도하는 것을 잊지 말아야 한다. 그러나 우리는 그리스도의 이름으로 기도한다는 것이 단순히 예수님의 이름으로 기도한다는 말로 기도를 마치는 것 이상이라는 사실을 깨달아야 한다.

(3) 구약시대 하나님의 백성들은 그리스도의 이름으로 기도를 했는가?

그렇다. 적어도 약속하신 구원자가 오실 것이라는 믿음을 가지고 그리스도에게 초점을 맞춘 예표적 제사를 드렸다면 그러하다. 구약시대에도 경건한 이스라엘 백성들은 오늘날과 마찬가지로 은혜 언약에 기초하여 하나님께 기도하였다. 그들의 기도는 장차 오실 메시야의 구속사역에 근거하여 하나님께 드려졌던 것이다. 이것은 모든 구약의 성도들이 이러한 진리를 분명히 알고 있었다는 말은 아니지만 어느 정도는 알고 있었음을 의미한다. 저들의 기도는 장차 있을 그리스도의 중보 사역으로 인해 하나님께 열납될 수 있었던 것이다.

(4) 그리스도의 공로를 힘입어 그에게 긍휼을 구한다는 것은 무엇을 말하는가?

그리스도의 공로를 힘입어 하나님께 긍휼을 구한다는 것은 우리의 엄청난 죄에도 불구하고 예수 그리스도께서 우리를 위해 이루신 공로를 힘입어 우리를 사랑과 은혜로 대하여 주실 것을 하나님께 간구한다는 뜻이다. 우리를 대신한 그리스도의 완전한 의의 삶과 우리의 죄를 씻어주신 그의 보혈로 말미암아 하나님께서는 우리를 자녀로 받으시고 진노와 심판 대신 사랑과 자비로 대하실 수 있는 것이다. 따라서 그리스도의 공로를 힘입어 긍휼을 구한다는 것은 우리의 구주로서 그리스도의 사역을 근거로 하나님의 긍휼을 구한다는 의미이다.

(5) 그리스도의 이름으로 기도하는 것을 막는 잘못된 생각과 마음의 태도는 무엇인가?

자신감이나 자기 의를 내세우는 태도는 자신이나 자기의 의, 자신의 선한 삶이나 행위 및 성품을 신뢰하게 만들므로 그리스도보다 자신을 더 믿고 의지하게 한다. 이런 사람들은 기도할 때 그리스도의 이름을 언급할지라도 실상은 그리스도의 이름이 아니라 자기의 이름으로 기도하는 것이다. 왜냐하면 실제로 그들은 스스로의 힘으로 하나님 앞에 설 수 있다고 생각하며 그리스도의 구속의 필요성을 인식하지 못하기 때문이다.

(6) 기도에 대한 예수님의 비유에서 자기 의로 기도한 사람은 누구인가?

바리새인이다. 바리새인과 세리의 기도에 관한 비유에서 바리새인은 자신이 다른 사람보다 의로우며 언제나 종교적 의무를 잘 준수하는 것에 대해 공개적으로 감사했던 것이다(눅 18:9-14).

(7) 우리에게는 왜 기도하라는 권면이 필요한가?

죄로 타락한 우리의 마음은 우리를 낙심과 영적 태만에 빠뜨리려는 경향이 있으므로 우리는 기도하라는 격려를 받아야 한다. 그리스도와 그의 구원 사역에 대한 우리의 지식이나 경험은 기도하기 싫어하는 우리의 본성에도 불구하고 기도하도록 격려해야 할 것이다.

(8) 기도할 때 그리스도와 그의 중보를 통해 담대함과 능력과 기도의 응답에 대한 소망을 얻는다는 것은 무슨 뜻인가?

우리는 우리를 구원하신 그리스도에 대한 믿음이 없이는 하나님께 다가갈 수 있는 어떤 담대함이나 확신도 가질 수 없다. 우리의 마음은 하나님께서 우리의 기도를 들어주실 것인가에 대한 의문으로 언제나 의심과 두려움에 차 있기 때문이다. 때로는 불신자도 기도한다. 그들은 극심한 고통 속에서 힘써 기도해 보려 하지만 사실상 어떤 담대함이나 자신감도 가질 수 없다. 왜냐하면 그리스도를 모르는 저들은 하나님께서 기도를 받으실 것이라는 어떠한 확신도 가질 수 없기 때문이다. 이와 같이 그리스도의 중보를 믿지 않는 것은 의심과 불확실성의 구름만 드리우게 할 뿐이며 자신의 기도가 열납되어 응답을 받을 수 있을 것이라는 확신을 전혀 가질 수 없는 것이다. 이러한 의심과 불확실한 느낌은 전심으로 기도하지 못하게 하는 요인이 될 수밖에 없다. 우리가 참으로 마음을 쏟아 하나님께 기도할 수 있는 것은 오직 그리스도를 통해 하나님께서 우리의 기도를 받으신다는 확신을 가질 때뿐이다.

(9) 본 조항에서 그리스도의 중보에 대해 특별히 언급하는 이유는 무엇인가?

왜냐하면, 그리스도를 훌륭한 선생이나 위대한 지도자 또는 인류의 이상으로 생각하고 다분히 감성적이고 공허한 태도로 접근하는 사람들이 많기 때문이다. 이런 사람들은 진정한 그리스도인이 아니며, 그들의 기도 역시 설사 그리스도의 이름을 언급할지라도 진정한 그리스도인의 기도라고 할 수 없는 것이다. 우리는 그리스도의 가르침에 의해 구원을 받은 것이 아니라 그의 사역, 말하자면 그의 피와 의로 말미암아 구원받았다. 그리스도의 중보 사역에 대한 믿음이 없이는 결코 진정한 구원도 없는 것이다. 예수를 인간으로 생각하여 감성적으로 숭배하는 것으로는 충분하지 않으며 결코 기독교적 신앙을 형성할 수 없다.

제181문 우리는 왜 그리스도의 이름으로 기도해야 하는가?

답 사람의 죄 및 그로 인해 생긴 하나님과의 괴리가 심히 크므로 인간은 중보자 없이는 하나님께 나아갈 수 없는바, 천하에 그리스도 한 분밖에는 그 영광스러운 중보 사역을 맡았거나 감당하기에 적합한 자가 없으므로 우리는 오직 그의 이름으로만 기도할 수 있다.

1) 관련 성구

- 요 14:6; 사 59:2; 엡 3:12: 사람은 죄로 말미암아 중보자가 없이는 결코 하나님의 거룩하신 존전에 나아갈 수 없을 만큼 하나님으로부터 멀어지게 되었다.
- 요 6:27; 히 7:25-27; 딤전 2:5; 행 4:12: 그리스도만이 하나님과 사람 사이의 중보 사역을 감당하기에 적합하신 분이시다.
- 골 3:17; 히 13:15: 우리는 오직 그리스도의 이름으로 기도해야 한다.

2) 해설

(1) 하나님과 사람 사이에는 왜 괴리가 있는가?

사람과 하나님 사이에 괴리가 생긴 것은 다음 두 가지 이유 때문이다.
① 하나님은 무한한 창조자이시지만 사람은 유한한 피조물이다.
② 하나님은 절대적으로 거룩하시지만 사람은 죄로 타락하였다.

(2) 하나님께서 인간을 창조하실 때 사람과 하나님 사이에는 어떠한 괴리가 있었으며 그 폭이 더욱 넓어지게 된 이유는 무엇인가?

인류가 창조될 때 사람은 피조물이라는 점에서 하나님과 구별된 존재였다. 창조주와 피조물의 차이는 엄청난 것이기 때문에 하나님께서 그 간격을 메워주시지 않는 한 사람은 결코 하나님을 영화롭게 하거나 기뻐할 수 없다. 따라서 하나님은 양자 사이에 행위 언약을 세우심으로 간격을 메우셨다. 인류가 범죄하기 전까지만 해도 하나님을 영화롭게 하고 기뻐하기 위해서는 일종의 약속이 필요했지만 별도의 중보자는 필요치 않았던 것이다. 그러나 아담의 불순종으로 행위 언약이 깨어진 후 하나님과 사람 사이의 괴리는 죄로 말미암아 더욱 멀어지게 되었다. 그러므로 그때부터 인간은 언약과 중보자 없이는 하나님과의 교제를 누릴 수 없게 된 것이다(신앙고백서 제7장 제1절 참조).

(3) 범죄한 인간이 하나님 앞에 나아가기 위해 중보자가 필요한 이유는 무엇인가?

하나님의 속성 가운데 하나인 절대적 거룩하심 때문이다. 이것은 하나님께서 어떤 죄로부터도 무한히 떨어져 계시며 또한 그렇게 하셔야만 한다는 것을 의미한다. 성경은 하나님께서 자신을 부인하실 수 없다고 가르친다. 만일 죄인이 중보자 없이 거룩하신 하나님 앞에 나아간다면 하나님이 자신을 부인하시는 것이 될 것이다. 즉 하나님께서 자신의 본질적인 속성인 거룩을 부정하거나 경시하시는 것이 될 것이다. 불가능한 일이지만, 만일 인간이 중보자 없이 하나님 앞에 나아간다면 죄에 대한 하나님의 진노로 말미암아 즉시 심판과 정죄가 따를 것이다.

(4) 오직 그리스도만이 하나님과 사람 사이의 중보자가 되시기에 합당한 이유는 무엇인가?

이 질문에 대한 답을 충분히 알기 위해서는 *Blue Banner Faith and Life*, vol. 1, no. 7(1946년 7-8월 호) p. 125-27을 참조하라. 중보자는 하나님인 동시에 사람이어야 하며, 따라서 한 인격 속에 하나님과 사람으로 계셔야만 하는 것이다. 이러한 자격을 갖춘 분은 오직 예수 그리스도 밖에는 없다. 천사는 하나님도 사람도 아니기 때문에 중보자가 될 수 없다. 성부 하나님도 오직 하나님이시며 사람은 아니시기 때문에 중보 사역을 맡으실 수 없다. 그리스도를 제외한 어떤 사람도 하나님이 아니기 때문에 이 사역을 수행할 수 없다. 더구나 그리스도를 제외한 모든 사람은 죄인이기 때문에 자신을 위한 중보자를 필요로 하며 따라서 다른 사람을 위한 중보자가 될 수 없는 것이다.

(5) 왜 성모 마리아나 성인들의 이름으로 기도할 수 없는가?

성모 마리아나 다른 어떤 성인도 하나님과 우리 사이의 중보 사역에 합당하지 않기 때문이다. 사실 마리아나 성인들 역시 주 예수 그리스도의 중보 사역을 통해 구원을 받고 하나님과 화목하게 된 자들이다. 우리는 마리아와 성인들의 신실한 헌신과 증거 및 그리스도를 인한 고난에 대해 귀하게 생각하지만, 오직 그리스도께만 돌려야 할 존귀와 영광을 그들에게 돌릴 수는 없는 것이다. 그들은 함께 구원 받은 동역자일뿐이며 그리스도와 같은 구원자는 아니기 때문이다.

(6) 본 조항은 하나님과 사람 사이의 중보 사역을 왜 '영광스러운 사역'이라고 했는가?

중보 사역은 인간 구원을 통해 하나님의 영광을 드러낼 뿐 아니라 구속받은 자의 영원한 영광이야말로 이 사역의 절정이기 때문이다.

(7) 본 조항의 답은 오늘날 예수 그리스도에 대한 '자유주의적' 입장과 어떻게 다른가?

본 조항의 답은 구원 사역에 있어서 예수 그리스도의 절대적 유일성을 제시한다. 그는 인류의 유일한 구주이시다. 어느 누구도 그와 나란히 할 수 없다. 그러나 오늘날 예수 그리스도에 대한 '자유주의적' 관점은 그를 인간으로 보며 다른 사람과 본질적으로 동일하지만 정도에 있어서만 차이가 날 뿐이라고 주장한다. 이러한 관점을 지닌 근대주의자들은 예수님을 지금까지 생존한 인물 가운데 가장 훌륭한 인간으로 여길지 모르지만 그들의 생각대로라면 인류는 진화적 진보에 의해 언젠가는 예수 그리스도보다 더 완전한 인간이 나타날 것이다. 철저한 근대주의자는 예수 그리스도를 믿는다고 해도 인류의 유일한 구주로서가 아니라 '하나의' 구주로 믿을 뿐이다.

(8) 사람들은 그리스도의 이름으로 기도하라는 명령을 주로 어떤 식으로 위반하고 있는가?

사람들은 예수 그리스도의 중보 없이도 하나님께 직접 다가갈 수 있다고 잘못 생각함으로 이 명령을 위반한다. 이것은 기독교 신앙의 진리를 제대로 알지 못하는 사람들 사이에서 흔히 있는 일이다. 이들은 자신의 죄나 중보자의 필요성에 대해 제대로 인식하지 못한다. 그들은 그리스도에 대한 믿음이 없기 때문에 그렇게 부를 자격도 없으면서 하나님을 '아버지'라고 부르며, 예수 그리스도의 이름 대신 그저 '아멘'이라는 말로 기도를 마치는 것이다. 이것은 자신의 이름으로 기도하는 것과 하등 다를 바 없다. 이와 같이 중보자 없이 하나님에게 다가가려 하는 사람은 자신의 이름으로 기도하려고 한다.

제182문 성령께서는 어떻게 우리의 기도를 도우시는가?
  답 우리가 마땅히 기도할 것을 알지 못하므로 성령께서 우리의 연약함을 도우셔서 누구를 위하여 무엇을 어떻게 기도할 것을 우리로 하여금 깨달을 수 있게 하심으로서 또는 이러한 본분을 바르게 수행하기 위해 필요한 이해력과 열정과 은혜를 우리 마음 가운데 불러일으키도록 역사하시고 각성시킴으로써(비록 모든 사람에게, 언제든지, 다 같은 분량으로 하는 것은 아닐지라도) 우리를 도와주신다.

1) 관련 성구
- **롬 8:26-27:** 성령께서는 우리가 바르게 기도하도록 도우신다.
- **시 10:17:** 하나님은 자기 백성들의 마음을 준비시키셔서 바르게 기도하게 하신다.
- **슥 12:10:** 하나님은 자기 백성들에게 성령을 부어주심으로 기도할 마음과 능력을 주신다.
- **엡 6:18; 유 20:** 우리는 성령으로 기도해야 한다.

2) 해설
(1) 기도할 때 성령의 도우심이 필요한 이유는 무엇인가?
우리는 영적 무지로 인해 무엇을 어떻게 기도해야 할지 모르는데다가, 영적 태만과 연약으로 인해 기도하기 싫어하고 신령과 진정으로 기도하기보다 형식적이고 위선적인 기도를 하려는 경향이 있으므로 성령의 도우심이 필요하다.

(2) 성령께서는 어떻게 우리의 영적 무지를 고치시는가?

성령께서는 성경을 통하지 않거나 그것에 덧붙여서 다른 어떤 진리를 계시하시는 것이 아니라, 우리의 영안을 뜨게 하여 이미 성경에 계시된 진리를 깨닫게 하심으로 기도에 관한 하나님의 뜻을 알게 하신다.

(3) 성령께서는 하나님께서 영생을 주시기 위해 택한 사람을 우리에게 미리 알려주셔서 그들의 구원을 위해 응답의 확신을 가지고 기도하도록 하시는가?

그렇지 않다. 누가 택한 사람인지는 오직 하나님만이 아신다. 우리는 기도나 어떤 다른 방법으로도 택자의 실제적인 구원에 관한 정보를 미리 알 수 없다. 우리는 성령께서 특정인의 구원을 위해 기도하도록 '알려주셨기 때문에' 그가 하나님께서 영생을 주시기로 작정한 자라고 단정적으로 말해서는 안 된다.

물론 성령께서 신비한 역사를 통해 하나님의 백성으로 하여금 특정인의 구원을 위해 오랫동안 전심으로 기도하게 하실 때가 있다. 이 경우 우리는 그가 결국 회개하고 그리스도에게로 돌아올 수도 있다는 소망을 가질 수는 있다. 그러나 이것은 결코 그 사람의 실제적 구원을 단정적으로 말할 수 있는 근거가 될 수는 없는 것이다. 이와 같은 기도는 모두 하나님의 주권과 그의 비밀하신 계획을 겸손히 받아들이는 자세로 행해져야 할 것이다.

택자에 대한 하나님의 작정은 창세전 영원으로부터 완성되었으며, 따라서 우리의 기도로 변경되거나 취소될 수 없는 것이다. 그러나 우리가 기도하는 사람들이 구원받지 못할지라도 그 기도는 결코 헛된 것이 아니다. 그것은 모두 심판 때에 하나님의 존귀와 영광을 위한 것이며 불신자로 하여금 더욱 변명할 수 없게 만들 것이다.

이런 점에서 히포의 어거스틴의 회심 과정은 매우 흥미롭다고 할 수 있겠다. 그의 『참회록』(Confessions), 특히 3.19-21 및 8.25-30에는 이러한 내용이 자세히 나와 있다. 어거스틴의 어머니 모니카는 그의 구원을 위해 수년 동안 기도했는데 결국 어거스틴은 32세에 그리스도께로 돌아왔던 것이다.

(4) 우리가 마땅히 기도할 것을 위해 성령께서 우리의 마음을 '각성케 하시고 역사하심'이 필요한 이유는 무엇인가?

'각성케 한다'(quickening)는 것은 '활기를 주다' 또는 '자극하다'라는 뜻을 가지고 있다. 중생한 자도 영적으로 미지근하고 나태하기 때문에 마땅히 해야 할 기도를 위해 성령님의 역사와 각성이 필요하며, 이러한 성령님의 특별한 도움이 없이는 바른 기도를 할 수 없다. 성도는 성령님의 특별하신 사역으로 말미암아 이와 같이 악한 나태함이나 무관심을 어느 정도 극복하고 바른 기도를 할 수 있는 것이다.

(5) 성령께서는 언제나 동일하게 그리스도인의 기도를 도우시는가?

아니다. 모든 그리스도인은 성령님의 도우심을 받지만 이러한 성령의 사역은 '모든 사람에게, 언제나, 동일한 수준으로' 임하는 것은 아니다. 즉 어떤 사람은 더 많은 도움을 받으며, 같은 사람이라도 때에 따라 더 많은 도움을 받기도 한다.

이와 같이 성령님의 사역이 사람마다 때마다 다른 것은 하나님의 비밀하신 계획 때문이다. 여기에는 하나님의 지혜로운 목적이 담겨 있다고 확신하지만 그것이 무엇인지는 알 수 없다. 때때로 성령께서는 우리를 겸손케 하여 자신의 연약을 알고 오직 그에게만 의지하도록 하기 위해 한동안 역사하지 않으시기도 한다.

(6) 본 조항에서 말하는 '이해력'은 무슨 뜻인가?

여기서 말하는 이해력이란 '지식적인 것'이다. 즉, 성령께서 우리가 바르게 기도하도록 하기 위해 깨닫게 하시고 이해하게 하시는 진리에 관한 것이다.

(7) 본 조항에서 말하는 '열정'은 무슨 뜻인가?

여기서 말하는 '열정'은 성령께서 우리가 바르게 기도하도록 마음에 불러일으키시는 감정이나 소원으로서, 하나님에 대한 사랑이나 감사 및 그의 이름을 높이고 그의 뜻을 이루려는 욕구와 같은 것들이 해당된다.

(8) 본 조항에서 말하는 '은혜'는 무슨 뜻인가?

여기서 말하는 '은혜'는 바른 이해력이나 열정과는 별도로 우리가 하나님을 기쁘시게 하는 기도를 하기 위해 갖추어야 할 영적 자질들을 의미한다. 이러한 '은혜'에는 겸손, 자기 부인, 하나님의 약속에 대한 믿음, 그리고 어떠한 어려움도 극복하며 연약한 육신이 우리를 어긋난 길로 들어서게 할 때에도 끝까지 기도하게 하는 인내와 같은 것들이 포함된다.

(9) '기도 책자'나 기도문에 대한 바른 태도는 무엇인가?

개혁주의 장로교 신조 제24조(The Reformed Presbyterian Testimony 24)는 이 문제에 대해 다음과 언급하고 있다. "공적 기도는 선포된 말씀을 수반해야 한다. 따라서 기도문을 읽거나 따라하는 것은 성경적이 아니며, 성령의 감동이나 은혜로 기도하는 것으로 볼 수도 없고, 다양한 교회나 성도들의 상황에 적용할 수도 없으며, 은혜의 보좌로 담대히 나아가게 하지도 못한다."

분명히 우리는 앞서 간 훌륭한 그리스도인들의 기도를 읽고 연구함으로써 유익을 얻을 수도 있지만, 우리 스스로 은혜의 보좌로 나아감에 있어서 그러한 것들에 의존해서는 안 될 것이다. 오히려 우리는 우리 자신의 말로 하나님께 열납되는 진실한 기도를 할 수 있도록 성령님의 은혜를 구해야 할 것이다. 우리는 언제나 종교적 형식주의에 빠지지 않도록 주의해야 한다.

제183문 우리는 누구를 위하여 기도할 것인가?

답 우리는 지상에 있는 그리스도의 교회 전체(무형 교회)를 위해, 교역자와 위정자를 위해, 우리 자신과 우리의 형제 및 원수를 위해, 그리고 살아 있는 모든 사람들과 장차 올 사람들을 위해 기도해야 한다.

1) 관련성구
- **엡 6:18; 시 28:9:** 우리는 지상에 있는 그리스도의 교회 전체를 위해 기도해야 한다.
- **딤전 2:1-2; 골 4:3:** 우리는 교회나 국가를 다스리는 자들을 위해 기도해야 한다.
- **창 32:11; 사 38:1-5:** 우리는 마땅히 자신을 위해 기도해야 한다.
- **약 5:16; 창 20:7, 17; 욥 42:7-8; 마 5:44:** 우리는 우리의 형제나 친구는 물론 원수를 위해서도 기도해야 한다.
- **딤전 2:1-2; 요 17:20; 삼하 7:29:** 우리는 살아 있는 모든 사람과 앞으로 올 사람들을 위해 기도해야 한다.

2) 해설

(1) 우리는 왜 지상에 있는 그리스도의 교회 전체를 위해 기도해야 하는가?

우리는 그리스도를 머리로 하는 한 몸으로서 영적 교회의 하나 됨을 위해 지상에 있는 그리스도의 교회 전체를 위해 기도해야 한다. 우리의 기도는 자신이 속한 회중이나 교파에만 한정되어서는 안 된다. 이들은 모두 그리스도의 교회에 속한 작은 분파들이다. 물론 이것은 우리가 교회의 모든 분파를 위해 세밀한 내용까지 기도해야 된다는 말이 아니라, 자신이 지체로 있는 전체 교회의 한 분파에만 도고의 기도가 한정되어서는 안 된다는 말이다. 우리는 그리스도의 교회와 그의 나라 전체를 위해 기도해야 하며, 도고문제에 있어서 결코 근시안적 마음이나 교파주의적 태도를 버려야 한다. 물론 우리는 특별한 관심과 책임을 가지고 있는 자신의 교파를 위해 기도해야 한다. 그러나 그것 때문에 지상에 있는 그리스도 교회 전체를 위해 하나님께 간구하는 보다 넓은 안목을 잃어서는 안 된다.

(2) 우리는 왜 위정자를 위해 기도해야 하는가?

교회나 국가는 하나님의 목적을 성취하기 위해 이 땅에 세워진 신적 기관으로서 이러한 임무를 수행하기 위해서는 하나님의 도우심과 축복이 필요하기 때문에 우리는 교회나 국가를 다스리는 자들, 곧 목회자나 위정자를 위해 기도해야 한다. 위정자나 목회자는 하나님의 일반은총 및 특별은총과 함께 지혜와 용기와 정직과 고결함이 필요하기 때문에 그리스도인은 이들을 위해 기도해야 하는 것이다.

(3) 자신을 위해 기도하는 것은 옳은가?

물론 그렇다. 자신을 위한 기도는 이기적인 기도와는 다르다. 우리는 자신을 위해 기도하면서도 얼마든지 이기적이지 않은 기도를 할 수 있다. 이기적인 기도를 하는 사람은 기도를 통해 죄를 범하는 것이므로 기도의 응답으로서 하나님으로부터 어떠한 축복도 받을 수 없다(약 4:3). 그러나 성경 여러 곳에는 자신을 위해 바르게 기도하는 방법이 언급되어 있다.

① 우리는 자신의 건강이나 치유, 음식, 의복, 물질적 번성, 사업의 성공 등 합당한 세상적 축복을 구할 수 있으며, 그것이 하나님의 영광을 드러내고 진정으로 우리에게 유익한 것일진대 하나님께서는 우리의 기도에 대한 응답으로 이러한 축복을 주신다.

② 우리는 언제나 자신의 영적 축복을 위해 기도해야 한다. 우리가 신실한 마음으로 겸손히 간구한다면, 하나님께서는 우리의 요구를 들어주시거나 아니면 그의 무한하신 지혜와 사랑을 통해 더 좋은 방법으로 우리의 기도에 응답하실 것이라는 확신을 가질 수 있는 것이다.

(4) 우리는 왜 원수를 위해 기도해야 하는가?

슬픈 사실이지만 우리는 이 세상에서 다른 사람의 적대감을 불러일으키지 않고 살 수 없는 것이다. 즉 원수가 없이 우리의 본분을 지키며 살 수 없다는 말이다. 가장 훌륭하고 거룩한 하나님의 백성도 이러한 삶을 살았던 것이다. 예를 들면 다윗, 엘리야, 바울, 마틴 루터(Martin Luther), 존 낙스(John Knox), 앤드류 멜빌(Andrew Melville) 및 제임스 렌윅(James Renwick) 등이 그러했다. 죄로 타락한 세상에서는 때때로 국가 간에 서로 대적이 되기도 한다. 성경은 우리에게 원수가 있어서는 안 된다고 말씀하지 않고 원수를 사랑하고 그들을 위해 기도하라고 말씀한다. 이것은 우리에게 원수가 불가피하다는 것을 말해준다.

우리의 원수가 되지 않을 수 없는 자들도 하나님의 형상으로 창조된 인간이며, 우리와 마찬가지로 그리스도의 구속을 필요로 하는 죄인들이다. 그들은 비록 우리의 원수이지만 그리스도의 구원의 능력이 미치지 못할 곳에 있는 자들은 아니다. 그러므로 우리는 그들을 위해 기도해야 한다. 이것은 그들이 하는 일이 잘 되도록 기도한다는 것이 아니라, 그들의 진정한 유익과 행복을 위해 기도해야 한다는 말이다.

(5) 원수를 위해 기도해야 한다는 것에는 우리가 그들에게 저항할 수 없다는 뜻이 포함되는가?

결코 그렇지 않다. 우리는 원수를 위해 기도해야 하지만, 그와 동시에 우리에게는 그들의 부당한 처사나 범법 행위로부터 자신과 가족 및 나라를 보호해야 할 의무가 있다. 원수를 위해 기도한다는 것은 주로 그들의 회개와 그리스도에 대한 신앙 및 그들의 구원에 관해 기도한다는 말이다. 그들의 공격이나 불의에 대해 항거하는 것 역시 하나님께서 주신 의무이다. 법에 호소할 수 있다면 그렇게 해야 하지만, 그렇지 못하다면 그들의 폭력이나 범법 행위에 물리적인 힘으로 맞서야 한다. 예를 들어 범인이 집으로 들어와 가족을 살해하겠다고 위협한다면 그를 힘으로 제압하거나 필요하다면 그를 총으로 막는 정당방위를 사용할 수도 있는 것이다. 이와 유사한 경우로, 우리는 국내외를 막론하고 나라의 공적인 대적에 대해서도 힘으로 저항할 수 있을 것이다. 그러나 우리는 그들을 증오해서는 안 되며 하나님께 자비를 베푸셔서 그들을 죄로부터 구원해 달라고 기도해야 한다.

(6) 우리는 왜 이 땅에 사는 모든 사람과 앞으로 올 사람들을 위해 기도해야 하는가?

지금 생존해 있는 사람이든 앞으로 이 땅에서 생존할 사람이든, 모든 사람은 하나님의 형상대로 창조되었으며 하나님을 영화롭게 하기 위한 목적으로 창조되었다. 또한 이들 가운데 많은 사람들은 하나님의 택함을 받은 자로 그리스도께서 대신 죽으셨으며, 때가 되면 구원을 받아 영원한 영광의 후사가 될 것이다. 그러므로 우리는 하나님께서 이들을 통해 영광을 받아주시기를 위해 기도하고, 그의 택한 백성들이 세상 끝날 까지 그리스도 안에서 하나로 모이게 될 것을 위해 기도해야 한다.

제183문 우리는 누구를 위하여 기도해야 하는가(계속)?

답 우리는 죽은 자나 사망에 이르는 죄를 범한 자들을 위해서는 기도할 수 없다.

1) 관련성구
- **삼하 12:21-23**: 우리는 죽은 자를 위해 기도할 수 없다.
- **요일 5:16**: 우리는 '사망에 이르는 죄'를 범한 자들을 위해서는 기도하지 않아야 한다.

2) 해설
(1) 죽은 자를 위해 기도하는 것이 왜 잘못된 것인가?

간단히 말하면, 구원받은 자는 그리스도와 함께 하늘에 있기 때문에 더 이상 기도가 필요치 않으며, 불신자는 지옥에 있기 때문에 우리의 기도가 아무런 효력이 없기 때문이다. 신자들의 영혼은 죽을 때 온전히 거룩하게 되어(히 12:23) 몸의 부활과 심판을 기다리며(계 6:11; 14:13) 천국에서 그리스도와 함께 완전한 안식과 평안을 누리게 된다. 이것은 우리가 이미 그들이 누리고 있는 복에 대해 하나님께 다시 구할 축복이 없으므로 그들이 우리의 기도를 필요로 하지 않는다는 사실을 분명히 보여주는 것이다.

(2) 로마 가톨릭 교회는 왜 죽은 자를 위한 기도를 인정하는가?

로마 가톨릭교회가 죽은 자를 위한 기도를 인정하는 이유는 연옥에 대한 비성경적 신앙 때문이다. 그들은 연옥을 "가벼운 죄를 범한 자들이나 자신의 죄에 대한 형벌을 다 치루지 못한 자들이 죽은 후에 잠시 고통 받는 곳"이라고 생각한다. 가톨릭교회는 살아 있는 신자들의 기도가 연옥에 있는 영혼들을 도울 수 있다고 가르친다. 우리가 믿고 있는 대로 만일 연옥에 대한 모든 개념이 비성경적이라면 연옥에 있는 영혼을 위한 기도도 당연히 사라져야 할 것이다.

(3) 개신교 신자 가운데 죽은 자를 위한 기도를 믿는 사람이 있는가?

개신교 신자들 가운데서도 죽은 자를 위한 기도를 믿는 사람이 있다. 이것은 그들이 연옥을 믿기 때문이 아니라, 죽음으로 모든 구원의 가능성은 끝난다는 성경적 가르침에 대해 모르기 때문이다. 천국과 지옥은 완전히 분리된 전혀 다른 곳이라고 믿지 않고, 단순히 '또 하나의 세상일 뿐'이라고 믿는 사람들은 죽은 자를 위해 기도할 수 없다는 사실을 이해하지 못한다. 또한 사후에 구원을 얻을 수 있는 '두 번째 기회'가 있다고 믿는 사람도 죽은 자를 위해 기도하는 것이 옳다고 생각하는 경향이 있다. 우리는 이러한 가르침이 모두 잘못되었으며 성경에 위배된다고 믿기 때문에 어떤 형태로든 죽은 자를 위해 기도하는 것을 반대하는 것이다.

(4) 성경에는 죽은 자를 위해 기도한 사례가 있는가?

없다. 하나님의 말씀 가운데는 그러한 사례가 전혀 없다.

(5) '사망에 이르는 죄'가 무엇인가?

이 표현은 요한일서 5:16에 나오는 것으로서, 일반적으로 마태복음 12:31-32

및 마가복음 3:29에 언급된 '사함 받지 못하는 죄'나 '성령을 훼방하는 죄'와 같은 뜻으로 이해된다. 이 죄는 너무 큰 죄라서 용서받지 못하는 것이 아니라, 본질상 회개와 구원하는 믿음을 거절함으로 구원의 여지를 남기지 않기 때문에 용서받지 못하는 것이다.

이것은 성령의 음성에 대해 완고하고 끈질기며 철저하게 저항하는 것으로, 결국 성령께서는 그를 자기 죄에 내버려두어 더 이상 간섭하지 않으시는 것을 말한다. 진정한 회개는 하나님의 선물로서 성령께서 마음속에 역사하심으로 오는 것으로서 성령께서 그를 버리시면 더 이상 가망이 없는 것이다. 이러한 사람은 전적으로 '완고하며' 따라서 영적인 일이나 영혼의 구원에 대해서는 더 이상 추호의 관심도 보이지 않는다.

이러한 사람의 구원은 하나님의 목적에 반하는 것으로서 전혀 불가능하기 때문에 이들을 위해 기도하는 것은 잘못된 것이다. 우리는 죄로 죽은 자들을 위해 기도할 수 없는 것과 같이 사망에 이르는 죄를 범한 자들을 위해서는 기도할 수 없는 것이다.

그러나 우리는 특정 개인에 대해 사망에 이르는 죄를 범했다고 단정하는 것은 극히 주의해야 한다. 이것은 결코 평범한 죄는 아니기 때문이다. 우리는 요한일서 5:16에 사용된 용어들에 주의해야 한다. "사망에 이르는 죄가 있으니 이에 대하여 나는 구하라 하지 않노라." 본문은 "나는 구하지 말라고 하노라"고 하지 않았다. 이것은 단지 그러한 사람에 대해 기도하라고 명하지 않겠다는 말이다. 그러므로 본문은 "나는 구하라 하지 않노라"고 말한 것이다. 그러므로 우리는 어떤 사람이 '사망에 이르는 죄'를 범하였다는 확신이 들지 않을 경우, 만일 하나님의 뜻이라면 긍휼하심으로 그를 죄와 영원한 사망에서 구원해달라고 기도하는 것이 합당할 것이다.

제184문 우리는 무엇을 위하여 기도해야 할 것인가?

답 우리는 하나님의 영광, 교회의 평화, 우리 자신과 다른 사람들의 참된 유익을 위하여 기도할 것이나 무엇이든지 불법적인 것을 위하여 기도해서는 안 된다.

1) 관련성구

- **마 6:9:** 우리는 기도할 때 먼저 무엇이 하나님의 영광을 위한 것인지를 생각해야 한다.
- **시 51:18; 122:6:** 우리는 교회의 평강을 위해 기도해야 한다.
- **마 7:11:** 우리는 자신의 유익(좋은 것)을 위해 기도해야 한다.
- **시 125:4:** 우리는 다른 사람의 유익을 위해 기도해야 한다.
- **요일 5:14; 시 66:18:** 우리는 악한 것이나 하나님의 뜻에 맞지 않는 것을 구해서는 안 된다.

2) 해설

(1) 기도할 내용을 결정할 때 가장 우선적으로 고려할 것은 무엇인가?

가장 중요한 것은 하나님의 영광이다. 이러한 사실은 주기도문의 서두를 비롯하여 성경 여러 곳에 언급되어 있다. 사람의 제일 되는 목적은 하나님을 영화롭게 하고 그를 기뻐하는 것이다. 우리는 자신의 문제나 필요나 소원을 앞세울 것이 아니라 하나님과 그의 존귀와 영광을 먼저 생각해야 한다.

(2) 우리는 하나님의 영광을 위한 것이 무엇인지 어떻게 알 수 있는가?

하나님의 영광을 위한 것이 무엇인지 아는 방법은 한 가지밖에 없는데, 그것은 하나님 뜻이 계시된 성경을 연구하는 것이다. 성경의 조명을 받지 못한 사람은 길을 잃을 수밖에 없고, 때로는 하나님의 뜻과 반대되거나 악한 일을 하나님의 영광을 위한 것으로 착각하게 되는 것이다. 입다(Jephthah)는 자신의 딸을 하나님께 번제로 드리는 것이 하나님을 영화롭게 하는 것이라고 생각하였다(삿 11:29-40). 그러나 그것은 하나님의 뜻과 반대되는 것으로, 이러한 실수는 모두 성경(모세 율법에 나타난 하나님의 법)에 대한 무지에서 비롯된 것이다. 중세 및 종교개혁시대에도 하나님을 경외하는 신실한 주의 종들이 하나님의 영광을 앞세운 종교재판을 통해 얼마나 많은 사람이 희생되었는지 모른다. 사람이 하나님의 말씀을 벗어나면, 하나님의 영광을 위한다는 명목 하에 온갖 죄악을 저지르게 되는 것이다. 우리는 성경을 바로 알지 못하면 결코 바르게 기도할 수 없다.

(3) 우리는 왜 교회의 평강을 위해 기도해야 하는가?

교회는 단순한 인간적 조직이 아니기 때문이다. 교회는 신적 기관으로써 그리스도를 머리로 하는 몸이며, 하나님이 계신 집이다. 사실 하나님의 백성들의 진정한 평강과 지구상에 거하는 모든 민족의 평화와 번영은 교회의 영적 평강과 안녕에 달려 있다. 이것은 물론 특정 교파에 관한 것이 아니라, 지상에 있는 모든 하나님의 교회를 두고 하는 말이다. 성경은 하나님께서 모든 민족에 대해, 그들이 하나님의 언약 백성(교회)을 어떻게 대하느냐에 따라 그들을 다루실 것이라고 가르친다. 하나님은 아브라함에게 "너를 축복하는 자에게는 내가 복을 내리고 너를 저주하는 자에게는 내가 저주하리니 땅의 모든 족속이 너를 인하여 복을 얻을 것이니라"(창 12:3)고 말씀하셨다. 오랜 후에 하나님은 예레미야 선지자를 통해 메대와 바사에 의한 바벨론 제국의 멸망을 선포하며, 이는 그들이 하나님의 언약 백성들을 잔인하게 대하였기 때문이라고 말씀하였다. "너는 나의 철퇴 곧 병기라 내가 너로 열방을 파하며 너로 국가들을 멸하며 내가 너로 말과 그 탄자를 부수며 너로 병거와 그 탄자를 부수며 너로 남자와 여자를 부수며 너로 노년과 유년을 부수며 너로 청년과 처녀를 부수며 너로 목자와 그 양떼를 부수며 너로 농부와 그 멍엣소를 부수며 너로 방백들과 두령들을 부수리로다 그들이 너희 목전에 시온에서 모든 악을 행한 대로 내가 바벨론과 갈대아 모든 거민에게 갚으리라 여호와의 말이니라"(렘 51:20-24). 이 놀라운 말씀은 교회가 무력으로 다른 나라와 국민들을 침공하라는 말이 아니다. 오히려 그들이 시온(교회)에 박해와 압박과 악을 행하였기 때문에 하나님께서 섭리 가운데 그들을 심판하고 멸망시키실 것이라는 뜻이다. 우리는 이것을 통해 교회의 참된 평강과 번영은 모든 민족의 평화와 번영과 매우 밀접한 관계가 있다는 사실을 알 수 있다. 시온을 축복하는 자에게 복을 주시고 그를 저주하는 자를 저주하신다는 말씀은 여전한 진리인 것이다.

(4) 우리는 무엇이 우리에게 유익한 것인지 어떻게 알 수 있는가?

우리는 성경에 계시된 내용에 대해서는 그것이 유익하다는 것을 분명히 알 수 있다. 이러한 것에 대해서 언제나 분명한 확신을 가지고 기도할 수 있다. 예를 들어 "악을 버리고 선을 행하며 화평을 찾아 따르는 것"(시 34:14)이나 "하나님께 가까이 함"(시 73:28)은 우리에게 언제나 복이 되고 유익을 준다는 사실을 안다. 우리는 거룩한 삶을 살며 그리스도를 닮아가는 것이 우리에게 영적 유익과 복이 된다는 것을 안다. 이와 같이 성경에 계시된 것은 확신을 가지고 기도할 수 있다.

문제는 성경에 분명하게 언급되지 않는 것들이다. 예를 들어 사업이나 재정적 번창, 육신적 건강, 특정 임무에 대한 성공적 수행과 같은 것들은 우리에게 유익할 수도 있고 그렇지 않을 수도 있다. 하나님의 말씀에는 특정 상황에서 이러한 것들이 진정 하나님의 영광과 우리의 유익이 될 것인지에 대해 일일이 언급되어 있지 않다. 이 경우 우리는 예수님께서 겟세마네 동산에서 "나의 원대로 마옵시고 아버지의 원대로 하옵소서"라고 기도하신 것처럼, 언제나 하나님의 뜻에 복종하는 자세로 구해야 한다. 이러한 복은 하나님의 뜻에 합당하면 우리에게 주어질 것이다. 그리고 하나님의 뜻은 오직 그의 영광과 우리에게 참된 유익을 주는 방향으로 결정될 것이다. 그러나 하나님만이 그것을 알 수 있기 때문에 우리는 그의 뜻에 복종하는 자세로 기도해야 한다. 오늘날 '신적 치유'를 주장하는 사람들은 우리가 치유를 위해 기도하는 것은 하나님의 뜻이기 때문이라고 말한다. 그러나 이러한 주장은 전혀 성경적인 주장이 아니다. 오히려 우리는 그것이 하나님의 뜻이라면 치유해 달라고 기도해야 한다.

(5) 다른 사람의 유익을 위해 기도한다는 것은 무슨 뜻인가?

다른 사람의 유익을 위해 기도한다는 것은

① 하나님의 주권과 비밀한 계획에 복종하는 자세로 그들의 구원을 위해 기도한다는 말이다.

② 그것이 참으로 하나님께 영광이 되는 경우에 한해 그들에게 세상적인 복을 내려달라고 기도한다는 뜻이다.

(6) 불법적이거나 악한 것을 위해 기도하는 것은 왜 잘못인가?

성경에는 옳고 그른 것이 분명히 나타난다. 옳은 것은 언제나 옳고 잘못된 것은 언제나 잘못된 것이다. 이처럼 옳고 그름에 대한 명백한 구분을 무시하거나 애매한 태도를 취하는 것은 하나님께 악한 것이며, 결코 그를 기쁘시게 할 수 없다. 따라서 성경은 '선을 위해 악을 행하는 것'은 잘못되었다고 말한다. 즉 우리는 잘못된 일을 통해 선을 행하려 해서는 안 된다는 말이다. 예를 들어 우리는 선의의 거짓말을 해서는 안 된다. 마찬가지로 교회 헌금이나 선교사업을 위해 복권에 당첨되기를 기도하는 것은 잘못이다. 우리는 정직하지 못하거나 도덕적으로 잘못된 일이 복을 받아 성공하거나 번성하게 해 달라고 기도해서는 안 되는 것이다.

어떤 사람은 때로는 하나님의 백성들의 악을 통해 하나님의 영광이 드러나기도 한다는 생각을 가지고 있다. 은행을 털려고 하는 강도들은 그 일에 하나님의 복을 바라는 기도를 할 수 없다. 이것은 물론 극단적인 경우이기는 하지만 이러한 원리는 모든 경우에 적용될 수 있다. 우리는 악한 일이나 잘못된 일을 위해 하나님의 복을 구할 수 없다. "내가 내 마음에 죄악을 품으면 주께서 듣지 아니하시리라"(시 66:18). 하나님은 신적 주권으로 악을 허용하시고 또한 그것을 통해 자신의 영광을 나타내기도 하시지만, 그것이 하나님께서 악을 인정하시는 것으로 받아들여져서는 안 될 것이다. 악은 그의 본질과 반대되기 때문에 하나님은 언제나 악을 미워하신다. 마찬가지로 그의 백성들도 언제나 악을 미워하고 피해야 하는 것이다.

제185문 우리는 어떻게 기도해야 하는가?

답 우리는 하나님의 위엄에 대한 엄숙한 이해와 우리 자신의 무가치함과 빈궁함과 죄를 깊이 깨닫고 통회하며 감사하고 열린 마음을 가지고 이해와 믿음, 성실, 열정, 사랑, 인애로서 하나님을 섬기며 그를 기다리며 그의 뜻에 겸손히 복종하려는 겸손한 자세로 기도해야 한다.

1) **관련성구**
   - **전 5:1-2**: 우리는 기도를 통해 하나님의 위엄을 깨닫고 기억해야 한다.
   - **창 18:27; 32:10**: 우리는 하나님 앞에서 자신의 무가치함을 자각하며 기도해야 한다.
   - **눅 15:17-19**: 우리는 자신의 필요를 바로 인식하고 기도해야 한다.
   - **눅 13:13-14**: 우리는 자신의 죄를 인식하며 기도해야 한다.

- **시 51:17; 32:5-6; 38:18:** 우리는 회개하는 심정으로 기도해야 한다.
- **빌 4:6:** 우리는 하나님께 감사하는 마음으로 기도해야 한다.
- **삼상 1:15; 2:1:** 우리는 하나님께 복을 받기 원하는 열린 마음으로 기도해야 한다.
- **고전 14:15:** 우리는 깨달음과 분별력을 가지고 기도해야 한다.
- **막 11:24; 약 1:6:** 우리는 하나님과 그의 약속에 대한 믿음을 가지고 기도해야 한다.
- **시 145:18; 17:1; 약 5:16; 딤전 2:8:** 우리는 신실함과 열정 및 하나님을 사랑하는 마음으로 기도해야 한다.
- **엡 6:18; 미 7:7:** 우리는 때가 되면 이루어주실 하나님의 응답을 기다리며 참고 기도해야 한다.
- **마 26:39; 요일 5:14-15:** 우리는 하나님의 뜻에 겸손히 복종하는 마음으로 기도해야 한다.

2) 해설

(1) '하나님의 위엄에 대한 엄숙한 이해'란 무엇인가?

여기서 '엄숙한'이란 표현은 히브리서 12:28-29의 "은혜를 받자 이로 말미암아 경건함과 두려움[경건한 두려움]으로 하나님을 기쁘시게 섬길지니 우리 하나님은 소멸하는 불이심이니라"에 나오는 '경건한 두려움'을 뜻한다. 또한 '이해'는 '자각하는 마음'을 뜻한다. '하나님의 위엄'은 모든 피조세계 위에 뛰어나신 하나님의 절대적이고 영원한 위대하심을 말한다. 따라서 우리는 이 조항을 "우리는 피조세계와 구분된 하나님의 절대적이고 영원한 위대하심에 대한 경건한 두려움을 가지고 기도해야 한다"라고 풀어 해설할 수 있는 것이다.

(2) 우리는 왜 '하나님의 위엄에 대한 엄숙한 이해'를 가지고 기도해야 하는가?

성경을 통해 우리에게 계시하신 그의 신분과 사역 때문이다. 하나님과 사람은 결코 같지 않다. 만일 하나님께서 우리와의 언약을 통해 길을 열어주지 않으셨다면 우리는 결코 하나님께 다가갈 수 없었을 것이다. 인류가 죄를 범하기 전, 아담과 하와가 하나님의 동산에서 원래의 의(original righteousness)로 살

때에도, 하나님께서 행위 언약을 통해 창조주와 피조물의 간격을 메우시지 않았다면, 그들은 결코 그와 교제할 수 없었을 것이다(신앙고백서 제7장 제1절 참조). 인류가 죄를 범하기 전에도 하나님께 다가가는 것이 어려웠다면, 하물며 피조물로서의 한계를 가지고 있을 뿐 아니라 죄로 타락한 인류의 한 지체로서 하나님과 영원히 분리된 오늘날 우리야말로 더욱 그렇지 않겠는가?

(3) 오늘날 기도에는 하나님의 위엄에 대한 경건한 두려움이 없는가?

그렇다. 하나님의 자녀 된 증거를 가진 자들조차 경건한 두려움으로 하나님께 나아가지 못하는 경우가 있다. 오늘날 공적 기도는 종종 하나님을 너무 친숙하게 대하려는 잘못을 범하고 있다. 이와 같이 잘못된 태도는 오늘날 개신교 전반에 널리 확산되어 있는 하나님의 사랑에 대한 편협한 인식에서 비롯된 것임에 틀림없다. 현대 종교는 하나님의 사랑을 강조함에 있어서 그것이 하나님의 속성 가운데 하나라는 사실을 놓치고 있는 것이다. 우리는 하나님의 위엄과 거룩하심과 공의를 잊지 말아야 한다. 우리는 하나님이 우리가 가끔 만나 어떤 태도로든 기쁘시게 할 수 있는 분이 아니라는 사실을 잊지 말아야 한다. 하나님은 무한하시고 영원하시며 변함이 없으신 창조주요 우주 만물을 다스리는 분이시다.

(4) 오늘날 종교가 하나님의 사랑만 강조하고 그의 위엄과 거룩하심에 대해서는 잊어버리는 이유는 무엇인가?

그것은 오늘날 인생관이 인본주의며 신본주의가 아니기 때문이다. 이러한 왜곡된 인본주의적 인생관은 많은 교회와 성도들의 종교적 삶에까지 침투해 들어온 것이다. 그 결과 인간에게 가치가 없다고 생각하는 것들에 대해서는 경시하고 무시하며, 인간에게 유용하다고 생각하는 것만 취하려는 경향으로 나타난 것이다. 범죄한 인간은 하나님의 사랑이 얼마나 인간에게 유익한 것인지 알기 때문에 하나님의 사랑을 강조하였다. 그러나 그들은 하나님의 위엄이 인간에게 유익을 준다고는 생각하지 않기 때문에 하나님의 위엄에 대해서는 관심을 가지지 않는다. 결과적으로 하나님에 대한 편협한 개념을 가지게 되었고 하나님을 대하는 경외심이 사라지게 된 것이다.

(5) '자신의 무가치함에 대한 깊은 인식'은 무엇을 말하는가?

이것은 하나님은 우리에게 아무런 의무도 없다는 사실에 대한 바른 인식을 말하는 것이다. 우리는 하나님의 선하심과 긍휼하심을 요구할 만한 어떤 자격도 없다. 설사 우리가 죄인이 아니라고 하더라도 우리가 하나님의 복을 받을 자격이 없다는 사실은 변함이 없다. 하나님은 아담과 행위 언약을 맺어야 할 의무가 없는 것이다. 그것은 하나님 편에서의 과분한 은혜요 자비일 뿐이다. 더구나 우리는 죄로 말미암아 하나님의 복을 받을 자격이 더욱 없어진 것이다. 죄인으로서 우리는 그럴 자격도 없을 뿐 아니라 실제로 무가치한 자들이다. 우리는 기도를 통해 하나님 앞에 나아갈 때 이러한 사실을 결코 잊지 말아야 한다. 하나님이 자신에게 무엇인가 갚아야 할 것이 있다고 생각하거나 자신이 하나님의 특별한 관심을 받아야 할 권리가 있다고 생각하는 사람은 바른 기도를 할 수 없다.

(6) '자신의 필요(부족)에 대한 깊은 인식'은 무엇을 말하는가?

이것은 자신의 개인적 필요에 대한 바른 인식을 말하는 것이다. 우리가 무엇이 부족한지를 바로 인식하지 못한다면 어리석은 기도가 될 수밖에 없을 것이다. 자신에게 필요한 것이 무엇인지 모르는데 어떻게 하나님께 무엇을 달라고 진지하게 기도할 수 있겠는가? 바리새인의 기도는 이와 같이 필요에 대한 인식 부족의 전형적인 예라고 할 수 있다. 그는 하나님께 아무 것도 구하지 아니한 채 오직 자신의 공로에 대해 찬사만 늘어놓았을 뿐이다(눅 18:11-12).

(7) 우리는 왜 '자신의 죄에 대한 깊은 인식'을 가지고 기도해야 하는가?

죄로 오염된 우리의 상황은 실제적이다. 우리가 만일 이러한 사실을 충분히 깨닫지 못한다면 하나님께 다가가려는 우리의 시도는 전적으로 잘못된 바탕 위에 놓이게 될 것이다. 우리가 자신의 실상에 관해 바로 깨닫지 못한다면 결코 기도를 통해 하나님께 제대로 나아갈 수 없을 것이다. 자신의 죄에 대한 인식이 부족한 사람은 자기의 의를 앞세운 기도를 할 수밖에 없으며, 이것은 하나님 앞에 가증스러운 일이다. 개인적 죄에 대한 깊은 인식 없이 기도하는 것은 자신을 기만하는 것이며, 이러한 기도는 결코 하나님께 열납될 수 없는 것이다.

(8) 우리는 왜 '잘못을 뉘우치고 감사하며 열린 마음으로' 기도해야 하는가?

우리가 회개하는 심정으로 기도해야 하는 이유는 자신의 죄를 고백하고 간절히 용서를 구하는 자들에게 하나님의 긍휼이 임하기 때문이다. 회개치 않는 마음 - 계속해서 죄를 범하려는 마음 - 으로 기도하는 것은 다른 모든 죄에 뻔뻔함마저 더하는 것이다(시 19:13; 68:18).

우리는 하나님으로부터 많은 축복을 받았기 때문에 감사하는 마음으로 기도해야 한다. 그러므로 이러한 것들에 대해 감사하는 마음이 없이 기도하는 것은 다른 모든 죄에 배은망덕의 죄를 더하는 것이다.

'열린 마음'은 하나님의 축복을 받고 그와 교제를 누리려는 열망과 소원을 담은 마음이다. 우리는 하나님과 그의 복에 대한 소원이 거의 없는 것처럼 기도할 것이 아니라 하나님께 가까이 나아가 그의 복을 받으려는 강하고 열정적인 소원을 가지고 기도해야 한다.

(9) '깨달음을 가지고' 기도해야 한다는 말은 무슨 뜻인가?

본 조항에 사용된 표현은 하나님의 말씀에 나타난 계시에 대한 지적 통찰력과 자신과 다른 사람의 필요에 대한 지적 통찰력을 의미한다. 이러한 지적 통찰력이 없으면 어리석은 기도가 되거나 악한 기도마저 되는 것이다. 어떤 사람은 기도를 성경 연구의 대용물이나 자신의 지성과 인식 기능의 대용물로 삼으려는 사람도 있다. 이들은 옳고 그른 것 가운데 선택을 해야 하는 상황에 직면하면 그것을 '기도거리'로 삼음으로 상황을 회피하려 한다. 기도가 하나님의 계시된 뜻을 순종하지 않으려는 도구로 사용된다면 결코 하나님께 열납되는 기도가 될 수 없을 것이다. 하나님이 아브라함에게 독자 이삭을 번제로 바치라고 했을 때 아브라함은 "이 문제를 어떻게 해야 할지 하나님의 뜻을 묻기 위해 며칠간 기도해보겠습니다"라고 하지 않았다. 그는 이미 계시된 하나님의 뜻을 즉각 순종했던 것이다. 사람들이 십계명을 지켜야 할 것인지 말아야 할 것인지에 대해 '인도하심'을 받기 위해 '기도'한다는 것은 매우 잘못된 생각이며, 이러한 기도는 어리석고 악한 것이다.

(10) 바른 기도를 위해서는 믿음이 필요한 이유가 무엇인가?

성경은 믿음이 없이는 하나님을 기쁘시게 할 수 없다고 말한다(히 11:6). 하나님께서는 우리가 믿음이라는 수단을 통해 구원과 그의 축복을 받게 하셨다. 본 조항이 말하는 믿음은 물론 참되신 하나님과 그의 말씀과 약속에 대한 믿음이다. 기도에는 바로 이러한 믿음이 필요한 것이다. 오늘날 믿음이라는 말은 종종 낙천주의, 자신감, 동료들에 대한 믿음과 같은 인간적 태도를 뜻하는 말로 사용되고 있다. 이러한 것들은 성경이 말하는 신앙적 믿음이 아니다. 오직 하나님만이 신앙적 믿음의 대상이 된다.

(11) 우리는 왜 신실함과 열정과 하나님에 대한 사랑을 가지고 기도해야 하는가?

우리가 그렇게 기도하지 않으면 우리의 기도는 진정한 기도가 될 수 없기 때문이다. 그런 기도는 위선적이고 기계적인 단어의 나열에 불과할 것이다. 바른 기도가 되기 위해서는 전심으로 기도해야만 한다.

(12) 하나님께서 우리의 기도에 응답하시는 시기와 방법에 대한 바른 태도는 무엇인가?

우리는 하나님께서 우리의 기도에 대해 그의 거룩하신 뜻에 따라 적절한 시기에 적절한 방식으로 응답하실 것이라고 기대하고 믿어야 한다. 이것은 우리의 모든 기도에서 언제나 하나님의 주권에 복종하는 태도를 유지하여야 한다는 것이다. 우리는 감히 하나님께 언제, 어떻게, 우리의 기도를 응답하실 것인지에 대해 따지는 태도를 취해서는 안 될 것이다. 우리는 하나님께서 자신의 주권적 뜻에 따라 기도에 대한 응답을 늦추실지라도 결코 낙심하거나 기도하는 것을 포기하지 말아야 한다. 우리는 그리스도인으로서의 인내심을 가지고 계속해서 '그의 응답을 바라며 인내심을 가지고' 기도해야 한다. 누가복음 18:1-8은 이에 대한 적절한 교훈을 주고 있다.

하나님께서 우리가 원하는 방식으로 응답해 주지 않으시더라도 우리는 그것이 하나님의 자비나 사랑이 부족해서가 아니라, 우리의 생각대로 응답하는 것이 결코 하나님의 영광이나 우리의 유익을 위해 적절하지 않기 때문이라는 사실을 깨달아야 한다. 하나님께서 우리가 구한 것에 대해 일시적으로나 영원히 보류하시는 것도 일종의 응답이라고 할 수 있다. 사도 바울은 자신의 '육체의 가시'를 제거해 달라고 세 번이나 기도하였으나 하나님께서는 그의 요구를 들어주시지 않았다. 대신에 그는 바울에게 "내 은혜가 네게 족하도다 이는 내 능력이 약한데서 온전하여짐이라"고 하셨던 것이다(고후 12:7-9). 그때 바울은 하나님께서 자기 종에게 이러한 '육체의 가시'를 통해 계속해서 고통을 받도록 허락하시는 것은 이유가 있다는 것을 깨달았다. 그것은 그로 하여금 너무 자고하지 않도록 하기 위함이었던 것이다(7절).

제186문 하나님께서는 기도의 의무에 관한 지시로 어떠한 법칙을 주셨는가?

답 하나님의 말씀 전체가 기도의 의무에 관한 지시로 사용되지만 특별히 지시하신 지도법칙으로는 보통 '주기도'라고 하는 우리 구주 예수 그리스도께서 제자들에게 가르치신 기도의 양식이 있다.

1) 관련성구
- 요일 5:14: 하나님의 모든 말씀은 기도의 본분에 관한 지침으로 사용된다.
- 마 6:9-13; 눅 11:2-4: 그리스도께서 제자들에게 가르치신 '주기도문'은 이러한 지침의 준거가 된다.

2) 해설

(1) 우리는 왜 기도에 관한 지침이 필요한가?

사람의 마음과 정신은 죄로 말미암아 하나님께서 주시는 지침이 없이는 제대로 기도할 수 없을 만큼 심히 타락하였기 때문에 우리에게는 바르게 기도할 수 있는 지침이 필요하다. 바른 기도를 하기 위해서는 하나님에 대해, 우리 자신에 대해, 우리가 어떻게 하나님과 화목하게 되었는지에 대해 알아야 할 뿐 아니라, 그 외에도 기도와 관련된 특별한 지시이 필요하다. 그렇지 않으면 우리외 기도는 무지하고 잘못된 기도가 될 수밖에 없다.

(2) 바른 기도를 하기 위해 필요한 지식의 원천은 어디서 얻을 수 있는가?

성경이다. 기록된 하나님의 말씀이야말로 이러한 지식을 얻을 수 있는 유일한 원천이다. 하나님의 자연 계시는 기도에 관한 지침으로는 충분치 않으며, 그것만으로 범죄한 인간의 필요를 모두 채워줄 수도 없다. 따라서 성경의 조명을 받지 않고 오직 본성으로 사는 이방인은 무지하고 잘못된 기도를 할 수밖에 없다.

(3) 성경이 기도의 지침이 되는 준거로서 제시하는 세 가지는 무엇인가?

성경은 기도의 지침이 되는 준거에 대해 다음 세 가지로 제시한다.

① 일반적인 성경의 가르침이다. 즉 성경이 하나님, 사람, 구원, 인간의 본분 등에 관해 가르치는 모든 것이다. 이러한 가르침은 하나님과의 관계에 관한 것이기 때문에 모두 기도의 주제와 연관을 가진다.

② 기도의 특정 주제에 관한 성경의 가르침이다. 구약성경도 마찬가지이지만 특히 신약성경에는 기도의 특정 주제에 관해 직접 다루고 있는 부분이 많이 있다. 우리는 이러한 말씀으로부터 어떻게 기도할 것인지에 대해 배우게 된다.

③ 그리스도께서 제자들에게 가르치신 소위 '주기도문'이다. 이것은 기도에 대한 성경의 가르침을 구체화한 것으로 우리는 이와 같이 구체적인 형식으로 제시된 기도의 모범을 통해 기도에 관한 성경의 가르침을 배울 수 있다.

(4) 소위 '주기도문'은 주님 자신의 기도라고 할 수 있는가?

물론 아니다. 그것은 주님이 제자들에게 가르치신 기도일 뿐, 주님 자신의 기도가 아니며, 그렇게 될 수도 없다. 예수 그리스도는 개인적으로 기도하실 때 이런 내용으로 기도하지 않으셨다. 왜냐하면 주기도문에는 죄를 사해달라는 내용이 있기 때문이다. 예수님은 무죄하시기 때문에 이러한 죄의식과는 무관하시다. 신약성경은 예수님이 실제로 하신 특정 기도에 대해 언급하고 있다. 그 가운데 가장 긴 것은 요한복음 17장에 언급된 기도이다. 이 기도에는 죄에 대한 의식이나 죄 사함을 간구하는 내용이 전혀 없다. '주기도문'이라는 이름은 워낙 오래 전부터 사용되었기 때문에 이 이름을 지금 바꾸기는 어렵다. 이 이름을 계속 사용하는 것은 무방하지만 동시에 우리는 예수께서 이러한 기도를 직접 하시지는 않았다는 사실을 알아야 할 것이다.

(5) 주기도문은 성경 어느 곳에 나오는가?

마태복음 6:9-13 및 누가복음 11:2-4이다.

(6) 마태복음에 나오는 주기도문과 누가복음에 나오는 주기도문의 형식이 다른 이유는 무엇인가?

예수님은 이 기도를 제자들에게 여러 번 가르치신 것으로 보인다. 누가복음의 기록은 아마도 마태복음의 구술과 다른 시기에 구술한 내용을 기록한 것으로 보인다. 따라서 두 형식 모두 맞는 것으로 보아야 한다.

다만 마태복음의 주기도문 끝부분에 나오는 내용(나라와 권세와 영광이 아버지께 영원히 있사옵나이다 아멘)과 관련하여 사본상의 진위 여부에 대한 의문은 있다. 몇몇 유력한 헬라어 사본에는 이 부분이 빠져 있으며 어순이 다른 사본도 있기 때문이다. 이 문제는 누가복음의 주기도문과 비교하여 생각하는 것이 타당할 것이다. 누가복음에는 이 부분이 생략되어 있다.

제187문 주기도문은 어떻게 사용하여야 할 것인가?

답 주기도문은 우리가 본을 따라야 할 기도를 위한 하나의 지침이자 표본으로 사용될 뿐만 아니라, 우리 자신의 실제적인 기도로도 사용할 수 있으므로 이해 믿음 경건 등 기도의 의무를 바로 이행하는데 필요한 다른 은혜를 가지고 해야 한다.

1) 관련성구

- **마 6:9:** 주기도문은 우리 자신의 기도를 위한 모범으로 사용된다.
- **눅 11:2:** 주기도문은 우리 자신의 기도로도 사용할 수 있다.
- **고전 14:15:** 주기도문은 그것을 이해하는 마음으로 해야 한다.
- **히 11:6:** 주기도문은 믿음으로 해야 한다.

2) 해설

(1) 우리는 주기도문을 어떻게 우리의 기도를 위한 모범으로 사용할 수 있는가?

① 우리는 주기도문의 특징과 내용에 자세히 유의하는 한편 그와 같은 형식으로 우리의 간구를 아룀으로 우리의 기도의 모범으로 삼을 수 있다. 우

리는 먼저 주기도문에 나타난 경외심에 주목해야 한다. 이것은 오늘날 기도에서 흔히 볼 수 있는 하나님에 대한 무례함과는 전혀 다른 것이다. 주기도문은 하나님을 우리의 '아버지'라고 부르지만 '하늘에 계신' 아버지라고 함으로 하나님의 크고 위대하심을 강조한다.

② 우리는 주기도문의 간결성과 함께 단순성과 직접성에 주목해야 한다. 주기도문에는 어떤 수식이나 미사여구도 없고 웅변적 장황함도 없다. 그것은 단순하고 간단하며 요점적이다. 이것이 타당하다는 것은 하나님께서 우리가 간구하기 전에 이미 우리의 소원과 필요를 알고 계신다는 사실을 생각하면 쉽게 알 수 있다.

③ 우리는 주기도문을 통해 하나님 중심이라는 특징을 찾아볼 수 있다. 그것은 우리 자신이나 자신의 필요에 관한 내용으로 시작하는 것이 아니라 하나님과 그의 이름, 그의 나라 및 그의 뜻에 관한 내용으로 시작한다. 이 모든 것에 대해 언급한 후에 비로소 자신의 필요에 대해 언급한다. 이것은 분명 주기도문이 '하나님 제일주의'라는 바탕 위에 세워진 기도임을 보여준다.

④ 우리는 주기도문이 우리의 영적 필요와 함께 물질적 필요에 대해서도 구하고 있으며, 오늘날 많은 사람들이 잘못 생각하고 있는 것과 달리 죄 사함을 구하고 있다는 사실에 주목해야 한다. 이와 같은 사실들은 주기도문이야말로 우리가 하나님께 열납되는 기도를 하기 위해 필요한 전형이자 표본이 된다는 것을 보여준다.

(2) 주기도문을 어떻게 우리 자신의 기도로 사용할 수 있는가?

주기도문은 그 자체로나 다른 기도와 연결하여 사용할 수 있다. 이 때 우리는 본 조항에 언급된 '이해력과 믿음과 경외심과 기타 바른 기도를 위해 필요한 은혜'를 가지고 사용해야 한다. 즉 우리는 언제나 주기도문을 기계적이고 형식적으로 사용하지 않도록 주의해야 한다는 말이다.

(3) 주기도문은 종종 어떤 식으로 남용되고 있는가?

주기도문은 앞 질문에서 언급한 바와 같이 기계적이고 형식적으로 외우는 방식으로 남용되고 있다. 주기도문을 오십 번이고 백 번이고 계속 반복함으로 유익이 있다고 생각하는 것은 그것의 진정한 본질과 바른 사용에 관해 모르기 때문이다. 이처럼 극단적인 잘못은 아니라 하더라도 오늘날 많은 사람들은 그것의 의미나 중요성에 대해 음미함이 없이 급히 외우기만 함으로서 주기도문을 남용하고 있는 것이다.

(4) 주기도문을 자신의 기도로 사용하는 것에 대해 어떠한 반대가 제기되었는가?

일부 개신교 신자들은 주기도문을 하나의 기도로 사용하는 것에 대해 기계적이고 형식적인 남용이 되기 쉽다는 이유로 반대하였다. 그들은 마태복음 6:9에 언급된 예수님의 말씀(그러므로 너희는 이렇게[after this manner: 이런 본을 따라] 기도하라)을 인용하여 주기도문은 기도의 모범으로 주신 것이며, 그것 자체가 하나의 기도가 될 수는 없다고 주장한다. 그러나 이러한 주장은 누가복음 11:2에서 예수님께서 하신 말씀(너희는 기도할 때에 이렇게 하라 아버지여...)이 주기도문을 우리 자신의 기도로 사용할 수 있다는 말씀임을 알지 못한데서 연유한다. 어떤 것이 남용될 수도 있다고 해서 그것을 적절하고 합당하게 사용하는 것조차 막아서는 안 될 것이다.

보다 심각한 것은 스코필드 관주 성경(Scofield Reference Bible)의 주석을 필두로 하는 소위 현대 세대주의(Modern Dispensationalism)에서 제기하는 반대이다. 그들은 기도 형식으로 사용된 주기도문은 옛 시대(즉 그리스도의 십자가 시대 이전 율법 시대)에 속한 것이기 때문에, 율법적이며 신약의 성도들에게는 적용되지 않는다고 주장한다(Scofield Reference Bible, 1002, 1089-90). 또한 스코필드 성경은 기도문이 그리스도의 이름으로 하는 기도가 아니며, 우리에 대한 하나님의 용서의 조건으로 다른 사람에 대한 용서를 제시하고 있는 것은 '은혜'가 아닌 '율법'의 특징이라고 주장한다(p. 1090). 따라서 이러한 스코필드 관주 성경의 가르침을 따르는 세대주의자들은 주기도문을 하나의 기도 형식으로 사용하는 것을 반대한다.

(5) 주기도문을 자신을 위한 하나의 기도로 사용하는 것을 반대하는 세대주의적 입장에 대해 어떻게 대답해야 하는가?

① 그들의 주장은 모세로부터 그리스도에 이르기까지의 기간을 은혜시대가 아니라, 율법시대라고 보는 오류를 범하고 있다. 사실 행위언약이나 또는 하나님의 뜻에 순종함으로 영생을 얻을 수 있는 기회는 아담과 하와의 범죄로 말미암아 폐지되었다. 창세기 3:15에는 하나님의 은혜로 말미암는 구원이 선포되었으며, 그 후 이 방법은 우리가 하나님께 다가갈 수 있는 유일한 길이 되었던 것이다. 모세로부터 그리스도까지는 '율법'에 근거하여 하나님께 나아가며 섬기는 시대가 아니다. 이 시기는 하나님의 은혜와 구원의 시대로서 우리는 구원의 열매로서, 그리고 하나님에 대한 감사의 표시로서 하나님의 계명에 순종하는 것이다. 십계명의 서문을 보라(출 20:1-2). 우리는 본문을 통해 계명에 대한 순종이 이미 성취된 구원, 즉 은혜에 기초하고 있는 것을 볼 수 있다. 그러므로 주기도문은 비록 예수께서 십자가를 지시기 전에 주신 것이지만 '율법'이나 행위 구원의 개념과 연결해서는 안 되는 것이다.

② 주기도문이 비록 형식적으로는 그리스도의 이름으로 기도 한 것이 아니라고 할지라도 실제로는 그리스도의 이름으로 기도한 것으로 볼 수 있다. 주기도문은 하나님을 '우리 아버지'라고 부르는데 그리스도의 구속에 근거하여 그를 통하지 아니하고 누가 하나님을 '아버지'라고 부를 수 있겠는가? 요한복음 14:6을 참조하라. "나로 말미암지 않고는 아버지께로 올 자가 없느니라."

③ 주기도문이 다른 사람에 대한 용서를 우리에 대한 하나님의 용서의 조건으로 제시한다는 주장은 사실이 아니다. "우리가 우리에게 죄 지은 자를 사하여 준 것같이(as) 우리 죄를 사하여 주옵시고"라는 구절은 "우리가 우리에게 죄 지은 자를 용서하였기 때문에(because) 우리 죄를 사하여 주옵시고"와는 다른 것이다. 앞으로 살펴볼 대요리문답 제194문이 이 구절에 대해 정확하게 해석하고 있다.

(주의: 모세로부터 그리스도의 십자가에 이르는 시대의 '율법'과 '은혜'에 관한 주제에 대한 스코필드 관주 성경의 주석내용은 정확히 규명하기 어려우며 자체적인 일관성도 결여되어 있다. 이 성경은 이스라엘이 시내산에서 율법을 '성급히' 받았다고 주장하며, 한 걸음 더 나아가 이스라엘은 은혜를

율법으로 바꾸었다고까지 주장한다[p. 20n.1]. 그러나 스코필드 박사도 다른 곳에서는 모세부터 그리스도까지의 시대에도 은혜와 구속이 있었다고 솔직히 인정하고 있다. 예를 들어, 그는 출애굽기는 '구원의 책'이며 이러한 구원은 하나님의 전적인 주권 하에 그리스도의 보혈에 의해 이루어졌다고 주장한다[p. 88n.1]. 이와 같은 일관성의 결여는 많은 성도들에게 혼란만 가중시켰던 것이다.

모세부터 그리스도까지의 시대에 있어서 율법의 기능과 관련하여, 웨스트민스터 표준 신학과 일치하는 일관성 있는 설명은 게르할더스 보스(Geerhardus Vos)의 『신구약성경신학』(Biblical Theology: Old and New Testaments[Grand Rapids: Eerdmans, 1948]), 141-45를 참조하라.

제188문 주기도문은 몇 부분으로 구성되어 있는가?

답 주기도문은 세 부분으로 구성되어 있으니 서언과 기원과 결론이다.

제189문 주기도문의 서언은 우리에게 무엇을 가르치고 있는가?

답 '하늘에 계신 우리 아버지여'라고 한 주기도문의 서언이 가르치는 바는 우리가 기도할 때에 부성적인 선하심과 우리가 받는 우리의 유익을 믿고 하나님께 나아갈 것과 경외심과 자녀 같은 태도로서 하나님을 사랑하고 그의 주권적 권세, 위엄 그리고 은혜로운 비하에 대한 이해를 가지고 하나님께 나아가는 것이며, 다른 사람들과 함께 또는 그들을 위하여 기도할 때에도 마찬가지이다.

1) 관련성구
- 마 6:9: 주기도문의 서문
- 눅 11:13; 롬 8:15: 우리는 하나님의 부성적 선하심에 대한 확신을 가지고 그에게 나이기야 한다.
- 사 64:9: 우리는 하나님의 자녀로서 경외하는 자세로 그에게 나아가야 한다.
- 시 123:1; 애 3:41: 우리는 하늘을 향한 열정을 가지고 기도해야 한다.
- 사 63:15-16; 느 1:4-6: 우리는 하나님의 주권적 능력과 위엄과 스스로 낮

아지신 은혜를 깨달으면서 기도해야 한다.
- 행 12:5; 마 18:19; 약 5:16-18: 우리는 다른 사람과 함께, 또는 그들을 위해 기도해야 한다.

2) 해설
(1) 주기도문은 어떻게 구분할 수 있는가?
주기도문은 서문("하늘에 계신 우리 아버지여")과 여섯 개의 간구 및 마지막 결론("나라와 권세와 영광이 영원히 있사옵나이다 아멘")으로 구성되어 있다.

(2) 우리는 이러한 주기도문의 구분으로부터 어떠한 교훈을 얻을 수 있는가?
우리는 주기도문의 구분을 통해 우리의 기도도 이와 유사한 방식으로 구성되어야 한다는 교훈을 얻는다.
① 무엇보다도 우리의 기도에는 질서와 진전이 있어야 한다. 질서정연한 배열이 없이 이것저것 섞어 정신없이 말해서는 안 된다. 먼저 모든 기도에는 하나님의 무한하신 위엄과 위대하심을 인정하는 '서문'이 있어야 한다. 우리는 그를 경외하는 합당한 자세로 공손히 나아가야 하며 무작정 하나님의 거룩하신 존전에 나아가 개인적 요구를 늘어놓아서는 안 된다.
② 간구의 내용은 적절히 배열되어야 한다. 즉, 하나님과 그의 존귀함과 영광, 그의 나라에 관한 내용을 먼저 언급한 후에 신상에 관한 것이나 요구 사항 및 소원에 대해 말해야 할 것이다.
③ 적절한 결론으로 끝맺어야 한다.

(3) 주기도문의 서론에 담긴 두 가지 핵심 사상은 무엇인가?
① 하나님은 자기 백성들의 아버지라는 사실과, ② 그럼에도 불구하고 하나님은 그의 백성보다 훨씬 높은 하늘의 위엄과 영광 가운데 계시기 때문에 우리와 구별된다는 것이다.

(4) 하나님을 '아버지'라고 부를 수 있는 자격이 있는 자들은 누구인가?
주 예수 그리스도의 공로로 하나님과 화목한 성도들만이 하나님을 '아버지'라고 부를 수 있다("나로 말미암지 않고는 아버지께로 올 자가 없느니라"[요

14:6]). 불신자는 주기도문을 사용할 어떤 권리도 없다. 예수 그리스도를 자신의 구주로 믿지 않는 자들에게 주기도문을 권하는 것은 그들을 현혹하여 실제로는 하나님의 자녀가 아닌데도 하나님의 자녀라고 생각하는 잘못된 착각에 빠지게 하는 것이다.

(5) 모든 사람이 다 하나님의 자녀인가?

아니다. 물론 하나님은 창조자이시고 우리는 그의 피조물이라는 본래적 의미에서 모든 인간은 하나님의 자녀라고 할 수 있다. 성경은 종종 이러한 본래적 의미에서 사람을 그의 자녀라고 언급한다(행 17:28-29). 그러나 성경에서 하나님을 자기 백성들의 아버지로, 그리고 그의 백성을 하나님의 자녀로 언급한 구절은 대부분 이와 같은 본래적 의미가 아니라, 종교적 의미에서 이들 용어를 사용하고 있다는 것을 알 수 있다. 이것은 하나님과 그의 백성들 사이에는 특별한 종교적 관계가 형성되어 있다는 것을 말해주는 것이다.

주기도문에 사용된 아버지라는 말은 종교적 의미에서 사용된 것이다. 따라서 이러한 종교적 의미에서 볼 때 모든 사람이 하나님의 자녀라는 것은 잘못된 것이다. 예수님은 일부 유대인들에게 하나님의 자녀가 아니라 마귀의 자식이라고 했다(요 8:42-44). 요한일서 3:10 및 5:18-19도 하나님의 자녀가 있는가 하면 마귀의 자녀도 있다는 것을 보여준다.

(6) 그리스도인들은 하늘에 계신 아버지에 대해 어떠한 태도를 가져야 하는가?

부성적 선하심과 자녀로서의 권리에 대해 확신하는 태도를 가져야 한다. 본 조항에 사용된 '권리'란 하나님의 선하심의 혜택을 누릴 수 있는 분깃을 의미한다. 우리는 하늘에 계신 아버지께서 우리를 사랑하시며 돌보신다는 사실과 기도를 통해 그의 보좌에 나아가는 것이 결코 헛되거나 무익한 것이 아님을 깨달아야 한다. 하나님을 아버지로서 확신하는 태도는 성령께서 우리의 마음속에서 행하시는 특별한 사역에서 비롯된 것이다(롬 8:15).

(7) 우리는 왜 경외심을 가지고 하나님께 나아가야 하는가?

하나님이 우리의 아버지라는 것은 결코 하나님과 우리가 동일한 선상에 있다는 뜻이 아니며, 또한 세상 친구와 대화하듯 우리가 마음대로 다가갈 수 있다는 뜻이 아니기 때문이다. 하나님의 부성이 그의 위엄과 영광과 주권을 무효화할 수는 없는 것이다. 즉 우리는 아무런 태도로나 스스럼없이 하나님께 나아갈 수 있다고 생각해서는 안된다. 오늘날 조심성 없고 경박하기까지 한 일부 현대인들의 기도는 극히 불손하고 무례한 것이다. 하나님의 부성과 사랑은 이와 같이 불손한 기도의 변명이 될 수 없다.

(8) '하늘을 향한 열정'은 무슨 뜻인가?

본 조항에 인용된 성경 구절은 이 표현(heavenly affections)이 '하늘을 향한 열정'(heavenward affections), 즉 하나님께서 빛과 영광 가운데 계신 천국을 향한 경건한 열망이란 의미로 사용되었음을 보여준다. 이것은 우리가 기도를 통해 잠시 동안 세상의 모든 잡념으로부터 떠나 오직 천국과 하나님의 위대하심과 영광과 능력과 지혜를 생각하며 우리의 모든 생각과 소원의 초점을 오직 하나님과 천국에만 맞추어야 한다는 것이다.

(9) '그의 주권적 능력과 위엄과 스스로 낮아지신 은혜에 대한 바른 이해'란 무슨 뜻인가?

'바른 이해'란 말은 이러한 진리들을 우리가 마땅히 행하여야 할 것으로 깨닫고 느껴야 한다는 뜻이다. 하나님을 허물없이 대할 수 있는 '친구'로 생각하는 사람은 하나님의 위엄과 능력과 스스로 낮아지신 은혜에 대한 바른 이해가 부족한 사람이다.

'하나님의 위엄'은 모든 피조물 위에 뛰어나신 그의 무한하심과 절대적인 위대하심을 뜻한다. '그의 능력'은 자신의 본성을 거스르지 않는 어떤 일도 하실 수 있는 전능하신 능력을 의미한다. '스스로 낮아지신 은혜'는 우리에 대한 어떠한 의무나 필요성이 없음에도 불구하고 자기 백성들을 위해 자발적으로 하시는 일을 말한다. 하나님은 독생자를 세상에 보내어 죄인들을 위해 죽게 하시지 않아도 되었다. 그는 어디까지나 자의적 선택으로 그렇게 하셨기 때문에 하나님 편에서 볼 때, 그것은 '스스로 낮아지신 은혜'이며 이에 대해 피조물은 어떠한 권리도 주장할 수 없는 것이다. 기도로 하나님께 나아감에 있어서 우리는 이러한 하나님에 관한 진리들을 명심해야 바른 기도를 할 수 있다.

(10) 우리는 '하늘에 계신 우리 아버지'라는 표현에 나타난 '우리'라는 복수 형태로부터 무엇을 배울 수 있는가?

우리는 이 복수 형태로부터 우리가 다른 사람들과 함께, 또한 그들을 위하여 기도해야 한다는 사실을 배울 수 있다. 기도는 개인적으로도 해야 하지만 도고와 대신 기도도 있으며 함께 연합하여 기도할 내용도 있다. 모든 그리스도인은 무형교회라고 하는 거대한 조직의 한 부분이자 그리스도의 몸에 속한 지체이다. 또한 그리스도인은 누구나 이러한 영적 조직의 다른 구성원들과 연관이 되며 다른 사람들에게 관심을 가져야 하는 것이다. 하나님이 아버지로서 우리를 대하듯이 우리도 다른 지체들과 그러한 교제를 나누어야 한다. 그러므로 우리는 기회 있는 대로 다른 사람들과 함께, 그리고 그들을 위해 기도해야 한다.

제190문 첫 기원에서 우리는 무엇을 기도하는가?

답 첫 기원인 "이름이 거룩히 여김을 받으시오며"는 우리 모든 사람들에게 하나님을 옳게 공경할 수 없는 전적 무능과 부적당함이 있음을 인정하면서 우리는 하나님께서 그의 은혜로 우리와 다른 사람들을 능하게 하사 하나님과 그의 직위, 속성, 규례, 말씀, 역사 및 자기를 알게 하시기를 기뻐하시는 무슨 일이든지 깨달아 알고 높이 존경할 수 있게 하실 것을 비는 것이다. 또 말로, 행실로 하나님을 영화롭게 할 것과 하나님께서 무신론, 무지함, 우상숭배, 신성모독과 무엇이든지 그에게 불경스러운 일을 예방하시고 제거하실 것, 그가 주관하시는 섭리로 자신의 영광을 위하여 모든 것을 지도하시고 처리하실 것을 기도한다.

1) 관련성구
- 마 6:9; 눅 11:2: 주기도문의 첫 번째 간구.
- 고후 3:5; 시 51:15: 사람은 저절로 하나님을 영화롭게 하지 못한다.
- 시 67:2-3: 우리는 하나님에 대해 알고 찬양할 수 있는 능력과 마음을 달라고 기도해야 한다.
- 시 8:1-9; 83:18; 86:10-15; 138:1-3; 145:1-10; 147:19-20; 고후 2:14-15;

살후 3:1: 우리는 하나님의 자기 계시 방식에 대해 알고 인정하고 높이 평가할 수 있는 능력과 마음을 달라고 기도해야 한다.
- **시 19:14; 103:1; 빌 1:9, 11:** 우리는 우리 모든 성도들이 생각과 언행을 통해 하나님을 영화롭게 할 수 있는 능력과 마음을 달라고 기도해야 한다.
- **왕하 19:15-16; 시 67:1-4; 74:18, 22-23; 97:7; 엡 1:17-18:** 우리는 하나님께 그를 비하하는 모든 것들을 막고 제거해 달라고 기도해야 한다.
- **대하 20:5-6, 10-12; 시 83:1-5, 13-18; 140:4, 8:** 우리는 하나님께 모든 것이 그의 영광을 드러내도록 섭리해달라고 기도해야 한다.

2) 해설

(1) 주기도문에서 '거룩히 여김을 받다'라는 단어는 무슨 뜻을 가지고 있는가?

이것은 "거룩하게 여기고 그렇게 대하다"라는 뜻을 가지고 있다. 그의 '성호'는 '하나님'이나 '주님'이나 '여호와'와 같은 단순한 호칭이 아니라, 하나님의 자기 계시의 전부를 포함하고 있는 말이다. 여기에는 협의적 의미에서의 호칭을 비롯하여 명칭, 속성, 규례, 말씀, 사역 등이 포함되어 있다. 이 모든 것들은 하나님의 자기 계시에 속하며, 따라서 거룩하게 여기고 대하여야 하는 것이다.

(2) 하나님의 이름을 거룩하게 여겨야 하는 것은 누가 해야 할 일인가?

하나님의 이름을 거룩하게 여겨야 하는 것은 모든 이성적 피조물, 즉 모든 천사와 사람들의 의무이지만, 특히 죄와 사망으로부터 구속함을 받은 성도들의 의무이다. 모든 이성적 피조물은 하나님이 자신의 창조주이므로 그의 이름을 거룩히 여겨야 하지만 구속받은 자들은 하나님이 그들의 창조주일 뿐만 아니라 구속주도 되시기 때문에 더욱 그의 이름을 거룩히 여겨야 할 의무가 있다. 그들은 하나님을 섬기고 그를 영화롭게 하기 위해 값주고 사신 바 된 자들이다.

(3) 하나님의 이성적 피조물 가운데 그의 이름을 제대로 거룩히 여길 수 있는 것은 누구인가?

범죄하지 않은 천사와 세상을 떠나 영광의 나라로 들어 간 자들은 하나님의 이름을 제대로 거룩히 여길 수 있다. 그들은 그것을 방해하는 죄성을 가지고 있지 않기 때문이다. 타락한 천사는 하나님의 이름을 거룩히 여길 수 없고 그렇게 하려는 생각조차 가지지 않다. 오직 성령의 능력으로 중생한 성도만이 하나님의 이름을 거룩히 여길 수 있다. 그러나 그것은 완전한 것은 아니며, 그 이유는 그들에게 남아 있는 타락한 본성이 그들로 하여금 여러 가지 유혹과 죄에 빠뜨리기 때문에 아무리 최선을 다해 섬겨도 부분적이고 불완전할 수밖에 없는 것이다.

본 조항은 "우리를 비롯한 모든 인간은 하나님을 바로 섬기기에 전적으로 무능하고 의지도 없다"고 말한다. 인간의 죄성과 무능력에 대한 이러한 가르침은 호응을 받지 못하고 있지만 전적으로 옳다. 참된 그리스도인조차도 스스로는 하나님을 합당하게 섬길 수 있는 능력과 마음을 가질 수 없다. 뿐만 아니라 우리 가운데 역사하시는 성령님의 역사하심조차 우리가 이 땅에서 사는 날 동안 이러한 '무능함과 의지력 상실'을 전적으로 제거하지 않고 부분적으로만 제거하신다.

(4) '하나님께서 그의 은혜로 말미암아 우리에게 능력과 자원하는 마음을 주사' 그를 바로 섬기게 해 달라고 기도한다는 것이 무슨 뜻인가?

여기서 말하는 '하나님의 은혜'는 우리의 마음에 대한 성령님의 특별하고 능력 있는 사역을 뜻하는 것으로 이러한 성령님의 사역을 통해 우리의 '전적 무능과 의지박약한' 본성이 극복되는 것이다. 이것은 첫째로 거듭남(중생)을 통하여, 둘째로 성화 과정을 통하여 점차 거룩한 마음과 삶을 살아감으로 가능하게 된다. 본 조항은 성경을 좇아 하나님을 기쁘시게 하려는 소원과 능력이 우리의 마음에 대한 성령님의 사역으로부터 온다고 가르친다(빌 2:13).

(5) 그리스도인은 어떤 식으로 하나님의 이름을 거룩히 여기지 않는가?

물론 모든 그리스도인은 하나님의 이름을 거룩히 여기는 일에 완벽하지 못하다. 사실 천국에 있는 성도들과 천사들만이 그렇게 할 수 있다. 그러나 많은 그리스도인은 습관적으로나 때때로, 하나님의 이름에 대한 불손하고 무례한 태도를 취하고 있는 것도 사실이다.

이것은 십계명의 첫 번째 네 가지 계명을 모두 위반하는 것으로, 신성을 모독하는 맹세나 저주 및 저속어('Gosh,' 'Gee,' 'Heck,' 'Darn,' 'Jeepers,' 'Cripes,' 'Dickens' 등), 하나님의 속성에 대한 남용('Goodness,' 'Mercy,' 'Gracious' 등), 하나님에 대한 의식(가정 예배나 교회의 예배, 세례, 성만찬, 교회 법, 교회나 세속 사회의 직위 등)과 관련한 태만이나 오용, 하나님의 말씀에 대한 무시나 남용(읽고 연구하지 않으며, 진지하게 대하지 않고, 왜곡하거나 악한 목적으로 사용하며, 비판하고 조소하며, 믿고 순종하지 않는 일체의 행위)과 같은 죄를 범하는 것이다.

또한 여기에는 자연 세계를 통치하시는 하나님의 사역에 대한 왜곡도 포함된다. 즉 우주는 비인격적 자연 법칙에 의해 저절로 존재하며 기능한다고 믿는 것이다. 즉 하나님을 고려하지 않은 인간의 과학으로 자연을 해석하고 이해하려고 하며, 하나님과 기독교에 대한 '중립적' 교육 체계를 유지하며, 인류 역사를 하나님의 영원하신 구속사적 계획에서 비롯된 것이 아닌 다른 것으로 이해하려 한다는 것이다.

확실히 많은 - 사실상 모든 - 그리스도인은 어느 정도 이와 같은 식으로 하나님의 이름을 거룩히 여기지 않고 있다. 하나님의 이름을 거룩히 여기는 것은 주일날 아침과 저녁 한 두 시간 동안 종교적 예배를 드리는 것으로 끝나는 것이 아니다. 그것은 참으로 평생 동안 우리의 삶 전체를 통해 생각하고 말하고 행동해야 하는 것이다. 우리는 우리의 모든 행위와 생각을 통해 하나님의 이름을 거룩하게 하거나 아니면 그렇게 하지 못하고 있는 것이다.

(6) 특별히 하나님의 이름을 거룩히 여기지 못하게 방해하는 것이 무엇인가?

모든 형태의 죄가 하나님의 이름을 거룩히 여기지 못하게 하지만 특히 몇몇 죄는 더욱 그러하다. 본 조항은 무신론, 영적무지, 우상숭배 및 신성모독이 특히 그것을 방해한다고 말한다. 여러 가지 형태의 무신론은 성경에 계시된 참 하나님을 부인하며, 그를 믿고 예배하는 것을 방해한다. 영적 무지는 참 하나님과 그의 뜻에 대한 지식이 부족한 것으로, 그의 이름을 거룩히 여기지 못하게 한다. 우상숭배는 마땅히 하나님만이 받으셔야 할 영광을 다른 것에게 돌리는 것이다. 신성모독은 거룩한 것을 세속적이거나 평범한 것으로 보고 그렇게 취급하는 것이다. 그것은 하나님을 믿고 섬기며 두려워하지 않는 태도와 삶이다. 이 모든 것은 여러 가지 형태로 하나님의 이름을 거룩하게 여기지 못하도록 방해한다. 그러므로 우리는 "이름이 거룩히 여김을 받으시오며" 라고 기도함으로써, 이와 같이 다양한 형태의 죄를 범하지 아니하고 또한 그것을 제거해주도록 기도하는 것이다.

(7) 하나님의 이름을 거룩히 여기지 않는 세상에 대한 그리스도인의 태도는 어떠해야 하는가?

그리스도인은 그러한 세상의 잘못에 대해 동조하거나 무관심하지 않도록 조심해야 한다. 그리스도인은 세상 사람들과 다르며 따라서 하나님을 무시하는 세상 풍조에 휩싸이지 않도록 유의해야 한다. 그리스도인은 한 평생을 살면서 일생 동안 모든 영역, 모든 국면, 모든 경험, 모든 삶의 세세한 부분에 이르기까지 언제나 하나님께 초점을 맞추어야 한다. 그리스도인의 삶에는 하나님께서 관계하지 않으시는 일이 없으며 하나님의 이름이 거룩히 여김을 받지 않아도 되는 곳도 하나도 없다. 그리스도인은 모든 생각과 언행에서 하나님을 영화롭게 하고 그의 이름을 거룩히 여겨야 한다. 그들은 하나님을 배제하고 그를 인정하지 않는 무신론 세상을 본받아서는 안 된다(시 10:4).

(8) 하나님은 어떻게 자신의 이름을 거룩하게 하시는가?

하나님은 세상만사를 주관하시는 섭리에 의해 자신의 이름을 거룩하게 하신다. 하나님의 섭리에는 참새 한 마리가 떨어지는 것으로부터 한 나라의 건국에 이르기까지 우주 만물 가운데 일어나는 모든 일이 포함된다. 하나님은 자신의 영광을 위하여 만물을 주관하시고 명령하신다. 이와 같이 하나님은 자신의 이름을 온전히 거룩하게 하신다. 그는 이러한 섭리로 말미암아 자기 본연의 속성과 완전하심을 드러내시는 것이다. 우리는 "이름이 거룩히 여김을 받으시오며" 라는 기도를 통해 하나님께서 섭리하심으로 모든 일이 그의 영광을 드러내는 일에 쓰임을 받도록 기도하는 것이다.

제191문 둘째 기원에서 우리는 무엇을 위해 기도해야 하는가?

답 둘째 기원인 "나라이 임하옵시며"에서는 우리 자신과 모든 인류가 본질상 죄와 사단의 주관 아래 있음을 인정하면서 우리는 죄와 사단이 나라는 파멸되고 복음이 온 세상을 통하여 보급되고 유대인들이 부르심을 받고 이방인들의 충만한 수가 들어오기를 기도해야 한다.

1) 관련성구
   - 엡 2:2-3: 인류는 본질상 사단의 지배하에 있다.
   - 시 68:1, 18; 계 12:10-11; 신 33:27; 요일 3:8: 사단의 나라는 멸망되어야 하며, 우리는 그것을 위해 기도해야 한다.
   - 살후 3:1: 우리는 복음 전파를 위해 기도해야 한다.
   - 롬 10:1: 우리는 유대인의 구원을 위해 기도해야 한다.
   - 요 17:9, 20; 롬 11:25-26; 시 67:1-7; 마 28:18-20: 우리는 이방인 가운데 하나님의 백성들의 구원을 위해 기도해야 한다.

2) 해설

(1) 그리스도와 그의 구원을 모르는 사람의 영적 상태는 어떠한가?

그리스도와 그의 구원을 모르는 사람들의 영적 상태는 죄로 가득할 뿐만 아니라 죄의 권세에 붙들린 노예와 같다. 모든 인간은 하나님 앞에서 죄인일 뿐만 아니라 악한 세력의 종이다. 사람은 죄의 종이기 때문에 선을 행할 수 없다. 그들은 하나님을 사랑하고 섬기기에 앞서 먼저 그의 아들 예수 그리스도의 구속에 의한 자유를 얻어야 한다.

(2) 본 조항은 왜 우리가 '본질상' 죄의 노예라고 말하는가?

본 조항이 '본질상'이라고 표현한 것은 우리의 죄악이 단순히 나쁜 습성이나 환경 탓이 아니라, 우리의 본성의 일부라는 것을 보여주기 위함이다. 우리는 죄의 본질을 가지고 태어났으며 처음부터 죄의 종이었으나 그리스도께서 그의 능력으로 우리를 자유하게 하신 것이었다. '본질상'이라는 표현은 바로 성경(엡 2:3)에 언급된 용어이다.

(3) 사단의 나라는 무엇을 말하는가?

'사단의 나라'는 하나님의 뜻에 반대되는 모든 것을 총칭하여 이르는 말이다. 타락한 천사의 수장인 사단은 원래의 거룩함으로부터 떨어져 나와 악의 나라의 왕이 되었다. 본 조항이 '죄와 사단의 나라'라고 한 것은 맞는 말이다. 왜냐하면 죄는 중력이나 전기와 같은 자연의 힘이 아니라, 사단이라고 하는 궁극적인 악한 인격의 조종을 받는 인격적 존재(악한 영들과 인간)에 의해 수행되기 때문이다. 죄의 나라는 사단, 또는 마귀라고 하는 실제적인 왕을 가진 실제적인 나라이다. 그러므로 이러한 마귀의 객관적 실체나 인격성에 대해 얼버무리거나 교묘히 둘러대려는 모든 시도는 성경에 배치되는 것이다.

(4) 사단은 어떻게 왕으로서 힘을 발휘하는가?

사단은 하나님의 허락에 의해서만 왕으로서의 힘을 발휘한다. 성경은 사단의 모든 활동이 하나님에 의해 통제를 받는다고 말한다. 이러한 사실은 성경 여러 곳과 특히 욥기서 처음 두 장에서 분명히 제시하고 있다. 하나님은 그의 섭리적 지혜 가운데 사단으로 하여금 특정한 힘과 특정한 일을 하도록 허락하였으나 사단은 결코 하나님께서 허락하신 것 이상 넘어갈 수 없다. 이러한 사실은 복음서에 기록된 것처럼 귀신을 쫓아내시는 예수님의 능력을 통해서도 볼 수 있다. 사단의 나라는 일시적이며 결국 완전히 망하게 될 것이다(계 12:12).

(5) 사단의 나라는 어떻게 멸망되는가?

사단의 나라는 마귀의 일을 멸하려 오신 하나님의 아들 그리스도의 사역을 통해 멸망한다(요일 3:8). 세속적이고 유물론적인 방법이나 단순히 인간적인 방법으로는 사단의 나라를 멸하는 어떤 것도 이룰 수 없다. 사단의 나라는 성령께서 하나님의 말씀을 통해 죄인을 회개시키고 신자의 성화를 돕는 사역을 통해 부분적으로 멸망하는 것이다. 그것은 예수 그리스도의 재림으로 말미암아 완전하게, 그리고 영원히 멸망할 것이다(살후 2:8). 많은 사람들은 인류 문명의 총체적 진보와 함께 교육, 문화, 과학, 발명 및 경제 사회적 진보와 조직이 사단의 나라를 위축시키거나 멸할 수 있을 것이라는 허황된 생각에 사로잡혀 있다. 이 모든 것들은 하나님의 나라와 마찬가지로 사단의 나라와도 부합되는 것들이다. 오직 그리스도의 복음만이 성령의 능력을 통해 사단의 나라를 멸할 수 있다.

(6) 우리는 사단의 나라의 멸망에 대해 어떻게 기도해야 하는가?

우리는 이 기도를 참된 신앙을 가지고 신중하게 해야 한다. 이것은 우리가 단순히 기도해서는 안 된다는 말이다. 우리는 기회 있는 대로 사단의 나라의 멸망을 위해 우리가 할 수 있는 것을 해야 한다. 이것은 우리의 믿음이 진실하다면 우리의 삶과 행위로 성취될 것이다.

(7) 우리는 왜 복음이 온 세계에 전파되도록 기도해야 하는가?

그것은 복음 전파를 통해 하나님의 선민들이 구원을 받기 때문이다(롬 10:13-15). 이 문제는 매우 중요하고 많은 방해와 여러 가지 어려움이 따르기 때문에 간절한 기도가 필요하다. 그리스도의 복음이 모든 민족에게 전파되는 것은 하나님의 뜻이다. 오늘날 어떤 나라들은 복음에 대해 문을 닫아버렸다. 우리는 하나님께서 닫힌 문을 열어주셔서 그리스도의 복음이 들어가 그 민족을 구원하게 해 달라고 기도해야 한다. 터키나 러시아 같은 나라들은 그리스도의 복음에 대해 철저히 차단하고 있으며 스페인이나 멕시코와 같은 나라도 복음 전파에 많은 제한과 방해가 있다. 요한계시록 3:7-8을 읽고 그리스도께서 복음의 문을 여시는 능력이 있다는 사실에 주목하기 바란다.

(8) 본 조항에서 유대인이 부르심을 받게 해 달라는 기도는 어떤 의미를 가지고 있는가?

여기서 말하는 부르심이란 효과적 부르심을 의미한다. 즉 그리스도께로 회개하고 돌아온다는 의미이다. 본 조항은 로마서 10:1을 인용한다. 본문에서 바울은 자신이 이스라엘의 구원을 위해 기도한다고 말한다. 로마서 11장은 언젠가 많은 유대인이 그리스도에게로 돌아올 것이라고 말한다(롬 11:13-27). 이것은 세상에 있는 모든 유대인이 그리스도에게로 돌아온다는 의미가 아니라, 그리스도를 믿는 유대인의 수가 많아질 것이라는 의미이다. 바울은 유대인이 영적으로 소경이 되었기 때문에 그리스도를 메시아로 보지 못하고 있으나 이것은 "이방인의 충만한 수가 들어오기까지"(롬 11:25) 지속될 일시적인 현상이라고 말한다. 이것이 보여주는 것은 '이방인의 충만한 수'가 '들어오면' 유대인의 소경됨이 사라지고 많은 사람들이 그리스도에게로 돌아오게 된다는 말이다. 지금까지도 유대인의 개종이 간헐적으로 있어왔지만 많은 유대인들이 예수 그리스도를 영접하는 날이 속히 오게 해 달라고 기도해야 할 것이다.

많은 유대인이 팔레스타인 땅으로 돌아오는 것과 많은 유대인이 성경의 하나님께로 돌아오는 것을 분명히 구별하는 것은 매우 중요하다. 물론 이스라엘 백성들이 거의 2000년이 지난 후에 하나님의 섭리하심으로 말미암아 다시 한 번 팔레스타인에 정착하게 된 것은 사실이다. 많은 근본주의 그리스도인이 유대를 '하나님의 백성'이라고 칭하며, 그들의 귀환을 성경 예언의 성취라고 말하는 것도 이 때문이다. 그러나 아직도 예수님을 약속된 메시아로 받아들이지 않는 유대인을 하나님의 백성이라고 주장하는 것은 잘못된 것이다. 아니, 하나님의 참 이스라엘은 그리스도의 교회이다. 즉 예수를 하나님의 그리스도로 믿는 자들인 것이다. 사도행전에서도 보듯이 교회사 초기에는 유대인들이 대세를 이루었다. 이방인은 단지 유대 교회에 접붙임 되어 "성도들과 동일한 시민이요 하나님의 권속"(엡 2:19)이 되었던 것이다. 유대인이 - 개인적으로든 단체로든 - 하나님의 메시아에게로 돌아올 때만이 우리는 그들을 '하나님의 백성'이라고 합당하게 부를 수 있을 것이다(GIW).

(9) 우리는 왜 이방인의 충만한 수가 들어오게 해 달라고 기도해야 하는가?
"이방인의 충만한 수가 들어온다"는 표현은 세계 도처에 산재한 하나님의 택한 백성 가운데 유대인을 제외한 많은 사람들이 구원을 받는다는 뜻이다. 우리가 이러한 하나님의 사역을 위해 기도해야 하는 이유는 다음 세 가지 때문이다.
① 모든 족속과 민족의 구원을 통해 하나님께서 영광을 받으시기 때문이다.
② '이방인의 충만한 수'가 빨리 차면 찰수록 유대인이 영적 소경됨을 벗고 그리스도에게로 돌아오는 시기가 더욱 빨라질 것이기 때문이다.
③ 유대인과 이방인을 포함한 모든 하나님의 백성들이 구원을 받는 시기가 빠를수록 그리스도께서 자기 백성을 죄와 고난으로부터 구원하고 영원한 영광을 주시는 시기가 앞당겨질 것이기 때문이다.

제191문 (계속) 둘째 기원에서 우리는 무엇을 위해 기도해야 하는가?

답 교회는 모든 말씀의 사역자와 규례를 갖추고 부패로부터 정화되고 세상 위정자의 칭찬과 지지를 받고 그리스도의 규례가 순수하게 시행되기를 기도한다. 아직 죄중에 있는 자들을 회개시키고 이미 회개한 자들을 바로 세우고 위로하고 믿음에 성장하고 그리스도께서 현세에서 우리의 마음을 주관하시고 속히 재림하셔서 우리도 그로 더불어 왕 노릇할 것을 기원하는 것이다. 아울러 하나님께서 권세의 나라를 이루어 이 목적을 달성하도록 온 세계에서 기쁘신 뜻대로 역사하시기를 기도한다.

1) 관련성구

- **마 9:38; 살후 3:1:** 우리는 교회가 모든 사역자와 규례를 구비할 수 있도록 기도해야 한다.
- **말 1:11; 습 3:9:** 우리는 교회가 부패로부터 정화되도록 기도해야 한다.
- **딤전 2:1-2:** 우리는 교회가 위정자로부터 지원과 지지를 받도록 기도해야 한다.
- **행 4:29-30; 엡 6:18-19; 롬 15:29-30, 32:** 우리는 교회가 부패로부터 정화되도록 기도해야 한다.
- **살후 1:11; 2:16-17:** 우리는 그리스도의 규례가 정당하게 시행되고 의도한 목적을 효과적으로 달성할 수 있도록 기도해야 한다.
- **엡 3:14-20:** 우리는 그리스도께서 이 세상에서 우리의 마음을 주관하시도록 기도해야 한다.
- **계 22:20:** 우리는 그리스도께서 속히 재림하셔서 우리와 함께 영원히 다스리시도록 기도해야 한다.
- **사 64:1-2; 계 4:8-11:** 우리는 그리스도께서 이 세상에서 자신의 능력의 나라를 왕성하게 하고 그의 은혜의 나라를 확장하며 그의 영광의 나라를 속히 임하게 해 달라고 기도해야 한다.

2) 해설

(1) 우리는 왜 교회가 모든 복음 사역자와 규례를 구비할 수 있도록 기도해야 하는가?

① 복음 사역자와 규례가 형식적이거나 위선적이지 않고 참되고 영적이며 은혜로운 것인 한, 그것은 하나님의 선물이며 또한 그들의 능력은 오직 성령님의 특별한 사역에 의한 것이다. 우리를 복음의 일군으로 부르시는 이는 성령님이시며 교회에 목사와 장로와 집사를 주시는 분도 성령님이시다. 또한 말씀 전파나 성례의 집행 및 권징의 시행과 같은 각종 규례를 제공하고 그것을 효과적으로 수행하시는 분도 성령님이시다.

② 우리가 참으로 교회가 모든 복음 사역자와 규례로 구비되기를 기도하고자 한다면 기도만하고 아무 일도 하지 않는 일은 없어야 할 것이다. 우리

는 그것을 위해 우리가 할 수 있는 일을 해야 한다. 예를 들면, 우리는 젊은이들로 하여금 복음 사역에 헌신하도록 권면해야 한다. 우리는 교회 교육이나 사역을 위해 물심양면으로 지원해야 한다. 또한 우리는 규례와 관련된 일에 직접 수종들거나 목회 사역과 교회 행정에 수고하는 사역자들을 격려하고 지원해야 한다.

(2) 교회는 왜 부패로부터 정화되어야 하는가?

물론 교회는 죄로부터 완전히 성별될 수는 없다. 그러나 교회는 실제로 부패로부터 정화되어야 한다. 이것은 어쩌다 생각나면 하는 것이 아니라 항상 그래야만 한다. 교리나 예배나 감독이나 교회 권징의 시행에는 언제나 그것을 역행하여 부패케 하려는 경향이 있다. 이러한 역행적 경향은 항상 존재하기 때문에 언제나 조심하고 강력하게 대적하지 않으면 안 되는 것이다.

교회 개혁은 일회성 행위로 끝나는 것이 아니라 하나의 지속적인 과정이 되어야 한다. 우리는 언제나 그것을 위해 일하고 기도해야 한다. 계시록 2장과 3장에 언급된 일곱 교회에 보낸 편지는 이 문제에 관한 좋은 교훈을 보여주고 있다. 지상에 있는 유형 교회가 부패로 말미암아 잠식되는 것으로부터 안전하게 보호받을 수 있을 것이라고 생각하는 안일한 신앙만큼 위험한 것은 없다. "그런즉 선 줄로 생각하는 자는 넘어질까 조심하라"(고전 10:12). 오늘날 모든 교파는 현대적 불신앙이라는 치명적 바이러스에 걸려 진리를 떠나 있기 때문에, 그들은 "교회는 기본적으로 건강하다"라고 서로 위안하며 그리스도의 복음을 위한 증인이 되지 않으려 한다. 웨스트민스처 신앙고백서 제25장 제5절 및 개혁장로교 신조 21.6을 참조하라. 오늘날 특정 교파가 자기들은 모더니즘(현대적)의 경향이 없으며 앞으로도 전혀 없을 만큼 건전하다고 주장한다면, 뻔뻔한 태도일 것이다. 그러나 오늘날 우리는 이러한 주장을 교회 안에서 심심찮게 들을 수 있다. 우리는 부패케 하는 누룩을 조심해야 한다. 우리는 언제나 교회가 그것으로부터 자신을 지키며 정화하도록 기도해야 할 것이다.

(3) 교회는 어떻게 위정자로부터 지원과 지지를 받을 수 있는가?

① 지금으로부터 350년 전 대요리문답이 작성될 당시, 이 문제는 정부당국

으로부터 예수 그리스도의 참된 유형 교회로서 인정받을 뿐만 아니라, 나라의 재정적 지원을 받을 수 있는 공식적인 교회의 설립에 초점이 맞추어졌다. 그러나 오늘날 우리는 교회와 국가의 이와 같은 관계를 더 이상 받아들이기는 어렵다.

② 그러나 우리는 국가가 종교와는 전혀 무관하며 어떤 식으로도 인정하거나 지원하지 아니하는 소위 '자유방임주의'와 같은 극단적인 관점도 배제해야 한다. "교회와 국가는 두 개의 독립된 기관이다. 기독교 종교는 둘 다 인정해야 하며… 교회와 국가는 각자의 영역이 있으며 각자가 수행해야 할 기능이 있다. 서로 상대의 영역을 침범해서도 안 된다. 그러나 신성모독과 같이 서로의 이해관계가 걸려있는 경우 양자는 협력해야 할 것이다. 그러나 어디까지나 서로 구별된 기관으로서 상호 존중하며 서로에게 해를 끼치지 않는 방법으로 협력해야 한다…"(개혁 장로교 신조 29.7). 이와 같이 우리의 표준은 교회와 국가 사이에 사법권의 절대적 분리를 가르친다. 그러나 상호 이해관계가 걸려 있는 경우에는 우호적 협력 관계를 유지해야 한다.

③ 교회는 위정자로부터 지원과 지지를 받아야 한다. 즉 교회의 권리와 자유를 누리고 안전을 보호받아야 한다. 또한 국가는 교회 재산에 대한 면세 등 '지원과 지지'를 하는 것이 마땅하다.

④ 우리의 표준은 참 교회와 거짓 교회가 모두 국가의 지원을 받아야 한다고 가르치지 않는다. 이 점에서 웨스트민스터의 표준은 종교단체나 기관과 국가의 관계에 대한 미국사회의 일반적 관점과는 다르다. 오늘날 불교 사원이나 유니테리언 교회, 유대 회당 및 이슬람 사원 역시 미국법의 보호를 받으며 대부분의 복음주의 및 정통 개신교 교회와 동등한 권리와 특권을 누리고 있다. 기독교 내 교파들 간에는 물론 기독교와 다른 종교들 사이에도 국가와 관련된 문제에 관한 한 어떤 차별도 존재하지 않는다. 이러한 상황은 확실히 웨스트민스터 총회의 성직자들이 교회가 위정자에 의해 '지원과 지지'를 받아야 한다는 주장을 할 때 염두에 두었던 것과는 많이 다르다. 그들은 진정한 교회가 당국의 지원과 지지를 받아야

한다고 생각한 것이 분명하다. 이것은 물론 여기서 다루기에는 곤란한 상당히 복잡하고 심각한 문제를 야기한다. 그러나 우리는 진정한 기독교 국가는 적어도 교파를 떠나 모든 예수 그리스도의 교회의 자유와 안전을 보장해야 한다는 원리를 건전한 것으로 받아들여야 할 것이다.

(4) 그리스도의 규례가 정당하게 시행되어야 한다는 것이 무슨 뜻이며 왜 우리는 이것을 위해 기도해야 하는가?

① 그리스도의 규례는 주로 하나님의 말씀 전파와 성례의 집행, 교회의 감독 및 권징 시행 등을 말한다.
② 이러한 규례는 그리스도께서 성경을 통해 지시하신 말씀에 따라 어떠한 인간적 요소도 배제하고 가감 없이 정당하게 시행되어야 한다.
③ 그리스도의 규례에 대한 정당한 시행 여부는 교회의 지체들이 진정으로 그것을 원하는가에 달려 있으며, 그것은 곧 그들 가운데 역사하시는 성령님의 특별하신 사역에 달려 있다고 하겠다. 그러므로 우리는 성령님께서 사람들의 마음에 역사하셔서 그들로 하여금 그리스도의 규례가 정당하게 시행될 수 있도록 간절히 바라고 기도하며, 그것을 유지해 나갈 수 있게 해 달라고 기도해야 한다. 성령님의 이러한 특별한 사역이 부분적이 되거나 전적으로 배제된다면 교회의 지체들이나 지도자는 성경이 아니라, 자신의 마음에 생각나는 대로 또는 '대중'의 요구에 따라 그리스도의 규례를 변경하게 될 것이다.

(5) 우리는 왜 그리스도의 규례가 원래 의도한 목적을 효과적으로 성취되도록 기도해야 하는가?

만일 이러한 규례가 성령님의 특별한 사역에 의해 효과적으로 수행되지 않는다면 영적 성취 대신 단순한 형식이 되고 말 것이다. "바울은 심고 아볼로는 물을 주었으되 자라게 하신 이는 오직 하나님"이라고 했다(고전 3:6). 우리는 교회의 형식적 기교나 역할을 신뢰할 것이 아니라, 생명을 주시는 성령님의 능력 있는 사역에 의존해야 할 것이다.

(6) 본 조항의 마지막 부분에서 다루고 있는 그리스도의 나라의 세 가지 영역은 무엇인가?

① 소요리문답 제102문에서 '은혜의 나라'라고 불리는 것으로 그의 백성들의 마음 가운데 있는 현재적, 영적 나라이다.

② 그의 재림과 함께 그리스도께서 영광 가운데 영원히 통치하실 나라로 소요리문답은 이것을 '영광의 나라'라고 부른다.

③ 지금 현재 이 땅에서 하늘과 땅의 모든 권세를 가지고 대적까지도 주관하시는 그리스도의 '능력의 나라'이다.

그리스도의 나라의 이러한 영역을 무시하는 것은 그리스도의 왕적 직무에 대한 잘못된, 그리고 한 쪽으로 기운 편향적인 관점에 기인하는 것이 분명하다. 이와 같이 잘못된 시각은 오늘날 매우 일반화되어 있다. 신자들 가운데는 그리스도의 현재적 영적 나라를 강조하는 사람도 있고, 그의 영원한 영광의 나라를 강조하는 사람도 있으며, 온 우주를 능력으로 다스리는 그의 현재적 통치를 강조하는 사람도 있다. 그러나 이 세 가지 영역을 모두 믿고 강조하여야만 이들 세 영역의 상호 작용을 통하여 진정한 그리스도의 나라를 이해하고 바른 성경적 관점을 가질 수 있는 것이다.

그러므로 우리는 주기도문의 두 번째 간구를 통해 은혜의 나라와 영광의 나라와 능력의 나라의 세 가지 영역 모두를 위해 기도하는 것이다. 우리는 은혜의 나라의 확장과 유지를 위해 기도하고, 영광의 나라가 속히 임하도록 기도하며, 능력의 나라가 그의 뜻을 성취하도록 기도해야 한다. 능력의 나라는 그것 자체가 목적이 아니라 은혜의 나라가 확장되며 영광의 나라가 속히 임하게 되는 수단이 된다는 사실을 잊지 말아야 한다. 이러한 본 조항의 진술은 전적으로 성경적이다.

(7) 그리스도의 재림을 속히 임하게 해 달라고 기도하는 것이 적절한가?

물론이다. 우리는 당연히 그렇게 기도해야 한다. 요한계시록 22:20 및 웨스트민스터 신앙고백서 제33장 제3절을 참조하기 바란다. 물론 우리는 그리스도의 재림이 정한 때 이전에, 즉 하나님의 모든 택한 백성들이 그리스도를 아는 지식을 가지기 전에, 임하도록 바랄 수는 없다. 그러나 우리는 정한 시간이 속히 임하도록 바라고 기도해야 한다. 이 땅에서의 교회 사역과 보다 큰 계획과 프로그램을 위하여 영광의 나라가 지연되기를 바라는 마음은 성경적 역사관에 배치되는 것이다. 성경에 따르면, 이 땅은 하나님의 영원한 나라에 들어가기 위해 준비하는 곳이다. 영원한 것이 일시적인 것에 종속될 수는 없는 것이다. 우리는 주의 재림을 간절히 바랄 뿐 아니라, 그것이 속히 임하도록 기도해야 할 것이다.

제192문 셋째 기원에서 우리는 무엇을 위하여 기도하는가?

답 셋째 기원은 "주의 뜻이 하늘에서 이룬 것같이 땅에서도 이루어지이다"이다. 이 기원은 본질상 우리 모든 사람들이 하나님의 뜻을 행하기에 전적으로 무능하고 행하려고 하지도 않을 뿐 아니라 그의 말씀에 대항하여 반역하며 그의 섭리에 대항하여 원망하고 불평하고, 육체와 마귀의 뜻을 전적으로 따르려함을 먼저 인정한다. 우리는 하나님이 그의 성령으로 우리 모든 사람들에게 우매함과 연약함과 못됨과 사악함을 제거하여 주시고 그의 은혜로 우리로 하여금 하늘에서 천사들이 하는 것과 같이 겸손과 기쁨과 충성과 근면과 열심과 성실과 꾸준함으로 범사에 하나님의 뜻을 알고 행하고 복종하기를 즐겨할 수 있게 하여 주시기를 기도한다.

1) 관련성구

- 마 6:10: 주기도문의 세 번째 간구
- 롬 7:18; 욥 21:14; 고전 2:14: 사람은 본질상 하나님의 뜻을 알고 행하기에 무능하고 또한 그렇게 하기를 싫어한다.
- 롬 8:7; 출 17:7; 민 14:2; 엡 2:2: 사람은 본래부터 하나님의 말씀과 그의 섭리를 대적하고 자신과 사단을 섬기려는 경향이 있다.
- 엡 1:17-18; 3:16; 마 26:20, 41; 렘 31:18-19: 우리는 하나님께서 그의 성령으로 말미암아 우리와 모든 사람에게서 그의 뜻을 알고 행하는 것을 방해하는 모든 것들을 제서해 달라고 기노해야 한다.
- 시 119:1, 8, 35-36; 행 21:14: 우리는 하나님께서 그의 은혜로 말미암아 그의 뜻을 알고 행하며 복종할 수 있는 능력과 마음을 주시도록 기도해야 한다.
- 미 6:8; 시 100:2; 욥 1:21; 삼하 15:25-26; 사 38:3; 시 119:4-5; 롬

12:11; 시 119:80, 112; 사 6:2-3; 시 103:20-21; 마 18:10: 우리는 하나님께서 우리로 하여금 하늘의 천사들과 같이 진실하고 완전하게 그의 뜻을 알고 행하며 복종할 수 있는 능력과 마음을 주시도록 기도해야 한다.

2) 해설

(1) 성경이 두 가지로 말하는 하나님의 뜻은 무엇인가?

① 먼저 성경은 하나님의 계시된 뜻에 대해 말한다. 이것은 그가 인류에게 주신 의무 조항이다(요 7:17).

② 성경은 하나님의 비밀하신 뜻에 대해 언급한다. 즉 하나님의 작정과 섭리에 관한 것이다. 그는 이러한 작정과 섭리를 통해 앞으로 일어날 모든 것을 예정하신다(벧전 4:19).

하나님의 계시된 뜻은 그의 교훈적 뜻이라고 부르며, 인간의 도덕적 의무의 표준이 된다. 하나님의 비밀하신 뜻은 그의 섭리적 뜻이라고도 불린다. 이것은 인간의 의무에 관한 규범이 아니며, 하나님의 섭리적 사건을 통해 드러나지 않으면 알 수 없다. 그러나 하나님의 비밀하신 뜻 가운데 일부는 성경의 예언을 통해 계시되었다.

(2) 주기도문이 말하는 하나님의 뜻이란 무엇을 말하는가?

본 조항이 주기도문의 세 번째 간구로 말하고 있는 하나님의 뜻은 하나님의 계시된 뜻과 그의 비밀하신 뜻을 모두 지칭하는 말이다. 우리는 하나님의 계시된 뜻을 알고 행하여야 한다. 또한 우리는 하나님의 비밀하신 뜻, 즉 그의 섭리적 뜻에 기꺼이 순종해야 한다. 예를 들면, 하나님의 계시된 뜻은 십계명에 순종하거나 하나님과 이웃을 사랑하게 한다. 반면에 하나님의 비밀하신 뜻에 순종한다는 것은 고난과 낙심과 고통과 사별과 같은 것들에 대해 불평하거나 하나님을 원망하지 아니하고 인내하며 견디는 것이다.

(3) 사람들은 왜 본질상 하나님의 뜻을 알고 행하기에 무능하며 또한 그렇게 하지 않으려 하는가?

인류의 타락으로 말미암아 인간의 생각과 마음이 죄로 가득하기 때문이다. 죄로 타락한 인간은 그 마음이 어두워졌기 때문에 누구든지 거듭나지 아니하면 진리를 깨닫거나 알 수 없다(롬 1:18-22; 고전 2:14). 또한 인간은 죄로 말미암아 마음이 부패하였기 때문에 악을 행하며 의를 대적하는 경향이 있다(롬 1:28-32; 엡 2:2-3). 이와 같이 죄로 말미암아 본질상 어둡고 부패한 마음에 대해 하나님께서는 성령의 능력으로 거듭나게 하심으로 치유하신다. 사람은 인간의 이성이나 과학이나 철학으로는 결코 하나님의 뜻을 알지 못하며, 생명을 주시는 성령의 사역으로 말미암아 새롭게 되지 않으면 결코 그의 뜻을 행할 수도 없다. 따라서 우리가 "뜻이 하늘에서 이룬 것같이 땅에서도 이루어지이다"라고 기도하는 것은 무엇보다 우리의 생각과 마음에 성령님께서 역사하시도록 기도하는 것이다.

(4) 사람들은 왜 하나님의 섭리에 불평하고 반역하는가?

하나님의 섭리에 불평하고 반역하는 것은 그리스도인에게서도 흔히 찾아볼 수 있는 매우 일반적인 죄이다. 가장 흔히 볼 수 있는 예는 날씨에 대한 불평이다. 참으로 신기한 것은 사람들은 일이 성공하거나 잘 풀리면 '기회'나 '행운'이나 자신의 신중함이나 근면성을 들먹이지만, 막상 일이 잘못되거나 꼬이면 하나님을 탓하고 그에게 불평하며 반역한다는 것이다. 좋은 날씨를 주시는 하나님께 한 번도 감사치 않는 사람이 폭풍우가 몰아쳐 피해를 입게 되면 하나님을 저주하는 것이다.

이와 같이 하나님의 섭리를 향한 불평이나 원망은 모두 인간의 마음속에 본래부터 있는 죄성에서 비롯된 것이다. 사람들은 하나님께서 그들에게 마땅히 행복과 번영과 건강과 여타 축복을 주셔야 한다고 착각하고 있으며, 만일 이 가운데 하나라도 상실하면 마치 하나님이 그들의 당연한 권리를 탈취해 가기라도 한 듯 대하는 것이다. 물론 그리스도인은 이러한 태도가 전적으로 악한 것임을 알고 있지만, 그럼에도 불구하고 자신도 모르는 사이에 순간순간 이런 생각이 드는 것을 깨닫고 조심하며 항상 겸손한 자세를 취해야 한다.

(5) 하나님의 뜻은 하늘에서 어떻게 이루어지는가?

하나님의 뜻은 하늘에서 거룩한 천사들과 이 세상을 떠나 온전히 거룩하게 된 성도들(히 12:23)에 의해 이루어진다. 본 조항이 설명하는 대로 하나님의 뜻이 하늘에서 온전히 이루어진다는 것은 분명하다. 하나님의 뜻을 온전히 행한다는 것은 하나님께서 요구하시는 것을 정확히 수행할 뿐 아니라, 온전한 태도와 동기(겸손, 기쁨, 충성, 근면, 열심, 성실, 인내)를 가지고 행하는 것이다. 하나님의 뜻이 하늘에서 온전하게 이루어질 수 있는 것은 하늘에는 하나님의 뜻을 온전히 이루지 못하도록 방해하는 어떤 죄나 시험도 없기 때문이다. 그리스도인은 이와 같은 하늘을 향해 가고 있다는 것은 놀라운 사실이 아닐 수 없다. 그리스도인은 언젠가 하나님 앞에 온전하고 흠 없이 설 것이다(유 24). 이와 같이 장차 우리가 신체적, 정신적, 도덕적 및 영적으로 온전하여 질 것이라는 생각은 그리스도인으로서 이 땅의 악과 싸울 때 큰 힘과 격려가 될 것이다.

(6) 우리가 이 땅에서 하늘의 천사들처럼 하나님의 뜻을 온전히 행할 수 있는가?

그렇지 않다. 우리가 지금 이 곳에서 하늘의 천사들처럼 하나님의 뜻을 온전히 행하는 것이 우리의 본분이기는 하지만 그것은 불가능한 일이다. 하나님께서 우리에게 요구하시는 것은 그의 계시된 뜻과 완전히 일치한다. 이러한 완전한 일치는 이 땅에서 가능할 수도 있었다. 아마도 아담이 금지된 실과를 먹음으로 하나님께 불순종하지 않았더라면 실제로 그렇게 되었을 것이다. 아담의 불순종은 인류를 죄와 고통 속에 빠지게 하였을 뿐만 아니라, 하나님의 뜻을 온전히 이루는 것을 불가능하게 한 것이다.

성령님의 거룩하게 하심을 입어 중생한 그리스도인일지라도 이 땅에서는 하나님의 뜻을 부분적으로 행할 수밖에 없다. 그러나 우리는 항상 하나님의 뜻을 온전히 이루기 위해 최선을 다해야 하는 것이다. 그것은 장차 올 세상에서 이루어질 것이기도 하지만 이 땅에서 우리가 행할 의무이기도 하다. 그러므로 우리는 그의 뜻을 더욱 온전히 이루어나가도록 최선의 노력을 경주해야 하는 것이다. "형제들아 나는 아직 내가 잡은 줄로 여기지 아니하고 오직 한 일 즉 뒤에 있는 것은 잊어버리고 앞에 있는 것을 잡으려고 푯대를 향하여 그리스도 예수 안에서 하나님이 위에서 부르신 부름의 상을 위하여 좇아가노라"(빌 3:13-14).

제193문 넷째 기원에서 우리는 무엇을 위하여 기도하는가?
  답 넷째 기원은 "오늘날 우리에게 일용할 양식을 주옵시고"이다. 이 기원에서는 아담의 원죄와 우리 자신의 죄로 말미암아 우리는 현세에 나타나는 모든 축복을 받을 권리를 상실하였으므로, 하나님께로부터 그 모든 것들을 빼앗기는 것이 마땅하고 우리가 이를 사용할 때에 우리에게 저주가 되어도 마땅하다는 것과 우리가 그것을 받을 공로도 없고 우리 자신의 노력으로 그것을 얻을 수도 없으며 다만 불법적으로 그것을 갈망하며 얻어 쓰기를 원하는 것을 인정한다. 우리는 우리 자신과 다른 사람들을 위하여 기도하기를, 그들과 우리가 다 합법적인 방편을 사용하여 매일 하나님의 섭리를 기다리며 거저 주시는 선물을 받되 하나님 아버지 보시기에 가장 좋게 은사의 상당한 부분을 받아 누리기를 기원한다. 그 선물을 거룩하게 잘 사용하여 만족을 누리고 계속하여 받는 중에 이 세상에서 평안을 누리고 사는데 배치되는 모든 일에서 우리를 억제해 주소서 하는 기원이다.

1) 관련성구

- **창 2:17; 3:17; 롬 8:20-22; 렘 5:25; 신 28:15-17:** 아담 안에서 그리고 우리 자신의 죄로 말미암아 우리는 이 세상에서의 모든 축복에 대한 권리를 상실하였다.
- **신 8:3:** 외적 축복은 우리의 생명을 유지시켜주지 못한다.
- **창 32:10; 신 8:17-18:** 우리 자신의 노력으로는 하나님의 축복을 받을 수 없다.
- **렘 6:13; 막 7:21-22; 호 12:7; 약 4:3:** 우리의 마음은 죄로 가득하기 때문에 외적 축복을 불법적으로 바라고 취하며 사용하려 한다.
- **창 43:12-14; 28:29; 엡 4:28; 살후 3:11-12; 빌 4:6:** 우리는 하나님의 뜻과 법에 복종하여 이 땅에서의 외적 축복을 적절히 누릴 수 있게 해 달라고 기도해야 한다.
- **딤전 4:3-5; 6:6-8:** 우리는 하나님께서 우리가 세상적 복을 합법적으로 사용함에 있어서 복을 주시도록 기도해야 한다.
- **잠 30:8-9:** 우리는 이 땅에서 우리의 진정한 유익과 복에 배치되는 모든 것들을 물리치도록 기도해야 한다.

2) 해설

(1) 모든 사람은 생명과 자유와 행복을 추구할 권리를 가지고 있다는 것은 사실인가?

이것은 어디까지나 사회적 영역 안에서만 유효한 것이다. 사람은 누구나 이웃으로부터 부당한 간섭을 받지 않고 생명과 자유와 행복을 추구할 사회적 권리를 가지고 있다. 그러나 인간 사회의 영역 안에서도 생명과 자유에 대한 권리는 범죄 행위에 대한 사법적 형벌을 통해 빼앗길 수 있는 것이다. 예를 들어 살인자는 더 이상 생명과 자유를 누릴 권리가 없다.

그러나 하나님과의 관계에 있어서 이와 같은 생명과 자유와 행복을 추구할 권리를 모든 사람들이 가지는 것은 아니다. 인간이 가진 모든 권리는 죄로 말미암아 상실하고 말았다. 먼저는 모든 인류에게 들어온 아담의 죄 때문이고, 그 다음은 각 사람이 범한 죄 때문이다. 이와 같이 모든 사람은 하나님에 대해 어떤 권리도 주장할 수 없다. 하나님은 그들에 대해 어떤 의무도 지고 있지 않는 것이다.

(2) 만일 하나님께서 일체의 구원 행위 없이 인류를 엄격한 공의로 대하신다면 어떻게 될 것인가?

인간의 삶은 즉시 불가능할 것이다. 비와 햇빛, 음식과 의복, 가정과 평안 등 모든 축복은 사라지고 건강은 질병으로, 생명은 죽음으로 변할 것이기 때문이다. 인류는 이 모든 축복에 대한 권리를 상실하였다. 범죄한 인간이 이와 같이 세상적 축복을 계속해서 누리는 것은 오직 하나님의 은혜와 긍휼 때문이다.

(3) 하나님은 모든 사람에게 행복과 번영을 주셔야만 하는 의무가 있는가?

아니다. 하나님께서 모든 사람에게 갚으실 것은 공의뿐이다. 죄로 타락한 인생에게 하나님의 공의는 진노와 저주와 형벌을 의미한다. 우리는 하나님께서 우리를 공의와 함께 은혜로 대하신다는 사실에 감사해야 한다.

(4) 왜 세상적 축복이 우리의 삶을 유지시켜주지 못하는가?

우리는 하나님을 의지하지 않을 수 없는 존재이다. 우리의 생명은 매 순간 그의 손에 달려 있다. 세상적인 것들의 진정한 유익은 오직 하나님의 섭리에 달려 있다. 하나님의 특별하신 섭리가 없다면 음식은 굶주린 자에게 생명을 주지 못하며 의약은 환자에게 건강을 주지 못한다. 떡이 돌보다 더 많은 영양을 주는 것은 오직 하나님의 섭리하심 때문이다. 우리는 삶의 순간순간마다 하나님의 섭리에 의존하고 있다는 사실을 잊고 산다. 우리는 우리에게 물질을 주시는 하나님을 의지하기보다 물질 자체를 더 의지한다. 이것은 우상숭배의 한 형태가 되었으며 그리스도인조차 종종 그러한 잘못을 범한다. 우리는 세상적인 것들을 사용할 때 그것들을 주시고 그것이 우리에게 유익을 주도록 축복하시는 하나님을 믿고 신뢰해야 하는 것이다.

(5) 우리는 왜 우리 스스로의 노력으로 필요한 것을 얻을 수 없는가?

사람이 스스로의 힘으로도 살아갈 수 있다고 생각하는 것은 죄로 타락한 인간의 마음에 떠다니는 헛된 망상일 뿐이다. 우리가 스스로의 노력으로 필요한 것을 얻을 수 없는 이유는, 무엇보다도 우리의 노력이 언제나 하나님의 섭리에 달려 있기 때문이다. 우리의 호흡이나 심장 박동, 신경조직과 근육의 기능 및 사고력이나 의사결정 능력은 모두 하나님의 섭리에 절대적으로 의존한다. 우리는 하나님을 떠나서는 아무 것도 할 수 없는 존재이다. 우리는 오직 하나님 안에서 살고 기동하며 존재할 수 있는 것이다.

(6) 우리는 왜 세상적 축복을 불법적으로 바라고 취하며 사용하는가?

죄로 부패한 마음 때문이다. 그것은 날마다의 삶 가운데 생각과 말과 행동으로 죄를 범하게 한다. 중생한 신자도 이 땅에서는 완전히 성화될 수 없다. 우리는 마음에서 우러나오는 죄의 정욕이나 유혹과 날마다 싸워야 하며, 이와 같이 주의하지 않으면 더 큰 죄에 빠지게 된다.

(7) "합법적인 수단을 사용하도록 날마다 하나님의 섭리를 앙망한다"는 것은 무슨 뜻인가?

이러한 표현은 보석과 같은 성경의 가르침에 해당한다.

① 이것은 우선 우리 자신의 능력이나 행위에 의지하지 말고 오직 하나님의 섭리를 신뢰한다는 뜻이다. 즉 우리의 삶을 섭리로 주관하시는 하나님을 의지한다는 것이다. 우리는 하나님께서 그의 거룩하신 뜻을 따라 정한 때에 우리를 축복하실 것이라는 사실을 깨달으면서 날마다 하나님의 섭리

를 앙망해야 한다. 그러므로 우리는 불신앙이나 조급한 마음을 버려야 한다. 하나님께서 적절한 때가 될 때까지 미루고 계실 때에는 그것을 즉시 달라고 요구해서는 안 되는 것이다.

② 우리는 하나님을 신뢰하는 동안 게으르거나 아무런 행동도 취하지 않아서는 안되며 모든 방법과 수단을 강구해야 한다. 아플 때에는 하나님의 뜻이면 우리를 낫게 해 주실 것이라고 믿는 한편 최상의 의학적 조치를 이용해야 하는 것이다. 만일 우리가 풍성한 추수를 위해 하나님을 앙망한다면 땅을 경작하고 씨를 뿌리는 수고를 해야 하는 것이다. 우리는 하나님께서 우리의 수고와 노력을 없이해 주실 것을 기대해서는 안 된다.

③ 우리는 오직 합법적인 방법만 사용해야 한다. 우리는 하나님의 도덕법을 어기면서 사건을 수습하려 해서는 안 된다. 우리는 총명함과 정직한 일을 통해 기업이윤을 추구해야 하며, 결코 부정직이나 거짓이나 속임수를 쓰거나 타인에게 불의를 행하면서 이윤을 추구해서는 안 되는 것이다.

(8) 세상적 축복은 왜 하나님의 자녀들에게 거저 주시는 선물인가?

그것이 거저 주시는 선물인 이유는 우리 스스로는 그것들을 얻을 수도 없고 그럴 자격도 없기 때문이다. 세상적 축복은 하나님의 자녀들을 위해 주 예수 그리스도로 말미암아 값 주고 사신 것이다(개혁 장로교 신조 10.5). 그 모든 것은 그리스도의 것이기 때문에 우리에게 선물로 주시는 것이다.

(9) 우리와 타인을 위해 재정적 번영과 같은 세상적 축복을 구하는 것이 옳은가?

물론이다. 그것은 정당하며 또 우리는 마땅히 그렇게 해야 하지만 다만 하나님의 뜻에 복종하는 자세로 구해야 한다. 우리는 물질적 번영이나 그와 유사한 세상적 축복을 위해 기도할 때, 그것을 주시는 것이 하나님의 뜻이라면 달라고 기도해야 할 것이다.

(10) 세상적 축복에 대한 '적절한 분량'은 무슨 뜻인가?

이 표현은 우리의 진정한 현세적 행복과 영적인 유익을 위해 필요한 만큼의 세상적 축복을 공급해 달라는 것이다. 하나님께서 자기 백성을 모두 백만장자로 만들어야 하신다면 우리 모두에게 진정한 복이 되지 못할 것이다. 한편으로는 대부분의 경우 끔찍한 가난도 우리에게 진정한 복이 되지 못하는 것이 사실이다. 대부분의 경우 하나님은 자기 백성들에게 적절한 분량의 세상적 복을 주시며, 우리는 그것이 우리를 위한 최선의 것이라는 결론을 내릴 수 있다. 우리는 '부자가 되려는' 욕심이나 '빨리 부자가 되려는' 야망을 품어서는 안 된다. 세상적 부에 대한 그리스도인의 이상은 '검소하고 적절한' 분량이 되어야 한다. 하나님은 어떤 사람에게는 큰 부를 주시기도 하지만 우리 모두가 그것을 구해서는 안 될 것이다.

(11) 우리는 왜 하나님이 주신 것들에 만족해야 하는가?

만일 우리가 만족하지 못한다면 하나님의 축복을 누리거나 감사할 수 없을 것이기 때문이다. 우리가 만일 만족하는 마음이 없으면 우리에게 주신 모든 축복은 시험이나 저주가 될 것이다. 만족이야말로 하나님께서 성령님을 통하여 우리 안에서 역사하실 수 있는 마음의 자세이다. 우리는 그에게서 이러한 축복을 구해야 한다. "있는 바를 족한 줄로 알라"(히 13:5). "어떠한 형편에든지 내가 자족하기를 배웠노니"(빌 4:11). "그러나 지족하는 마음이 있으면 경건이 큰 이익이 되느니라"(딤전 6:6).

제194문 다섯째 기원에서 우리는 무엇을 위하여 기도하는가?

답 다섯째 기원은 "우리가 우리에게 죄지은 자를 사하여 준 것같이 우리 죄를 사하여 주옵시고"이다. 여기에서는 우리 모든 사람들이 원죄와 본죄의 죄책을 지니어 하나님의 공의에 빚진 자가 되었다는 것을 먼저 인정한다. 우리나 다른 아무 피조물이라도 그 죄의 빚을 조금도 갚을 수 없다는 것을 인정하는 것이다.

1) 관련성구
- 마 6:12; 눅 11:4: 주기도문의 다섯 번째 간구
- 롬 3:9-22; 마 18:24-25; 시 130:3-4; 51:5; 요일 1:8, 10: 우리와 모든 인류는 하나님 앞에 죄인이며, 그의 공의를 만족시키기에 전적으로 무능한 자들이다.

2) 해설

(1) 주기도문에서 말하는 '빚'이란 무엇을 말하는가?

주기도문에 나오는 빚(마 6:12)은 평행구인 누가복음 11:4에 보여주는 대로 '죄'라는 의미로 사용되었다. 그러므로 이 뜻은 상업적인 빚(이것은 금전적 상환으로 청산될 수 있다)이 아니라, 하나님의 법에 부족하거나 그것을 범한 대가로 하나님의 공의에 따라 형벌로 지불되어야 할 빚인 것이다(마 6:12에 사용된 헬라어는 '빚'으로 정확히 번역되었다[Authorized and Revised Versions]. 따라서 이 말은 일부 교회가 선호하는 '범죄'보다 더 정확한 표현이다. 빚이란 단어는 우리가 하나님의 공의에 빚을 졌다는 사실을 더욱 분명히 보여준다).

(2) 주기도문의 다섯 번째 간구는 죄의 어떤 국면과 관련되는가?

그것은 죄책과 관련된다. 죄책은 성경에서 가장 기본적인 죄의 특징이다. 죄는 죄책과 함께 오염과 더러움, 속박과 무능, 비참함과 불행을 가져온다. 그것은 비난하고 더럽히며 속박하며 비참하게 만든다. 그러나 죄와 관련하여 무엇보다 중요한 한 가지 사실은 죄는 죄책을 통해 정죄하며 그를 하나님의 심판과 형벌로 데려온다는 것이다.

(3) 오늘날 죄책에 대한 강조가 사라진 이유는 무엇인가?

오늘날 죄책에 대한 강조는 사라지고 죄의 산물로 나타난 것, 즉 개인적, 사회적 고통과 재앙 등에 대해서만 강조하는 현상이 보편화되었다. 죄책은 오늘날 아무도 관심을 갖지 않는 개념이 되고 말았으며, 특히 최근 수십 년간 인간 중심의 종교는 이러한 개념을 회피하거나 교묘히 둘러대고 있다. 죄는 마땅히 처벌받아야 할 것으로 생각하기보다 불행이요 재앙으로 생각한다는 것이다. 그 결과 오늘날 많은 사람들은 스스로 의롭게 여기거나, 죄인으로 생각하더라도 심판과 정죄를 받기보다 긍휼함과 위로를 받아야 한다고 생각하는 것이다.

(4) 오늘날 죄책에 대해 잘못 생각하고 있는 개념은 어떤 것인가?

오늘날 우리는 보편적으로 죄책에 대한 느낌과 그것의 실체를 혼동하는 경향이 있다. 오늘날 많은 사람들은 정신 의학적 사고의 영향으로, 죄책에는 그것에 대한 느낌 외에는 아무 것도 없으며, 따라서 어쨌든 그러한 골치 아픈 느낌만 벗어날 수 있다면 아무 것도 두려워할 필요가 없다는 생각을 가지게 되었다.

합법적인 정신 의학적 시술은 신경이나 정신적인 면에서 비정상적인 사람들만을 다룬다. 이런 사람들은 비정상적인 죄책이나 '컴플렉스'를 가지고 있으며 그것은 자신의 행복과 가치를 망치는 것으로, 하나님 앞에서의 실제적 죄책과는 전혀 다르다고 할 수 있다. 이와 같이 비정상적인 죄책을 가지고 있는 사람들은 정신 의학적 시술로 고치는 것이 당연하다. 그러나 하나님 앞에서의 참된 죄책은 결코 정신 의학으로 무마될 수 없는 것이다. 죄책은 우리가 그것에 사로잡혀 있든지 의식하지 못하고 있든지 언제나 남아 있는 것이다.

진정한 죄책은 단지 주관적인 느낌만이 아니라 하나님과의 관계와 관련된 객관적인 사실이다. 사람은 죄책을 전혀 느끼지 못할 만큼 죄에 무감각할 수 있으며, 자신은 하늘로 가고 있다는 헛된 망상에 사로잡힐 수 있다. 죄인은 성령님의 특별하신 사역을 통해서만이 죄에 대한 가책을 느끼고 자신이 하나님 앞에 죄인이며 영원히 지옥 형벌을 받아 마땅하다는 사실을 깨닫게 되는 것이다. 상상 속의 죄책이나 단순한 느낌과 같은 것은 정신 의학으로 치유될 수 있지만 진정한 죄책은 죄인의 대속주이신 예수 그리스도의 보혈이 아니고는 결코 제거될 수 없다.

(5) 모든 사람은 어떠한 죄에 대한 책임이 있는가?

모든 사람은 원죄와 자범죄(actual sin: 이것은 실제적인 죄라는 의미가 아니라[원죄도 실제적이기 때문], '날 때부터의 상태'로서 원죄에 대해 '행위에 속한' 죄라는 의미이다)에 대한 책임이 있다.

물론 유아의 경우 원죄에 대한 책임만 있다. 그 외 모든 사람은 원죄와 자범죄에 대한 책임이 있다. 원죄는 다음 세 가지를 포함한다.

① 아담의 첫 번째 죄,
② 인류가 창조될 당시의 원래적 의의 상실,
③ 본성 전체의 도덕적 부패.

모든 사람은 스스로의 행위로 범하는 죄와 별도로, 이 세 가지에 대해 하나님 앞에서 죄책을 가진다. 모든 개인은 처음부터 이 세 가지에 대해 하나님 앞에서 죄책을 가지고 세상에 태어난다. 자범죄는 원죄의 산물로서 삶과 행위를 통해 드러나는 죄이다. 그것은 일생을 통해 범하는 작위나 부작위에 의한 죄

(sins of omission and commission)를 포함하는 것으로 날 때부터 타고나는 죄와는 구별된다.

오늘날 많은 사람들은 원죄에 대한 책임을 부인한다. 어떤 사람은 죄란 '명시된 법을 자발적으로 위반한 범죄'라는 식의 정의를 통해 죄의 범위를 축소하려 한다. 이러한 정의는 너무 협의적이기 때문에 성경적인 죄의 정의가 아니다. 성경에 의하면 '모든 불의'(요일 5:17)가 죄이며, '죄의 삯은 사망'(롬 6:23)이라고 말한다. 다윗은 자신이 죄 중에 출생하였다고 고백하였다(시 51:5). 그러므로 로마서 6:23에 따르면 그는 날 때부터 사망의 형벌을 지니고 태어난 것이다.

많은 사람들은 특히 중생한 유아가 하나님 앞에서 원죄에 대한 책임이 있다는 교리를 반대한다. 대신에 그들은 성경의 가르침과 달리 유아의 '결백함'이나 '순수성'이라는 비현실적이고 감상적인 개념을 제시한다. 그러나 성경은 유아도 하나님 앞에 죄인이라고 가르치며(롬 5:14), 이것은 그들 역시 죄로 인해 죽을 수밖에 없다는 사실을 증거하는 것이다.

(6) 하나님 앞에서 죄책을 없애기 위해 우리가 할 수 있는 방법이 있는가?

없다. "우리나 다른 어떤 피조물이라도 결코 죄의 빚을 갚을 수 없다." 설사 우리가 내일 아침부터 완전한 삶을 산다고 할지라도 그것은 우리의 의무일 뿐 지나간 죄를 무효로 할 수 없다. 물론 아무도 완전한 삶을 살지도 못한다. 우리는 도덕적으로 부패하여 전적으로 하나님의 공의에 대한 빚을 지고 있는 자들이다. 우리 스스로는 결코 그 빚을 갚을 수 없다. 하나님 앞에서의 죄책은 오직 예수 그리스도의 구속으로 제거될 수 있다.

제194문 (계속) 다섯째 기원에서 우리는 무엇을 위하여 기도하는가?

답 다섯째 기원은 "우리가 우리에게 죄지은 자를 사하여 준 것같이 우리 죄를 사하여 주옵시고"이다. 여기에서 우리는 자신과 다른 사람들을 위하여 기도하기를 하나님께서 거저 주시는 은혜로 말미암아 믿음에 의하여서만 이해되고 적용되는 그리스도의 순종과 속죄를 통하여 우리를 죄책과 형벌에서 풀어 주시고 그의 사랑하시는 자 안에서 우리를 받으시고 그의 은총과 은혜를 계속해 주시기를 기원한다. 그 은혜로 우리들의 매일 범하는 실수를 용서하시고 사죄의 확신을 더욱 더 주심으로서 우리를 화평과 기쁨으로 채워 주시기를 기원하는 것이다.

1) 관련성구
- 롬 3:24-26; 히 9:22: 우리는 하나님께서 그리스도의 구속으로 말미암아 우리를 죄책과 죄의 형벌로부터 떠나게 해 주시도록 기도해야 한다.
- 엡 1:6-7: 우리는 하나님께서 그의 사랑하는 아들, 예수 그리스도 안에서 우리를 받아주시도록 기도해야 한다.
- 벧후 1:2; 호 14:2; 렘 14:7: 우리는 하나님께서 우리에게 계속해서 은혜를 베푸시고 우리가 날마다 범하는 잘못을 용서해 주시도록 기도해야 한다.
- 롬 15:13; 시 51:7-12: 우리는 하나님께서 우리에게 날마다 사죄의 확신을 통해 평안과 기쁨을 주시도록 기도해야 한다.

2) 해설

(1) 하나님께서 거저 주시는 은혜란 무엇인가?

그것은 하나님께서 그의 기쁘신 뜻대로 죄인에게 베푸시는 무조건적 사랑과 은총이다. 이와 같이 거저 주시는 하나님의 은혜는 구원의 원천이 된다. 그것은 사람이 죄로부터 구원을 받아 영생을 누리는 궁극적 이유이다. 또한 이것은 사죄의 진정한 기초이기도 하다. 따라서 우리는 하나님 앞에 나아와 기도할 때 자신의 인격이나 선행이나 업적, 또는 자신의 믿음에 근거하지 아니하고 오직 하나님의 거저 주시는 은혜에 근거하여 죄 용서를 구해야 한다.

(2) 하나님의 거저 주시는 은혜는 어떻게 죄인에게 주어지는가?

'그리스도의 순종과 속죄'를 통해서이다. 즉 그리스도께서 성취하신 구속 사역을 통해서이다. 그리스도께서 성취하신 구속 사역은 '오직 믿음으로만 깨닫고 적용'할 수 있다. 즉 성령께서 죄인의 마음에 역사하셔서 예수 그리스도를 믿을 마음을 주시고 믿게 하신다. 이와 같이 죄인은 성령님의 사역을 통해 그리스도께서 성취하신 사역을 깨닫고 이해하며 그것을 통해 유익을 얻고 자신의 죄 문제에 적용할 수 있다. 이와 같이 하나님의 거저 주시는 은혜는 사죄의 원천이며, 그리스도께서 성취하신 사역은 사죄의 근거가 되며, 믿음은 죄 사함을 얻는 수단이 되는 것이다.

(3) 본 조항은 왜 그리스도의 순종과 속죄에 대해 언급하는가?

순종과 속죄는 모두 죄인을 구원하시는 일에 없어서는 안 될 중요한 요소이기 때문이다. 여기서 말하는 그리스도의 '순종'은 평생 동안 하나님의 율법을 온전히 지키신 능동적 순종을 의미하는 것으로 그는 이러한 순종을 통해 죄인에게 전가될 수 있는 완전한 의를 성취하신 것이다. 그리스도의 '속죄'는 고난과 죽으심을 통한 수동적인 순종으로, 그는 이러한 순종을 통해 자기 백성들을 위한 속죄의 제물이 되사 그들의 죄를 용서하시고 죄를 없이하셨던 것이다. 그리스도는 자기 백성들을 위하여 사시고(그들에게 의를 주심) 그들을 위해 죽으셨다(죄를 도말하심).

오늘날 많은 그리스도인들은 그리스도의 능동적 순종의 중요성에 대해 깨닫지 못하고 있다. 그리스도는 자기 백성들을 구원하시기 위해 율법 아래에서 온전한 삶을 살아야 했으며, 이것은 그들에게 완전한 의를 전가하였을 뿐만 아니라 완전한 삶만이 우리의 죄를 대속하기 위한 온전한 제물이 되실 수 있었던 것이다. 그렇지 않았다면 결코 다른 사람의 죄를 위한 제물로서 하나님께 바칠 수 없었을 것이다.

(4) 본 조항은 왜 하나님께서 우리를 '죄책과 죄의 형벌'에서 면하게 하실 것에 대해 언급하는가?

이 둘의 관계와 차이점에 대해 이해하는 것은 매우 중요하다. 죄책은 하나님의 공의에 대한 빚을 의미하는 것으로, 여기에는 형벌을 받을 의무가 포함된다. 그리스도의 구속은 우리를 죄책과 형벌로부터 구원하셨다. 우리의 죄책은 그에게 돌려졌으며 그는 우리를 대신하여 갈보리에서 형벌을 받으셨다. 중생하지 못한 사람은 거의 언제나 죄의 형벌로부터 건짐을 받는 것이 구원이라고 생각한다. 그러나 진정한 그리스도인은 죄책으로부터의 구원을 우선으로 생각한다. 많은 사람들은 지옥에 가는 것만 두려워한다. 그들은 하나님 앞에서 어떤 죄책감도 가지지 않는다. 거의 모든 사람들은 지옥에서 구원받기 원하지만 중생한 신자는 이러한 죄책으로부터 구원받기를 원한다. 참된 그리스도의 회개는 죄책에 대해 뉘우치지만 거짓 회개는 죄의 형벌에 대해 안타까워한다.

(5) 우리는 왜 날마다 범하는 잘못에 대해 용서를 구해야 하는가?

그리스도를 진실로 믿은 사람은 본질적으로 영원히 의롭다하심을 받는다. 그리스도의 보혈과 의로 말미암아 과거와 현재와 미래의 모든 죄는 완전히 도말되고 의인으로 선언된 것이다. 죄에 대한 심판의 형벌에 관한한 신자는 영원히 의롭다하심을 받은 것이다. "그러므로 이제 그리스도 예수 안에 있는 자에게는 결코 정죄함이 없나니"(롬 8:1)라고 했다. 그러나 의롭다함을 받은 자도 여전히 날마다 생각과 말과 행동으로 작위나 부작위에 의한 죄를 범하는 것이다. 이 '날마다 범하는 잘못' 때문에 의인으로서의 지위가 상실되거나 정죄를 당하지는 않는다. 그러나 그것은 하늘에 계신 아버지께 죄를 범하는 것이며, 하나님의 얼굴빛을 당분간 그에게서 거두실 수 있다. 날마다 범하는 잘못이 신자와 하나님과의 연합을 깰 수는 없지만 그러한 것들로 인해 하나님과의 교제가 방해를 받고 약화되는 것이다. 그러므로 신자는 날마다 자신의 죄를 자백하고 매일의 잘못에 대해 하나님의 용서를 구해야 한다.

(6) 죄 사함은 사람의 의식에 어떤 효과를 가지고 오는가?

죄 사함은 평안과 기쁨을 주며 용서와 구원에 대한 확신을 더욱 증가시킨다. 이러한 평안과 기쁨과 구원의 확신은 성령님을 통해 마음속에 역사하는 것이다. 이러한 것들은 모든 사람에게 동일한 분량으로 주어지지 않으며 같은 사람에게도 언제나 같은 정도로 주어지는 것이 아니다. 그러므로 우리는 이러한 축복을 더욱 풍성히 받을 수 있도록 기도해야 한다.

제194문 (계속) 다섯째 기원에서 우리는 무엇을 위하여 기도하는가?

답 다섯째 기원은 "우리가 우리에게 죄지은 자를 사하여 준 것같이 우리 죄를 사하여 주옵시고"이다. 이것은 다른 사람의 죄를 마음속에서 용서한다는 증거가 우리에게 있을 때 우리가 담대히 구하게 되고 기대할 용기가 생기기 때문이다.

1) 관련성구
• 눅 11:4; 마 6:14-15; 18:35: 하늘에 계신 아버지는 자기 자녀들이 다른 사람의 죄를 진정으로 용서하기를 원하신다.

2) 해설
(1) '우리에게 죄 지은 자를 사하여 준 것같이'라는 구절은 오늘날 왜 특별히 중요한가?

그것은 '현대 세대주의'(Modern Dispensationalism)가 이 구절을 주기도문이 '율법적'이기 때문에 '은혜시대'나 '교회시대'에는 맞지 않다고 주장하는 근거로 사용하기 때문이다. 이와 같은 특이한 가르침은 특히 스코필드 관주 성경의 주석에서 두드러지게 나타난다. 이 주석은 마태복음 6:12(우리가 우리에게 죄지은 자를 사하여 준 것같이)이 은혜에 근거한 에베소서 4:32과 대조를 이루는 '율법적' 내용이라고 주장한다. 이 주석은 덧붙이기를 "율법 하에서는 사죄의 은총이 오직 동일한 마음을 가진 자에게만 허락되었으나 이제 은혜 하에서는 그리스도의 공로로 용서함을 받았으며 우리가 용서를 받았기 때문에 용서하라는 권면을 받는다"(p. 1002)라고 주장한다. 또한 1089-90페이지에서는 "주기도문은 세대주의적 입장에서 볼 때 교회에 바탕을 두었다기보다 율법에 근거한 것이므로 하나의 의식으로서 그것을 사용하는 것은… 율법 하에서는 마땅한 것이지만, 사람의 용서가 하나님의 용서의 조건이 될 수밖에 없다. 그러나 은혜는 이와 정반대의 주장을 한다(엡 4:32 참조)"고 가르친다. 주기도문에 대한 이러한 세대주의적 가르침 때문에 일부 목회자는 신자가 주기도문을 사용하는 것이 옳지 않다고 생각하여 교회의 공적 예배에서 사용하지 않으려 하는 것이다.

(2) 이와 같이 잘못된 세대주의자들의 주기도문관에 대해 어떻게 대답해야 하는가?

대요리문답 187조의 설명을 참조하기 바란다. 스코필드 관주 성경의 예에서 보듯이 주기도문에 대한 세대주의자들의 오류는 두 가지 면에서 비판을 면할 수 없다.
① 그들은 모세부터 그리스도까지의 시대의 특징에 대해 잘못된 개념을 가지고 있다는 것이다. 즉 그들은 이 시기가 은혜시대와 대조되는 율법시대라고 주장한다.

② 그들의 주장은 주기도문의 다섯 번째 간구의 의미를 오해하고 있다는 것이다. 우리는 이어지는 질문을 통해 이러한 오류에 대해 하나하나씩 살펴보려 한다.

(3) 모세부터 그리스도까지의 시대는 은혜시대와 대조되는 율법시대인가?

전혀 그렇지 않다. 이것은 현대 세대주의의 분명한 오류 가운데 하나이다. 이 시기는 율법시대인 것만은 사실이나 은혜시대와 대조가 되거나 은혜를 대신한 율법시대는 결코 아니다. 모세부터 그리스도시대까지 율법은 은혜의 보조적 기능을 수행한다. "그런즉 율법은 무엇이냐 범법함을 인하여 더한 것이라 천사들로 말미암아 중보의 손을 빌어 베푸신 것인데 약속하신 자손이 오시기까지 있을 것이라"(갈 3:19). "율법으로는 죄를 깨달음이니라"(롬 3:20). "율법이 가입한 것은 범죄를 더하게 하려 함이라"(롬 5:20). "이같이 율법이 우리를 그리스도에게로 인도하는 몽학선생이 되어 우리로 하여금 믿음으로 말미암아 의롭다 함을 얻게 하려 함이니라"(갈 3:24). 이런 구절들과 함께 그 외에 많은 성경 구절은 모세부터 그리스도시대까지 율법의 기능이 은혜의 대안으로서가 아니라 은혜의 보조적 기능으로서의 역할을 수행한다는 것을 보여준다. 즉 우리가 절망적인 죄인이며 따라서 신적 구원이 필요하다는 사실을 깨닫게 한다는 것이다.

더구나 스코필드 관주 성경 자체도 시내산에서 이스라엘 백성들은 '율법을 경솔히 받았으며', '은혜를 율법으로 바꾸었다'고 주장한다(p. 20). 이것만 보더라도 모세로부터 그리스도까지의 시대는 결코 '율법적'이라고 할 수 없다. 이러한 세대주의적 가르침은 확실히 잘못되었으며 모세로부터 그리스도시대까지의 본질적인 특징에 대해 크게 오해한 것이기 때문에 주기도문을 '율법적'이라고 주장하는 것 역시 틀린 것이다.

현대 세대주의는 서기관과 바리새인의 비성경적이고 율법적인 유대교와 하나님께서 계시하신 순수하고 은혜로운 구약성경의 종교를 혼동한다. 유대교와 구약성경의 참 종교를 그런 식으로 동일시하는 것은 잘못된 것이다. 전자는 후자를 율법적으로 왜곡한 것이기 때문이다. 보스의 성경신학(Geerhardus Vos, *Biblical Theology: Old and New Testaments* [Grand Rapids: Eerdmans, 1948], 141-45)을 참조하라.

(4) 세대주의는 주기도문의 다섯 번째 간구를 어떻게 오해하였는가?

현대 세대주의는 스코필드 관주 성경에서 보았듯이 마태복음 6:12("우리가 우리에게 죄 지은 자를 사하여 준 것같이 우리 죄를 사하여 주옵시고")과 에베소서 4:32("서로 용서하기를 하나님이 그리스도 안에서 너희를 용서하심과 같이 하라") 사이에 모순이 있다고 본다. 두 본문 가운데 전자는 '율법 하'에서의 용서이고, 후자는 '은혜 하'에서의 용서에 대한 언급이라는 것이다. 저들은 "율법 하에서의 용서는 우리에게 그와 동일한 용서의 마음을 조건으로 내세우지만 은혜 하에서는 그리스도의 공로로 용서를 받았기 때문에 다만 용서받은 자로서 용서하라는 권면을 받는다"(스코필드 관주 성경, p. 1002)라고 주장한다.

그러나 우리는 상기 두 본문 간에는 실제로 어떤 모순도 없다는 사실을 알아야 한다. 두 본문은 동일한 사안을 다른 각도에서 제시한 것뿐이다. 과거에도 지금도 앞으로도, 아담과 하와로부터 세상 끝날까지, 그리스도의 공로에 의하지 아니하고 그의 보혈과 의가 없이, 하나님으로부터 용서받을 수 있는 사람은 단 한 사람도 없다. 용서는 은혜의 본질이며 '율법 하에서의 용서'와 '은혜 하에서의 용서'를 구분하는 것은 아무런 의미도 없다. 모든 용서는 은혜 하에서의 용서이며 다른 것은 용서가 아니다. 우리가 만일 율법으로 순종함으로 용서를 받는다면 그것은 삯이지 용서가 아닌 것이다. 구약의 모든 성도는 그리스도의 보혈과 의에 근거하여 약속된 메시야에 대한 믿음을 통해 하나님의 은혜로 용서받았다. 따라서 저들은 순종하는 마음으로 희생 제사를 드렸던 것이다. 그들도 오늘날 그리스도인과 마찬가지로 하나님께서 자신의 죄를 은혜로 용서하신 것에 감사하여 다른 사람을 용서하려 했던 것이다.

하나님께서 구약의 성도들이 다른 사람을 용서할 마음을 가질 때까지 용서하지 않으셨다고 주장하는 것은 구약성경을 크게 오해한 것일 뿐 아니라, 사실상 인간은 죄로 말미암아 전적으로 부패하였다는 교리를 부정하는 것이다. 성경이 확실히 선언하는 대로 사람이 전적으로 악하다면, 성령님의 새롭게 하심이 없이 어떻게 선을 행할 수 있겠는가? 하나님과 화목하여 새로운 마음을 부여받지 아니하고도 어떻게 이웃을 사랑하고 용서할 수 있겠는가? 하나님께서 사람의 죄를 용서하지 않으셨는데 어떻게 하나님과 화목할 수 있다는 말인가? 성경적 관점에서 볼 때 사람이 은혜로 하나님과 화목하기 전에는, 즉 하나님으로부터 용서를 받기 전에는, 아무도 이웃을 사랑하거나 용서할 수 없는 것이다. "가시나무에서 포도를, 또는 엉겅퀴에서 무화과를 따겠느냐"(마 7:16)라고 했다. 거듭나지 못하여 하나님과 적대 관계에 있는 이기적이고 증오로 가득한 마음이 어떻게 이웃을 사랑하고 용서할 수 있겠는가? 하나님의 은혜로 용서 받고 새롭게 변화되지 않는 한 불가능한 일이다.

한편으로, 하나님께서 자기 백성들에게 이웃을 사랑하고 용서하는 마음을 요구하시는 것은 구약시대나 오늘날이나 마찬가지이다. 우리는 용서를 받았기 때문에 용서하라는 '권면'을 받을 뿐 아니라 마땅히 해야 할 의무로서 용서하라는 '명령'을 받았다. 우리가 만일 다른 사람을 용서하고 싶은 마음이 들지 않는다면 그리스도인으로서 자신의 정체성에 대해 의문을 가져야 한다. 우리의 삶이 구원의 열매를 맺지 못한다면 어떻게 구원의 확신을 가질 수 있겠는가? 이웃에 대한 진정한 사랑은 참된 구원의 증거가 된다. "우리가 형제를 사랑함으로 사망에서 옮겨 생명으로 들어간 줄을 알거니와 사랑치 아니하는 자는 사망에 거하느니라"(요일 3:14). 형제를 용서치 않는 사람은 사망에 거한다는 것이다. 그러므로 성경은 형제를 용서하지 않는 사람은 하나님의 용서를 받지 못한다고 가르친다. 물론 형제를 용서하는 것이 하나님의 용서를 받을 수 있는 조건은 아니다. 그것은 오히려 하나님께서 우리를 용서하셨다는 증거이다. 뿌리가 없으면 열매도 없다. 그러나 열매가 없다면 진정한 뿌리도 없는 것이다.

한편으로 이웃을 용서하는 것이 우리의 의무이지만, 다른 한편으로 볼 때, 그것은 우리의 삶 가운데 나타난 하나님의 은혜의 열매이자 증거이다. 이 둘 사이에는 어떤 모순도 없다. 죄인은 오직 은혜를 통해서만이 이러한 자신의 의무를 다할 수 있다. 우리가 다른 사람을 용서하는 의무를 수행한다는 것은 하나님의 은혜가 우리 안에 있다는 증거이다. 다른 사람을 용서하는 것은 자신이 하나님으로부터 용서를 받았다는 열매가 되기 때문에 그것은 결코 하나님의 용서를 받는 '조건'(세대주의자들이 '율법적'이라고 주장하는)이 될 수 없다. 굳이 '조건'이라는 표현을 쓰고 싶다면, 다른 사람을 용서하는 마음이 우리가 하나님으로부터 용서받았다는 확신의 조건이 된다고 말할 수 있을 것이다. 이것은 구약시대나 오늘날이나 동일하게 적용되는 진리이다.

(5) '우리에게 죄 지은 자를 사하여 준 것같이'라는 구절의 참된 해석은 무엇인가?

이 표현의 바른 의미는 본 조항에 제시된 대로, 우리가 하나님의 용서를 '담대히 구하고' '기대할 수' 있다는 의미이다. "이것은 우리가 다른 사람의 죄를 마음으로부터 용서한다는 증거가 있을 때, 하나님의 용서를 더욱 담대히 구하고, 또한 기대할 수 있는 것이다."

다른 사람을 용서하려는 마음은 성령께서 우리의 마음에 은혜로 역사하신다는 증거이다. 그러므로 이런 마음이야말로 우리가 하나님과 화목하였으며 예수 그리스도에 대한 진정한 믿음, 구원 얻는 믿음을 가졌다는 증거가 되는 것이다. 이러한 담대함과 확신을 가질 때 우리는 하나님의 자녀로서 아버지께 나아가 그가 우리를 대적이 아닌 자녀로 대할 것이라는 자신감과 용서에 대한 담대함을 가지고 날마다의 죄를 고백할 수 있는 것이다.

제195문 여섯째 기원에서 우리는 무엇을 위하여 기도하는가?

답 여섯째 기원은 "우리를 시험에 들게 하지 마옵시고, 다만 악에서 구하옵소서"이다. 가장 지혜롭고 의로우시며 은혜로우신 하나님께서 여러 가지 거룩하고 의로운 목적을 위하여 우리가 시험을 당해 실패하고 잠시 동안 시험에 빠져 붙잡히도록 모든 것을 조성하시기도 한다는 것을 인정하는 것이다.

1) 관련성구
   - 마 6:13; 눅 11:4: 주기도문의 여섯 번째 간구
   - 대하 32:31; 삿 2:21-22; 신 4:34; 7:19; 욥 1:12; 2:6; 행 20:19; 약 1:2-3; 히 11:37: 그의 지혜로우시고 거룩하신 목적을 위하여 하나님은 때때로 그의 자녀들에게 악의 시험을 받게 하시고 때로는 잠시 동안 시험에 넘어가게도 하신다.

2) 해설
   (1) 시험이라는 주제에는 어떤 어려운 문제가 있는가?

그것은 하나님과 악의 관계에 관한 문제이다. 이것은 솔직히 지금 이 자리에서 완전히 해결될 수 없는 문제이다. 성경은 이에 대해 부분적인 해답 밖에 주지 않는다. 우리의 유한하고 죄로 가득한 마음으로는 이 문제에 대한 완전하고 최종적인 답변을 할 수 없다. 좋으신 하나님께서 세상을 창조하시면서 어떻게 악이 존재하도록 허용하실 수 있느냐는 것이다.

우리는 이 주제에 관한 성경의 언급에 대해 어린아이와 같은 믿음과 겸손과 솔직함을 가지고 "우리는 부분적으로 알 뿐이다"라는 심정으로 받아들여야 한다. 완전한 해답은 오직 하나님만이 아시는 비밀 가운데 하나인 것이다. 이 문제에 대해 완전히 이해하려고 한다면 오히려 심각한 회의론에 빠져들 수 있다.

(2) 이 문제에 대한 잘못된 해답으로는 어떤 것이 있는가?

① 이원론이다. 이것은 선과 악, 또는 하나님과 사단은 둘 다 영원하며 따라서 그들은 영원 전부터 서로 맞서 싸워왔다는 것이다. 이 이론은 태초에는 오직 하나님만 존재하였으며 악은 하나님의 창조 사역 이후에 세상에 들어왔다는 성경의 명백한 가르침과 배치되므로 받아들일 수 없다.

② 제한적 하나님에 대한 이론이다. 즉 하나님은 세상에서 악을 막고 제어하시려 하시지만 그럴 힘이 부족하다는 것이다. 이 이론에 의하면 하나님은 최선을 다하시지만 그의 능력은 여러 면(자연의 법칙이나 피조물의 자유의지 등)에서 제한적이며 따라서 악의 세력을 적절히 제어할 수 없다는 것이다. 이 이론은 하나님은 전능하시다는 성경의 명백한 가르침에 배치되므로 받아들일 수 없다. 그는 존재와 속성에 있어서 무한하시며 원하는 것을 이루지 못할 것이 없으신 분이다. 더구나 이 제한적 이론은 악의 기원에 대해 설명하지도 못한다.

(3) 성경은 하나님과 악의 관계라는 문제에 대해 어떤 조명을 주는가?

성경은 이 문제에 대해 완전한 답을 주지는 않지만 이 문제에 대한 몇 가지 진리를 제시하며, 우리가 잘못된 결론을 내리는 것을 경계하고 있다. 성경이 이 문제에 대해 가르치는 것은 다음과 같이 요약할 수 있다.

① 하나님만이 영원히 존재하신다. 하나님 외에 존재하는 모든 것은 피조된 것들이다(창 1:1).

② 피조 세계는 하나님의 손으로 창조될 때 전적으로 선하였다. 즉 외형적으로나 도덕적으로 악에서 벗어나 있었다(창 1:31).
③ 악은 세상이 창조된 후에 시작되었으며, '자기 처소' 즉 거룩함으로부터 떠나 타락한 천사로부터 시작되었다(벧후 2:4; 유 6)
④ 타락한 천사의 우두머리인 사단은 하와에게 죄를 범하도록 유혹함으로 인류에게 악을 심었다(창 3:1-6).
⑤ 아담의 죄로 말미암아 죄와 사망이 모든 인류에게 보편화되었다(롬 5:12).
⑥ 천사의 타락과 인류의 유혹과 타락은 하나님의 허용 하에 이미 정해져 있었다(엡 1:11; 시 33:11; 115:3; 단 4:35).
⑦ 악의 기원 및 계속적인 활동의 책임은 전적으로 타락한 천사와 인류에게 있으며 결코 하나님께 있지 않다(시 25:8; 요일 1:5).
⑧ 하나님께서 악을 허용하신 이유는 결국 자신의 영광을 위한 목적 때문이다(롬 11:32; 욥 1:12; 2:6; 42:10-17).

(4) 성경은 이 문제의 어떤 국면에 관해 설명을 하지 않는가?
① 모든 천사가 선하게 창조되었다면 어떻게 그들로부터 악이 시작될 수 있었는가에 관한 것이다.
② 인류의 조상은 악한 본성이 없었는데도 어떻게 사단은 그들을 죄에 빠지게 할 수 있었는가에 관한 것이다.
③ 하나님은 악을 허용하시고 그것에 관한 것들을 정하시면서 어떻게 그것에 대한 책임에서 벗어날 수 있는가에 관한 것이다.
이러한 것들은 우리를 당황케 하는 신비이다. 우리는 다만 그 답을 모를 뿐이다. 그렇다고 우리가 감히 이러한 사실들을 부인해서는 안 될 것이다. 이 세 가지 사실을 부인함으로써 이 문제를 풀려는 사람은 기독교를 완전히 파괴하는 이단사상으로 빠지게 될 뿐이다. 불신앙적 회의론이나 이론화보다 신앙적 무지가 더 유익할 때가 있는 것이다.

(5) 시험받을 때에 하나님을 탓하는 것이 옳은가?
결코 옳지 않다(약 1:13-14). 하나님은 스스로 누구를 시험하시지 않는다. 우리의 시험에 대해 하나님을 탓하는 것은 악하고 옳지 않은 것이다. 그러나 하나님은 우리가 받는 시험과 아무런 관계도 없다고 생각하는 것 역시 잘못된 것이다. 하나님은 스스로 우리를 시험하지 않으시지만 동시에 자신의 목적을 위해 우리가 시험을 받도록 '모든 것을 조성하실 수'는 있다. 우리는 결코 '모든 것'은 하나님의 정하신 섭리적 주관과 관계없이 존재하거나 발생한다는 무신론적 개념에 빠져서는 안 된다. 우리는 시험을 당할 때 다음 두 가지 사실을 깨달아야 한다. 첫째, 나를 시험(유혹)하는 것은 하나님이 아니라, 사단이나 나의 악한 마음이다. 그러나 둘째로 이러한 시험은 하나님의 계획의 일부로서 정해진 것이며, 하나님은 그의 지혜로우신 목적에 따라 우리에게 이러한 시험을 허용하시는 것이다.

제195문 (계속) 여섯째 기원에서 우리는 무엇을 위하여 기도하는가?

답 여섯째 기원은 "우리를 시험에 들게 하지 마옵시고, 다만 악에서 구하옵소서"이다. 이는 사단과 세상과 육체가 우리를 탈선의 자리로 강력하게 이끌어 함정에 빠뜨리려고 한다는 것을 인정하는 것이다.

1) 관련성구
- 대상 21:1; 욥 1:6-12; 2:1-7; 슥 3:1: 사단은 우리의 대적이다.
- 막 4:15; 눅 22:31; 고후 2:11; 12:7: 사단의 공격은 하나님의 자녀들을 목표로 한다.
- 눅 21:34; 막 4:19; 약 4:4; 요일 2:15-17; 계 18:4: 세상은 사단의 지원군으로서 신자들로 하여금 죄를 짓게 한다.
- 약 1:14; 갈 5:17; 롬 7:18; 8:12-13: 죄로 부패한 인간의 본성과 육신은 사단의 동맹세력으로서 그와 한패가 되어 우리로 하여금 죄를 범하게 한다.

2) 해설
(1) 사단은 누구인가?
사단은 타락한 천사의 우두머리이다. 사단이란 이름은 '대적자' 또는 '반대하는 자'라는 뜻이 있다. 성경은 사단에 대해 '공중의 권세 잡은 자', '불순종의 아들들 가운데서 역사하는 영'(엡 2:2), 또는 '온 천하를 꾀는 자'(계 12:9)라고 언급한다. 성경에 의하면 사단은 매우 간교하고 지능적이며 힘이 있지만 하나님의 엄격한 통제를 받는 존재이다(욥 1:12; 2:6; 마 4:10-11).

(2) 오늘날 사단에 대해 보편적으로 생각하는 잘못은 무엇인가?

사단은 실제적이거나 인격적 존재가 아니라, 단순한 세상과 사람의 마음에 있는 악한 영향력의 전형일 뿐이라는 생각이다. 오늘날 '자유주의' 신학은 객관적이고 인격적인 마귀의 존재를 부인하려는 경향이 있다. 사단은 우리의 마음에 있는 악한 경향과 욕망의 별칭일 뿐이라는 것이다. 저들은 신약성경에 귀신 들린 자로 나오는 사람들은 모두 단순한 정신병자일 뿐이라고 주장한다. 사단에 대한 이러한 태도는 사단을 만족시키는 것으로, 사단은 자신의 객관성이 부인됨에 따라 훨씬 더 용이하게 활동할 수 있게 된 것이다.

그러나 성경은 사단과 악한 영들에 대해 확실한 실제성을 가지고 언급한다. 사단은 단순한 개념의 화신이 아니라 분명한 인격체로 묘사된다. 귀신들린 것은 객관적 실제로서, 일반적인 정신병이나 신체적 질환과는 분명히 구별된다(마 4:24). 기독교 신학은 인격적 하나님에 대한 믿음이 없이는 성립될 수 없듯이, 인격적 귀신의 존재에 대한 믿음이 없이는 유지될 수 없다. 더구나 이 문제에는 예수 그리스도의 권위나 진실성까지 달려 있다. 예수님이 사단을 하나의 실제적이고 인격적이며 개별적인 존재로 생각하신 것은 분명하다. 만일 우리가 예수님의 제자라면 다른 문제와 마찬가지로 이 문제도 그의 가르침을 받아들여야만 할 것이다.

(3) 무엇이 사단과 한패가 되어 우리를 죄에 빠뜨리려 하는가?

물론 사단은 타락한 천사들의 무리와 악한 영들을 통해 활동하고 역사한다. 하나님과 달리 사단은 유한한 존재이기 때문에 무소부재하지 않다. 그러나 귀신의 무리의 도움으로 여러 곳에서 많은 사람들에 대해 동시에 활동할 수 있다. 귀신들 외에도 사단에게는 이 땅에서 두 개의 큰 동맹세력이 있다. 하나는 '세상'이고 또 하나는 '육신'이다. 사단은 이들을 통해 하나님께서 허용하신 범위 내에서 자신의 여러 가지 목적을 이루어 나간다.

(4) '세상'은 어떤 의미에서 사단과 한패인가?

세상이라는 용어는 성경에서 여러 가지 의미로 사용된다. 그것은 하나님께 속한 그의 피조물이라는 좋은 의미로도 사용된다(시 24:1; 고전 3:22; 7:31). 또한 세상은 이 땅에서 하나님을 대적하는 모든 것을 총칭하는 사단의 나라라는 나쁜 의미로도 사용된다(요일 2:15-17). 과학이나 예술, 문학, 스포츠, 사교와 같이 그 자체로는 정당하고 악하지 않은 것이라 할지라도 우리가 그것에 집착하거나 하나님보다 더 사랑하면 그러한 것들은 모두 사단과 한패가 되는 것이다.

또한 언제나 사단과 한패인 것들도 있다. 그것은 악한 교만과 정욕과 쾌락의 세계이다. 사단은 매우 간교하기 때문에 어떻게 하면 사람을 하나님으로부터 벗어나게 하는지를 알고 있다. 어떤 사람에게는 독한 술이나 도박이나 나이트클럽에 빠지게 하고, 어떤 사람에게는 음악이나 미술과 같은 예술에 광신적으로 탐닉하게 하며, 또 어떤 사람에게는 과학을 절대시하여 살아계신 참 하나님을 섬기지 못하도록 유혹한다. 이 모든 경우에 있어서 사단은 '세상'을 자신의 동맹 세력으로 활용하는 것이다.

(5) '육신'은 어떤 의미에서 사단과 한패인가?

'육신'이라는 말이 성경에서 나쁜 의미로 사용되는 경우는 우리가 흔히 생각하는 것과 달리 인간의 몸을 의미하지 않고 타락한 인간의 악한 본성 전체를 의미한다. 바울은 성령께서 내주하시는 그리스도인은 '육신에 있지 않다'고 말한다(롬 8:9). 그리스도인도 죽을 때까지는 여전히 몸에 거한다는 것은 분명한 사실이다. 따라서 여기서 말하는 '육신'이란 '몸'을 의미하는 것이 아니다. 그리스도인이 '육신에 있는 것이 아니라,' '육신'의 일부가 이 세상에서 그리스도인 가운데 남아 있는 것이다.

사단은 이와 같이 그리스도인에게 남아 있는 악하고 부패한 본성에 호소하여 죄를 범하도록 유혹하는 것이다. 악하고 부패한 본성인 '육신'이 신자들로 하여금 무수한 실패와 타락한 삶으로 빠지게 하는 것이다. 우리에게 남아 있는 죄의 본성만 없다면 사단의 유혹은 그리 심각하지 않을 것이다. 사단의 유혹이 쉽게 먹혀드는 것은 이와 같이 우리 속에 하나님을 대적하는 사단과 유사한 잔재가 남아 있기 때문이다(롬 8:8-9). 그리스도인의 위안은 자신의 성품이나 의지력으로부터 오는 것이 아니라, 오직 하나님의 무한하신 능력과 언약의 성취에 대한 깨달음으로부터 오는 것이다. "만일 하나님이 우리를 위하시면 누가 우리를 대적하리요"(롬 8:31). 그러므로 그리스도인은 자신의 의지를 믿을 것이 아니라, 전능하신 하나님이 그를 위하신다는 사실을 믿어야 한다.

(6) 불신자는 아무런 갈등 없이 지나는 것 같은데 왜 그리스도인은 종종 유혹에 맞서 처절하게 싸우는가?

그리스도인이 종종 유혹과 맞서 처절하게 싸운다는 것은 명백한 사실이다. 본 조항이 제시하듯 "사단과 세상과 육신은 강력한 힘으로 우리를 곁길로 이끌어 함정에 빠지게 한다." 그리스도인은 거듭남을 통해서 하나님으로부터 새로운 영적 생명을 부여받았다. 이 새 생명은 '육신'이나 이전의 악한 본성과는 전적으로 다르다. 그러므로 이 둘은 운명적으로 맞서 서로 대적할 수밖에 없으며, 날마다 찾아오는 유혹과 끊임없이 대적하며 그리스도인의 마음은 전쟁터가 되는 것이다(갈 5:17).

한편 구원받지 못한 사람의 마음은 악한 본성이나 '육신'의 독무대라고 할 수 있다. 이런 경우 굳이 특별한 유혹이 필요치 않으며 사단은 이미 그의 삶을 지배하고 있는 것이다. '육신'과 '영'의 진정한 싸움은 사단의 영역이 성령님의 사역으로 도전을 받을 때뿐이다.

제195문 (계속) 여섯째 기원에서 우리는 무엇을 위하여 기도하는가?

답 여섯째 기원은 "우리를 시험에 들게 하지 마옵시고, 다만 악에서 구하옵소서"이다. 이는 심지어 죄 사함을 받은 후에도 우리의 부패성과 연약함과 방심함으로 시험을 받게 될 뿐 아니라 우리가 자신을 시험에 내어주고 동시에 우리 스스로 시험을 저항하거나 거기서 헤어 나오거나 뉘우칠 힘도 의지도 없어서 우리는 마땅히 그런 권세 밑에 버림받아야 할 것으로 하나님께서 모든 사물을 처리하실 수 있다는 것을 이 기원에서 인정한다.

1) 관련성구

- 갈 5:17; 마 26:41, 69-72; 갈 2:11-14; 대하 18:3(대하 19:2): 그리스도인도 자신에게 남아 있는 부패한 본성 때문에 쉽게 시험에 들 뿐만 아니라, 때로는 무모하게 유혹과 맞서기도 한다.
- 롬 7:23-24; 대상 21:1-4; 대하 16:7-10: 우리는 스스로의 힘으로는 유혹에 저항하거나 그것을 극복하거나 선용할 수 없다.
- 시 81:11-12: 우리는 유혹의 힘 앞에 무너질 수밖에 없는 자들이다.

2) 해설

(1) 본 조항은 어떤 사람들에 대한 언급인가?

'죄 사함을 받은 후에도'라는 구절이 보여주듯이 예수 그리스도를 믿는 신자들에 대한 언급이다. 물론 불신자도 유혹으로 고통당하지만 스스로의 힘으로는 결코 그것에 저항하거나 극복하지 못한다. 그러나 본 조항은 여기서 그리스도인에 대한 유혹의 영향이라는 특별한 주제에 대해 언급한다. 이것은 이 땅에서 그리스도인이 유혹의 영향을 전혀 받지 않는 상태, 즉 죄에 대한 영적 갈등도 없고 '육신'도 더 이상 영을 대적하지 아니하는 상태에 도달할 수 있다는 잘못된 주장과 정면으로 배치되는 것이다. 우리는 날마다 죄와 유혹과 싸우는 것이 거듭나기 전의 경험이 아니라 중생한 신자의 경험이며 성경도 그것을 증거하고 있다는 사실을 알아야 한다.

(2) 본 조항이 그리스도인은 시험에 들기 쉽다고 한 이유는 무엇인가?

'악함과 연약함과 주의 부족' 때문이다. 사실 이 세 가지 이유는 결국 동일한 것에 해당한다. 그것은 그리스도인에게 남아 있는 부패한 본성인 '육신'으로, 중생한 후나 성화 과정에서도 계속 남아 있는 것이다. 그리스도인이 영적으로 연약한 것도 이 부패한 본성 때문이며, 그리스도인이 깨어 조심하기보다 부주의하기 쉬운 것도 이러한 본성 때문이다. 몸이나 육체적 연약함은 당연히 우리를 유혹에 쉽게 굴복하게 하는 요소가 되며, 사단은 우리의 연약함이나 질병이나 육신의 피곤함을 교묘히 이용하여 우리를 유혹하는 것이다. 그러나 육체적 연약함만으로는 우리가 유혹에 쉽게 굴복하는 이유를 설명할 수 없다. 그것은 영적 요소들의 보조물에 불과하기 때문이다.

(3) 그리스도인은 자진하여 유혹에 맞서려 한다고 말하는 것이 지나친 표현인가?

오늘날 성화에 대한 일부 가르침에 따르면, 이 표현은 지나친 표현이라고 할 수 있지만 성경적으로 보면 그렇지도 않다. 물론 그리스도인들은 항상 자진해서 유혹에 맞서려 하는 것은 아니며 때때로 그렇다는 것이다. 우리는 자신의 능력을 과신하여 악과 맞서 저항할 수 있다고 생각하는 경향이 있기 때문에 부주의하기 쉬울 뿐만 아니라 때로는 무모한 도전까지 감행하며, 결국 수치스런 죄의 포로가 되고 말 때도 있지만 나중에 하나님의 은혜로 회복되곤 하는 것이다.

(4) 유혹을 선용한다는 것은 무슨 뜻인가?

유혹을 선용한다는 것은 우리가 유혹을 통해 교훈을 얻고 겸손해질 뿐 아니라 앞으로는 더욱 주의하고 하나님께 마귀를 대적할 수 있는 더 큰 힘을 달라고 기도하게 된다는 것 등 그것으로부터 어떤 식으로든 유익을 얻는다는 의미이다. 하나님의 자녀들에게 찾아오는 모든 유혹은 하나님의 지혜와 사랑 안에서 그의 선한 목적을 위해 허용된 것이다. 따라서 우리는 가능하면 그 목적이 무엇인지 분별하여 그에 따른 영적 교훈을 배워야 하는 것이다.

(5) 우리는 왜 스스로 유혹에 맞서 저항하거나 그것을 극복하거나 선용할 수 없는가?

우리에게 남아 있는 악과 부패한 본성 때문이다. 이로 인해 우리는 여전히 부분적으로 마음은 어둡고 의지는 마비되어 있다. 우리는 구원의 모든 단계와 요소들에 있어서 절대적으로 하나님의 은혜에 의존해야 한다는 사실을 깨달아야 한다. 우리는 중생과 그리스도에 대한 믿음을 위해 하나님의 능력을 의지해야 할 뿐만 아니라, 이 땅에서의 순례 여정을 위해 날마다 순간순간마다 하나님의 능력과 도우심을 의지해야 한다. 우리는 성령님의 특별한 도우심과 중보자 되시는 예수 그리스도의 중보로 더욱 더 유혹을 이기고 거룩한 삶을 살며 하나님께 영광을 돌리는 것이다.

(6) 본 조항은 왜 우리가 유혹의 힘 앞에 무력하게 넘어질 수밖에 없는 존재라는 사실을 덧붙이고 있는가?

그리스도인의 삶에 있어서 모든 진보는 전적으로 은혜의 산물임을 깨닫게 하기 위해서이다. 하나님은 종종 악인을 죄의 상태에 버려두심으로 벌하시기도 한다. 그리스도인의 경우 그렇게 하시지 않는 이유는 그들이 성령님의 특별하고 능력 있는 사역을 마음에 받을 자격이 있어 그런 것이 아니라, 전적으로 하나님의 무한하신 사랑과 긍휼 때문이다.

제195문 (계속) 여섯째 기원에서 우리는 무엇을 위하여 기도하는가?

답 여섯째 기원은 "우리를 시험에 들게 하지 마옵시고, 다만 악에서 구하옵소서"이다. 그러나 우리는 이런 시험 속에서도 하나님께서 세상과 그 안에 있는 모든 것을 다스리시고 육신을 제어하시고 사단을 제어하시며 만사를 처리하시고 모든 은혜의 방편을 주시고 복 주시고 우리를 새롭게 하사 조심스럽게 은혜의 방편을 사용케 하여 우리와 하나님의 모든 백성이 하나님의 섭리로 죄의 시험을 받지 않게 지켜 주시옵소서 라고 기원하는 것이다.

1) 관련성구

- **요 17:15; 시 51:10; 119:133; 고후 12:7-8; 고전 10:12-13:** 우리는 하나님께서 세상을 주관하사 육신을 복종시키시고 사단을 제어하시며 만사를 주관하사 시험에 들지 않도록 기도해야 한다.
- **히 13:20-21; 마 26:41; 시 19:13:** 우리는 하나님께서 은혜의 방편들을 베풀어 주셔서 우리를 바로 서게 하시고 죄의 유혹에 빠지지 않게 해 달라고 기도해야 한다.

2) 해설

(1) 하나님께서는 자기 백성들의 유익을 위해 어떻게 세상을 주관하시는가?

하나님께서는 사단이나 악인의 행동까지 포함한 만사를 자신의 영광과 자기 백성들의 궁극적 유익을 위해 주관하신다. 이러한 진리는 물론 하나님의 절대주권이라는 칼빈주의적(성경적) 관점에 기초한 것이다. 하나님이 절대 주권자가 아니라면 모든 만물을 다스리지도 않을 것이며, 만사를 자기 백성들의 유익을 위해 주관하실 수도 없을 것이다.

오직 하나님만이 모든 피조 세계를 주권적으로 다스리시고 만물을 그가 작정하신 목적대로 주관하신다. 만일 하나님의 주권이 미치지 못하는 것이 있다면, 어떤 예기치 않은 요소가 그의 계획을 방해하고 모든 것을 엉망으로 만들 수 있을는지 모를 것이다. 물론, 성경은 마귀와 그의 모든 활동을 포함하여 모든 피조 세계에 대한 하나님의 절대주권을 분명히 강조하고 있다(시 115:3; 엡 1:11; 행 4:27-28; 롬 8:29-30).

우주에서 일어나는 모든 사건의 배후에는 하나님의 영원하신 계획이 있으며 그것은 단순히 총체적인 계획이 아니라, 모든 개별 사건에 대한 최소 단위의 시간과 장소와 이유와 영향과 관계를 상세히 포함하는 구체적인 계획이다. 이 영원하신 하나님의 계획 또는 작정은 창조와 섭리를 통해 시행된다. 특정 참새 한 마리가 떨어지는 것으로부터 한 나라의 흥망성쇠에 이르기까지, 특정 눈송이 하나를 녹이는 일부터 문명의 발달에 이르기까지, 특정 풀 한 포기가 자라나는 것으로부터 하늘의 나선 성운(spiral nebula)의 형성에 이르기까지 모든 만사는 하나님의 계획과 섭리하심에 따라 한 점의 오차도 없이 정확히 발생하며, 각각의 사건은 하나님의 계획의 구체적인 역할을 빈틈없이 수행한다. 그러므로 우리가 하나님께서 자신의 영광과 우리의 영적 유익을 위하여 세상 만물을 주관하시도록 기도하는 것은 결코 헛되거나 어리석은 일이 아니다.

(2) 우리는 하나님께서 자기 백성들의 유익을 위해 세상을 주관하시는 것을 언제든지 볼 수 있는가?

아니다. 우리는 때때로 '특별한 섭리'를 통해 이러한 주관하심의 놀라운 순간을 볼 수 있다. 저 유명한 스페인의 무적함대는 개신교 국가인 영국을 침공하기 위해 공격하였으나 예기치 않은 폭풍으로 전멸되었다. 우리는 크고 작은 많은 사건을 통하여 세상을 주관하시는 하나님의 놀라우신 주권적 행위를 볼 수 있다. 그러나 우리는 종종 하나님께서 어떻게 세상을 주관하시는지를 모를 때가 있다. 그러나 우리는 이와 같이 모든 과정을 알지 못할 때에도 하나님의 말씀에 근거하여 그가 자신의 영광과 우리의 유익을 위하여 만물을 다스리신다고 믿어야 한다.

(3) 하나님은 어떻게 '육신을 복종'시키시는가?

하나님은 그리스도인이 죽어서 온전히 거룩케 되어 영광으로 들어가기까지는 '육신'을 전적으로 제거하거나 근절하지 않으신다. 그러나 하나님은 성령님의 중생 및 성화 사역을 통해 육신의 활동을 제한하고 억제하심으로 그것을 복종시킨다. 이것은 성령님의 초자연적 사역으로, 사람에게 새로운 마음과 새로운 본성을 주사 이 새로운 본성이 그의 삶을 점차 장악하는 요소가 되게 한다. 우리는 종종 건물에 불이 난 후에 화재가 진압되었다는 소식을 듣는다. 이것은 아직 불이 완전히 꺼진 것은 아니지만 대부분 진압되어 더 이상의 확산을 막았다는 뜻이다. 소위 '육신'이라고 불리는, 그리스도인에게 남아 있는 부패성은 아직 완전히 꺼진 것은 아니지만 이미 진압된 불과 같다는 것이다. 새로운 본성이 점점 더 우위를 점할 것이다.

(4) 하나님은 어떻게 사단을 제어하시는가?

우리는 욥기를 통해 하나님께서 사단을 제어하시는 예를 볼 수 있다(욥 1:12; 2:6). 하나님은 지혜로우신 계획에 따라 전능하신 능력으로 사단을 제어하시며, 사단은 여기에 복종할 수밖에 없다. 사단은 유한하며, 피조물에 불과하기 때문에 전적으로 하나님의 지배에 복종할 수밖에 없는 것이다.

(5) 하나님은 자기 백성이 유혹에 넘어가지 않도록 어떠한 은혜의 방편들을 사용하시는가?

말씀과 성례와 기도라는 방편이다. 이러한 것들은 죄인의 회심과 성화를 위해 지정된 방편들이다. 첫째로, 하나님은 택한 백성들을 위해 이러한 방편을 사용하신다. 그들은 복음을 전파하고 성례를 시행하는 유형교회와 접하게 된다. 둘째로, 성령님은 이러한 은혜의 방편을 이용하고 바르게 사용할 마음을 주신다. 셋째로, 성령님은 전능하고 초자연적인 사역을 통해 은혜의 방편들을 바로 사용하도록 도우심으로 원래의 목적을 달성하게 하신다. 이와 같이 신자는 성령님의 내적 사역의 도우심을 받아 은혜의 방편들을 바로 사용함으로써, 유혹이 쉽게 접근하거나 둥지를 틀지 못하도록 하는 것이다.

제195문 (계속) 여섯째 기원에서 우리는 무엇을 위하여 기도하는가?

답 여섯째 기원은 "우리를 시험에 들게 하지 마옵시고, 다만 악에서 구하옵소서"이다. 이는 우리와 그의 모든 백성이 하나님의 섭리로 죄의 시험으로부터 지켜주실 것과, 만일 시험을 받으면 시험 당할 때에 우리를 그의 영으로 강력히 붙드심으로 설 수 있게 하시며 혹 넘어지면 다시 일으킴을 받아 회복됨으로 시험을 거룩히 사용하고 이용하여 우리의 성화와 구원을 완성하고 사단을 우리 발밑에 짓밟고 우리는 죄와 시험과 모든 악에서 영원히 자유하게 하옵소서 하는 기원이다.

1) 관련성구
- 엡 3:14-17; 살전 3:13; 유 24: 우리는 시험 당할 때에 하나님께서 성령님을 통해 우리가 넘어지지 않도록 도와주시고 지켜주시기를 위해 기도해야 한다.
- 시 51:12; 벧전 5:8-10; 고후 13:7, 9: 우리는 시험 당하여 넘어질 때 하나님께서 우리를 다시 일으켜 세우실 것과, 그것이 우리의 성화에 유익이 되도록 기도해야 한다.
- 롬 16:20; 슥 3:2; 눅 22:31-32: 우리는 하나님께서 우리를 사단의 공격에 승리할 수 있게 해 달라고 기도해야 한다.
- 요 17:15; 살전 5:23: 주기도문의 여섯 번째 간구를 통해 우리는 모든 죄와 악으로부터의 최종적이고 완전한 구원을 위해서도 기도해야 한다.

2) 해설
(1) 하나님께서 우리가 시험에 들거나 시험을 받을 때에 넘어지지 않도록 항상 지켜주시지 않는 이유는 무엇인가?

물론 그것이 하나님의 뜻이라면, 하나님은 우리를 모든 사단의 유혹으로부터 완전히 차단하실 수 있다. 그는 또한 우리가 시험 당할 때에 죄에 빠지지 않도록 우리를 지키실 수 있다. 그러나 그것이 하나님의 목적에 항상 부합하는 것은 아니다. 하나님은 지혜로우시고 합당하신 목적을 위해 자기 자녀들에게 시험을 허락하시고, 때로는 시험에 넘어지게도 하시는 것이다. 한 가지 이유는 분명하다. 그것은 우리가 죄와 맞서 처절하게 싸우지 않음으로 해서 너무 교만하거나 자만심을 갖지 않도록 하기 위해서이다. 하나님은 자기 자녀들의 겸손을 위해 시험을 허락하시며 때로는 시험에 넘어가게도 하신다. 그러나 여기에는 틀림없이 하나님만이 아시는 여러 가지 다른 특별한 이유가 있을 것이다.

(2) 성경에서 시험을 이겨내고 극복한 사람의 예를 들어보라.
① 요셉(창 39:9) ② 미가야(대하 18:12-13) ③ 다니엘(단 6:10)이다.

(3) 성경에서 시험에 넘어졌으나 나중에 하나님의 은혜로 회복한 사람의 예를 들어보라.
① 다윗(삼하 12:13) ② 요나(욘 1) ③ 베드로(막 14:66-72)이다.

(4) 그리스도인이 시험에 넘어가 죄에 빠지면 어떤 마음의 상태가 되는가?
그리스도인이 시험에 넘어가 죄에 빠지면 영적 기쁨과 평안을 상실하고 괴롭고 불편한 마음을 갖게 된다. 또한 한동안 구원의 확신도 약해지거나 사라지게 된다. 이러한 환경 하에서 그리스도인은 영적으로 낙심하여 은혜의 방편들을 사용함에 있어서 매우 형식적이 되고 태만하게 된다. 이러한 상태로부터 회복되기 위해서는 오직 한가지 방법밖에 없다. 그것은 죄를 고백하고 진심으로 회개하며 하나님의 얼굴빛을 회복시켜 달라고 기도하는 것이다. "그러므로 우리가 긍휼하심을 받고 때를 따라 돕는 은혜를 얻기 위하여 은혜의 보좌 앞에 담대히 나아갈 것이니라"(히 4:16).

(5) 우리의 성화와 구원은 언제 완성되는가?
우리는 영광의 나라에 들어가기까지 온전히 거룩해질 수 없다. 그러나 우리는 그리스도인의 삶을 통해 이상적인 완전을 향한 점진적인 진보를 경험해야 한다. 시험을 당할 때 유혹에 저항하고 그것을 성화의 목적으로 선용하는 것은 확실히 우리의 영적 삶의 질을 더욱 높이고 거룩한 삶으로 인도할 것이다. 우리는 이 땅에서 완전한 거룩을 이룰 수 없기 때문에 죄를 대적하거나 거룩을 추구하지 않아도 된다는 생각은 결코 용납해서는 안 될 것이다. 비록 우리가 이 땅에서 그것을 완전히 달성하지 못한다 할지라도 우리는 끊임없이 목표를 향해 전진해야 하는 것이다.

(6) 사단을 발 아래서 상한다는 것은 무슨 뜻인가?

이것은 로마서 16:20에 나오는 내용으로, 하나님의 은혜로 성도들에게 주신 특별하고 중요한 승리에 대한 언급으로 사단은 완전히 패배하고 그의 악한 의도는 좌절되는 것을 말한다. 때때로 죄의 유혹과의 길고 힘든 싸움을 마친 후 하나님께서는 그의 자녀들에게 마귀와 그의 활동에 대한 특별하고 놀라운 승리를 주신다. 성도를 핍박하는 자들이 죽거나 그리스도인의 신앙과 삶을 방해하는 장애물이 제거되기도 하며, 닫힌 문이 열리고 고통이나 신체적 장애가 제거되기도 하는 것이다. 사도행전 16장은 사단이 어떻게 이전에 자신의 독무대였던 빌립보 성도들의 발 아래서 상하는지를 잘 보여준다.

(7) 우리는 왜 '죄와 유혹과 악으로부터 영원히' 벗어나도록 기도해야 하는가?

하나님은 언약을 지키시는 분이시며, 그리스도 안에서 시작하신 선한 일을 완성하시기 때문이다. "여호와께서 내게 관계된 것을 완전케 하실지라 여호와여 주의 인자하심이 영원하오니 주의 손으로 지으신 것을 버리지 마옵소서"(시 138:8). "너희 속에 착한 일을 시작하신 이가 그리스도 예수의 날까지 이루실 줄을 우리가 확신하노라"(빌 1:6).

제196문 주기도문의 결론은 우리에게 무엇을 가르치는가?

답 주기도문의 결론은 "나라와 권세와 영광이 아버지께 영원히 있사옵나이다. 아멘"이다. 여기에서 가르치는 것은, 우리가 우리의 기원들을 간절히 아뢰되 우리들 자신이나 어떤 다른 피조물에게 의뢰하지 않고 오직 하나님이 주신 약속만 의지하여야 한다는 것이다. 오로지 하나님께만 영원한 주권과 전능과 영광스러운 탁월성을 돌리는 찬송과 연합하는 기도를 할 것이니, 하나님께서 우리를 도우실 수 있고 또 도우시기를 즐겨하시므로 우리의 요청을 이루어 주실 것을 믿음으로 담대히 아뢰어 고요히 그만을 신뢰할 것이다. 그뿐 아니라 이것이 우리의 소원이요 확신임을 증언하기 위하여 우리는 아멘 하는 것이다.

1) 관련성구

- **마 6:13:** 주기도문의 결론
- **롬 15:30:** 강력하게 주장하는 기도는 합당하다.
- **단 9:4, 7-9, 16-19:** 우리의 주장은 오직 하나님께 기초해야 하며 우리나 다른 피조물에 근거해서는 안 된다.
- **빌 4:6; 대상 29:10-13:** 우리는 하나님께 영광을 돌리는 찬양과 함께 기도해야 한다.
- **엡 3:20-21; 눅 11:13:** 하나님은 우리를 도우실 수 있으며 또 기꺼이 그렇게 하신다.
- **대하 20:6, 11; 14:11:** 우리는 믿음으로 하나님께 도움을 간청하고 우리의 기도에 응답해주실 것을 신뢰할 수 있다.
- **고전 14:16; 계 22:20-21:** 우리의 바람과 확신을 나타내기 위해 우리는 주기도문의 끝에 '아멘'이라고 말한다.

2) 해설

(1) 주기도문의 결론과 관련된 문제점은 무엇인가?

주기도문의 결론이 원래 성경의 한 부분이었는지에 대한 심각한 의문이 제기되고 있다는 것이다. 주기도문은 마태복음 6:9-13과 누가복음 11:2-4에 나온다. 결론(대개 나라와 권세와 영광이 아버지께 영원히 있사옵나이다 아멘)은 누가복음에는 없으며, 마태복음의 경우에도 대부분의 유력한 사본에는 빠져 있다. 흠정역 성경에는 마태복음 6:13이 포함되어 있지만 개정역(American Revised Version[1901])에는 빠져 있으며, 난외주에 "고대 저자를 비롯하여 많은 저자들은 '대개 나라와 권세와 영광이 아버지께 영원히 있사옵나이다 아멘'이라는 구절을 다양한 형태로 삽입한다"라고 언급하고 있다.

알포드(Alford)의 헬라어 성경(Greek Testament)은 주기도문의 결론은 "여러 정황을 고려해 볼 때 생략하는 것이 마땅하다. 만일 그것이 원문의 일부라면 모든 고대 저자가 하나같이 그것을 생략한 이유를 설명할 길이 없다"라고 주장한 후 다음과 같이 덧붙였다. "우리는 어떤 사본이나 자료에서도 초기 시대의 흔적을 추적할 방법이 없다." 제미슨, 파우셋 및 브라운(Jamieson, Fausset, and Brown)의 『성경 주석』(Commentary on the Whole Bible)은 주기도문의 결론에 대해 "외적 증거를 근거로 할 때 우리는 이 영광송이 원문의 일부라고 보기 어렵다고 생각한다. 여러 가지 증거로 볼 때 가장 가능성이 큰 것은 이것이 원문이 아니라는 것이다"라고 주장한다.

우리는 흠정역보다 원래의 히브리어 및 헬라어로 기록된 원문의 권위를 인정해야 한다(신앙고백 1.8). 여러 가지 증거를 볼 때, 주기도문의 결론은 성경 원문의 일부가 아닌 것으로 보이지만, 그럼에도 불구하고 주기도문의 결론에 나타난 사상은 요리문답에 제시된 대로 참되고 성경적이다. 결론의 모든 내용은 성경 다른 곳에서 찾을 수 있는 가르침이다. 그러므로 우리는 본 조항이 제시하는 대로 주기도문의 결론을 연구하는 것이 합당할 것이다.

(2) 우리는 기도할 때 강력한 주장과 함께 간청하는 것이 합당한가?

그렇다. 이것은 성경에 나오는 여러 사람의 기도에서 볼 수 있다. 모세나 다윗 다니엘 및 구약의 많은 성도들의 기도를 생각해보면 이것이 사실임을 알 수 있다.

(3) 우리는 하나님께 간구할 때 어떤 주장을 해야 하는가?

우리의 주장은 자신이나 우리의 성품, 열심, 믿음, 선행, 선한 의도, 또는 우리나 다른 피조물에 관한 어떤 것으로부터도 나와서는 안 되며, 오직 하나님과 그의 사랑과 긍휼, 그의 언약과 약속, 과거 자기 백성들을 위해 행하신 전능하신 일 및 이 땅에서 그의 이름을 영화롭게 하기 위한 것으로부터 나와야 한다.

(4) 우리는 왜 찬양과 함께 기도해야 하는가?

찬양은 기도의 핵심 요소이기 때문에 우리는 하나님께 영광을 돌리는 찬양과 함께 기도해야 하는 것이다. 하나님은 주권적으로 찬양받으시기에 합당하신 분이다. 사람에게는 하나님을 찬양하는 것보다 더 숭고하고 귀한 목적은 없다. 어거스틴은 그의 참회록 서두에서 "우리는 당신의 영광을 위해 창조되었으며, 우리의 마음은 오직 당신에게서만 평안을 누릴 수 있사오니, 당신을 찬양하는 기쁨을 깨우쳐 주소서"라고 말했다.

(5) 아멘이라는 말은 무슨 뜻인가?

아멘이라는 말은 '확실한', '신실한', '진실한'이라는 히브리 단어로부터 왔다. 헬라어 신약성경에는 이 단어가 150회 등장하는데, 흠정역은 그 가운데 50회는 '아멘'으로, 100회는 '진실로'로 번역하였다. 복음서에 기록된 예수님의 담화에는 '진실로'나 '진실로, 진실로…'라는 표현이 자주 나오는 것을 볼 수 있다. 이 표현에 사용된 단어는 모두 '아멘'이다.

(6) 우리는 왜 주기도문을 '아멘'으로 마치는가?

아멘이라는 말이 '진실로'라는 뜻을 가졌기 때문에, 우리는 주기도문을 이 단어로 마침으로 하나님께서 우리의 기도를 들으시고 응답하실 것이라는 바람과 확신을 가지고 주기도문을 마치는 것이다. 본 조항이 제시하듯이 하나님은 우리를 도우시는 분이시며 그는 영원한 주권(나라)과 전능하심(권세)과 영화로 우신 존귀(영광) 가운데 거하시기 때문에, 우리는 우리의 필요에 따라 도움을 구할 때 '그가 우리의 요구를 이루어주실 것이라는 것을 잠잠히 기다릴 수' 있는 것이다.

우리의 기도 끝에 '아멘'이라고 하는 것은 마치 우리가 신실한 믿음과 소원의 표시, 또는 증거로서 편지의 맨 끝에 서명을 하는 것과 같다. 동시에 우리의 기도가 적절하고 합당하며 엄숙히 끝났음과 공손한 태도를 나타내는 것이다.

웨스트민스터 대요리문답강해
-신앙교육서-

2007년 9월 15일 1판 1쇄 발행

지은이: J.G. 보스 · G.I. 윌리암슨

옮긴이: 류 근 상 · 신호섭

발행인: 류 근 상

발행처: 크리스챤출판사

주　소: 경기도 고양시 덕양구 토당동 364 현대 107-1701

전　화: 031) 978-9789

핸드폰: 011) 9782-9789,　011) 9960-9789

팩　스: 031) 978-9779

등　록: 2000년 3월 15일

등록번호: 제 79 호

판　권: 크리스챤출판사 2007

I S B N: 978-89249-42-9